सौराष्ट्र के नैर्ऋत्य कोण में समुद्र के तट पर वेरावल नाम का एक छोटा-सा बन्दरगाह और आखात है। वहां की भूमि अत्यन्त उपजाऊ और गुंजान है। वहाँ का प्राकृतिक सौन्दर्य भी अपूर्व है। मीलों तक विस्तीर्ण सुनहरी रेत पर क्रीड़ा करती रत्नाकर की उज्ज्वल फेनराशि हर पूर्णिमा को ज्वार पर अकथ शोभा- विस्तार करती है। आखात के दक्षिणी भाग की भूमि कुछ दूर तक समुद्र में धँस गई है, उसी पर प्रभास पट्टन की अति प्राचीन नगरी बसी है। यहाँ एक विशाल दुर्ग है, जिसके भीतर लगभग दो मील विस्तार का मैदान है। दुर्ग का निर्माण सन्धि-रहित भीमकाय शिलाखण्डों से हुआ है। दुर्ग के चारों ओर लगभग 25 फुट चौड़ी और इतनी ही गहरी खाई है, जिसे चाहे जब समुद्र के जल से लबालब भरा जा सकता है। दुर्ग में बड़े-बड़े विशाल फाटक और अनगिनत बुर्ज़ हैं। दुर्ग के बाहर मीलों तक प्राचीन नगर के ध्वंसावशेष बिखरे पड़े हैं। टूटे-फूटे प्राचीन प्रासादों के खंडहर, अनगिनत टूटी-फूटी मूर्तियाँ, उस भूमि पर किसी असह्य अघट घटना के घटने की मौन सूचना-सी दे रही हैं। दुर्ग का जो परकोटा समुद्र की ओर पड़ता है, उससे छूता हुआ और नगर के नैर्ऋत्य कोण के समुद्र में घुसे हुए ऊँचे शृंग पर महाकालेश्वर के विद्युत मन्दिर के ध्वंस दीख पड़ते हैं। मन्दिर के ध्वंसावशेष और दूर तक खड़े हुए टूटे-फूटे स्तम्भ, मन्दिर की अप्रतिम स्थापत्य कला और महानता की ओर संकेत करते हैं।

अब से लगभग हजार वर्ष पहले इसी स्थान पर सोमनाथ का कीर्तिवान महालय था, जिसका अलौकिक वैभव बदरिकाश्रम से सेतुबन्ध रामेश्वर तक, और कन्याकुमारी से बंगाल के छोर तक, विख्यात था। भारत के कोने-कोने से श्रद्धालु यात्री ठठ-के-ठठ बारहों महीना इस महातीर्थ में आते और सोमनाथ के भव्य दर्शन करते थे। अनेक राजा-रानी, राजवंशी, धनी कुबेर, श्रीमन्त साहूकार, यहाँ महीनों पड़े रहते थे और अनगिनत धन, रत्न, गाँव, धरती सोमनाथ के चरणों पर चढ़ा जाते थे। इससे सोमनाथ का वैभव अवर्णनीय एवं अतुलनीय हो गया था।

उन दिनों भारत में वैष्णव धर्म की अपेक्षा शैव धर्म का अधिक प्राबल्य था। सोमनाथ महालय-निर्माण में उत्तर और दक्षिण दोनों ही प्रकार की भरतखण्ड की

स्थापत्य-कला की पराकाष्ठा कर दी गई थी। यह महालय बहुत विस्तार में फैला था, दूर से उसकी धवल दृश्यावलि चाँदी के चमचमाते पर्वत-शृंग के समान दीख पड़ती थी। सम्पूर्ण महालय उच्चकोटि के श्वेत मर्मर का बना था। महालय के मंडप के भारी-भारी खम्भों पर हीरा, मानिक, नीलम आदि रत्नों की ऐसी पच्चीकारी की गई थी कि उसकी शोभा देखने से नेत्र थकते नहीं थे। जगह-जगह सोने-चाँदी के पत्र, स्तम्भों पर चढ़े थे। ऐसे छह सौ खम्भों पर महालय का रंग-मंडप खड़ा था। इस मंडप में दस हज़ार से भी अधिक दर्शक एक साथ सोमनाथ के पुण्य दर्शन कर सकते थे। इस मंडप में द्विजमात्र ही जा सकते थे। मंडप के सामने गम्भीर गर्भगृह में सोमनाथ का अलौकिक ज्योतिर्लिंग था। गर्भगृह की छत और दीवार पर रत्ती-रत्ती रत्न और जवाहर जड़े थे। इस कारण साधारण घृत का दीया जलने पर भी वहाँ ऐसी झलमलाहट हो जाती थी कि आँखें चौंधिया जाती थीं। इस भूगर्भ में दिन में भी सूर्य की किरणें प्रविष्ट नहीं हो सकती थीं। वहाँ रात-दिन सोने के बड़े-बड़े दीपकों में घृत जलाया जाता था तथा चन्दन-केसर-कस्तूरी की धूप रात-दिन जलती रहती थी, जिसकी सुगंध से महालय के आस-पास दो-दो योजन तक पृथ्वी सुगन्धित रहती थी। रंग-मंडप के चिकने स्वच्छ फर्श पर देश-देश की असूर्यपश्या महिलाएँ रत्नाभूषणों से सुसज्जित, रूप-यौवन से परिपूर्ण, गुणगरिमा से लदी-फदी, जगह-जगह बैठी श्रद्धा और भक्ति से नतमस्तक कोमल स्वर से भगवान सोमनाथ का स्तवन घण्टों करती रहती थीं। नियमित पूजन और नित्यविधि के समय पाँच सौ वेदपाठी ब्राह्मण सस्वर वेद-पाठ करते, और तीन सौ गुणी गायक देवता का विविध वाद्यों के साथ स्तवन करते, तथा इतनी ही किन्नरी और अप्सरा-सी देवदासी नर्तकियां नृत्य-कला से देवता और उनके भक्तों को रिझाती थीं। नित्य विशाल चाँदी के सौ घड़े गंगाजल से ज्योतिर्लिंग का स्नान होता था, जो निरन्तर हरकारों की डाक लगाकर एक हजार मील से अधिक दूर हरिद्वार से मंगवाया जाता था। स्नान के बाद बहुमूल्य इत्रों से तथा सुगन्धित जलों से लिंग का अभिषेक होता था, इसके बाद शृंगार होता था। सोमनाथ का यह ज्योतिर्लिंग आठ हाथ ऊँचा था, अतः इसका स्नान, अभिषेक-शृंगार आदि एक छोटी-सी सोने की सीढ़ी पर चढ़ कर किया जाता था। सब सम्पन्न हो जाने पर आरती होती थी, जिसमें शंखनाद, चौघड़िया घण्ट आदि का महाघोष होता था। यह आरती चार योजन विस्तार में सुनी जाती थी। मंडप में दो सौ मन सोने की ठोस शृंखला से लटका हुआ एक महाघण्ट था, जिसका वज्रगर्जना के समान घोर रव मीलों तक सुना जाता था। सोमनाथ महालय के चारों द्वारों पर एक-एक पहर के अन्तर से नौबत बजती थी। इस प्रकार ऐश्वर्य और वैभव से इस महातीर्थ की महिमा दिग्-दिगन्त तक फैल गई थी। इन सब कामों में अपरिमित द्रव्य खर्च होता था, किन्तु उससे महालय के अक्षय कोष में कुछ भी कमी नहीं होती थी। दस हज़ार से ऊपर गाँव महालय को राजा-महाराजाओं के द्वारा अर्पण किए हुए थे। महालय के गगनचुम्बी

शिखर पर समुद्र की ओर जो भगवे रंग की ध्वजा फहराती थी, वह दूर देशों के यात्रियों का मन बराबर अपनी ओर खींच लेती थी। महालय के शिखर के स्वर्ण-कलश सूर्य की धूप में अनगिनत सूर्यों की भाँति चमकते थे।

महालय के चारों ओर असंख्य छोटे-बड़े मन्दिर, घर, महल और सार्वजनिक स्थान थे जो मीलों तक फैले थे तथा जिनसे महालय की शोभा बहुत बढ़ गई थी। इस प्रचण्ड महालय के संरक्षण के लिए चारों ओर काले पत्थर का अत्यन्त सुदृढ़ परकोटा बँधा हुआ था जिसमें स्थान-स्थान पर अठपहलू बुर्ज़ बने हुए थे। बाहरी मैदान में चालीस हज़ार सैनिक एक साथ खड़े रह सकें, इतना स्थान था। जब महालय की खाई में समुद्र का जल भर दिया जाता था, तब उसका दृश्य समुद्र के बीच एक द्वीप का दृश्य बन जाता था। परकोटे के भीतर नगर-बाज़ार तथा सद्गृहस्थों के मकान आदि थे, जहाँ देश-देश के अनगिनत व्यापारी, शिल्पी और राजकाजी जन तथा महालय-कर्मचारी अपना-अपना कार्य करते तथा निवास करते थे। उनके आराम के लिए अनेक कुएँ-बावड़ी-तालाब-सर-सरोवर-उपवन आदि थे।

देश के भिन्न-भिन्न राजाओं की ओर से बारी-बारी महालय पर चाकरी-चौकसी होती थी। इसके अतिरिक्त महालय की ओर से भी एक सहस्त्र सिपाही नियत थे, जो सावधानी से महालय की करोड़ों की सम्पत्ति की तथा वहाँ के बसने वाले करोड़ाधिपति व्यापारियों की सावधानी से रक्षा-व्यवस्था करते थे।

प्रतिवर्ष श्रावण की पूर्णिमा और शिवरात्रि के दिन तथा सूर्य और चन्द्रग्रहण के दिन महालय में भारी मेला लगता था, जिसमें हिमालय के उस पार से लेकर लंका तक के यात्री वहाँ आते थे। इन मेलों में पांच से सात लाख तक यात्री एकत्र हो जाते थे। इन महोत्सवों में पट्टन के सात सौ हज्जाम एक क्षण को भी विश्राम नहीं पाते थे। दूर-दूर के राजा-महाराजा अपने-अपने लाव-लश्कर लेकर लम्बी-लम्बी मंजिलें काटते हुए, तथा मार्ग के कठिन परिश्रम को सहन करते हुए, प्रभास पट्टन में आकर जब महालय की छाया में पहुँचते, तो अपने जीवन को धन्य मानते थे। भरतखण्ड भर में यह विश्वास था कि भगवान सोमनाथ के दर्शन बिना किए मनुष्य-जन्म ही निरर्थक है। अनेक मुकुटधारी राजा और श्रीमन्त अपनी-अपनी मानता पूरी करने को सैकड़ों मील पांव-प्यादे चलकर आते थे। इन सब कारणों से उन दिनों पट्टन नगर भारत भर में व्यापार का प्रमुख केन्द्र बन गया था। मालव, हिमाचल, अर्बुद, अंग, बंग, कलिंग के अतिरिक्त अरब, ईरान और अफगानिस्तान तक के व्यापारी तथा बंजारे कीमती माल लेकर इन मेलों के अवसरों पर आकर अच्छी कमाई कर के जाते थे। पट्टन के बाजार उन-उन देशों की हल्की-भारी कीमत वाली जिन्सों और सामग्रियों से पटे रहते थे।

निर्माल्य

सूर्य अस्त हो चुका था। संध्या का अंधकार चारों ओर फैल गया था। केवल पश्चिम दिशा में एकाध बादल क्षण-क्षण में क्षीण होती अपनी लाल आभा झलका रहा था, जिसका स्वर्ण प्रतिबिम्ब सोमनाथ महालय के स्वर्ण-शिखरों पर अपनी क्षीयमान झलक दिखा रहा था। इसी समय एक अश्वारोही प्रभास पट्टन के कोट-द्वार पर आकर खड़ा हो गया। कोट-द्वार अभी बन्द नहीं हुआ था। प्रहरियों के प्रमुख ने आगे बढ़कर पूछा, "तुम कौन हो, और कहाँ से आ रहे हो?"

अश्वारोही कोई बीस-बाईस वर्ष का एक बलिष्ठ और सुन्दर तरुण था। उसकी मुख-चेष्टा तथा अश्व के रंग-ढंग देखने से प्रकट होता था कि वह दूर से आ रहा है, तथा सवार और अश्व दोनों ही बिलकुल थक गए हैं। फिर अश्वारोही ने थकित भाव से किन्तु उच्च स्वर से एक हाथ ऊँचा करके तथा दूसरे से अपने गट्ठर को सम्हालते हुए पुकारा, "जय सोमनाथ!"

"किन्तु तुम्हारा परिचय-पत्र?" प्रहरी ने उसके निकट जा कर्कश स्वर में पूछा।

"यह लो!" अश्वारोही ने एक चाँदी की नली, रेशम की थैली से निकाल कर उसे दी। प्रहरी ने नली को खोलकर उसमें से एक पट्ट-लेख निकाला। उलट-पुलट कर उसे पढ़ा। फिर कुछ भुनभुनाते हुए कहा, "तो तुम भरुकच्छ से आ रहे हो?'

"जी हां, दद्दा चालुक्य ने त्रिपुरसुन्दरी के लिए जो निर्माल्य भेजा है, उसी को लेकर।" प्रहरी ने एक बार अश्व की पीठ पर लदे भारी गट्ठर पर दृष्टि की, और 'जय सोमनाथ' कहकर पीछे हट गया। अश्वारोही ने कोट के भीतर प्रवेश किया।

कोट के भीतर बड़ी भीड़ थी। देश-देश के यात्री वहाँ भरे थे। उन दिनों प्रभास पट्टन समस्त भरतखण्ड भर में पाशुपात आम्नाय का प्रमुख केन्द्र विख्यात था। भारत के कोने-कोने से श्रद्धालु भक्त-गण शिवरात्रि महापर्व पर सोमनाथ महालय में सोमनाथ के ज्यातिर्लिंग के दर्शन करने को एकत्र हुए थे। इस वर्ष गज़नी के अप्रतिरथ विजेता अमीर सुलतान महमूद के सोमनाथ पर अभियान करने की बड़ी गर्म चर्चा थी। इसी कारण दूर-दूर से क्षत्रिय क्षत्रधारी महीपगण इस देव के लिए रक्त-दान देने और अनेक श्रद्धालु "कल न जाने क्या हो" इस विचार से एक बार भगवान सोमनाथ का दर्शन करने जल-थल दोनों ही मार्गों से ठठ-के-ठठ प्रभास में इकट्ठे हो गए थे। राजा-महाराजाओं के रथ, अश्व, गज, वाहन, सैनिक-सेवक, मोदी-व्यापारी-यात्री —सब मिलाकर इस समय प्रभास पट्टन में इतनी भीड़ हो गई थी कि जितनी इधर कई वर्षों से देखी नहीं गई थी। पट्टन की सब धर्मशालाएं और अतिथिगृह भर गए थे। बहुत लोग मार्ग में, वृक्षों के नीचे तथा घरों की छाया में विश्राम कर रहे थे।

यात्री धीरे-धीरे आगे बढ़ता हुआ धर्मशाला में आश्रय खोजने लगा, पर धर्मशालाएँ सब भरी हुई थीं। एक भी कोठरी खाली न थी। धर्मशाला के बाहर की

कोठरियों में गरीब यात्री, भिखारी और चौकीदार प्रहरीगण रहते थे, वहीं एक छोटी-सी कोठरी खाली देखकर अश्वारोही अश्व से उतर पड़ा। फिर उसने सावधानी से अपना गट्ठर उतारा। अश्व को एक वृक्ष के नीचे बाँधकर वह कोठरी में गया। उसे साफ कर उसने यत्न से भार का गट्ठर खोला। इसके बाद चकमक जलाकर कोठरी में प्रकाश किया, उस धीमे और पीले प्रकाश में, एक रूपसी बाला की झलक क्षुद्र कोठरी के आसपास ठहरे हुए यात्रियों को दीख पड़ी। पर क्षण भर ही में युवक ने कोठरी का द्वार बन्द कर उसमें बाहर से ताला जड़ दिया। इसके बाद वह अश्व का चारजामा बिछाकर कोठरी के द्वार पर ही लेट गया। कमर की तलवार म्यान से बाहर कर उसने अपने पार्श्व में रख ली।

बराबर की कोठरी के बाहर दो साधु बैठे धीरे-धीरे बातचीत कर रहे थे। उन्होंने उस रूपसी बाला की झलक देख ली। पहले आँखों-ही-आँखों में उन्होंने मन्त्रणा की, फिर उनमें से एक ने आगे बढ़कर पूछा—

"कहाँ से आ रहे हो जवान?"

"तुम्हें क्या!" युवक इतना कह, मुंह फेरकर पड़ रहा। परन्तु साधु ने फिर कहा—

"पर इस गट्ठर में इस सुन्दरी को कहां से चुरा लाए हो?"

"तुम्हें क्या...?" युवक ने क्रोधपूर्वक वही जवाब दिया।

दोनों साधुओं ने परस्पर दृष्टि-विनिमय किया, इसके बाद एक साधु ने स्वर्ण-दम्भ से भरी थैली युवक पर फेंककर कहा—

"बेच दो वह माल यार?"

युवक क्रुद्ध होकर बैठ गया। उसने तलवार की मूठ पर हाथ धर कर कहा—

"क्या प्राण देना चाहते हो?"

साधु हंस पड़ा। उसने कहा, "ओह, यह बात है!"

उसने धीरे से अपने वस्त्रों से तलवार निकालकर कहा, "यह खिलौना तो हमारे पास भी है, परन्तु तकरार की ज़रूरत नहीं, हम मित्रता किया चाहते हैं, वह थैली यथेष्ट नहीं तो यह और लो।" उसने वस्त्र में से बड़े-बड़े मोतियों की एक माला निकालकर युवक पर फेंक दी।

युवक अत्यन्त क्रुद्ध होकर बोला, "तुम अवश्य कोई छद्मवेशी दस्यु हो, प्राण प्यारे हैं तो कहो, कौन हो?"

"इससे तुम्हें क्या! यह कहो, वह सुन्दरी तुम प्राण देकर दोगे या स्वर्ण लेकर?"

"मैं अभी तुम्हारे प्राण लूंगा।" युवक पैंतरा बदल कर उठ खड़ा हुआ। साधु ने भी तलवार उठा ली। चन्द्रमा के उस क्षीण प्रकाश में दोनों की तलवारें खनखना उठीं। युवक अल्पवयस्क था, पर कुछ ही क्षण में मालूम हो गया कि वह तलवार का धनी है। उसने कोठरी के द्वार से पीठ सटा कर शत्रु पर वार करना प्रारम्भ कर

दिया। परन्तु साधु भी साधारण न था। ज्यों ही उसे युवक की दक्षता का पता चला, वह अति कौशल से तलवार चलाने लगा। दूसरा साधु चुपचाप देखता रहा। थोड़ी देर में वहाँ बहुत-से यात्री एकत्र हो गए और शोर मचाने लगे। कुछ दोनों वीरों का हस्त कौशल देख वाह-वाह करने लगे। परन्तु इस अकस्मात और असमय के युद्ध का कारण क्या है यह कोई नहीं जान सका। अकस्मात् युवक का एक करारा आघात खाकर साधु चीत्कार करके गिर पड़ा। यह देख सिंह की भाँति उछाल मार कर दूसरा साधु तलवार सूंतकर युवक पर टूट पड़ा। परन्तु युवक थक गया था, वह एक-आध घाव भी खा गया था, उसके घाव से रक्त बह रहा था। इससे वह सुस्त होने लगा। इतने में पीछे से एक ललकार सुनकर दोनों योद्धा ठिठक कर रह गए। एक बलिष्ठ और तेजस्वी योद्धा भीड़ को चीर कर आगे आ रहा था—उसके साथ बहुत-से सेवक मशाल लिए थे। मशालों के प्रकाश में उसका श्यामल मुख तप्त ताम्र की भाँति दमक रहा था। बड़ी-बड़ी काली आँखें लाल चोट हो रही थीं। उसके मुख पर, शरीर पर तथा सम्पूर्ण व्यक्तित्व पर एक अभय तेज विराज रहा था। उसके कन्धे पर धनुष और तरकस, फेंट में कटार और हाथ में लम्बी तलवार थी। उसके सिर पर केसरी पाग में दैदीप्यमान हीरे का एक तुर्रा बन्धा था। उसने अपने हाथ की तलवार ऊँची करके कहा, ''मूर्खो, देवस्थान में लड़ते हो?'' युवक ने आगन्तुक को देखकर तलवार नीची कर ली। परन्तु साधु ने लाल-लाल आँखें करके निर्भय स्वर में कहा, 'दो आदमियों के झगड़े में बिना बुलाए बीच में पड़कर उन्हें मूर्ख कहने वाला ही मूर्ख है।''

आगन्तुक योद्धा ने जलद-गम्भीर स्वर से पूछा—

''तुम कौन हो?''

''यही मैं तुमसे पूछता हूँ,'' साधु ने उद्दण्डता से कहा।

''इस झगड़े का कारण?''

''तुम्हारे पंचायत में पड़ने का कारण?''

''तब देख कारण!'' आगन्तुक योद्धा ने तलवार का भरपूर हाथ साधु पर फेंका। साधु भी असावधान न था। क्षण-भर में ही दोनों योद्धा असाधारण दक्षता से युद्ध करने लगे।

तभी लोगों ने एक ध्वनि सुनी—'शान्तं पापं! शान्तं पापं!' पहले क्षीण, फिर स्पष्ट। तब सहसा एक भव्य मूर्ति सामने आती दिखाई पड़ी। उपस्थित भीड़ सहम कर पीछे हट गई। दोनों योद्धाओं ने भी हाथ रोक लिए। आगन्तुक ऊँचे कद का, गौरवर्ण एक तेजस्वी महापुरुष था, उसके ऊर्ध्व रेखांकित मस्तक पर त्रिपुण्ड्र, सीस पर जटा-जूट, कमर में व्याघ्र-चर्म, अंग में गेरुक, मुख पर हिम-धवल नाभि तक लम्बी दाढ़ी, पैरों में चन्दन की खड़ाऊं, दृष्टि निर्मल और भयहीन एवं मस्तक में त्रिकाल-ज्ञान की रेखा।

उपस्थित जनता 'जय स्वरूप! जय सर्वज्ञ!' कहकर पृथ्वी में झुक गई। युवक ने पृथ्वी पर लोटकर साष्टांग दण्डवत् की। आगन्तुक योद्धा ने भी चरण-रज ली, परन्तु साधु तलवार हाथ में लिए खड़ा वृद्ध को घूरता रहा।

वृद्ध महापुरुष ने योद्धा के मस्तक पर हाथ रखकर कहा, "युवराज भीमदेव, तुम्हारी जय हो। परन्तु देवस्थान में रक्तपात नहीं होना चाहिए। तलवार को म्यान में करो।"

भीमदेव ने चुपचाप तलवार म्यान में कर ली।

फिर उसने मुस्कराकर साधु की ओर देखा, और कहा, "प्रतापी सुलतान महमूद! चिरंजीव रहो! वत्स, साधुवेश तुमने धारण किया, पर उसे निबाह न सके। देवस्थान में भी लड़ पड़े। अब तुम भी तलवार को म्यान में करो।"

साधु का परिचय सुनकर सब उपस्थित जन भीत-चकित हो, आंखें फाड़-फाड़ कर साधु को देखने लगे। बहुत से लोग उत्तेजित भी हुए। परन्तु वृद्ध ने हाथ ऊँचा करके सतेज स्वर में कहा, "शान्तं पापं, शान्तं पापं! देवस्थान में काम-क्रोध-लोभ सभी दोषों का निराकरण होना चाहिए।"

सुलतान ने तलवार म्यान में रख ली। अब उस सौम्य मूर्ति ने युवक की ओर घूमकर कहा, "तुम भरुकच्छ से देव-निर्माल्य लाए हो?

"जय सर्वज्ञ!" युवक ने श्रद्धांजलि हो विनीत स्वर में कहा।

"निर्माल्य अर्पण करो, द्वार खोलो।" युवक ने भूमि मस्तक से स्पर्श करके कहा, "जय सर्वज्ञ, जय स्वरूप! परन्तु निर्माल्य त्रिपुरसुन्दरी की सेवा में है। दद्दा चौलुक्य की आज्ञा है कि वह आचार्यपाद रुद्रभद्र को अर्पण किया जाए।"

"वत्स! चौलुक्य और रुद्रभद्र दोनों ही मेरे आज्ञानुवर्ती हैं—द्वार खोलो!"

युवक ने और आपत्ति नहीं की। कोठरी का द्वार खोल दिया। वृद्ध महापुरुष ने वात्सल्य-भरे स्वर में पुकार कर कहा, "बाहर आओ चौला।"

षोडशी बाला लाज, रूप और यौवन में डूबती-उतराती धीरे-धीरे बाहर आ वृद्ध के चरणों में गिर गई।

वह रूप, वह माधुर्य, वह स्वर्ण-देहयष्टि देखकर सब कोई आश्चर्य- विमूढ़ रह गए। युवराज भीमदेव मन्त्र-मुग्ध से उसे देखते रहे। गंग सर्वज्ञ ने उसे उठाकर कहा, "अभय! आओ मेरे पीछे। युवराज तुम भी, और सुलतान तुम भी। अपने साथी की चिन्ता न करो। उसका अभी-औषधि उपचार हो जाएगा।" यह कह कर वृद्ध महापुरुष ने दोनों हाथ ऊँचे कर, समुपस्थित सैकड़ों विनयावनत भावुक भक्तों को मौन आशीर्वाद दिया और धीरे-धीरे अन्तरायण की ओर चल दिए। उनके पीछे चौला, पीछे युवराज भीमदेव और वह तरुण और उसके पीछे सुलतान चुपचाप चले।

चन्द्रकुण्ड के समीप आकर वृद्ध पुरुष रुके। उन्होंने इधर-उधर देखकर ताली बजाई। एक अन्तरंग सेवक ने आकर अभिवादन किया। सर्वज्ञ ने चौला की ओर

संकेत करके कहा, "इसे गंगा के आवास में ले जा और उससे कह कि अभी इसके आहार और विश्राम की व्यवस्था कर दे और कल ब्राह्म-मुहूर्त में गंगाजल से स्नान करा गर्भगृह में ले आए, तब मैं इसे देवार्पण करूंगा।"

सेवक 'जो आज्ञा' कह चौला को लेकर चला। अब उन्होंने स्मित हास्य करके कहा, "वत्स भीमदेव, मैं तुम्हें आशीर्वाद देता हूँ कि तुम्हारी मनोकामना पूर्ण हो। अब जाओ, तुम विश्राम करो।"

भीमदेव प्रणाम करके चले गए। महापुरुष कुछ देर स्थिर-गम्भीर-मौन खड़े रहे, फिर सुलतान से बोले, "सुलतान, मैं तुम्हारा क्या प्रिय करूं?" महमूद ने कहा,

"आप ही क्या गंग सर्वज्ञ हैं?"

"सब ऐसा ही समझते हैं सुलतान।"

"आप सत्ताईस वर्ष से इस मन्दिर के पुजारी हैं?"

"पुजारी ही नहीं—पाशुपत आम्नाय का एकनिष्ठ सेवक।"

"आप ग़ज़नी के सुलतान से कुछ माँगते है?"

"सुलतान! मैं तो भगवान् सोमनाथ से भी कभी कुछ नहीं माँगता। निष्काम सेवा मेरा एक मात्र धर्म है।"

सुलतान कुछ देर तक चुपचाप सोचता रहा। गंग सर्वज्ञ ने कहा, "क्या सोच रहे हो सुलतान?"

"आप सर्वज्ञ हैं, आप ही कहिए।"

सर्वज्ञ हँस दिए। फिर उन्होंने कहा, "सुलतान! मैं तुम्हें आशीर्वाद दे चुका हूँ, वह क्या यथेष्ट नहीं है?"

"परन्तु मेरे मन की बात?"

"व्यर्थ है।"

"इस तलवार के रहते?"

"सुलतान, यह तुम भी जानते हो कि इस हाड़-माँस के शरीर में जो कुछ है, वह नगण्य है। जो सर्वत्र व्याप्त है वही सब-कुछ है। परन्तु अब तुम जाओ, रात अँधेरी है और राह बीहड़। ऋतु भी अनुकूल नहीं है। तुम्हारा अश्व और साथी सिंहद्वार पर प्रतीक्षा कर रहे हैं। महालय के चर, तुम्हें सकुशल महालय की सीमा के उस पार पहुँचा देंगे।"

सुलतान ने क्षणभर गंग सर्वज्ञ को और फिर आकाश में सिर ऊँचा किए महालय के शिखर की ओर देखा। एक बार उस रूपसी बाला का, देव-निर्माल्य का, स्मरण किया और फिर सिर नीचा करके बिना ही गङ्ग को प्रणाम किए सीढ़ियाँ उतरने लगा।

गंग ने दोनों हाथ उठाकर उसे मौन आशीर्वाद दिया।

उदयास्त

सोमनाथ महालय के कोट की दक्षिण दिशा में चतुर्थ तोरण था। उसे पार करने पर देवदासियों का आवास था, जो दृढ़ परकोटे से घिरा था। इस समय इस आवास में सात सौ सुन्दरियाँ रहती थीं। कुछ गुजरातिनें थीं, जिनका श्याम वर्ण, मध्यम कद और मृदु भाषण अनायास ही दर्शकों को अपनी ओर आकर्षित करता था। कुछ उत्तरापथ की निवासिनी थीं, जिनकी उन्नत नाक और प्रशस्त मस्तक, गौर वर्ण तथा उच्च स्वर उनके व्यक्तित्व को प्रकट करता था। कुछ सुदूर हिमाचल शृङ्ग के परे की निवासिनी थीं, जिनकी चपटी नाक, ठिगना कद, और पीत वर्ण अलग छटा दिखाता था। कुछ दक्षिणापथ की श्यामल वामाएँ थीं, जो अपने उज्ज्वल वेश और चंचल नेत्रों से क्षण-भर ही में यात्रियों का हृदय जीत लेती थीं। कोई मृदुल खरज के स्वरों से, कोई कुशल प्रगल्भ आलाप से, कोई भावपूर्ण नृत्य-विलास से, देव और देवभक्त जनों को रिझाती थीं। सब देवार्पित थीं और नृत्य-गीत-विलास से देव सोमनाथ और उनके भक्तगणों की आराधना करती थीं। ये सुन्दरियाँ नख-शिख से विलास, शृङ्गार और भाव की प्रतिमूर्तियाँ-सी बनी रहती थीं। इनके मोह और भाव में फँसे राजा मन्त्र-मुग्ध बने सोमनाथ महालय में महीनों-वर्षों पड़े उनकी नूपुर-ध्वनि का ध्यान करते और उनके प्रेमामृत को चख कर महावर-रंजित पाद-पंकज का, मृदुल-सुखद-कोमल आघात स्पर्श कर जीवन धन्य करते थे।

इस आवास में सबसे पृथक् एक ओर छोटा-सा किन्तु सुन्दर घर, सब से निराला था। इस घर के द्वार पर एक बिल्व वृक्ष था। यही गंगा दासी का घर था। गंगा का यौवन अब सम्पूर्ण हो चुका था। उत्फुल्ल नेत्रों के चारों ओर स्याही की रेखा दौड़ गई थी। गुलाबी गालों की कोर पर एक-आध लकीर दीख पड़ती थी। भौंरे से काले और घूंघरवाले केश-गुच्छ के बीच एक-आध श्वेत बाल चाँदी के तार के समान चमकता दीख पड़ता था। उसके सुन्दर दाँत अभी भी वैसे ही आभा बिखेरते थे। पर होंठों का रस एक रत्ती कम पड़ चुका था। अभिप्राय यह, कि गंगा अब चालीस के निकट पहुँच रही थी, फिर भी उसकी वाणी में, चाल में और खड़ी होने के ढंग में एक उन्मादक आकर्षण था, वह महान् कलाकार थी। उस युग में, दक्षिणांचल में उसके समान गायिका और नर्तकी दूसरी न थी। वह बीस वर्ष तक सोमनाथ महालय में नर्तकी का अधिष्ठात्री-पद भोग चुकी थी, और अब भी वह उसी पद पर आसीन थी।

गंग सर्वज्ञ जब महालय में पीठारूढ़ हुए, उसके दो ही वर्ष बाद गंगा भी न जाने कहाँ से एक दिन अचानक अपना छकड़ा-भरा रूप और बिखरता हुआ यौवन का मद लाकर महालय के प्रांगण में नृत्य करने लगी। उस समय वह पन्द्रह वर्ष की एक छोकरी थी। छरहरा शरीर, उज्ज्वल श्याम वर्ण, गहरी-काली आँखें, मध्यम

कद और सर्प की सी चपलता। उसके प्रथम नृत्य ने ही उसे महालय की सभी नर्तकियों की अधिष्ठात्री बना दिया। गंग सर्वज्ञ तब भी एक तरुण ब्रह्मचारी थे। तप्त ताम्र-सा रंग, महामेधा, सिंह के समान वक्ष और कटि। उनके तप और तेज की बहुत बातें गुजरात में फैली थीं। वे दशाङ्ग विद्याओं के ज्ञाता, त्रिकालदर्शी एवं ऊर्ध्वरेता ब्रह्मचारी थे। यह भी कहते थे कि काशी और मिथिला के महा वागीश्वरों से उन्होंने शास्त्रार्थ में दिग्विजय प्राप्त की थी। उनके गुरु कौन थे—यह अब तक कोई नहीं जान सका और वे अनायास ही सोमनाथ महालय के पीठाधिप होकर भरत खण्ड भर में प्रसिद्ध पाशुपत आम्नाय के प्रतीक प्रसिद्ध हो गए। फिर भी गंग सर्वज्ञ और गंगा, इन दोनों की पूर्वापर कथाएँ जैसे वेगवती बरसाती नदी की भाँति, भाँति-भाँति का रूप धारण कर बह चलीं। लोग भाँति-भाँति की बातें करने लगे। गंगा जब महालय के गर्भद्वार के सम्मुख अपना अलस यौवन और उद्दीप्त रूप लेकर नृत्य-कला का विस्तार करती, तो उसके अङ्गन्यास, पदाघात, नूपुर ध्वनि, स्वर-लहरी सब एक साथ स्वर-ताल-मूर्च्छना और वाद्यध्वनि से कम्पित वातावरण से सहस्त्र-सहस्त्र मनुष्यों को आपे से बाहर कर देते थे। महाप्रज्ञ गंग सर्वज्ञ बाघम्बर में निश्चल पद्मासन में बैठकर एकटक निर्निमेष दृष्टि से उस नर्तकी का अद्भुत कौशल निहारते थे। घण्टों तक न उनका शरीर हिलता, न पलक गिरते। भगवान् सोमनाथ में और उनकी मुद्रा में अन्तर सिर्फ इतना था कि सोमनाथ का ज्योतिर्लिङ्ग उस नृत्य के बाद भी जड़ ही रहता था, परन्तु गंग सर्वज्ञ चैतन्य लाभ कर वहाँ से उठ देवता को प्रणाम कर, अपनी कुटी में जा भीतर से द्वार बन्द कर जिस साधना में लीन हो जाते थे, उसे आज तक कोई नहीं जान सका। इसी भाँति ये पच्चीस वर्ष व्यतीत हो गए। जैसे आग जलकर बुझ जाती है, उसी भाँति गंग सर्वज्ञ और गंगा के सम्बन्ध की छोटी-बड़ी प्रकट और गुप्त बातें भी आप ही समाप्त हो गईं। गंगा और गंग सर्वज्ञ, दोनों ही अब प्रौढ़ हो गए। सूर्य मध्याह्न में प्रखरता बिखेरकर ढल गया था, उद्दाम किरणें अब पीली पड़ गई थीं।

गंगा के उन सुन्दर नेत्रों में एक मनोरम गाम्भीर्य अवतरित हुआ था। उन्हीं नेत्रों का बाला के ऊपर निक्षेप करके गंगा ने कहा—

"नृत्य कर सकती हो?"

"कुछ-कुछ।"

"किससे सीखा?"

"महाराज उदयादित्य से।"

"उन्हें कहाँ पाया?"

"पिताजी ने युद्ध में उन्हें बन्दी किया था।"

"सो तुम चालुक्य राजनन्दिनी हो!"

"मैं देव-निर्माल्य हूँ।" बालिका के नेत्र सजल हो गए। वाणी भी कम्पित हुई।

"क्या पश्चात्ताप होता है?"

"नहीं, मनुष्य-भोग्या होने की अपेक्षा देव-निर्माल्य होना उत्तम है।"

"फिर आँखों में आँसू क्यों?"

"यों ही..." उसने आँसू पोंछ लिए।

"देखूं तुम्हारा नृत्य!"

"देवता के सम्मुख ही देख लेना।"

"ऐसा ही सही, तब वस्त्र-विन्यास भी तुम स्वयं यथारुचि करो।"

" उसकी आवश्यकता नहीं, ऐसे ही ठीक है।"

"ऐसे नहीं, महालय की मर्यादा भी है।"

"तब ठीक है, आपकी जैसी इच्छा हो।"

"विशुद्ध शैव नृत्य होगा।"

"ऐसा ही होगा।"

"तब आओ, मैं वेशविन्यास कर दूं। ब्राह्म-मुहूर्त में अब विलम्ब नहीं है। द्वार पीठिका बजने लगी है और सर्वज्ञ गर्भगृह में पहुँच गए हैं।"

चौला ने आपत्ति नहीं की। गङ्गा ने अपने हाथों से चौला का अङ्गविन्यास किया। कुंचित केश की अनेक मेंडियाँ गूँथ कर उनमें मोती की झालरें गास दीं। रत्नखचित चोली कस दी और चान्दानेरी महीन ओढ़नी उसके कन्धों पर डाल दी। काश्मीरी शाल कटि में लपेट, लाल रंग का अधोवस्त्र पहना दिया। वक्षःस्थल में माणिक्य और भुजाओं में नीलम मणि के आभरण पहनाए। सबके बाद मस्तक पर हीरों का एक मुकुट रख दिया। यह सब शृंगार करके गंगा मुस्करा दी। पर साथ ही उसकी आँखों से दो बूँद गर्म आँसू टपक पड़े। चौला ने पूछा, "आँसू क्यों?"

"यों ही, अब चलो।"

"नहीं, कहो।"

"एक बात स्मरण करके।"

"क्या गोपनीय है?"

"नहीं, आज से पच्चीस वर्ष पहले ठीक इसी समय, इसी वेश में, इसी आयु में, एक और बालिका ने इसी पथ पर होकर महालय के गर्भद्वार में इसी अभिप्राय से प्रवेश किया था, और इस समय जो महापुरुष तुम्हारी प्रतीक्षा कर रहे हैं, वही उसकी प्रतीक्षा कर रहे थे।"

बालिका ने क्षण-भर सोचकर कहा–

"महापुरुष कौन, सर्वज्ञ?"

"हां।"

"और वह बालिका आप थीं?"

"थी तो।"

चौला बोली नहीं। चुपचाप खड़ी रही। गंगा ने उसे अंक में भर कर चूम लिया। चौला भी लिपट गई। दोनों भावमूढ़ हो गई थीं।

गंगा ने आँसू पोंछकर कहा—

"चलो।"

"चलो।"

दोनों चल दीं।

शुक्र नक्षत्र पूर्व दिशा में धप-धप चमक रहा था।

समर्पण

सोमनाथ पट्टन को शताब्दियों की श्रद्धा और भक्ति ने एक देवभूमि बना दिया था। लक्षावधि लोग वहाँ कुछ काल वास करके ऐसा समझते थे कि भव के समस्त पाप-तापों से हम मुक्त हो गए। महालय का अन्तर्कोट कोई बीस हाथ ऊँचा और छह हाथ चौड़ा था। चार सैनिक आसानी से उस पर बराबर खड़े हो सकते थे। अन्तर्कोट के सिंहद्वार के ठीक सामने गणपति का भव्य मन्दिर था। उसीपर नक्कारखाना था, जिसमें पहर-पहर पर चौघड़ियाँ बजती थीं। इस द्वार के दोनों पार्श्वों में दो विशाल दीपस्तम्भ थे, जिन पर संगतराशी का अत्यन्त शोभनीय काम हो रहा था। प्रत्येक स्तम्भ पर प्रतिदिन सहस्र दीप जलते थे, जिनका प्रकाश दूर से समुद्र-पथगामी जहाज़ों को सोमनाथ महालय के ज्योतिर्लिङ्ग की दिशा का भान कराता था। इन विशाल और ऊँचे दीपस्तम्भों के शिखर पर दो विशालकाय गण स्थापित थे, जो श्वेत मर्मर के थे। दक्षिण दीपस्तम्भ के सम्मुख चन्द्रकुण्ड था, जिसके विषय में प्रसिद्ध था कि उसमें स्नान करने से सर्वरोग-मुक्ति होती है तथा मनोकामना सिद्ध होती है।

इन्हीं दीपस्तम्भों के बीचोंबीच सभामण्डप में आने की विस्तृत सीढ़ियाँ थीं। सभामण्डप में होकर गर्भगृह का द्वार था। इसी गर्भगृह में वह त्रिभुवन-विख्यात ज्वलन्त ज्योतिर्लिङ्ग था। गर्भगृह के ऊपर एक विशालकाय शिखर था, जिसके प्रत्येक स्तम्भ पर देश-देश के शिल्प-विशारदों ने विविध भावभङ्गियों से परिपूर्ण चित्र खोदे हुए थे। ये चित्र इतने उत्कृष्ट थे कि इनकी मूक-मौन भाव-भङ्गी देखकर सचराचर जीव मूक-मौन होकर मुग्ध रह जाते थे। यह शिखर स्वर्ण-निर्मित था। ऊपर-स्वर्ण-जटित था, भीतर रत्न-जड़ित। सूर्य की सतेज किरणों की चमक में वह द्वितीय सूर्य की भाँति चमकता था। और भीतर के रत्न,गर्भगृह के सहस्र दीपों के प्रकाश में मुखरित हो अद्‌भुत शोभा-विस्तार करते थे। सभामण्डप में प्रवेश करते ही दोनों तरफ दो विशालकाय ऐरावत कसौटी के बने थे, जिनपर भगवान् इन्द्र समूची स्फटिक मणि के खोद कर बनाए गए थे। देवराज इन्द्र की भावभंगी ऐसी थी—मानो वे सोमनाथ ज्योतिर्लिङ्ग की पूजा करने अभी अमरपुरी को त्याग कर महालय में आए हैं। सभामण्डप अड़तालीस खम्भों पर था, और वह इतना विशाल था कि उसमें पाँच सहस्त्र आदमी खड़े होकर

ज्योतिर्लिङ्ग के दर्शन कर सकते थे। खम्भों पर रंग-बिरंगे रत्नों की पच्चीकारी की गई थी, जिनके कीमती पत्थरों की खुदाई देखते ही बनती थी।

मण्डप के सामने पूर्व दिशा में मुँह किए विशालकाय नन्दी था, जो ठोस चाँदी का बना था। वह एक सहस्र-भार वज़नी था। सहस्रावधि श्रद्धालु यात्री, मात्र उसकी पूँछ का स्पर्श करके ही अपने को भव बाधा पार समझते थे। ज्योतिर्लिङ्ग पर दिन-रात अखण्ड रुद्री होती थी और सम्मुख सभामण्डप में सूर्योदय से मध्य रात्रि तक निरन्तर नृत्य होता था।

अभी सूर्योदय नहीं हुआ था, गंग सर्वज्ञ बाघ-चर्म पर बैठे अर्चन-विधि सम्पन्न करा रहे थे। गर्भगृह के बाहर सभामण्डप में सहस्रों भावुक भक्त दर्शन की अभिलाषा से खड़े थे। सहस्राभिषेक और शृंगार हो चुकने पर सर्वज्ञ ने गंगा की ओर संकेत किया। गंगा चौला का हाथ पकड़ कर सर्वज्ञ के सम्मुख गई। चौला आशंका से परिपूर्ण थी, गंग सर्वज्ञ ने उसके सिर पर हाथ रखकर कहा, "कल्याणी! यह आज कार्तिक एकादशी का महापर्व है। महालय की नृत्यशाला के नियमानुसार जो अठारह प्रकार का नृत्य, बारह प्रकार के अभिनय और सात प्रकार के संगीतशास्त्र में निष्णात हो, वही आज आरती के समय पहली बार देवता के आगे नृत्य कर सकती है। बाले! वह अधिकार गंगा की साक्षी से आज मैं तुझे देता हूँ। आज के इस धन्य क्षण में तू अपनी देहयष्टि का बालपुष्प देवता को अर्पण कर! तन-मन सब कुछ देवार्पण कर, जिससे देवाधिदेव सोमनाथ तुझ पर प्रसन्न हों! आज तेरी जन्म-जन्म की तपश्चर्या सफल होगी। तू अपनी इन्द्रियों का और मनोवृत्ति का घोर दमन कर। आहार, निद्रा और वासना का संयम रख। और भगवान् सोमनाथ में जीवन को लय कर।" यह कहकर सर्वज्ञ ने चौला के मस्तक पर हाथ रक्खा और चौला अर्द्धमूर्च्छित-सी उसी स्थान पर पृथ्वी पर गिरकर भगवान सोमनाथ के चरणों में जैसे लीन हो गई।

आरती का समय हो गया, प्राची दिशा में ऊषा की लाली झलकने लगी। दीपस्तम्भों पर सहस्र-सहस्र दीप जल रहे थे। परकोट पर दीपावलि झलक रही थी। सभामण्डप में लोगों के ठठ जमे थे, सभामण्डप में स्वर्ण के दीप-स्तंभों पर घृत के सुगन्धित दीप जल रहे थे। मण्डप के बीचोंबीच जंज़ीर में लटके हुए सोने के अस्सी मन वज़नी महाघण्ट का अकस्मात् घोर रव होने लगा, जो मेघ-गर्जन के जैसा लगता था। घण्टरव बार-बार होने लगा। सहस्र-सहस्र हाथों ने उसे स्पर्श किया। उसके साथ ही सहस्र-सहस्र कण्ठों से 'सोमनाथ की जय! ज्योतिर्लिङ्ग की जय! महेश्वर की जय! के निनाद से दिशाएँ कम्पित होने लगीं। सबकी उत्सुक दृष्टि गर्भगृह की ओर थी, जहाँ रत्न-जटित स्वर्ण-दीपाधारों में अगरु और चन्दन के तेल के दीये जल रहे थे। गर्भगृह के बीचोंबीच छाती के बराबर ऊँचा सोमनाथ का ज्योतिर्लिङ्ग पुष्पों और विल्वपत्रों के ढेर में दीख रहा था। उसके ऊपर पन्ने का छत्र था, और स्वर्णजलधारी से गंगोत्तरी

का जल बूँद-बूँद टपक रहा था। सौ वेदज्ञ ब्राह्मण सामगान-युक्त स्वर से पुरुषसूक्त का पाठ कर रहे थे।

नक्कारखाने में नक्कारे पर चोट पड़ी। शहनाई बज उठी। लोग धकापेल करते हुए आगे बढ़े। अलमस्त बाबाओं ने दुपट्टों के चाबुक मार-मार कर गर्भद्वार के सामने का स्थान रिक्त कराया। एक ने विशाल शंख फूंका, जिसका प्रचण्ड रव दिशाओं में व्याप्त हो गया। इसके बाद लोगों में सन्नाटा छा गया और सब कोई गर्भगृह की सीढ़ियों की ओर देखने लगे।

सर्वप्रथम गंग सर्वज्ञ शांत मुद्रा से बाहर आए। उनके होंठ हिल रहे थे और शैवसूक्तों की मन्दध्वनि उनसे स्फुटित हो रही थी। लोग सहम कर स्तब्ध रह गए। यही वह पुरुष है जो पाशुपत-धर्म का एकमात्र अधिष्ठाता कहा जाता है; जो भूत, भविष्य और वर्तमान का ज्ञाता है। काश्मीर से कन्याकुमारी तक और विन्ध्य से हिमालय के उस पार तक जिसकी अखण्ड शिष्य-परम्परा है। देश-देश के नृपति अपने रत्न-जटित मुकुटों से जगमगाते अपने मस्तक जिसके चरणों में झुकाते हैं, जिसकी आज्ञा को लोग भगवान सोमनाथ की आज्ञा करके मानते हैं।

लोग श्रद्धा से झुक गए। सहस्र कण्ठों से निकला—'जय स्वरूप! जय सर्वज्ञ!'

गंग सर्वज्ञ के पीछे गंगा, चौला का हाथ पकड़े हुई आई। चौला का नवल गात, नवविकसित यौवन, लज्जावनत कमल-मुख, मधुर कौमार्य और नवीन केले की सी कान्ति देखकर जनता मूढ़-मुग्ध रह गई। अकस्मात् हर्षातिरेक से लोग चिल्ला उठे, 'जय देव, जय जय देव!'

परन्तु तुरन्त ही गर्भगृह से और एक व्यक्ति बाहर आया। उन्हें देखते ही भीड़ में भूचाल-सा आ गया, लोग हर्षोल्लास से चिल्ला उठे—'जय गुजरेश! जय चौलुक्यराज भीमदेव!'

युवराज भीमदेव एक हाथ तलवार की मूठ पर रखे, धीर-गम्भीर गति से चारों ओर देखते अपने साथी से धीरे-धीरे बातें करते आ रहे थे।

पहले सर्वज्ञ ने हाथ उठाकर सबको आशीर्वाद दिया। सब कोई चुपचाप गर्भगृह के द्वार पर देवता के सम्मुख खड़े हो गए। सर्वज्ञ ने एक बार भूमि पर प्रणिपात कर देवता को नमन किया, फिर एक शिष्य ने आरती उनके हाथ में दी और वे आरती करने लगे। इसी प्रकार गंग सर्वज्ञ आज सत्ताईस वर्ष से, अखण्ड रूप से बिना एक दिन नागा किए, प्रतिदिन दोनों समय आरती करते आ रहे हैं। हज़ारों घण्टाओं का स्वर, महाघण्ट का रव और दुन्दुभी की मेघ-गर्जना सब मिल कर ऐसा प्रतीत होता था जैसे देवाधिदेव अभी तांडव नृत्य कर रहे हैं और पृथ्वी पर भूचाल आ गया हो।

आरती सम्पूर्ण होने पर 'जय देव, जग जय देव, जय सोमनाथ, जय ज्योतिर्लिङ्ग' का सर्वज्ञ ने उच्चारण किया, जिसका सब लोगों ने अनुकरण किया। वह जयघोष

उत्तुङ्ग वायु की लहरों पर चढ़कर कोट, परकोट, समुद्र-तट, नगर और नगरकोट तक प्रतिध्वनित और परिवर्द्धित होकर प्रभास पट्टन के वातावरण में गूँज उठा।

यात्रियों ने आरती की आस ली।

सर्वज्ञ ने कहा, "अब नृत्य हो!"

सर्वज्ञ बाघम्बर पर बैठे। अन्य अतिथि भी उचित आसनों पर बैठे।

सब लोग यथास्थान बैठे। मृदङ्ग और वाद्य बजने लगे।

वातावरण में स्वर-ताल की तरंगें उठ चलीं।

गंगा ने स्तवन प्रारम्भ किया, और उसके साथ छह नर्तकियों ने नृत्य प्रारम्भ किया। क्षणभर ही में गंगा की कला मूर्तिमती हो उठी। माधुर्य की नदी उसके कण्ठ से बह चली। उसमें भक्तिभाव और विलास तैरने लगा। उसकी दृष्टि गंग सर्वज्ञ के गम्भीर मुख पर थी, और सर्वज्ञ की दृष्टि पृथ्वी पर। वे निश्चल, अडिग, जड़वत् बैठे थे। संगीत के वे परम पारदर्शी थे।

संगीत रुका, और गंग सर्वज्ञ ने एक बार आँख उठाकर गंगा की प्यासी चितवन को देखा। फिर उनकी दृष्टि चौला की ओर गई। उन्होंने मृदु स्वर से पुकारा, "चौला!"

चौला का हृदय धड़कने लगा। उसने सर्वज्ञ की ओर देखा। सर्वज्ञ ने उँगली से संकेत करके देवता को दिखाया। चौला ने उठकर प्रथम देवता को साष्टांग दण्डवत् और फिर गंग सर्वज्ञ को प्रणिपात किया और वह नृत्य करने को खड़ी हुई। वातावरण नीरव हो गया। सहस्रों दृष्टि उसी पर थीं, केवल गंग सर्वज्ञ पृथ्वी पर आँखें जमाए थे।

गंगा ने उसका ऊपर का आवरण हटाया। मण्डप के उन रत्न-दीपों के प्रकाश में वह शतदल श्वेत कमल-सी किशोरी, जब अपना समस्त अनावृत सौरभ लेकर लोगों की दृष्टि में चढ़ी, तो जनसमूह में उन्माद की आँधी आ गई। जनसमूह मुग्ध-मौन-अवाक् रह गया।

तभी मृदंग पर थाप पड़ी और कोमल पद की हल्की ठोकर से सुनहरी घुंघरू बज उठे—छन्न! मृदंग ने दौड़ भरकर फिर थाप मारी, और घुंघरू बजे—छन्न-छन्न-छन्न! फिर तो नूपुर-शोभित लाल कमल-से वे चरण श्वेत प्रस्तर के उस सभा-भवन के विस्तार को छू-छूकर ऊधम मचाने लगे। घुंघरुओं की झंकार जैसे लोगों के हृदयों में ज्वार-भाटा उत्पन्न करने लगी। अब सुनहरी ज़री से कसी चोली, कारचोबी काम का लहंगा और हीरों से दमकता वक्ष, नीलम से लिपटी छोटी-सी कमर, पैरों की प्रत्येक गति पर जो हलचल मचाने लगे, और उनके साथ ही सिंहल के मुक्ताओं से सम्हारे हुए कुन्तल केश वायु में लहरा कर जैसे उस नृत्य का अनुकरण करने लगे, फिर मृदुल मृणाल-भुजाएँ विषधर नाग की भाँति हिलोरें मारने लगीं, यह सब देखकर दर्शक सुधबुध खो बैठे। इस सुप्रभात-सी सुकुमार नवल किशोरी का वह अद्‌भुत परम शुद्ध शैव-नृत्य देखकर बड़े-बड़े कलाकार आश्चर्यचकित रह गए। ऐसा प्रतीत होता था जैसे शुभ्रशोभना शरद

ऋतु मूर्तिमती होकर ऊषा के उस मनोरम काल में सोमनाथ महालय में उतर आई हो।

धीरे-धीरे उसका बाह्य ज्ञान लुप्त होने लगा। उसके सामने सहस्रों नर-मुण्ड एकटक उसी को देख रहे हैं, इसकी उसे सुध न रही। वह एक बार गंग सर्वज्ञ और फिर देवता के ज्योतिर्लिंग को देख अधीर भाव से नृत्य करने लगी। उत्तुङ्ग पर्वत-शृङ्ग से गिरते हुए झरने के वेग के समान उसका वेग हो गया। मृदंगवादक हाँफने लगे। तन्तु-वाद्य केवल कम्पन ध्वनित करने लगे। चौला के चरणों ने जो गति ली, वह मानो गतिहीन हो गई। अन्ततः उसकी गति मन्द पड़ने लगी। वह पुष्प-भार से नमित वृन्त की भाँति धीरे-धीरे नीचे को झुकती गई। ताल का ठेका धीमा हुआ, और चौला वहीं देवसान्निध्य में सहस्र जनता के समक्ष पृथ्वी पर बेसुध होकर गिर पड़ी। जन-जन की नसों में प्रत्येक रक्तबिन्दु नृत्य कर रही थी। दर्शक निर्निमेष, निस्पन्द बैठे रह गए। गंग सर्वज्ञ ने अश्रुपूरित नेत्रों से गंगा की ओर देखकर कुछ संकेत किया। गंगा ने यत्न से चौला को अंक में भरा, और उसे कक्ष के बाहर ले गई। गंग सर्वज्ञ स्वप्निल-से चुपचाप उठकर अपने आवास में गए। सबके हृदयों में एक ही कल्पना, एक ही छलना, एक ही मूर्ति जाग्रत हो रही थी। वह मूर्ति चौला की थी। शुक्र नक्षत्र की भाँति दैदीप्यमान और शुभ्र चांदनी की भाँति व्यापक, शीतल और वज्रमणि की भांति बहुमूल्य और दुष्प्राप्य, शारदीय सुषमा की भाँति शतधौत शुभ्र।

त्रिपुरसुन्दरी

देवता का निर्माल्य लेकर जो तरुण भरुकच्छ से आया था, वह देवार्चन की समाप्ति पर महालय की सीढ़ियों के पास एक खम्भे के सहारे बैठा ऊँघ रहा था। इस समय महालय जनशून्य था। सभामण्डप के सब दीप बुझा दिए गए थे। बाहरी दीपाधारों पर जो दो-चार दीपक जल रहे थे, उन्हीं का क्षीण प्रकाश वहाँ पड़ रहा था। अर्द्धरात्रि व्यतीत हो चुकी थी। तभी अपनी पीठ पर किसी के हाथ का कोमल स्पर्श पाकर वह चौंक उठा। उसने मुँह फेर कर देखा, एक प्रगल्भ रूपसी बाला खड़ी मुस्करा रही थी। उसका यौवन जैसे दहकता हुआ अंगारा था। युवक ने कमर से लटकती तलवार की मूठ पर हाथ धर कर कहा, "कौन हो तुम?" बाला खिलखिलाकर हँस पड़ी, हँसते-हँसते युवक पर कुटिल भ्रूपात करके कहा—

"मूर्ख, स्त्री से डरता है?"

"मैं किसी से नहीं डरता।"

"फिर तलवार पर हाथ क्यों?"

युवक ने स्थिर होकर कहा, "कौन हो तुम?"

युवती उससे सटकर बैठ गई, हँसकर उसने कहा, "कहो, कैसी हूँ?"

रूप के उस दहकते हुए अंगारे के स्पर्श से तरुण का तारुण्य जाग उठा, उसने कहा, "कहो, कौन हो?"

"मैं सोमा हूँ।"

"सोमा कौन?"

"त्रिपुरसुन्दरी की भूमिका।"

"तो मुझसे तुम्हारा क्या काम है?"

"तुम यहाँ अकेले बैठे क्या कर रहे हो, बुद्धू?"

युवती युवक के और पास खिसक गई, उसके अनावृत यौवन का सुरभित, सुकोमल, सुखस्पर्श पाकर युवक चल-चंचल हो गया। सुन्दरी ने अपने कन्धे से धकेलते हुए और बंकिम कटाक्ष से देखते हुए कहा–

"चलोगे मेरे साथ?"

"कहाँ?"

"त्रिपुरसुन्दरी के दरबार में।"

युवक भीत नेत्रों से युवती को देखने लगा। त्रिपुरसुन्दरी की रहस्यपूर्ण वाम पूजन की विधि की बहुत बातें उसने सुनी थीं। युवती ने अपना उन्मत्त यौवन युवक के शरीर से सटा दिया। युवक के शरीर की नसों का रक्त, गर्म होकर पिघले हुए सीसे की भाँति दौड़ने लगा।

उसने हकलाकर कहा, "क्या सच कहती हो?"

"तुम्हारा बड़ा भाग्य है। महामाया के चरणों में तुम्हारी पुकार हुई है।" बाला ने एक प्रकार से युवक को अंक में भर कर उठा लिया। युवक की सोचने की शक्ति कुण्ठित हो गई। वह विमूढ़ की भाँति तरुणी के पीछे चल दिया।

महालय के वाम पार्श्व में जो विस्तृत उद्यान था, उसके उस ओर एक विशाल द्वार था। द्वार के उस पार त्रिपुरसुन्दरी का मन्दिर था। यह मन्दिर चारों ओर से ऊँची-ऊँची दीवारों से घिरा था। मन्दिर के आसपास चारों ओर कुमारी, काली, कपाली, चामुण्डा आदि नव-शक्तियों के नौ मन्दिर थे।

त्रिपुरसुन्दरी के सम्बन्ध में विविध किंवदन्तियाँ थीं। अनेक रस-रहस्य की बातें लोग करते थे। वहाँ प्रत्येक गोख और स्तम्भ पर शिवशक्ति की मिथुन-मूर्तियाँ खुदी थीं। मूर्तियाँ नग्न और अश्लील और भिन्न-भिन्न प्रकार के काम-सम्बन्धी आसनों की थीं। उनमें कुछ अत्यधिक नग्न, अश्लील, काम-विकार और अप्राकृतिक संयोगों को प्रदर्शित करती थीं।

मन्दिर के द्वार पर विशाल भैरवी चक्र बना हुआ था। आश्विन की नवरात्रि में इस मन्दिर की चहल-पहल बहुत बढ़ जाती थी। दूर-दूर के कौल वामपन्थी उस उत्सव में सम्मिलित होते थे। 'महाशक्ति त्रिपुरसुन्दरी' का स्तवन, कीर्तन और पूजन,

उत्तर कौल-क्रिया से कौलिक सम्प्रदाय के शाक्त करते थे। इन दिनों यहाँ नित्य मद्य, मांस और मत्स्य मधु का नैवेद्य चढ़ता, भैरवी चक्र की रचना होती, और भक्तगण भोगविलास को मोक्ष का परम साधन मानकर, वर्ण-जाति का विचार छोड़कर, महाशक्ति महामाया त्रिपुरसुन्दरी की आराधना करते थे। मन्दिर के एक गोपनीय भाग में शंकर की अर्द्धाङ्गिनी महाशक्ति की आराधना होती थी। और उसकी पूजा-अर्चना परम्परा से चली आती हुई—दीक्षित स्त्री-पुरुषों के समक्ष, अवर्ण्य विधि से होती थी। बिना दीक्षित हुए व्यक्ति का वहाँ पहुँचकर जीवित लौटना सम्भव न था।

सुन्दरी की नूपुर-ध्वनि नवयुवक के रक्त में मदिरा का मद उंड़ेल रही थी। उसकी विलासलीला, अनावृत सुगठित देह, वीणा-विनिन्दित स्वर, उसके सुप्त यौवन को ठोकर मार-मारकर जाग्रत कर रहे थे। युवती के स्वर्णगात्र की मादक गंध से आवेशित हो युवक मन्त्रबद्ध सर्प की भाँति उसके साथ-साथ चला जा रहा था। एकाएक उसने साहस करके कहा—

"कहाँ ले जा रही हो—उस अगम क्षेत्र में मुझे?"

"भय मत कर!" युवती ने उसके कान में मुँह लगाकर कहा। उसके कान और गण्डस्थल से युवती का गर्म ओष्ठ छू गया। उसे रोमान्च हो आया। फिर युवती ने अपने नर्म-गर्म हाथों में उसकी कलाई पकड़ ली और उसे एक तंग अँधेरी राह में खींच ले चली। बड़ी देर तक वह उस अँधकारपूर्ण टेढ़े-मेढ़े मार्ग में चलती रही। एकाएक ठहर कर उसने एक गुप्त द्वार पर पहुँच कर संकेत किया। किसी ने झरोखे से झांक कर पूछा, "कौन है?"

"मैं सोमा हूँ।"

उत्तर में एक पुरुष हाथ में दीपक लिए बाहर आया। सोमा को देखकर उसने पूछा—

"प्राप्त हुआ?"

"यह है।"

जिस पुरुष ने आकर द्वार खोला था, वह काला-मुस्टण्ड और दिगम्बर था। उसकी आँखें लाल हो रही थीं और वह मद्य के नशे में झूम रहा था। उसने सिर से पैर तक युवक को देखा, हास्य से उसके काले-काले मोटे होंठ फैल गए और बड़े-बड़े पीले दाँत बाहर निकल आए। उसने कहा, "तब आओ भीतर", सोमा ने युवक को भीतर धकेल लिया। मुस्टण्ड ने द्वार बन्द कर लिया। दीपक के पीले क्षीण प्रकाश में उस भयानक पुरुष को देखकर युवक सहम गया। पुरुष आवश्यकता से अधिक लम्बा और बेडौल था। उस दीपक के पीले प्रकाश में उसे देखकर युवक काँपने लगा। वे अनेक अँधेरे अलिन्दों और कक्षों को पार करके एक प्रशस्त प्राङ्गण में पहुँचे। हाथ का दीपक एक आधार पर रखकर पुरुष ने कहा, "शस्त्र मुझे दे" और उसने अनायास ही युवक की तलवार हस्तगत कर ली।

युवक आतंक से जड़ हो गया। सोमा ने बंकिम कटाक्ष से उसे घूर कर धीरे से कहा, "चल-चल! देवस्थान में शस्त्र की क्या आवश्यकता है! यहाँ भगवती महामाया की जाग्रत ज्योति है।" वह उसे धकेलती हुई एक भीतरी अलिन्द में ले गई।

वहाँ दैत्य के समान, सर्वथा नग्न एक भीमकाय कृष्णवर्ण पुरुष, व्याघ्रचर्म पर बैठा कुछ जप कर रहा था। एक लाल वस्त्र-खण्ड उसके नाभि-देश में अस्त-व्यस्त पड़ा था।

एक बड़ा-सा मद्य-पात्र उसके सम्मुख धरा था जिसमें से वह बार-बार मद्य पी रहा था। उसकी घनी काली भौंहों के नीचे बड़े-बड़े पलक झुके हुए थे और खिचड़ी घनी दाढ़ी में छिपे मोटे-मोटे काले होंठ तेज़ी से हिल रहे थे।

सोमा ने युवक को उस पुरुष के आगे धकेलकर कहा, "साहस कर रे, महामाया के चिरकिंकर भूतनाथ भैरवावतार रुद्रभद्र को प्रणिपात कर।"

युवक काँपता-काँपता भूमि पर लोट गया।

रुद्रभद्र ने उसकी ओर अपने तन्द्रिल नेत्र उठाकर उँगली से संकेत करते हुए उस स्त्री से कहा–

"यही है वह?"

"यही है।"

"तूने त्रिपुरसुन्दरी का निर्माल्य सर्वज्ञ को दिया है?"

"सर्वज्ञ ने स्वयं ही ग्रहण कर लिया प्रभु!" युवक ने करबद्ध हो कहा।

"अरे अधम, तुझे आदेश क्या था? क्या तुझे महामाया के कोप का भय नहीं?"

युवक ने सामने महामाया की विकराल मूर्ति हाथ में त्रिशूल लिए देखी। रुद्रभद्र ने कोप कर कहा, "अधम, महामाया के कोप में गिर कर भस्म होगा तू।" फिर पात्र में मुँह लगाकर गटागट बहुत-सी मद्य पीकर जलती हुई दृष्टि से युवक की ओर देखा। युवक ने प्रणिपात करके कहा, "प्रभु, अपराध क्षमा हो, सर्वज्ञ की आज्ञा उल्लंघन करने की शक्ति मुझ में नहीं थी।"

इसी समय भीतर से दो मुस्टण्ड मूर्तियाँ निकल आईं। वे भी दिगम्बर और मद्य से उन्मत्त थीं। एक ने कहा, "बाबा, इसे आज महाकाल की बलि दीजिए।"

"देवार्पण होगा रे तू?" रुद्रभद्र ने लाल-लाल आँखें उठाकर पूछा।

"नहीं, नहीं बाबा, मुझे जाने दीजिए।"

परन्तु आगत मुस्टण्डों में से एक ने अपने बलिष्ठ पंजे में उसकी कलाई पकड़ ली।

उसने कहा, "पापी, महामाया के मन्दिर को भ्रष्ट करके भाग जाना चाहता है।"

दूसरे ने कहा, "मन्दिर को भ्रष्ट करके कोई नर जीवित यहाँ से नहीं जा सकता।"

रुद्रभद्र ने फिर मद्य पी और मेघगर्जना के स्वर में पुकारा, "व्याघ्रदन्त" एक विकराल दिगम्बर महाकाय व्यक्ति न जाने कहाँ से निकल आया। उसके सर्वांग में

सिंदूर लगा था और हाथ में एक विशाल त्रिशूल था। उसने अनायास ही युवक को धरती पर पटक दिया, और त्रिशूल उसके कण्ठ पर रख दिया। फिर चिल्लाकर कहा, "जय माया!"

सोमा भय से चीत्कार कर दौड़ी। उसने त्रिशूल को दोनों हाथों में थाम कर कहा, "नहीं-नहीं, यह महाकाल का नैवेद्य है। यहाँ इसका रक्त नहीं गिरेगा।"

पुरुष ने त्रिशूल हटा लिया। वह रुद्रभद्र की ओर देखने लगा। सोमा ने रुद्रभद्र के कानों में मुँह लगाकर कहा, "यह महाकाल का नैवेद्य है, इसे प्रभात में महाकाल को बलि देना होगा। अभी इसे मेरे सुपुर्द कीजिए प्रभु।"

"समझा, तू इस पर आसक्त है। पापिनी! दूर हो।' वह खड़-खड़ करके हँस पड़ा, और पात्र में मुँह लगाकर मद्य पीने लगा।

सोमा ने फिर उसके कान में मुँह लगाकर कुछ कहा। इस पर रुद्रभद्र ने सोमा को पीछे धकेलते हुए खड़े होकर कहा, "झूठ-झूठ, दूर हो तू चुड़ैल" फिर उसने वज्र गर्जना करके कहा, " इस पापिष्ठ को खम्भे से बान्धो।"

युवक को खम्भे से कसकर बान्ध दिया गया। सोमा रुद्रभद्र से घर्षणा खाकर भी उठी और उसने मद्य से भरा पात्र युवक के मुँह से लगाकर कहा, "पी जा अधर्मी! महामाया का प्रसाद है, इससे साहस बढ़ेगा।"

युवक बिना विचार किए गटागट मद्य पी गया। पात्र में जो बचा, उसे सोमा ने पीकर पात्र धरती पर फेंक दिया। फिर वह चारों ओर घूम-घूम कर अपलाप-सा करने लगी।

रुद्रभद्र ने वज्र-गर्जना करके कहा, "लाओ निर्माल्य।"

कुसम्वाद

गंग सर्वज्ञ स्वस्थ होकर आसन पर बैठे। उनके सामने दूसरे आसन पर भीमदेव बैठे।

युवराज ने कहा, "भगवन्, यह तो ठीक नहीं हुआ।" सर्वज्ञ ने पूछा, "क्या?"

"आपने म्लेच्छ को अभय दिया, चिरंजीव रहने का आशीर्वाद दिया...और सकुशल चला जाने दिया।"

सर्वज्ञ हँस दिए। उन्होंने कहा, "अच्छा क्यों नहीं हुआ कुमार?"

"हाथ में आए शत्रु को छोड़ना अच्छा है?"

"पर शत्रु कौन है?"

"प्रभो! मैं यह सब वेदान्त विचार नहीं कर सकता, पर गज़नी का यह दैत्य यदि सोमपट्टन को आक्रान्त करे तो?"

"तो?"

"तो महाराज, गुजरात का गौरव भंग होगा।"

"क्यों?"

गंग सर्वज्ञ के प्रश्न का उत्तर युवराज भीमदेव नहीं दे सके।

वे सर्वज्ञ का गरिमापूर्ण मुख देखते रह गए।

गंग सर्वज्ञ ने हँस कर कहा, " कुमार, यदि गज़नी का सुलतान सोमपट्टन पर अभियान करे तो गुजरात का गौरव भंग होगा, यह तुम प्रथम ही से कैसे कहने लगे? यदि वह अभियान करे तो गुजरात का गौरव बढ़े क्यों नहीं?"

भीमदेव लज्जित हुए। उन्होंने कहा, "गुरुदेव, सोलह बार इस दैत्य ने तीस बरस से भारत को अपने घोड़ों की टापों से रौंदा है। हर बार इसने भारत को तलवार और आग की भेंट किया है।"

"तो इसमें क्या इसी अमीर का दोष है कुमार, तुम्हारा, देशवासियों का कुछ भी दोष नहीं है? कैसे एक आततायी इतनी दूर से दुर्गम राह पार करके, धन-जन से परिपूर्ण, शूरवीर राजाओं और क्षत्रियों से सम्पन्न भारत को सफलतापूर्वक आक्रान्त करता है, धर्मस्थलों को लूट ले जाता है, देश के लाखों मनुष्यों को गुलाम बनाकर बेचता है, परन्तु देश के लाखों-करोड़ों मनुष्य कुछ भी प्रतीकार नहीं कर पाते। तुम कहते हो, तीस बरस से यह सफल आक्रमण कर रहा है। उसके सोलह आक्रमण सफल हुए हैं। फिर सत्रहवाँ भी क्यों न सफल होगा, यही तो तुम्हारा कहना है? तुम्हें भय है कि इस बार वह सोमपट्टन को आक्रान्त करेगा। फिर यह भी भय है कि यदि वह ऐसा करेगा तो गुजरात का गौरव भंग होगा। तुम्हारे इस भय का कारण क्या है? क्या अमीर का शौर्य? नहीं, तुम्हारे भय का कारण तुम्हारे ही मन का चोर है। तुम्हें अपने शौर्य और साहस पर विश्वास नहीं। कहो तो, इसका गज़नी यहाँ से कितनी दूर है? राह में कितने नद, वन, पर्वत और दुर्गम स्थल हैं? सूखे मरुस्थल हैं, जहाँ प्राणी एक-एक बूँद जल के बिना प्राण त्यागता है। ऐसे विकट वन भी हैं, जहाँ मनुष्य को राह नहीं मिलती। फिर उस देश से यहाँ तक कितने राज्य हैं? मुलतान है, मरुस्थल के राजा हैं। सपादलक्ष के, नान्दोल के चौहान, झालौर के परमार, अवन्ती के भोज, अर्बुद के ढुण्ढिराज हैं। फिर पट्टन के सोलंकी हैं। इनके साथ लक्ष-लक्ष, कोटि-कोटि प्रजा है, जन-बल है, अथाह सम्पदा है, इनका अपना घर है, अपना देश है। फिर भी यह आततायी विदेशी, इन सबके सिरों पर लात मार कर, सबको आकान्त करके, देश के दुर्गम स्थानों को चीरता हुआ, राज्यों को विध्वंस करता हुआ, इस अति सुरक्षित समुद्र-तट पर सोम-तीर्थ को आक्रान्त करने में सफल हो—तो कुमार, यह उसका दोष नहीं, उसका विक्रम है—उसका शौर्य है। दोष यदि कहीं है तो तुममें है।"

कुछ देर तक गंग सर्वज्ञ चुप रहे। फिर बोले, "देव तो भावना के देव हैं। साधारण पत्थर में जब कोटि-कोटि जीवित जन श्रद्धा, भक्ति और चैतन्य सत्ता आवेशित

करते हैं तो वह जाग्रत देव बनता है। वह एक कोटि-कोटि जनों की जीवनी-सत्ता का केन्द्र है। कोटि-कोटि जनों की शक्ति का पुंज है। कोटि-कोटि जनों की समष्टि है। इसी से, कोटि-कोटि जन उससे रक्षित हैं। परन्तु कुमार, देव को समर्थ करने के लिए उसमें प्राण-प्रतिष्ठा करनी पड़ती है। वह कोरे मन्त्रों द्वारा नहीं, यथार्थ में। यदि देव के प्रति सब जन, अपनी सत्ता, सामर्थ्य और शक्ति समर्पित करें, तो सत्ता, शक्ति और सामर्थ्य का वह संगठित रूप देव में विराट पुरुष के रूप का उदय करता है। फिर ऐसे-ऐसे एक नहीं, सौ ग़ज़नी के सुलतान आवें तो क्या? जैसे पर्वत की सुदृढ़ चट्टानों से टकरा कर समुद्र की लहरें लौट जाती हैं, उसी प्रकार उस शक्ति-पुंज से टकराकर खण्डित शक्तियाँ चूर-चूर हो जाती हैं...

''थानेश्वर, मथुरा और नगरकोट का पतन कैसे हुआ, इस पर तो विचार करो। महमूद तुम पर आक्रमण नहीं करता, राज्यों का उसे लोभ नहीं है। वह तो देव-भंजन करता है। कोटि-कोटि जनों के उस अविश्वास और पाखण्ड को खण्डित करता है। कोटि-कोटि जनों के उस अविश्वास और पाखण्ड को खण्डित करता है, जिसे वे श्रद्धा और भक्ति कहकर प्रदर्शित करते हैं। वह भारत की दुर्बलता को समझ गया है। यहाँ धर्म मनुष्य-जीवन में ओत-प्रोत नहीं है। वह तो उसके कायर, पतित और स्वार्थमय जीवन में ऊपर का मुलम्मा है। नहीं तो देखो, कैसे वह एक कुरान के नाम पर प्रतिवर्ष लाखों योद्धाओं को बराबर जुटा लेता है। कुरान के प्रति उनकी श्रद्धा, उसमें और उसके प्रत्येक साधारण सिपाही में मुलम्मे की श्रद्धा नहीं है, निष्ठा की श्रद्धा है..

''इसी से कुमार, मेरी दृष्टि में वह उस आशीर्वाद ही का पात्र है, जो मैंने उसे दिया...और प्राणि-मात्र को अभयदान तो भगवान सोमनाथ के इस आवास का आचार है, मैं उस आचार का अधिष्ठाता हूँ, यह भी तो देखो!''

''परन्तु गुरुदेव, शत्रु-दलन की शक्ति क्या देवता में नहीं है?''

''कुमार! यदि राजा के मन्त्री, सेना तथा प्रजा अनुशासित न हों, सहयोग न दें, तो राजा की शक्ति कहाँ रही? राजा की शक्ति उसके शरीर में नहीं है। शरीर से तो वह एक साधारण मनुष्य-मात्र है। उस राजा के शरीर को नहीं, उसके राजत्व की भावना को अंगीकार करके जब सेना और मन्त्री दोनों का बल उससे संयुक्त होता है, तब वह महत्कृत्य करता है। इसी भाँति पुत्र, देवता अपने-आप में तो एक पत्थर का टुकड़ा ही है, उसकी सारी सामर्थ्य तो उसके पूजकों में है। वे यदि वास्तव में अपनी सामर्थ्य समष्टिरूप में देवार्पण करते हैं, तो वे देवत्व का उत्कर्ष होता है। वास्तव में भक्त की सामर्थ्य का समष्टि-रूप ही देव का सामर्थ्य है।''

बहुत देर तक कुमार भीमदेव गंग सर्वज्ञ की इस ज्ञान-गरिमा को समझते रहे। फिर बोले, ''तो देव, ग़ज़नी का सुलतान यदि सोमपट्टन को आक्रान्त करे तो हमारा क्या कर्त्तव्य है?''

''जिस अमोघ सामर्थ्य की भावना से तुम देवता से अपनी रक्षा चाहते हो, उसी अमोघ सामर्थ्य से देव-रक्षण करना।''

"परन्तु वह अमोघ सामर्थ्य क्या मनुष्य में है?"

"और नहीं तो कहाँ है? बेटे! मनुष्य का जो व्यक्तित्व है वह तो बिखरा हुआ है, उसमें सामर्थ्य का एक क्षण है। अब, जब मनुष्य का समाज एकीभूत होकर अपनी सामर्थ्य को संगठित कर लेता है, और वह उसका उपयोग स्वार्थ में नहीं, प्रत्युत कर्तव्य-पालन में लगाता है, तो यह सामर्थ्य-समष्टि मनुष्य की सामर्थ्य होने पर भी देवता की सामर्थ्य हो जाती है। उसी से देव-रक्षण होगा।"

"परन्तु यदि लोग उपेक्षा करें, अपने-अपने स्वार्थ में रत रहें?"

"तो देवता की सामर्थ्य भंग होगी, तब प्रथम देवता अन्तर्धान होगा, फिर देव-अरक्षित कोटि-कोटि जन दुःख-ताप से पीड़ित हो दुःख भोगेंगे। जनपद-ध्वंस होगा।"

"तब प्रभु, मुझ अज्ञानी को आप यह आदेश दीजिए कि मैं क्या करूं। आज मैं आपके चरणों में प्रतिज्ञा करता हूँ कि यदि यह दुर्दान्त भारत-विजेता भगवान सोमनाथ को आक्रान्त करेगा तो मैं इसी तलवार से उसके दो टुकड़े कर दूँगा।"

"पुत्र! इस 'मैं' शब्द को निकाल दो। इससे ही 'अहं-तत्त्व' उत्पन्न होता है। कल्पना करो, कि तुम्हारी भाँति ही दूसरे भी इस 'मैं' का प्रयोग करेंगे, तो प्रतिस्पर्धा और भिन्नता का बीज उदय होगा। सामर्थ्य का समष्टि-रूप नहीं बनेगा।"

"तो भगवन्! हम कैसे कहें–?"

"ऐसे कहो पुत्र, कि यदि कोई आततायी देव की अवज्ञा करेगा तो भारत उसे कभी सहन न करेगा।"

"तो प्रभु, यही सही।"

भीमदेव आगे और भी कुछ कहना चाह रहे थे कि इसी समय गंगा घबराई हुई आई, उसने कहा, "प्रभु, चौला आवास में नहीं है..."

"आवास में नहीं है तो कहाँ है?" सर्वज्ञ ने जिज्ञासा प्रकट की।

"यह मैं नहीं जानती, परन्तु मुझे सन्देह है...।

गंग सर्वज्ञ अस्थिर हो गए। उन्होंने व्यग्र हो उठते हुए कहा, "कुमार, तुम मेरे साथ आओ।" और एक गुप्त गर्भमार्ग द्वारा त्रिपुरसुन्दरी के मन्दिर की ओर लपके और उनके पीछे नंगी तलवार हाथ में लिए कुमार भीमदेव भी।

भैरवी-चक्र

रुद्रभद्र पैर पटक-पटक कर इधर-उधर घूमने लगा। मद्य की झोंक में उसके पैर सीधे नहीं पड़ रहे थे। आँखें अधमिची हो रही थीं। वह रह-रह कर कोई अघोर मन्त्र बड़बड़ा रहा था। इसी समय दैत्य के समान दो अशुभदर्शी व्यक्तियों ने वस्त्रों

में लिपटी हुई वस्तु उसके चरणों में लुढ़का दी। रुद्रभद्र ने भारी कण्ठ से कहा—

"निर्माल्य मिला?"

"मिला।"

उसने आवेष्टन हटाया, मूर्च्छित चौला की देह-यष्टि उसमें से निकल पड़ी। उसके शरीर पर वही नृत्य की पोशाक थी। कड़ी मूर्च्छा के कारण उसका मुख पीला हो रहा था, पर इस समय भी वह वही पारिजात-पुष्पगुच्छ की श्री धारण कर रही थी। रुद्रभद्र के मद्य-घूर्णित नेत्रों के भारी-भारी पलक तृषित हो उठे।

उसने कहा, "जृम्भिक, उसे अमृत दे।" जृम्भिक ने मद्य का पात्र मूर्च्छित चौला के मुख से लगा दिया। श्वास के साथ ही मद्य उसके कण्ठ में उतरने लगा। रुद्रभद्र ने वहीं भैरवी चक्र रचा। भैरवी चक्र पर चौला की बेसुध देह रखी गई। फिर उसने उसके निकट ही आसीन होकर आज्ञा दी, "पूजन-विधि सम्पन्न करो अब।"

चौला को नग्न कर दिया गया। उसके विविध अंगों का पूजन-मार्जन होने लगा। बीच-बीच में मद्य भी उसके मुख में डाली जाने लगी। रुद्रभद्र तन्त्र-क्रिया सम्पन्न करने लगा। संकेत होने पर कपाट खोल दिए गए। सब साधक-साधिकाएँ कक्ष में घुस आईं। सब दिगम्बर नग्न थे, सबके हाथ में मद्य-पात्र थे। एक-एक स्त्री और एक-एक पुरुष मिथुन मुद्रा से विशेष पद्धति पर मन्त्र-पाठ करता हुआ चौला की नग्न मूर्च्छित देह को चारों ओर से घेरकर नृत्य करने और मद्य पीने लगा। बहुत लोग पीते-पीते वमन करने लगे, बहुत निर्लज्ज-अश्लील चेष्टाएँ करने लगे, बहुत बदहवास होकर भूमि पर ही लोट गए। उसी समय चौला की मूर्च्छा टूटी। अपने सम्मुख अकल्पित-अतर्कित यह भयानक दृश्य देखकर उसके मुख से चीख निकल गई, मूर्च्छा और मद्य के प्रभाव से उसकी चेतना विकृत हो रही थी। फिर भी उसने अपने नग्न शरीर को देख लज्जा से अंग समेट लिए। परित्राण पाने के लिए वह इधर-उधर देखने लगी। चारों ओर निर्लज्ज नग्न स्त्री-पुरुष मिथुन-योग से उसके चारों ओर घूम-घूमकर कवच-पाठ कर रहे थे। रुद्रभद्र मुद्रा-योग में सम्मुख आसीन था। इन सब निर्लज्ज और वीभत्स स्त्री-पुरुषों तथा दैत्य के समान भीमकाय रुद्रभद्र को सम्मुख नग्न बैठा देख, चौला ने भय से दोनों हाथों से आँखें बन्द कर लीं।

खम्भे में बन्धा हुआ युवक यद्यपि गहरे नशे में था, परन्तु अपने लाए निर्माल्य की विपत्ति देख उसने छूटने को बहुत हाथ-पैर मारे, परन्तु वह बन्धन नहीं तोड़ सका। सोमा बार-बार मद्य पीकर खिलखिलाकर हँसने और मद्य पात्र उसके मुँह के पास ले जाने लगी, परन्तु उसने फिर मद्य नहीं पी। आवेग से उसके मस्तिष्क और कण्ठ की नसें तनने लगीं।

हठात् युवक चिल्ला उठा, "जय स्वरूप! जय सर्वज्ञ! जय देव! जय गुरु देव!" उन्मत्त जनों से देखा, गंग सर्वज्ञ तेजी से बढ़े हुए भीतर आ रहे हैं, उनके पीछे नंगी तलवार हाथ में लिए भीमदेव हैं।

जो जहाँ था, स्तब्ध रह गया। कुमार भीमदेव एक ही छलांग में रुद्रभद्र को धकेल चौला के निकट जा पहुँचे। उन्होंने झटपट अपना उत्तरीय उसपर डाल दिया। चौला लपककर भीमदेव के पीछे लड़खड़ाती आ खड़ी हुई। रुद्रभद्र ने पास रखा भारी त्रिशूल उठाकर कुमार भीमदेव पर प्रहार किया। गंग सर्वज्ञ युवक की पुकार सुन उसे बंधन-मुक्त करने में उलझ गए थे। अब उन्होंने कड़ककर कहा, "खबरदार भद्र!" और दूसरे ही क्षण युवक ने उछल कर उसका गला धर दबाया। रुद्रभद्र में असीम बल था, वह प्राणप्रण से युवक से भिड़ गया। कभी युवक और कभी रुद्रभद्र नीचे-ऊपर होने लगे। इस बीच में सब उपासक भाग गए। भीमदेव ने युवक को रुद्रभद्र से उलझता छोड़ चौला के वस्त्रों की व्यवस्था की। अन्त में रुद्रभद्र को लात-घूसों से अच्छी तरह रौंद कर, युवक ने उसे सीढ़ियों से नीचे धकेल दिया। मार और नशे से अचेत होकर रुद्रभद्र टूटे खम्भे के समान भूमि पर पड़ा रहा। गंग ने मन्दिर के पट बन्द कर दिए और 'सब कोई मन्दिर त्याग कर बाहर चले जाओ' यह आदेश दिया। मूर्च्छित रुद्रभद्र के शरीर को पार्श्वग उठा ले गए। आगे गुरुदेव, बीच में चौला, पीछे भीमदेव, उनके पीछे वह युवक, सब उसी गुप्त मार्ग की राह महालय में लौट आए।

मौनी बाबा

सरस्वती के उत्तर तट पर दधिस्थली ग्राम था। उस ग्राम से कोई डेढ़ कोस के अन्तर पर बटेश्वर नाम का एक प्राचीन शिवालय था। शिवालय जीर्णावस्था में होने पर भी अति भव्य था, उसके आसपास चारों ओर अनेक छोटे-बड़े मन्दिर और थे। इनमें भी शिवलिंग की स्थापना थी। स्थान अति रमणीक था। उसकी तीन दिशाओं में बहुत-से बड़े-बड़े छायादार वृक्ष थे। चौथी दिशा में महानदी सरस्वती शिवालय के चरण पखारती कलकल निनाद करती बह रही थी। शिवालय से कोई तीन कोस के अन्तर पर श्रीस्थल तथा आठ-नौ कोस के अन्तर पर अनहल पट्टन था। बीच के मैदान में मनुष्यों की बस्ती न थी। शिवालय एकान्त, निर्जन था। शिवालय का शिखर बहुत ऊँचा था। वहाँ से चारों ओर का दृश्य अति भव्य दीखता था।

कुछ दिन से इस शिवालय में एक संन्यासी आकर टिके थे। संन्यासी परदेशी थे और बहुत वृद्ध थे। उनका शरीर अत्यन्त कृश और लम्बा था। उसपर श्वेत लम्बी दाढ़ी अतिभव्य दीख पड़ती थी। संन्यासी मौनी थे, मुँह से बोलते नहीं थे, न आसपास के ग्रामों में भिक्षा करने जाते थे। ग्रामीण भक्तजन और जंगल के चरवाहे जो आकर भक्ति-भाव से कुछ खाने-पीने की वस्तु रख जाते थे, उनसे वे केवल संकेत से बहुत कम बातें करते थे। आसपास के ग्रामों में वे मौनी बाबा के नाम से प्रसिद्ध हो गए

थे। दिन में एक-दो ग्रामीण उनके पास बने रहते थे, परन्तु रात्रि को बाबा अकेले ही उस निर्जन में रहते थे। उनकी निस्पृह वृत्ति और गम्भीर आकृति से प्लावित हो ग्रामीण उनपर श्रद्धा करते थे।

अर्द्धरात्रि व्यतीत हो गई थी। रात अंधेरी थी और जंगल सुनसान था। ऐसे समय में दो अश्वारोहियों ने शिवालय के प्रांगण में प्रवेश किया। दोनों अश्वारोहियों में एक छद्मवेशी सुलतान महमूद और दूसरा उनका साथी था। दोनों साधु-वेष में ही थे। घोड़ों का पदचाप सुनते ही मौनी बाबा बाहर निकल आए और अश्वों की व्यवस्था कर तीनों शिवालय के अलिन्द में जा बैठे। बैठते ही तीनों ने वार्तालाप प्रारम्भ कर दिया। वार्ता शुद्ध अरबी भाषा में हुई, उसका अभिप्राय इस प्रकार था—

"हज़रत! अब्बास ज़ख्मी हो गया।"

"यहाँ तक नौबत क्यों आने दी, सुलतान?"

"नौबत आगे तक आती, परन्तु गुसाईं बीच में आ गया।"

"गंग को आपने देखा?"

"देखा।"

"और कुछ"

"दो चीज़ें और देखीं।"

"वह क्या?"

"गुजरात का राजा।"

"चामुण्डराय?"

"नहीं, भीमदेव।"

"देख लिया?"

"अच्छी तरह। अफसोस यही रहा, दो-दो हाथ और न हो पाए।"

"अब्बास को उसी ने ज़ख्मी किया?"

"नहीं, एक दूसरे नौजवान ने।"

"मगर तकरार हुई किस बात पर?"

"फिर कहूँगा, अभी यह फर्माइए कि लाहौर से कोई आया है?"

"अलीबिन उस्मान अल्हज बीसी का कासिद आया है। उन्होंने कहलाया है कि तमाम फौज दर्रा पार कर चुकी है, और जलालाबाद में उसे लेकर मसऊद सुलतान के हुक्म की इन्तज़ारी कर रहा है।"

"और मुल्तान की क्या खबर है?"

"शेख इस्माइल बुखारी ने कहलाया है कि यदि सुलतान की सवारी सिन्ध की राह गुजरात जाना चाहती है तो उसे कड़ी से कड़ी मुहिम का मुकाबला करने को तैयार रहना चाहिए।"

"इसका मतलब?"

"मतलब यही, कि राह में जो राजा हैं वे गुमराह हैं।"

"उन्हें क्या राह पर नहीं लाया जा सकता?"

"शेख ने कोशिश की थी, मगर कुछ बना नहीं।"

"शेख को कहिए कि वे फिर कोशिश करें और गुमराहों को राह पर लाएँ, चाहे जिस कीमत पर।"

"बहुत खूब। लाहौर को क्या हुक्म भेजा जाए?"

"मसऊद गज़नी लौट जाए।"

"ऐं, यह कैसी बात?"

"यह सुलतान का हुक्म है। शेख और आप अभी यहीं मुकीम रहें। अब्बास के ज़ख्म भर जाएं तो वह गज़नी को रवाना हो जाए।"

"और कुछ हुक्म है?"

"नज़र रखनी होगी।"

"गुजरात के राजा पर?"

"नहीं।"

"गुसाईं गंग पर?"

"नहीं।"

"और कौन?"

"वह नाज़नीन।"

"कौन है वह?"

"सोमनाथ की सबसे बड़ी दौलत।"

"लेकिन..."

"शेख! वह आपकी आँखों से एक लमहे को भी ओझल हुई, तो गर्दन पर सिर नहीं रहेगा।"

"उसका नाम?"

"चौला।"

"चौला!"

सुलतान उठ खड़ा हुआ। उसने कहा, "मैं अभी गज़नी जाऊँगा। राह में बिखरी हुई फौज और जासूस सब उसी तरह काम करते रहें।"

"जो हुक्म।"

"हज़रत अलबरूनी क्या अभी अनहलपट्टन से नहीं लौटे?"

"रात ही लौटे हैं, वे अच्छी खबर लाए हैं।"

"ठीक है, इस वक्त वे कहाँ है?"

'नदी के उस पार, उसी झोंपड़ी में।"

"ठीक है। उनके पास घोड़ा है?"

"शायद नहीं।"

"तो मैं अब्बास का घोड़ा भी ले जा रहा हूँ, अब्बास दूसरा खरीद लेगा।"

सुलतान उछलकर अपने असील घोड़े पर सवार हुआ और दूसरे की रास काठी में बांध नदी की ओर चल दिया, उसी सूनी-अँधेरी रात में।

विधि भंग

"विधि भंग हो गई, अब क्या होगा?"

"विनाश होगा!"

"रोकिए बाबा, प्रसन्न होइए!"

"जब देव-परम्परा भंग हुई, तो गुरु-परम्परा भी भंग होगी।"

"अनर्थ हो जाएगा।"

"प्रलय भी हो सकता है।"

प्रभात हो गया था। त्रिपुरसुन्दरी के मन्दिर के पट सर्वज्ञ ने बन्द करा दिए हैं, यह बात आग की भाँति पट्टन में फैल गई थी। रुद्रभद्र ने प्रायश्चित-स्वरूप उपवास करके पंचाग्नि तप प्रारम्भ कर दिया था। मन्दिर के तोरण के बाहर निकट ही एक विशाल वट-वृक्ष था, उसी के नीचे पाँच बड़ी-बड़ी धूनियाँ धधक रही थीं। उनके बीच रुद्रभद्र का भीमकाय शरीर एक कुशासन पर विराजमान था। उसकी बड़ी-बड़ी पलकें झुकी हुई थीं। मोटे-मोटे काले होंठ निरन्तर हिल रहे थे। वह उच्चाटन-मन्त्र का पाठ कर रहा था, उसके संपूर्ण अंग में भस्म लगी हुई थी। अंग पर मात्र कौपीन था। सैकड़ों भक्त दर्शक वहाँ उपस्थित थे। और भी आते-जाते थे। लोग भाँति-भाँति की बातें करते थे। दो-चार हुड़दंग बाबा उसे घेरे बैठे थे। दो-चार धूनी में लक्कड़ डाल रहे थे। सिंदूर का भैरवी चक्र बना था। उस पर लाल सिंदूर से रंगा, रंग-बिरंगे धागों से लपेटा एक मानव-पुतला उड़द के आटे का पड़ा हुआ था। लोग भयभीत और चकित मुद्रा से उसे देख रहे थे। रुद्रभद्र बीच-बीच में कुछ अस्फुट उच्चारण कर पुतले पर उड़द फेंक रहा था।

एक हुड़दंग बाबा करबद्ध हो आगे चला। उसने भीति-भरे नयनों से देखकर कहा, "रोकिए प्रभु, रोकिए!"

"नहीं," संक्षेप में कहकर रुद्रभद्र जल्दी-जल्दी कोई मन्त्र पढ़ने और उड़द फेंकने लगा। उपस्थित जनों में घबराहट फैल गई।

रुद्रभद्र यद्यपि गंग सर्वज्ञ का अंतेवासी और शिष्य था। पर था वह वाम-मार्गी। वह त्रिपुरसुन्दरी देवी का अनन्य उपासक था। वह तन्त्र-शास्त्र का प्रकाण्ड पंडित और अभिचार-योग का प्रसिद्ध ज्ञाता समझा जाता था। मारण, मोहन, उच्चाटन आदि

अभिचार-कार्य वह प्रायः करता रहता था। यह प्रसिद्ध था कि कालभैरव उसका वशवर्ती और दास है, तथा उसकी आज्ञा से यह देवता सब सम्भव-असम्भव कृत्य-कुकृत्य कर सकता है। रुद्रभद्र जिस पर कुपित हुआ, उसके जीवन की खैर न थी और शीघ्र या विलम्ब से कालभैरव उसे खा जाता था। कालभैरव के प्रांगण में उस हतायु के रक्त की कुछ बूँदें टपकी हुई मिलती थीं, या आधी खाई हुई कलेजी या खोपड़ी का कुछ शेषांश पड़ा दीखता था। ऐसी घटना होने पर हतायु के सगे-सम्बन्धी क्रुद्ध होने की अपेक्षा नानाविध भोग देवता को प्रसन्न करने को अर्पण करते थे, जिससे वह अप्रसन्न होकर आगे उस वंश का समूल नाश न कर दे। बहुत-सी सेवा करके तथा सुवर्ण-दान से संतुष्ट करके, रुद्रभद्र को भी देवता को संतुष्ट करने के लिए राज़ी किया जाता था। रुद्रभद्र का शरीर जैसा बेडौल और भयावह था, चेष्टाएँ भी वैसी ही थीं। वह वातावरण ही ऐसा था कि मूर्ख और विद्वान, धनी और गरीब, सब कोई इस पाखण्ड पर विश्वास करते थे।

त्रिपुरसुन्दरी का पट बन्द होना तथा वाम पूजनविधि भंग होना, बड़ी भारी और भयानक घटना समझी गई। मन्दिर में आचार के नाम पर अनाचार करने वाले मुस्टंडों का तो सारा मौज-शौक ही समाप्त हो गया। मद्य-माँस का प्रसाद, सुन्दरियों का आलाप, सहवास और देवी की आड़ में होने वाले सब पाखण्ड-कृत्य रुक गए।

एक मुस्टंड अवधूत ने कहा, ''बाबा! ऐसा तो पचास वर्ष में एक दिन भी नहीं हुआ।''

बाबा ने एक हुंकृति की। कहा कुछ नहीं। उसके होंठ हिलते रहे।

एक भयानक वेशधारी अघोड़ी ने खड़े होकर महालय की ओर हाथ उठाकर उच्च स्वर से कहा, ''सर्वज्ञ ने पाप किया है, सर्वज्ञ का पतन हो गया है!''

दो-एक अवधूतों ने चिमटे उठाकर कहा, ''बाबा, आज्ञा कीजिए। हम सर्वज्ञ के पास जाएँ, पट खुलवाएँ, भोग-अर्चना विधि सम्पन्न करें, नहीं तो सर्वज्ञ का सिर फोड़ डालें।''

''नहीं रे नहीं, महामाया अब मन्दिर में नहीं हैं।'' रुद्रभद्र ने वज्र-गर्जना की भाँति कहा। फिर कुछ अस्फुट मन्त्र ज़ोर-ज़ोर से उच्चारण कर फट्-फट् कहा।

अवधूत ने काँपते-काँपते कहा, 'महामाया कहाँ है बाबा?''

''विनाश को निमन्त्रित करने गई हैं। उधर, उधर देखो!'' उसने उन्मत्त की भाँति सुदूर मरुस्थली की ओर हाथ उठाए, और उन्मत्त की भाँति हँसने लगा। फिर वह जड़वत् समाधि-मग्न हो गया। उपस्थित जनों में भीति की भावना फैल गई। बहुत लोग उस रात नहीं सोए। बहुतों ने उपवास किया। कापालिक और अघोरी सैकड़ों-पचासों की संख्या में आ-आकर, पंचाग्नि तपते हुए रुद्रभद्र के चारों ओर नरमुण्ड ले-ले नाचने और नर-कपाल में भर-भरकर मद्य पीने लगे। उन्हें देख भयभीत हो नगरवासी भाग गए।

परन्तु प्रभात होने पर लोगों ने देखा कि रुद्रभद्र अपने आसन पर नहीं है। आसन सूना है, पंचाग्नि जल रही है, पर तपस्वी नहीं है। यह देखते ही एक दूसरा कोलाहल उठ खड़ा हुआ। किसी ने कहा, "रुद्रभद्र बाबा आकाश-मार्ग से महामाया के साथ 'विनाश' को आमन्त्रित करने गए हैं।" किसी ने कहा, "बाबा, अन्तर्धान हो गए।" किसी ने कहा, "हमने उन्हें उस तारे के निकट उड़ते देखा है।" बहुत मुँह, बहुत बात। समस्त देवपट्टन इन सब घटनाओं से हिल गया। अचल रहे केवल गंग सर्वज्ञ। उनके पास आकर बहुत जनों से बहुत भाँति अनुनय किया, क्रोध किया, भय दिखाया, परन्तु सर्वज्ञ ने कोई उत्तर नहीं दिया। उनके इस गूढ़ मौन से भी लोग चिन्तित हो गए।

सम्पूर्ण देवपट्टन में एक अशुभ वातावरण व्याप्त हो गया।

अघोर-वन

सोमनाथ महालय के बाहर, परकोट के बाहर, खाई के उस ओर दक्षिण पश्चिम कोण में विकट श्मशान था। वह श्मशान बहुत प्राचीन और भयंकर था। परकोटे से सटे हुए दक्षिण भाग में महाकाल भैरव का मन्दिर था, जो अघोरियों के अधीन था। इस मन्दिर में तंत्रसाधक, मारण-मोहन-उच्चाटन के विविध प्रयोग करते थे। अनेक अघोरी कापालिक विविध वाम-विधियों की सिद्धि इस विकट श्मशान में एकांत रात में करते थे। यह प्रसिद्ध था कि जब ये साधक मुर्दे की छाती पर वीरासन से बैठकर पिशाच-साधन करते हैं, तब पिशाच सत्व उस मुर्दे के शरीर में प्रवेश करता है, और वह मुर्दा जीवित पुरुष की भाँति उठ खड़ा होकर साधक की असाध्य इच्छाएँ पूरी करता है। इन अघोरियों, कापालिकों और सिद्धों से गृहस्थ थर-थर काँपा करते थे। बहुधा ये लोग सारे अंग में चिता-भस्म लपेटे जगह-जगह काजल और सिन्दूर से मुख और अंग को लेप किए, नंगधड़ंग या बाघचर्म कमर में लपेटे, कंठ और भुजाओं में मनुष्य की खोपड़ी लटकाए, हाथ में किसी पशु का बड़ा-सा हाड़ या नरखोपड़ी लिए, शराब में मत्त लाल-लाल आँखें किए नगर में आते और जिसका जो कुछ चाहते उठा ले जाते थे। किसी का साहस न था कि उनकी मनमानी पर तनिक भी विरोध करे। इनके तनिक रुष्ट होने पर ही जीवन की खैर न थी, यह साधारणतया सभी का विश्वास था। किसी भी कापालिक और अघोरी को आते देख स्त्रियाँ अपने बच्चों को घर में भीतर बन्द कर देती थीं। अकस्मात् किसी का मर जाना या किसी बालक का रोगी हो जाना निश्चय ही किसी तांत्रिक अघोरी के कोप का कारण ही समझा जाता था और उन्हें संतुष्ट करने के लिए सब करने न करने के काम किए जाते थे।

श्मशान को छूती हुई हिरण्या नदी निकट ही समुद्र में गिरती थी। प्रभास के निकट उसका मुख खूब विस्तार पा गया था। हिरण्या नदी के उस ओर अघोर वन था, जिसकी दो काली-काली नंगी पर्वत चोटियाँ दूर ही से दिखाई देती थीं। कोई भी पुरुष अघोर वन में नहीं जा सकता था। जाकर जीता नहीं लौटता था। हाथ में पशुओं के आंत की बनी यम-फाँस लिए, एक करोड़ पिशाच उस वन की रक्षा करते हैं ऐसा सबका विश्वास था। प्रत्येक कृष्णपक्ष की चतुर्दशी को पिशाचों का अधिपति, अघोर वन से हिरण्या नदी पार करके उस श्मशान में आकर अघोर चक्र रच महाकाल भैरव को बलि देता है, ऐसा सभी का विश्वास था।

प्रत्येक अमावस्या को बहुत-से नगर निवासी श्मशान में जाते। वे कुत्तों और गीदड़ों से घिरे हुए बैठे अघोरियों और कापालिकों को नानाविध भेंट-बलि अर्पण करते तथा अपने-अपने रोग, शोक एवं आवश्यकताओं को उन्हें सुनाते थे। ये सब पाखण्डी, व्यभिचारी और कुमार्गी थे, वे भोले-भाले लोगों को किस प्रकार ठगते, लूटते और डराते थे, उसकी उन दिनों किसी ने कल्पना भी न की थी। सब लोग समझते थे कि वे लोग देव सत्व-जुष्ट शक्तिमान् सिद्ध पुरुष हैं। उनके उचित-अनुचित किसी भी काम का विरोध करना देश पर विपत्ति बुलाना समझा जाता था।

पिशाचों के अधिपति का नाम शब्बरपा था। उसे किसी ने कभी नहीं देखा था। परन्तु प्रसिद्ध था कि उसकी आयु सैकड़ों वर्ष की है। वह अजर-अमर है और वह संसार के सब भूत-प्रेत-वैतालों का स्वामी है। उसके नाम की पूजा होती थी। उसी के नाम पर ये सैकड़ों-हज़ारों कापालिक और अघोरी, जनता को डराते-धमकाते रहते थे। उसके विषय में प्रसिद्ध था कि वह आकाश में उड़ सकता है, चाहे जिस योनि में प्रवेश कर सकता है। उसके लिए कुछ भी अकरणीय नहीं है। बहुत लोग गप्पें लड़ाया करते थे। कहते थे, "अरे, हमने एक दिन शब्बरपा को आकाश में उड़ते हुए देखा अथवा बाघ का रूप धरकर मनुष्य को खाते और मनुष्य-वाणी से बोलते हुए देखा है।" इसी प्रकार की झूठी-सच्ची विचित्र बातें इन अघोरियों और कापालिकों के सम्बन्ध में विख्यात थीं।

अगम पथ पर

अघोर वन के अगम-पथ पर दो अश्वारोही तेज़ी से बढ़े चले जा रहे थे। दोनों सशस्त्र योद्धा थे, उन्होंने अपना अंग एक-एक काले लबादे में छिपा रक्खा था। दोनों की दाढ़ी हवा में हिल रही थी और चमकदार आँखें सावधानी से इधर-उधर देख रही थीं। अश्वारोहियों में एक तरुण, बलिष्ठ और तेजस्वी पुरुष था। पाठक उसे

जानते हैं। यह छद्मवेशी सुलतान महमूद था। दूसरा पुरुष एक प्रौढ़, गम्भीर और लम्बा-पतला व्यक्ति था। वह बहुत कम बात करता था। अमीर इस व्यक्ति से आदरपूर्वक व्यवहार कर रहा था। यह अरब का प्रसिद्ध विद्वान् अलबरूनी था। दोनों धीरे-धीरे बातें कर रहे थे। बात अरबी भाषा में हो रही थी। अमीर ने कहा, "क्या ये भूत-प्रेत, पिशाच और देवता, जिनपर हिन्दू इस कदर विश्वास करते हैं, सच्चे हैं?"

"नहीं, यह सब कुफ्र है।"

"फिर क्या कारण है कि ये लाखों-करोड़ों आदमी इन वाहियात झूठी बातों पर यकीन करते हैं?"

"उन्हें बचपन से ही यह तालीम मिलती है।"

"तो हम जिस आदमी से मिलने जा रहे हैं, वह क्या हकीकत में कोई गैबी ताकत रखता है?"

"यह तो हम देखेंगे।"

"मैं इसीलिए आपको साथ लाया हूँ। लोग कहते हैं, वह हवा में उड़ता है, गायब हो जाता है, और आज तक किसी ने उसे देखा नहीं है।"

"लेकिन यह ज़मीन भी तो ऐसी है जहाँ इन्सान के कदम शायद पचासों बरस से नहीं पड़े। सामने ही लाखों आदमी रहते हैं, पर डर से यहाँ नहीं आते। अब हम देखेंगे कि हम पर क्या मुसीबत आती है।"

"और, जैसा कि कहा जाता है कि वह करामाती और जोरावर जिन है, यदि वैसा ही हुआ तो हमें मदद भी तो दे सकता है।"

"लेकिन मैं ऐसी किसी करामात या गैबी ताकत का कायल नही हूँ।"

"हज़रत! यह तो अभी हमको देखना ही है।"

"मगर छोटे गुसाईं ने कहा है, दर्शन होंगे। उस गैबी ताकत ने हमें बुलाया है। वह हमसे बात करेगा।"

"तब देखा जाएगा।"

इसी समय इन अश्वारोहियों को ऐसा प्रतीत हुआ कि कोई उनका पीछा कर रहा है। उन्होंने तलवार नंगी कर ली, अपने चारों ओर देखा, पर कुछ भी न दीख पड़ा। सुलतान ने कहा, "क्या कोई छिपकर हमारा पीछा कर रहा है?"

"हो सकता है, हमें होशियार रहना चाहिए।"

"होशियार रहने से क्या, होगा, अगर कोई है तो जिन होगा! इन्सान यहाँ कहाँ?"

इसी समय कोई वस्तु सनसनाती उनके कान के पास से निकल गई। उन्होंने चौकन्ना होकर एक-दूसरे को देखा।

"क्या तीर था?"

''कहाँ? दीख तो नहीं पड़ा।''

वास्तव में तीर न था। सुलतान के हृदय में आशंका और भय ने स्थान किया। उसने कहा, ''क्या लौट चलें?''

''कहाँ, गज़नी?''

सुलतान लज्जित हुआ। उसने कहा, ''अवश्य कोई शै हमारा पीछा कर रही है जो दीख नहीं रही।'' इतना कहते ही कोई खिलखिलाकर हँस पड़ा।

दोनों ने घोड़े घुमाए, चारों ओर देखा, पर कोई व्यक्ति नज़र न पड़ा। दोनों एक-दूसरे को देखने लगे। चारों ओर दूर-दूर तक सूने पहाड़ खड़े थे। दूर समुद्र गरज रहा था। आकाश में मध्याह्न का सूर्य तप रहा था। दोनों सवार दृढ़ता से तलवार हाथ में लिए आगे बढ़ते जा रहे थे। वे कुछ ही कदम आगे बढ़े थे, कि एक उन्मत्त के समान भीमकाय दिगम्बर पुरुष हाथ में एक भारी त्रिशूल लिए, जटाजूटधारी, भारी-भारी कदम रखता हुआ, कहीं से निकल आया और फिर उनके आगे-आगे चलने लगा। उसने उँगली के संकेत से उन्हें अपने पीछे-पीछे आने को कहा। दोनों में परस्पर दृष्टि-विनिमय हुआ और चुपचाप उसके पीछे चल दिए। सुलतान ने एक बार साहस करके पूछा, 'तू कौन है?'' पर उसने जवाब नहीं दिया।

कुछ चलने के बाद, उसने उन्हें संकेत से घोड़ों से उतरने को कहा, और घोड़ों को लम्बी बागडोर में बांधने को संकेत किया। फिर वह पहाड़ी पर चढ़ने लगा। दोनों आगन्तुक पीछे-पीछे पहाड़ी पर चढ़ने लगे। वह तेज़ी से पहाड़ी पर चढ़ रहा था।

दो घड़ी की चढ़ाई में तीनों टेकरी पर पहुँचे। यहाँ एक गुफा थी। बाहर से वह साधारण दीख रही थी, पर भीतर बहुत बड़ी थी। अमीर और उसके साथी ने उसके पीछे-पीछे गुफा में पैर रक्खा। भीतर जाकर जो देखा, देखकर दंग रह गए। भीतर बहुमूल्य कोमल उपाधान उपस्थित थे। कीमती कालीन बिछे थे। आराम और विलास की प्रत्येक वस्तु उपस्थित थी।

उसने दोनों को बैठने का इशारा किया और भीतर घुस गया। जब फिर बाहर आया तो उसके हाथ में एक बड़ा-सा चाँदी का थाल था। वह उसने अगन्तुकों के सामने रख दिया। उन्होंने देखा, उसमें कई प्रकार के भुने हुए मांस और राजशाही पकवान थे। सब गर्म और ताज़े थे। यह देखकर दोनों यात्री आश्चर्य से एक-दूसरे का मुँह देखते रह गए। वह व्यक्ति फिर भीतर गया और ठण्डे पानी से भरी एक चाँदी की सुराही और वैसा ही सुवासित मद्य से भरा एक पात्र लाकर उसने अतिथियों के सामने रख दिया। फिर आशीर्वाद के ढंग पर दोनों के सिर पर हाथ ऊँचा करके कहा, ''खा सुलतान और आराम कर। तब मैं बात करूँगा।''

इतना कहकर और बिना उत्तर की प्रतीक्षा किए वह गायब हो गया।

अघोर सम्पदा

उस दुर्गम जनवर्जित अघोर क्षेत्र में ऐसा अद्‌भुत-अकल्पित आतिथ्य पाने की अमीर ने स्वप्न में भी कल्पना नहीं की थी। उस निर्जन गुफा में राज-दुर्लभ सुख-साधन और गरमागरम राजभोग देखकर तथा उस विचित्र माया-पुरुष पिशाच-राज का समझ में न आने वाला व्यक्तित्व देखकर, दोनों असाधारण अतिथि घपले में पड़ गए। भोजन-विश्राम से निवृत्त हो उन्होंने गुफा में एकत्रित बहुमूल्य वस्तुओं को देखा जो अरक्षित रखी थीं। अमीर ने कहा, ''यह तो बड़ी अद्‌भुत बात है हज़रत! न यहाँ आदमी है न आदमज़ाद, फिर ऐसा लज़ीज़ खाना गरमागरम और यह माल-ताल, जिसकी हिफाजत करने वाला भी यहाँ कोई नहीं है। क्या यह सचमुच कोई जिन है या कोई बला?''

''लेकिन वह है कहाँ? गुफा तो भीतर और ज्यादा बड़ी नहीं दीख पड़ती, फिर वह भीतर जाकर कहाँ गायब हो जाता है?''

''यही तो बात है हज़रत! अब भी आप कह सकते हैं कि यह सब करामात नहीं है?''

''मैं बिना देखे-सुने क्या कह सकता हूँ! वह अगर जिन है तो अकेला नहीं होगा।''

''क्या आपने पट्टन में नहीं सुना था कि एक करोड़ जिन्नात उसकी खिदमत करते हैं। सो रंग-ढंग तो कुछ ऐसे ही नज़र आते हैं।''

''लेकिन आप तो कहते हैं कि छोटे गुसाईं ने आपको यहाँ आने को कहलाया था, आने से फायदा होगा, यह भी कहा था।''

''सो क्या फायदा होता है, यही देखना है। अब तो दिन छिप रहा है, वापस तो जा हम ही नहीं सकते हैं।''

''वापस जाने की बात तो बाद में है; अभी तो उसने कहा है कि वह बात करेगा, अब यह देखना है कि वह क्या बात करता है।''

अमीर और उसका साथी गुफा से बाहर चले आए। बाहर आकर देखा, सामने एक शिला-खण्ड पर वह दैत्याकार पिशाचराज समाधिस्थ बैठा है। उसके नेत्र बन्द हैं और शरीर निश्चल है।

अमीर लपककर उसके निकट आने लगा। पर दूसरे आदमी ने उसे रोक कर कहा, ''नहीं, नहीं, वहाँ जाना ठीक नहीं, वह ध्यान-मुद्रा में है, ऐसी हालत में उसे छेड़ना नहीं चाहिए। फिर उसने जिस तरीके पर हमारी तवाज़ा की है, उससे उसे नाराज़ करना तो किसी भी हालत में ठीक नहीं है।''

कुछ देर दोनों एकटक उस समाधिस्थ पिशाच को देखते रहे। धीरे-धीरे सूर्य अस्त हो गया। चारों दिशाएँ अँधकार से भर गईं। परन्तु वह पिशाच वहीं उसी प्रकार

निश्चल बैठा रहा। कुछ देर में दोनों व्यक्ति उठकर गुफा में गए तो यह देखकर उनके आश्चर्य का पारावार न रहा कि गुफा में स्वर्ण-दीप जल रहे हैं और जलते हुए सुगन्धित तेल की महक से सारी गुफा सुरभित है। साथ ही उत्कृष्ट गरमागरम ताज़ा भोजन का थाल भरा रखा है, जिसमें अनेक प्रकार के बने हुए मांस, मिष्ठान्न और पकवान भरे हैं, मसालेदार शराब से भरे हुए मद्य-पात्र तथा शयन के लिए शय्या भी तैयार है।

अमीर ने आश्चर्य से कहा, "लेकिन इसका क्या मतलब है, क्या हम इसके शाही कैदी हैं, कि वक्त पर खाना-बिस्तर मिलेगा, मगर वह बात न करेगा?"

साथी ने कहा, "नहीं, इसका मतलब यह है कि हमें झटपट खाना खाकर कुछ विश्राम करना चाहिए। फिर वह बात करेगा।

इस पर दोनों व्यक्ति खाने में जुट गए। भोजन समाप्त कर कोमल शय्या पर आराम करने लगे। दोनों अपने-अपने विचारों में खोए थे। थकावट के कारण उस सुख-शय्या पर उन्हें झपकी आने लगी। अभी झपकी आई ही थी कि उस दैत्य की आकृति गुफा के भीतर से आती हुई नज़र आई। दोनों व्यक्तियों ने दृष्टि-विनिमय किया। इसका यह अभिप्राय था कि हम जिस पुरुष को गुफा के बाहर देख आए हैं, वह भीतर से कैसे निकला आ रहा है।

परन्तु बात करने का अवकाश नहीं मिला। उस पुरुष ने वज्र-ध्वनि से कहा, "आ सुलतान।"

इसपर दोनों पुरुष तलवार हाथ में लिए उसके पीछे गुफा के भीतरी भाग में घुस गए। भीतर गुफा बहुत टेढ़ी-मेढ़ी होकर दूर तक चली गई थी। पिशाच-राज के हाथ में एक दीपक था। उसके मन्द प्रकाश में केवल आगे का मार्ग ही दीखता था, गुफा में और कहां क्या है यह कुछ नहीं। कुछ दूर तक चलकर वह रुक गया, आगे नीचे उतरने की सीढ़ियाँ थीं। उनपर दीपक का प्रकाश डाल उसने सुलतान से नीचे उतरने का संकेत किया। सुलतान ने साथी की ओर देखा। इसपर पिशाच ने कहा, "डरपोक, डरता है।"

सुलतान ने तलवार ऊँची की और सीढ़ियाँ उतर गया। उसके बाद उसका साथी भी। उन्होंने देखा, दीपक हाथ में लिए पिशाच भी आ रहा है। सीढ़ियाँ उतरकर वे एक प्रशस्त दलान में पहुँचे, जो बहुमूल्य पत्थरों से बड़ी कारीगरी के काम का बनाया गया था। वहाँ खूब रोशनी हो रही थी। दीपाधारों पर अनेक दीप सुगन्धित तेल के जल रहे थे। चिकने फर्श पर ऐसी सफाई थी कि पैर रपटते थे। सामने महामाया की विशाल मूर्ति थी। इस मूर्ति के वस्त्रालंकार रत्नजटित थे। मुख अतिभव्य था। अर्घ्य-पाद्य-नैवेद्य सब स्वर्ण-पात्रों में धरा था।

दोनों व्यक्ति आश्चर्य से चकित हो यह दृश्य देखने लगे। फिर उन्हें उस पिशाच का ध्यान आया। उन्होंने पीछे घूमकर देखा तो वह कहीं नहीं था। साथ ही साथ

जिस द्वार से अमीर वहाँ आया था, उस द्वार का भी कहीं नामोनिशान न था। वहाँ से बाहर जाने का दूसरा कोई द्वार भी न था। उसने कहा, "यह तो हम चूहेदानी में बन्द हो गए।"

"मगर चूहेदानी आरामदेह है, आगे क्या होता है यह देखना चाहिए। यहाँ हमें सिर्फ वह बन्द करने को लाया होता तो यह रोशनी और ठाठ-बाट न होते। अवश्य ही यहाँ हमें कोई अनहोनी चीज़ देखने को मिलेगी।"

वह यह कह ही रहा था कि अकस्मात् बहुत-से वाद्य बज उठे। और सम्पूर्ण वातावरण मोहक-संगीत की तान से आपूर्ण हो गया। अभी इनके आश्चर्य की समाप्ति भी नहीं हुई थी कि आश्चर्य में आश्चर्य यह हुआ कि मानो पृथ्वी को फोड़कर मूर्ति के चरणों से एक के बाद एक सुन्दरी षोडशी बालाएँ निकल आईं। कुल नौ थीं। वे नख से शिख तक रत्नाभरणों से लदी थीं। वे रूप-लावण्य में भी अद्वितीय थीं। उनके उन्नत उरोजों पर मोतियों की कंचुकी कसी थी। मकड़ी के जाले के समान महीन उत्तरीय से छनकर उनकी रूपछटा देखने वाले को उन्मत्त कर रही थी। उनके पैरों में स्वर्ण की पायलें थीं, वे ताल-स्वर पर चरणाघात करके मोहक नृत्य करने और कोकिल कण्ठ से संगीत सुधा बरसाने लगीं। उनका रूप, वैभव, शृंगार और उन्मत्त कर देने वाला नृत्य देखकर अमीर आपा खो बैठा। उसने साथी से कहा, "हज़रत! अब कहिए, यह सब क्या जिन्नाई करामात नहीं है?"

साथी ने सिर हिलाकर धीरे से कहा, "हो सकता है।"

दोनों चुपचाप दृश्य देखते रहे। बालाएं घेरा बनाकर देवी के आगे गरबा नृत्य करने और गाने लगीं। उन सबके हाथ में एक-एक स्वर्णथाल था। थालों में प्रज्वलित आरती थीं। अमीर, गज़नी के साम्राज्य और अपनी सोलह विजय यात्राओं को भूलकर इस अलौकिक रूप और यौवन के ढेर को देख मस्त हो गया।

इसी समय उसके कान में वज्र-गर्जन जैसा घोर शब्द सुनाई दिया। संगीत-नृत्य तुरन्त बन्द हो गया। नृत्य करने वाली बालाएँ देवी के चरणों में गिर गईं।

ऐसा प्रतीत हुआ जैसे देवी ने प्रश्न किया, और पिशाच ने उत्तर दिया।

"यह कौन?"

"विनाश का अग्रदूत, गज़नी का महमूद।"

"इस अगम-क्षेत्र में क्यों?"

"महाकाल की प्रेरणा से।"

"कैसी प्रेरणा?"

"विधि भंग हुई, देवपट्टन विनष्ट हो।"

"सो हो।"

"और गुरुपद?"

"गुरुपद का क्या?"

"प्रसन्नमयी महामाया, गंग सर्वज्ञ का गुरुपद भ्रष्ट हुआ। अब गुरुपद का क्या हो?"

"रुद्रभद्र ग्रहण करे।"

"जय अम्बे!"

नेपथ्य में दुन्दुभी गड़गड़ाने लगी, जैसे प्रलय-मेघ गरज रहे हों।

युवतियाँ उठकर देवी के समक्ष नतमुख खड़ी हो गईं। अमीर ने सुना, जैसे पिशाच उसके सिर पर बोल रहा है।

"सुना?"

"सुना।"

"समझा?"

"समझा।"

"करेगा?"

"करूँगा।"

"तो ला विनाश" पिशाच ने गरजकर कहा।

एक सुन्दरी आगे बढ़ी, उसने नैवेद्य से एक स्वर्णघट उठा लिया, उसे लेकर वह अमीर के निकट आई। पिशाच का स्वर फिर सुनाई दिया, "प्रसाद ले।"

युवती ने सोने के प्याले में मद्य भरकर एक-एक दोनों को दिया। दोनों उसे पी गए।

मोहनिद्रा टूटने पर दोनों ने देखा, न वह गुफा है, न वह स्थान। वे हिरण्या नदी के उस पार रेती में पड़े हैं उनके अश्व पास ही चर रहे हैं। दोनों उठकर आँखें मलने लगे। नदी के उस पार, अघोर वन की काली चट्टानें प्रभात के सूर्य में चमक रही थीं। उनकी तलवारें उनके निकट पड़ी थीं।

अमीर ने कहा, "क्या यह ख्वाब था?"

"ख्वाब कैसा, कल इसी वक्त क्या हमने नदी नहीं पार की थी?"

"की थी।"

"और इन्हीं घोड़ों पर उस पहाड़ी तक नहीं गए थे?"

"गए थे।"

"तो अब?"

"बात हो गई, चलिए अब।" दोनों ने अपने-अपने अश्व बटेश्वर की राह पर छोड़े। चलने से प्रथम अमीर ने एक कुटिल दृष्टि खाई के उस पार सोमनाथ महालय के गगनचुम्बी शिखर के ऊपर फहराते भगवा ध्वज पर फेंकी। मन्दिर में नगाड़े बज रहे थे।

महाकाल-मोचन

कार्तिक की महा अमावस्या थी। आज कालभैरव की मूर्ति को समुद्र-स्नान के लिए अंधगुहा से निकाला गया था। यह साधारण घटना न थी। इससे आसपास के ग्रामों तक में खलबली मच गई थी। प्रतिवर्ष ही ऐसा होता है। कार्तिक की अमावस्या महाकाल-रात्रि मानी जाती है। उसे तन्त्र-साधक यमदंष्ट्रा-गह्वर कहते हैं। इसी दिन वर्ष में एक बार अर्द्धरात्रि को कालभैरव समुद्र स्नान करते हैं। और इसी समय वर्ष में एक बार सर्वसाधारण को कालभैरव के दर्शन का सौभाग्य प्राप्त होता है। इसी से उसके दर्शन को बहुत-बहुत लोग उत्सुक रहते हैं, परन्तु भयभीत भी कम नहीं रहते। लोगों का विश्वास है कि इस दिन कालभैरव जिसपर प्रसन्न हो जाएँगे उसके सब संकट तत्काल कट जाएँगे। पर इसके लिए उसे रुद्रभद्र से मन्त्र लेना पड़ता है, और वह मन्त्र उसे उस समय तक निरन्तर मौन होकर जपना पड़ता है जब तक कालभैरव को स्नान कराकर अंधगुहा में बन्द न कर दिया जाए। एक क्षण को भी होंठ बन्द हुए कि मृत्यु आ सकती है। यह कोरी कल्पना न थी। हज़ारों लोगों के देखते-देखते इस अवसर पर अनेक जन, पट से मर गए थे। इसी से लोग भय, औत्सुक्य और आशंका के झूले में झूलते हुए कालभैरव के दर्शन को आते थे। लोगों के सब काम-काज बन्द थे। सांझ से ही पुत्रवतियों ने अपने घर के द्वार बन्द कर लिए थे। और अपने-अपने बच्चों को घर के भीतर ताले में बन्द कर रखा था। अधिक साहसी जन ही रुद्रभद्र से मन्त्र लेकर महाकाल भैरव के दर्शन को आते थे। फिर भी काफी भीड़-भाड़ थी। हज़ारों तान्त्रिक भाँति-भाँति के कवच धारण कर मन्त्र-पाठ कर रहे थे। उनके केवल होंठ हिल रहे थे, शब्द नहीं होता था, न कोई एक-दूसरे की ओर देख रहा था।

ठीक अर्द्धरात्रि के समय महाकालभैरव की मूर्ति अंधगुहा से बाहर निकाली गई। मूर्ति बड़ी विशाल काले पत्थर की थी। उसकी आकृति बड़ी विकराल थी। मूर्ति का पेट बहुत भारी था। वह बैठी मुद्रा में थी। मूर्ति की आँखों के बड़े-बड़े पलक नीचे झुके हुए थे, जो बड़े डरावने लग रहे थे। मोटे-मोटे होंठों में दो नुकीले दाँत बाहर चमक रहे थे। मूर्ति जंज़ीरों से जकड़ी हुई थी, जिन्हें एक हज़ार मनुष्य पकड़े हुए थे। लोगों का विश्वास था, यदि ऐसा न किया गया तो मूर्ति दासत्व से मुक्त होकर भाग जाएगी और सब लोगों का विध्वंस कर डालेगी। मूर्ति के चारों ओर अन्तेवासी तान्त्रिकगण नंगी तलवारें लिए चल रहे थे। सबके होंठ हिल रहे थे, और वे सब कवच का पाठ कर रहे थे। बालक और स्त्री का तो वहाँ चिह्न भी न था। एक क्षण को भी किसी के होंठ रुक नहीं रहे थे। अनेक तान्त्रिक दूर देशों से यात्रा करके आए थे। इन साधकों के हाथ में एक पतली-सी लकड़ी थी, उसपर रंग-बिरंगे धागे लिपटे हुए थे। प्रत्येक धागे में एक-एक गाँठ लगी थी। उन गाँठों में भूत-प्रेत बंधे थे। इन भूत-प्रेतों को उन्होंने वर्ष-भर में मन्त्र-बल से आवेशित लोगों पर से

उतास-उतार कर बाँधा था। ये दुष्ट प्रकृति के भूत-प्रेत बहुधा लोगों पर, विशेषकर स्त्रियों और बच्चों पर, आक्रमण करते हैं। सुन्दरी युवतियों पर वे मोहित हो जाते हैं। वे स्त्रियाँ जब आवेशित होती हैं तब हँसती, रोतीं, बकतीं, चिल्लातीं और उन्मत्त की भाँति चेष्ट करके बेहोश हो जाती हैं। आज भी स्त्रियाँ ऐसी अवस्था को प्राप्त होती हैं। कभी-कभी वे काम करती-करती एकदम मूर्च्छित हो गिर पड़ती हैं। आजकल इसे हिस्टीरिया रोग माना जाता है, परन्तु तब इसे ग्रह-बाधा या प्रेतावेश समझा जाता था। और चिकित्सक के स्थान पर ओझा तान्त्रिक बुलाए जाते थे। ये मन्त्र-बल से प्रेत को इन धागों से बाँध लाते थे तथा कालभैरव के सम्मुख इन्हें जलाते थे। इसके लिए उन्हें भारी-भारी दक्षिणा मिलती थी तथा यह इलाज आजकल के इलाज से अधिक खर्चीला था। इस समय सैकड़ों तान्त्रिक हाथ की लकड़ियों में अनगिन भूत-प्रेत-बैतालों को बाँधे, मन्त्र पाठ से उन्हें जलाकर वशीभूत किए लाए थे, और उन्हें जलाकर आवेशित जनों का पातक सदैव को काटते जा रहे थे। परन्तु ये भूत-प्रेत बड़े छलिया, बड़े मायावी होते हैं। तनिक एक साँस का अवसर पाते ही छूटकर भाग निकलते हैं और सीधे आवेशित स्त्री-पुरुषों के शरीर में छिप बैठते हैं। उनके लिए इन ओझा जनों को फिर से प्रयत्न करना पड़ता है; फिर उन्हें इन धागों में और भी कसकर बाँधना पड़ता है।

इतनी सावधानी से यह प्रतापी देवता और उसके गण भूत-प्रेत आदि बाँध कर ले जाए जा रहे थे। फिर भी यह भय बना हुआ था कि उनमें से कोई छूटकर भाग न निकले।

इतने दिन अदृष्ट रहने के बाद आज एकाएक रुद्रभद्र प्रकट हुए थे। वे शरीर पर भस्म लपेटे, त्रिपुण्ड्र लगाए, जटा बिखेरे, भारी शूल हाथ में लिए, नेत्र बन्द किए, देवता के आगे-आगे एक खुली पालकी में चल रहे थे। उनका अंग, जड़ के समान निस्पन्द था। केवल होंठ हिल रहे थे। उन्हें देख-देखकर लोग भय, विस्मय और श्रद्धा से हाथ जोड़कर नमस्कार कर रहे थे।

समुद्र-तट पर पहुँच कर कालभैरव को स्नान कराया गया। उनपर रक्त-चन्दन और रक्तपुष्प चढ़ाए गए और यज्ञ-मण्डप रचकर अघोर तान्त्रिक विधि से रौद्र यज्ञ किया गया। यहाँ मोती का सिंहासन बनाकर भैरव की स्थापना की गई थी। अँधकारमयी अर्द्धरात्रि थी। चारों ओर का दृश्य अद्भुत और भयानक रस का मिश्रण था। ठौर-ठौर पर तान्त्रिक जन बकरा, कुक्कुट, भैंसा, सुअर आदि बलि लिए खड़े थे। एक महाकृष्णवर्ण व्यक्ति लाल लंगोटा कमर में लपेटे, बड़ा भारी खाण्डा हाथ में लिए रक्त के कीचड़ में खड़ा था। उसके आगे एक लकड़ी धरती में गड़ी थी, जो डेढ़ हाथ के लगभग ऊँची थी। उसमें एक छेद था तथा ऊपरी भाग में एक गढ़ा था। लोग अपने-अपने पशुओं को खींचते-धकेलते, कोई गोद में लिए उसके पास आते। एक ताँबे की मुद्रा पारिश्रमिक देते तथा पशु की गर्दन लकड़ी के गढ़े में फँसाकर लोहे की छड़ अटका देते। उसी क्षण

भारी खांडा पड़ता; सिर छिटक कर पृथक हो जाता और धड़ छटपटाने लगता। सिर को अधर, एक जालीदार छींके में प्रथम ही ओट लिया जाता था। गहरे लाल रंग के रक्त की धार बहती। और सिर देवता के चरणों में अर्पित होता, तथा पशु के धड़ को घसीट कर साधक ले जाते। उसे उधेड़ते, खण्ड-खण्ड करते।

दूर तक समुद्र-तट पर यही हो रहा था। इधर-उधर, यहाँ-वहाँ सैकड़ों जन दो-दो, चार-चार मिलकर पशुओं को उधेड़ तथा उनके अंग-अंग काट-काटकर, मांस टोकरी में भर-भर कर ले जा रहे थे। काल भैरव के सम्मुख पशुओं के कटे हुए सिरों का ढेर लग गया था तथा मद्य की नदी बह रही थी। लोग प्रसाद का मद्य पी-पीकर उन्मत्त हो रहे थे। वे रक्त का टीका मस्तक पर लगा, गटागट छककर घड़े की मद्य पी, कवच मन्त्रपाठ करते-करते कोई-कोई उन्मत्त की भांति उछल-कूद करने, किसी शस्त्र से अपने ही अंग पर प्रहार करने लगे थे, और कोई हुंकृति करके मूर्च्छित हो पृथ्वी पर पड़े थे।

एक प्रमुख तान्त्रिक विचित्र रक्तवर्ण वस्त्र पहने नर-मुण्डों की माला गले में डाले, यज्ञकुण्ड की धधकती अग्नि के सम्मुख खड़ा था। उसके हाथों में एक मन्त्र-पूत मायावी खाण्डा था। जो लोग साल भर के भूत-प्रेतों को धागे में बांधकर लाए थे, वह उन डण्डियों को एक-एक करके ओझों से लेता, कुछ बुदबुदाकर मन्त्रपाठ करता और फिर हवा में अद्‌भुत रीति से खाण्डा घुमाता, तब उन भूत-प्रेतों से भरे धागों से लिपटी डण्डी को आग में झोंक देता, ओझा सन्तुष्ट होकर वहाँ से हट जाता, फिर दूसरा आगे आता।

इसी प्रकार पौ फटने तक यह कार्य होता रहा। फिर सूर्योदय से प्रथम ही महाकालभैरव को उसी प्रकार जंज़ीरों से बाँध लाकर अंधगुहा में पहुँचा दिया गया। तान्त्रिक जन मन्दिर के प्रांगण में जहाँ-तहाँ बैठ मन्त्र पाठ करने लगे। रुद्रभद्र महाकाल की मूर्ति के साथ ही गर्भगृह में चले गए। इसी समय सोमनाथ महालय में प्रभातकालीन दुन्दुभी बजी।

कृष्णस्वामी

कृष्णस्वामी बड़े भारी तान्त्रिक और मन्त्र-शास्त्री प्रसिद्ध थे। वे सोमनाथ महालय के अधिकारी थे, अतः अधिकारी जी के ही नाम से प्रसिद्ध थे। परन्तु उनका अधिक समय मन्त्र-तन्त्र की सिद्धि में ही जाता था। प्रसिद्ध था कि वह बहुत-से भूत-प्रेत-वैतालों के स्वामी हैं तथा उन्हें कर्ण-पिशाचिनी सिद्ध है। मारण-मोहन- उच्चाटन-वशीकरण की सब विद्याएँ वे जानते थे। स्वभाव उनका बहुत सौम्य और हँसमुख था। इससे लोग उनसे डरते न थे। उनसे पाटन के बहुत लोगों का काम निकलता था। अपने भूत-प्रेत-वैतालों की सहायता से वे बात-की-बात में लोगों के असाध्य काम कर डालते

थे, उनके शत्रुओं का विनाश कर डालते थे। जिसपर उनका कोप छा जाता था, उसकी खैर नहीं थी। या तो वह खून थूक-थूक कर मर जाता या उन्मत्त हो जाता। कृष्णस्वामी ज्योतिष विद्या में भी पारंगत थे। भूत-भविष्य का सारा ज्ञान उन्हें था। पीला-पीला स्वर्ण-दम्भ और चाँदी का सिक्का उन्हें बहुत प्रिय था। सोना देकर उनसे भला बुरा सब-कुछ कराया जा सकता था। बहुत से गर्जू लोग उन्हें घेरे रहते थे। सोना भी खूब बरसता था। महालय से भी उन्हें उचित-अनुचित बहुत आय थी। अधिकारी थे, बहुत अधिकार उन्हें था। सर्वज्ञ के बाद मन्दिर के प्रबन्ध, आय-व्यय, व्यवस्था की सारी जिम्मेदारी कृष्णस्वामी के ही ऊपर थी। लाभ के लिए उचित क्या और अनुचित क्या, इसकी चिन्ता कृष्णस्वामी नहीं करते थे। बस लाभ होना चाहिए, यही एक उनके जीवन का प्रमुख ध्येय था। लाभ ही लाभ से उनके पास बहुत-सा स्वर्ण भण्डार एकत्र हो गया था।

कृष्णस्वामी की पत्नी का नाम था रमाबाई। रमाबाई बहुत भारी-भरकम थीं। एक कन्या-रत्न को जन्म देकर फिर उनकी कोख सूख गई थी। कृष्णस्वामी के मन्त्र-तन्त्र, भूत-प्रेत कोई भी इस मामले में तरी न ला सके। रमाबाई का स्वभाव तीखा और उग्र था। रमाबाई की उग्रता के आगे कृष्णस्वामी के भूत-प्रेत-वैताल सभी हार खाते थे, किसी की आन वह मानती न थी। कभी-कभी तो वह खीझकर कृष्णस्वामी को उन्हीं के मुँह पर पाखण्डी कह देती थी। रमाबाई का शरीर एक गठरी-सा तथा चाल हथिनी के समान थी। पत्नी की चाल को देखकर कभी-कभी कृष्णस्वामी उन्हें गजगामिनी कहकर बहुत लाड़-प्यार से लगी-लिपटी ठठोली किया करते थे। परन्तु जब यह गजगामिनी अपनी गोल-गोल आँखें लट्टू की भाँति घुमा-फिराकर, कृष्णस्वामी को घूरकर हुंकारती, तो वे झटपट 'ओं ह्रीं, क्लीं चामुंडायै फट्' आदि मन्त्र का जाप करने लगते थे।

कृष्णस्वामी की एक बाल-विधवा पुत्री भी थी। उसका नाम था शोभना। शोभना शोभा की खान थी। आयु अभी उसकी केवल सत्रह वर्ष की ही थी। उसका रंग चम्पा के ताजे फूल के समान अथवा आम के फूले हुए बौर के समान अथवा केले के नवीन पत्ते के समान था। सातवाँ वर्ष लगते ही अधर्म के भय से कृष्णस्वामी ने लग्न शोधकर उसका विवाह कर दिया था। पर आठ वर्ष की आयु पूरी होने से प्रथम ही वह विधवा हो गई। विधवा होने पर भी वैधव्य की आन वह मानती न थी। वह हर समय खूब ठाट-बाट का शृंगार किए रहती। आँखों में अंजन, दाँतों में मिस्सी, बालों में ताज़े फूलों का जूड़ा, पैरों में महावर, होंठों में पान और हाथों में मेहन्दी आठों पहर आप उसकी धज में देख सकते थे।

विधि-निषेध करने पर, समझाने-बुझाने पर वह सबकी सुनी-अनसुनी करके नृत्य करने और हँसने लगती थी। उसे इस मुद्रा में देख कृष्णस्वामी आँखों में पानी भर आने पर भी हँस पड़ते थे। पर रमाबाई क्रोध से अपनी गोल-गोल आँखें खूब

विस्तार में फैलाकर इधर-उधर घुमाने लगती थीं। शोभना को उसके पिता ने पढ़ाया-लिखाया था। वह कुशाग्र बुद्धि थी। गुस्सा उसे भी खूब आता था। गुस्सा आने पर वह माता-पिता किसी की भी आन नहीं मानती थी। सब मिलाकर वह एक सजीव 'कनक-छुरी सी कामिनी' थी, अथवा फूलों से लदी-फदी एक डाल।

रमाबाई शकुन-स्वप्न और सुहाग का बहुत विचार करती थी। शोभना उसकी इकलौती बेटी थी, यह तो ठीक है; पर विधवा होने के कारण वह प्रातः काल उठते ही उसका मुँह देखना अशुभ समझती थी। वह अपने सुहाग का जब शृंगार करती, तब भी वह विधवा का दर्शन नहीं करना चाहती थी। पर शोभना जैसे उसे चिढ़ाने के लिए उसकी आँखों के आगे आ ही जाती थी। माँ के क्रोध, फटकार पर वह मुँह चिढ़ाकर भाग जाती थी। वह कहती थी, "मुझे जब न देखना चाहो तो आँखें बन्द कर लिया करो।"

अब प्रसंग आने पर अनुपस्थित बात भी कहनी पड़ी। बहुत दिन हुए, कृष्णस्वामी ने एक शूद्रा दासी को मोल खरीदा था। दासी युवती और सुन्दरी थी। सस्ती मिल गई थी। रमाबाई के लिए ही दासी खरीदी गई थी, पर रमाबाई उस दासी पर बहुत कड़ी दृष्टि रखती थी। कृष्णस्वामी जिस दिन उसपर कुछ कृपादृष्टि करते, उस दिन उसे आहार-भोजन मिलना भी दूभर हो जाता था। कृष्णस्वामी कभी बहुत छिपाकर भी बड़ी सावधानी से उस दासी की ओर देखकर हँसते या मुस्कराते तो वह भी रमाबाई की गोल-गोल आँखों से छिपता नहीं था। उस मुस्कराने का सांगोपांग मूल कारण रमाबाई को बताए बिना कृष्णस्वामी का छुटकारा न था। कृष्णस्वामी कभी-कभी इस दासी से सेवा कराते और रमाबाई उसे देख पाती तो उसका झोंटा पकड़ कर सारे घर में घुमाती। परन्तु बहुत यत्न करने, संभाल करने, कड़ी दृष्टि रखने पर भी न जाने कब कैसे उस शूद्रा दासी को गर्भ रह गया। बहुत तूम-तड़ाम करने पर भी वह गर्भ गिराया नहीं गया। दासी ने एक सुन्दर पुत्ररत्न को जन्म दिया।

उसी समय पुत्री शोभना का जन्म हुआ। वह दासी-पुत्र भी शोभना के साथ खेल-खाकर बड़ा होने लगा। शूद्रा दासी के जारज पुत्र के साथ अपनी लड़की का खेलना-खाना रमाबाई को रुचता न था, परन्तु पुत्र को जन्म देकर वह दासी बड़ी ढीठ हो गई थी। बहुधा पुत्र के लिए मालकिन से उलझ पड़ती थी। कृष्णस्वामी भी उससे न जाने क्यों दबते और भय खाते थे। बालक बहुत ही सुन्दर और शुभ लक्षणों से युक्त था। कृष्णस्वामी उसे मन ही मन प्यार करते थे। पर वे पूरे निष्ठावान ब्राह्मण थे। शूद्र के हाथ का छुआ जल पीना तो दूर, शूद्र को दूर से देख पाने पर भी वे स्नान करते थे। इसलिए उस बालक को गोद में बैठाकर प्यार नहीं कर सकते थे। ऐसे निष्ठावान पति पर भी रमाबाई उनका और शूद्रा दासी का कुछ गड़बड़ सम्बन्ध होने का सन्देह करती ही रहती थी। बहुत बार वह अपनी गोल-गोल आँखें घुमाकर पति से पूछती—"इस बालक की आँखें तुम्हारी-जैसी क्यों हैं? बताओ तो!" तब

कृष्णस्वामी खीझकर कहते, "तुम्हारी-जैसी क्यों नहीं हैं, तुम्हीं कहो।" इस पर रमाबाई बहुत घूम-घाम करती, और शूद्रा दासी मुँह छिपाकर हँसती।

इतना होने पर भी वह दासी रमाबाई की बड़ी सेवा करती थी। उसके बिना उनका काम चलता न था। बालक शोभना के साथ बहुत हिल-मिल गया। कृष्णस्वामी ने शोभना को पढ़ाना आरम्भ किया तो वह बालक भी पढ़ने लगा। वह कृष्णस्वामी के निजी कक्ष में नहीं आ सकता था। वे उसे पढ़ा भी नहीं सकते थे। परन्तु इससे क्या। वह कक्ष से बाहर दूर बैठकर पढ़ता, समय पर शोभना उसे पढ़ने में सहायता करती। बालक बुद्धि का चैतन्य और कुशाग्र था। शोभना उसके बिना क्षण-भर भी नहीं रह सकती थी। माता-पिता का कोई आदेश न मान, वह सदा उसकी सुख-सुविधा का ध्यान रखती। अपना आहार उसे खिलाती। बाद में शोभना का ब्याह हुआ। वह विधवा हुई, तो यह बालक उसका और भी सहारा हो गया। शोभना ने जाना भी नहीं कि वैधव्य क्या है। रमाबाई को पुत्री के साथ उस दासी-पुत्र की इतनी घनिष्ठता रुचती न थी। पर शोभना निषेध करने पर रो-रोकर घर भर देती, रूठती। बाल-विधवा पुत्री के दुःख का विचार कर रमाबाई तरह दे जाती।

दिन बीतते चले गए और शोभना और वह दासी-पुत्र धीरे-धीरे यौवन की देहरी पर आ पहुँचे। अवसर पाकर भगवान् कुसुमायुध ने दोनों के मन में छूमन्तर कर दिया तो दोनों परस्पर प्रगाढ़ प्रेम में आसक्त हो गए। इसी समय अचानक वह दासी मर गई। इस दुःख पर दोनों ने संयुक्त आँसू बहाए। शोभना अब और भी अधिक उसे प्यार करने लगी। रमादेवी की आँखों से यह प्यार का लेन-देन छिपा नहीं रहा। उसने दोनों की घनिष्ठता में बाधा उपस्थित की। उसने पुत्री की ताड़ना की और बालक की भी। ताड़ना बहुत बढ़ गई और अन्त में असह्य हो गई। बालक घर से बाहर रहने लगा।

इन दिनों प्रभास में एक दण्डी बाबा रहते थे। बाबा बहुत बूढ़े थे। वे व्याकरण, ज्योतिष और दर्शन के भारी पण्डित थे। संयोगवश बालक की दण्डी बाबा से मुठभेड़ हो गई। उसे अत्याचार-पीड़ित और अनाथ जान, बाबा ने उस पर दया की। उसे पढ़ाना-लिखाना शुरू किया। बालक व्याकरण, काव्य और ज्योतिष मनोयोग से पढ़ने तथा दण्डी बाबा की सेवा करने लगा। घर से अब उसका सम्बन्ध भोजन और शयन का रह गया। वह चोर की भाँति बहुत देर से रात को आता और ठण्डा-बासी जो मिलता, खाकर पड़ रहता। अपने पढ़ने की तथा दण्डी बाबा के साथ आने-जाने की बात उसने किसी ने नहीं कही। केवल शोभना से कोई बात छिपी न थी।

समय आगे बढ़ता गया। शोभना को उसका घर से दूर-दूर रहना अधिक और अधिक खलने लगा। वह अनुनय-विनय से उसे घर में बाँध रखने की बहुत चेष्टा करती। एक दिन वह भगवान सोमनाथ के दर्शन को महालय के भीतरी पौर में चला गया, तो पुजारियों ने धक्के देकर उसे निकाल दिया। इस बात पर शोभना बहुत

रोई। संक्षेप में, ब्राह्मण के घर में शूद्र युवक का रहना असम्भव हो गया। अपमान और अवज्ञा सहते-सहते उसका मन विद्रोह और क्रोध से भर गया। एक दिन उसे मन्त्र पढ़ता देख कृष्णस्वामी क्रुद्ध हो तलवार लेकर उसे मारने दौड़े। अन्ततः उसे शोभना से विदा लेनी पड़ी और वह शोभना से विदा लेकर, उसे बहुविध आश्वासन देकर, उसे आँसुओं से भरी छोड़कर घर से चल पड़ा हुआ। कृष्णस्वामी ने मन का मोह छिपा, राजनियम का आश्रय लिया, कहा, ''दासी का पुत्र क्रीत दास भागेगा कहाँ, उसे खोजकर दण्ड दूँगा।'' परन्तु रमाबाई ने उन्हीं गोल-गोल आँखों से घूरकर कहा, ''पाप कटा! घर में जवान विधवा बेटी है। चला गया, अच्छा ही हुआ।''

पीरो-मुर्शिद

युवक का नाम उसकी माता ने देवा रखा था, पर अब वह अपना नाम देवस्वामी बताता था। अब वह निर्बाध रूप से दण्डी स्वामी के पास रहने और शास्त्राभ्यास करने लगा। परन्तु उसका यह आसरा भी देर तक रहा नहीं। वृद्ध दण्डी स्वामी का जब एक दिन अकस्मात स्वर्गवास हो गया, तो उसके शोक और निराशा का अन्त नहीं रहा।

उन्हीं दिनों सोमपट्टन से बारह कोस दूर बीथल ग्राम के निकट समुद्र-तट से थोड़ा हटकर वृक्षों के झुटमुट में एक साधारण झोंपड़ी बनाकर एक मुस्लिम फकीर आकर एकान्तवास कर रहे थे। वृद्ध फकीर बड़े विद्धान थे। वे केवल अरबी भाषा में बात करते थे। किसी से मिलते न थे। न किसी का दान ग्रहण करते थे। उनके पास बहुत सोना था। ग्रामीण जनों को, जो बहुधा उनके पास जा निकलते थे, वे अनायास ही स्वर्णदान देते थे। लोगों में वे कीमियागर साधु प्रसिद्ध थे। पर स्वभाव के वे बड़े रूखे थे। सप्ताहों तक वे बिना खाए-पिए मूढ़वत् पड़े रहते। कभी-कभी कई-कई दिन तक अरबी भाषा में कुछ निरन्तर लिखते रहते। उस समय वे किसी से बोलते नहीं थे। अपनी एकान्तता में विघ्न डालने पर वे क्रुद्ध हो जाते थे। प्रसन्न होने पर स्वर्ण देते थे। परन्तु स्वयं वे अत्यन्त निरीह-भाव से रहते थे। केवल एक बार दो टिक्कड़ अपने हाथ से बनाकर खा लेते थे।

देवा भटकता हुआ इन फकीर के पास जा पहुँचा और उनका मुरीद होकर वहीं रहने लगा। सब विवरण सुनकर तथा उसका बलिष्ठ और सतेज शरीर देख, एवं बुद्धि-विद्या से सन्तुष्ट होकर फकीर ने उसे रख लिया। फकीर ने उससे हिन्दुस्तानी बोलना सीखा, उसे अरबी पढ़ाई। धीरे-धीरे उसकी सेवा, विनय और सद्गुणों से प्रसन्न हो वे उसे पुत्रवत् प्यार करने लगे। कुछ दिन बाद युवक ने इसी फकीर के हाथों मुस्लिम धर्म अंगीकार कर लिया। फकीर ने उसका नाम रखा, 'फतह मुहम्मद।'' दोनों पीरो-मुर्शिद की भाँति झोंपड़ी में रहने लगे।

यह वृद्ध मुस्लिम फकीर वास्तव में गज़नी के विख्यात विद्वान अलबरूनी थे। जो अमीर के आदेश से सोमनाथपट्टन की गतिविधि देखने छद्मवेश में यहाँ आ बैठे थे। मुसलमान होने पर युवक पर भी यह भेद खुल गया। छद्मवेशी सुलतान का आना और पीर के साथ अगम अघोर वन जाना भी उससे छिपा नहीं रहा। अघोर-वन में जाकर भी जीवित लौट आने पर उसकी श्रद्धा पीर पर बहुत बढ़ गई। वह आश्चर्य से अत्यन्त विमूढ़ हो गया। अवसर पाकर शोभना के प्रति अपनी आसक्ति भी उसने पीर को बता दी, कुछ भी नहीं छिपाया। वृद्ध फकीर ने उसे आश्वासन दिया, "धीरज धर, वक्त आने पर शोभना तेरी होगी। लेकिन इसके लिए तुझे तलवार की धार पर चलकर उसके पास पहुँचना होगा।" इतना कहकर फकीर ने एक बहुमूल्य विकराल तलवार युवक को दी। युवक ने तलवार मस्तक से लगाकर चूम ली। फकीर ने खुश होकर कहा, "अब तू अपने को अमीर का एक सिपहसालार समझ और हर तरह अपने को इस योग्य बना।" इतना कहकर, फकीर ने उसे बहुत स्वर्ण देकर कहा, "घोड़ा और हथियार खरीद और सिपहसालार की तरह रह।" फतह मुहम्मद खूब ठाठ से रहने लगा। वृद्ध फकीर जैसे प्रौढ़ विद्वान् थे वैसे ही तलवार के भी धनी थे। उन्होंने युवक को घुड़सवारी और तलवार के फन में कुछ ही दिनों में अद्वितीय बना दिया। वह पक्का योद्धा और शहसवार बन गया तथा उस दिन की प्रतीक्षा करने लगा, जब इन घमण्डी हिन्दुओं की छाती को अपनी तलवार से चीर कर अपनी प्रियतमा शोभना को प्राप्त करेगा। अपमान की आग और प्यार की तड़प ने उसे सिंह के समान पराक्रमी और साहसी बना दिया।

अवसर पाकर पीर की आज्ञा से वह गुप्त रूप से शोभना से मिला। उसे देखकर शोभना जी उठी। उसके बहुमूल्य वस्त्र, शस्त्र और अश्व को देखकर आश्चर्य से विमूढ़ हो गई। उसने कहा, यह सब उसके पीर की महिमा है। उसने यह भी बता दिया कि वह मुसलमान हो गया है और शीघ्र गज़नी के सुलतान की रकाब के साथ रहकर वह सोमनाथ का भंग कर, इसी तलवार के जोर पर शोभना को लेकर रहेगा। उसने यह भी कह दिया कि वह अमीर गज़नी का एक सिपहसालार है।"

शोभना कुछ समझी, कुछ नहीं समझी। वह उसकी बातों से भीत, चकित भी हुई, प्रसन्न भी। वह इस बात पर सहमत थी कि उसके साथ पति-पत्नी की भाँति जैसे भी सम्भव हो, वह रहे।

फतह मुहम्मद ने उसे एक मुट्ठी भर सोना देकर कहा, "यह मेरे पीर ने तेरे लिए दिया है। अब जब-जब मैं आऊँगा, इतना ही सोना साथ लाऊँगा। मेरे पीर औलिया हैं, कीमियागर हैं। वह सोने का पहाड़ बना सकते हैं।"

सोना पाकर और बातें सुनकर शोभना का एक-एक रक्त-बिन्दु नाचने लगा। उसे भलीभाँति प्यार कर, उसे सब भाँति तसल्ली दे, फतह मुहम्मद विदा हुआ। शोभना आनन्द विभोर हो गई।

अली बिन उस्मान अलहज़्वीसी

लाहौर की अनारकली के उस छोर पर जहाँ इस समय नीला गुम्बज है, उस स्थान पर एक खानकाह था। इसमें प्रसिद्ध अरबी विद्वान संत अली बिन उस्मान अलहज़्वीसी निवास करते थे। यह तत्त्वदर्शन के प्रसिद्ध ग्रन्थ 'कशकुल-महजूब' के रचयिता थे। हज़रत अली बिन उस्मान का शरीर काला, ठिगना और वज़नी था। उनकी नाभि तक लटकती सफेद दाढ़ी, उनकी गम्भीरता को बहुत बढ़ाती थी। अपने यौवन काल में वे एक बलिष्ठ पुरुष रहे होंगे। प्रसिद्ध था कि वे एक पहुँचे हुए संत थे और अपने पूर्व जीवन में एक भारी कबीले के सरदार भी थे। परन्तु वे अपने सम्बन्ध में कभी एक शब्द भी नहीं कहते थे। वे शुद्ध अरबी भाषा में भाषण करते थे। परन्तु बहुत आवश्यकता होने पर टूटी-फूटी हिन्दी भी बोल लेते थे। खानकाह कच्ची थी और उसके चारों ओर बहुत-से हरे-भरे पेड़-पौधे लगे थे। रात-दिन इस फ़कीर के पास आने-जाने वालों का मेला लगा रहता था। लाहौर में उनके बहुत शागिर्द थे। उनमें हिन्दू भी थे और मुसलमान भी। सुबह-शाम यह संत उनसे तत्त्व-दर्शन की बातें करते और दिन-भर मौन पड़े रहते। भक्तगण आते, बैठते, दर्शन करते और चले जाते। हज़रत अली की उम्र सत्तर को पार कर गई थी। यह प्रसिद्ध था कि लाहौर का हाकिम उनका मुरीद है, इस कारण भी उनकी बहुत प्रतिष्ठा बढ़ गई थी।

सन्ध्या गहरी होती जा रही थी। दो-चार भक्त अब भी साधु के पास बैठे धर्मचर्चा कर रहे थे। उनमें हिन्दू भी थे और मुसलमान भी। धीरे-धीरे एक-एक करके लोग उठने लगे। अभी रात होने में कुछ देर थी। इसी समय एक परदेशी सवार खानकाह के दरवाज़े पर उतरा। उसने आगे बढ़कर इस साधु को छूकर हाथ आँखों से लगाया। आगन्तुक को देखकर वृद्ध फ़कीर अस्थिर हो गए। उनका संकेत पाकर एक शिष्य ने सब मनुष्यों को दूर कर दिया। एकान्त होने पर फ़कीर ने शुद्ध अरबी भाषा में कहा–

"आप क्या अकेले ही हैं?"

"नहीं, मेरा घोड़ा और तलवार भी है!" आगन्तुक हँसा।

"अलहम्दुलिल्लाह! सुलतान की यही हिम्मत उसकी फतह की वाइस है।"

"और आप जैसे बुज़ुर्ग का साया भी। मगर इस बार की मुहिम मामूली नहीं है।"

"यह तो अमीर गज़नी का कल्मा नहीं।"

"यह महमूद के दिल की बात है हज़रत!"

"क्या कोई नई बात देखने में आई?"

"एक नहीं, तीन-तीन!"

"वल्लाह, तो क्या ये बातें ऐसी हैं जिससे अमीर गज़नी का दिल दहलता है?"

"बेशक हज़रत!"

"मसलन?"

"वह जिनों का बादशाह, ग़ैबी ताकतों और करामातों का मालिक!"

"आपने देखा?"

"मुझे उसका मेहमान होने का फ़ख्र है।"

"मेहमान?"

"और शायद आदमज़ाद में मुझ फकीर को ही यह फ़ख्र हासिल है।"

"क्या यह कुफ्र नहीं।"

"मैं नहीं जानता, हजरत अलबरूनी भी यही कहते थे।"

"अलबरूनी?"

"वे मेरी रक़ाब के हमराह थे।"

"हूँ, जिनों का यह बादशाह क्या अमीर गज़नी का दुश्मन है?"

"नहीं, दोस्त।"

"खैर, दूसरी शै?"

"वह गुसाईं।"

"गंग?"

"जी।"

"उसे देखा?"

"देखा हज़रत!"

"उससे आप डरते हैं?"

"जी नहीं, परस्तिश करता हूँ।"

"हुश, वह काफ़िर है।"

"हज़रत! वह औलिया है।"

"क्या अमीर गज़नी पर भी कुफ्र गालिब हुआ?"

"वह भी अर्ज़ करता हूँ।"

"और भी कुछ है?"

"तीसरी बात।"

"वह क्या है?"

"कुफ्र।"

"तौबा! तौबा!"

"हज़रत! उस कुफ्र ने महमूद के दिल में डेरा डाला है।"

"क्या मैं अमीर गज़नी से बात कर रहा हूँ।"

"जी नहीं, आपके कदमों में यह नाचीज़ महमूद-बिन-सुबुक्तगीन है, जो बेवकूफी से अपना दिल एक बेखबर काफिर के कदमों में फेंक आया है।"

"लेकिन सुलतान महमूद तो ऐसे सौदों का आदी नहीं!"

"लेकिन जो होना था, वह हो चुका।"

"अब अमीर का क्या खयाल है?"

'बस, इसी पर मेरी यह तलवार है।"

"दीनो-ईमान?"

"वही मेरा दीनो-ईमान है।"

"इस्लाम?"

"उसके बाद।"

फकीर चुप रहे। बहुत देर तक सन्नाटा रहा। फिर उन्होंने धीरे से कहा—

"कौन है वह बला?"

"एक नाज़नीन।"

फकीर फिर गहरी चिन्ता में डूब गए। उनके होंठ फड़के, एक फुसफुसाहट सी हुई, "अफसोस, सद-अफसोस!" फकीर की आँखों से झर-झर आँसू झरने लगे।

महमूद एक बालक की भाँति विकल होकर डरते-डरते बोला, "क्या मेरी यह मुहिम नाकामयाब होगी?"

"अलहम्दुलिल्लाह! कामयाब होगी। मगर यही आखिरी मुहिम होगी। और सुल्तान ज़िन्दा ज़रूर गज़नी पहुँचेगा, मगर बेकार।"

सुलतान का मुँह सूख गया, उसने कहा, "क्या मैंने हज़रत को नाराज़ कर दिया?"

"सुलतान! जब तुम अपना दिल और तलवार एक नाज़नीन को दे आए हो, तो अब मुझे क्यों तकलीफ देते हो? तुम समझते हो, तुम्हारे पीर को भी नाज़नीन से दिलचस्पी होगी?"

"लेकिन हुज़ूर! महमूद ने अपनी सत्रह शानदार फतहें आप ही के पाक साए में हासिल की हैं।"

"खैर, अब मुझसे क्या चाहते हो?"

"रहम, हज़रत! आखिर महमूद भी एक हाड़-माँस का आदमी है!"

"मैं तुम पर रहम करता हूँ महमूद!"

"तो दुआ दीजिए!"

"कह चुका, फतह होगी।"

"लेकिन...।"

"अमीरे-गज़नी को मुनासिब नहीं कि वह फकीर को तंग करे। अमीर के सब अहकाम बजा लाए गए हैं, मसऊद को वापस गज़नी भेज दिया गया है।"

"मैं भी गज़नी वापस जा रहा हूँ।"

"सोचने-समझने के लिए नहीं, बल्कि दिल का जो सौदा कर आए हो, उसकी

जितनी मुमकिन हो, क़ीमत जुटाने के लिए। खैर, मुझसे सुलतान अब क्या चाहते हैं?"

"सिर्फ एक काम।"

"क्या?"

"सिर्फ मुलतान को ठीक कर दीजिए और सब मैं देख लूँगा।"

"वहाँ का राजा जयपाल मेरा मुरीद है, मैं कसर न रखूँगा।"

"हज़रत! आपकी इस एक ही मदद से मैं अपने मकसद को पहुँच सकूँगा।"

"तो अमीर, इन्शा-अल्लाताला, यह कुछ मुश्किल न होगा। मेरी दुआ से उसे बेटा हुआ है। वह मेरी बात टाल न सकेगा।"

महमूद प्रसन्न हुआ। उसने झुककर उस फक़ीर का क़बा चूम लिया। साधु ने कहा, "क्या सुलतान आज ही रवाना होंगे?"

'नहीं हज़रत, मैं और मेरा घोड़ा दोनों ही एकदम थक गए हैं। आज मैं आपकी ख़ानकाह में आराम करूँगा। क्या कुछ खाने को मिलेगा?"

"मकई की रोटियाँ और सरसों का साग है।"

"तो इनायत फ़रमाइए हज़रत!"

फ़कीर उठकर दो रोटियाँ ले आया।

सुलतान ने हथेली पर रखकर मकई की रोटियाँ सरसों के साग से खाईं और साधु की सुराही से ठण्डा पानी पिया। फिर हँसकर कहा, "हजरत! बड़ी मीठी रोटियाँ थीं।" इसके बाद अमीर अपने हाथ से घोड़े का चारजामा बिछा और नंगी तलवार सिरहाने रखकर वहीं भूमि पर सो गया। वृद्ध फ़कीर सारी रात उस अप्रतिहत-विजेता के सिरहाने बैठकर प्यार और अफ़सोस के आँसू बहाते रहे।

बिना द्वार का दुर्ग

विदेशियों के लिए भारत सदैव ही बिना द्वार का दुर्ग रहा है। मुहम्मद के जन्म से भी लगभग पाँच सौ वर्ष पहले, ईसा की पहली शताब्दी में अरब और ईरान के द्वारा ही भारतीय व्यापार का सिलसिला यूरोप तक फैला हुआ था। भारत के पूर्वी और पश्चिमी समुद्र-तटों के बन्दरगाह जैरूचाल, कल्याण, सुपारा और मालाबार के आसपास इन अरब व्यापारियों की भी बड़ी-बड़ी बस्तियाँ बसी हुई थीं। यूनान और रोम के जो जहाज़ भारत आते थे, उनके नाविक अरब ही होते थे। भारत और चीन का व्यापार भी इन्हीं अरबों के हाथ में था।

उस काल के ये अरब सीधे-सादे, वीर, साहसी, विश्वासी और दृढ़प्रकृति के होते थे। भारत-निवासियों से वे खूब हिलमिल कर रहते थे। भारत में उनकी बस्तियाँ

खुशहाल थीं। मिस्र, फिलस्तीन, काबुल, असीरिया आदि देशों के साथ भी भारत के ऐसे ही व्यापारिक सम्बन्ध थे। मिस्र के प्राचीन बादशाह ने भारत से व्यापार की सुविधा रहने के ही विचार से लालसागर के किनारों पर अनेक बन्दरगाहों की रचना की थी और ईरान के बादशाहों ने भी फ़ारस की खाड़ी में कई बन्दरगाह इसी इरादे से बनवाए थे। मिस्र के प्रधान बन्दर सिकन्दरिया में हिन्दुओं की अच्छी आबादी थी। अरबी मल्लाह भारतीय नौकाओं पर नौकर रहते थे।

इस्लाम का जन्म होने पर भी अरबों का वैसा ही सम्बन्ध भारत से कायम रहा। परन्तु इनमें अब नई सभ्यता, नया जीवन और नए आदर्शों का समावेश हो चला था। यह बात हम ईसा की सातवीं शताब्दी के लगभग की कह रहे हैं। इस समय तक तमाम अरब, तातार, तुर्किस्तान और चीन की पूर्वी सरहद तक, तथा पश्चिम में मिस्र-कर्थेज तथा समस्त उत्तरी अफ्रीका पर इस्लाम की फ़तह हो चुकी थी। मुसलमानों ने निर्दयता से प्रबल रोमन साम्राज्य को चीरफाड़ डाला था और वे स्पेन में जा धमके थे। उनकी विजयिनी सेनाएं जंगलों, मैदानों, पहाड़ों और नदियों को पार करती हुईं भारत की सीमा तक पहुँच गई थीं। और उन्होंने ईरान के बेड़ों को जल-समाधि देकर हिन्द महासागर पर अपना एकाधिपत्य जमा लिया था, तथा हिन्द महासागर के व्यापार को हथिया लिया था।

इस समय, जबकि मुस्लिम सत्ता मध्य एशिया और यूरोप में अपनी जड़ें जमा रही थी, भारत में सम्राट् हर्षवर्धन का देहान्त हो चुका था। पुरानी और नई जातियों ने नवीन राजपूत शक्ति को जन्म दिया था, जिन्होंने मध्य भारत तथा उत्तर-पूर्वीय भारत में अनेक खण्डराज्य स्थापित कर लिए थे। उनमें परस्पर युद्ध होते रहते थे। उनपर किसी बड़ी शक्ति का नियन्त्रण न था। पुराने साम्राज्यों की राजधानियां खण्डहर हो गई थीं। हिन्दू कौम धर्म और जात-पांत के पचड़ों तथा अँधविश्वासों में फँसी थी। राजाओं की भाँति ये धर्मसंघ भी परस्पर लड़ते-भिड़ते रहते थे।

सन् 712 में एक बीस वर्ष का साहसी मुसलमान युवक केवल छह हज़ार घुड़सवार साथ लेकर बिलोचिस्तान की विस्तृत मरुभूमि को पार करता हुआ बिना किसी रोक-टोक के सिन्ध में आ धमका। यह हज्जाज का भतीजा मुहम्मद-बिन-कासिम था। हज्जाज इब्ने युसुफ उन दिनों कोके का हाकिम था। उसी की आज्ञा से यह निडर लड़का सिन्ध में आया था। राजा दाहिर दस हजार सवार और बीस हज़ार पैदल लेकर उसके सम्मुख गया, परन्तु युद्ध में मारा गया। इस मुहिम से सत्रह हज़ार मन सोना तथा छह हज़ार ठोस सोने की मूर्तियाँ, जिनमें से एक तीस मन की थी, साथ ही बीस ऊँट हीरा-मोती-पन्ना-मानिक लेकर वह वापस चला गया। उसने प्रत्येक मित्र-शत्रु हिन्दू को कत्ल कर दिया। जिस ओर से वह गुज़रा, उस राह के सब मन्दिर ध्वंस कर दिए, सब गाँव जला दिए। उनके घरों और निवासियों को लूट लिया। वह आबाल-वृद्ध सबको

तलवार के घाट उतारता गया। आपस की फूट और दुर्भाग्य के कारण कितने ही हिन्दू राजाओं ने इस नवागत अत्याचारी खूनी लड़के का स्वागत किया।

जिन दिनों सिन्ध पर यह गुज़रा, उन्हीं दिनों मालाबार तट पर कुछ अरब व्यापारियों ने अपनी नई बस्तियाँ बसाई थीं। वे अपने जीवन में शान्त-शिष्ट नागरिक थे। वे भारतीय स्त्रियों से विवाह करके वहीं रहने लगे। इसी समय हिशाम का एक कबीला भाग कर भारत में कोंकण और कन्याकुमारी के पूर्वी किनारों पर बस गया। उन्होंने इन लोगों को रहने और घर बसाने में कोई बाधा न दी। हिन्दू राजाओं ने इन विदेशियों की बड़ी आवभगत की। उन्हें मस्जिदें बनाने और ज़मीन खरीदने की आज्ञा दे दी। इसका परिणाम यह हुआ कि आठवीं शताब्दी बीतते-बीतते मालाबार तट पर मुसलमानों की बड़ी-बड़ी बस्तियाँ बन चुकी थीं। और वहाँ के हिन्दुओं में वे अपने धर्म का प्रचार बड़ी लगन से करते थे। उनमें कोई मुल्ला न था, परन्तु प्रत्येक व्यक्ति प्रचारक था। उनके वैभव, धन और वीरता से मालाबार तट की दरिद्र नीच जातियाँ प्रभावित हो गईं। उनके विचारों, आचरणों, रीतियों और स्वभावों को ये जातियाँ चाव और कौतूहल से देखती थीं। उनका धर्म सीधा-सादा और उपासना हृदयग्राही थी। वे दिन-भर में अनेक बार नमाज़ पढ़ते थे। नमाज़ की सफ़बन्दी, रोज़ों की सख्त पाबन्दी, खैरात और उसके नियम, परस्पर सामाजिक सभ्यता आदि के सिद्धान्त, ये सब ऐसी बातें थीं, जो तत्कालीन दलित हिन्दू वर्ग की जातियों को, जो मालाबार तट पर फैली हुई थीं, प्रभावित किए बिना न रह सकती थीं। ये अरब योद्धा भी थे और वे आसपास के राजाओं से लड़कर उनकी ज़मीनों पर अपने हिन्दू राजा का अधिकार स्थापित करने में सहायता देते रहते थे। जहाँ-जहाँ राजा का अधिकार होता था, इन मुसलमान व्यापारियों की मंडियाँ भी वहाँ-वहाँ स्थापित हो जाती थीं। राजा जमोरिन ने तो यह आज्ञा दे दी थी कि मक्कवान जाति के प्रत्येक मल्लाह परिवार का एक आदमी अवश्य इस्लाम धर्म स्वीकार करे। इसका फल यह हुआ कि जब दसवीं शताब्दी में मसूदी ने भारत की यात्रा की तो उसने दस हज़ार मुसलमानों की बस्तियाँ चौल में पाई थीं।

इस समय भारत में हिन्दूधर्म और समाज में विप्लव मचा हुआ था। बौद्ध, जैन, शैव, शाक्त परस्पर भयानक संघर्षों, कुरीतियों और अंधविश्वासों में फँसे थे। ब्राह्मणों ने बौद्धों और जैनियों को नष्टप्राय कर दिया था। शैवों और वैष्णवों की प्रबलता हो रही थी और वे आपस में उलझ रहे थे। राजनैतिक अवस्था छिन्न-भिन्न थी। प्राचीन राजवंश जर्जर हो ही गए थे। राजपूतों के नए वंश जो उदीयमान हो रहे थे, अभी प्रतिष्ठित नहीं हुए थे। मानसिक अंधता राजवर्गियों तक में थी।

साम्पत्तिक दृष्टिकोण से यह युग एक सम्पन्न युग था। परन्तु इस सम्पदा के भोक्ता देश के सब लोग न थे। केवल राजा, ब्राह्मण और सेठ लोग ही उसका उपभोग करते थे। शेष लोगों की दशा अति दयनीय थी। सम्पत्ति के सबसे बड़े भाग के

भोक्ता राजा लोगों के राजमहलों में विलासपूर्ण आहार-विहार के अद्भुत साधन उपस्थित रहते। उनके राजदरबारों में कितने ही कवि, कलाकार, चापलूस, मसखरे सदा बने रहते। दास-दासियों की फौज के बिना उनका काम नहीं चलता था। घरों में स्त्रियों की पलटनें भरी रहती थीं। उनकी नैतिकता और दायित्व का कोई मापदण्ड न था। युद्ध में भी इनका भारी व्यय होता था और ये युद्ध प्रायः बिना किसी उद्देश्य के निरर्थक विजय या परस्पर की ईर्ष्या या कन्याहरण के लिए किए जाते थे। इनकी मनमानी के समर्थक ब्राह्मण थे, जो इनसे बड़ी-बड़ी दक्षिणा लेते थे। ब्राह्मणों ने बड़े-बड़े देवालय और मन्दिर बना लिए थे, जहाँ हिन्दुओं की अतोल सम्पदा खिंची चली आती थी।

इन राजाओं के पारस्परिक संघर्षों तथा धर्मकेन्द्र मन्दिरों की बड़ी-चढ़ी समृद्धि के बढ़े-चढ़े वर्णन देश-देशान्तरों के डाकुओं के कानों तक पहुँच चुके थे। महमूद ने स्वयं आकर वह सम्पदा देखी और लूटकर मालामाल हुआ था। वह एक सफल साहसी डाकू था। वह देख चुका था कि भारत की इस अटूट सम्पदा का कोई रक्षक नहीं है। उस समय भारत भूमि के राजा परस्पर की कलह-ईर्ष्या और अभिमान में चूर थे। अपने बड़प्पन के नशे में वे दूसरे को न देख पाते थे। आलस्य और अविचार उनमें भर गया था। वे अफ़ीम घोलते, मद्य पीते और रसरंग में मत्त रहते थे। प्रजा में भी एकता न थी। अनेक पन्थ, अनेक मत, अनेक विचार, अनेक अँधविश्वासों ने उनके मन में घर कर रक्खा था। छुआछूत का भूत उन्हें ग्रस चुका था। धर्म के नाम पर अधर्म उनके नित्य कृत्य हो चुके थे। इस प्रकार इस काल में भारत की एकता भंग हो चुकी थी। उसका जीवन बिखर चुका था। प्रबल धक्का देकर सम्पूर्ण भारत की राजनीति व धर्मनीति को एक सूत्र में बाँधने वाला उस काल में कोई पुरुष देश में नहीं था।

हिन्दुओं के इस अरक्षित जीवन से लाभ उठाकर मुसलमान साधु-फकीर सैकड़ों की संख्या में सम्पूर्ण भारतवर्ष में फैलकर बस गए थे। वे देश के दीन-दरिद्रों को धड़ाधड़ मुसलमान बना रहे थे। इनमें एक साधु बाबा फख़रुद्दीन थे, जो तेन्नुकोडा में रहते थे। उन्होंने वहाँ के राजा को मुसलमान बनाया था। मलिकुल मलूक और उसका साथी अलियारशाह ऐसे साधु थे जिन्होंने ग्यारहवीं शताब्दी के मध्य काल में मदुरा में अनगिनत मुसलमान बनाए थे। मुलतान और सिन्ध को विजय करके जब कासिम लौट गया, तब उसके लगभग 300 वर्ष तक और कोई आक्रमण भारत पर नहीं हुआ। महमूद के आक्रमण-काल में भारत के पश्चिमी प्रान्त के कुछ हिस्सों पर मुसलमान शासक था और काठियावाड़, गुजरात, कोंकण, दाखवल्य, सोमनाथ, भड़ौंच, खम्मात, सिहाना और चौल में उनकी बस्तियाँ बस रही थीं। यद्यपि काबुल में इस समय भी एक ब्राह्मण राज्य कर रहा था, परन्तु मुसलमानों में सभी को दिलचस्पी थी। बहुत राजा उनसे प्रेम करते थे। मुसलमान फकीरों का सर्वत्र मान होता था

और ये बिना ही ज़ोर-जुल्म और तलवार के भारत में इसलाम का बीज बोते और मुसलमान आक्रान्ताओं को सब सम्भव सहायता देते थे। उस समय के वातावरण में यह सम्भव भी था। अलबरूनी लिखता है कि हिन्दू धर्म इस योग्य नहीं रह गया है कि उसमें ब्राह्मणों के सिवा कोई व्यक्ति आत्म-सम्मान से रह सके। ब्राह्मण और क्षत्रिय ही इस काल में सर्वेसर्वा थे। और इस प्रकार भारत उन दिनों विदेशी आक्रान्ताओं के लिए 'बिना द्वार का दुर्ग' बना हुआ था।

गज़नी

दसवीं शताब्दी के मध्यभाग में एक तुर्की गुलाम अपनी हिम्मत और जवांमर्दी से खुरासान और गज़नी को दखलकर बैठा। उन दिनों ये प्रान्त अराजक प्रान्त थे। सरदार लोग जो वास्तव में बड़े-बड़े डाकू थे, अपना दलबल लेकर मारकाट करते और अपनी अस्थायी सत्ता एक गाँव से दूसरे गाँव में स्थापित करते थे। इस गुलाम का नाम सुबुक्तग़ीन था। सुबुक्तग़ीन गुलाम होने पर भी अपनी योग्यता तथा बुद्धिमत्ता एवं साहस से एक प्रबल सरदार बन गया और उसने शीघ्र ही इतनी सत्ता प्राप्त कर ली कि आस-पास के सरदारों में कोई भी उसे न पा सका।

खुरासान और गज़नी दखल करने के बाद उसने अपनी बर्बर सेना को क्रियाशील बनाए रखने के लिए भारत की ओर मुँह किया। गज़नी और खुरासान उन दिनों साधारण गाँव थे। आसपास के उजाड़, दरिद्र, और पहाड़ी दुर्गम इलाकों में लूटपाट करने के लिए कुछ भी नहीं था। उसने आने-जाने वाले व्यापारी काफिलों, फ़कीरों और जासूसों से भारत की समृद्धि के विषय में बहुत-कुछ सुन रखा था। साहसी तो वह था ही, अतः भारत में घुस आया।

उस समय पंजाब में महाराज जयपाल राज्य करते थे। उन्होंने खैबर घाटी को सुरक्षित रखने और उधर से किसी शत्रु को भारत में न घुसने देने की शर्त पर—नवाब बनाकर—शेख हमीद नामक एक मुसलमान सरदार को पेशावर और खैबर का थानेदार नियत किया था।

सुबुक्तग़ीन को आगे बढ़ता देखकर महाराज जयपाल ने सावधानी के विचार से आगे बढ़कर जलालाबाद में छावनी डाल दी, जो कि खैबर घाटी के पच्छिमी मुहाने पर अफ़गानिस्तान की सीमा है। परन्तु सुबुक्तग़ीन ने गहरी कूटनीति से काम लिया। वह समय टालता और भयभीत होने का बहाना करता रहा। महाराज जयपाल यह भेद न समझ पाए। शेख हमीद से भी उसने मामला ठीक कर लिया। जब शीतकाल आया और बर्फ पड़ने लगी, तब सुबुक्तगीन ने धावा बोल दिया। जयपाल की सेना सहायता और कुमुक के अभाव से सर्दी में निकम्मी हो गई। उससे युद्ध करते न

बन पड़ा। महाराज जयपाल लौटे। परन्तु शेख हमीद ने घाटी का मुहाना रोक दिया और महाराज जयपाल घाटी में घिर गए। निरुपाय हो उन्होंने ढाई लाख रुपए तथा 50 हाथी देने का वचन देकर सुबुक्तग़ीन से सन्धि कर ली तथा उसके सरदारों को संग लेकर वे लाहौर चले आए। परन्तु लेन-देन के मामले पर महाराज और सुबुक्तग़ीन के आदमियों से झगड़ा हो गया। सुबुक्तग़ीन भारत में घुस आया। पेशावर में खुला युद्ध हुआ। युद्ध में दिल्ली, अजमेर, कालिञ्जर और कन्नौज के राजाओं ने जयपाल का साथ दिया। फिर भी इस युद्ध में महाराज जयपाल हारे, और उनकी सम्पूर्ण सम्पदा लूट ली गई। सुबुक्तग़ीन, महाराज को बन्दी करके गज़नी ले गया। पेशावर में उसने अपना हाकिम बैठा दिया। इस प्रकार शेख हमीद की नमक-हरामी का यह परिणाम हुआ कि पंजाब पर सुबुक्तग़ीन का अधिकार हो गया। सुबुक्तग़ीन के साथ ही एक विद्वान् मुसलमान फकीर अलीबिन उस्मान अलहज़वीसी लाहौर में आया। जो फिर गज़नी नहीं लौटा, और वहीं बस गया। प्रकट में यह औलिया मुस्लिम धर्म का प्र५. था, परन्तु वास्तव में वह सुबुक्तग़ीन का एक जासूस था, जिसके अनगिन चेले सारे उत्तर भारत में जासूसी जाल फैलाकर बैठ गए थे।

इस अभियान में महमूद अपने पिता के साथ था। यद्यपि उसकी अवस्था अभी केवल ग्यारह वर्ष की ही थी, परन्तु वह बड़ा साहसी और युद्धप्रिय बालक था।

अपने पिता सुबुक्तग़ीन की मृत्यु के बाद महमूद ने अपनी सत्ता अफगानिस्तान और गज़नी में और मज़बूत की, तथा बुखारे के समृद्ध इलाके अपने अधीन कर लिए, और उस समूचे प्रदेश का एक सर्वशक्ति सम्पन्न सरदार बन बैठा। फिर इसने निरन्तर तीस बरस भारत पर खूनी आक्रमण किए तथा सोलह बार पश्चिमोत्तर भारत को तलवार और अग्नि की भेंट किया। नगरकोट का मन्दिर तोड़कर इसमें से सात सौ मन सोना-चांदी के बर्तन, सात सौ चालीस मन सोना, दो हजार मन चांदी और बीस मन हीरा-मोती जवाहरात उसने लूटे। थानेश्वर के आक्रमण में वह दो लाख हिन्दुओं को कैदी बनाकर ले गया। यहाँ की लूट में उसे एक मानिक साठ तोले का मिला था। मथुरा की लूट में उसने छह ठोस सोने की मूर्तियाँ पाईं, जिनके शरीर पर ग्यारह अमूल्य रत्न थे। मथुरा को उसने बीस दिन तक लूटा और जलाया था। मथुरा से वह इतने कैदी साथ ले गया कि गज़नी में एक-एक गुलाम ढाई-ढाई रुपए में बेचा गया। फिर भी खरीदार न मिले। इस समय उसके साथ एक लाख सवार और बीस हज़ार पैदल थे। इस प्रकार साहसिक अभियानों के कारण उसकी हिम्मत, प्रसिद्धि और समृद्धि बहुत बढ़ गई। और अब इस बार उसने गुजरात की घाटी को चीरकर महामहिम भगवान सोमनाथ के मन्दिर को लूटने और भंग करने का इरादा किया था। निरन्तर सोलह बार उसकी रकाब के साथ भारत को रौंदने वाले बर्बरों ने, जो चाँदी और सोने से अपने घोड़ों की ज़ीनें भर कर लौटे थे, उसकी कीर्ति-कथा दूर-दूर तक फैला दी थी। और उसने जो भारत की लूटी हुई यह अनमोल समृद्धि

और अटूट सम्पदा ला-लाकर इस उजाड़ देश में बखेर दी, उसने भी उस प्रसिद्धि में चार चाँद लगा दिए थे। इस प्रकार महमूद के इस शौर्य के कारण ग़ज़नी नगर पूर्वी भूखण्ड का एक समृद्ध और प्रसिद्ध नगर बन गया था। नगर में बड़ी-बड़ी मस्जिदें और अनेक प्रासाद, हम्माम और सरायें थी। उसके बड़े-बड़े बारह बाज़ार थे, जिनकी दुकानें देश-विदेश की बहुमूल्य वस्तुओं से भी भरी पड़ी थीं। संसार के व्यापारी वहाँ अपने-अपने देश की वस्तु बेचने आते थे। ग़ज़नी की जामा-मस्जिद स्थापत्य कला की बेजोड़ वस्तु थी। जब उसकी गगनचुम्बी मीनार पर खड़ा होकर मुल्ला पुकार कर "ईश्वर एक है और मुहम्मद उसका प्रतिनिधि है" बांग देता, तो सब कामकाजी मुसलमान काम-धन्धा छोड़कर नमाज पढ़ने को एकत्र हो जाते। सुलतान अपने दरबारी जनों सहित हर शुक्रवार को जब नमाज़ पढ़ने आता, उस समय उसकी सवारी की धूमधाम देखने ही योग्य होती थी।

भारत पर विजयी आक्रमण करके वापस लौटने पर सुलतान ने ग़ज़नी में भारी-भारी इमारतें बनवाईं। इमारतें बनवाने का उसे शौक था। इस काम के लिए उसने देश-विदेश के अनगिनत कारीगर और कलाकार बुलवाए थे। उन्हें वह ऊँचे-ऊँचे इनाम देकर उनके उत्साह की वृद्धि करता था। इन गुणी शिल्पियों द्वारा उसने गजनी में ऊँची-ऊँची मीनारों वाली मस्जिदें, महल, बड़े-बड़े हौज़, हम्माम, तालाब, बावड़ियाँ, बाग, उपवन और वीथी बनवाई थीं।

महमूद ने भारत की तीसरी विजय से लौटकर ग़ज़नी नगर की खूब मज़बूत शहरपनाह बनवाई। भारत के दुर्गों के घेरे में, उसे प्राचीरों का महत्त्व विदित हो गया था, इससे उसने भारत के तीसरे आक्रमण से लौटकर बहुत मज़बूत चहार-दीवारी ग़ज़नी के चारों ओर बनवाई थी। इस समय प्रबल से प्रबल शत्रु भी ग़ज़नी की कुछ हानि नहीं कर सकता था। ग़ज़नी की सुरक्षा के लिए चारों ओर की पहाड़ियों पर उसने छोटी-छोटी गढ़ी बनवाई थीं, जहाँ आवश्यक सेना हर समय रहती थी।

यद्यपि सुलतान की स्थायी सेना अधिक न थी, परन्तु आवश्यकता होने पर वह जितनी चाहे उतनी साहसी बर्बरों की सेना एकत्र कर सकता था। उसकी कमान के नीचे लड़ने को प्रत्येक सेनानी सोत्साह रहता था। वह जानता था कि लूटपाट का और कहीं ऐसा सुयोग लग ही नहीं सकता है। इससे आसपास के पहाड़ी क्षेत्रों के अनगिनत डाकू उसकी सेना में खुशी से भर्ती हो जाते थे। स्थायी सैनिकों को सुलतान ने वेतन के स्थान पर धरती दे रखी थी। वे शान्ति-काल में हल लेकर भूमि जोतते और युद्ध-काल में विकराल तलवार पकड़कर विकट युद्ध करते थे। इन लोगों में 'ममलूक' लोगों की पलटन अपनी वीरता तथा शौर्य में विख्यात थी। ममलूक सेना के हज़ार अजेय योद्धा, मूल्यवान अरबी घोड़ों पर सवार होकर महमूद के चारों ओर एक जीवित दुर्जय दुर्ग के रूप में सदा साथ रहते थे। इनके सिवा वक्षु नदी के उस पार के तुर्कों की घुड़सवार सेना भी अजेय थी। इस सेना में पचपन हज़ार

बांके और मर मिटने वाले तलवार के धनी और धनुर्धर थे। अफगानों और खिलजियों की सेना का नम्बर इनके बाद था। यह सेना भी, सब भाँति के शस्त्रों से सज्जित रहती, और युद्ध में सदैव अग्रभाग में लड़ती थी। इस सेना के पठान और कद्दावर उजबक जब लम्बी-लम्बी दाढ़ियों के बीच दाँतों से घोड़े की लगाम पकड़े , भारी-भारी तलवारें लेकर आँधी की भाँति शत्रु पर टूट पड़ते, तब बड़े-बड़े धैर्यवानों के छक्के छूट जाते थे।

अरबों की भी एक चुनी हुई सेना महमूद की कमान में थी। ये बड़े निर्दय और क्रूर सिपाही होते थे। तलवार की मार में इन्हें कोई योद्धा न पा सकता था।

महमूद इस सम्पूर्ण संयुक्त सेना का सेनापति था। इस सम्बन्ध में एक महत्त्वपूर्ण बात यह है कि तुर्क लोगों की अधिकांश सेना मुसलमान न थी, मूर्तिपूजक थी। महमूद एक प्रकृत योद्धा था, वह अपनी सेना को इसलिए नहीं रखता था कि वह उन्हें बैठाकर माल-मलीदे खिलाए। वह सदैव अपनी सेना को चुस्त और सोत्साह रखता, उसे साहसिक आक्रमणों में नियोजित करता रहता था।

सुलतान के दरबार में ईरानी लोगों का भी खासा प्राबल्य था। अबुल अब्बास उसका एक शक्तिशाली वज़ीर था। वह अपढ़ था, किन्तु राजनीति और प्रबन्ध में बड़ों-बड़ों के छक्के छुड़ा देता था। उसने सरकारी काम-काज के कागज़ात तथा प्रजा की अर्जी आदि फारसी भाषा में तथा सम्वाद अरबी में लिखने की व्यवस्था की थी।

महमूद के दरबार में कवियों, इतिहासकारों तथा विद्वान् दार्शनिक जनों का भी सम्मान होता था। फिरदौसी और अलबरूनी जैसे विद्वानों का वह पोषक था। उसने देश-देश की पुस्तकों का एक बहुत भारी संग्रह गज़नी के राजकीय पुस्तकालय में किया था। इस अलभ्य ग्रन्थ-सागर को एकत्र करने में उसने पानी की तरह रुपया खर्च किया था। गज़नी और देहातों में उसने राज्य भर में बच्चों की शिक्षा की उत्तम व्यवस्था की थी। उसने मुक्त हाथों से लाखों रुपया इस कार्य में व्यय किया था। यद्यपि वह स्वभाव से कंजूस और धनलोलुप था, पर विद्यालय में वह दिल खोलकर खर्च करता था। कविता सुनने का वह अत्यन्त शौकीन था। फिरदौसी के पूर्ववर्ती कवि अन्सारी तथा ईरानी कवि दाकिनी को उसने शाहनामा लिखने की आज्ञा दी थी जिसे फिरदौसी ने पूरा किया था।

इन्ही दिनों जब इंग्लैण्ड का प्रसिद्ध राजा कन्युट दी ग्रेट मैनचैस्टर के प्राचीन गिरजे के जीर्णोद्धार में सोना-चाँदी और रत्न-जवाहर बिखेर रहा था, यह प्रतापी सुलतान एक बार फिर भारत पर आक्रमण करके महामहिम प्रभु सोमनाथ महालय को भूमिसात् करने को कटिबद्ध हो रहा था।

ईदुल-फितर

आश्विन मास आधा बीत चुका था। गज़नी में बड़ी भारी रेलपेल थी। मास के प्रारम्भ ही से योद्धाओं के दल-बादल चारों ओर के पहाड़ी प्रदेशों से गज़नी में बढ़े चले आ रहे थे। उनकी आवा-जाही, भरती और चहल-पहल से, नगर में बड़ी भीड़-भाड़ और शोरगुल भर गया था। मुहल्ले और बाज़ार तुर्क सिपाहियों तथा तातार के पहाड़ी डाकुओं से पटे पड़े थे। आसपास के इलाकों में से चुने हुए अनुभवी योद्धा, जिन्होंने लगातार सत्रह बार सुलतान की लगाम के साथ रहकर अपने घोड़ों की टापों से भारत की भूमि तथा वहाँ के आबाल-वृद्ध को रौंद डाला था, बड़े ठाठ और उमंग में बढ़िया पोशाक पहने और ताँबे के सिक्कों के स्थान पर सोना फेंकते हुए अकड़ते फिर रहे थे। पहाड़ों की विकट गुफाओं के सरदार अपनी-अपनी टोलियाँ लिए दनादन गज़नी में चले आ रहे थे। लुटेरों की टोलियाँ आनन्द से बाँसुरी और डफ बजातीं और शौर्यपूर्ण भावों से भरे गीत गातीं, रणमत्त ही स्वच्छन्द गज़नी के बाज़ारों में घूमती-फिरती थीं। बहुत से काबुली लुटेरों और लुच्चों की टोलियाँ गज़नी की गलियों में शाम होते ही घूमने लगती थीं, जिनके साथ भड़कीली ज़नानी पोशाक पहने लड़के, नकली बाल लगाए नाचते-गाते चलते थे। इनके पाजामों पर तो सुनहरी काम था, परन्तु इनके चेहरे पीले और मुर्झाए हुए थे। गज़नी के सब काफी-घरों और जुए के अड्डों में बदमाशों, गिरहकटों, उठाईगीरों,चोरों और डाकुओं के साथ-साथ इस प्रकार के लड़कों की भी खूब भरमार थी, जिनके साथ सब लोग अत्यन्त निर्लज्जतापूर्ण हंसी-मजाक एवं अश्लील व्यवहार करते थे। अनेक तुर्क और पठान सरदार इन लड़कों के विशेष प्रेमी थे। वे उन लड़कों को ज़नानी पोशाक में सजे-धजे साथ लेकर बाज़ारों में सैर करते थे, जिनसे उनके गन्दे और घृणित सम्बन्ध थे। इसे वे अपनी प्रतिष्ठा और अमीरी का चिह्न समझते थे।

इनमें बहुत-से लड़के बचपन में ही हीजड़े बना दिए गए थे, और वे अपनी हालत में खुश थे। वे बड़े चाव से ज़नाने हावभाव करके लोगों को रिझा रहे थे। संध्या होते ही शहर के बाहर की सफील के पास सैकड़ों गुलाम और हीजड़े तथा लड़के खड़े हो जाते थे। और इसके लिए उन्हें गज़नी के सुलतान को टैक्स देना पड़ता था। शहर के सरदारों, अमीरों और उमरावों के महलों में नाच-रंग और तमाशों की भरमार थी। काफी-घरों और नाटकघरों में खचाखच आदमी भरे थे। मस्जिदों, सरायों और बड़े-बड़े मकानों ने फौजी छावनियों का रूप धारण कर लिया था। यह व्यवस्था सुलतान की आज्ञा से हुई थी। लूट के लालच से किसान और बहुत-से आवारागर्द भी वहाँ आ जुटे थे। बड़े-बड़े मुल्ला और वाइज नमाज़ के बाद लोगों को धर्मवाक्य सुना-सुनाकर जेहाद करने के उत्तेजनामूलक भाषण दे रहे थे। इस प्रकार गाजे-बाजे और जयोल्लास में गज़नी शहर डूब रहा था। नगर के बाहर दूर तक तम्बू, घोड़ा, गधा, खच्चर, उँट तथा सैनिकों का एक नया विराट नगर बन गया था।,

यह सब सुलतान महमूद की जबरदस्त तैयारियाँ थीं, जो उसके इस बार के आसाधारण अभियान के प्रति उसकी गहरी आसक्ति का परिचय दे रही थीं। इस बार उसने सब परिचित, अधीन एवं मित्र सरदारों, कबीलेदारों और सम्बन्धियों को साग्रह निमन्त्रण भेजे थे। ये निमन्त्रण गज़नी के प्रधान मुल्लाओं द्वारा ले जाए गए थे, जिन्होंने धर्म का जुनून चढ़ाकर लोगों को जेहाद का सवाब लूटने को बहुत उत्साहित किया था। अधीन सरदारों पर तथा हाकिमों पर उसने ताकीदी-परवाने जारी किए थे। इसके फलस्वरूप तीस हज़ार अजेय घुड़सवार तुर्क, बारह हज़ार तीखे स्वभाव वाले अरब, और इतने ही अचूक निशाना लगाने वाले ईरानी गज़नी में आ जुटे थे।

ईद की नमाज़ अदा करने के लिए सुलतान की सवारी बड़ी धूमधाम से जामा-मस्जिद की ओर चली। सबसे आगे तुर्की घुड़सवारों का रिसाला अपनी ज़र्कवर्क पोशाक में था, उसके पीछे ऊँटों पर नौबतखाना था। इनके पीछे अरब सवारों की टुकड़ियाँ और इनके बाद तातारी योद्धा नंगी तलवार लिए पैदल चल रहे थे। उनके बीच में अमीर महमूद बहुत ऊँचे काले घोड़े पर सवार था। वह बहुधा बड़ी देर तक चुपचाप बैठा रहता था। अमीर की पोशाक गहरे उन्नावी रंग की विलायती बानात की थी, जिस पर हिन्दुस्तान के कारीगरों के हाथ का सुनहरा काम किया हुआ था। वह बड़े गौरवपूर्ण ढंग से घोड़े पर बैठा, बिना इधर-उधर देखे अविचल भाव से आगे बढ़ रहा था। यद्यपि अभी उसकी आयु पैंतालीस ही वर्ष की थी, परन्तु कठिन योद्धा-जीवन और गहन संघर्ष के चिह्नस्वरूप गहरी रेखाएँ उसके मस्तिष्क एवं चेहरे पर स्पष्ट दीख रही थीं। एक दृष्टि देखने ही से वह एक अविचल, एकनिष्ठ और दृढ़प्रतिज्ञ पुरुष प्रतीत होता था।

सुलतान ने जामा मस्जिद पहुँच मस्जिद के द्वार पर एक ऊँट की कुर्बानी दी, फिर वह मस्जिद में इमाम के दक्षिण पार्श्व में बैठ गया। इमाम ने उसके नाम का खुतबा पढ़ा और फिर सुलतान ने एक लाख दीनदारों के साथ ईद की नमाज अदा की।

ईद का दरबार

गज़नी नगर के निकट कोहे-सुलेमान की तराई में एक खुशनुमा घाटी थी, जो तमाम तातार में फूलों की घाटी के नाम से विख्यात थी। यह खुशनुमा घाटी बारहों मास चमेली और गुलाब से आच्छादित और उन्हीं के फूलों से सुवासित रहती थी। वहाँ से बृहत्तर गज़नी की अनगिनत मस्जिदों की गगनचुम्बी मीनारें और उन्नत गुम्बज सुनहरी धूप में चमकते दीख पड़ते थे। यहीं अमीरे-गज़नी ने अपनी नई छावनी डाली थी। वह आज ईद का दरबार अपने शाही दीवानखाने में न करके अपने उन योद्धाओं के बीच करना चाहता था, जिनके साथ उसने इक्कीस वर्ष तक धरती को रौंदा था।

अपनी वज्र की एड़ियों से देशों, नगरों और जनपदों को कुचला था, रक्त की नदियाँ बहाई थीं। अपने हाथ से काटे हुए लक्ष-लक्ष नरमुण्डों पर विजय-स्तम्भ स्थापित किए थे। मृत्यु-दूत बनकर जीवन का विनाश किया था।

बीस हज़ार गोल तम्बू वृत्ताकार फैले थे। इनपर रंग-बिरंगी रेशमी पताकाएँ हवा में लहरा रही थीं। सबके बीच में महमूद का विशाल खेमा था, जिसका हर बाज़ू सवा सौ कदम लम्बा था। उसकी ऊँचाई तीन नेजों के बराबर थी, और उसका मध्य भाग बारह ऐसे स्वर्ण-स्तम्भों पर टिका था, जिनकी मोटाई मनुष्य की मोटाई के बराबर थी। लाल रंग की पाँच सौ रेशमी डोरियाँ उस विराट् खेमे को थामें हुई थीं। नीली, पीली, लाल और हरे रंग की पट्टियों से खेमे का बाहरी भाग सुसज्जित था। यह समूचा तम्बू सफेद चमड़े का बना था।

खेमे के फर्श पर बहुमूल्य ईरानी कालीन बिछे थे, जिन पर सुनहरी तारों का काम हो रहा था। खेमे के बीचोंबीच ठोस सोने का सिंहासन था, जिसके चारों कोनों पर चार उकाब चांदी के बने थे। सिंहासन पर कमख्वाब का चंदोवा तना था, जो रत्नजटित डंडों पर फैला हुआ था। सिहांसन पर वह अजेय, अप्रतिहत रथी, सखीमे-फिरानी, बादशाहों का बादशाह, अमीर महमूद बैठा था।

वह जो चोगा पहने था, उसपर हज़ारों मोती और हीरे टंके थे। उसके मस्तक पर जो हरी पगड़ी सुशोभित थी, और उसके तुर्रे पर जो तेजस्वी लाल जड़ा था, वह उस नरशार्दूल के इधर-उधर सिर हिलाने पर ऐसा दीख पड़ता था, मानो एक तृतीय नेत्र केवल अग्नि-स्फुलिंग से पूर्ण विश्व को भस्म करने के लिए उसके मस्तक पर उदय हुआ हो। उसकी आँखें लम्बी और तेज थीं। उनसे कुछ भी नहीं छिपाया जा सकता था। अरबों के प्रिय रत्न जमर्रुद का एक बड़ा तौक उसके गले में पड़ा था।

सुवासित मद्य से भरे हुए चार सौ घड़े और शाही भोज का सुस्वादु दस्तरखान करीने से प्रस्तुत था, जिनमें भाँति-भाँत के मेवे, तले और भुने हुए मांस तथा भाँति-भाँति के मिष्ठान्न और पकवान थे।

अमीर के पीछे गवैये और पैरों के पास रिश्तेदार, दूसरे बादशाह, अमीर, सरदार आदि बैठे थे, किन्तु उसकी बगल में कोई न था।

आनन्द और विजयोत्सव के जितने साधन जुटाए जा सकते थे, वे सब वहाँ एकत्र थे। चारों ओर ज़ोर से बाजे बज रहे थे। खेमे के सामने मैदान में अनेक मनोरंजक खेल खेले जा रहे थे, जिन्हें जनता और सैनिक उत्साह और आनन्द से देख रहे थे। कहीं भांड और हँसोड़ अपने करतब दिखा-दिखाकर लोगों को हँसा रहे थे। कहीं पहलवान कुश्ती लड़ रहे थे, कहीं नट अपने अंग मरोड़ रहे थे, कहीं तलवारबाज़ी, नेजेबाज़ी और घुड़सवारी का चमत्कार दिखाया जा रहा था। कहीं लौंडे ज़नाने कपड़े पहने नाच-गा रहे थे। डफ की ताल पर उनकी आँखों के पलक और पैर एक साथ ही उठते-गिरते थे। लोग खुश होकर तालियाँ पीट रहे थे।

अमीर खुश किन्तु गम्भीर था। वह उस भारी जन-रव और ऐश्वर्य के बीच जैसे डूबा जा रहा था। जब सलामी और नज़राने की सब रस्में पूरी हो चुकीं तो उसने जलद-गम्भीर स्वर में एक हाथ ऊँचा करके कहा, "मैं अमीर महमूद, खुदा का बन्दा, वही कहूँगा जो मुझे कहना चाहिए। रसूले पाक और खुदा के नाम पर, जिसके समान दूसरा कोई नहीं है, मैं अमीर महमूद, खुदा का बन्दा, आज ईद मुबारक के साथ तुमसे, जो मेरी रकाब के जांनिसार साथी हैं, और जिनके घोड़ों की टापों ने आधी दुनिया रौंदी है, वही कहूँगा जो मुझे कहना चाहिए। हम चल रहे हैं, अपनी सबसे बड़ी मुहिम को फतह करने, जिसकी इन्तज़ारी फिरदौसी और अलबरूनी उस काफिर ज़मीन पर कर रहे हैं, जिसकी हर शै दीनदारों के लिए है। दोस्तो, मैं जानता हूँ, तुम्हारी तलवारों की धार तेज़ है, तुम्हारे घोड़े तरोताज़ा हैं, और तुम्हारे घोड़ों की ज़ीनें, जिन्हें तुम पिछली बार चाँदी-सोने से भर लाए थे, खाली हो रही हैं और तुम मेरे दोस्तो, उन्हें फिर से भरने के लिए बेचैन हो। मैं तुम्हें दुआ देता हूँ कि तुम्हारी मुराद वर आए। और तुममें से प्रत्येक अपनी जीन की लम्बी थैलियों को चाँदी-सोना और जवाहर से भरकर और अपने घोड़ों की लगाम से चार-चार गुलाम बाँधकर घर लौटे—आमीन!"

जय-जयकार और तालियों की गड़गड़ाहट से दिशाएँ काँप उठीं। बड़े-बड़े नक्कारे और ढोल गरज उठे। तलवारें झनझना उठीं। हज़ारों-लाखों कण्ठों से निकला, "आमीन, आमीन!"

इसके बाद सब सरदारों, सेनापतियों, वीरों और पदाधिकारियों को खिलअत इनाम बाँटे गए, विद्वानों का मुहरों और पदवियों से सम्मान किया गया।

दरबार बर्खास्त हुआ। अमीर की शाहखर्ची, शान और जलाल का बयान हर मुँह से सुनाई पड़ रहा था। वह ईद गज़नी में उमंग, उत्साह, विजय और सफलता की ईद थी।

कठिन अभियान

ईद का दरबार करके अमीर ने दूसरे दिन भोर में ही प्रस्थान किया। प्रस्थान के समय उसने सेना के समक्ष एक छोटा-सा सारगर्भित भाषण दिया। यह अभियान अमीर के लिए अब तक के सब अभियानों से अधिक कठिन था। भारत की भूमि पर पैर रखने से प्रथम उसे एक-सौ पचहत्तर गाँवों की विकट मरुभूमि पार करनी थी। इस मरुभूमि में रेत और काली चिकनी मिट्टी को छोड़ दूसरी वस्तु न थी। न घास-फूस, न जल, न वृक्ष, न छाया। प्रतिदिन वादेसमूम के झोंके आते और दिन की रात हो जाती। पर अमीर को इस मरुस्थली का अनुभव था, यद्यपि उसको पार करना एक महासमर विजय करने के समान था। परन्तु अमीर ने अपने पूर्व अनुभव

के आधार पर सब आवश्यक साधनों की व्यवस्था कर ली थी। उसने मार्ग में स्थान-स्थान पर सहायता केन्द्र स्थापित कर लिए थे। इस तरह एक साहसिक और व्यवस्थित योद्धा की भाँति वह अभियान पर आगे बढ़ा था। महमूद अपनी सम्पूर्ण सेना का सेनापति था। पर पहाड़ी लुटेरों की टुकड़ियों पर उसने पहाड़ी सरदारों को ही अधिकार दे रखा था। गज़नी की राजसत्ता अहमद ममैदी को सौंप और पाटवीपुत्र को साथ ले, दलबल सहित वह खूब सतर्कता और सावधानी से अग्रसर हुआ था।

कूच का वह दृश्य भी अद्‌भुत था। उस दिन सब नगर-बाज़ार बन्द थे। लोग बड़ी भावभरी आँखों से इस विजेता का यह अभियान देख रहे थे। आतुर माताएँ आँखों में आँसू और आँचल में आशीर्वाद भरे, पुत्रों को अज्ञात देश की ओर जाते देखने खड़ी थीं। कुल-वधुएं गोद में अबोध शिशुओं को लिए और धड़कते हृदयों को हाथ से दबाए, प्रिय पति को यों जाते देख रही थीं। मस्जिदों में मुल्ला उच्च स्वर से दुआ पढ़ रहे थे।

कटक का विस्तार बहुत था। पचपन हज़ार मर-मिटने वाले तुर्क सवार नंगी तलवारें चमचमाते, पिघले हुए लोहे की नदी की भाँति बढ़े चले जा रहे थे। दस हज़ार मर-मिटने वाले ममलुक योद्धा कीमती अरबी घोड़ों पर सवार एक जीवित दुर्ग बनकर चल रहे थे। इसके बाद बुखारे के बीस हज़ार ऊँटों पर चालीस हज़ार सधे हुए तीरन्दाज़ थे। डेरा तम्बू वाले मार्ग-दर्शक, मार्ग-संशोधक, तेली, तम्बोली, बावर्ची, साईस, मल्लाह, दुकानदार, वेश्याएं, लौंडे, दरवेश, मुल्ला, साईं आदि की गिनती न थी।

मंज़िल पर मंजिल मारता अमीर का यह कटक डेरा इस्माईल खाँ के उस ओर के पहाड़ों की तलहटी में आ पहुँचा। ये पहाड़ियाँ अति विकट, दुर्गम और निर्जन थीं। उनके वह शिखर बारहों मास बर्फ से ढके रहते थे। ग्रीष्मकाल में जब बर्फ पिघलता तो दर्रे को चीरता हुआ और वहां के यात्रियों को अपने में लपेटता हुआ चला जाता था। शीतकाल में वहाँ इतनी ठंड पड़ती थी कि मनुष्य के शरीर का रक्त ही जम जाता था। परन्तु महमूद के अनुभवी मस्तिष्क के कारण उसकी सेना का बहुत कुछ, इस कष्ट से बचाव हो गया। इसके दो कारण थे, एक तो अभी वर्षा ऋतु समाप्त ही हुई थी और शीतकाल नहीं आया था। कड़ी ठण्ड नहीं पड़ी थी। बर्फ जमने से पहले ही उसकी सेना ने घाटी पार कर ली थी। दूसरे उसकी सेना के सभी योद्धा उस शीत, बर्फ और कठिनाई के अभ्यस्त थे। उनके लिए वह कुछ नई वस्तु न थी।

गाड़ियाँ और दूसरे वाहन इस तंग दर्रे को पार नहीं कर सकते थे। इसलिए महमूद ने ऊँट, खच्चर और घोड़ों ही से काम लिया था। उसने निर्विघ्न इस दर्रे को पार कर लिया। यहां से दर्रे के आसपास के खूंखार कबाइली पठानों के दल-बादल सुलतान की सेना में मिलते गए। जैसे नदी में बहाव आता है, उसी भाँति अमीर का कटक दिन-दिन वृद्धि पाता हुआ अटक के कूल पर आ टिका।

महानद के तट पर

सिंधुनद भारतीय सीमा पर महानदी है। इसका विस्तार देखकर इसे नदी न कहकर नद कहते हैं। यह नद पर्वतेश्वर हिमालय के अंचल से निकलकर अरब समुद्र में गिरता है। बारहों मास यह नद अथाह जल से परिपूर्ण रहता है। उसका तीव्र जल-प्रवाह अगाध और पाट मीलों तक का है। इस महानद को पार उतरकर ही भारत भूमि पर चरण रखना पड़ता है। सुलतान महमूद ने इस कठिन कार्य की भी सब व्यवस्था ठीक कर रखी थी।

अमीर ने सिन्धु के उस पार दो दिन विश्राम किया। तीसरे दिन सिन्धुनद पार उतरने की व्यवस्था की। प्रत्येक पूर्णिमा को नद में ज्वार आता है। तब नद का जल ऊपर खारा और नीचे मीठा होता है। इस समय महानद समुद्र की भाँति गर्जना करता है और उसमें पर्वत के समान बड़ी-बड़ी लहरें उठती हैं।

अमीर ने तट से कुछ हटकर कुछ ऊँची जगह पर अपनी छावनी डाली थी। छावनी का प्रबन्ध अत्युत्तम था। घुड़सवारों की टुकड़ियाँ उसके चारों ओर घूम-फिरकर रात-दिन पहरा देती थीं। पहरे का यह दायित्व एक दरबारी सरदार के सुपुर्द था। बीच में अमीर का लाल रंग का तम्बू था, जिसे चारों ओर कनातों से घेर दिया गया था।

तीसरे दिन भोर होते ही नद पार करने की हलचल प्रारम्भ हो गई। कछुए और बेड़े नद में डाल दिए गए। बोझा ढोने वाले ऊँट और भारवाही पलटन पार उतरने लगी। घोड़ों पर, मशकों पर, बेड़ों पर, नावों पर साहसिक योद्धा तैर-तैरकर पार उतरने लगे। दिन-भर नदी पार करने का क्रम चलता रहा। सायंकाल के समय अमीर अपने मन्त्रियों एवं सेनापतियों के साथ नदी पार होने का दृश्य देखने तीर पर आया। दूसरे दिन मध्याह्न काल होते-होते सम्पूर्ण लश्कर भारत भूमि पर निर्विरोध उतर गया। इस बर्बर डाकू का इस भाँति निर्विरोध उस पार उतर जाना और भारत का निश्चिंत पड़े सोते रहना एक आश्चर्य की बात थी।

नद के इस पार अमीर का लश्कर विश्राम करने लगा। समय और ऋतु अति सुहावनी थी। वन में हरिण, मोर और दूसरे सहज शिकार बहुत थे। सुलतान के सरदारों ने अमीर से शिकार की आज्ञा चाही। सुलतान ने कुछ क्षण चुप रहकर कहा—

"मेरे बहादुर सरदारो, हम गज़नी की भूमि को छोड़कर यहाँ शिकार और तफ़रीह के लिए नहीं आए हैं। हमारा काम बहुत महत्त्व का एवं दायित्वपूर्ण है। अभी हमें बहुत कार्य करना है। वीरत्व प्रदर्शन का मैदान अभी दूर है। इस बार हमें विकट मरुस्थली को चीर कर सोमनाथ की ईंट से ईंट बजानी है। दुश्मन का शिकार ही हमारा सच्चा शिकार है। वही हमारा सबसे प्रथम कर्तव्य है। इस सच्चे शिकार को छोड़कर बेकसूर हिरनों और परिन्दों को मारने से क्या लाभ? यह सब मुझे पसन्द

नहीं। चलो बहादुरो, कूच करो, फतह करो और सुर्खरूही हासिल कर दीनो-दुनिया में खुशहाली हासिल करो।''

इसके बाद ही अमीर ने तत्काल कूच करने का हुक्म दे दिया। खूँटों पर हथौड़ों की चोटें पड़ने लगीं। पलक मारते ही वह मायानगर अदृश्य हो गया? और ऊँटों, अश्वों, खच्चरों और पैदलों की अटूट कतार की कतार महासर्प की तरह रेंगती हूई भारत भूमि पर अग्रसर हुई, जैसे यह विजयी योद्धा किसी बिना द्वार के दुर्ग में घुस रहा हो।

अजयपाल का धर्म-संकट

मुलतान के चौहान राजा अजयपाल बड़े धर्मसंकट में पड़ गए। लाहौर के जाग्रत वीर औलिया अली बिन उस्मान अलहज़वीसी ने उन्हें संदेश भेजा था कि—''गज़नी का सुलतान मुलतान की राह अपने रास्ते खुदा के हुक्म से जा रहा है, उसे जाने दे। इसमें दरेग करेगा तो तुझ पर और तेरी औलाद पर कहर नाज़िल होगा।''

महाराज अजयपाल इस संदेश से व्याकुल हो गए। वे सिन्धुनद के दिग्पाल थे। गज़नी के इस लुटेरे को वे अच्छी तरह जानते थे। परन्तु अभी तक मुलतान की ओर उसकी दृष्टि नहीं पड़ी थी। जब से लाहौर के महाराज जयपाल ने अग्नि प्रवेश किया था, महमूद ने सदैव लाहौर होकर ही सोलह अभियान किए। मुलतान का उल्लंघन करने का यह पहला ही अवसर था। इस बार उसे गुजरात को आक्रान्त करना था। इसलिए वह लाहौर न जाकर मुलतान की राह सीधा मरुस्थली को पार कर सपादलक्ष जाना चाहता था।

यद्यपि महाराज अजयपाल को अभी तक यह पता न था कि सुलतान किस अभिप्राय से इधर से अभियान कर रहा है, फिर भी धर्म केन्द्रों के इस शत्रु की प्रवृत्ति वह जानते थे। उनके सामने दो कठिनाइयाँ थीं। एक यह कि लाहौर के इस औलिया की आज्ञा का उल्लंघन वे नहीं कर सकते थे। उस वृद्ध मुसलिम फ़कीर पर इनकी श्रद्धा के तीन कारण थे। एक यह कि इसी की कृपा, सिफारिश और सहायता से उसे मुलतान का राज्य प्राप्त हुआ था। दूसरे, उसके आशीर्वाद ही से उसे एकमात्र पुत्र उपलब्ध हुआ था। तीसरे यह कि ये औलिया बड़े पहुँचे हुए खुदापरस्त और बेलौस साधु प्रसिद्ध थे। यह कोई कल्पना भी नहीं कर सकता था कि वे सुलतान के भेदिए हैं। उनकी आज्ञा खुदा की आज्ञा समझी जाती थी और वे यदि किसी भक्त को कोई आदेश देते थे, तो यह समझा जाता था कि यह उसकी भलाई के लिए ही होता था। और यह बात स्पष्ट ही सत्य प्रतीत होती थी, क्योंकि सुलतान की अथाह सेना से लड़ना आत्मघात था। उसके सामने घोघाबापा की तेजस्वी मूर्ति

आई। वह सोचने लगा—समय पर मैं घोघाबापा को क्या मुँह दिखाऊँगा? क्या मैं उन्हें सूचना दूं? उनसे परामर्श करूं, परन्तु इतना समय कहां है? फिर यदि उन्होंने युद्ध का ही परामर्श दिया और ऐसा तो वे करेंगे ही। वे वीर पुरुष हैं, मरुस्थली के भीष्म हैं। वे यह थोड़े हो विचारेंगे कि आगे-पीछे क्या होगा। वे तो सच्चे योद्धा हैं। कर्तव्य पर मिटना उनका मूल मन्त्र है। मैं क्या उन्हें जानता नहीं।

महाराज अजयपाल भारी धर्मसंकट में पड़े। वे कुछ भी निर्णय न कर सके। उन्होंने बहुत सोच-विचार कर गुप्तरूप से लाहौर की यात्रा करने की ठानी। अपनी तलवार और एक विश्वासी सेवक को ले एक अँधेरी रात में लाहौर की राह पर घोड़ा छोड़ा।

औलिया ने उनसे बहस नहीं की, अधिक बात भी नहीं की। वह जैसा विद्वान और तेजस्वी प्रसिद्ध था, वैसा ही दम्भी भी था। बिना दम्भ के धर्म और सिद्धि का कारबार चलता भी नहीं, फिर इस फकीर पर तो सुलतान के गूढ़ आदेश थे। जब राजा ने विनम्र भाव से अपनी कठिनाई साधु के सामने रखी और नेक सलाह माँगी तो औलिया ने केवल इतना कहा, "खुदा का हुक्म हमने तुझे भेज दिया, अब तू जान। खुदा का हुक्म मान या ग़ज़ब की आग में अपने तईं और मुलतान को फूंक डाल। जा, फकीर को तंग कर।"

औलिया फिर मौन हो गए। बोले ही नहीं। पार्षदों ने राजा को समझा-बुझाकर चलता किया।

मुलतान लौटकर अजयपाल ने राज्य-परिषद् बुलाई। शिष्ट नागरिकों का दल बुलाया। सबसे परामर्श किया। बहुत विचार परामर्श हुआ। अन्त में निर्णय यही हुआ—युद्ध करना तो आत्मघात करना होगा। इससे हमारा सर्वनाश हो जाएगा। अमीर रुकेगा नहीं। भलाई इसी में है कि सुलतान को राह दे दी जाए। वह सिर्फ राह माँगता है, हम पर चढ़ाई नहीं करता। औलिया ने ठीक कहा है। वे जाग्रत पीर हैं। हमारे शुभचिन्तक हैं, निर्लोभ हैं, खुदापरस्त हैं। उनका हुक्म खुदा का हुक्म है।

अमीर के सैन्य सागर के सामने अजयपाल की सेना एक बूँद के बराबर भी नहीं थी। यदि वह लड़ता तो उसका, उसकी सेना का और मुलतान का सर्वनाश निश्चित था। अपना सर्वनाश करके भी वह सुलतान को रोक नहीं सकता था। फिर अपना सर्वनाश करने से क्या लाभ? परन्तु देश और धर्म के इस प्रबल शत्रु को कैसे वह देश में घुसने दे? यह भी एक प्रश्न था। यह उसके क्षत्रियत्व का प्रश्न था। मरुस्थली के द्वार पर घोघागढ़ में उसके दादा घोघाबापा बैठे हैं। लोहकोट में भीमदेव हैं। सपादलक्ष में महाराज धर्म गजदेव हैं। ये सब सम्बन्धी वीर और तेजस्वी पुरुष हैं, ये सब उसकी कायरवृत्ति देख क्या कहेंगे?

महाराज अजयपाल को कोई छोर नहीं मिला। वह सोचने लगे, अवश्य ही अमीर को राह देना पाप है, परन्तु पाप का भागी क्या मैं ही हूं? यह अभागा भारत देश

क्यों खण्ड-खण्ड है। क्यों नहीं एक सूत्र में संगठित है। सब लोग छोटे-छोटे राजा बने बैठे हैं। वे सब अपनी ही अकड़ में मस्त हैं। इतना बड़ा विशाल भारत देश कैसे विदेशी लुटेरों के हाथ लूटा जाता है। यह तो हम देखते ही हैं, परन्तु सब हाथ पर हाथ धरे बैठे हैं। कोई किसी की नहीं सुनता, फिर मैं ही क्या करूं? मेरी शक्ति ही कितनी, हैसियत ही क्या? पाप ही है तो सबका है। मैं यदि सुलतान का विरोध करता हूँ, तो मेरा तो सर्वनाश होगा ही, यह समृद्ध मुलतान शहर भी लूट और आग की भेंट होगा। यह क्या पाप नहीं होगा? मैं जिस देश का राजा हूं, क्या उसे बचाना मेरा धर्म नहीं है? क्या वह पाप इस पाप से भी बड़ा होगा?

अन्त में अजयपाल ने इसी में भलाई समझी कि वह सुलतान को राह दे दे। फिर उसका परिणाम जो हो सो हो।

मुलतान के द्वार पर

गज़नी से कूच किए अभी पूरा एक महीना भी नहीं बीता था कि अमीर ने मुलतान के द्वार पर बाग रोकी।

काबुल की विकट घाटी पार कर सिन्धुनद जैसी अगाध नदी के पार उतर, और उजाड़ रेगिस्तानों को लांघकर केवल एक मास के अल्पकाल में शत्रु देश के एक समृद्ध राज्य की सीमा में निर्भय घुस आना, कोई साधारण काम न था। पर महमूद के लिए यह एक मनोरंजक खेल था।

मुलतान सिन्धु के मुख पर अति प्राचीन नगर है। उसका प्राचीन नाम मूलस्थान था। सम्भवतः आर्यों ने जब भारत-प्रवेश करके पञ्चसिन्धु में अपना प्रथम राज्य कायम किया था, तब इस नगर की बुनियाद पड़ी हो। मुलतान में सूर्यदेवता का प्रसिद्ध मन्दिर था, जिसके दर्शन-पूजन के लिए देश-देश के यात्री निरन्तर आते रहते थे। यह मन्दिर कभी समूचा स्वर्ण का बना था, परन्तु जिस काल की हम बात कह रहे हैं, उस काल में भी उसका वैभव अतोल था। यह कैसे हो सकता था कि महमूद-जैसे लुटेरे और उसके डाकू साथियों की लोलुप गृध्रदृष्टि उसपर न पड़ती।

परन्तु मुलतान ने बिना विरोध और बिना शर्त सुलतान को केवल आत्म-समर्पण ही नहीं किया, अपितु वहां के राजा ने बहुमूल्य भेंट लेकर अमीर का अभिनन्दन किया। यह एक चमत्कार ही कहा जा सकता था। जिसने सुना उसी ने चमत्कृत हो दाँतों तले उँगली दबाई। परन्तु इस चमत्कार के भीतर जो चमत्कार था, उसे तो केवल अमीर ही जानता था। बिना प्रयास मुलतान को ताबे होते देख अमीर बड़ा प्रसन्न हुआ। इसे उसने एक शुभ शकुन समझा। अमीर की अवाई सुनकर बहुत जन भयभीत हो नगर छोड़कर भाग खड़े हुए थे। अमीर के बर्बर लुटेरे मुलतान को

लूटने को अधीर हो रहे थे। किन्तु हज़रत अली बिन उस्मान ने सुलतान को कहला भेजा था कि मुलतान को कदापि लूटा न जाए और महाराज अजयपाल से मित्रवत् व्यवहार किया जाए। अमीर ने औलिया को ऐसा ही आश्वासन, कृतज्ञता सहित भेज दिया था।

अमीर महमूद जैसा साहसी योद्धा और कुशल सेनापति था, वैसा ही विलक्षण राजनीतिज्ञ भी था। मुलतानपति महाराज अजयपाल की उसने एक दरबार करके धूमधाम से अभ्यर्थना की और उसे बराबर बैठाकर कुशलक्षेम पूछा।

वास्तव में महाराज अजयपाल अपने काम पर लज्जित थे। उनका कार्य चाहे जितना भी राजनीतिमूलक और बुद्धिमत्ता का था, पर निन्दनीय तो था ही। सबसे बड़ा भय उनको घोघाबापा का था, जिनके शौर्य और बड़प्पन के आगे अजयपाल को सदैव झुकना पड़ता था। अमीर की यह अभ्यर्थना उसे विष के समान लगी। और वह बड़ी देर तक अमीर के सम्मुख आँखें नीची किए बैठा रहा।

किन्तु अमीर ने राजा के मनोभावों को ताड़ लिया। उसने खुशामदभरे स्वर में कहा, ''महाराज, जैसे मैं दुश्मनों के लिए सख्त हूँ, वैसा ही दोस्तों के लिए नर्म। आपसे मैं बहुत खुश हूँ और आज से आप मेरे दोस्त हैं। अपनी इस दोस्ती के सिलसिले में, मैं आपको पंजाब और सिन्ध के वे इलाके देता हूँ जो अब तक मेरे कब्ज़े में थे। मिहरबानी करके इन्हें कबूल फर्माइए और हमेशा ऐसी ही दोस्ती कायम रखिए।''

सिन्ध के इन इलाकों पर कब्ज़ा हो जाना मुलतानपति के लिए साधारण प्रलोभन न था। इससे उसका राज्य ही दूना हो गया। वह सोचने लगा, एक तरफ अमीर को नाराज़ करके विनाश को निमन्त्रण देना था, दूसरी तरफ उसे प्रसन्न करके क्षण-भर ही में उसका राज्य दूना हो गया।

उसने झुककर अमीर का अभिवादन किया और कहा, ''सुलतान, यदि सचमुच ही मेरे ऊपर प्रसन्न हैं तो मुझे एक वचन दें, ताकि सुलतान की कृपा कभी न भूल सकूँ।''

सुलतान ने कहा, ''मेरे दोस्त, जो चाहते हो, अपने सुलतान से ले लो।''

''तो यशस्वी सुलतान, आप हमारे इष्टदेव सूर्य के मन्दिर की रक्षा करें, उसे खण्डित न करें और मेरे मुलतान को भी अभयदान दें।''

सुलतान ने कहा, ''मुलतान को लूटा नहीं जाएगा, आप इत्मीनान रखिए, सिर्फ शहर के कुछ मुखियों को मेरे पास भेज दीजिए। मैं उनसे थोड़ा-सा दण्ड लेकर ही सन्तुष्ट हो जाऊँगा। वह भी सिर्फ अपनी आन कायम रखने के लिए।''

राजा ने गर्दन नीची करके उदास भाव से कहा, ''खैर, मगर दूसरी प्रार्थना।''

''आप जानते हैं महाराज, कि मैं कुफ्र को बर्दाश्त नहीं कर सकता, और मशहूर बुतशिकन हूँ।''

''जानता हूँ सुलतान, मगर सूर्यदेव के इस मन्दिर की बदौलत ही मुलतान की सारी समृद्धि, शोभा और प्रसिद्धि है। देश-देश के जो यात्री सूर्यदेव के दर्शन को आते हैं, उनकी खरीद-बिक्री से मुलतान के बीस हज़ार कारीगर और पचास दुकानदार अपनी रोज़ी-रोटी चलाते हैं। मन्दिर भंग होने से उनकी रोज़ी तो जाएगी ही, मुलतान का सारा गौरव-वैभव भी नष्ट हो जाएगा। इससे तो अच्छा यही है कि सुलतान मेरा सिर काट लें और फिर नगर को लूट-पाट कर उसमें आग लगा दें,' बूढ़े राजा ने आँखों में आँसू भरकर उत्तेजना से काँपते-काँपते ये शब्द कहे।

अमीर ने तपाक से राजा का हाथ पकड़कर कहा, ''नहीं दोस्त, ऐसा कभी नहीं हो सकता। महमूद अपने मिहरबान दोस्त को कभी नाराज़ नहीं कर सकता। मैं आपकी बात मानता हूँ, मगर आपको मेरा एक काम करना पड़ेगा।''

''कहिए।''

''लोहकोट, सपादलक्ष और झालौर के राजा आपके नज़दीकी रिश्तेदार हैं। घोघाबापा भी आपके बुजुर्ग हैं। आप इन्हें समझा-बुझाकर मुझे गुजरात की राह दिला दीजिए। मैं आपको यकीन दिलाता हूँ कि इन राजाओं से मैं उसी तरह पेश आऊँगा, जैसे आपसे। मैं उम्मीद करता हूँ कि लोहकोट, सपादलक्ष और झालौर के राजा तथा घोघाबापा भी आपकी ही तरह अपना नुकसान और फायदा समझ जाएँगे और मेरे रास्ते में बाधक न होंगे। मैं अपनी दोस्ती के सिले में आपके हाथों आपके इन सम्बन्धियों को मुनासिब नज़राना भी भेजना चाहता हूँ।''

महाराज का धर्म-संकट बढ़ गया। वे सोच में पड़ गए। अमीर ने ज़रा तेज़ स्वर में कहा, ''मैं तो उनसे आप ही की भाँति दोस्ती का व्यवहार करना चाहता हूँ, इसे वे अस्वीकार करें तो उनकी मर्ज़ी है। मगर औलिया ने जो राह आपको भलाई की बताई, वही आपके इन रिश्तेदारों के लिए भी है। फिर आपकी इस तकलीफ के बदले में सारा ही पश्चिमी पंजाब आपके हवाले कर दूंगा।''

अछता-पछताकर निरुपाय अजयपाल को अमीर का अनुरोध मानना ही पड़ा। भय और प्रलोभन ने उसका सिर नीचा कर दिया। अमीर ने प्रसन्न-वदन सिरोपाव दे उसे बिदा किया। अब उसे राजस्थान का विकट मरुस्थल पार करना था जिसमें अनेक भौतिक और राजनैतिक बाधाएँ थीं। इस भयंकर मरुस्थल में सैकड़ों कोस तक जल का नाम-निशान नहीं था। न पेड़-पौधे या हरियाली थी, न राह-बाट। दिन में कई बार अंधड़-तूफान आते और रात-सा अन्धकार छा जाता। पर्वत के समान रेत के टीले देखते-ही-देखते इधर-से-उधर लग जाते थे। परन्तु ये भौतिक बाधाएँ तो थीं ही। इस मरुस्थली के मुख पर चौहान भीष्म घोघाबापा घोघागढ़ में सतर्क बैठे थे। घोघाबापा अजयपाल के सम्बन्धी थे। मुलतान और मरुस्थली के बीच में लोहकोट में अजयपाल का भतीजा भीमपाल चौकी दे रहा था। मरुस्थली के उस छोर पर झालौर के प्रसिद्ध रावल वाक्पतिराज की चौकी थी।

ये सारी बाधाएँ साधारण न थीं, पर अमीर का साहस भी साधारण न था। उसने सब ऊँच-नीच समझा-बुझाकर अजयपाल को अपने विश्वासी सेनापति सालार मसऊद और हज्जाम तिलक के साथ बहुत-सी रत्न-मणि लेकर लोहकोट, सपादलक्ष, झालौर और घोघागढ़ एक मज़बूत दस्ते के साथ भेज दिया। अजयपाल अपने पुत्र को मुलतान सौंप अमीर का दूतकर्म करने चल दिया।

अब इसने इस काम से निवृत्त होकर फिर नगर पर दृष्टि डाली। अजयपाल को वह नगर न लूटने का वचन दे चुका था, लाहौर के पीर-मुर्शद का भी यही आदेश था। सूर्यदव का मन्दिर भी वह नहीं लूट सकता था, यद्यपि वहाँ की सम्पदा ने उसकी लोलुप दृष्टि को चल-विचलित कर रखा था। उसने मुलतान के प्रमुख नागरिकों के प्रतिनिधि-मण्डल को अपने सामने हाज़िर होने का हुक्म दिया। नगर के इक्कीस प्रमुख भद्र नागरिक डरते-काँपते अमीर के सम्मुख आ उपस्थित हुए।

अमीर ने उनसे शान्त स्वर में कहा—

"नागरिको! आप लोगों को किस मतलब से यहाँ बुलाया गया है, वह आप समझ गए होंगे। आप लोगों ने हमारा सामना नहीं किया, हमारे साथ दुश्मनी नहीं की, इसीलिए आपके नगर को लूटने या उसे हानि पहुँचाने की हमें तनिक भी इच्छा नहीं है। बस, आप लोग हमें दो करोड़ रुपया दण्ड दे दें तो हम तुरन्त यहाँ से कूच करें। यदि आप यह जुर्माना अदा करने में देर या हीला-हवाला करेंगे और अकारण हमें रोक रखेंगे, तो हमें लाचार होकर दूसरा सख्त कदम उठाना पड़ेगा। इससे बताइए, आप लोग जुर्माना अदा करने के लिए कितनी मुद्दत चाहते हैं?"

सुलतान की बात सुनकर नागरिकों ने भयपूरित नेत्रों से उसे देखा और करबद्ध कहा—

"हमने आलीजाह का कोई नुकसान नहीं किया, कोई कुसूर नहीं किया, फिर इतना भारी जुर्माना हमारे गरीब शहर पर क्यों? इतना भारी दण्ड मुलतान के गरीब लोग नहीं भर सकते।"

परन्तु सुलतान ऐसी धातु का नहीं बना था कि ऐसे दीन वचनों से पिघल जाए। उसने तुरन्त उन प्रमुखजनों को कैद करने की आज्ञा दे दी तथा उन्हें भूखा-प्यासा रहने दिया। परन्तु प्रमुख नागरिक यह कष्ट भोग कर भी दण्ड देने में अपनी असमर्थता दिखाते रहे।

अली अब्बास ने अमीर को कुछ दण्ड कम करने का परामर्श दिया, पर अमीर ने वह स्वीकार नहीं किया और नागरिकों पर अत्याचार करना प्रारम्भ कर दिया। उन्हें चित लिटाकर उनकी छाती पर पत्थर रखवाए। फिर उन्हें धूप में टांगें फैलाकर खड़ा कर दिया।

राजा नगर छोड़कर भाग गया है और अमीर नगर के प्रमुखों पर अत्याचार कर रहा है, यह अफवाह नगर में फैल गई। लोग चारों ओर से सिमटकर सूर्यदेव के पुजारी सोमदेव के पास पहुँचे।

सोमदेव की अवस्था अस्सी को पार कर गई थी। उन्होंने पूरे आठ वर्ष तक सूर्यदेव की आराधना की थी। नागरिकों को भयभीत और अरक्षित देख सोमदेव स्वयं सुलतान के पास गए, परन्तु अमीर ने उनका भी अनुरोध नहीं माना। इस पर सोमदेव ने मन्दिर का सब धन-रत्न, दण्ड में देकर नगर के प्रमुख जनों को मुक्ति दिलाई।

अनायास ही केवल इतने ही धूम-धमाके से इतनी भारी रकम पाकर अमीर प्रसन्न हो गया। अब उसने मरुस्थली की दिशा में प्रयाण करने की अविलम्ब तैयारियाँ कीं। उसने सारी सेना की परेड की। उसका नए सिरे से संगठन किया। नए दल, नए सेनापतियों को बाँटे। मरुस्थली पार करने के सब उपलब्ध साधन जुटाए। पाँच सौ हाथियों पर बहुत-सी खाद्य सामग्री और बीस हज़ार ऊँटों पर पीने का पानी साथ ले उसने मरुस्थली पर बाग उठाई, जिसके एक नाके पर गृध्र की सी दृष्टि जमाए मरुस्थली के भीष्म घोघाबापा बैठे हुए थे और उस छोर पर झालौर के महावीर वृद्ध व्याघ्र रावल वाक्पतिराज की चौकी थी, जिसमें सैकड़ों कोस तक जल का नाम-निशान न था। न पेड़, न पौधे, न हरियाली, न राह-बाट। जहाँ मृत्यु रेत और आँधी से आँख-मिचौनी खेलती थी।

घोघाबापा

मरुस्थली के सिर पर घोघागढ़ नामक एक छोटा-सा किला था। किला एक ऊँची और सीधी खड़ी हुई अगम चट्टान की चोटी पर था। दुर्गम गिरि पर विराजमान गरुड़ की भाँति वह छोटा-सा दुर्ग उस समय बहुत महत्त्व रखता था। बिना इस दुर्ग की दृष्टि में पड़े कोई इस मरुस्थली में प्रविष्ट नहीं हो सकता था।

गढ़पति चौहान कुलशिरोमणि वीर घोघा राणा थे। घोघा राणा अति वृद्ध थे। उनकी आयु नब्बे को पार कर रही थी। परन्तु उनकी दृष्टि सतेज और कण्ठस्वर वज्रघोष के समान गम्भीर था। घोघा राणा बड़े वीर और धर्मपरायण थे। अपने उदात्त गुणों और वयोवृद्ध होने से वे आसपास सर्वत्र राजवर्ग में तथा सर्वसाधारण में घोघाबापा के प्रिय नाम से चिर विख्यात थे। घोघाबापा का रंग गौर, कद लम्बा तथा शरीर छरहरा था। इतनी आयु में भी उनकी कमर नहीं झुकी थी। उनकी धवल गलमुच्छेदार मूँछें, उनके तेजस्वी चेहरे पर अत्यंत शोभायमान प्रतीत होती थीं। वे मन के शुद्ध, हँसमुख और सरल पुरुष थे। वे मरुस्थली के महाराजा कहाते थे।

घोघाबापा के परिवार में पुत्र, पौत्र, प्रपौत्र, दौहित्र, सब मिलाकर बयासी पुरुष थे। ज्येष्ठ पुत्र का नाम सज्जन सिंह था। सज्जन सिंह की आयु इस समय पैंसठ को पार कर रही थी। उसमें पिता के सब गुण विकसित हुए थे। वह एक उत्कृष्ट योद्धा और सच्चरित्र पुरुष थे।

सज्जनसिंह के केवल एक पुत्र था इसकी आयु पच्चीस या छब्बीस वर्ष की थी। यह युवक अति सुन्दर, सुकुमार और साहसिक था। घोघाबापा सबसे अधिक इसे ही प्यार करते थे।

घोघाबापा के इष्टदेव सोमनाथ थे। उन्होंने सोमनाथपट्टन से महादेव का लिंग लाकर गढ़ के मध्य में बड़ी धूमधाम से प्रतिष्ठित किया था। इस मन्दिर की पूजा-अर्चना घोघाबापा के कुलगुरु ब्राह्मण नन्दिदत्त करते थे।

नन्दिदत्त बड़े विद्वान् और सच्चरित्र पुरुष थे। उनकी आयु भी सत्तर से ऊपर हो चुकी थी। नन्दिदत्त ही घोघाबापा के राज्य-मन्त्री, पुरोहित, गुरु और प्रिय मित्र थे। घोघाबापा जब क्रुद्ध होते और जब कोई भी उनके निकट नहीं जा सकता था, तब नन्दिदत्त ही उनके सम्मुख बात करने का साहस कर सकते थे। नन्दिदत्त ने ही सज्जन और सामन्त दोनों को अक्षराभ्यास कराकर शस्त्र का अभ्यास कराया था।

घोघागढ़ में कुल आठ सौ राजपूत और तीन सौ अन्य पुरुष थे। सब मिलाकर सात सौ स्त्रियाँ थीं। बच्चे भी थे। ये सब, राजा और प्रजा, इस मरुस्थली के शीर्षस्थल पर एक सम्मिलित परिवार की भाँति रहते थे। घोघाबापा अपनी प्रजा के राजा न थे, पिता थे। प्रत्येक के छोटे-छोटे दुख-सुख का भी उन्हें बहुत ध्यान रहता था।

ग़ज़नी के अमीर की अवाई सुनकर घोघागढ़ में भी उत्तेजना और चिन्ता की लहर फैल गई थी। घोघाबापा कानों से कुछ ऊँचा सुनते थे। यहाँ यह कहने की आवश्यकता नहीं कि लोहकोट के भीमपाल ने भी अजयपाल के परामर्श से अमीर को राह दे दी थी। मुलतान और लोहकोट का यह पराभव-वृत्तान्त घोघागढ़ पहुँच चुका था। परन्तु सज्जनसिंह और नन्दिदत्त ने यह वृत्तान्त घोघाबापा को उनकी वृद्धावस्था का विचार करके सुनाया नहीं था। परन्तु वे बड़ी बेबसी से आगे के समाचार जानने को व्यग्र हो रहे थे।

एक दिन ग़ज़नी के दूतों ने घोघागढ़ की पौर पर सांढ़नी रोकी। गढ़वी एक अधेड़ वय का चौहान योद्धा था। उसका नाम राघव था। आयु उसकी भी सत्तर को पार कर गई थी। उसने चिन्तित भाव से दूतों को वहीं रोककर सज्जनसिंह को सूचना दी। सज्जनसिंह ने नन्दिदत्त से परामर्श कर दूतों को गढ़ में प्रविष्ट होने की आज्ञा दे दी। अब और विलम्ब न कर सज्जनसिंह, नन्दिदत्त और सामन्तसिंह को लेकर घोघाबापा के पास पहुँचे।

इधर-उधर की बात छिड़ने के बाद नन्दिदत्त ने कहा, "महाराज, ग़ज़नी का सुलतान गुजरात में घुसा चला आ रहा है। उसके पास अगणित बर्बर म्लेच्छों की सैन्य है। सुनते हैं, वह इस बार सोमपट्टन को आक्रान्त करेगा। सोमनाथ के ज्योतिर्लिंग को भंग करेगा।"

घोघाबापा ने कहा, "वह आता है, आता है, यह तो सुनता हूँ, पर आता कहाँ है?"

"महाराज, खबर तो पक्की ही है।"

"अच्छा पक्की ही है तो आए, परन्तु कैसे आएगा? लोहकोट में मेरा भीमपाल चौकी पर मुस्तैद है, मुलतान में अजयपाल चाक-चौबन्द बैठा है। सपादलक्ष में मेरा धर्मगजदेव है। यहाँ मरुस्थली के नाके पर मैं स्वयं बैठा हूँ।"

"पर बापा, वह मुलतान और लोहकोट को लांघकर घोघागढ़ की सीमा में पहुँच गया है।"

"घोघागढ़ की सीमा में पहुँच गया है? यह कैसी बात? और अजय? भीमपाल?"

"अजलपाल काका और भीमपाल दोनों ने मुँह में कालिख लगा ली है, उन्होंने बिना ही लड़े-भिड़े म्लेच्छ को मार्ग दे दिया।"

"क्या कहा? अजयपाल ने मार्ग दे दिया।"

"हाँ, महाराज।" नन्दिदत्त ने दुखित स्वर में कहा।

"घोघाबापा ने लाल-लाल नेत्रों से सज्जन की ओर देखकर कहा, "और भीमपाल की क्या बात कही तूने?"

"उस कायर ने भी अपने को बेच दिया।"

घोघाबापा बोले नहीं। मौन होकर बैठे रहे। यही उनका स्वभाव था। क्रोध के आवेग में उनके होंठ जुड़ जाते थे।

डरते-डरते सज्जन ने कहा, "बापू।"

घोघाबापा ने लाल-लाल आँखें पुत्र की ओर फेरीं। सज्जन ने नन्दिदत्त की ओर देखा।

नन्दिदत्त ने शान्त स्वर में कहा–

"महाराज, अमीर ने वहाँ से दूत भेजे हैं।"

"दूत?"

"हाँ महाराज, दूत अवध्य हैं, इसी से उन्हें बाहर रोककर सेवा में निवेदन करने हम आए हैं–अब जैसी महाराज की आज्ञा!"

घोघाबापा के नेत्रों में बिजली-सी कौंध गई। उन्होंने पूछा–

"वे कितने हैं?"

"दो हैं।"

"दोनों क्या म्लेच्छ ही हैं?"

"एक हिन्दू है।"

"क्या राजपूत है?"

"नहीं, हज्जाम है, पर कहता है वह दुभाषिया है। अमीर के दरबार में उसकी प्रतिष्ठा है।"

"और दूसरा?"

"वह एक तरुण तुर्क सेनापति है।"

कुछ देर घोघाबापा चुपचाप सोचते रहे, फिर धीरे से बोले, "उन्हें बुलाओ।"

दोनों दूतों ने आकर घोघाबापा को प्रणाम किया। हज्जाम ने आगे बढ़कर हीरों से भरा हुआ थाल घोघाबापा के चरणों में रख दिया और पीछे हट हाथ बाँध कर खड़ा हो गया।

घोघाबापा ने थाल पर, हज्जाम पर और उसके पीछे खड़े तरुण तुर्क पर एक दृष्टि डाली।

तरुण की अवस्था तीस वर्ष की होगी। वह एक गौरवर्णी तेजस्वी युवक था। उसकी आँखों में घमण्ड भरा था। उसका अंग गठा हुआ था और वह बहुमूल्य वस्त्र पहने था। घोघाबापा को अपनी ओर ताकते देख उसने शुद्ध तुर्की भाषा में कहा, "आपकी शूरवीरता और बुजुर्गी पूजा के योग्य है। गज़नी के अमीर अमीनुद्दौला महमूद ने यह तुच्छ भेंट अपनी मित्रता के उपलक्ष में भेजी है। कुबूल फर्माकर ममनुन कीजिए।"

तिलक ने अनुवाद कह सुनाया।

घोघाबापा के मुँह से बात नहीं निकली। केवल मूँछें फड़क कर रह गईं। दोनों दूत सन्देह में पड़ गए। नन्दिदत्त ने अवसर देखकर पूछा, "अमीर क्या चाहता है?"

"आप मरुस्थली के महाराज हैं, अमीर मरुस्थली में होकर प्रभास जाने की इजाज़त चाहता है?"

युवक ने कुछ विनय और कुछ दबंगता से कहा। हज्जाम ने अनुवाद सुना दिया।

बापा ने तरुण की ओर संकेत करके पूछा, "वह कौन है?"

"महाराज, यह अमीर के सिपहसालार मसऊद हैं," हज्जाम ने हाथ जोड़कर कहा—"अमीर की ओर से विनय करते हैं।"

"विनय?" घोघाबापा ने धीरे से कहा। और फिर घूमकर उस घमण्डी युवक को देखा, जो तलवार की मूठ पर हाथ रखे तना हुआ खड़ा था।

"विनय," घोघाबापा ने सिर हिलाया और हंस दिए।

तिलक बद्धांजलि खड़ा रहा। मसऊद अपनी पूरी ऊँचाई में तन गया। बापा ने कहा, 'तो अमीर मुझसे पट्टन जाने का मार्ग माँगता है?"

"हाँ महाराज।"

घोघाबापा नंगी तलवार हाथ में लेकर एकाएक उठ खड़े हुए। मसऊद ने भी तलवार खींच ली। सामन्त उछलकर उसकी गर्दन पर जा पड़ा।

नन्दिदत्त ने विनय से कहा, "महाराज! दूत अवध्य है।"

"तो उसे कहो कि यह लात ही मेरा उत्तर है।"

उन्होंने कसकर एक लात उस हीरों से भरे थाल में लगाई और वहाँ से चल दिए। राजगढ़ के उस कक्ष में वे हीरे बिखर कर वहाँ की धूल को प्रदीप्त करने लगे। मसऊद के मुख पर उसके शरीर का समूचा रक्त भर गया।

नन्दिदत्त ने कहा, "आओ, मैं तुम्हें सुरक्षित गढ़ से बाहर पहुँचा दूं। पुत्र सामन्त, राह छोड़ दो।"

आगे-आगे वृद्ध ब्राह्मण नन्दिदत्त, उनके पीछे उतरा चेहरा लिए हज्जाम तिलक और सबके पीछे क्रोध से थर-थर काँपता हुआ सालार मसऊद गढ़ से बाहर जा रहे थे।

महोत्सर्ग

कुछ ही देर में घोघाबापा प्रकतिस्थ हो गए। उनका क्रोध न जाने कहाँ विलीयमान हो गया। अभी तक सज्जन और सामन्त हाथ में नंगी तलवार लिए विमूढ़ खड़े गढ़ से बाहर जाती हुई गज़नी के अमीर की सांढ़नी को रौद्र नेत्रों से ताक रहे थे।

घोघाबापा ने आकर पुत्र के कन्धे पर हाथ रखकर कहा, "सज्जन, इन जाते हुओं को क्या ताकता है, अब आते हुओं की ताक में रहना होगा। जा, तू इसी क्षण सांढ़नी लेकर दौड़ जा, नींद और विश्राम का समय नहीं है। अरे, सूर्य और चन्द्र के वंशधरों ने प्राणों के मोह और चमकीले कंकड़-पत्थरों के लालच में धर्म और कर्तव्य बेच दिया। मेरी मुलतान और लोहकोट की चौकी टूट गई। परन्तु अभी मैं हूँ, चिन्ता नहीं। मैं भगवान् सोमनाथ की चौकी पर यहाँ मरुस्थली के मुख पर मुस्तैद हूँ। गज़नी के अमीर की क्या मजाल जो मेरी मरुभूमि में पैर रक्खे। पर तू जा, अभी जा और झालौर पहुँचकर परमार को होशियार कर दे। जितनी जल्द पहुँच सके, पहुँच जा पुत्र, तुझे केवल जाना ही है, आना नहीं। यह तलवार अभी म्यान में मत करना। वहाँ से सीधा सोमनाथपट्टन पहुँचना और सर्वज्ञ की आज्ञा से वहीं भगवान् सोमनाथ के रक्षण में जूझना। अभी तो मैं ही हूँ, पर कदाचित् कोई अघट घटना घट जाए, तो तू अपने हाथ से अमीर का सिर काटना, नहीं तो रणांगण में मर मिटना मेरे पुत्र।"

इतना कहकर बिना उत्तर की प्रतीक्षा किए राणा ने दो कदम आगे बढ़कर सामन्त के सिर पर हाथ रखकर कहा, "पुत्र, तुझे भी जाना होगा। यद्यपि तेरे बिना मेरा प्राण व्याकुल रहेगा, पर मोह का राजपूत-जीवन में काम नहीं है। पहले कर्तव्य और फिर जीवन। पुत्र, तू जितनी जल्दी हो सके। अनहिल्ल पट्टन जा और चालुक्य राज परम परमेश्वर महाराज चामुण्डराय को गज़नी के इस दैत्य से सचेत कर दे। जा पुत्र, और तू वहीं गुर्जरेश्वर के आदेशानुसार भगवान सोमनाथ की रक्षा-सेवा करना। यहाँ लौट आने की चिन्ता मत करना।"

इस बार वृद्ध भीष्म के अँगारे की भाँति जलते हुए नेत्रों में जल छलछला आया, पर उसे उन्होंने हँसकर नेत्रों ही में सुखा डाला।

सज्जन ने हाथ बाँध कर कहा—

"किन्तु बापू, आप..."

"अरेरेरे", घोघाबापा अट्टहास करके हँस पड़े, "तुझे आज इस क्षण मेरी चिन्ता हुई है! मेरी आज्ञा पाने के बाद? मैं अब नब्बे वर्ष का हुआ, तो क्या तूने ही मुझे रक्षित रक्खा है? अरे, क्या तू नहीं जानता, जो विश्वम्भर विश्व-भर का पालन करता है, वह सदैव घोघाबापा के अनुकूल रहा है, हा-हा-हा-हा" घोघाबापा फिर हँस पड़े। "जाओ, जाओ, एक-एक सांढ़नी ले लो और दो-दो सवार, बस।"

इतना कहते-कहते घोघाबापा का कंठस्वर रूखा हो गया। स्नेह की आर्द्रता जैसे हवा में उड़ गई। उन्होंने होंठ सम्पुटित कर उँगली उठाकर दोनों को वहां से तुरन्त चले जाने का संकेत किया।

अब पिता-पुत्र का साहस एक शब्द भी कहने को न हुआ। दोनों ने भूमि में गिरकर घोघाबापा के चरणों में माथा टेका और चल दिए।

बापा ने अब नन्दिदत्त को बुलाया। उनके आने पर दोनों हाथ फैलाकर कहा, "गुरुदेव, अब आप हैं और मैं हूँ, बस इतने में ही समझ जाइए। गढ़ गढ़वी का, अमीर मेरा और अन्तःपुर आपका। परन्तु अभी हमें बहुत समय है। अमीर को यहाँ पहुँचते एक पखवाड़ा तो लग ही जाएगा। इस बीच में हम चाकचौबन्द हो रहेंगे। परन्तु आपको एक कार्य करना होगा। आपको इसी क्षण सपादलक्ष जाकर धर्मगजदेव को सावधान करना होगा। समय विपरीत है, कहीं ऐसा न हो, उसकी बुद्धि भी भीम पाल और अजय की भाँति मार्ग-भ्रष्ट हो जाए। इसी से और किसी को न भेजकर, आप ही को भेजता हूँ। देखना, चौहानों के मुंह में अब और कालिख न लगने पाए। फिर आपको अमीर से पहले ही लौट आना है। अन्तःपुर आपका है, यह न भूलना। और बात मैं आपके आने पर कहूँगा।"

वृद्ध नन्दिदत्त कुछ देर खड़े कुछ सोचते रहे। इसके बाद एक पुष्प वृद्ध राजा की पगड़ी पर रख, दोनों हाथ उठाकर उन्होंने आशीर्वाद दिया और एक क्षण भी न खोकर, एक शब्द भी न कहकर एक बारगी ही चल दिए।

केसरिया बाना

वृद्ध घोघाबापा युवा पुरुष की भाँति व्यस्त कार्यक्रम में जुट गए। उन्होंने गढ़वी राघव के साथ घोड़े पर सवार होकर सारे गढ़ का निरीक्षण किया। मरम्मत के योग्य स्थलों की मरम्मत प्रारम्भ कर दी। अनावश्यक द्वारों को ईंट-पत्थरों से भरवा दिया। खाई की सफाई कराई, पुल उठवा दिया और गढ़ी के द्वार बन्द कर दिए, केवल मोरी खुली रक्खी।

गढ़ी के लुहारों की धोंकनी आग की चिनगारियों से रात-दिन मनोरंजन के खेल खेलने लगी। ढेर के ढेर तीर, बर्छे और तलवारें तैयार होने लगीं। राजपूत अपनी-अपनी ढाल-तलवार मांजकर साफ करने लगे।

घोघाबापा के आदेश से गढ़ी के बाहर के सब गाँव उठकर गढ़ी में आ गए। खड़ी फसलें जला डाली गईं। कुएँ, तालाब, बावड़ी पाट दिए गए। अब पचास-पचास कोस तक अन्न, जल और घास का नाम-निशान न रह गया। गढ़ी में रोज जुझारू बाजे बजने लगे। मन्दिर में नित्य कीर्तन होने लगा। चौहान राजकुल की वधुएँ व्रत-उपवास और दान कर पुण्यार्जन करने लगीं।

वृद्ध घोघाबापा नित्य सायं प्रातः गढ़ी के बुर्ज पर खड़े होकर दूर क्षितिज की ओर ग़ज़नी के अमीर की सेना को व्यग्र भाव से देखा करते। उनके साथ बहुत से राजपूत, जन-साधारण और बालक भी होते थे।

और एक दिन जिसकी प्रतीक्षा थी, वह सत्य हुआ। दूर क्षितिज में भयानक अजगर की भाँति सरकती हुई अमीर ग़ज़नी की विकराल सैन्य चली आ रही थी। उस सेना का आदि-अन्त न था। घोड़ों के खुरों से उड़ाई हुई गर्द ने आकाश को ढांप लिया था। गर्द के बादलों में बिजली की भाँति सेना के शस्त्र चमक रहे थे। काले-पीले उछलते-दौड़ते घुड़सवार रूपी विविध मेघों के समान उमड़ती हुई इस म्लेच्छ सेना को बढ़ती आती हुई देख, घोघाराणा की आँखों से आग की चिनगारियाँ निकलने लगीं। उन्होंने चिन्तित भाव से सपादलक्ष की दिशा में दृष्टि फेरी। नन्दिदत्त अभी भी लौटकर नहीं आए थे। राणा ने अन्तःपुर का नाजुक दायित्व नन्दिदत्त को दिया था, अतः उनका अमीर से प्रथम ही पहुँच जाना अत्यन्त आवश्यक था। राणा विकल भाव से नन्दिदत्त की प्रतीक्षा करने लगे।

देखते-ही-देखते अमीर की सेना ने इस तरह गढ़ी घेर ली, जैसे सांप कुण्डली मारकर बैठ जाता है। घोघागढ़ के कंगूरों पर धनुर्धारी योद्धा जम कर बैठ गए। अमीर की अगणित सैन्य निरुपाय थी। उसके हाथी, घोड़े गढ़ी के सीधे परकोटे पर चढ़ ही न सकते थे। दुर्जय पर्वत पर घोघागढ़ का वह अजेय दुर्गम दुर्ग सिर ऊँचा किए खड़ा था। पदातिकों को कमन्द के द्वारा दुर्ग पर चढ़ाना भी बेकार था।

हज्जाम तिलक घोड़े पर सवार हो सफेद झण्डा फहराता हुआ अकेला दुर्ग की ओर अग्रसर हुआ। उस समय सूर्य अस्ताचल जाने की तैयारी में थे। शत्रु सेना से एक सवार को अग्रसर होते देख गढ़वी ने बाण सीधा कर ललकार कर कहा—

"वहीं खड़ा रह। कह, क्या चाहता है?"

"मैं अमीर का दूत हूँ। द्वार खोल दो, मुझे घोघाराणा से अमीर का सन्देश निवेदन करना है।"

"द्वार नहीं खुल सकता, तू अपना सन्देश निवेदन कर।"

"तो मेरी ओर से करबद्ध राणा से प्रार्थना करो कि नाहक राड़ मत ठानिए।

अमीर को राह दे दीजिए। अमीर घोघाराणा पर चढ़ाई नहीं कर रहे हैं।"

"करबद्ध प्रार्थना कौन करता है?"

"मैं, अमीर का हज्जाम, तिलक, प्रार्थना करता हूँ।"

"तू हज्जाम है। तेरा काम टहल करना है, राजाओं से बात करना नहीं, तू भाग यहाँ से।"

"किन्तु मैं अमीर का दूत हूँ, यह अमीर की प्रार्थना है।"

"तो उसका उत्तर यह मेरा बाण है।"

गढ़वी ने तानकर बाण फेंका, वह अमीर के दूत के झण्डे को चीरता हुआ पार चला गया। गढ़वी ने कहा, "जा, भाग जा। दूत अवध्य होता है, इसी से छोड़ता हूँ। मरुस्थली के महाराज उसे मार्ग नहीं देंगे।"

दूत चुपचाप पीछे लौट गया।

रात हो गई। अमीर की सेना में सैकड़ों मशालें जला दी गईं। दूर-दूर तक अमीर की छावनी पड़ी थी। अमीर बहुत चिन्तित था। गढ़ पर चढ़कर उसे विजय करना असाध्य था। घेरा डालना और भी व्यर्थ था। वर्षों घेरा डाले रहने पर भी घोघागढ़ विजय नहीं हो सकता था। उधर अमीर वहाँ चौबीस घण्टे भी नहीं ठहरना चाहता था। उसके घोड़े और सिपाही सब भूखे-प्यासे थे। यहाँ न एक तिनका घास थी, न एक बूँद जल। अभी उसे मरुस्थली की दुर्गम राह पार करनी थी। साथ का पानी और रसद यहीं पर समाप्त कर देना वह नहीं चाहता था। अजेय घोघागढ़ ऊँचा सिर किए उसका उपहास कर रहा था और अमीर की प्रचण्ड सेना निरुपाय उसकी ओर ताक रही थी।

अभी सूर्योदय में देर थी। गढ़ के रक्षकों ने देखा, अमीर की वह अथाह सेना धीरे-धीरे दुर्ग का घेरा छोड़ इस प्रकार मरुस्थली में धँस रही है, जैसे साँप बांबी में धँसता है।

गढ़वी ने दौड़कर राणा से कहा, "बापा, अमीर मरुस्थली में घुस रहा है।"

घोघाबापा खड़े हो गए। उन्होंने तलवार उठा ली। क्रोध से थर-थर काँपते हुए कहा, "मैं सत्तर वर्ष से मरुस्थली का स्वामी रहा हूँ, आज तक इन सत्तर वर्षों में मेरी आज्ञा के बिना एक पंछी भी मरुस्थली में नहीं घुस सका है। अब यह गज़नी का अमीर घोघाबापा के सिर पर लात रखकर, मेरी चौकी को लाँघ कर मरुस्थली में पैर धरेगा? यह मेरे जीते-जी हो नहीं सकता। जा बेटा, साका रचने की तैयारी कर, तब तक मैं आता हूँ।"

गढ़वी का मुँह भय से सफेद पड़ गया। घोघाबापा के मंसूबे को उसने समझ लिया। उसने हाथ बाँध कर राजा की ओर देख कुछ कहने का उपक्रम किया, पर उसकी जीभ तालू से सट गई। राणा ने उसका अभिप्राय समझ जलती हुई आँखों से उसकी ओर देखा। गढ़वी ने डरते-डरते कहा, "बापू, शत्रु की सेना असंख्य है।"

"सो इससे क्या हुआ रे? घोघाबापा क्या शत्रु को गिनकर अपना कर्तव्य पालन करेगा?"

गढ़वी को और कुछ कहने का साहस नहीं हुआ। वह सिर झुकाकर तेज़ी से चल दिया। क्षण भर बाद ही वह छोटी-सी गढ़ी विविध रणबाजों की तथा जयनाद की ध्वनि से गूँज उठी। गढ़ में भाग-दौड़ मच गई। बेटे-पोते और सम्बन्धी एवं सब क्षत्रिय शस्त्र चमकाते हुए महादेव के मन्दिर के आँगन में आ जुटे। घोड़ों और ऊंटों की हिनहिनाहट और बलबलाहट से कान के पर्दे फटने लगे।

घोघाबापा ने नित्यकर्म से निवृत्त हो ज़री का बागा पहना, सिर पर केसरी पाग बांधी। मस्तक पर कुंकुम तिलक लगाया। कमर में दुहरी तलवार बाँधी। परन्तु उनकी आँखें नन्दिदत्त को ढूंढ रही थीं। नन्दिदत्त अभी तक भी सपादलक्ष से लौटे न थे। घोघाबापा का मस्तक चिन्ता से सिकुड़ गया। वे होंठों में बड़बड़ाते बोले, "गढ़ गढ़वी का, अमीर मेरा और अन्तःपुर कुलगुरु नन्दिदत्त का। परन्तु नन्दिदत्त कहाँ है? अब अन्तःपुर किसे सौंपा जाए?" घोघाबापा ने घबराई दृष्टि से इधर-उधर देखा।

सम्मुख बदहवास नन्दिदत्त दौड़े आ रहे थे। उनके वस्त्र और दाढ़ी धूल में भरी थी। वे चढ़ी सवारी सीधे राजा के पास आकर बोले, "महाराज यह सब क्या? महाराज, महाराज!"

उन्होंने दोनों हाथों से मुँह ढांप लिया। वे धरती में बैठ गए और उनकी आँखों से आँसू झर चले।

राणा उन्हें देखते ही हर्ष से चिल्ला उठे। उन्होंने कहा, "नन्दिदत्त जी खुद आए। अब सुनो, काम बहुत और समय कम है। हाँ, पहले धर्मगजदेव की बात तो कहो।"

"अन्नदाता! महाराज धर्मगजदेव पुष्कर के मैदान में शत्रु की राह रोके बैठे हैं। उन्होंने कहा है, "बापा चिन्ता न करें। यदि अमीर बापा की चौकी लाँघकर यहाँ तक आया तो जीवित नहीं लौटेगा।"

घोघाबापा की बाँछें खिल गईं। उन्होंने कहा, "अब सुनो, तुम हमारे कुलगुरु और राज्यमन्त्री हो। अतः मेरा अग्निसंस्कार तुम स्वयं अपने हाथों करना, और सज्जन और सामन्त में से कोई जीवित लौट आए तो उसका राजतिलक उसी भाँति करना, जिस भाँति आज से सत्तर वर्ष पूर्व तुम्हारे पिता ने मेरा किया था।"

इतना कहकर वृद्ध व्याघ्र ने हाथ से आँख के कोरों में आया एक आँसू पोंछ डाला।

नन्दिदत्त की धवल दाढ़ी आँसुओं से भीग गई थी। उन्होंने कहा, "अन्नदाता! यह कैसी आज्ञा! भला यजमान का रुधिर गिरे और कुल-पुरोहित भू-भार होकर पृथ्वी पर जीवित रहे?"

"नहीं-नहीं, यह बात नहीं है, नन्दिदत्तजी! परन्तु आप सब शास्त्रों के ज्ञाता

महाज्ञानी पुरुष हैं। आपने देश-देशान्तर भ्रमण किया है। आप भली भाँति जानते हैं कि मेरा जीवन-योग तो कभी का पूरा हो गया था। भगवान् सोमनाथ को यह अभीष्ट है कि इस दास की मृत्यु कृमिकीट की भाँति न हो, वे इस अधम को धूमधाम से कैलासवास कराना चाहते हैं। मैंने जो नब्बे वर्ष भगवान की एकनिष्ठ सेवा की, आज मेरा वह सब पुण्य फलेगा। अब आप अपने कर्तव्य को निबाहना। अन्तःपुर आपका है, यह न भूलना। अवसर उपस्थित होने पर विधि-विधान से चौहान कुल-वधुओं का अग्निरथ-अभियान सम्पन्न कराना।''

इस बार सिंह की भाँति ज्वलंत नेत्रों से उन्होंने कुंकुम-अक्षत के थाल हाथों में सजाए चौहान कुलांगनाओं को झरोखे में खड़े देखा। फिर उच्च स्वर से कहा, ''चलो पुत्रियों, हम आज कैलास-गमन करते हैं। तुम सब हम से प्रथम वहाँ पहुँचकर इसी प्रकार अक्षत-कुंकुम से हमारा सत्कार करना। इसमें अब देर नहीं है। कुछ ही घड़ी की बात है।'' कुमारियाँ मंगल गान कर उठीं।

नन्दिदत्त ने आगे बढ़कर कुंकुम का तिलक राणा के मस्तक पर लगाया और उच्चस्वर से कहा, ''हे नरशार्दूल, यावच्चन्द्र-दिवाकर तेरा यश अमर रहे!''

बाहर सेना में जयनाद हुआ। राणा ने अश्व-पूजन कर अश्वारोहण किया। रंग-महल से ताज़े पुष्प बरसाए गए।

सब कोई मन्दिर के प्रांगण में एकत्र हुए। राणा ने देवार्चन किया। नन्दिदत्त ने देव-निर्माल्य राजा को दिया। घोघाबापा ने कहा—

''सेवक, दुकानदार और बीमार सब पहले गढ़ से बाहर चले जाएँ और भी जो कोई प्राण बचाना चाहे, स्त्री-पुत्रों सहित, तथा जो सामग्री ले जाना चाहे, लेकर चला जाए।''

बड़ी देर तक राणा ने प्रतीक्षा की, परन्तु एक भी व्यक्ति जाने को राज़ी नहीं हुआ। राणा ने एक दृष्टि चारों ओर फेरी, सर्वत्र केसरी पागें हिलोरें ले रही थीं।

राणा ने राघवमल्ल गढ़वी को पुकारकर कहा, ''राघव! द्वार खोल दे वीर, गढ़ तेरा है!''

राघवमल्ल ने तलवार दाँत में दबाकर कहा, ''नहीं अन्नदाता, मैं चरणों में हूँ, गढ़ गुरुदेव ही को समर्पित कीजिए।''

''तब ऐसा ही हो। नन्दिदत्त जी, गढ़, अन्तःपुर और हमारी कुलमर्यादा आपके हाथ रही।''

नन्दिदत्त बिना एक शब्द कहे भीड़ में घुस गए और अपने युवा पुत्र को साथ ले, राजा के सामने आकर कहा, ''महाराज, आपकी सब आज्ञाओं का मैंने पालन किया। मैं आपका कुलगुरु हूँ, मुझे अब इस बेला गुरु-दक्षिणा दीजिए।''

''माँग लीजिए, गुरुदेव! आपके लिए कुछ अदेय नहीं है।''

''अन्दाता! यह मेरा पुत्र अपनी शरण में ले जाइए। मुझे गुरुतर भार सौंपकर

साथ चलने से आपने रोक दिया है। मैं राजाज्ञा का पालन करूँगा, परन्तु मेरा पुत्र आपके साथ ही रक्तदान देगा। यद्यपि वह शस्त्रविद्या का पारंगत नहीं है, पर युवा है, सशक्त है। शत्रु एकाएक इसे मार न सकेगा।''

''नहीं, नहीं, नन्दिदत्त जी, आपका वंश...''

''उसकी चिन्ता नहीं महाराज, मेरे पास मेरा पौत्र है, उसे मैं रख लूँगा, भगवान सोमनाथ साक्षी हैं।''

राजा घोड़े से उतर पड़े। उन्होंने तरुण ब्राह्मणपुत्र को छाती से लगाया। अपनी तलवार उसकी कमर में बाँधी, फिर अपने घोड़े पर हाथ का सहारा देकर उसे चढ़ाते हुए कहा, ''चलो पुत्र, जो सौभाग्य मेरे सज्जन को नहीं प्राप्त हुआ, वह तुम्हें हुआ।''

जय-जयकार से दिशाएँ गूँज उठीं। हल्का चीत्कार करके दुर्ग के फाटक खुल गए और विषधर सर्प की भाँति फुफकार मारती यह मर मिटने वाले वीरों की छोटी-सी मण्डली, घोघागढ़ के सिंह-द्वार के प्रभात की प्रथम किरण में स्नानपूत हो, रणांगण में अग्रसर हुई।

अमीर ने देखा तो विमूढ़ हो गया। इस प्रकार इच्छा करके मृत्यु को वरण करने का अर्थ वह समझ ही न सका। परन्तु एक चतुर रण-पण्डित की भाँति वह पैंतरा काट घूम पड़ा। वह नहीं चाहता था कि राजपूत पीछे से आक्रमण करके उसकी सेना को विश्रृंखल कर दें। उसने झटपट रसद और जल से भरे हुए ऊँट, अशर्फियों से लदे हुए हाथी और सेना का एक भाग सालार मसऊद की अध्यक्षता में द्रुतगति से मरुस्थली में प्रविष्ट कर दिया। सेना के दूसरे भाग को जिसमें हाथी, ऊँट और तीरन्दाज थे, अपने प्रिय गुलाम समरू की कमान में धीरे-धीरे व्यवस्था से मरुस्थली में आगे बढ़ाया। इसके बाद वह अपने चुने हुए बारह हज़ार बलूची सवारों को लेकर राजपूतों पर बाज की भाँति टूट पड़ा।

गिने-चुने राजपूत अपना काट दिखा-दिखाकर धराशायी होते गए। घोघाबापा के सिर पर सैकड़ों तलवारें छा गईं। यह तेजस्वी वृद्ध जिस प्रकार वीरता से तलवार चला रहा था उसे देखकर सुलतान महमूद आश्चर्यचकित रह गया। उसने बहुत चाहा कि वृद्ध राणा को जीवित पकड़ लिया जाए, पर यह किसी भाँति सम्भव न था। राणा की केसरिया पाग, तलवारों की चकाचौंध में चमकती और डूबती रही।

यह युद्ध न था, साका था। अमीर महमूद भी इस शत्रु का लोहा मान गया। इसके सम्मान की रक्षा के लिए उसने अपनी तलवार भी म्यान से बाहर नहीं की। देखते ही देखते आठ सौ राजपूत और तीन सौ अन्य व्यक्ति कटकर खेत रहे जिनमें घोघाबापा के चौरासी पुत्र, पौत्र और परिजन भी थे। घोघाबापा भी अपने हाथ से काटे हुए शत्रुओं की लाशों पर गिरकर कैलास-वासी हुए।

नन्दिदत्त का पुरुषार्थ

गढ़ में अकेले नन्दिदत्त ही एक पुरुष थे। उनके ऊपर कठिन कर्तव्य का भारी भार था। बड़ी कठिनाई से उन्होंने एक दासी को राज़ी करके अपने तीन वर्ष के पौत्र को गढ़ से बाहर भेज दिया। फिर पुल को तोड़ गढ़ के द्वार भीतर से भलीभाँति बन्द कर वे अपनी आवश्यक व्यवस्था में जुट गए। गढ़ में जितना ईंधन और ज्वलनशील पदार्थ उपलब्ध हो सके, सबको ला-लाकर उन्होंने मन्दिर के प्रांगण में एक विशाल चिता की रचना आरम्भ कर दी। उनका थका हुआ बूढ़ा शरीर परिश्रम से टूक-टूक हो गया, परन्तु उन्हें जो काम करना था, वह तो करना ही था।

अन्तःपुर में सभी स्त्रियाँ एकत्रित थीं। आज उनमें छोटी-बड़ी का भेद भी न था। प्रत्येक ने नख-शिख से शृंगार किया था। वे सब पूजा के थाल हाथों में सजाए, नारियल, कुंकुम और पुष्पों से गोद भरे, कुल-पुरोहित नन्दिदत्त के आदेश की प्रतीक्षा में बैठी थीं।

सब आवश्यक सामग्री जुटाकर, घी, तेल और कपूर के डलों को यथास्थान चिता में उपस्थित करके नन्दिदत्त बुर्ज पर चढ़कर युद्ध की गति देखने लगे। उनके देखते ही देखते चौहान वीर और वीरों के शिरोभूषण घोघाबापा धराशायी हुए। उन्होंने भूमि पर अपना सिर पटक मारा। बहुत देर तक वे मूर्च्छित पड़े रहे, फिर होश में आकर वे पागल की भाँति लड़खड़ाते हुए अन्तःपुर की ओर चले। उनके कानों में घोघाराणा के ये शब्द गूँज रहे थे, ''अन्तःपुर तुम्हारा।'' अन्तःपुर के द्वार पर आकर उन्होंने पुकार लगाई, ''चलो बेटियों, अब हमारी बारी है।''

मंगलगान करती हुई नारियल उछालतीं और मार्ग में फूल बखेरतीं , पूजा के थाल हाथों में लिए सात सौ स्त्रियाँ पंक्तिबद्ध आगे बढ़कर मानिक चौक में बनी चिता के चारों ओर आ खड़ी हुईं। नन्दिदत्त की आँखों से चौधारा आँसू बह रहे थे। परन्तु उन्होंने सबके भाल को कुंकुम, चन्दन से अर्चित किया। सबने अक्षत-पुष्प से चिता का पूजन किया, सूर्य को अर्घ्य दिया। कुलदेवता को प्रणाम किया और अपने-अपने पतियों के स्मृति-चिह्न गोद में लेकर चिता पर आ बैठीं। चिता आरोहण से प्रथम नन्दिदत्त की पुत्रवधू ने मूकभाव से ससुर के चरण छुए। यह देख नन्दिदत्त कटे वृक्ष की भाँति पृथ्वी में गिर गए।

कुछ देर में वे उठे। अभी कठिन कार्य तो शेष ही था। उनका अंग थर-थर काँप रहा था और वाणी जड़ हो रही थी। आँखें आँसुओं से अँधी हो रही थीं। फिर भी उन्होंने टूटे-फूटे स्वर में मन्त्रोच्चारण किया और काँपते हाथों से चिता में आग दे दी।

चिता अग्निवाहक पदार्थों के संयोग से धांय-धांय जलने लगी। बहुत-सी अबोध बालाएँ ज्वाला की वेदना न सहन कर चीत्कार कर उठीं। एक भयानक क्रन्दन, असह्य

दर्द और न देखने, न सहने योग्य वेदना से ओत-प्रोत हो नन्दिदत्त स्वयं चिता में कूदने को उद्यत हो गए, परन्तु अभी उनका कर्तव्य पूर्ण नहीं हुआ था। अभी घोघाबापा का शरीर रणक्षेत्र में पड़ा था। उसे वहाँ से लाकर अग्नि संस्कार करना शेष था।

वे वहीं, चिता के निकट भूमि पर गिर गए। उन्हें गहरी मूर्च्छा ने घेर लिया। वह मूर्च्छा उनके लिए आशीर्वाद-स्वरूप थी। उससे उनका वेदनाओं से इतने काल के लिए पिण्ड छूट गया।

बहुत देर तक वे मूर्च्छित पड़े रहे। जब उनकी मूर्च्छा भंग हुई तो उन्होंने देखा, चिता जल चुकी है। लाल-लाल अंगारों में जली हुई सतियों के अवशेष बड़े डरावने प्रतीत हो रहे थे। उस समय गढ़ में वे ही अकेले जीवित पुरुष थे। कुत्ते, बिल्ली भी इस आपत्काल में घोघागढ़ को छोड़ गए थे। वे आँखें फाड़-फाड़कर चिता की चमकती चिनगारियों को देखने लगे। जिन बालिकाओं का उन्होंने विवाह कराया था, गोद में खिलाया था, नववधू के रूप में स्वागत किया था, उन सबकी जली हुई अस्थियों को यहाँ एकत्र देख उनका मस्तिष्क विकृत हो गया।

वे लड़खराते पैरों से एक बार बुर्ज पर गए। उन्होंने देखा, यवन सैन्य अपनी व्यवस्था में संलग्न हैं और उसकी एक टुकड़ी दुर्ग पर चढ़ी चली आ रही है। सबसे आगे उन्होंने उस हज्जाम को देखकर पहचान लिया। अनेक बातों पर विचार करके, दौड़कर दुर्ग के द्वार खोल दिए और पुल भी गिरा दिया। फिर वह मन्दिर के गर्भ-गृह में जाकर अर्ध-मूर्च्छित अवस्था में पड़े रहे। अंग को हिलाने डुलाने की उनमें सामर्थ्य नहीं रही।

यवन सैनिक गढ़ में घुस आए। उन्हें कहीं भी किसी बाधा का सामना न करना पड़ा। नन्दिदत्त अर्द्धमूर्च्छित अवस्था में पड़े हुए कभी-कभी शत्रुओं की खटपट सुन लेते थे। परन्तु उनसे उठा न गया और वे गहरी मूर्च्छा में पड़ गए। जब उनकी आँख खुली, नव प्रभात हो चुका था। प्रलय के आठ पहर बीत चुके थे। किसी जीवित प्राणी का घोघागढ़ में चिह्न भी न था। वे उठकर बाहर आए। चिता बुझ चुकी थी, परन्तु राख अभी गर्म थी। मन्दिर का ध्वज टूटा पड़ा था और महादेव की पिण्डी भग्न थी। राज-महल को लूट लिया गया था। पर ऐसा प्रतीत होता था कि शत्रु उस शून्य निर्जन दुर्ग में अधजली महाचिता में सैकड़ों जीवित मूर्तियों को जलता देख भयभीत होकर भाग गए थे।

नन्दिदत्त ने बुर्ज पर खड़े होकर देखा कि शत्रु का वहाँ कोई चिह्न न था। नन्दिदत्त धीरे-धीरे दुर्ग से नीचे उतर रण-भूमि में आए। गिद्ध और गीदड़ लाशों को लथेड़ रहे थे। लाशें सड़ने लगी थीं। नन्दिदत्त ने बड़े यत्न से घोघाराणा का शव शवों के ढेर से ढूँढ़ निकाला। उसे पीठ पर लादकर एक शुद्ध स्थान पर रक्खा। स्नान कराकर शुद्ध किया और इधर-उधर से सूखा काष्ठ एकत्र कर अग्निसंस्कार कर दिया। इसके बाद उन्होंने अन्य क्षत्रियों की अन्त्येष्टि भी करना अपना कर्तव्य

समझा। सबका चिता-दाह तो सम्भव नहीं था। उन्होंने सब पर मरुस्थली का रेत डालकर शवों को ढांप दिया तथा अंजलि में जल लेकर सबका मौन तर्पण किया।

परन्तु अभी भी इस कर्मनिष्ठ ब्राह्मण का कर्तव्य पूरा नहीं हुआ था। ज्वर की ज्वाला और भूख-प्यास से उनका अंग-भंग हो रहा था। गत सोलह प्रहर से वह ब्राह्मण मरने वालों से कहीं अधिक यातना सह रहा था। फिर भी उसने दुर्ग में आकर गंगाजल से चिता को ठण्डा किया। फिर अस्थि और राख का संचय कर मानिक चौक ही में भूमि खोदकर उसे दाब दिया। इसके बाद उन सबका श्राद्ध-तर्पण कर सबकी आत्मा के लिए शान्ति-पाठ किया।

अब उनका ध्यान अन्तःपुर की ओर गया। एक बार घोघाबापा के वे शब्द "अन्तःपुर तुम्हारा" उनके कानों में गूँज उठे।

उन्होंने दुर्ग का द्वार फिर बन्द किया और पुल तोड़ दिया।

अनहिल्ल-पट्टन

ईसवी सन् 720 में उत्तर गुजरात में चावड़ा वंश की स्थापना हुई। इस वंश ने पंचासर में अपनी राजधानी स्थापित की। पंचासर कच्छ की मरुभूमि के छोर पर एक छोटा-सा नगर था। इससे प्रथम चावड़ा वंश के पुरुष सौराष्ट्र की सीमा पर देवपट्टन में रहते और समुद्री लुटेरों का धन्धा करते थे। जिन दिनों चावड़ा वंश ने प्रथम बार उत्तर गुजरात में राज्य स्थापना की, उन दिनों काठियावाड़ में बल्लभीपुर समृद्ध नगर था। वहाँ बल्लभीवंश के राजाओं का प्राचीन राज्य था। दक्षिण गुजरात में चालुक्य, गुर्जर तथा राष्ट्रकूटों के छोटे-छोटे राज्य थे। काठियावाड़ में भी जाड़ेजा तथा चुड़ासभा वंश के छोटे-छोटे राजा राज्य कर रहे थे।

चावड़ा वंश के जयशिखर नाम के वीर और साहसी व्यक्ति ने पंचासर में चावड़ा राज्य की स्थापना की। वह बलवान और तेजस्वी पुरुष था। शीघ्र ही उसकी कीर्ति आसपास फैल गई। उसकी यह कीर्ति चालुक्यराज भूवड़ से सहन नहीं हुई। उसने भारी सैन्य ले जयशिखर पर आक्रमण किया। इस युद्ध में जयशिखर खेत रहा और रूपवती गर्भवती रानी रूपसुन्दरी भाग कर अपने भाई सुरपाल के आश्रय में चली गई।

शत्रु के भय से सुरपाल अपनी गर्भवती बहिन को लेकर जंगल में जा छिपा। वन ही में रानी ने पुत्र प्रसव किया। उसका पालन उसके मामा ने बड़े यत्न से किया। वन में जन्म लेने से उसका नाम 'वनराज' प्रसिद्ध हुआ। बालक वनराज को उसके मामा ने शस्त्र-शास्त्र की उत्तम शिक्षा दी। आयु पाकर वनराज वीर, साहसी और तलवार, तीर तथा अन्य शस्त्रों के संचालन में अप्रतिम योद्धा बन गया। अश्व-आरोहण में भी उसकी कोई समता न कर सकता था।

भूवड़ राजा ने गुजरात जीत कर उसकी आय अपनी पुत्री मीनलदेवी को अर्पण कर दी थी। मीनलदेवी का दीवान गुजरात पर शासन करता और उसकी आय मीनलदेवी के पास भेज देता था।

वनराज ने आसपास के जंगली भीलों और नागों एवं मियानों तथा अपनी जाति के युवकों को लेकर एक मज़बूत गुट बनाया, और गुजरात के गाँवों में डाके डालना और लूटमार करना प्रारम्भ कर दिया। शीघ्र ही वनराज का आतंक देश-भर में फैल गया। पर वनराज कौन है यह कोई नहीं जान सका। एक अवसर ऐसा आया कि मीनलदेवी के आदमी देश की आय का कोष लेकर मीनलदेवी के पास जा रहे थे। वनराज ने धावा मारकर वह सब खज़ाना लूट लिया। इस लूट में उसे चौबीस लाख मोहरें और चार हज़ार घोड़े हाथ लगे। घोड़े उसने अपने साथियों को बाँट दिए, तथा धन से उसने नई सेना इकट्ठी करके उसे भली-भाँति शस्त्र-सज्जित किया। और उसी वन में उसने अनहिल्ल पट्टन नगर बसाना प्रारम्भ कर दिया। थोड़े ही दिन बाद उसने उस नव-निर्मित नगर में अपना राज्याभिषेक कर अपने को गुजरात का राजा घोषित कर दिया। शीघ्र ही उसने गुजरात से मीनलदेवी के दीवान को खदेड़ दिया और अपने नाम का डंका बजवा दिया। उनचास वर्ष की आयु में उसने अपना अभिषेक किया और साठ वर्ष राज्य करके एक सौ नौ वर्ष की आयु में उसने मृत्यु पाई। मृत्यु के समय वनराज गुजरात का सबसे प्रमुख राजा था।

वनराज के बाद उसका पुत्र योगराज गुजरात की गद्दी पर बैठा। यह राजा भी वीर योद्धा और प्रसिद्ध धनुर्धर हुआ। इसने अपने राज्य की और भी वृद्धि की। हमारे पूर्वज समुद्री डाकू थे, इस अपवाद को दूर करने के विचार से इसने अपने जीवन-काल में न्याय और उदारता से प्रजा का पालन किया।

इसके बाद रत्नादित्य, बैरीसिंह और क्षेमराज अनुक्रम से गद्दी पर बैठे। इन्होंने भी अपने राज्य का यथावत रक्षण किया और उसमें वृद्धि की। उनके बाद चामुण्ड सामन्तसिंह और भूभट्ट गद्दी पर बैठे। इन सब राजाओं ने गुजरात की राज्यश्री में बहुत वृद्धि की, और अनहिल्ल-पट्टन भारत का एक प्रसिद्ध और समृद्ध नगर हो गया। देश-देश के व्यापारी और कामकाजी जनों से वह परिपूर्ण रहने लगा।

चावड़ा वंश के बाद सोलंकी वंश के हाथ गुजरात की गद्दी गई। सोलंकियों का पहला राजा मूलराज था। मूलराज चावड़ा राजा भूभट्ट की बहिन का पुत्र था। मूलराज मामा को मार कर गद्दी पर बैठा था। इसने पश्चिम में कच्छ और काठियावाड़ तक अपनी सत्ता स्थापित की। दक्षिण गुजरात के राजा वारप का उसने हनन किया तथा अजमेर के चौहानों से सन्धि की। सोरठ के राजा गुहरिपु को भी उसने युद्ध में परास्त किया। इस राजा ने अनहिल्ल-पट्टन में त्रिपुर प्रासाद नामक प्रसिद्ध देवालय बनवाया। वृद्धावस्था में मूलराज वानप्रस्थी हो सरस्वती तीर पर श्रीस्थल में रहने लगा। वहाँ उसने औदीच्य, श्रीगौड़ और कान्यकुब्ज ब्राह्मणों के अनेक परिवारों को देश-देश

से बुलाकर और बड़ी-बड़ी जागीरें देकर गुजरात में बसाया। यहाँ उसने रुद्र महालय की स्थापना की, जिसे बाद में सिद्धराज ने पूरा किया।

मूलराज के बाद चामुण्डराय अनहिल्ल-पट्टन की गद्दी पर बैठा। जिस समय की चर्चा हम कर रहे हैं, उस समय चामुण्डराय अनहिल्ल-पट्टन की गद्दी पर सुशोभित थे। इस समय सम्पूर्ण भारतवर्ष में गुजरात का राजा सबसे अधिक बलवान और शौर्यवान् प्रसिद्ध था। और गुजरात की राजधानी अनहिल्ल-पट्टन अति समृद्ध व्यापारिक नगर माना जाता था। परन्तु वास्तव में चामुण्डराय में सोलंकियों की राजधानी की मर्यादा रखने योग्य शक्ति न थी। वह एक दुर्बल मन और कच्चे कान का आदमी था। वह चारों ओर खटपटी खवासों और जी-हजूरियों से घिरा रहता था। ये लोग राजा को उल्टा-सीधा समझा कर अपना उल्लू सीधा करते थे। राज्य में अंधेरगर्दी चल रही थी। प्रजा का दुःख-दर्द सुनने वाला कोई न था। राजा का मन भी राजकाज में नहीं लगता था। वह नाच-तमाशे और ऐश-आराम तथा अफीम की पिनक में गर्क रहता था। भांड, वेश्या, नट और ऐसे ही लुच्चे-लफंगे लोग सदा उसके पास भरे रहते थे। इनके खेल-तमाशे और जलक्रीड़ा से जो समय मिलता, उसे वह रनवास में व्यतीत करता था। प्रजा की दशा देखने-सुनने का उसे अवसर ही न मिलता था। फिर प्रजा और राज्य की उन्नति की तो बात ही क्या थी। राजा के दर्शन महीनों तक प्रजा को नहीं होते थे। जो लोग किसी काम से राजा से मिलना चाहते थे, उन्हें हुजूरिए लोग बातों ही में टरका देते थे—हुजूर रनवास में हैं, हुजूर का हुक्म नहीं है, अभी हुजूर को समय नहीं है। इसी भाँति राजा को अँधकार में रखा जाता था। राज्य में कोई सुधार नहीं हो रहा था। खेतीबाड़ी करने वाले कृषकों पर अमलदार मनमाने अत्याचार करते और लूटते थे। सेना की दशा अत्यन्त शोचनीय थी। सिपाहियों को छः-छः मास तक वेतन न मिलता था। उनके शस्त्रास्त्रों तक का ठिकाना न था। पुरानी रद्दी तलवारें और रद्दी पुरानी बन्दूकें तथा बिना फणी के बाण उनके हथियार थे। सिपाहियों की वर्दी की तो अत्यन्त दुर्दशा थी। राजपूतों में अफीम घोलने का व्यसन बढ़ गया था। प्रायः सिपाही पहर दिन चढ़े उठते, अफीम घोलते और पिनक में बैठे ऊंघते या गप्पें मारते बैठे रहते।

राजा ने वीकणशाह नामक एक वणिक को मन्त्री की पाग बंधाई थी। वह एक काइयाँ बाणियाँ था। उसे राज्य में स्याह-सफेद करने के सब अधिकार प्राप्त थे। वह सम्पूर्ण राज्य का भार अपने सिर लिए मनमानी रीति से लूट-पाट करके अपना उल्लू सीधा करता था। अधीनस्थ कर्मचारी भी प्रजा को मनमानी रीति पर लूटते और अपनी जेबें भरते थे।

राजा जैसे बाजीगर का बन्दर था, जिसे हीरे-मोती की जड़ाऊ पोशाक पहनाकर जी-हुजूरिए जैसे चाहते, नचाते थे। गोलों, खवासों से लेकर बड़े बड़े कर्मचारियों तक प्रत्येक राजा के अज्ञान और सिधाई से लाभ उठाता था। भूदेवों, ज्योतिषियों और

रम्मालों की बन आई थी। वे भी राजा को खूब भरमाते थे। राजा का स्वभाव खर्चीला था। वह एक के स्थान पर दस खर्च करने को आतुर रहता। आसपास के मतलबी लोग राज्य-कोष को लूटते ही रहते थे और राजा अफीम की पिनक में टें रहता था

जिसके हाथ में गुजरात के रक्षण का भार था, उसकी यह दीन दशा थी। फिर देश की दुर्दशा का क्या कहना था।

राजा के ज्येष्ठ पुत्र का नाम वल्लभदेव था। वह समझदार और वीर था। पर जी-हुजूरिए सदैव उसके विरुद्ध राजा के कान भरते रहते थे। राजा को सदा भय रहता था कि युवराज वल्लभदेव उसे मार कर राज्य लेने की खटपट में है। इससे राजा सदैव अपने पुत्र को अपने से दूर रखता था। राजा से युवराज के दूर रहने से ही जी-हुजूरियों का मतलब सधता था।

राजा के दूसरे पुत्र का नाम दुर्लभदेव था। यह दुष्ट स्वभाव का, ढोंगी, चालाक एवं अत्याचारी निष्ठुर व्यक्ति था। वह खटपटी जी-हुजूरियों के बीच आड़े नहीं आता था। इसलिए ये लुटेरे अधिकारी सदैव उसीका पक्ष लेते थे। तीसरे पुत्र नागराज का पुत्र भीमदेव था। वह प्रसिद्ध धनुर्धर था और गुजरात में 'बाणबली' के नाम से प्रसिद्ध था। वह एक उत्साही योद्धा और साहसी एवं विवेकी तरुण था। परन्तु लोगों ने इसके विरुद्ध भी राजा के कान भर रखे थे। युवराज वल्लभदेव और भीमदेव में काफी मेलजोल था। और ये दोनों चाचा-भतीजे इस अँधेरगर्दी से असन्तुष्ट थे। तथा राजा से भी अनादृत हो राजधानी से दूर एकान्त में एक मनपसन्द गाँव में रहते थे।

गुजरात की वास्तविक दशा ऐसी ही थी, जब ग़ज़नी का अमीर बर्बर दुर्जेय पठानों के दल-बादल ले गुजरात को दलित करने के हेतु दबादब बढ़ा चला आ रहा था।

गुर्जराधिपति

महाराजाधिराज, परमभट्टारक, परममाहेश्वर, गुर्जराधिपति श्रीचामुण्डराय महाराज की आयु साठ को पार कर गई थी। महाराज को नई-नई इमारतें बनवाने का भारी शौक था। इस समय आप श्वेत मर्मर का एक विशाल जलाशय बनवा रहे थे। उसके साथ एक बृहत् वाटिका भी तैयार हो रही थी। वाटिका के लिए देश-देश के फल-फूल वाले वृक्ष मँगाए और रोपे जा रहे थे। प्रवीण मालियों ने मनोरम रौसें निकाल और ठौर-ठौर पर लताकुंज बनाकर वाटिका का दृश्य अति मनोहर बनाया था। जलाशय का निर्माण भी अद्भुत था। उसमें कटाई और जाली का काम तथा पत्थर खोदकर उसमें भिन्न-भिन्न रंग के मणि-रत्न जमाने का काम सैकड़ों गुणी और प्रसिद्ध कारीगर कर रहे थे, जो देश-देश से भारी वेतन और राह-खर्च देकर बुलाए गए थे। देश-विदेश में जहाँ जो वस्तु इस जलाशय एवं वाटिका के उपयोग की देखी-सुनी जाती थी,

वहीं के राजा के नाम गुर्जराधिपति का अनुरोध पत्र पहुँचता था। और प्रत्येक मूल्य पर वह वस्तु प्राप्त करने का यत्न किया जाता था। हज़ारों गुर्जर, यवन एवं विदेशी कारीगर अपने-अपने काम में लगे हुए थे। महाराज गुर्जरेश्वर सब काम अपनी आँखों से देखते और कुशल कारीगरों को इनाम-इकराम बाँटते। राज-प्रासाद छोड़कर वे इसी वाटिका में डेरा-तम्बू ताने रनवास-सहित विराजमान थे। महाराज का मनोरंजन करने और उनकी उदारता से लाभ उठाने को दूर-दूर से नट, बाजीगर, कंचनियाँ, मल्ल, गायक आदि कलाकारों के जत्थे-के-जत्थे प्रतिदिन आते रहते थे। वे अपनी कला से महाराज का मनोरंजन करते और भारी इनाम-सिरोपाव पाकर महाराज की यश-कीर्ति को दिग्दिगन्त में व्याप्त करते जा रहे थे। तथा उनके स्थान पर और आते जा रहे थे। महाराज उन्हें भी मुक्त हाथ से इनाम-सिरोपाव देते और प्रसन्न होते थे।

मध्याह्न होने में अभी देर थी। शरदकालीन सुनहरी धूप चारों और फैली थी। महाराजाधिराज गुर्जरेश्वर अमल-पानी से निपट कर अपने विशाल सुनहरी खेमे में मसनद पर पौढ़ गए। एक खवास ने मोरछल लिया, दूसरे ने पैरों के पास बैठकर मखमली पायदान निकट सरका दिया। जी-हुजूरिए आ-आकर जुहार करके बैठ गए। महाराज अफीम की पिनक में झूमने लगे।

एक हुजूरिए ने कहा–

"कुमार भीमदेव आज भी नहीं आए अन्नदाता।"

दूसरे ने कहा, "सुना है, कुमार और युवराज दोनों ही सिद्धेश्वर में जा बैठे है।"

"परन्तु यह सब तो दरबार से दूर-दूर रहने के ढंग हैं। युवराज और कुमार दोनों ही अन्नदाता की आज्ञा का पालन नहीं करते हैं।" दूसरे मर्ज़ीदान ने धीरे से कहा।

गुर्जरेश्वर पिनक में थे। उन्होंने केवल अन्तिम वाक्य सुना और पिनक से चौंक कर आधी आँख उघाड़ कर कहा–

"जो हमारी आज्ञा का उल्लंघन करता है, उसे अभी सूली पर चढ़ा दो।"

अब जी-हुजूरियों ने जैसे डरते-डरते हाथ जोड़कर कहा–

"अन्नदाता, यह बात नहीं है, यों ही हम लोग युवराज की चर्चा कर रहे थे।" गुर्जरेश्वर ने गरज कर कहा, "हरामखोर, हमें धोखा देते हो, अभी तुम नहीं कह रहे थे कि हमारी आज्ञा..."

गुर्जरेश्वर अफीम की झोंक में पूरी बात कहना भूल गए और पूरी आँख फैलाकर खवास की ओर क्रोध-भरी दृष्टि से ताकने लगे।

खवास ने हाथ जोड़कर कहा–

"महाराज ने युवराज को याद फरमाया था।"

"तो फिर?"

"युवराज राजकुमार को लेकर सिद्धेश्वर चले गए हैं।"

"हमारी आज्ञा का उल्लंघन करके?"

"अन्नदाता, न कहने योग्य बात कैसे कहूँ।"

"कह रे हरामखोर।" महाराज ने क्रोध से उबलकर कहा।

"अन्नदाता, युवराज श्री महाराज को गद्दी से उतार कर स्वयं राजा होने की खटपट कर रहे हैं। वे वहाँ सैन्य-संग्रह कर रहे हैं।" खवास ने धीमे स्वर से कहा।

यह सुनते ही राजा क्रोध से जल उठे। उन्होंने तुरन्त हुक्म दिया, "तो उन दोनों राजविद्रोहियों को बाँधकर यहाँ ले आ।"

खवास चुपचाप खड़ा रहा। खवास कैसे युवराज को बाँधकर ला सकता है, वह यही सोचने लगा। राजा ने कहा, "जा रे हरामखोर, खड़ा क्यों हैं?"

"क्या अन्नदाता, मैं सेनापति को बुलाऊँ?"

"अभी बुला।"

खवास ने जी-हुजूरियों से आँखें मिलाईं और वहाँ से चल दिया।

महाराज फिर पिनक में झूमने लगे। इसी समय द्वार पर बहुत-से लोगों का शोरगुल सुनाई दिया। शोरगुल सुनकर महाराज की पिनक फिर टूट गई। बहुत से ब्राह्मणों ने भीतर घुसकर पुकार की, "दुहाई महाराज की, दुहाई गुर्जरेश्वर की, हम लूटे गए हैं, हमारा सर्वस्व हरण कर लिया गया है।" राजा ने बिना सोचे-समझे चीखकर कहा, "पकड़ो इन राजविद्रोहियों को, और सूली पर चढ़ा दो।"

एक ब्राह्मण ने आगे बढ़कर और हाथ में जनेऊ लेकर कहा, "महाराजाधिराज परम माहेश्वर गुर्जरेश्वर की जय हो, हम राज-विद्रोही नहीं हैं, महाराज की राजभक्त प्रजा हैं। हम पुकार करने आए हैं, हम सोमेश्वर की यात्रा को जा रहे थे कि राह में डाकुओं ने हमें लूट लिया।"

राजा ने आधी आँख उघाड़ कर तथा एक खवास की ओर देखकर कहा,

"किसने इन्हें आने दिया? बोल!"

"अन्नदाता, ये सब जबर्दस्ती भीतर घुस आए, राजाज्ञा नहीं मानी।"

ब्राह्मणों ने कहा, "दुहाई, हम लूटे गए हैं।"

"इन सबको बाँधकर बन्दीगृह में डाल दो।"

"महाराज, हमारी फरियाद है।"

"तुम सब राजविद्रोही हो।"

इतने में सेनापति बालुकाराय ने आकर महाराज को प्रणाम किया और कहा, "महाराज की क्या आज्ञा है?"

महाराज ने किसलिए सेनापति को बुलाया था, यह वे इस समय भूल गए। उन्होंने ब्राह्मणों की ओर हाथ उठाकर कहा—

"इन सब राजविद्रोहियों को बाँधकर बन्दी कर लो।"

"अन्नदाता, ये भूदेव हैं, वेदपाठी ब्राह्मण।"

"तो यहाँ इनका क्या काम?"

"अन्नदाता, ये सोमेश्वर की यात्रा को जा रहे थे। राह में लुटेरों ने इन्हें लूट लिया।"

"लुटेरों को पकड़ा तुमने?"

"अन्नदाता, महमद सेती–कच्छ का दुर्दान्त डाकू है, उसके हज़ारों साथी हैं।"

"तो उन सबको सूली पर चढ़ा दो।"

"अन्नदाता..."

महाराजा की पिनक में हर बार विघ्न पड़ रहा था। उन्होंने क्रोध करके खवास से कहा, "निकालो, निकालो इन सब हरामखोरों को।"

"अन्नदाता, ये वेदपाठी ब्राह्मण आपको आशीर्वाद देते हैं।"

"अच्छा, हुआ, इन्हें एक-एक सोने की मुहर दे दो, जाओ, तंग न करो।"

इतना कह वे और आराम से लेटने को मसनद पर लुढ़क गए और आँखें बंद कर लीं। अब और बातें करना अशक्य समझकर सेनापति बालुकाराय ब्राह्मणों को ले बाहर चले गए।

षड्यंत्र

एक पहर रात जा चुकी थी। अनहिल्ल-पट्टन के सब नगर-द्वार बन्द हो चुके थे। दिनभर काम-काज में व्यस्त नगर के पौरजन एवं राजपुरुष सब निद्रादेवी की आराधना में लगे थे। आकाश स्वच्छ था, उसमें उज्ज्वल तारे बहुत भले प्रतीत हो रहे थे। द्वितीया का क्षीण चन्द्र नूतन वधू की दुर्लभ कान्ति प्रतिभासित कर रहा था। इसी समय सरस्वती नदी के निर्जन तट पर एक पुरुष तत्परता से टहल रहा था। नदी-तट पर अनगिनत छोटे-बड़े, नये-पुराने मन्दिरों की पंक्ति बनी हुई थी। वह पुरुष उन मन्दिरों की परछाईं में अपने को छिपाता हुआ वहाँ टहल रहा था। इस पुरुष का कद ठिगना, शरीर कृश और चेहरा साधारण था। वस्त्र भी उसने साधारण ही पहने हुए थे, परन्तु एक उम्दा तलवार अवश्य उसकी कमर में लटक रही थी।

वह पुरुष अवश्य किसी व्यक्ति के आने की प्रतीक्षा में था। थोड़ी-सी आहट होने पर यह चौकन्ना होकर चारों ओर देखने लगता था। थोड़ी देर बाद घोड़ों की टाप के शब्द सुनाई दिए और कुछ ही देर में दो मनुष्य-मूर्ति घोड़ों पर सवार आती हुई उसने देखीं। उस पुरुष के सामने ही कुछ फासले पर एक गहन वट-वृक्ष था, उस वृक्ष के नीचे आकर उन्होंने अश्व रोके। दोनों घोड़ों से उतर पड़े। घोड़े वृक्ष

से अपनी लम्बी बागडोर से अटका दिए। और दोनों पुरुष उन मन्दिरों की ओट आगे बढ़े।

पूर्वोक्त पुरुष ने एक दीवार की आड़ में अपने को छिपा लिया था। दोनों छाया-मूर्तियाँ उसके निकट होकर चली गयीं। दोनों ही काले आवरण से शरीर को छिपाए थे। इस पुरुष ने निःशब्द उसका अनुगमन किया।

दोनों ही छाया-मूर्तियाँ मन्दिरों और खण्डहरों को पार करती हुईं नदी के किनारे-किनारे आगे बढ़ती चली गईं। वह पुरुष भी अत्यन्त सावधानी से उनके पीछे-पीछे चलता गया। मन्दिरों की पंक्ति समाप्त हो गई। नदी के ऊबड़-खाबड़ कगार पर चलती हुई दोनों मूर्तियाँ बढ़ती ही गईं। अन्त में वे एक जीर्ण शिवालय के सामने जाकर रुकीं। शिवालय उजाड़ था। वहाँ दिन में भी कोई पुरुष नहीं जाता था। इस समय रात्रि की नीरवता में वह स्थान बहुत भयानक प्रतीत हो रहा था। दोनों में से जो मूर्ति आगे थी, उसने तलवार म्यान से बाहर करके इधर-उधर चारों ओर देखा, वह अपने साथी को संकेत करके मुख्य द्वार छोड़ मन्दिर के पिछवाड़े की ओर चला। इस पुरुष ने भी तलवार म्यान से बाहर निकाल ली और अत्यन्त सावधानी से पदशब्द बचाता हुआ पीछे-पीछे चलने लगा। मन्दिर बहुत बड़ा था, तथा उसके पिछले भाग में बहुत से टूटे-फूटे घर थे। उन सबको पार करते हुए तीनों व्यक्ति अन्ततः एक अपेक्षाकृत अच्छे घर के द्वार पर पहुँच गए। आगे वाले व्यक्ति ने फिर कुछ संकेत किया। थोड़ी देर में एक पुरुष दीपक लेकर भीतर से आया। उसके दूसरे हाथ में नंगी तलवार थी। आगन्तुकों का संकेत समझ सन्तुष्ट हो, उसने दोनों को भीतर कर लिया। पीछे वाले पुरुष ने देखा, वह नान्दोल का प्रसिद्ध जैन यति—जिनदत्त सूरि है। जैन यति को वहाँ देख उस पुरुष को आश्चर्य हुआ। परन्तु भीतर जाकर उन दोनों आगन्तुकों ने जब अपना आवरण उतारा तो उन्हें पहचान कर यह पुरुष आश्चर्य से विमूढ़ ही हो गया। आगे तलवार हाथ में लिए जो पुरुष था, वह बालचन्द्र खवास था। और दूसरा उसका साथी, स्वयं महारानी दुर्लभदेवी थीं।

द्वार बन्द हो जाने से वह और कुछ न देख सका, परन्तु उसे यह जान लेने में तनिक भी सन्देह नहीं रहा कि यह कोई भारी षड्यंत्र है, जिसमें नान्दोल का राज्य भी सम्मिलित है।

उसने उस खण्डहर के चारों ओर चक्कर लगाया और फिर वह एक स्थान पर भग्न दीवार पर चढ़ गया। कई छतों को पार करके वह उस छत के किनारों पर आ पहुँचा, जहाँ ये लोग बैठे थे। कुल छह व्यक्ति थे। दीपक जल रहा था। तीन का परिचय तो मिल गया। चौथा था गुजरात का महामन्त्री वीकणशाह, पाँचवाँ कुमार दुर्लभदेव का सम्बन्धी एक सरदार था। और छठी थी परम माहेश्वर, परम परमेश्वर गुर्जराधिपति श्री चामुण्डराय देव की सुन्दरी मुंहलगी ताम्बूलवाहिनी चम्पकबाला।

गूढ़ पुरुष दीवार से चिपककर छत पर लेट गया और एकाग्र होकर उनकी बातें सुनने लगा।

एक धीमा स्वर सुनाई दिया। जैन यति जिनदत्त बोल रहा था। वह कह रहा था–

"महारानी बा, आप जानती हैं, मैं आप ही के राजकुल का पुरुष हूँ। मैंने जैन धर्म स्वीकार किया है। नान्दोल के सात सौ कोट्याधिप सेठिया जैन धर्म में आस्था रखते हैं। जिनके परिजन तीन लाख हैं। मेरे जैन धर्म स्वीकार करने तथा राजकुल में जैन धर्म की प्रतिष्ठा होने से नान्दोल के महाराज अनहिल्ल राज की सत्ता बहुत बढ़ गई है। नान्दोल के महाराज आपके भतीजे हैं। उनका तेज प्रताप बहुत है। वे एक प्रतापी राजसत्ता की स्थापना कर रहे हैं। मालवा उनसे शंकित रहता है। सपादलक्ष के महाराज धर्मगजदेव उन्हें बहुत मानते हैं। पाटन, कच्छ, भरुच, सौराष्ट्र और खम्भात के सब श्रावक, सेठ, नगर-सेठ हमारे पक्ष में हैं। आपकी कृपा हो तो पंचनद-पर्यन्त उत्तर में और अंगदेश-पर्यन्त पूर्व में एक अजेय राज्य स्थापित होकर भारत में जैन धर्म का उदय हो जाए। धर्मतन्त्र और राजतन्त्र, दोनों ही एक होकर चलें तो इससे उत्तम क्या है?"

यति को सहारा देते हुए सरदार ने कहा, "महारानी माता, फिर एक बात भी तो है, पृथ्वी तो सब चौहानों की है। मुलतान में अजयपाल और लोहकोट में भीमपाल है। मरुभूमि के राजा घोघाबापा हैं, और सपादलक्ष में धर्मगजदेव हैं। नान्दोल में आपके अनहिल्ल राजा हैं ही। अब रह गया अर्बुदराज परमार और चौलुक्यों का पाटन, सो अर्बुदराज के युवराज कृष्णदेव इस समय नान्दोल में हैं। वे हमारे युवराज बाला प्रसाद के घनिष्ठ मित्र है। दोनों को घुड़सवारी का बेहद शौक है। दोनों एक प्राण दो शरीर हैं। अर्बुदपति धुंधुकराज भी इस समय मेदपाट में मालवराज के सान्निध्य में हैं, सो नान्दोल के मार्ग में अर्बुदेश्वर की कोई बाधा नहीं है। आप यदि यह वचन दें कि गद्दी पर बैठने के बाद महाराज दुर्लभदेव यह घोषणा करें कि वे नान्दोल के युवराज बाला प्रसाद को गोद लेकर पाटन का उत्तराधिकारी नियुक्त करते हैं तो फिर सब काम ठीक है। देखते ही देखते नान्दोल-राज महाराज दुर्लभदेव को पाटन की गद्दी पर बैठा देंगे। यहाँ पाटन के महामन्त्री बीकणशाह हमारे साथ हैं ही। सारा राजकोष तुरन्त महाराज दुर्लभदेव के हाथ में आ जाएगा।"

यह कहकर चौहान सरदार ने भेदभरी दृष्टि से वीकणशाह की ओर देखा। वीकणशाह दुबला-पतला, चालाक और सावधान बनिया था। उसने इधर-उधर देखते हुए कहा, "राजकोष राजा का, और मैं राजा का चाकर। पाटन की गद्दी पर जो राजा बनकर बैठेगा, उसी की सेवा में वीकणशाह और समस्त राजकोष उपस्थित है।"

"तो अब दो प्रश्न रह गए। एक महाराजाधिराज का, दूसरा युवराज वल्लभ देव का। भीमसिंह बाणबली युवराज के साथ हैं, वे गज़नी के सुलतान का सामना करने के बहाने सिद्ध स्थल में बैठे सैन्य संग्रह कर रहे हैं। भीमदेव बड़ा योद्धा है,

और युवराज वल्लभदेव भी साधारण पुरुष नहीं हैं।'' जिनेश्वर दत्त ने खूब सावधानी से कहा।

''परन्तु उनके पास धन कहाँ है भाई? वे सेना-संग्रह करेंगे कहाँ से? शस्त्र खरीदेंगे कहाँ से? सेना को वेतन देंगे कहाँ से?'' वीकणशाह ने कुटिलता से मुस्कराकर कहा।

''क्यों? ज्यों ही दुर्लभदेव राजा होंगे, वे तुरंत खुला विद्रोह करके लूटपाट प्रारम्भ कर देंगे। फिर प्रजा उन्हें मानती है। वह उन्हें धन से मदद देगी।'' चौहान ने कहा।

''ऐसा नहीं हो सकता। प्रथम पाटन के लोग सब जैन-श्रावक-सेठ-साहूकार हमारे साथ हैं। वे भीमदेव की कोई सहायता नहीं करेंगे। दूसरे भीमदेव प्रजा पर लूटपाट करेंगे तो प्रजा उनके पक्ष में न रहेगी। फिर वह प्रजा में लूटपाट करेंगे ही नहीं।'' यति जिनदत्त ने कहा।

''परन्तु यह न भूलिए कि उनके साथ विमलदेव शाह हैं। वह राज्य का तो कोषाध्यक्ष है, पर है वह वास्तव में वल्लभदेव का मन्त्री। वह एक ऐसा छोकरा है, कि न राजा की आन मानता है, न राजमन्त्री की। उसे हाथ में बिना किए छुटकारा नहीं है।'' वीकणशाह ने मुस्कराते हुए कहा।

''उसे मेरे सुपुर्द कीजिए। मैं उसे जानता हूँ, वह मुत्सद्दा नहीं है, रण-योद्धा है। उसे अपने धनुष-बाण का बड़ा अभिमान है, और अच्छे-अच्छे महालय बनवाने का शौक है। वह जैन धर्मानुयायी है। वह हमसे बाहर जा नहीं सकता।'' जैन यति ने कहा।

चौहान सरदार ने कहा, ''तो सबसे पहला काम यह है कि वल्लभदेव और भीमदेव को ही बन्दी किया जाए।''

''परन्तु यह काम युद्ध करके या बल से नहीं, छल से ही होना चाहिए,'' वीकणशाह ने कहा।

''छल से कैसे?''

''आज इस समय दोनों पाटन में उपस्थित हैं। संग में सेना भी नहीं है। महाराज उन्हें बन्दी करने की आज्ञा दे चुके हैं। मैं दण्डपाल को आदेश देता हूँ कि उन्हें नगरद्वार पर बन्दी कर लिया जाए।''

''यह उत्तम है, परन्तु इससे राजधानी में विद्रोह हो गया तो?'' राजमाता ने कहा।

''कैसे होगा? कानों-कान यह बात कोई जान भी न पाएगा। दोनों ही छद्मवेश में आए हैं। कौन जानता है कि कौन बन्दी हुआ। राजद्वार के सौ झमेले होते हैं।''

''तो वीकण, तुम यह भार लेते हो?''

''क्यों नहीं, परन्तु महामन्त्री की मुद्रा तो मुझे ही मिलेगी न?''

''इसमें क्या सन्देह है? अब महाराज?''

"उनसे महारानी बा, आप ही निबटिए। यह अन्तःपुर का मामला है।"

"क्या उन्हें बन्दी कर लिया जाए?" रानी ने धीरे से कहा।

"यह तो अस्वाभाविक है महारानी माता। महाराज को अन्तःपुर में बन्दी करने का कुछ अर्थ ही नहीं। प्रजा में तुरन्त विद्रोह उठ खड़ा होगा। महाराज के बन्दी करने का कोई कारण हम बता ही न सकेंगे।"

"तब दुर्लभ प्रकट में सेना लेकर महाराज को बन्दी कर ले?"

"यह भी खतरनाक योजना है। सेनापति बालुकाराय हमारे हाथ में नहीं है। वह खून ही नदी बहा देगा। हमारी सारी योजना छिन्न भिन्न हो जाएगी।" वीकणशाह ने कहा।

"तब?" रानी ने कहा।

"यह काम तो बालचन्द ही पार कर सकता है, दूसरे की सामर्थ्य नहीं।" वीकणशाह ने मुस्कराकर कुटिल हास्य हँसते हुए कहा।

बालचन्द खवास ने हाथ मलते हुए कहा, "महारानी कहें तो मैं इनका आज्ञाकारी सेवक हूँ।"

महारानी दुर्लभदेवी काँप गईं। उन्होंने बात का मर्म समझकर कहा, "क्या कोई दूसरा उपाय नहीं है?"

"नहीं, महारानी, यह राजतन्त्र है। इसमें जीवन का कुछ भी मूल्य नहीं।"

वीकणशाह ने होंठ टेढ़े कर कहा, "आप यह अवसर चूकीं तो चूकीं। महाराज तो भोर के दीपक हैं, आज गए तो, कल गए तो, और फिर वल्लभदेव और भीमदेव हैं। आपको और महाराज दुर्लभदेव को तो फिर दासता ही भोगनी है।"

"यह तो कभी नहीं हो सकेगा, वीकण!"

"तो महारानी बा, साहस कीजिए। जो काम आपका है, उसे भुगताइए।"

"तौ मैं अपना काम करूँगी। बालचन्द, तू क्या कहता है?" उन्होंने भेदभरी नज़र से खवास की ओर देखा।

"महारानी बा, मेरे पास सब-कुछ है, यह देखिए।" उसने वस्त्र से एक छोटी-सी पोटली निकालकर दिखा दी। "मुझे केवल मेरा पारिश्रमिक मिलना चाहिए। और चम्पकबाला का सहयोग।" खवास ने लुब्ध दृष्टि से चम्पकबाला की ओर देखा।

रानी ने उसी समय अपना कंगन उतार कर उस पर फेंक दिया। कहा, "पचास हजार दम्म का है, परन्तु काम प्रभात ही में होना चाहिए। विलम्ब का काम नहीं।" रानी ने कहा।

"विलम्ब क्यों?" खवास ने तृषित नेत्रों से कंगन को देखा, और हर्षित हो वस्त्रों में छिपा लिया। फिर चम्पकबाला की ओर अभिप्रायपूर्ण दृष्टि से देखा। रानी ने कण्ठ से मोतियों की माला निकालकर चम्पकबाला को देकर कहा, "तू डरती तो नहीं?" चम्पकबाला ने कहा, "सब हो जाएगा रानी बा।"

जैन यति ने पूछा, "बालचन्द, तेरा काम कब तक पूरा हो जाएगा?"

"दोपहर तक—भोजन-काल में।"

"और चौहान, महाराज दुर्लभदेव कब तक पाटन पहुँच जाएँगे?"

"यदि इसी समय मैं चल दूँ तो कल तीसरे पहर तक।"

"ठीक है। राजमन्त्री, भीमदेव और वल्लभ?"

"उन्हें मैं सूर्योदय से प्रथम ही बन्दी कर लूँगा।"

यति ने कुछ सोचकर कहा—

"अच्छी बात है, और राजकोष?"

"इसके लिए विमलशाह को वश में करना होगा।"

"मैं भोर ही विमलशाह के पास जाऊँगा।" जैन यति ने कहा।

"सब ठीक हो गया! अब महारानी बा, यह लेख है, इसमें लिखा है, 'महाराज दुर्लभ निस्सन्तान हैं, वे अपने भतीजे नान्दोल के अनहिल्लराज के राजकुमार बालाप्रसाद को गोद लेते हैं, और उन्हें पाटन का उत्तराधिकारी नियुक्त करते है।' लीजिए, इसपर सही कीजिए और अपनी मुद्रा मुझे दीजिए, कि मैं अभी नान्दोल को प्रस्थान करूँ।" रानी ने काँपते हाथों से सही कर दी, और राजमुद्रा भी उसे दे दी।

इसके बाद सभा भंग हुई और सावधानी से सब-कोई बाहर आए।

दामो महता

सब लोगों के वहाँ से चले आने के बाद वह प्रच्छन्न पुरुष भी अपने स्थान से उठा। उसने सावधानी से अपने चारों ओर देखा तथा मुट्ठी में दृढ़ता से तलवार थामकर निःशब्द चरण रखता हुआ जिधर सब गए थे, उसकी विपरीत दिशा को चला। भग्न मन्दिर से कुछ दूर हटकर एक विशाल शाल्मली वृक्ष था। उसकी सघन छाया काफी दूर तक फैली थी। परन्तु उसके चारों ओर थोड़ी दूर तक खुला मैदान था। उसी वृक्ष की छाया में पहुँचकर उसने चारों ओर देखा। फिर ताली बजाई। एक पुरुष तुरन्त वृक्ष की खोखल से निकलकर उसके निकट आ उपस्थित हुआ। उसे देखते ही उस पुरुष ने कहा, "आनन्द, तू इसी समय सेनापति बालुकाराय के आवास में जा, और उनसे कह, कि सशस्त्र सवारों का एक दस्ता तुरन्त राजमार्ग पर भेज दें, वहाँ एक जैन यति नान्दोल को जा रहा है, उसे निश्चय रूप से बन्दी कर अधीन कर लें। दूसरा एक दस्ता सिद्धस्थल के राजमार्ग पर भेजा जाए, वहाँ एक सामन्त घुड़सवार सिद्धस्थल जा रहा है, उसे भी बन्दी करके अधिकार में कर लें। तथा नगर के सब द्वारों पर प्रहरियों की संख्या बढ़ा दें। और बिना संकेत कोई जन नगर से भीतर तथा भीतर से बाहर न जाने-आने पाए। संकेत-शब्द होगा 'जयसमुद्र'।"

आनन्द प्रणाम करके जाने लगा। परन्तु पूर्व पुरुष ने कहा, "ठहर, सेनापति को दो सौ सैनिकों सहित धवलगृह के दक्षिण—बिलकुल नगर-द्वार के निकट—स्वयं मेरी प्रतीक्षा करनी चाहिए।"

आनन्द फिर प्रणाम करके जाने लगा। परन्तु उस पुरुष ने रोककर कहा, "मेरा घोड़ा?"

"वहीं है।"

"ठीक है, तू जा।"

आनन्द चला गया। वह पुरुष वहां से सरस्वती नदी के किनारे-किनारे चलने लगा। एक टूटे मन्दिर के निकट पहुँचकर उसने फिर ताली बजाई। एक पुरुष घोड़ा लेकर आ उपस्थित हुआ।

पूर्व पुरुष ने कहा, "देवसेन, क्या तू खवास बालचन्द्र को पहचानता है?"

"अच्छी तरह महाराज!"

"और महाराज की ताम्बूलवाहिनी चम्पकबाला को भी?"

"उसे भी महाराज!"

"तो तू जैसे भी सम्भव हो, उन दोनों को सूर्योदय से प्रथम ही अपने आधीन कर। और मेरी दूसरी आज्ञा की प्रतीक्षा कर। वे किसी कारणवश इस समय रंग महल से बाहर हैं। और सामने कुछ पुरुष जा रहे हैं, उनमें वे दोनों भी हैं, जैसे सम्भव हो तू उन्हें मार्ग ही में धर। नगर-द्वार पर वे पहुँचने न पाएँ। और इस मामले में शोर भी न मचने पाए।"

"जो आज्ञा!" कहकर वह तत्क्षण अन्तर्धान हो गया।

इस गूढ़ पुरुष का नाम दामोदर था। पर पाटन में यह दा.मो महता के ही नाम से विख्यात था। यह पाटन राज्य का सन्धिविग्रहिक और कूटमन्त्री था। कहने की आवश्यकता नहीं, कि राज-दरबार में यह उपेक्षित था। परम माहेश्वर गुर्जराधिपति श्रीचामुण्डराय देव को कभी इस विलक्षण मन्त्री की आवश्यकता पड़ती ही न थी। यह पुरुष भी अपने कार्य के लिए कभी राजा की अपेक्षा नहीं करता था। परन्तु देखा जाए तो यह देखने में साधारण पुरुष अकेला ही पाटन के राजतन्त्र का समर्थ प्रवर्तक था।

चर के चले जाने पर वह बड़ी देर तक चुपचाप कुछ सोचता रहा। अनेक उत्तेजित कर देने वाले विचार उसे विचलित कर रहे थे। वह सोच रहा था—'आज ही क्या पाटन में प्रलय होगा? परन्तु दामो महता के रहते? यह असंभव है!' एक दृढ़ निश्चय की भावना से उसके ओष्ठ सम्पुटित हो गए, उसने तलवार म्यान में की और घोड़े पर सवार हो तेज़ी से एक ओर को चल दिया।

कूटमन्त्र

उसी रात में, उसी नगर में एक दूसरा ही कार्य हो रहा था। अनहिल्ल पाटन के एक एकान्त भाग में एक बहुत पुरानी भग्न अट्टालिका थी। अट्टालिका बिलकुल सूनी और बेमरम्मत थी। यह नहीं कहा जा सकता था कि इसमें किसी मनुष्य का निवास है। अट्टालिका का मुख्य द्वार सदैव बन्द रहता था। उसके आस-पास घास-फूस उग आई थी और स्पष्ट था कि मुद्दत से यह द्वार खुला ही नहीं था।

परन्तु वास्तव में बात ऐसी न थी। इस समय इस अट्टालिका में चार व्यक्ति उपस्थित थे। जिस कक्ष में ये लोग बैठे थे, वह एक प्रकार से सुसज्जित था। दीपक का प्रकाश उस कक्ष में फैल रहा था। कक्ष के बाहर एक सशस्त्र योद्धा सावधानी से पहरा दे रहा था।

चारों मनुष्य धीरे-धीरे बातचीत कर रहे थे। परन्तु उनकी चेष्टा से यह प्रकट था कि वे किसी व्यक्ति के आने की प्रतीक्षा कर रहे हैं। अर्द्धरात्रि व्यतीत हो गई थी। परन्तु ये चारों व्यक्ति मनोयोग से अपनी बातचीत में संलग्न थे।

इनमें एक तरुण व्यक्ति श्याम वर्ण, तेजस्वी, नीलकान्त मणि की आभा धारण किए था। उसकी बड़ी-बड़ी काली चमकदार आँखें उसकी बुद्धिमत्ता और साहस को प्रकट करती थीं। उस पुरुष का अंग गठित, नाक नुकीली और कण्ठ स्वर गम्भीर घोषयुक्त था। उस वीर पुरुष को पाठक इस उपन्यास के प्रारम्भ ही में देख चुके हैं। यह गुर्जर का प्रसिद्ध बाणबली युवराज भीमदेव चालुक्य था। अभी इसकी आयु केवल छब्बीस वर्ष की थी। परन्तु अपने गाम्भीर्य, तेज और वैशिष्ट्य से वह हज़ारों मनुष्यों के शीर्ष स्थान पर सुशोभित होता था।

दूसरा एक प्रौढ़ अवस्था का गौरवर्ण दीर्घाकार और तेजस्वी राजसी व्यक्ति था। इसकी बड़ी-बड़ी राजसी आँखों में लाल डोरे, इसकी ऐश्वर्य-भावना, प्रताप और विलास की सामर्थ्य को प्रकट कर रहे थे। यह एक दृढ़-निश्चयी, वचन-प्रतिपालक, स्थिरबुद्धि और वीर पुरुष था। यह गुजरेश्वर चामुण्डराय का ज्येष्ठ पुत्र वल्लभदेव था।

तीसरा पुरुष एक तेजस्वी तरुण था। इस पुरुष की आकृति में सौन्दर्य, शौर्य, दृढ़ता और भावुकता का अद्‌भुत सम्मिश्रण था। यह सादा श्वेत वस्त्र पहने, एक तलवार सामने रक्खे चुपचाप वार्तालाप में योग दे रहा था। यही पुरुष आबू के प्रसिद्ध मन्दिर का निर्माता, गुर्जर-मन्त्री विमलदेव था।

चौथा पुरुष एक कृशतनु ब्राह्मण था। उसकी मुखाकृति विशेष आकर्षक न थी, परन्तु उसकी प्रत्येक बात से विचारशीलता टपकती थी। वह बहुत धीरे-धीरे नपी-तुली बात कहता था। यह अधेड़ अवस्था का पुरुष 'गुजरात का चाणक्य' कहलाता था। इसका नाम चण्ड शर्मा था। और यह गुर्जर राज्य का महासन्धि वैग्राहिक था।

भीमदेव बाणबली ने कहा, "काका, महाराज की जो दशा है, उससे तो अब

कुछ आशा नहीं है। अब गुजरात की मानरक्षा के लिए आप ही को कुछ करना होगा। इस समय तो हम भीतरी और बाहरी शत्रुओं से घिरे हुए हैं। अब यदि हम महाराज पर ही निर्भर रहें तो बस हो चुका।"

"कुमार, तुम्हें यह नहीं मालूम कि आज ही महाराज ने तुम्हें और युवराज को बन्दी करने की आज्ञा दी है।"

वल्लभदेव ने कहा, "किस अपराध पर?"

"अपराध की क्या बात है युवराज, जैसे जिसने महाराज के कान भर दिए, महाराज को वही सूझ गया। अब तो वे यह विश्वास किए बैठे हैं, कि आप और कुमार मिलकर महाराज को राजच्युत करने की साँठ-गाँठ कर रहे हैं। बस, इसी अपराध पर।"

"तो कर नहीं तो डर नहीं! इन बातों से हम भय क्यों करें?"

"परन्तु युवराज, अविवेक के सम्मुख विवेक नहीं चलता। जहाँ अविवेक है वहाँ विवेक सावधान रहता है। आपका कार्य यही है कि भविष्य को विचारें और समझें कि गुजरात के महाराज चामुण्डराय नहीं हैं, आप हैं।"

"परन्तु अभी तो भीतरी-बाहरी शत्रुओं की बात है न?"

"सबसे पहले गज़नी का महमूद। वह आ रहा है। घोघाबापा साका रच चुके। उन्हें पदाक्रान्त कर अब वह सपादलक्ष पहुँचना चाहता है। महाराज धर्मगजदेव उसके सम्मुख होने को तैयार बैठे हैं। परन्तु महमूद के प्रचण्ड सवारों से हमें असावधान न रहना चाहिए। महमूद को मैं देख चुका हूँ, वह साहसी, एकाकी ही सोमनाथ पट्टन छद्मवेश में चला आया था। परन्तु सर्वज्ञ की दृष्टि से छिपा नहीं। दुख इतना ही है कि मेरी तलवार से जीता बच गया।"

"तो दुख क्या है कुमार, तुम्हारी शोभा तो उसे सम्मुख युद्ध में धराशायी करने में है।"

"वह समय भी आ रहा है। काका जी, अब विचारना यह है कि कहाँ उससे मुठभेड़ की जाय। क्या हम सपादलक्ष चलें, या नान्दोल, या उसे पाटन तक आने दें?"

चण्ड शर्मा ने कहा, "कुमार, अब पहले तनिक भीतरी मामलों पर भी दृष्टि दो, तभी इस प्रश्न का हल मिल सकता है। पहले नान्दोल की बात ही विचारो।"

"विचारना क्या है, नान्दोल का अनहिल्लराज तो हमारे मामा का बेटा है, सम्बन्धी है। फिर पाटन का सामन्त है।" वल्लभदेव ने कहा।

"और यदि ऐसा न हो?" दामो महता ने तभी कक्ष में प्रवेश करते हुए कहा। सबने महता को और आश्चर्य से देखा।

चण्ड शर्मा ने कहा, "आओ दामो महता, हम तुम्हारी ही प्रतीक्षा कर रहे हैं, पर तुम्हारे इस कथन का अभिप्राय क्या है?"

"यही, कि नान्दोल के महाराज अनहिल्लराज पाटन की गद्दी के सम्बन्धी और हितैषी नहीं हैं, सामन्त भी नहीं हैं। वे केवल महाराजकुमार दुर्लभदेव के सम्बन्धी हैं।"

"यह कैसे दामो?"

"महाराज, अभी तक तो हमें विदेशी शत्रुओं और पड़ोस के शत्रुओं से ही निबटना था। अब रक्त के शत्रुओं से निबटना उससे भी अधिक आवश्यक हो गया।"

"दामोदर, पहेली न बुझाओ, स्पष्ट कहो।"

"तो महाराज, स्पष्ट ही कहता हूँ। राजधानी में गहरा षड्यन्त्र चल रहा है, जिसका सारांश यह है कि महाराज को विष देकर मार डालने तथा आप और कुमार को बन्दी करने की योजना बना ली गई है। आप यहाँ उपस्थित हैं, इसका भी पता शत्रुओं को चल गया है।"

"किन्तु वे शत्रु हैं कौन?"

"महारानी दुर्लभदेवी, नान्दोल-राज अनहिल्लराज और जैन यति जिनदत्त सूरि।"

"यह तुम क्या कह रहे हो महता?"

"उनके सहायक हैं वीकणशाह—गुजरात के महामन्त्री, और महाराज की नाक के बाल बालचन्द खवास।"

"परन्तु इसका प्रमाण?"

"मेरा वाक्य ही प्रमाण है महाराज, मैं अभी शत्रुओं के गुप्त षड्यन्त्र को आँखों से देखकर आ रहा हूँ।"

"तब इसका उपाय?"

"उपाय पीछे सोचा जाएगा। अभी जो बात चल रही है, वही हो।"

"तो नान्दोल के अनहिल्लराज का विचार पाटन से विद्रोह करने का है?"

"यह तो स्पष्ट है महाराज! वे सब मिलकर राजकुमार दुर्लभदेव को पाटन की गद्दी देने की सोच रहे हैं।"

"तो सबसे प्रथम यही विषय विचारने योग्य है।"

"नहीं महाराज, सबसे प्रथम विचारणीय बात यह है कि ग़ज़नी का अमीर, जो गुजरात को दलित करने आ रहा है उसकी रोक-थाम होनी चाहिए।"

"वह किस प्रकार?"

"इस प्रकार महाराज, कि पाटन की उत्तर दिशा का दिक्पाल सिन्धुपति हम्मुक देव, पश्चिम का अर्बुदेश्वर और पूर्व में नान्दोल, सपादलक्ष।"

"पर तुम्हारे कथन से तो यह स्पष्ट है कि नान्दोलपति अनहिल्लराज ने पाटन की सत्ता का त्याग कर दिया है।"

"और अर्बुदेश्वर धुंधुकराज ने भी।"

"अरे! यह कैसे?"

"उसने मालवराज का आश्रय लिया है।"

"किन्तु मालवराज भोज तो आजकल वेदपाट में हैं न?"

"हाँ महाराज, धुंधुकराज भी वहीं हैं।"

"अरे, तो यह पाटन के विरुद्ध एक त्रिपुटी तैयार हो रही है?"

"और उधर गज़नी का महमूद दल-बादल ले पाटन पर धँसा चला आ रहा है। और भी एक बात है!"

"क्या?"

"कृष्णदेव बालाप्रसाद के पास नान्दोल गया है।"

"तो इसका यह अर्थ है कि अर्बुदाचेल की राजधानी में राजा भी नहीं है, युवराज भी नहीं। यह तो असहनीय है अर्बुदपति धुंधुकराज पाटन की सत्ता को अपमानित कर गुजरात के चिरशत्रु भोजराज के आश्रय जाएँ, और उसका पुत्र कृष्णदेव नान्दोल के युवराज के पास रहकर पाटन के विरुद्ध तैयारी करे।"

"अब रही सिन्धुपति हम्मुकराज की बात, वह सीधी शमशेर से बात करता है। यह है महाराज, पाटन के दिग्पालों की कथा।"

"अब पाटन की कथा कहो दामो महता।"

"महाराज, चामुण्डराय के तो वही रंग-ढंग हैं। आपके विरुद्ध यह षड्यन्त्र तो हो ही रहा है। और महाराज ने आपको बन्दी करने का आदेश दे दिया है। भावी आपत्ति से वे सर्वथा बेखबर हैं। उधर रनवास में षड्यन्त्र चल रहे हैं।"

"सबसे प्रथम महाराज की प्राण-रक्षा तो होनी ही चाहिए दामो," युवराज वल्लभदेव ने व्यग्र भाव से कहा।

"तो महाराज, आप आज्ञा दीजिए कि महारानी दुर्लभदेवी को बन्दी कर लिया जाए।"

"विमल और तुम, जैसा ठीक समझो, उसी भाँति महाराज की प्राण-रक्षा की व्यवस्था करो। परन्तु यह ध्यान रखो कि राजपरिवार की बदनामी सर्वसाधारण में न होने पाए।"

"तो महाराज, आप निश्चिन्त रहें। इस षड्यन्त्र को विफल करने का प्रयत्न मैं कर लूँगा। परन्तु महामन्त्री वीकणशाह की जिम्मेवारी विमलदेवशाह अपने पर लें तो ठीक है। जैसे आप पाटन के भावी महाराज हैं, वैसे विमलदेवशाह पाटन के भावी महामन्त्री हैं। यह तो ध्रुव है।"

विमलदेव ने कहा, "मैं महामन्त्री से निपट लूँगा महता। अब बाहर की बात कहो—पहले नान्दोल।"

"वहाँ मेरा पुरुष गया है, समय पर समाचार मिल जाएगा।"

"ठीक! अर्बुद?"

“वहाँ से भी आप निश्चिन्त रहें। सब सूचनाएँ मिल जाएँगी।’

“तो अब रहे सिन्धुराज और मालवराज भोज। सिन्ध पर अभियान करें कुमार भीमदेव?”

“यह ठीक नहीं होगा। पहले अर्बुदेश्वर और नान्दोलराज ठीक हों, तब। तीनों की संयुक्त सैन्य लेकर।”

“परन्तु इधर गज़नी का अमीर जो आ रहा है।”

“उससे प्रथम ही तीनों दिशाओं में दिग्पालों की दृढ़ स्थापना हो जानी चाहिए।”

“परन्तु कैसे? कल्पना कीजिए कि मालवराज भोज और नान्दोलपति अनहिल्लराज तथा धुंधुकराज की त्रिपुटी पाटन पर चढ़े तो?”

“तो भारी पड़े।”

“फिर गज़नी का दुर्दान्त अमीर है, उसके लिए हमें अपनी शक्तियाँ सुरक्षित रखनी आवश्यक हैं।”

“तब तो बहुत कुछ मालवराज के निर्णय पर निर्भर है।”

“ऐसा ही है।”

“तब मालव पर ही पहले अभियान हो?”

“यह क्यों, अभी मालव में चर जाए।”

“यह भी ठीक है, परन्तु चर विद्वान, प्रतिभाशाली और राजनीति-पटु होना चाहिए।”

“महाराज, मालवराज की सभा में जाने योग्य व्यक्ति पाटन में एक ही है, भस्मांकदेव।”

“तो दामो, भस्मांक को तुरन्त मालव भेजो। और ऐसा करो जिसमें अभी यह बाहरी कलह टले। पहले गज़नी का अमीर और पीछे और कुछ।”

“ऐसा ही होगा महाराज, परन्तु आप भी अभी इसी क्षण यहाँ से प्रस्थान कीजिए। केवल एक प्रहर रात्रि शेष रह गई है। आपको सूर्योदय होने से पूर्व ही सिद्धस्थल पहुँच जाना चाहिए। यहाँ हम और विमलदेवशाह सब ठीक-ठाक कर लेंगे। आप राधनपुर में सैन्य-संग्रह करना प्रारम्भ कर दें। सिद्धस्थल त्याग दें। अब दुर्लभराय पर भरोसा नहीं किया जा सकता।”

“तब हमारे अश्व मँगाओ दामो।”

“सब लोग उठे। महाराजकुमार भीमदेव और वल्लभदेव अश्व पर सवार हो गुप्त मार्ग से वहाँ से चल दिए। उनके पीछे दो अश्वारोही और चले। इसके बाद चण्ड शर्मा, दामोदर महता और विमलदेव अपने-अपने पथ पर चले।

भस्मांकदेव

उस टूटती रात में, सबके विदा हो जाने पर दामोदर महता अपनी घोड़ी पर सवार हो धीरे-धीरे राज-पथ पर अग्रसर हुए। इस समय उनके मस्तिष्क में दो विचारधाराओं का संघर्ष हो रहा था। इधर अन्तर्विग्रह से पाटन का राजतन्त्र खण्डित हो रहा है, उधर मालवराज पाटन का बहिःसंरक्षण खण्डित कर गजसैन्य पाटन पर लाने की अभिसन्धि में हैं। तीसरे–गज़नी का यह दैत्य पाटन पर धँसा चला आ रहा है। जैसे भी हो, दोनों विनाश की योजनाओं को व्यर्थ करना होगा। वह भी बिना तलवार के। तलवार तो गज़नी के सुलतान के लिए ही सुरक्षित रखनी होगी।

उन्होंने भस्मांकदेव के आवास की ओर घोड़ी फेरी। नगर के बाहर धवलगृह के मार्ग पर भस्मांकदेव का भव्य आवास था। यह आवास एक मनोरम उद्यान में था। भस्मांकदेव गुजरेश्वर के राजमन्त्री न होने पर भी राजमन्त्री थे। वे राजपुत्रों के विद्यागुरु, परम तेजस्वी और विद्वान ब्राह्मण थे। पाटन में उनका मान और नाम राजा और प्रजा दोनों ही में बहुत था। राजकाज और राजनीति में यह ब्राह्मण राजपुरुष न होने पर भी सक्रिय भाग लेता था। कुमार भीमदेव को उन्होंने सर्वशास्त्र-निष्णात किया था। और युवराज वल्लभदेव के ये 'व्यक्तिगत मन्त्री' समझे जाते थे। राजा, राज्य और देश के गौरव के विरुद्ध कोई भी बात भस्मांकदेव सहन नहीं कर सकते थे। इस ब्राह्मण की योजनाएँ और क्रियाशक्ति अति समर्थ होती थीं। शास्त्रों के परम निष्णात पण्डित होने के साथ भस्मांकदेव शस्त्रों के समर्थ प्रयोक्ता, संगीत और साहित्य के मर्मज्ञ ज्ञाता और वृत्ति के अति सरल सात्त्विक पुरुष थे।

भस्मांकदेव के द्वार पर पहुँचकर दामोदर को सेवक द्वारा मालूम हुआ कि भस्मांकदेव अपने अध्ययन-कक्ष में हैं। सूचना पाते ही उन्होंने उसे बुला लिया। शिष्टाचार के बाद भस्मांकदेव ने हँसकर कहा–

"यह क्या बात है दामो, पाटन की राजनीति तारों की छांह में चलती है?"

"राजनीति और ज्ञाननीति दोनों ही तारों की छाँह में चलें तो ठीक ही है। सूर्य के प्रकाश में तो उनकी गूढ़ता भंग होती है। तभी तो देव रात-रात भर अध्ययन करते है।"

"यह तो मेरी आदत है दामो, परन्तु तुम कहो। देश-देश के राजमन्त्री जहाँ इस समय सुख की नींद सो रहे हैं, यह पाटन का मन्त्री कहाँ-कहाँ भटक रहा है?"

"क्या किया जाए, यह राजतन्त्र है ही ऐसी आपत्ति।"

"परन्तु इस आपत्ति में राजमन्त्री ही रात्रि-जागरण करते हैं या राजा भी?"

"राजा भी जागरण करते होंगे। वे दिन-भर ऊँघते हैं। इसी से समझा जा सकता है। परन्तु उनके जागरण के कारण तो दूसरे ही हैं।"

"मद्य, संगीत और सौन्दर्य?"

"जी हाँ।"

"तो महता, कहो, मैं तुम्हारी क्या सेवा कर सकता हूँ?"

"मेरी नहीं, देव, पाटन की।"

"हाँ-हाँ, पाटन की । पाटन में दामो महता के समान दूसरा कोई व्यक्ति है, जिसे पाटन की प्रतिष्ठा का इतना विचार हो?"

"क्यों नहीं, भस्मांकदेव जो हैं।"

"परन्तु महता, राजा की तो यह दशा है!"

"देव, देवमूर्ति तो पत्थर की होती है। सारी चैतन्य सत्ता तो उसके पुजारी ही में है। पुजारी उसके भोग-ऐश्वर्य का कर्ता-धर्ता है, मैं तो राज्य का मन्त्री हूँ, केवल एक चाकर। परन्तु आप राज्य के मन्त्री ही नहीं, राज्य के मित्र हैं। इस समय पाटन पर संकट है, आपको उठना होगा। आपके अध्ययन में विघ्न पड़े तो पड़े।"

"सो उसकी चिन्ता नहीं, पर मुझे करना क्या होगा?"

"इस समय रनवास ही अन्तःकलह का केन्द्र बन रहा है उधर अवंतिराज भोज इसी सुअवसर से लाभ उठाकर पाटन की रक्षा-शक्ति को भंग करने के प्रयत्न में हैं। आप जानते ही हैं कि ग़ज़नी का सुलतान गुजरात में धँसा चला आ रहा है। ऐसी दशा में पाटन के दिग्पाल यदि असावधान रहें तो पाटन का सर्वनाश है। चालुक्यों का युग-युग का यश छिन्न-छिन्न हो जाएगा। अर्बुदेश्वर धुंधुकराज और नान्दोल का अनहिल्लराज, दोनों ही मेदपाट में अवन्तिपति के सान्निध्य में बैठे पाटन के विनाश का ताना-बाना बुन रहे हैं। जिनपर रक्षा का भार है, वे शत्रु के सहायक हैं। उधर सिन्धुपति खुल्लमखुल्ला स्वतन्त्र घोषित हो रहा है। उसे उत्तर का दिग्पाल बिना नियुक्त किए, गुर्जर भूमि तो बिना रखाए खेत के समान नष्ट हो जाएगी। परन्तु देव, इस समय पाटन इन घरेलू शत्रुओं पर तलवार नहीं उठाना चाहता। तलवार तो ग़ज़नी के दैत्य के लिए सुरक्षित रहनी चाहिए।"

"यह सत्य है, पर कहो, मैं क्या करूं?"

"आप मालव जाइए।"

"मैं? मैं वहाँ क्या करूँगा?"

"पाटन में दूसरा व्यक्ति ऐसा और नहीं, जो मालव के पण्डितों और वारांगनाओं के प्रपंच से बचकर आ सके। आप मालव की प्रकृति के जानकार हैं। मालव राजद्वार में आपका मान भी है। आप उससे लाभ उठाइए। मालवराज पाटन को विष-दृष्टि से देखता है। सिन्धु तक साम्राज्य-विस्तार करने में पाटन ही उसकी बाधा है। उधर पाटन का वह अपराधी भी है, पाटन को उससे वैर लेना है, परन्तु आज नहीं। आज तो उसे रोकना होगा। यह काम आप ही कर सकते हैं देव।"

"दामो, यह काम तो तुम्हारे बूते का है।"

"मैं ही जाता। पर मैं यदि आज पाटन छोड़ता हूँ तो देव, सत्य जानिए, पाटन भी नहीं, पाटन के महाराज भी नहीं। इसलिए पाटन को मुझ पर छोड़िए। आप मालव जाइए।"

भस्मांकदेव विचार में पड़ गए। दामोदर ने धीमे स्वर में कहा, "आप तैलप राज की बहिन, मुंज की विधवा महारानी कुसुमवती को जानते हैं। वह भी आपको बहुत मानती है?"

"तो इससे क्या?"

"सब कुछ इसी में हो गया देव, वह बड़े तेज़ स्वभाव की स्त्री हैं। तैलपराज ने अपने हाथ से महाराज मुंज का शिरच्छेद किया था, यह अवन्ती का साधारण अपमान नहीं है। भोजराज इस अपमान को भूलकर इधर-उधर ध्यान दे रहे हैं। आप कुसुमवती को उकसाइए, सारी राजसभा को उकसाइए, सारे मालव में आग लगा दीजिए—और मालवराज को तैलपराज पर अभियान में पेल दीजिए। यह आप ही की सामर्थ्य है, दूसरे की नहीं। यह सुयोग भी अच्छा है। मालवराज अवन्ती से बाहर हैं। आपके काम में बांधा न होगी।"

भस्मांकदेव ने गंभीर विचार करके कहा, "ठीक है महता, मैं जाऊँगा।"

"तो यह महाराज की मुद्रिका है, आप अभी, इसी क्षण प्रस्थान कर जाएँ। एक क्षण भी हमारे लिए मूल्यवान है।"

"ऐसा ही होगा", कहकर भस्मांकदेव उठे। दामोदर भी उठे। दो घड़ी बाद, दो अश्वारोही अवन्ती-द्वार पर पहुँचे। एक द्वार के बाहर अवन्ती के मार्ग पर चला। दूसरा उस पर शुभ दृष्टि बिखेरता पीछे लौटा।

प्राची दिशा उज्ज्वल हो रही थी।

दामोदर की कूटनीति

श्री भस्मांकदेव को नगर के अवन्ति-द्वार से बाहर कर दामोदर पीछे लौटे। इसी समय आनन्द ने सम्मुख आकर प्रणाम किया। दामोदर ने प्रसन्न होकर कहा—

"हो गया?"

"जी!"

कुछ देर दामोदर कुछ सोचते रहे। फिर उन्होंने कहा, "आनन्द, सुना है नान्दोल में सैनिक तैयारियाँ बड़ी धूम-धाम से हो रही हैं। इस समय यदि कोई शस्त्रों का सौदागर अच्छे शस्त्रास्त्र वहाँ जाकर बेचे, तो लाभ ही लाभ है।"

"महाराज, एक अच्छा सौदागर आज ही अपने साथ बहुत-से शस्त्रास्त्र लेकर जाने वाला है।"

"यह तो बहुत अच्छी बात है। वहाँ इस समय अर्बुद राजकुमार श्री कृष्णप्रसाद देव भी विराजमान हैं, वे नान्दोल के युवराज श्री बालाप्रसाद के परम मित्र हैं। दोनों मित्रों को शस्त्र विद्या का भी बड़ा शौक है। यदि वह गुणी उन्हें शस्त्र-संचालन से प्रसन्न करके उन्हें अनुकूल कर ले, तो भविष्य उसका बहुत उन्नत हो सकता है। पाटन राज्य की ओर से उसे प्रमाण-पत्र दिया जा सकता है।"

"सौदागर निश्चय ही दोनों राजकुमारों को अपनी अस्त्र-विद्या से प्रसन्न कर लेगा।

"परन्तु आनन्द, नान्दोल के राजकुमार और अर्बुदेश्वर के पाटवी दोनों ही परम रसिक हैं। वे गान-वाद्य के भी बड़े प्रेमी हैं। यदि वह गुणी सौदागर संगीत का भी पारखी हुआ तो राजकुमारों का प्रिय अन्तर्वासी बन सकता है।"

आनन्द से हँसकर कहा, "महाराज, वह सौदागर ऐसा ही पटु और पारंगत है।"

"तो आनन्द, यह मुद्रा ले, तू प्रमाण-पत्र तैयार करके सौदागर को दे। यही मुद्रा दिखाकर विमलशाह से जितना जी चाहे, दम्म सौदागर को दिला दे।"

"जो आज्ञा!" आनन्द नमस्कार करके चलता हुआ। इसी समय देवसेन ने सम्मुख आकर प्रणाम किया। और कहा, "महाराज, दोनों कब्ज़े में हैं।"

"ठीक है, देवसेन, मैं अब विश्राम करूँगा। तू जा विमलशाह के घर, और उनसे कह, कि महामन्त्री वीकणशाह पर कड़ी नज़र रक्खें, और उसके घर पर भी पहरा बैठा दें।"

देवसेन प्रणाम करके चला गया। दामोदर ने अपने आवास में जा विश्राम किया। अभी सूर्य की एकाध ही किरण पूर्व दिशा में फूटी थी।

विमलदेव शाह

विमलदेव एक सामर्थ्यवान् तरुण था। वह देखने में दर्शनीय, व्यवहार में नम्र और युद्ध-स्थल में कठिन योद्धा था। बाण-विद्या में कुमार भीमदेव के बाद उसी का नाम गुजरात में विख्यात था। यह एक भावुक श्रावक जैन था। जाति का बनिया था परन्तु स्वभाव का क्षत्रिय। यद्यपि महाराज चामुण्डराय के राज्य में यह प्रधान कोषाध्यक्ष था, परन्तु कुमार भीमदेव का अभिन्न मित्र और युवराज वल्लभदेव का प्रधानमन्त्री था। महाराज चामुण्डराय को यह व्यक्ति पसन्द नहीं था, क्योंकि वह सदैव महाराज के खर्च पर टीका-टिप्पणी करता रहता था। बहुधा महाराज की माँग की अवज्ञा भी कर बैठता था। वह अपने अधिकार और कर्तव्य में चौकस था। उसका आत्मसम्मान और स्वाभिमान इतना बढ़ा हुआ था कि वह गुजरात में अपने समान

वीर और राजपुरुष दूसरे को समझता ही न था। गुजरात में केवल दो ही पुरुष थे जिन्हें यह पुरुष आदर की दृष्टि से देखता था। एक युवराज वल्लभदेव, दूसरे ब्राह्मण भस्मांकदेव। दामोदर को यह अपना प्रतिस्पर्धी समझता था, तथा उससे भय भी खाता था।

दामोदर थोड़ा विश्राम कर झटपट नित्यकर्म से निपटकर घोड़े पर सवार हो विमलदेव के आवास की ओर गया।

विमल का आवास पाटन में अति भव्य और प्रभावशाली था। उससे स्वामी की शालीनता और सुरुचि दोनों ही प्रकट होती थीं। दामोदार को देखते ही विमल ने आग्रहपूर्वक उसका स्वागत करते हुए कहा, "महता, महाराज वल्लभदेव को नई सैन्य भर्ती करने के लिए धन भी तो चाहिए।"

"यह तो पाटन के अर्थमन्त्री के सोचने की बात है।"

"अर्थमन्त्री क्या करे, बड़े महाराज के लानतान के खर्च से कुछ बचे तब तो!"

"राजकोष पहले राज-काज में खर्च होगा, पीछे राजा के लानतान में, वह भी मर्यादित।"

"वही तो महता, इसीलिए मैं नित्य महाराज चामुण्डराय की घृणा का पात्र बनता हूँ।"

"यह तो जब तक वीकणशाह का स्थान विमलदेव नहीं ग्रहण कर पाते, तब तक सहना ही पड़ेगा।"

विमलदेव ने मन्द मुस्कान बिखेरते हुए दामोदर को देखा और कहा—

"महता, स्वप्न देख रहे हो?"

"स्वप्न रात देखा था, आज तो जो कुछ देखूँगा, वह प्रत्यक्ष ही।"

"क्या कोई और योजना है?"

"स्वप्न को सत्य करने की।"

"कब?"

"आज ही।"

विमलशाह महता की ओर ताकते ही रहे। फिर उन्होंने कहा, "महता, छोड़ो यह बात, मैंने आज ही कुछ दम्म महाराज वल्लभदेव के पास नई सेना की भर्ती करने के लिए भेज दिए हैं।"

"केवल नई सेना से क्या होगा? शस्त्र भी तो चाहिए—फिर घोड़े-हाथी। जानते हो महामन्त्री, मालव-महीप भोज का गज-सैन्य तीन हज़ार है।"

"जानता हूँ, पर बाणबली कितने हैं?"

दामोदर ने बात टालकर कहा, "पाटन में शस्त्रास्त्र अधिक-से अधिक उत्पन्न कराने की योजना भी आवश्यक है। फिर बालुक राय भी तो सैन्य भर्ती कर रहे हैं।"

"उन्हें तो एक सप्ताह हो गया। सिन्ध-सौराष्ट्र और कर्नाटक से जितने घोड़ों

के व्यापारी पाटन में आए थे, सबके घोड़े उन्होंने खरीद लिए हैं। वे दम्भ माँग रहे हैं।''

''सो तो माँगे होंगे।''

''पर वीकण ने बड़े महाराज के कान भर दिए हैं। उन्होंने सिंहल से कुछ नये शिल्पी बुलाए हैं। कुछ बंगीय कलावन्त आए हैं, उनके लिए उन्हें दस लाख दम्म तुरन्त चाहिए।''

''इसपर आज के बाद विचार होगा, अभी एक अग्रत्य की बात पर परामर्श करने आया हूँ।''

''कौन सी बात?''

''भस्मांकदेव गए।''

''ठीक हुआ—और नान्दोल?''

''वहाँ एक शस्त्रों का व्यापारी गया है।''

''शस्त्रों का सौदागर?''

''नान्दोलराज नई सैन्य भर्ती कर रहे हैं, उन्हें पाटन और अवन्ती, दोनों ही से निपटना है। इससे अच्छे शस्त्रों के वहाँ अच्छे दाम उठेंगे, इसीसे। फिर एक और बात है।''

''क्या?''

''अर्बुदेश्वर के महाराज कुमार और नान्दोल के कुमार, दोनों ही शस्त्रविद्या के बड़े प्रेमी हैं। वह सौदागर उन्हें शस्त्र-संचालन की शिक्षा देगा। साथ ही वह संगीत से भी उन्हें प्रसन्न करेगा।''

विमल ज़ोर से हँस पड़े। दामोदर भी हँसे। फिर कहा, ''अब सिन्धु की बात कहो।''

''उसकी क्या बात?''

''वहाँ आप जाएं महामन्त्री।''

''मैं?''

''सिन्धुपति हुम्मक की नस-नस से आप जानकार हैं। आपको जाना ही पड़ेगा।''

''किन्तु...''

''किन्तु-परन्तु पीछे, आज आपको पाटन का प्रधानमन्त्री बनना है, इसके बाद सिन्धु देखे बिना चलेगा नहीं।''

''क्या कहते हो महता...''

''महामन्त्री, आज मुझे बहुत काम है, आप समय पर महाराज की सेवा में उपस्थित रहें।''

''पर राजा दम्म मांगेंगे।''

''तो कहना, दम्म देने ही आया हूँ।''

"फिर?"

"फिर दामोदर देख लेगा।"

"महता, तुम कोई भयानक खेल तो नहीं खेल रहे?"

"भयानक नहीं, एक मनोरंजक खेल! मेरा संदेश मिला था?"

"वीकणशाह के सम्बन्ध में?"

"हाँ। सब ठीक है महता।"

"तो मैं चला महामन्त्री।"

"यह क्या..."

"जय!..जय!"

राज-कलह

गुर्जरेश्वर महाराज चामुण्डराय अत्यन्त क्रुद्ध थे। वे क्रोध में आकर अंटसंट जो मुँह में आता था, वही बकझक रहे थे। उनके सम्मुख गुजरात के राजस्व सचिव विमलदेव शाह बैठे थे। उनके चेहरे पर भी दृढ़ता और विद्रोह के चिह्न स्पष्ट थे।

महाराज ने कहा, "गुजरात का राजा मैं कि तू?"

"आप," विमलदेव शाह ने संक्षिप्त जवाब दिया।

"तो राजकोष का स्वामी कौन?"

"मैं।"

महाराज ने क्रोध से काँपते हुए कहा, "तू तो चाकर।"

"चाकर राज्य का, राजा का नहीं।"

"राजा का क्यों नहीं?"

"राजा भी राज्य का चाकर।"

"यह बात है? तू राजविद्रोही है।"

"मैं राजसेवक हूँ।"

"पर मैं, जैसी मेरी इच्छा होगी, राजकोष खर्च करूँगा।"

"यह नहीं हो सकता।"

"तूने वल्लभ को दम्म क्यों भेजा?"

"उसकी आवश्यकता थी राजकार्य के लिए।"

"मेरी आज्ञा क्यों नहीं ली?"

"महाराज को राजकाज देखने का होश ही नहीं है, राजकाज तो दूसरे ही देखते हैं।"

"दूसरे कौन?"

"जैसे मैं।"

"तो राजा कौन?"

"महाराज!"

"तब दे राजकोष मुझे।"

"नहीं, राजकोष राज्यकार्य में व्यय होगा।"

"मैं तुझे पदभ्रष्ट करता हूँ।"

"मैं अस्वीकार करता हूँ।"

"तेरा इतना साहस?"

"बिना साहस के तो महाराज, राजकाज होता नहीं।"

राजा के मुँह से क्रोध के मारे झाग निकलने लगे। उन्होंने एक खवास की ओर देखकर कहा, "पकड़ इस हरामखोर को।"

हरामखोर की गाली राजा के मुँह लगी थी। गाली सुनकर विमलदेव शाह का मुँह लाल हो गया। उन्होंने तलवार सूँत ली। इसी समय खवास राजाज्ञा का पालन करने को आगे बढ़ा । विमलदेव ने खट से उसका सिर काट लिया।

राजा के सामने खून की नदी बह निकली, लाश तड़पने लगी। राजा का क्रोध हवा हो गया। वह भय से थर-थर काँपने लगा। खवास, चाकर, जी हुजूरिये सब भाग खड़े हुए।

विमलदेव शाह ने आगे बढ़कर कहा, "महाराज, उचित तो यह है कि आप की जिस ज़बान पर गाली चढ़ी है, वह ज़बान अभी काट ली जाए, पर इस बार माफ करता हूँ। विमलदेव शाह गुजरात का राजस्व-सचिव है, उसके साथ गुजरेश्वर को प्रतिष्ठा का व्यवहार करना चाहिए।"

राजा की वाणी जड़ हो गई। उसने भर्राए स्वर में कहा, "तो विमल, तू अपने राजा को मार डाल या दम्म दे।"

"दम्म तो दूँगा नहीं। जितना था, दे चुका हूँ।"

राजा को रुपयों की बड़ी आवश्यकता थी। उसने बहुत-सा मूल्यवान पत्थर खरीदा था। कुछ मालव की गणिकाएँ आई थीं। उन्हें धन देना था। और भी खर्च थे। जितना रुपया आता था वह तुरन्त ही उड़ जाता था। महाराज हिसाब-किताब रखते नहीं थे। हाथ उनका खुला हुआ था। उन्हें हर समय ही धन की आवश्यकता रहती थी। राजा ने आँखों में आँसू भरकर कहा, "तो तू मुझे मार डाल विमल।"

"यह काम मैं तो नहीं करूँगा। पर महाराज, इसका भी प्रबन्ध हो चुका है। सम्भवतः आज ही आपकी यह इच्छा भी पूरी हो जाएगी। मैं अब जाता हूँ।" यह कहकर रक्त से भरी तलवार हाथ में ले विमलदेव शाह लौट चले।

राजा ने रोककर कहा, "अरे ठहर विमल, यह क्या बात कही तूने? इसका क्या मतलब है?"

अब धीरे-धीरे दामोदर महता ने आकर राजा को प्रणाम किया। उसने कहा, ''यह बात मुझसे पूछिए महाराज।''

''क्या तू भी इस षड्यन्त्र में है महता? और तुम सब लोग राज-वध किया चाहते हो?''

''महाराज!'' दामोदर ने कहा, ''राजवध कौन करना चाहते हैं, और कौन महाराज की रक्षा करते हैं, महाराज को इस पर विचार करने की फुरसत ही नहीं है।''

''फुरसत क्यों नहीं है, पर तुम लोग सब मनमानी करते हो, मुझे कुछ बताओ तभी न।''

'तो महाराज, यह यशस्वी महाराज मूलराज देव की अकलंक गद्दी है। और महाराज राजराजेश्वर चामुण्डराय न्याय-विधान में पीछे नहीं है। मैं एक अभियोग उपस्थित करता हूँ, महाराज इस पर विचार करें।''

''और विमल?''

''विमलदेव शाह साक्षी रहें।''

''अच्छी बात है, अभियोग उपस्थित कर।''

''परन्तु महाराज, एक वचन दीजिए, अभियोग चाहे जिस भी पुरुष के विपरीत हो, और वह पुरुष चाहे जैसा भी प्रभावशाली और महाराज का प्रिय हो, आपको न्याय करना होगा।''

''पर अभियोग क्या है?''

''महाराज की हत्या का, और गुजरात के राजतन्त्र को उलटने का।''

''तो मैं वचन देता हूँ। अभियोग किसके विरुद्ध है? अपराधियों को उपस्थित कर।''

दामोदर ने संकेत किया। सेनापति बालुकाराय, रस्सियों से बंधे यति जिनदत्त सूरी को लेकर उपस्थित हुए। राजा आश्चर्यचकित हो दामोदर की ओर देखने लगा। दामोदर ने कहा, ''महाराज, मैं बालुकाराय से कुछ प्रश्न करता हूँ, वह सुनिए, परन्तु ठहरिए।'' उसने फिर संकेत किया। इस बार देवसेन बालचन्द खवास और महाराज की प्रिय ताम्बूलवाहिनी चम्पकबाला को लेकर आ उपस्थित हुआ। दोनों के हाथ रस्सियों से बंधे थे।

अब दामोदर ने बालुकाराय से पूछा—

''बालुकाराय, तुमने इस यति को कहाँ पकड़ा?''

''नाल्दोल के राजमार्ग पर।''

''यह कहाँ जा रहा था?''

''नान्दोल।''

''तुमने इसे किसलिए पकड़ा?''

''दामो महता के आदेश पर।''

"इसके पास तुमने क्या पाया?"

"एक पत्र और एक मुद्रा।"

"ये दोनों वस्तुएँ महाराज के सम्मुख उपस्थित करो।"

सेनापति ने दोनों वस्तुएँ तुरन्त महाराज के आगे धर दीं। महाराज महारानी दुर्लभदेवी के हस्ताक्षर और मुद्रा देखकर अचरज में डूब गए।

अब महता ने देवसेन से पूछा—

"देवसेन, इस दोनों को तुमने कहाँ पकड़ा।"

"सरस्वती-तट पर नगर-द्वार के बाहर।"

"किस समय?"

"तीन प्रहर रात्रि जाने पर।"

"किसकी आज्ञा से?"

"आपकी।"

"इनके साथ कौन-कौन था?"

"महारानी दुर्लभदेवी, यह यति और कुमार दुर्लभदेव का सामन्त।"

"अच्छा, अब यति जी महाराज, आप कह सकते हैं कि आप उस अर्द्धरात्रि में महारानी और इन सबके साथ क्या षड्यन्त्र कर रहे थे?"

"नहीं, मैं इनको जानता भी नहीं। मुझे नान्दोल जाते हुए पकड़ा गया है।"

"और यह मुद्रा तथा पत्रिका?"

"मैं इस विषय में कुछ नहीं जानता।"

"अच्छी बात है, चम्पकबाला, तुम कुछ बता सकती हो?"

"मैं कुछ नहीं जानती।"

"और तुम बालचन्द्र?"

"मैं महाराज का निर्दोष सेवक हूँ।"

दामोदर ने देवसेन से कहा—

"देवसेन, इनके वस्त्रों की तलाशी तो लो।"

"तलाशी में बालचन्द्र के पास से महारानी का कंगन, स्वर्णदम्म और चम्पकबाला के पास मोती की माला मिली। खवास के पास विष की पुड़िया भी मिली। तीनों वस्तुएँ महाराज के पास रख दी गईं। राजा उन वस्तुओं को पहचान कर काठ हो गए।

दामोदर ने कहा, "तुम बता सकते हो, ये वस्तुएँ तुम्हारे पास कहाँ से आईं।"

"नहीं बता सकते, हम कुछ नहीं जानते।"

दामोदर ने संकेत किया। देवसेन दो सैनिकों को भीतर ले आया। दामोदर ने उनसे कहा, "इस स्त्री को नंगा करके कोड़े लगाओ।"

सिपाही आगे बढ़े, यह देख चम्पकबाला रोती हुई बोली, "नहीं-नहीं, मैं सब साफ-साफ कह देती हूँ।"

इसके बाद उसने सब षड्यन्त्र का भण्डाफोड़ कर दिया। बालचन्द्र खवास भी अपराध स्वीकार करके राजा के चरणों में आ गिरा। केवल यति ने कुटिल हास्य करके कहा, ''झूठ, सब झूठ।''

अब बालुकाराय ने उस सामन्त को भी लाकर उपस्थित किया, पर उसने भी सब अस्वीकार किया।

परन्तु अभियोग प्रमाणित करने भर की सब सामग्री जुट गई थी। दामोदर ने कहा, ''महाराज, आपकी आज्ञा के बिना हमने महारानी और राज्यमन्त्री वीकणशाह को बन्दी नहीं किया था। सो आप इन दोनों को बन्दी करने की आज्ञा दीजिए।''

महाराज चामुण्डराय शोक, क्रोध और संताप से सिर पकड़कर बैठे रह गए। दामोदर ने कहा, ''महाराज ने न्याय का वचन दिया है। आज्ञा दीजिए!''

राजा ने दोनों को लाने की आज्ञा दी। महारानी क्रोध से लाल मुँह किए सिंहिनी की भाँति आ खड़ी हुईं।

दामोदर ने कहा, ''महारानी बा, मैं आपसे कुछ प्रश्न करूँगा।''

''गुजरात की रानी अपने चाकरों को जवाब देने को बाध्य नहीं है।''

''परन्तु मैं महाराज की ओर से पूछता हूँ।''

''महाराज अभी जीवित हैं, उनमें बोलने की भी शक्ति है, वे ही क्यों नहीं पूछते?''

राजा ने कहा, ''महारानी, महता की बात का जवाब दो।''

''मैं कोई जवाब नहीं दूँगी। मैं किसी के प्रति जवाबदेह नहीं हूँ।''

''आपने राजविद्रोह किया रानी बा?''

''रानी स्वयं ही राजा की अर्धांगिनी है, उसके प्रति राजविद्रोह का अपराध लगाने का अभिप्राय है, उसका अपने ही प्रति विद्रोही होना। सो यह असत्य है।''

''आपने महाराज को मारने का षड्यंत्र किया था?''

''राजा कभी मरता ही नहीं है, राजा चिरंजीव है।''

''परन्त मैं महाराज चामुण्डराय के सम्बन्ध में कहता हूँ।

''राजा वही है जो सबका स्वामी है, जिसे राजत्व का ज्ञान है और मर्यादापालन की शक्ति है। जिसमें वह नहीं है, वह राजा ही नहीं। उसके प्रति विद्रोह का प्रश्न ही नही उठता।''।

''आपने महाराजा चामुण्डराय की हत्या करके कुमार दुर्लभदेव को राजा बनाने की योजना स्थिर की थी?''

''रानी राज्य की उन्नति के और स्थिरता के लिए जो ठीक समझे , कर सकती है।''

''तो आप स्वीकार करती हैं?''

''मैं कुछ स्वीकार नहीं करती।''

वीकणशाह ने सब बातें विस्तार से बयान करके कहा, "कि मैं तो भेद लेने को षड्यन्त्र में सम्मिलित हुआ था। मैं महाराज का चिरकिंकर हूँ।"

महाराज ने सब बन्दियों को अभी बन्दीगृह में ले जाने तथा महारानी को राजमहल में नज़रबन्द करने की आज्ञा दी।

उसके बाद, "ओफ, आफत टली।" कहकर वे मसनद पर लुढ़क गए।

दामोदर ने कहा, "अभी आफत नहीं टली महाराज, आफत सिर पर आ रही है।"

महाराज फिर घबराकर बैठ गए। उन्होंने कहा, "अब क्या?" दामोदर के संकेत से सामन्तसिंह चौहान ने आगे बढ़कर राजा को प्रणाम किया।

राजा ने पूछा, "यह कौन?"

महता ने कहा, "महाराज, यह सामन्तसिंह चौहान है—घोघाबापा का पुत्र, आज आठ दिन से महाराज के दर्शन को भटक रहा है।"

महाराज के मुख पर वात्सल्य की प्रसन्न मुद्रा छा गई, उन्होंने दोनों हाथ फैलाकर कहा, "आ-आ पुत्र, आहा घोघाबापा, बहुत दिन से देखा नहीं। तू आठ दिन से...ये हराम खोर..." राजा ने भयभीत नेत्रों से विभलदेव शाह की ओर देखा। अभी भी उसके हाथ में वही रक्त-भरी तलवार थी, और वह आद्योपान्त सब नाटक चुपचाप देखता रहा था।

दामोदर ने कहा, "महाराज, विपत्ति सिर पर है।"

"कैसी विपत्ति भाई, विपत्ति-विपत्ति-विपत्ति का कोई आदि-अन्त भी है?"

"महाराज, चौहान आपके पास घोघाबापा का सन्देश लाए हैं।"

"क्या सन्देश है पुत्र?"

महराज, गज़नी का दैत्य नगर-गाँव जलाता-लूटता, सब स्त्री-पुरुषों को तलवार के घाट उतारता गुजरात की ओर धँसा चला आ रहा है।"

"गुजरात की ओर?"

महाराज ने बालुकाराय की ओर प्रश्नसूचक दृष्टि से देखा।

बालुकाराय ने महता की ओर देखा। महता ने कहा, "महाराज, पहले घोघाबापा का सन्देश पूरा सुन लें।"

राजा ने फिर सामन्त की ओर देखा। सामन्तसिंह ने कहा, "महाराज, उसने मुलतान को आक्रान्त किया है, और बापा से उसने राह माँगी है।"

"राह?"

"मरुस्थली की राह, वह मरुस्थली को पारकर सपादलक्ष को जाना चाहता है।"

"घोघाबापा क्या उसे राह देंगे?"

"उन्होंने उसके हीरों-भरे थाल में लात मारकर कहा है कि यह लात ही मेरा उत्तर है।"

राजा सब बातें भूलकर बालक की भाँति हो-हो करके हँस पड़े उन्होंने कहा, "यह हैं घोघाबापा, मैं क्या उन्हें जानता नहीं हूँ।"

"परन्तु महाराज, मुलतान के महाराज अजयपाल और लोहकोट के भीमपाल ने भय और लालच में फँसकर उसे राह दे दी है। बापा ने कहा, जब तक मरुस्थली के मुख पर मेरी चौकी है, मरुस्थली में एक पंछी भी पर नहीं मार सकता। परन्तु फिर भी महाराज सावधान रहें। इसी से मुझे भेजा गया है।"

"तो अच्छा किया।" फिर बालुकाराय की ओर देखकर कहा, "बालुका, बेटा, इस अमीर को मार भगा। देख, यह गुजरात की भूमि पर पैर न रखने पाए।"

बालुका चुपचाप खड़ा रहा। दामोदर ने कहा, "महाराज! यह सब तो समय पर होता रहेगा। पर अभी आप विमलदेव शाह को महामन्त्री के पद पर नियुक्त कीजिए।"

महाराज ने भयभीत नेत्रों से विमल की ओर देखा। फिर कहा, "ठीक है विमल, तू इन हरामखो...नहीं, नहीं, यह बात नहीं, सब टंटेखोरों को ठीक कर।" फिर सामन्त की ओर देखकर आनन्द मुद्रा से कहा, "आ पूत, आ। अरे महता, देख, यह सामन्त अभी जाए नहीं।" और वे फिर मसनद पर लुढ़क गए। महता ने हाथ ऊँचा करके कहा, "महामन्त्री विमलदेव शाह की जय!" सब कंठों ने मिलकर जयघोष में योग दिया।

धर्म की तलवार

आपने अजमेर से आगरे तक का भू-भाग देखा होगा। इस समय इस भूभाग में लम्बी-चौड़ी साफ-सुथरी सड़कें, साँप की तरह बलखाती हुई छोटी-बड़ी पहाड़ियों के अँचल में फैली हुई दीख पड़ती हैं। इधर से उधर रात-दिन रेल-गाड़ियाँ दौड़ती हैं, राह में अलवर, बांदीकुई, अछनेरा, फुलेरा, जयपुर, भरतपुर और अजमेर के शानदार स्टेशन बने हुए हैं। जब आप फर्स्ट क्लास में गुदगुदे गद्दों पर अधलेटे, सुगन्धित सिगरेट के धुएँ का गुबार बनाते इन स्टेशनों पर गाड़ी के रुकते ही खानसामाओं को, चाय-टोस्ट-मक्खन, सोडा-बर्फ सुरुचिपूर्ण ढंग से लिए जर्राफ सफेद साफ पोशाक पहने सेवा में उपस्थित हुआ देखते हैं, तथा जब सावन की ठंडी बरसाती हवा के झोंके, घड़घड़ाती सरपट दौड़ती हुई रेलगाड़ी के आपके डिब्बे में अनायास ही घुसकर आपकी यात्रा को अधिक आनन्दप्रद बना देते हैं, और जब आप जयपुर, अजमेर जैसे समृद्ध शहरों की भव्य छटा का अवलोकन करते हैं, तब शायद ही आपके ध्यान में यह बात आती होगी कि अब से एक हजार वर्ष पूर्व यह भूभाग लगभग जनशून्य,

उजाड़, दुर्गम और हिंसक पशुओं से परिपूर्ण था। बड़े-से-बड़ा साहसिक यात्री भी इस जटिल भयानक प्रदेश में होकर एकाकी यात्रा करने का साहस न कर सकता था।

भव्य जयपुर के पार्श्व में, जो ध्वस्त आमेर नगर दीख पड़ता है, वह उन दिनों मीना लोगों की मुख्य राजधानी था। उन दिनों माची, खोरू, गेटोर तथा कोटवाड़ा जैसे छोटे गाँवों में भी, मीना सरदारों की छोटी-बड़ी गढ़ी बनी हुई थीं। मीना बड़े लड़ाके और बलवान थे। आसपास के इलाकों में उनकी धाक बंधी थी। आसपास के पार्वत्य प्रदेशों में उनके अधीन बावन दुर्ग थे, जिनमें हज़ारों मीना-सुभट हर समय तीर-कमठा लिए रणसज्जा में सजे तैयार रहते थे।

आमेर राज्य के संस्थापक कछवाहा ईश्वरदास ने, सनक में आकर अपना सब धन ब्राह्मणों को दान दे डाला था और आमेर का राज्य अपने दोहते जयसिंह तोमर को देकर स्वयं वानप्रस्थी हो गए थे। उन दिनों ग्वालियर भी आमेर राज्य के अन्तर्गत था, और वहाँ ईश्वरदेव के पुत्र सौढ़देव रहते थे। उनसे तोमरों ने कहा, कि आपके पिता ने यह सम्पूर्ण राज्य हमें दे दिया है, अतः अब ग्वालियर भी आप खाली कर दीजिए। पिता की आन मानकर सौढ़देव ने ग्वालियर छोड़ दिया और दौसा में बड़गूजरों के आश्रित हो आ बसे। उन दिनों दौसा एक अच्छा व्यापारिक केन्द्र था और वह बड़गूजरों की राजधानी था। पर वह चारों ओर से मीनाओं की रियासतों से घिरा था। अतः मीनाओं से आए-दिन झगड़े-झंझट होते ही रहते थे। बड़गूजर राजा दुर्बल था। वह मीनाओं के अत्याचारों और लूट-खसोट से बहुत तंग था। सौढ़देव जैसे बात के धनी थे, वैसे ही तलवार के भी धनी थे। सेनानी भी वे बड़े बांके थे। बड़गूजरों ने जब उनकी खूब आवभगत की, तो सौढ़देव ने उनका संगठन करके उनके अनुरोध से मीनाओं की संयुक्त सेनाओं से घोर युद्ध करके सदा के लिए उनका बल क्षीण कर दिया। तोमरों ने अपनी ओर से एक मीना सरदार को राजा बनाकर आमेर पर बैठा दिया। अब आमेर ही मीनाओं का प्रमुख नगर था। सौढ़देव ने मीनाओं को आमेर से निकाल बाहर किया और अपने को आमेर का राजा घोषित कर दिया।

इसी समय सौढ़देव की मृत्यु हो गई। उनके बाद उनका पुत्र दुर्लभदेव आमेर की गद्दी पर बैठा। परन्तु दुर्लभदेव निपट बालक था, इसे सौढ़देव के भाई ने बलपूर्वक गद्दी से उतार दिया और स्वयं आमेर का राजा बन बैठा। सौढ़देव की रानी प्रताड़ित हो बालक राजा को टोकरे में रख, भिखारिणी के वेश में खोरू गाँव में आ वहाँ के मीना राजा के घर रसोई बनाने पर नौकर हो गई। कालान्तर में मीना राजा ने उसे पहचानकर और उसके शील, चातुर्य और कार्यपटुता से प्रसन्न हो उसे अपनी धर्म-बहिन बना लिया और दुर्लभदेव को भांजा मान लिया। अब दुर्लभदेव को राजोचित शिक्षा दी जाने लगी। आयु पाकर दुर्लभदेव बुद्धिमान और वीर युवक के रूप में प्रकट हुआ।

दिल्ली उन दिनों तोमरों की थी। आसपास के सब राजे तोमरों के अधीन थे। खोरू का मीना राजा भी उनको कर देता था। अब खोरू के मीना राजा को अपना

एक प्रतिनिधि दिल्ली में रखने की आवश्यकता हुई। राजा ने अपने इस तरुण भांजे दुर्लभदेव को वहाँ अपना प्रतिनिधि बनाकर भेज दिया।

दुर्लभदेव ने दिल्ली में अपनी मिलनसारी, कार्यपटुता और बुद्धिमत्ता से तोमर राजा के मन में घर कर लिया। उन्होंने उस उन्नीस वर्ष के बालक की विलक्षण बुद्धिमत्ता, साहस और वीरता को देखा, तो उसे स्नेह की दृष्टि से देखने लगे। दिल्ली में दुर्लभदेव पाँच वर्ष रहा। इस बीच उसने दो बार युद्ध में वीरत्व का प्रदर्शन किया और शत्रु को विजय कर तोमर राजा के चरणों में ला डाला। इससे वह और भी उसकी नज़र में चढ़ गया। मीनाओं के विरुद्ध लूट-खसोट, अत्याचार तथा अव्यवस्था की शिकायतें दिल्ली में निरन्तर आती रहती थीं। दिल्ली-दरबार में मीना राजा के शत्रु भी थे। वे इस साहसी तरुण को मीना राजा के विरुद्ध समय-समय पर उकसाते रहते थे। इसी समय दिल्ली में यह खबर पहुँची कि गज़नी का अमीर सोमनाथ पट्टन को ध्वंस करने सपादलक्ष की ओर बढ़ा आ रहा है। और चौहान राजाधिराज धर्मगजदेव उससे लोहा लेने की तैयारियाँ कर रहे हैं। उसका युवा रक्त जोश खा गया, और उसने इस धर्म-युद्ध में भाग लेने का संकल्प कर लिया। दिल्ली में इसके अधीन पाँच सौ सुभट रहते थे, उतने ही सुभट संग लेकर वह दिल्ली से उस धर्मयुद्ध में योग देने चल पड़ा। दीपावली का पर्व था। मीना लोगों का यह जातीय त्यौहार था। वे निश्चिन्त होकर यह त्यौहार मना रहे थे, मद्य ढाली जा रही थी और नृत्योत्सव हो रहे थे। दुर्लभराय ने वहाँ पहुँच कर वीरोचित शब्दों में मामा की भर्त्सना की, और आगे बढ़कर गज़नी के बर्बरों को रोकने में शौर्य प्रकट करने का अनुरोध किया। परन्तु मीना राजा इस समय मद्य के नशे में मत्त था। उसने दुर्लभराय को हाथ से धकेल दिया। दुर्लभराय ने इसी क्षण तलवार निकालकर उसका सिर काट लिया। उसके सुभट, तलवारें सूंत-सूंतकर मीनों पर पिल पड़े। सब मीना गाजर-मूली की भाँति काट डाले गए। इस प्रकार अकल्पित घटना घट जाने से भयभीत हो शेष मीनाओं ने दुर्लभराय की अधीनता स्वीकार कर ली। और दुर्लभराय ने उसी क्षण चढ़ी रकाब आमेर को दखलकर, अपने को आमेर का राजा घोषित कर दिया, तथा राज्य की उत्तम व्यवस्था की। पाँच वर्ष दिल्ली में रहकर उसे जो दरबारी अनुभव हुए थे उनसे उसे बहुत लाभ हुआ। उसने देखते ही देखते राज्य का सारा प्रबन्ध नये सिरे से ठीक कर लिया। लूट-खसोट, मार-काट, चोरी सब बन्द हो गई। इसके बाद उसने सपादलक्ष के राजा धर्मगजदेव चौहान को, मीना मामा के खून से भरी अपनी तलवार भेजकर कहलाया कि गज़नी के सुलतान के साथ होने वाले धर्मयुद्ध में मेरी यह तलवार आपकी आज्ञा के अधीन है।

धर्मगजदेव

सांभर और अजमेर का संयुक्त इलाका उन दिनों सपादलक्ष कहलाता था, सांभर पुरानी राजधानी थी और अजमेर की नई बस्ती बसी थी, तब चौहान राजाओं ने इस स्थान को युद्धोपयोगी जान, पहाड़ियों पर चारों ओर सुदृढ़ गढ़ बना, अजमेर ही को अपनी मुख्य राजधानी बनाया था।

उन दिनों अजमेर पर चौहान राजा धर्मगजदेव का अबाध शासन था। धर्मगजदेव बड़े वीर, साहसी और योद्धा पुरुष थे। अजमेर अरावली की उपत्यका में राजस्थान का मुख था। यह नगर चारों ओर से दुर्गम पर्वत-श्रेणियों से घिरा हुआ अति सुरक्षित था। धर्मगजदेव को विदित था कि मारवाड़ की मरुस्थली को पार करके जो आततायी आक्रान्ता राजस्थान में प्रवेश करना चाहे, उसे अजमेर ही के मार्ग से आना पड़ेगा। इससे वह अपने को राजस्थान का दिग्पाल समझकर सदैव चौकन्ना रहता था

धर्मगजदेव ने जब सुना कि गज़नी का अमीर बर्बर तुर्कों के दल-बादल ले मारवाड़ की मरुस्थली को पार करके ताबड़तोड़ अजमेर की ओर घुसा चला आ रहा है, तो उसने अविलम्ब उसके सम्मुख होने की तैयारियाँ प्रारम्भ कर दीं। अमीर से मुठभेड़ का उसका यह पहला ही अवसर न था, इससे प्रथम वह दो बार उससे टक्कर ले चुका था। वह जैसा रणशूर था, वैसा ही राजनीतिपटु भी था। उसने सब कोष-खज़ाना माल-मत्ता 'वीटवी' के किले में भेज दिया। काफी दिनों तक चल सकने योग्य रसद अजमेर के किले में एकत्र कर ली। गाँव-गाँव ढिंढोरा पिटवा कर लोगों को सावधान और सुसज्जित रहने का आदेश दे दिया। जिन नगर-गाँवों पर खतरा था, उन्हें खाली कर दिया। राहबाट के कुएँ-तालाब-बाँध सब तोड़ डाले। फसलें जला दीं। वृक्ष काट डाले, सड़कें-पुल-मार्ग सब तोड़ डाले। घाटियों को बन्द कर दिया। इस अल्पकाल में जितना सम्भव था, तैयार होकर उसने अजमेर से बाहर आकर पड़ाव डाला। धर्मगजदेव के आह्वान पर ग्रामीण कृषक हल-बैल छोड़, धनुष-बाण और ढाल-तलवार हाथ में ले, इस आततायी से लड़ने को आ जुटे। आसपास के ठिकानेदार, ज़मींदार और सगे-सम्बन्धी राजा लोग भी उसकी सहायता को आ पहुँचे। चारों ओर से चौकी पहरे का प्रबन्ध कर धर्मगजदेव ने अपनी सेना का निरीक्षण किया। उसके विभाजन किए और फिर वह अनुभवी दूतों को अमीर की खोज खबर लेने भेजकर सावधान हो अमीर की अवाई की प्रतीक्षा करने लगा।

महमूद ताबड़तोड़ मंजिल-दर-मंजिल कूच करता हुआ, मरुस्थली की थकान उतारने की परवाह न कर अजमेर की सीमा में आ घुसा। उसने पुष्कर के उस पार अपनी छावनी डाली। धर्मगजदेव यह समाचार पाते ही पुष्कर की ओर बढ़ा। उसने पुष्कर का पवित्र जलाशय अपने अधिकार में कर लिया। और सेना को युद्ध के लिए सन्नद्ध कर छावनी डाल, अमीर की गतिविधि का निरीक्षण करने लगा।

अमीर महमूद चौहानराज धर्मगजदेव के पराक्रम से बेखबर न था। वह उससे युद्ध का खतरा उठाना नहीं चाहता था। अतः उसने मैत्री-सन्देश लेकर दूत, मुलतान के अजयपाल, सेवन्दराय, सालार मसऊद और तिलक हज्जाम को अजमेरपति के पास भेजा। साथ में बहुत-सी बहुमूल्य भेंट भी भेजी।

सुलतान के दूतों का यथोचित सत्कार करके धर्मगजदेव ने उनके आने का कारण पूछा। इसपर सालार मसऊद ने सुलतान का खरीता महाराज की सेवा में पेश किया। महाराज की आज्ञा से खरीता भरी सभा में पढ़ा गया। उसमें लिखा था–

"अजमेर के महाराज, आपकी वीरता और दरियादिली का हमने बहुत बखान सुना है। हम, गज़नी के यशस्वी सुलतान आपकी दोस्ती के लिए हाथ पसारते हैं। हमारी राह रोकने को, अपना लश्कर लेकर आने का आपका क्या मतलब है? हमारा इरादा आपके मुल्क पर हमला करने का नहीं है। खुदा के हुक्म से कुफ्र तोड़ने, थोड़े से जांनिसार साथियों के साथ हम गुजरात की ओर जा रहे हैं। आप हमारी राह छोड़कर दोस्ती का सबूत दीजिए। हमारा नाम महमूद है, हमारी तलवार और गुस्सा दुश्मनों का काल है। हमारे दुश्मनों को मौत और आग तथा गुलामी के आँसू नसीब होते हैं। उम्मीद है, आप दुश्मनी का नहीं, दोस्ती का हमें सबूत देंगे। अस्सलाम।"

महाराज ने धैर्य से पत्र सुना और मर्मभेदी दृष्टि अपने सामन्तों पर डाली। फिर उसने सुलतान के दूतों को देखा। उसकी दृष्टि मुलतान के राजा अजयपाल पर ठहर गई। अजयपाल ने आगे बढ़कर विनम्र वाणी से कहा, "महाराज, राजनीति कहती है कि अयाचित आपत्ति को निमन्त्रण नहीं देना चाहिए। सो आप आगे-पीछे की सब बातें सोच-विचार कर अमीर से मैत्री-व्यवहार कीजिए। इसी में भलाई है।"

महाराज ने उसे घूरकर देखा। वह जानते थे कि उनका यह सम्बन्धी वीर और बुद्धिमान है। उसकी आँखें चमकदार, नाक उभरी और दाढ़ी अधकचरी थी। कुछ देर उसे वह घूरते रहे फिर धीरे से गम्भीर स्वर से बोले–

"महाराज अजयपाल, आपने बिना ही लड़े मुलतान अमीर को सौंप दिया?"

"महाराज, हमारा बल नगण्य था, हम युद्ध नहीं कर सकते थे, आप ही सोचिए, नष्ट होने के लिए आत्मघाती युद्ध करने से क्या लाभ?"

"इसीसे आपने सुलतान को आत्म-समर्पण कर दिया?"

"हाँ महाराज! और सुलतान ने नागरिकों से थोड़ा दण्ड लेकर उन्हें छोड़ दिया। नगर को काई हानि नहीं पहुँचाई, न नगर लूटा गया।"

"दण्ड किस अपराध का?"

"अजयपाल की वाणी लड़खड़ाई। उसने कहा, "अपराध का नहीं महाराज, नगर न लूटने का वचन देकर।"

"और सुलतान से इस सहयोग करने के सिले में आप ही मुलतान के राजा कायम रहे?"

"हाँ महाराज, यशस्वी सुलतान ने मुझे मुलतान का अधीश्वर स्वीकार कर लिया है।"

"इसी से कृतकृत्य होकर अब आप सुलतान की मुसाहिबी कर रहे हैं। औरों को भी अपनी भाँति सुलतान का कृपापात्र बनाना चाहते हैं—विशेषकर अपने सम्बन्धियों को?"

"यही बात है महाराज, लाभ-हानि...।"

"वह मैं समझ गया। हानि की जोखिम आप उठाना नहीं चाहते, केवल लाभ ही लाभ। भीमपाल को भी आपने यही लाभ की राह दिखाई है, और अब मुझे भी यही परामर्श देने आए हैं!"

महाराज धर्मगजदेव क्षण भर मौन रहे, फिर उन्होंने सेवन्दराय की ओर देखकर कहा—

"आप भी शायद राजपूत हैं?"

"हाँ महाराज, आपकी इच्छा हो तो अमीर आपको यथेष्ट हरजाना..."

"बस, बस, इतना ही यथेष्ट है। तो, सज्जनो, मेरा उत्तर है कि यशस्वी गज़नी के सुलतान का हमने कुछ बिगाड़ा नहीं है। इसलिए किसी भी हालत में हम सुलतान के शत्रु नहीं हैं। परन्तु सुलतान बुरी नीयत से हिन्दुओं के धर्ममन्दिर सोमनाथ को भंग करने के निमित्त, राह में खूनखराबा और लूटपाट करता और गाँवों-नगरों को जलाकर खाक करता आ रहा है, यह ज़बर्दस्ती दूसरों के धर्म और अधिकारों की अवज्ञा है। दूसरों के घरों पर डाका डालना है। इसे न बहादुरी कहा जा सकता है, न इससे सुलतान की नेकनामी बढ़ती है। इसके विरुद्ध सुलतान ऐसे कामों से लालची, अत्याचारी, लुटेरा, खूनी और आततायी प्रसिद्ध हो रहा है। यशस्वी सुलतान ने कई बार भारत को तलवार और आग की भेंट किया है। हर बार उसने हिन्दू मन्दिरों को तोड़ा, हिन्दू स्त्रियों की लाज लूटी और हिन्दू लोगों को गुलाम बनाया है। इन लोगों ने सुलतान का कभी कुछ नही बिगाड़ा था। वे उसके देश से दूर, अपने देश में, अपने धर्म और विश्वास से रहते हैं। उन्होंने सुलतान के देश पर हमले नही किए, उसके देश को लूटा नहीं। फिर उनके देश में आकर जबर्दस्ती उनके धर्म, जीवन और घर-बार को इस तरह निर्दयता से नष्ट करना, यशस्वी सुलतान के लिए न्याय की बात नहीं है। शोभनीय भी नहीं है। इसलिए, सुलतान यदि सचमुच इस सेवक के सम्मुख मित्रता का हाथ आगे बढ़ाते हैं, तो मैं मित्र की हैसियत से कहूँगा कि सुलतान अपने देश को लौट जाएँ और दूसरों के धर्म में तलवार के ज़ोर से बाधा न डालें। यदि सुलतान इस राजपूत मित्र की यह नेक सलाह नहीं मानेंगे, तो मुलतान को जीते-जी अपने राज्य में होकर आगे बढ़ने से रोकना मेरा वैसा ही पवित्र धर्म और कर्तव्य हो जाता है, जैसा सुलतान का ऐसे खूनी आक्रमण करना...।

"हम राजपूत मित्रों का अतिथि-सत्कार करने में तुलना नहीं रखते। यदि सुलतान मित्र हैं, तो वे हमारे धर्म और देश के प्रत्येक आदमी के साथ वैसा ही बर्ताव करें, जैसा अपने और देश के आदमियों के साथ करते हैं। तब सुलतान का अजमेर में स्वागत है। धर्मगजदेव उनका अतिथि-सत्कार करने में सर्वस्व न्योछावर करेगा। परन्तु यदि सुलतान हमारे धर्म, और हमारे देश के आदमियों को तलवार और मौत के घाट उतारने पर ही तुले हुए हैं, तो यह चौहान धर्मगजदेव रणस्थली में तलवार से उनका सत्कार करने को यहाँ सन्नद्ध है।"

सपादलक्ष के अधिपति महाराज धर्मगजदेव ने जलद गम्भीर वाणी से ये वचन कहे। फिर मुलतान के महाराज अजयपाल की ओर मुँह करके कहा–

"महाराज अजयपाल, आप हमारे सम्बन्धी हैं, चौहान हैं। हमारा आपका खून एक है। परन्तु आप जो संदेश लेकर आए हैं, उसके कारण इस खून की एकता के नाम पर मैं आपकी ओर से लज्जित हूँ। महाराज, आप सिन्ध नद के दिग्पाल हैं। सो आपने अपना कर्तव्य पालन न कर प्राण बचाने का श्रेय-लाभ किया। यह आपने क्षत्रियों की नवीन मर्यादा स्थापित की। आपने इस युक्ति से मुलतान बचा लिया, और अब रहा-सहा पुण्य लाभ करने सुलतान की दासता करके उनका दूतत्व करते हुए, उसे देवस्थान नष्ट करने पट्टन ले जा रहे हैं। आप ही ने लोह कोट के सुलतान को मार्ग देने को राज़ी किया था, यह आपकी कीर्ति मैं सुन चुका हूँ। महाराज, आपकी इस कीर्ति का स्वर्ग में बखान करने आपके दादा घोघाबापा पहले ही स्वर्ग पहुँच चुके हैं, जिन्होंने आपको बचपन में घुटनों पर खिलाया था। महाराज अजयपाल, आपने चौहानों को अच्छा मार्ग दिखाया, आप जैसे शूरवीर तलवार के धनी तो शत्रु के गोइन्दे बनें, और आपके वृद्ध पूज्य पुरुष रणस्थली में मृत्यु के भोग बनें? आप सपादलक्ष के उपकार के ही विचार से आए थे, अन्ततः यह राज्य भी तो आप ही का है। परन्तु महाराज, मैं दुर्भागी आपकी भली सीख से लाभ न उठा सका। अब आप सुलतान के सेनापति को हमारा वक्तव्य समझा दीजिए। जिससे वह सुलतान को ये ही सब बातें ठीक-ठीक बता सके।...

"और अब, महाराज अजयपाल, आप जा सकते हैं। आपसे, सम्बन्धी की भाँति भुज-भर भेंट करने का यह अवसर नहीं है। आपका समय बहुमूल्य है और कुछ कहने-सुनने योग्य बात नहीं है।"

महाराज धर्मगजदेव का यह भाषण सुनकर, मुलतान के अधिपति का मुँह ठीकरे के समान निष्प्रभ हो गया। उन्होंने नेत्र नीचे कर लिए। शेष दोनों दूतों के मुँह भी भरे बादलों के समान गम्भीर हो गए और वे नीचा सिर किए वहाँ से चल दिए।

चौहान की रणसज्जा

महाराज धर्मगजदेव ने अब बिना एक क्षण विलम्ब किए तुरन्त युद्ध समिति की एक संक्षिप्त बैठक की। समिति में सांभर के ढुंढिराज, आमेर के दुर्लभदेव, बदनेर और देवगढ़ के ठाकुर सरदार और सोजत-पाली के इलाकेदार मण्डलेश्वर सम्मिलित हुए।

सपादलक्ष के महाराज की कमान में इस समय सब मिलाकर साठ हजार सेना एकत्रित हो गई थी। इसमें तीस हजार सवार, आठ हज़ार धनुर्धर भील, एक हज़ार हाथी और शेष पैदल सेना थी।

अजमेर से आगे गुजरात के मार्ग पर अरावली की पर्वत-श्रेणियाँ प्रारम्भ हो जाती हैं, और ज्यों-ज्यों आगे बढ़ते जाते हैं, दुर्गम वन-पथ आता-जाता है। नान्दोल से आगे विकट वन है, और उसके बाद दूर तक एक तंग घाटी में होकर मार्ग जाता है। उस घाटी के उस पार फिर खुले चौड़े हरे-भरे मैदान और फिर आबू के मनोरम दृश्य नज़र आते हैं।

महाराज धर्मगजदेव ने आमेर के राजा दुर्लभदेव की बढ़ाई करके कहा, "हे वीर! मैं तुम्हें सबसे पहले सबसे कठिन काम सौंपता हूँ। गज़नी के इस राक्षस को मैं भलीभाँति जानता हूँ। इसने सोलह बार भारत को आक्रान्त किया है। मुझसे जहाँ तक बनेगा, मैं इसे रोकूँगा। पर मुझे आगे का भी विचार करना चाहिए। सो तुम अपनी मीना राजपूतों की सम्पूर्ण सेना और आठ हज़ार भीलों को लेकर सीधे नान्दोल जाओ। वहाँ मेरा भतीजा अनहिल्ल राज है, वह गुजरात के सोलंकियों का भी सम्बन्धी है, वह तुम्हारी सहायता करेगा। सो तुम सब, यदि यह दैत्य कदाचित् यहाँ से बचकर भी निकल जाए तो व्यर्थ युद्ध करके अपनी शक्ति नष्ट न करना। प्रत्युत इसे नान्दोल के वन में घेरकर घाटी में ले जाना। वहाँ तुम्हारे भील, मीना और राजपूत इससे निबट लेंगे। चाहे जितना सैन्यबल होने पर भी वहाँ से इसका निस्तार नहीं है।"

इतना कहकर, उसने युवक दुर्लभराय की कमर में अपनी जड़ाऊ तलवार बांधी, और उसे विदा किया। देवगढ़, सोजत और बदनेर के सरदारों को भी ऊँच-नीच समझाकर उसके साथ ही आदरपूर्वक रवाना कर दिया।

यह कर्मठ राजा सारी रात व्यस्त रहा। उसने अपनी कुल सेना के तीन भाग कर डाले। आठ हज़ार सवार और दस हज़ार पैदल सेना तथा चार सौ हाथी सांभर के महाराज ढुंढिराज की कमान में सौंप, पुष्कर से पीछे हटाकर अमीर के वाम भाग में छिपा दिया। आठ हज़ार सवार और पन्द्रह हज़ार पैदल, मन्त्री-पुत्र सोढल की कमान में अजमेर की रक्षा में छोड़े। शेष हाथी-घोड़े और पैदल सेना ले वह स्वयं अमीर का सामना करने को व्यूहबद्ध खड़ा हुआ। व्यूह में सम्मुख पदातिक, पक्षों में अश्वारोही और पृष्ठ भाग में गज-सैन्य स्थित की। सरदार और सेनानायक अपनी-अपनी टोली

के सम्मुख सन्नद्ध खड़े हो गए। भाट-चारण विरद बखानने लगे। कूच का नक्कारा बजा, धोंसे पर चोट पड़ी। सेना ने रणांगण की ओर प्रयाण किया।

बन्दीजन धर्मगजदेव तथा अन्य मंडलेश्वरों की प्रशस्ति गाते चले। सेना में उत्साह और विजय-नाद की हिलोरें उठने लगीं। सैनिकों के रक्त में उत्तेजना भरने वाले मारू बाजे बजने लगे। सेना की कूच से पृथ्वी की धूल आकाश में उड़कर छा गई। कब सूर्योदय हुआ, इसका भी भान न रहा।

अमीर ने अपने दूतों के मुँह से जब धर्मगजदेव का सन्देश सुना, तो वह गम्भीर हो गया। उसने तुरन्त युद्ध करने का निश्चय कर, सेनापतियों सहित अथक श्रम कर रातोंरात सेना को व्यूहबद्ध किया। अमीर यद्यपि मरुस्थली को पार करके अभी आया था। उसकी सेना थकी हुई और कुछ अव्यवस्थित भी थी। परन्तु तुरन्त युद्ध के सिवा दूसरा चारा न था। रात्रि के पिछले पहर अमीर एक चंचल अश्व पर सवार अपने सरदारों सहित, एक ऊँचे टीले पर चढ़कर हिन्दुओं की सेना की गतिविधि देखने लगा। उसने देखा, मशालों की रोशनी में राजपूत सेना व्यूहबद्ध रणसज्जा से सज रणांगण में अग्रसर हो रही है। धोंसे की धमक से अमीर का दिल दहल गया। उसने तीर की भाँति अश्व फेंका और तत्काल अपनी सेना को व्यवस्थित रूप से युद्धस्थली की ओर कूच करने का आदेश दिया। जिहाद के जनून से उन्मत्त बर्बर पठानों और तुर्कों के दल-बादल 'अल्लाहो-अकबर' का नाद करते आगे बढ़ चले।

पुष्कर का युद्ध

चौहान और अमीर के लश्कर ज्योंही एक-दूसरे की दृष्टि-मर्यादा में पहुँचे, त्योंही दोनों ओर से बाणों की वर्षा प्रारम्भ हो गई। अभी ठीक-ठीक सूर्योदय नहीं हुआ था। बाण-वर्षा प्रारम्भ होते ही दोनों सेनाओं का आगे बढ़ना रुक गया। महाराज धर्मगजदेव ने यत्न और चातुरी से सब सम्भव टीलों और ऊँचे स्थानों पर अपनी सेना को दूर-दूर तक फैला दिया था। अमीर भी योजना से असावधान न था। उसने सैनिकों को वृक्षों, टीलों और आड़ की जगहों में टुकड़ियों को बिखेरकर, आड़ लेकर तीर मारने का आदेश दिया।

देखते-ही-देखते दोनों ओर के सिपाही घायल हो-होकर चीत्कार करने लगे। राजपूत आगे बढ़कर हाथोंहाथ तलवार का युद्ध करने के इच्छुक थे। परन्तु अमीर के कौशल से ऐसा वे न कर सके। वह समूचा दिन इसी प्रकार व्यतीत हुआ। संध्याकाल होने पर अमीर ने युद्ध बन्द करने का संकेत किया। और दोनों ओर की सैन्य अपने-अपने शिविर को फिरी। महाराज धर्मगजदेव ने पीठ नहीं खोली, सेना का निरीक्षण किया। घायल योद्धाओं को अजमेर भिजवा दिया गया तथा सैन्य का फिर से वर्गीकरण

कर, दूसरे दिन के युद्ध की योजनाएँ बनाई। दूरस्थ सैन्य को सन्देश देकर सांढ़नियाँ रवाना की गईं।

दूसरे दिन सूर्योदय से प्रथम ही राजपूतों को सावधान होने का अवसर न दे, अमीर ने अपने दुर्धर्ष घुड़सवारों को ले अकस्मात् धावा बोल दिया। इस कार्य से प्रथम तो राजपूत सैन्य में घबराहट और अव्यवस्था फैली। पर तुरन्त ही राजपूत तलवारें ले-लेकर टूट पड़े। देखते-ही-देखते वे अपने छोटे-छोटे दल बनाकर अमीर की सेना में धँस पड़े। हाथों-हाथ मार-काट होने लगी। रुण्ड-मुण्ड कट-कटकर पृथ्वी पर पड़ने लगे। मेरों की सेना, जो बर्छी के युद्ध में अप्रतिम थी, अपनी नोंकीली बर्छियाँ ले-लेकर यवनों का संहार करने लगी। उनकी बर्छियाँ शत्रुओं की अंतड़ियाँ बाहर खींच लाए बिना शरीर से बाहर निकलती ही न थीं। उनकी खमदार तलवारों के करारे घाव खा-खाकर शत्रु हाहाकार कर उठे। अमीर अपनी सेना की यह दुर्दशा देख क्रोध से उन्मत्त हो गया। उसने मेरों के उस बर्छी-युद्ध की कल्पना भी न की थी। यह मेर, व्यवस्था और युद्ध-नियम की परवाह न कर काल-दूत की भाँति अमीर की सेना का उछल-उछल कर संहार कर रहे थे। घोड़ों को भी वे सैनिकों के समान ही हलका करने लगे। अमीर ने क्रोध से पागल हो इन जंगली मेरों का इसी दिन आमूल नाश करने की ठान ली। उसने बलूची घुड़सवारों को ललकारा। ये खूंखार बलूची चारों ओर से मेरों की टुकड़ियों को घेर कर बड़े-बड़े भालों से उन्हें छेदने और अपने सधे हुए घोड़ों से उन्हें रूंधने लगे। मेरों की सैन्य में त्रास प्रकट हुआ, उनके पास घोड़े न थे, वे पैदल थे। महाराज धर्मगजदेव ने यह देख प्रबल पराक्रमी चौहान घुड़सवारों को शत्रु पर पेल दिया। अब बराबरी का युद्ध था। चौहान खून जगत्प्रसिद्ध बलूची पठानों से जूझ रहा था। राजपूतों को मनचाहा अवसर मिल रहा था। यह तलवार का हाथों-हाथ युद्ध दोपहर होते-होते ऐसा घातक रूप धारण कर बैठा कि दोनों ओर के सरदारों ने समझा कि कदाचित् आज का युद्ध ही निर्णायक युद्ध हो रहा है। मरे हुए सवारों और घोड़ों से योद्धाओं के मार्ग रुक गए। अपराह्न होते-होते अमीर की सेना में अव्यवस्था दीखने लगी। बलूची-पठान जगह-जगह पीछे हटने लगे। महाराज धर्मगजदेव ने यह देख अपने सुरक्षित अश्वारोहियों को धावा बोलने की आज्ञा दी। इस नई सेना के धक्के को पठान सहन न कर पीठ दिखाकर भागने लगे। अमीर ने विपत्ति को सम्मुख देख भागते बलूचियों के सम्मुख अपना अश्व दौड़ाया। और हरा झंडा ऊँचा करके ललकार कर कहा, "खुदा और इस्लाम के नाम पर मरो और मारो। भागने की गुंजाइश नहीं है। गज़नी बहुत दूर है।"

बलूची जैसे-तैसे संगठित हुए। एक बार फिर घमासान युद्ध हुआ। लाशों पर लाश गिरने लगीं। दोनों ओर की सेना में थकान और क्लान्ति दीखने लगी। अमीर ने सूर्यास्त से प्रथम ही युद्ध बन्द करने का संकेत किया। इस दिन भी बिना किसी निर्णय के दोनों सेनाएँ पीछे फिरीं। परन्तु राजपूत सेना उत्साह में थी और अमीर

की सेना घबराहट में। यद्यपि राजपूतों की सेना का भी आज भारी संहार हुआ था। परन्तु अमीर की सेना की क्षति साधारण न थी। अमीर चिन्तित हुआ।

तीसरे दिन अमीर की इच्छा युद्ध बन्द करने की थी। परन्तु महाराज धर्मगजदेव ने नहीं माना। उन्होंने अमीर की सेना पर आक्रमण कर दिया। अमीर को युद्ध करना पड़ा। युद्ध प्रारम्भ करने से पूर्व महाराज ने अमीर को सन्देश भेजा कि वह चाहे तो उसे सुरक्षित लौटने दिया जा सकता है। अमीर की सारी सेना में निराशा व्याप गई। उसने उस दिन खेत सारी सेना के बीच प्रातः कालीन नमाज़ पढ़ी। नमाज़ के बाद उसने संक्षिप्त भाषण दिया। भाषण में उसने कहा, "बहादुर पठानो, तुमने अब से पहले सोलह बार अपने घोड़ों की टापों से काफिरों के इस मुल्क को रौंदा है। और सदैव तुम अपने सिरों पर फतह का सेहरा बाँध कर और अपने घोड़ों की ज़ीनों को मुहरों और जवाहरातों से भर कर, और गुलामों को घोड़ों की जीन से रस्सियों से बाँध कर गजनी लौटे हो। तुम्हारी औरतें इस बार भी तुम्हारे उसी तरह लौटने का इन्तजार कर रही हैं। सो क्या तुम इस बार लड़ाई में हार कर लौटोगे? अपनी तलवार और इस्लाम के नाम पर आओ, फतह हासिल करो। भागने की राह बन्द है। खुदा तुम्हारे साथ है। काफिर पामाल है।"

सेना में एक बार अल्लाहो-अकबर का जयनाद हुआ। बर्बर तातार और पठान नए आवेश के जनून में भरकर घोड़ों पर सवार हुए।

देखते-ही देखते घमासान युद्ध होने लगा। यह चौमुखी युद्ध था। कहीं पर तलवारें झनझना रही थीं, कहीं बर्छियाँ कलेजों के आर-पार हो रही थीं। आकाश तीरों से भरा था। दोनों ओर के भट एक-दूसरे के खून के प्यासे हो कर मारा मारी कर रहे थे। अमीर विद्युत-वेग से घोड़े पर सवार कभी यहाँ और कभी वहाँ अपनी सेना को उत्साहित करता फिर रहा था। मध्याह्न में अभी देर थी कि अमीर की सेना में चंचलता प्रकट होने लगी। महाराज धर्मगजदेव का दबाव बढ़ता जा रहा था। अमीर अपने सैनिकों को हाथ उठाकर कुछ कहना चाह रहा था। इतने में एक बाण आकर अमीर की भुजा में घुस गया। उससे बेसुध होकर अमीर घोड़े पर से नीचे आ पड़ा।

तत्क्षण अफगान सरदारों ने अमीर को चारों ओर से घेर लिया। एक सरदार ने खींचकर तीर निकाल लिया और घाव पर पट्टी बाँध दी। कुछ ही देर में अमीर होश में आया, और तुरन्त घोड़े पर सवार होकर सैनिकों को उत्तेजित करने लगा। वह अपनी सेना के दक्षिण कक्ष से थोड़ा पीछे हटा। तत्क्षण ही दक्षिण कक्ष हटने लगा और उसके सैनिक बिखरने लगे। इसी समय उस कक्ष के दो प्रधान सेनानायक मारे गए। महाराज धर्मगजदेव ने यह संयोग पा स्वयं कक्ष को भारी दबाव में डाल दिया। अमीर यह देखकर तीर की भाँति उधर दौड़ा। उसने वामकक्ष की दो टुकड़ियों को बुलाकर इस कक्ष को मज़बूत किया। परन्तु इसी समय दक्षिण कक्ष के एक सरदार

ने आकर कहा, ''हुजूर, फौज पस्त-हिम्मत हो रही है। बहुत नुकसान हो रहा है। किसी तरह लड़ाई रोकिए।''

अमीर ने कहा, ''लड़ाई रोकने का कोई चारा नहीं है। हमें शाम तक जैसे बने लड़ना ही होगा।'' अमीर ने अभी कठिनता से यह वाक्य कहा था कि गोफ से छूटा एक पत्थर उसकी छाती में आ लगा। इसी क्षण उसके घोड़े की आँख में एक तीर घुस गया। घोड़ा चारों पैरों से उछला। अमीर घोड़े से फिर गिर पड़ा और मुँह से रक्त-वमन करने लगा।

अफ़गान सरदार अमीर कों घेरकर खड़े हो गए। उनके चारों ओर मारकाट मच रही थी। सरदार घबराए हुए थे। किन्तु अमीर कुछ क्षणों में स्वयं उठ खड़ा हुआ। उसने कहा, ''कुछ फिक्र नहीं, दूसरा घोड़ा लाओ।'' घोड़ा आते ही वह उछलकर घोड़े पर सवार हो गया।

तीसरा पहर होते-होते मुसलमानों की सेना पीछे हटने लगी। राजपूतों ने अवसर देखकर शत्रु-सैन्य में घुसकर हाथों-हाथ युद्ध करने की ठान ली। अमीर के सरदारों ने तत्क्षण युद्ध बन्द करने की अमीर को सलाह दी, परन्तु अमीर ने नहीं माना। उसने कहा, ''जैसे भी हो हमें सूर्यास्त तक लड़ना होगा।''

हिन्दू-सेना हर-हर महादेव करके यवन-सेना मु घुस गई। यवन-सेना की टुकड़ियां तितर-बितर होती गईं। उसकी व्यवस्था बिगड़ गई। राजपूत और मेर दोनों ने तीर-कमान छोड़ बर्छी, कटार और तलवारें चमकानी प्रारम्भ कर दीं। अन्ततः अमीर एक भाला हाथ में लेकर शत्रुओं को ललकारता हुआ आगे बढ़ा। उसके साथ जूझ मरने वाले खूंखार बलूची पठानों का एक ज़बरदस्त दस्ता था। महाराज धर्मगजदेव ने यह देखा। वे सिंह की भाँति घोड़ा उड़ाते अमीर के सम्मुख जा धमके।

उनके चारों ओर चौहान सरदारों और माण्डलिक राजाओं का दल था। दोनों दलों में मुहूर्त भर के लिए तुमुल संग्राम छिड़ गया। इसी बीच में अमीर और दो घाव खा गया। महाराज धर्मगजदेव भी घायल हो गए।

सन्ध्याकाल हो गया। पर इस युद्ध का विराम नहीं हुआ। इसी केन्द्र पर दोनों ओर के योद्धा सिमट-सिमट कर एकत्र होने और कट-कट कर गिरने लगे। पश्चिम दिशा लाल हुई। फिर अंधकार व्याप्त हुआ, पर मारा-मार चलती ही रही। पठानों का दल घिर गया। अमीर को सरदारों ने फिर समझाया कि पीछे हटे, पर अमीर ने नहीं सुना। वह मदमत्त हाथी की भाँति लड़ रहा था।

महाराज धर्मगजदेव ने देखा कि यही समय है। उन्होंने संकेत किया, और सांभर के ढुंढिराज अपनी बीस सहस्र नवीन सैन्य लेकर बाज़ की भांति अमीर की सेना पर बगल से टूट पड़े। यह देख अमीर हताश हो घोड़े पर ही मूर्च्छित हो गया।

उसके सरदारों ने तत्क्षण उसे हाथों-हाथ उठा लिया। भारी मारकाट से निकालकर तलवारों की छाया में उसे पीछे हटा ले गए। अब निरुपाय उन्होंने सुलह का सफेद झण्डा खड़ा कर दिया। युद्ध बन्द हो गया। चुने हुए सरदार अमीर को पालकी में

डालकर शिविर में ले भागे। शेष सैनिक और सरदार राजपूतों के बन्दी हुए। महाराज धर्मगजदेव विजय-वैजयन्ती फहराते हुए वापस फिरे।

कपट-सन्धि

महाराज धर्मगजदेव ने उसी समय कुलदेवी शाकम्भरी के मन्दिर में जाकर बलिपूजा-अर्चना की। नारियल फोड़ा। सभी सामन्त, मांडलिक और सरदारों ने महाराज की जय-जयकार की। तदनन्तर घायलों की सेवा और मृत सैनिकों एवं बन्दियों की समुचित व्यवस्था करके महाराज ने रात्रि के पिछले प्रहर शस्त्र खोलकर विश्राम किया। घावों का उपचार कराया।

दूसरे दिन प्रहर दिन चढ़े श्वेत पताका उड़ाते हुए अमीर के सन्धि-दूतों ने, महाराज धर्मगजदेव के दरबार में अति विनम्र भाषा में अमीर का सन्धि-प्रस्ताव उपस्थित किया। महाराज ने प्रेम और कृपापूर्वक दूतों का भरी सभा में स्वागत किया एवं सब सरदारों से परामर्श करके कहा, "यदि अमीर स्वेच्छा से भारतवर्ष छोड़कर स्वदेश लौट जाए और फिर कभी भारत में आने की चेष्टा न करे, तो हम बिना किसी बाधा के उसे चला जाने देंगे। सब बन्दियों को भी मुक्त कर देंगे। हमारी अमीर से कोई शत्रुता नहीं है। अतः हम अकारण उससे युद्ध नहीं करना चाहते।"

सन्धि-दूतों ने अमीर की ओर से अत्यन्त कृतज्ञता और प्रसन्नता से यह प्रस्ताव स्वीकार किया। और वचन दिया कि यद्यपि अमीर बहुत घायल हैं, चलने-फिरने और यात्रा करने के योग्य नहीं हैं, परन्तु हम आज ही यहाँ से कूच कर देंगे।

सन्धि स्थापित हो गई। सन्धि-दूत वापस अमीर की सेवा में लौट गए। दोपहर दिन व्यतीत होते-होते अमीर का लश्कर पीछे हटने लगा। खेमे उखड़ने लगे। ऊँट लदने लगे। सारे लश्कर में लदालदी होने लगी। यह देख संतुष्ट हो महाराज धर्मगजदेव ने थोड़ी सेना साथ में रख, शेष सब सैन्य अजमेर को वापस भेज दी। विजयिनी सेना ने बाजे-गाजे से अजमेर में प्रवेश किया। यद्यपि राजपूतों के बीस हजार सैनिक खेत रहे थे, फिर भी विजय के मद में राजपूत सेना अत्यन्त उत्साहित थी। नगरवासियों ने सेना का हर्षनाद से स्वागत किया। नगर सजाया गया, रंग-बिरंगी पताकाएँ राजमार्ग पर फहराने लगीं। लोग आनन्द-उत्सव मनाने लगे। किले, राजमहलों में गान, वाद्य, रोशनी, दीपावली की व्यवस्था हुई। राजकुल की स्त्रियों ने महारानी को बधाइयाँ दीं। महारानी ने मुक्त-हस्त से स्वर्ण-रत्न दान करके अपनी उदारता का परिचय दिया। नगर के सभी देव-मन्दिरों में जय-घण्ट बजने लगे। राजपुरोहित कृपाशंकर आचार्य ने राजमहल में आकर यज्ञानुष्ठान किया। नगर-सेठ पानाचन्द शाह ने आकर बधाइयाँ दीं। सम्पूर्ण नगर ने उस दिन दीपावली मनाई।

शाह मदार

एक प्रहर रात्रि बीत चुकी थी। सारा नगर रास-रंग में मस्त था। ऐसे ही समय में दो व्यक्ति छिपी नज़रों से यह सब समारोह देखते अत्यन्त सावधानी से नगर के मुख्य बाजारों में होते हुए, बीच-बीच में गली-कूचों को पार करते चुपचाप चले जा रहे थे। उन्होंने साधारण नागरिक का वेश धारण किया था।

इस समय अजमेर नगर के पूर्वी कोण में जो शाह मदार की टेकरी है, उसी टेकरी की तलहटी में एक पुराना शिवालय था। शिवालय के चारों ओर बहुत छोटे-बड़े मन्दिर थे। मन्दिर का प्रवेश-द्वार पूर्व दिशा में था और उत्तर में पुजारियों के घर थे। पुजारियों में अनेक वहाँ पुत्र-परिजन के साथ रहते थे। इन्हीं पुजारियों के मकानों से तनिक हटकर टेकरी के ऊपर एक छोटी-सी खानकाह थी जिसमें प्रसिद्ध सूफी सन्त शाह मदार रहते थे। शाह मदार मस्त और दौला-मौला आदमी थे। वे बेलौस और फक्कड़ प्रसिद्ध थे। खुशमिज़ाज और मिलनसार थे। अजमेर के आस-पास उनकी बहुत मान्यता थी। वे गंडे-तावीज़, मंत्र-दुआ देते, लोगों की खैर मनाते और टिक्कड़ मांगकर खाते थे। खानकाह के पास एक पुराना मठ था, पर वह सूना ही रहता था। कोई भूला-भटका साधु वहाँ ठहर जाता था। शाह मदार बहुधा किसी वृक्ष के नीचे चुपचाप बैठे रहते थे।

घूमते-फिरते ये दोनों व्यक्ति टेकरी के पास जा पहुँचे। शाह साहेब इस समय ध्यान-मुद्रा में वृक्ष के नीचे बैठे थे। दो भक्तगण सम्मुख बैठे उनकी मुख-मुद्रा निहार रहे थे। दोनों व्यक्तियों ने हिन्दू पद्धति से धरती पर माथा टेक कर उन्हें प्रणाम किया। परन्तु फकीर ने उनकी तरफ आँख उठाकर भी नहीं देखा। दोनों व्यक्ति चुपचाप दूसरे मनुष्यों के बीच में जा बैठे। बहुत देर तक कोई बातचीत नहीं हुई। बैठे हुए जनों में अनेक उठकर चले गए। एकाएक साधु ने नेत्र उघार-कर इन अगन्तुकों को देखा और और आप-ही-आप कुछ गुनगुनाते हुए कहा, "अय नादान, खुदा की बन्दगी कर, और उसके जलाल का ज़हूर देख।"

दोनों आगन्तुकों ने पृथ्वी पर फिर माथा टेका। इसी समय एक पुरुष ने उनका कन्धा छू कर अपने पीछे आने का संकेत किया। दोनों व्यक्ति उठकर उसके पीछे-पीछे चल दिए। वह आदमी मठ के द्वार पर खड़ा हो गया और उन्हें भीतर जाने का संकेत किया। दोनों व्यक्ति मठ में घुस गए और वह व्यक्ति मठ के द्वार पर इस तरह खड़ा हो गया कि एक मक्खी भी द्वार में प्रविष्ट न हो सके।

भीतर एक युवक बेचैनी से टहल रहा था। युवक के वस्त्र बहुमूल्य, तलवार कीमती और मुख-मुद्रा सुन्दर थी। उसकी आयु छब्बीस वर्ष के लगभग थी। रंग उसका गौर था और मस्तक की पगड़ी में एक मूल्यवान् हीरा भी चमक रहा था।

दोनों व्यक्तियों ने हाथ जोड़कर युवक को प्रणाम किया और करबद्ध खड़े हो गए।

युवक ने उन्हें घूरकर देखा, फिर कहा, "संकेत?"

"सोमनाथ।"

"ठीक है। कहो, क्या कहना है?"

"सुलतान को लाचार सुलह करनी पड़ी। वे जख्मी हुए और फौज बिलकुल बर्बाद हो गई।"

"फिर?"

"सुलह की शर्त के अनुसार हमें आज ही छावनी उठाकर लौटना आवश्यक हो गया है, अमीर के सारे मंसूबे धूल में मिल गए।"

"तो मैं क्या करूं?"

"यदि वादे के अनुसार आपकी मदद मिलती तो ऐसा न होता।"

"क्या छावनी उठा दी गई?"

"जी हाँ।"

"अमीर क्या घोड़े पर सवार होने योग्य हैं?"

"सवार हो सकते हैं, लड़ नहीं सकते।"

"अमीर की सेना में कोई जीवट का सेनापति है?"

"है।"

"और अमीर का वादा?"

"पक्का है।"

"ज़ामिन?"

"शाह मदार।"

"उनके मुँह से सुना चाहता हूँ।"

"चलिए।"

"ठहरो, एक प्रहर रात रहते महाराज पर हमला कर दो। सिर्फ एक हज़ार पक्के सवार काफी हैं।"

"वह हो जाएगा, लेकिन..."

"राजपूतों की सब सेना अजमेर आ चुकी है। मैंने उन्हें तीन दिन मौज-मज़ा करने की छुट्टी दे दी है। वे सब अपने-अपने गाँवों को चले गए हैं। पुष्कर में महाराज के केवल अंगरक्षक ही उनके साथ हैं। ब्राह्म मुहूर्त में महाराज सन्ध्यावन्दन करते हैं, वही समय ठीक होगा। उन्हें घेरकर कैद कर लो, फिर जैसा जी चाहे, उनके साथ बर्ताव करो।"

"लेकिन अजमेर से मदद मिलते कितनी देर लगेगी?"

"अजमेर की सेना मेरे अधीन है। यदि अमीर का वादा पक्का है तो अजमेर से सहायता नहीं मिलेगी।"

"वादा पक्का है, शाह ज़ामिन हैं, चलिए।"

"चलो।" तीनों व्यक्ति शाह के पास आए। आकर चुपचाप बैठ गए। इस समय शाह साहेब अकेले चुपचाप बैठे थे। युवक ने कहा–

"शाह ज़ामिन हैं?"

शाह ने धीरे से कहा, "खुदा भी जामिन है।"

"तब ठीक है।"

युवक शाह को प्रणाम कर चल दिया। उसके पीछे दोनों पुरुष भी। बाहर अश्व बँधे थे। अश्व पर सवार हो उन्होंने तेज़ी से पुष्कर की घाटी में अपने अश्व फेंक दिए।

शाह ने आँखें उठाकर आसमान की ओर देखा-और अंगड़ाई ली।

विश्वासघात

रात बहुत देर तक सैनिक खान-पान और रास-रंग में मस्त रहे थे। इससे इस समय वे सब पड़े सो रहे थे। एक-दो प्रहरी अपने स्थानों पर सजग हो पहरा दे रहे थे। महाराज धर्मगजदेव प्रहर रात रहे पुष्कर-तट पर स्नान कर आह्निक पूजन कर रहे थे। पूजन करते-करते उन्हें कुछ असाधारण आहट सुनाई पड़ी, जैसे चुपचाप बहुत-से आदमी रेंगते हुए आ रहे हों। अभी चारों दिशाओं में अँधकार था। उन्होंने पूजा के आसन से बिना उठे ही आँख उठाकर चारों ओर देखा। ऐसा प्रतीत हुआ, बहुत-सी काली-काली मूर्तियाँ चारों ओर से उनके निकट चली आ रही हैं। क्षणभर बाद ही उन्हें प्रतीत हुआ कि विश्वासघात हुआ है। वे तत्क्षण ही आसन छोड़कर उठ खड़े हुए। इसी समय प्रहरी ने भयसूचक भेरी-नाद किया। और उसके साथ ही 'अल्लाहो-अकबर' के गगनभेदी नाद के साथ अमीर के बलोची पठानों ने सोते-बैठे-उनींदे सभी राजपूतों को काटना प्रारम्भ कर दिया। साथ ही छावनी में भी आग लगा दी। छावनी धांय-धांय जलने लगी। महाराज उसी असज्जित अवस्था में पुकार-पुकार कर तलवार घुमाते हुए अपनी सेना की व्यवस्था करने लगे। उन्होंने तत्क्षण एक सवार अजमेर को सेना की सहायता के लिए दौड़ा दिया। राजपूत, जो जहाँ जिस अवस्था में थे, उनके हाथ जो शस्त्र लगा, उसी को लेकर वे शत्रुओं से मोर्चा लेने लगे। परन्तु एक तो वे बहुत कम थे, दूसरे किसी के पास शस्त्र था ही नहीं, किसी ने कवच पहना था, कोई नंग-धड़ंग था। परन्तु थोड़ी ही देर में कुछ सैनिक सज्जित होकर महाराज के चारों ओर आ जुटे। शत्रुओं ने महाराज को ग्रास लिया था, और उनपर हज़ारों तलवारें छा रहीं थीं। राजपूत प्राणप्रण से महाराज तक पहुँच कर उनकी रक्षा करने का भगीरथ प्रयत्न करने लगे। महाराज धर्मगजदेव नंगे, बदन, पीताम्बर धारण किए दोनों हाथों से तलवार चला रहे थे और उनके शरीर से झर-झर रक्त बह रहा था। उनका वीर-दर्प देख

शत्रु स्तम्भित रह गए। तलवार से तलवार भिड़ गई। बर्छियाँ अंतड़ियों को चीरने लगीं। महाराज क्षण-क्षण पर अजमेर से सहायता की प्रतीक्षा कर रहे थे। हर क्षण पर चर सूचना दे रहा था, सेना नहीं आ रही है। इसी समय जंगल में छिपे हुए एक हजार बलोची घुड़सवार बाज की तरह महाराज पर टूट पड़े। महाराज ने मस्तक ऊँचा करके देखा, मृत्यु उनका आलिंगन करने को हाथ पसार रही है। 'जय शाकम्भरी' कहकर वे अन्धाधुन्ध तलवार चलाने लगे। देखते ही देखते उनके मुट्ठी-भर राजपूत कटने लगे। महाराज की तलवार भी एक पठान की तलवार से टकराकर दो टूक हो गई। उनके तीर उनके अँगों में अटक रहे थे। उन्होंने निरुपाय इधर-उधर देखा। एक दुर्दांत पठान ने कमान गले में डालकर उन्हें खींच लिया। साथ ही तलवार का एक भरपूर हाथ उनके मोड़े पर पड़ा। महाराज आकाश से टूटे नक्षत्र की भाँति पृथ्वी पर गिर पड़े। शत्रुओं ने अल्लाहो-अकबर का नारा बुलन्द किया; जो राजपूत बचे थे, वहीं आ जूझे, वे सब तिल-तिल कटकर खेत रहे।

महाराज धर्मगजदेव के रणस्थली में काम आने का समाचार शीघ्र ही अजमेर पहुँच गया। महाराज के अँगरक्षकों ने महाराज का शव मुर्दों के ढेर से निकालकर बड़े यत्न से किले में पहुँचा दिया। किले और नगर का उल्लास गहरे शोक की घनघोर घटाओं में छिप गया। चारों तरफ रोना-पीटना मच गया। मरे हुए पुत्रों की माताएँ छाती कूटने लगीं। विधवा युवतियों के करुण-क्रन्दन से आकाश भर गया, अनगिनत कोमल कलाइयों की सुहाग-चूड़िया चटापट पत्थरों पर टूटने लगीं। पिता अपने पुत्रों के लिए सिर धुनते पागल की भाँति रुदन करने लगे। युवती अबलाएँ और अबोध बालक अनाथ होकर सिसकने लगे। लोग हज़ार-हज़ार मुख से गज़नी के दैत्य को गालियाँ देने और कोसने लगे। लाखों मनुष्यों का धरती-आकाश पर कोई रक्षक न रह गया।

महाराज धर्मगजदेव के शव के किले में पहुँचते ही महारानी तुरन्त सती होने को तैयार हो गईं। उनके साथ महल की अन्य सैकड़ों राज-परिवार की स्त्रियों, दासियों और सखियों ने भी चिता-रोहण कर भस्म होने का निश्चय कर लिया। रानी ने शोक-सन्तप्त वाणी से कहा, "अरी सखियों, सुख-दुःख का साथी, लाड़-प्यार करने वाला, इस देह का आधार जब नहीं रहा, तो फिर जी कर, जीवन की ख्वारी करने से क्या? जब शरीर से जीव ही चला गया तो निर्जीव शरीर का शृंगार ही क्या? क्या हम प्रिय पति का वियोग सहकर, विधवा-वेश धारण करके जीवित रहेंगी? क्यों न हम स्वर्ग का अक्षय सुख भोगें, जहाँ हमारे प्राण-प्यारे वीर पति प्रथम ही पहुँच चुके हैं। चलो सखियों, हम वीर पति का सहगमन करें, जितना विलम्ब होता है उतना ही अन्तर पड़ता है। शोक त्यागो, अग्नि-रथ पर बैठकर पतिलोक को चलो।"

रानी ने इतना कह आँसू पोंछ डाले। माथे पर ईंगुर का टीका किया, कुंकुम

की आड़ लगाई, कंठ में सुगन्धित फूलों के हार पहने। काले चिकने बालों की लटें मुक्त कर दीं, हाथों में मेंहदी रचा दी। पचरंगी चूनरी शरीर पर धारण की। अन्य स्त्रियों ने भी ऐसा ही शृंगार किया। आगे-आगे रानी और पीछे अन्य स्त्रियाँ चलीं। पीछे हज़ारों दास-परिजन रोते हुए। जय शाकम्भरी, जय अम्बे, जय सती माता की पुकार ने आकाश को चल-विचलित कर दिया।

चौक में चबूतरे पर विशाल चिता सजी थी। उसमें महाराज का चन्दन-चर्चित शरीर स्थापित किया गया। चिता के निकट आकर रानी ने सूर्य को अर्घ्य दिया और स्थिर चरणों से चितारोहण कर पति का सिर गोद में लिया तथा ध्यान में स्थिर होकर बैठ गईं। ढोल, शहनाई बजने लगे। उनका ऐसा नाद हुआ कि कानोंकान शब्द नहीं सुनाई देता था। सहस्रों कण्ठों से 'जय माता सती, जय अम्बे' की ध्वनि निकली। रानी दोनों नेत्र बन्द कर पति का सिर गोद में लिए ध्यानस्थ बैठी थीं। अन्य स्त्रियाँ भी उनके पीछे चिता पर उसी भाँति बैठी थीं। राज पुरोहित आचार्य कृपाशंकर ने रुदन करते हुए बालक कुमार वीसलदेव को आगे कर कहा, "माता सती, अजमेर और अजमेर के भावी अधिपति को आशीर्वाद दीजिए!" रानी ने स्थिर कण्ठ से हाथ उठाकर कहा, "अजमेर के निवासियों और भावी अजमेर के अधिपति की जय हो!" रानी ने अब चिता में अग्नि देने का संकेत किया। ब्राह्मणों ने चिता में घृत और कपूर रख मन्त्रपाठ करते हुए अग्नि दी। बाजे ज़ोरों से बज उठे। सैकड़ों शंख और घड़ियाल गर्जने लगे। सूखा चन्दन, काष्ठ, घी और ज्वलनशील पदार्थों की सहायता से यह चिता देखते-देखते धधकने लगी। ज्वाला का वेग इतना बढ़ा कि चिता के पास से लोग हटने लगे। परन्तु उनके राजभक्त सेवक और दासियाँ भी दौड़-दौड़कर चिता में कूद पड़ीं। सहस्रों जनों के जय-जयकार, रुदन, क्रन्दन और बाजों के घोर शब्दों के कारण कानों के पर्दे फटे जा रहे थे। बहुत जन मूर्च्छित हो कर गिर गए। देखते-ही देखते वे सैकड़ों जीवित सत्व जलकर राख का ढेर हो गए। चिता के लाल-लाल दहकते हुए अँगारे मानो क्षात्र तेज से सूर्य के तेज की स्पर्धा-सी करने लगे। ज़ार-ज़ार रोते, दाढ़ी नोंचते, सिर पर धूल-राख बिखेरते, गिरते-पड़ते नगर निवासी पीछे लौटे। नगर के कोटपाल ने शोकसूचक झण्डा किले पर चढ़ा दिया। उस दिन सम्पूर्ण नगरी में चूल्हा नहीं जला। रात में किसी ने दियाबत्ती भी नहीं किया। सारा नगर गहरे अँधकार में डूबा रह गया। अजमेर के आबाल-वृद्ध भूखे-प्यासे धरती में लोट-लोटकर शोक-रुदन करते रहे।

राजपुरुष कुमार वीसलदेव, अवशिष्ट राज परिवार को ले वीटली दुर्ग में चले गए। अजमेर में सती माताओं की ऊर्ध्व दैहिक-क्रिया करने को केवल राजपुरोहित कृपाशंकर आचार्य और कुछ सेवक रह गए

अजमेर की तबाही

अमीर की सेना ने चढ़ी रकाब अजमेर पर धसारा किया। बलोची पठान और दुर्दान्त तुर्क सवार धड़धड़ाते हुए नगर में घुस गए। सूर्योदय के साथ ही नगर में कत्लेआम, लूटमार और बलात्कार का नग्न ताण्डव होने लगा। दुःख, शोक और विनाश की चपेट में अजमेर के नागरिक स्त्री-पुरुष, बालक-वृद्ध, रोगी सब जिधर जिसका सींग समाया, गिरते-पड़ते प्राण लेकर भागने लगे। यह देख मसऊद एक सैनिक टुकड़ी लेकर किले और राजमहल पर जा धमका। महल के रक्षकों ने महल में आग लगा दी। आग-आग-आग चारों तरफ आग ही आग धांय-धांय जलने लगी। राजमहल के बड़े-बड़े धरन कड़ककर टूटने और राजकक्ष जलकर धाराशायी होने लगे। करोड़ों रुपयों की मूल्यवान सामग्री जलकर राख हो गई। सब धन-रत्न स्वाहा हो गया। माल और मालिक की राख एक हो गई।

खीझकर मसऊद नगर की ओर फिरा। वहाँ बलोची सवारों ने नरक का दृश्य उपस्थित कर रखा था। मसऊद ने प्रत्येक नागरिक से धन लूटना प्रारम्भ किया। बलोची दैत्य मार-मारकर धन कहाँ छिपा है, पूछने लगे। न बताने पर नर-नारियों पर अकथ्य अत्याचार होने लगे। किसी की आबरू सलामत न रही। अन्त में मसऊद ने सम्पूर्ण नगर को आग की भेंट कर दिया। धांय-धांय जलते अजमेर नगर को लूटकर मसऊद ने सेना को नगर खाली करने की आज्ञा दी और स्वयं शाह मदार की खानकाह में जाकर शाह को सिजदा किया। शाह नीरव, स्तब्ध, चुपचाप बैठा था। आज उसके पास एक भी व्यक्ति न था। वह अकेला था। उसने आँख उठाकर मसऊद की ओर नहीं देखा। मसऊद ने उसके सामने दुजान बैठकर कहा, ''हज़रत, अमीर गज़नी शाह की दुआ चाहते हैं और हुक्म भी।''

''दुआ देता हूँ, लेकिन हुक्म खुदा का, जाओ।''

मसऊद ने अधिक बात करने का साहस नहीं किया। वह वहाँ से चल दिया।

राह-बाट में एक भी पुरुष जीवित न था। नगर चारों ओर धांय-धांय जल रहा था। लाशों पर लाशें पटी पड़ी थीं, घरों से चीत्कार और क्रन्दन-ध्वनि आ रही थी। मसऊद अपने बहुमूल्य अरबी घोड़े पर सवार चुपचाप बढ़ा चला जा रहा था। उसकी जड़ाऊ तलवार के रत्न धूप में चमक रहे थे।

पुरस्कार

अजमेर को लूट और आग की भेंट कर अमीर ने वीटली दुर्ग पर धावा करने का इरादा किया। उसे सूचना मिली थी कि वीटली दुर्ग में राजा का शेष परिवार,

राजपुत्र, अटूट राजकोष तथा बहुत-सी धन-सामग्री है। परन्तु वीटली दुर्ग साधारण दुर्ग न था। वह एक दुर्गम और ऊँची पहाड़ी पर था। उसकी तीन दिशाओं में सीधी दुरूह पर्वत की चट्टानें और एक दिशा में अगम खण्ड था। दुर्ग की प्राचीर बाईस हाथ ऊँची और ग्यारह हाथ चौड़ी थी। दुर्ग में रक्षा और खान-पान के प्रभूत साधन एकत्र थे। दुर्ग भंग करना असम्भव था और दस वर्ष घेरा डालने पर भी दुर्ग ताबे हो, यह सम्भव न था।

उधर अमीर की सेना को भी इस युद्ध में कम क्षति नहीं हुई थी। ग़ज़नी से चलकर उसे यह पहली ही बड़ी लड़ाई लड़नी पड़ी थी। इसमें वह स्वयं घायल हो गया था। साथ ही उसके बहुत से साहसी सैनिक खेत रहे थे। बहुत से घोड़े मारे गए थे। उसकी सेना ही खंडित हो गई थी। इससे वह खीझ रहा था। उसे विश्राम की अत्यन्त आवश्यकता थी। पर उसे सोमनाथ पहुँचने की जल्दी थी। उसे यह भी भय था कि कदाचित् ढुन्ढिराज सांभरपति उस पर पीछे से न टूट पड़े। दूतों के द्वारा उसे मालूम हो गया था कि अजमेरपति की बहुत सेना अभी भी है। वीटली दुर्ग में भी यथेष्ट सेना थी। चारों ओर से सैनिक एकत्र होते चले आ रहे थे। लोगों में क्रोध और जूझ मरने के भाव भरे हुए थे। इससे उसने अपने सरदारों और सेनापतियों का एक छोटा-सा दरबार किया। सब विषयों पर विचार-परामर्श कर तुरन्त गुजरात की ओर कूच करने का विचार स्थिर किया। तुरन्त अभी उसे एक महत्त्वपूर्ण काम और करना था, वह था उस विश्वासघाती को पुरस्कृत करना जिसकी सहायता से उसकी विजय पराजय में बदल गई थी। यह अजमेरपति का मन्त्रीपुत्र सोढल था, जिसपर राजा का पुत्रवत् प्यार और विश्वास था, और जिसे राजा ने आठ हज़ार सवार और पन्द्रह हज़ार पैदल देकर अजमेर की रक्षा सौंपी थी। अमीर ने उसे अपने सम्मुख उपस्थित करने की आज्ञा दी। सामने आकर युवक ने अमीर को कोर्निश की। अमीर ने पूछा–

"तुम्हीं वह आदमी हो, जिसने हमें अजमेर के वीर महाराज के सब भेद दिए?"

"मैं ही वह आदमी हूँ।"

"तुम अजमेर के महाराज के मन्त्रीपुत्र और उपसेनापति हो?"

"जी हाँ।"

"अजमेर के महाराज ने तुम्हारे साथ कभी कोई बदी की थी?"

"नहीं।"

"अजमेर के महाराज से उनकी रिआया क्या खुश नहीं थी?"

"खुश थी।"

"तुम्हारे पिता अजमेर के वज़ीर क्या यह जानते हैं कि तुमने अपने मालिक से दगा की है?"

"नहीं।"

"और कोई जानता है?"

"नहीं।"

"तुमने यह काम क्या इसलिए किया था कि तुम अजमेर की गद्दी पाओगे?"

"इसीलिए।"

"और तो कोई कारण नहीं था?"

"और भी कारण था।"

"वह कहो!"

"महाराज की एक पुत्री थी।"

"फिर?"

"मैं उसे प्यार करता था।"

"समझा।"

"उसने मेरा प्रेम अस्वीकार किया था।"

"क्यों?"

"उसने कहा था कि तुम न कहीं के राजा हो, न तुम्हारी वीरता ही देखी गई है।"

"ठीक है, तो तुमने वीरता दिखाकर नहीं, सिर्फ राजा होकर उसे पाना चाहा?"

"जी हाँ।"

"हम जानते हैं कि तुम्हारी मदद न मिलने पर हम इस लड़ाई को नहीं जीत सकते थे।"

"अब मुझे वादे के अनुसार अजमेर की गद्दी मिलनी चाहिए।"

"अजमेर के महाराज का कोई वारिस है?"

"है।"

"क्या उसके पास काफी फौज है?"

"है।"

"राजा होने पर वह यदि तुमसे लड़े?"

"तो आप अपनी सेना से मेरी मदद करें, मैं आपको खिराज दूँगा।"

"यह तो हमने वादा नहीं किया था।"

"यशस्वी अमीर ने वादा किया था कि यदि मेरी मदद से अमीर जीत जाएँगे, तो मुझे अजमेर की गद्दी देंगे!"

"लेकिन यह वादा नहीं किया था कि इसके लिए अजमेर के राजा के उत्तराधिकारी से भी लड़ेंगे।"

"मैंने अपना वादा पूरा कर दिया।"

"अब वह लड़की तुम्हारे राजा होने पर तुमसे शादी कर लेगी?"

"अफसोस! नहीं।"

"क्यों?"

"वह रानी माँ के साथ जल मरी।"

"क्या वह जानती थी कि तुम इस प्रकार राजा होने की तैयारी कर रहे हो?"

"नहीं, पर मैंने कहा था कि मैं राजा होकर तुम्हें दिखाऊँगा।"

"वह क्या तुम्हें प्यार करती थी?"

"नहीं।"

"किसी और को प्यार करती थी?"

"ढुण्ढिराज सांभरपति के पाटवी कुंवर को।"

"पाटवी कुंवर कहाँ है?"

"लड़ाई में काम आए।"

"कुछ देर तक अमीर गम्भीर मुद्रा में सोचता रहा। फिर उसने आहिस्ते से कहा—

"तो अपने वायदे के मुताबिक हम तुम्हें अजमेर का राजा मंजूर करते हैं।"

"खुदावन्द अमीर की जय हो।"

"लेकिन तुमने अपने मालिक से दगा की है, इसलिए हम तुम्हें अजमेर के राजा के उत्तराधिकारी के सुपुर्द करते हैं और तुम्हारी कारगुज़ारी से भी उसे आगाह किए देते हैं।"

"यह कैसी बात?"

"यह बादशाहों और राजाओं की बात है। गुलाम, दगाखोर और कमीने लोग उसे नहीं समझ सकते हैं।"

अमीर ने मीर मुंशी को हुक्म दिया, "इस आदमी की तमाम हकीकत लिखकर, इसे हथकड़ियों और बेड़ियों से जकड़ कर राजपूतों के सुपुर्द कर दो।" मीर मुंशी ने अदब से अमीर का हुक्म स्वीकार किया। सोढल का मुँह काला पड़ गया। एक बार साहस करके उसने फिर अमीर को उसके वायदे की याद दिलाई। दया की प्रार्थना की। पर अमीर ने घृणा ने मुँह सिकोड़कर कहा—"अजमेर के नए महाराज, हमने अपना वचन पूरा कर दिया। तुम्हें राजा मंज़ूर कर लिया। इसी से तुम्हें कत्ल करने का हुक्म न देकर राजपूतों के सुपुर्द करते हैं। हमारी मदद का इनाम तुम्हें मिल गया। अब अपने मालिक से दगा करने की सज़ा तुम्हें उनसे पानी है।"

इतना कहकर अमीर ने उसे अपने सामने से हटाने का संकेत किया और तत्काल वहाँ से कूच करने की आज्ञा दी।

दुर्लभराय का अभियान

आमेर का युवक राजा दुर्लभराय सपादलक्ष के वीर महाराज का आदेश पा भीलों, मीनों और राजपूतों की संयुक्त सैन्य ले नान्दोल की ओर बढ़ा। उसके साथ

देवगढ़ और सोजत के ठाकुर सरदार भी थें। यद्यपि दुर्लभराय की इच्छा महाराज धर्मगजदेव के साथ-साथ पुष्कर क्षेत्र में अमीर से लोहा लेने की थी, परन्तु वह जैसा वीर था वैसा ही मेधावी और विचारशील भी था। उसने तुरन्त समझ लिया कि मुद्दे की बात युद्ध नहीं है, अमीर की राह रोकनी है। इसलिए वह दूरदर्शी महाराज से तुरन्त ही न केवल सहमत हो गया, प्रत्युत उसने साथी सरदारों को सब बात समझा-बुझाकर अपनी मौलिक योजना भी बना ली। उसने सोच लिया कि युद्ध में शौर्य दिखाने की आवश्यकता नहीं है। कौशल से शत्रु-सेना की प्रगति में बाधा पहुँचाना और कम से कम अपनी हानि करके अधिक-से-अधिक शत्रु को क्षति पहुँचाना ही उसका ध्येय है।

अभी यह वीर देवगढ़ ही पहुँचा था कि उसे महाराज धर्मगजदेव के पतन का समाचार मिला। महाराज की दूरदर्शिता का महत्त्व उसने अब समझा। उसने झटपट सब अश्वारोही राजपूतों को दो दलों में विभक्त कर उन्हें देवगढ़ और सोजत के सरदारों को सौंप कर कहा, "आप तमाम इलाके में फैल जाएँ। सब गाँव-बस्तियों को उजाड़ दें। प्रजा को पर्वतों में भेज दें। खेत, कुएँ, जलाशय नष्ट कर दें, राह, घाट, पुलों को तोड़-फोड़ दें। धीरे-धीरे यह सब व्यवस्था करते हुए आगे बढ़कर नान्दोल में मुझसे मिल जाएँ।"

यह व्यवस्था करके वह अपनी भील और मीनाओं की पैदल सेना लें दुहरा कूच करता हुआ तेज़ी से नान्दोल जा पहुँचा।

नान्दोल का राजा अनहिल्लराय एक महत्त्वाकांक्षी और तेजस्वी युवक था। उसके हौसले बढ़े हुए थे। वह अभी तक यद्यपि गुजरात का एक सामन्त था पर उसने गुर्जरेश्वर चामुण्डराय की ढिलमिल नीति और खराब परिस्थिति से लाभ उठाकर वहाँ वर्षों से वार्षिक कर भेजना बन्द कर दिया था। उधर वह अवन्तिराज भोज से मुठभेड़ करने को तैयार बैठा था, इधर गुजरात का सामना करने की भी उसने तैयारी कर ली थी। पाठक जानते ही हैं कि वह गुजरात की महारानी दुर्लभदेवी के षड्यन्त्र में सम्मिलित होकर अपने पुत्र को गुजरात का स्वामी बनाकर सम्पूर्ण गुजरात, सौराष्ट्र, लाट और मालव का एकछत्र स्वामी होने का स्वप्न देख रहा था।

मालवराज भोज की उसपर दृष्टि थी। वह महत्त्वाकांक्षी विद्वान् राजा, सिन्ध नद के मुहाने तक समुद्र को छूता हुआ अपना साम्राज्य स्थापित करना चाह रहा था। उसने अर्बुदेश्वर धुन्धुराज को अपने अनुकूल कर लिया था। अब नान्दोल का अनहिल्लराय ही उसकी सबसे बड़ी बाधा थी। उसे नर्म करने ही को धुन्धुराज का पुत्र बाला प्रसाद नान्दोल में युवराज का मित्र बनकर उसे अनुकूल करने की खटपट में व्यस्त था। नान्दोल में धड़ाधड़ नई सेनाएँ भरती हो रही थीं। अश्व, गज खरीदे जा रहे थे। कच्छ, भरुच और सिन्धु के व्यापारी घोड़ों और शस्त्रास्त्रों को लेकर आ रहे थे।

ऐसे ही समय दुर्लभराय ने नान्दोल पहुँच कर नगर से बाहर अपनी छावनी डाली और फिर वह राजा से मिला। राजा अपनी भीतरी खटपटों में इतना व्यस्त था कि उसे अमीर के इस अभियान में बिलकुल रस नहीं मिला। परन्तु रस न मिलने से क्या होना था? अमीर तो दल-बादल सैन्य को लिए बढ़ा चला आ रहा था। उसके लिए दो ही मार्ग थे कि या तो मुलतान और लोहकोट के राजाओं की भाँति कायर-वृत्ति ग्रहण करे, अमीर से उत्कोच ले और उसे मार्ग दे; या फिर घोघाबापा और धर्मगजदेव की भाँति अपने कर्तव्य पर दृढ़ रहकर लोहू बहा दे।

अनहिल्लराय यद्यपि इस समय गुर्जरेश्वर के अनुकूल न था, पर वह स्वयं यह आशा रखता था कि एक दिन गुजरात की गद्दी उसी के पुत्र को मिलेगी। इससे वह उसके विरुद्ध इस म्लेच्छ की सहायता नहीं कर सकता था। वह यद्यपि जैन धर्म पर आस्था रखता था और नान्दोल के राजदरबार में जैन धर्म का बोलबाला भी था, फिर भी वह जन्मजात शैव था तथा भगवान् सोमनाथ का भक्त भी। वह घोघाबापा और महाराज धर्मगजदेव के पतन से भी थर्रा उठा। सब बातों पर विचार करके वह ग़ज़नी के सुलतान का अवरोध करने को सन्नद्ध तो हो गया, परन्तु उसे इस बात का बहुत दुःख था कि उसने जिस उद्देश्य की पूर्ति के लिए सैन्य का संग्रह किया था, वह तो रह ही जाएगा। उसकी सब शक्ति इस दैत्य का सामना करने में ही नष्ट हो जाएगी। फिर यह भी कौन कह सकता है कि उसकी दशा धर्मगजदेव और घोघाबापा के समान ही न हो जाए। धर्मगजदेव के सम्मुख तो उसका सैन्य बल कुछ था ही नहीं।

इन सब विचारों ने उसे बड़ी भारी उलझन में डाल दिया और वह कुछ भी निर्णय न कर सका कि क्या करना चाहिए।

उन दिनों नान्दोल एक समृद्ध नगर था। उसमें सात सौ लखपतियों के बसने थे, यह प्रसिद्ध था। फिर यह नगर मारवाड़, राजपूताना और गुजरात के मुँह पर होने से व्यापार का बड़ा भारी केन्द्र हो गया था। नगर में बड़ी-बड़ी अट्टालिकाएँ, बाग, उपवन और राजमार्ग तथा बाज़ार थे। राजा भी खूब सम्पन्न था। उसके खजाने में भी काफी स्वर्ण-कोष था। उसे अपनी बुद्धि और वीरता का घमण्ड भी था।

उसकी गहरी उलझन को दुर्लभराय ने अपने वाक्चातुर्य से दूर कर दिया। दुर्लभराय आयु में कम होने पर भी दिल्ली के दरबार में रहने के कारण काफी राजनीति-पटु हो गया था। उसने कहा, "महाराज, हमें म्लेच्छ से युद्ध तो करना ही नहीं है, वह कोई हमारे राज्य पर तो चढ़ नहीं रहा। वह तो जा रहा है गुजरात। हमसे राह माँगता है, पर अधर्मी को हम राह नहीं देंगे। इसलिए मैंने जो योजना बनाई है, वह ऐसी है कि उससे हमारी धन-जन की कुछ भी हानि नहीं होगी और इस दैत्य को हम नाकों चने चबवा देंगे। आप जानते हैं प्रकृति हमारी सहायक है, नान्दोल से आगे गहन वन हैं। उसके आगे विकट तंग घाटी है। बस, वहीं हम अपनी

करामात दिखाएँगे। अभी हमें नगर खाली कर देना चाहिए। धन-रत्न, प्रजा-परिवार सब को सुरक्षित दुर्गम पर्वतों पर भेज देना चाहिए। दैत्य को चारा, जल, अन्न न मिले, ऐसी व्यवस्था कर देनी चाहिए।''

दुर्लभराय की सम्मति से अनहिल्लराय सहमत हो गया।

अब सब बातों पर पूर्वापर विचार करके उसने योजना बना ली।

देवगढ़, सोजत, बदनौर और टोडागढ़ के सरदार भी अपनी-अपनी सेनाएँ लेकर आ पहुँचे। इन सबको अपने-अपने कार्य करने के गुप्त आदेश दे दुर्लभराय ने आगे चलता कर दिया। ये सब सरदार छोटी-छोटी टुकड़ियों में सारे जंगल में बिखरकर शत्रु की घात में जमकर बैठ गए।

भीलों और मीनाओं को भी तीर-कमान ले घाटी के दोनों ओर दुर्गम गिरिशृङ्ग पर चढ़ छिपकर बैठने का आदेश दे विदा किया।

इस कार्य से निपट कर उसने राजधानी को खाली करना प्रारम्भ किया। नगर में ढिंढोरा फिरवा दिया गया। नगर-निवासियों को बारह प्रहर के भीतर-भीतर अपना-अपना सब धन-जन लेकर अरावली की दुर्गम उपत्यका में जा बैठने का आदेश दे दिया गया। देखते-ही-देखते चहल-पहल और धन-धान्य से भरा-पूरा नगर नान्दोल जन-शून्य होने लगा। लोग विविध वाहनों पर अपनी गाँठ-गठरी लादे पंक्ति बाँध पर्वत-श्रेणियों की ओर जाने लगे। राज सेना व्यवस्था और प्रबन्ध में व्यस्त हुई। राजकोष, परिवार और सब धन भी राजमहलों से हटा दिया गया। बारह प्रहर में नगर जन-शून्य हो गया। अब राजा ने सब घाट, कुएँ, मार्ग तोड़-फोड़ डाले और स्वयं सुरक्षित स्थान में अपनी सेना की छावनी डालकर बैठ गया।

दुर्लभराय ने महाराज अनहिल्लराय को यह सम्मति दी कि ज्योंही अमीर यहाँ से पार हो जाए, आप अपने नगर में आ जाएँ तथा वहाँ की व्यवस्था करें। उसने उसकी सैन्य की सहायता भी नहीं ली, तथा अपनी योजना पूरी करने को गहन वन में प्रवेश किया।

नान्दोल के बाहर निकलते ही घना जंगल था, और इसके बाद वह पहाड़ी घाटी जो मीलों लम्बी थी। कहीं-कहीं तो यह इतनी तंग थी कि इसकी दोनों ओर के पर्वत-शृङ्ग परस्पर मिले हुए प्रतीत होते थे। इसके बाद ही एक हरा भरा समतल मैदान था, जहाँ मीठे पानी की एक छोटी-सी पहाड़ी नदी बहती थी, जो वर्षा ऋतु में तो भयानक हो जाती थी, परन्तु और ऋतुओं में उसमें थोड़ा पानी भरा रहता था। दुर्लभराय ने अपनी विलक्षण योजना से व्यवस्था ठीक करके, सेना को आवश्यक आदेश देने प्रारम्भ कर दिए।

अमीर अजमेर से आगे बढ़ा। रास्ता साफ और हरा-भरा देख उसका चित्त शांत हुआ। अब तक उसने भयानक रेगिस्तान और भारी-भारी नदियों की बाधाएँ झेली थीं। अब यह सुखद हरा-भरा जंगल देखकर वह प्रसन्न हो गया। यद्यपि उसे

अनहिल पट्टन पहुँचने की जल्दी थी। पर वह और उसकी सेना इस मनोरम प्रदेश को देखकर मस्त हो गई। चारों ओर हरे-हरे खेत लहरा रहे थे। परन्तु गाँव में उसे कोई मनुष्य नहीं दीख पड़ता था, इसपर उसने अधिक विचार नहीं किया। वह आगे बढ़ता ही गया। ज्यों-ज्यों वह आगे बढ़ता गया, बाधाएँ सामने आती गईं। गाँव नगर सब उजाड़ थे, राह-घाट टूटे हुए, खेत जले हुए और निर्जन। उसकी सारी प्रसन्नता हवा हो गई।

नान्दोल पहुँचकर उसने नगर को उजाड़ शून्य पाया। एक चिड़िया का पूत भी वहाँ न था। यह देखकर क्रोध से उसकी आँखें जल उठीं। उसने यह सुन रखा था कि यह नगर अजमेर राज्य का मित्र है, अतः उसने क्रोध में आकर नगर को फूंक कर छार करने का आदेश दे दिया।

नगर धांय-धांय जलने लगा और देखते-ही-देखते वह छार हो गया। पहले उसकी इच्छा वहीं पर पड़ाव डालने की थी, पर अब उसने कूच करना ही ठीक समझा। वह और आगे बढ़ा। उस गहन और सघन वन में घूमता चला गया। परन्तु ज्यों-ज्यों वह आगे बढ़ता था, राह-बाट नहीं मिलती थी। उसकी सेना की गति मन्द पड़ गई। व्यवस्था भी गड़बड़ हो गई। क्योंकि सूर्यास्त में अब विलम्ब न था। उसने उसी वन में एक समुचित स्थान देख छावनी डाल दी। परन्तु स्थान इतना सघन और असम था कि इतनी भारी सेना की छावनी वहाँ नहीं पड़ सकती थी। परन्तु लाचारी थी इसमें। सेना की सारी ही व्यवस्था असम्बद्ध हो गई।

राह में और यहाँ भी उसे एक भी मनुष्य देखने को नहीं मिला था। सैनिक थके हुए थे। जैसे-तैसे छावनी डालकर वे अपने खान-पान और आराम में लगे। रात्रि हो गई। वह गम्भीर होती गई। धीरे-धीरे छावनी की धूमधाम सन्नाटे में बदलने लगी। थके हुए सैनिक मीठी नींद के झोंके लेने लगे।

इसी समय जंगल में चारों ओर प्रकाश फैलता-सा दीखने लगा। प्रकाश फैलता ही गया। प्रहरियों ने कुछ भी ठीक-ठीक नहीं समझा। परन्तु दो प्रहर रात्रि होते-होते वन में चारों ओर आग की लपटें लहर मार रही थीं। अमीर जाग उठा। पल भर ही में वह परिस्थिति को भांप गया। भय से उसका चेहरा पीला पड़ गया। उसने वन में आग लगने के बहुत किस्से सुने थे। वन में चारों ओर आग ही आग लगी थी। आग ने उसके लश्कर को इस भाँति घेर रखा था जैसे साँप कुण्डली मार कर मेंढक को घेर लेता है। अब बड़े-बड़े वृक्ष अर्राकर गिरने लगे। धुएँ के बादल आकाश तक छा गए। अमीर ने देखा कि उसका सारा लश्कर आग के समुद्र में डूब रहा है। शोक से अधीर होकर वह अपना माथा कूटने और दाढ़ी नोचने लगा। सिपाही और सेनापति, जो जहाँ ।जैस दशा में थे, भाग निकलने की चेष्टा करने लगे। सेना में कोई व्यवस्था ही न रही। हाथी चिंघाड़ते और घोड़े बेकाबू होकर उछलते हुए इधर-उधर दौड़ने और सेना को कुचलने लगे। चलती हुई सेना के ऊपर भारी-भारी

जलते हुए वृक्ष गिरकर सेना को चकनाचूर करने और झुलसाने लगे। पृथ्वी पर जैसे आग का समुद्र बह रहा हो ऐसा प्रतीत हो रहा था। उसपर होकर चलना घोड़ों और पैदलों, दोनों ही के लिए असम्भव था। परन्तु रुकना या अटकना बिना मौत मरना था। अमीर पागल की भाँति उन्मत्त और हताश हो रहा था। कौन कहाँ है, यह किसी को पता न था। प्रत्येक व्यक्ति किसी तरह इस अग्नि के समुद्र से जान लेकर पार होने की चिन्ता में था। पहाड़ी हवा गज़ब ढा रही थी। न मार्ग का पता चलता था, न दिशा का। दम घोंटनेवाला धुआँ हवा में भरा था। अनगिनत सिपाही-घोड़े उस धुएँ में दम घुटकर और आग में झुलस कर, गिरते हुए पेड़ों से कुचलकर मरे-अधमरे होकर वहीं रह गए। भागने वालों ने उन्हें कुचल कर चटनी कर दिया। उषा का उदय हुआ। सूर्य निकला, परन्तु इस आग के समुद्र का तो कहीं पार ही न था। अमीर घायल और कमज़ोर पहले ही से था। अब जीवन से निराश होकर मूर्च्छित हो घोड़े से गिर पड़ा।

उसके जां-निसार सरदारों और गुलामों ने उसे हाथों-हाथ उठाया। वे उसे सब आपदाओं से बचाते हुए प्राणों के मोल पर ले दौड़े। दो प्रहर दिन चढ़ते-चढ़ते लश्कर आग के इस समुद्र से बाहर हुआ। परन्तु इस आग से अमीर का बहुत लश्कर नष्ट हो गया। सेना की सारी व्यवस्था बिगड़ गई। डेरे-तबू सब जलकर खाक हो गए। हाथी-घोड़े-प्यादे सब अधमरे हो गए। सारी ही खाद्य सामग्री और पीने का पानी नष्ट हो गया।

जंगल पार करके लश्कर ने जैसे-तैसे एक छोटे-से मैदान में छावनी डाली। छावनी क्या थी, ऐसा प्रतीत होता था, बहुत से खानाबदोश आदमियों का रेवड़ पड़ा हो। सबके कपड़े-लत्ते झुलस गए थे। अनेकों की दाढ़ियाँ आधी जल कर उनकी विचित्र सूरत बन गई थी। रसद और खाने-पीने का कुछ भी सामान पास न था। फिर भी आगे बढ़ना सम्भव न था। उस दिन भूखी-प्यासी, थकी और अव्यवस्थित अमीर की सेना अत्यन्त हतोत्साहित हो वहीं पड़ी रही।

दूसरे दिन सूर्योदय से प्रथम ही अमीर ने वहाँ से कूच कर दिया। उसने सोचा कि राह में जो कोई समृद्ध नगर-गाँव मिले, उसी को लूटपाट कर सेना के भोजन, वस्त्र की व्यवस्था की जाए। परन्तु कुछ चलने के बाद ही उसे उस तंग घाटी में घुसना पड़ा। जल्दी ही उस मुसीबत को पार करने के विचार से अमीर सेना लेकर बिना ही आगा-पीछा सोचे उस दर्रे में घुस गया। आधा दर्रा पार करने पर उसे अपनी नई विपत्ति का आभास मिला। उसने देखा, दुर्गम पर्वत-शृंग पर चींटियों की भाँति रेंगते हुए अनगिनत धनुर्धारी फिर रहे हैं। उसका मन शंका और भय से काँप उठा। अमीर के सेनापतियों ने भी इस भयानक परिस्थिति का अनुभव किया। परन्तु पीछे लौटने का तो कुछ अर्थ ही न था। प्राणों की बाज़ी लगाकर अमीर और आगे बढ़ा। अब उसपर दोनों ओर से तीरों की वर्षा प्रारम्भ हो गई। बड़े-बड़े पत्थर लुढ़क कर अमीर के बलोची सवारों को घोड़ों

सहित चकनाचूर करने लगे। अमीर ने जल्द से जल्द घाटी को पार करने की जैसे सम्भव हो, ताकीद की। सेना भारी हानि सहकर भी इस विपत्ति से बच निकलने को अपने ही सिपाहियों, घोड़ों, हाथियों आदि को कुचलती हुई आगे बढ़ चली। तीसरे प्रहर तक अमीर ने घाटी के बाहर मुँह किया। दुर्लभराय के कौशल ने बिना एक आदमी का घात कराए, अमीर की सेना को एक प्रकार से तहस-नहस कर दिया था। अब उसने सम्मुख युद्ध करना व्यर्थ समझ अमीर को आगे भागने का मार्ग तो दे दिया, पर पश्चात् भाग में व्यवस्थित उसका सब धन-रत्न खजाना लूट लिया। अमीर धन-खजाना-कोष छिनाकर, बेंत से पिटे हुए कुत्ते की भाँति दर्रे से निकलकर ताबड़तोड़ भागा। नदी को पार कर उसने खुले मैदान में छावनी डाली। और ईश्वर को धन्यवाद देने को नमाज पढ़ी। दुर्लभराय अपने सफल अभियान पर प्रसन्न हो पीछे लौटा।

सिद्धपुर में

श्रीस्थल की पवित्र भूमि में आज भी सिद्धपुर एक समृद्ध नगर है। गुजरात में वह पवित्र तीर्थ माना जाता है। अत्यन्त प्राचीन काल में यहाँ महर्षि कपिल ने अपनी माता को तत्त्वज्ञान का उपदेश दिया था। जिस काल की कथा हम कहते हैं, उस काल में सिद्धपुर की आबादी खूब बढ़ी-चढ़ी थी। यद्यपि अनहिल्लवाड़ पाटन गुजरात की राजधानी थी, परन्तु सिद्धपुर की शोभा और समृद्धि उस समय पाटन से कम न थी। सिद्धपुर का इलाका महाराज चामुण्डराय ने अपने मंझले पुत्र दुर्लभदेव को दे दिया था। दुर्लभदेव राजधानी में न रहकर सिद्धपुर में ही रहते थे।

दुर्लभदेव बड़े खटपटी पुरुष थे। उन्हें साहूकार चोर कहना ठीक होगा। वह ईर्ष्यालु, लोभी, दम्भी और महत्त्वाकांक्षी पुरुष थे। जबर्दस्त के आगे झुक कर काम निकालने में वे बड़े निपुण थे। अपनी कार्य-सिद्धि के लिए वह सब-कुछ कर सकते थे। वह कभी किसी का विश्वास नहीं करते थे, सदा सबको सन्देह की दृष्टि से देखते थे। लुच्चे-लफंगे, जी हुजूरिए सदैव उन्हें घेरे रहते, जिनसे वह अपने सारे उल्टे-सीधे काम लेते रहते थे। अपने काम सिद्ध कर लाने वालों को दुर्लभदेव दिल खोलकर इनाम-इकराम देते थे। वह निरन्तर कोई-न-कोई षड्यन्त्र करते ही रहते थे। मन का भेद कभी किसी पर प्रकट नहीं करते थे। स्वभाव के वह पूरे निर्दयी थे।

सिद्धपुर का इलाका और पूरी आय उनके अधीन न होने पर भी लोग उन्हें सिद्धपुर का राजा ही मानते थे। पाटन की राजनीति की ढील और अव्यवस्था से उन्होंने काफी लाभ उठाया था। महाराज चामुण्डराय की तो वह कुछ परवाह ही नहीं करते थे। वर्षों से उन्होंने राजस्व, न राजकोष में जमा कराया था, न उसका हिसाब-किताब ही किसी को दिया था। और अब तो वह इस खटखट में पड़े थे कि अपने पिता महाराज चामुण्डराय

और बड़े भाई वल्लभदेव को मारकर या बंदी बनाकर गुजरात की गद्दी हथिया लें। महारानी दुर्लभदेवी और मन्त्रीश्वर वीकणशाह उनके षड्यन्त्र में सम्मिलित थे। उधर नान्दोल का अनहिल्लराय भी महत्त्वाकांक्षी था। गुजरात की गद्दी पर उसकी गृध्र-दृष्टि थी। अतः वह भी अपने ताने-बाने बुन रहा था। पाठक जानते ही हैं कि उनके खटपटी दूत जैन यति ने किस प्रकार पाटन का राजपाट विद्रोह और षड्यन्त्र से दूषित कर दिया था। परन्तु मुद्दे की बात यह थी कि दुर्लभदेव एक तो अपने भतीजे भीमदेव से भय खाता था, और अपने भाई वल्लभदेव से उनके प्रेम और सहयोग को नहीं सह सकता था; दूसरे वह अनहिल्लराय की महत्त्वाकांक्षा को भी विष-दृष्टि से देखता था। वह तो उन्हें अपना हथियार बनाना चाहता था और कुछ नहीं।

पाठक जानते ही हैं कि दामोदर महता की जाग्रत कूटनीति ने, उसका पाटन का विद्रोह विफल कर दिया था। परन्तु वह हार मानने वाला पुरुष नहीं था। इसी समय उसके लिए यह एक प्रकार का सुयोग ही हाथ आ लगा कि गज़नी के सुलतान की गुजरात पर अभियान की सूचना उसे मिली। उसने दुर्लभ संयोग से दुर्लभ लाभ उठाने की ठान ली।

वह ढोंगी तो था ही। इन दिनों वह अपनी महत्त्वाकांक्षाओं पर परदा डालने के लिए साधु-वेश धारण करता रहा था। वह चांदी की खूँटी की खड़ाऊँ पहनता, भगवा वस्त्र धारण करता, और मृग-चर्म पर बैठकर धर्म-कार्य और राज्य-कार्य करता था। इतना होने पर भी वह राज-छत्र, चंवर और मशाल का मान अवश्य धारण किए रहता था। लोग उसे साधु, त्यागी और धर्मात्मा राजकुमार समझ कर उसका मान करते थे।

सिद्धपुर का किला गुजरात के प्रसिद्ध किलों में से एक था। वहाँ उसने बहुत-सी सेना, सेवक और शस्त्रास्त्र संग्रह कर लिया था। परन्तु उसने किले के राज महालय का निवास त्याग दिया था। किले के कोटे से संलग्न ही प्रसिद्ध रुद्र महालय था। यह महालय महाराज मूलदेव राज ने बनवाया था। उसकी विशालता और स्थापत्य-कला ऐसी थी कि वैसा दूसरा देवस्थान गुजरात में न था। सोमनाथ के बाद इसी का स्थान था। यह ढोंगी राजकुमार साधु-वेश में परम माहेश्वर का पद धारण करके इसी रुद्र महालय में निवास करता था।

वह निरभिमान होने का प्रदर्शन भी करता था। वह सब छोटे-बड़े व्यक्तियों के घर चला जाता, उनके सुख-दुःख का हाल-चाल पूछता। उनकी संपत्ति-विपत्ति में सहायता करता। इन सब कारणों से वह खूब लोकप्रिय हो गया था।

गज़नी के सुलतान की खबर खूब रंग-रंगाकर आ रही थी। सारे ही गुजरात में उन खबरों से आतंक फैल रहा था। लोग घबराकर अपना माल-मत्ता छिपा रहे थे। कुछ इधर-उधर भाग रहे थे। अजमेर और नान्दोल की तबाही और घोघागढ़ के पतन की खबरों ने, लोगों के रक्त का पानी बना दिया था। देश का सारा कारोबार,

यातायात, कृषि आदि उद्योग ठप्प पड़ गए थे। समूचे देश में भय, आतंक, निराशा और अनिश्चितता का वातावरण भर गया था। परन्तु दुर्लभदेव अत्यन्त सावधानी औद दक्षता से अपनी योजना बना रहा था। उसने यह योजना स्थिर की थी कि इस म्लेच्छ को यथासम्भव गुप्त सहायता पहुँचा कर देश को उजड़वा डाला जाए। इसी से सब विरोधिनी शक्तियों का नाश कर डाला जाए। पीछे, जब वह लौट जाए तो गुजरात पर अपना अधिकार सुदृढ़ कर लिया जाए। इसके अतिरिक्त इस आड़ में खूब सैन्य भरती करके तथा शस्त्रास्त्र संग्रह करके दूर से जो हो रहा है देखा जाए। पीछे इसी शक्ति की सहायता से गुजरात की गद्दी हथिया ली जाए।

इस प्रकार योजना स्थिर करके वह जी-जान से उसकी पूर्ति में जुट गया। उसने बहुत-से चर, देश-भर में फैलाकर घर-घर यह प्रचार कराया कि म्लेच्छ देश पर चढ़ा चला आ रहा है, उसका सामना करने के लिए सब कोई सिद्धपुर में एकत्र हों। अनेक स्थानों पर उसने स्वयं जाकर राजपूतों, गरासदारों और सर्वसाधारण को उत्तेजित किया। उसकी प्रभावशाली मुख-मुद्रा, साधु-वेश, धर्म-प्रेम और देश-प्रेम की उत्तेजना-मूलक बातें सुन-सुनकर भावुक और धर्मप्राण पुरुष हज़ारों की संख्या में उसके झण्डे के नीचे आ पहुँचे। और देखते ही देखते एक अच्छा लश्कर उसने संग्रह कर लिया।

सोरठ में मिहिर लोगों की बस्ती थी। ये सोरठ के प्रसिद्ध लड़ाकू वीर थे, पर चोरी-डकैती या छोटे-मोटे काम करके खानाबदोशों की भाँति रहते थे। इस चालाक राजकुमार का उनकी ओर ध्यान गया। उसने अपने साधुत्व के प्रभाव से इन्हें अपनी ओर आकर्षित किया, भगवान् सोमनाथ के नाम पर उसने ऐसी उत्तेजना उनमें भरी कि वे प्राणपण से मुसलमानों से लोहा लेने को सन्नद्ध हो गए और देखते ही देखते पच्चीस हजार मिहिर योद्धा उसके झण्डे के नीचे आ खड़े हुए।

अब उसने अपने लश्कर को युद्ध-कला सिखाने के लिए चतुर सेनानायक नियुक्त किए। उत्तम शस्त्रास्त्रों का संचय और निर्माण किया। भिन्न-भिन्न सरदारों की अधीनता में सेना की टुकड़ियाँ बाँटी। प्रतिदिन उनकी कवायद करने का उपक्रम जारी किया। इस काम में ग़फलत न हो इसलिए वह नित्य प्रातःकाल स्वयं सेना की कवायद देखता। इस प्रकार उसने चाहे जिस भी परिस्थिति का सामना करने का सब बन्दोबस्त कर लिया और पूरी सावधानी से अमीर की गतिविधि देखने लगा।

उधर राजधानी में गम्भीर उलट-फेर हो चुके थे। महारानी दुर्लभदेवी और पाटन का प्रधानमन्त्री वीकणशाह, जो उसका सहायक था, राजवध के अपराध में बन्दी हो गए थे और प्रधानमंत्री का पद उसके शत्रु और शत्रुओं के समर्थक विमलदेव शाह को मिल चुका था। प्रधान सेनापति बालुकाराय और दामोदर महता पहले ही वल्लभदेव के गुट के व्यक्ति थे। सो एक प्रकार से राज्य इस समय वल्लभदेव का था। महाराज चामुण्डराय अब नाममात्र के पुतले की भाँति गद्दी पर बैठे थे। उनकी कोई बात अब कोई सुनता ही न था। पाठक जानते ही हैं कि विमलदेवशाह एक

ऐसा जनूनी और तेजस्वी व्यक्ति था जो किसी की, यहाँ तक कि राजा की भी परवाह न करता था। उसने राजा की मर्ज़ी के बिना ही वल्लभदेव और भीमदेव को लाखों दम्म सेना की भरती के लिए भेज दिए थे। अब तो वह खुल्लमखुल्ला प्रधानमन्त्री था। और दामोदर महता तथा बालुकाराय की सलाह से उसकी सवारी राज-गज पर नगर में धूमधाम से निकल चुकी थी, जिससे सब छोटे-बड़े जनों ने महामन्त्री के रूप में उसका अभिनन्दन किया था।

परन्तु इन सब विपरीत परिस्थितियों से दुर्लभदेव नहीं घबराया। सेना की व्यवस्था और कोषागार का प्रबन्ध ठीक करके उसने तीन काम किये।

महारानी दुर्लभदेवी, जो नान्दोल के राजकुमांर को गोद लेना स्वीकार कर नान्दोल की सहायता प्राप्त करना चाहती थी, वह उसे बिलकुल पसन्द न था। इस गोद लेने की योजना का वह पूरा विरोधी था। यद्यपि अभी उसका कोई पुत्र उत्पन्न नहीं हुआ था। फिर भी उसे आशा थी। परन्तु अपने विरोध को उसने कभी किसी पर प्रकट नहीं किया। वह रानी की हाँ-में-हाँ मिलाता रहा। अनहिल्लराय को भी प्रेम और आदर से भरे पत्र लिखता रहा तथा भेंट भेजता रहा। जब गज़नी का अमीर अजमेर से आगे बढ़ा और नान्दोल में आमेर के दुर्लभराय ने आकर अपनी योजना अनहिल्लराय से कही तो अनहिल्लराय ने सांढ़नी-सवार भेजकर दुर्लभदेव से राय पूछी थी। दुर्लभदेव तो यह चाहता था कि इस अवसर पर अमीर से टकराकर अनहिल्लराय पिस मरे। उसने खूब उत्तेजित भाषा में अनहिल्लराय को इस धर्म-शत्रु से लोहा लेने को उकसाया और दो हाथी सोने के दम्म भर कर सहायतार्थ भेज दिए। पत्र और दम्म पाकर अनहिल्लराय प्रसन्न हो गया। और जब दुर्लभराय कछवाहे ने उसे ऐसी योजना बताई जिसमें न तो उसके एक सैनिक पर आँच आती थी, न एक पाई खर्च होती थी, वह धर्म के शत्रु से मिल जाने के अपवाद से भी बच जाता था और दुर्लभराय का भी प्रेम-भाजन बनता था, इन सब बातों पर विचार करके, उसने दुर्लभराय कछवाहे की योजना स्वीकार कर ली थी। अतः इस मामले में दुर्लभदेव की आशा कुछ भी फलवती न हुई। अनहिल्लराय का कुछ भी नुकसान नहीं हुआ, जो हुआ उसकी पूर्ति उसने आ़नन-फ़ानन कर डाली।

दूसरा काम उसने यह किया कि अत्यन्त गुप्त रूप से उसने अमीर के पास अपना दूत भेजकर इस शर्त पर उसका मार्ग-विरोध न करने तथा सब सम्भव सहायता देने की स्वीकृति भेज दी कि वह सोमनाथ-अभियान के सफल होने पर वापसी में उसे ही गुजरात का अधीश्वर स्वीकार कर ले। दुर्लभदेव का यह संदेश वास्तव में अमीर के लिए एक वरदान था। यदि इस समय दुर्लभदेव अपनी सेना लेकर अमीर पर पिल पड़ता तो इसमें तनिक भी संदेह न था कि अमीर का एक-एक घोड़ा और एक-एक सवार इसके तीरों से बिंध जाता। और अमीर को गुजरात की दहलीज़ में ही अपनी समाधि लगानी पड़ती। दुर्लभदेव ने इतना ही नहीं किया, उसने ऐसी भी

व्यवस्था कर दी कि आबू और झालौर के परमार भी अमीर का अवरोध न करें। उन्हें इस खटपटी राजपुत्र ने विश्वास दिला दिया कि वे अपने धन-जन को खतरे में न डालें—ग़ज़नी के दैत्य को सीधा गुजरात की सीमा में धँसा चला आने दें। यहाँ आने पर वह उसे पीस डालेगा। पीछे आवश्यक हुआ तो वह उनसे अमीर के पृष्ठ भाग पर आक्रमण करने का अनुरोध करेगा। यह योजना यदि अमल में सचमुच आती, तो अमीर का यहाँ से निस्तार नहीं था। पर भारत के भाग्य ऐसे कहाँ थे; भारत को तो अपनी लाज खोनी थी। दुर्लभदेव ही के समान आबू के परमार अपनी स्वार्थमयी महत्त्वाकांक्षा की खिचड़ी पका रहे थे। वह न केवल अवन्तीपति भोज का पराभव करने पर तुले थे अपितु गुर्जरेश्वर की अधीनता का इस सुअवसर पर जुआ उतार फेंकने को भी उतावले हो रहे थे। यदि इस सुयोग में अमीर दुर्लभदेव और गुर्जरेश्वर का दलन कर डाले और उनका सैन्य बल तथा कोष अक्षुण्ण बना रहे तो इससे उत्तम बात और हो क्या सकती थी। उन्होंने दुर्लभदेव की योजना का हर्ष से स्वागत किया तथा कपट-भाव से आश्वासन दिया कि आवश्यकता पड़ने पर पीछे से आक्रमण करके उसे सहायता पहुँचाएँगे। परन्तु उन्होंने यह ठान ली थी कि यह कोरा आश्वासन ही रहेगा। गुप्त रूप से उन्होंने भी अमीर को दूत भेज कर कहला भेजा था कि यदि अमीर उनके राज्य की सीमा में कोई उपद्रव न करे तो वे उसे निर्बाध रूप से आबू की राह गुजरात में प्रविष्ट होने से रोकेंगे नहीं।

हाय रे भारत के भाग्य, हाय रे राजपूतों की कलंकित स्वार्थ-नीति! इसी ने तो राजपूतों को संगठित न होने दिया, इसी से तो वे महावीर होते हुए इस मार-काट के युग में बड़े-बड़े सुयोग पाकर भी कोई अपना साम्राज्य स्थापित न कर सके। वे अपने ही स्वार्थों में, अपनी ही योजना में मरते-कटते रहे। अमीर ने न केवल परमार के इस आश्वासन का स्वागत किया—अपितु उसने परमार को बहुत-सी भेंट-भलाई भेजकर बारम्बार अपनी मित्रता का वचन दिया। यहाँ गुजरात के द्वार पर आकर उसे नये अनुभव हो रहे थे। जहाँ उसे अन्यत्र मैत्री की भीख माँगनी पड़ी थी, यहाँ मैत्री की भीख उससे माँगी जा रही थी। जबकि वह अत्यंत जीर्ण-शीर्ण और विपन्नावस्था में था और उसे सोमनाथ-विजय तो एक ओर, सही-सलामत ग़ज़नी लौट जाने की भी आशा न रही थी।

झालौर का रावल वाक्पति राज परमार चौहानों का सम्बन्धी था। वह एक बूढ़ा, सनकी और घमण्डी आदमी था। उसे अपनी वीरता पर बड़ा अभिमान था। अपने को वह घोघाबापा से तनिक भी कम न समझता था। इनमें सन्देह नहीं कि वह एक साहसी योद्धा था। पर एक राजा को क्या योद्धा होना ही यथेष्ट है! उसके मन्त्री भी ऐसे ही थे। राजा की आयु सत्तर को पार कर चुकी थी, वह अफीम घोलने और रनवासों की नई-नई डेवडनियों से मठोली मारने में अपने बुढ़ापे के दिन व्यतीत कर रहा था। उसका राज-काज आप ही आप चल रहा था। भूखे-प्यासे किसान अपना

खून-पसीना एक करके जो अन्न उपजाते थे, उनकी गाढ़ी कमाई का अधिकांश भाग उसके अत्याचारी कर्मचारी उनसे वसूल कर अपनी भी जेब भरते थे और राजकोष भी भरते थे, जिसे मनमानी रीति पर खर्च करने से इस बूढ़े, कामुक और सनकी राजा को रोकने वाला कोई भी न था। दुर्लभदेव ने उसे लिखा, "काकाजू, चिन्ता मत कीजिए, गज़नी के इस दैत्य को सीधा पाटन की ओर तक चला आने दीजिए। यहाँ मैं उसे तलवार के घाट उतारूँगा। आपको अपनी यशस्विनी तलवार को म्यान से खींचने की मुझ दास के रहते आवश्यकता नहीं है।"

और सुन्दरी तरुणी डावडनियों से पगचप्पी कराता हुआ यह राजा हंस-हंसकर दुर्लभदेव का यह पत्र पढ़ता और कहता, "रंग है, अरे! मेरी तलवार देखनी हो तो देख, पर छोकरा अच्छा है, परमार को जानता है। यह बेटा अमीर गुजरात जाता है तो जाय। झालौर पर उसने नजर करी तो जीता छोड़ूँगा नहीं। हा–हा–हा–हा।" और इसके बाद जब अमीर ने उसकी सेवा में अमूल्य जवाहरात से भरा थाल भेजकर मैत्री-याचना की, तो यह लालची बूढ़ा बड़ी देर तक उन रत्नों में कौन कितनी कीमत का है, इसी बात पर अपने रत्नों के पारखीपन की डींग हाँकता और गोली-बांदियों पर यह प्रकट करता रहा कि यह अमीर वास्तव में उसके भय से थर-थर काँपता है।

इस प्रकार अपनी दोनों योजनाओं को कार्यान्वित कर तथा अमीर को निष्कंटक करके दुर्लभदेव ने अपना तीसरा नेत्र अब पाटन की ओर फेरा। उसके लिए जिन लोगों ने विपित्ति मोल ली थी, उनकी उस स्वार्थी ने चिन्ता नहीं की। उसे केवल अपनी माता महारानी दुर्लभदेवी को जैसे बने, महाराज का मन फेर कर सिद्धपुर ले आने और मन्त्री विमलशाह को समझा-बुझाकर जैसे बने, अपने पक्ष में करने की व्यग्रता थी।

सिद्धपुर के रुद्र महालय के मठपति शुक्लबोध तीर्थ, संस्कृत और वेदान्त के पंडित, वयोवृद्ध संन्यासी थे। राजपुत्र के भक्ति-भाव से वह प्रसन्न थे। दुर्लभ ने उन्हें बहुत-सी जागीर दे रखी थी। उसकी कृपा से यह बूढ़े संन्यासी राजशाही रीति पर रहते थे। दुर्लभदेव देवाराधन की अपेक्षा मठपति की ही अधिक आराधन करता था। इससे मठपति उसकी भूरि-भूरि प्रशंसा करते अघाते न थे। दुर्लभदेव ने और अन्य जनों से भी पाटन की राज-व्यवस्था की दुरवस्था के उल्टे-सीधे जो चित्र इस वेदान्ती संन्यासी के सम्मुख खींचे थे–उसपर इसने यह पक्की राय बना ली थी कि यदि दुर्लभदेव पाटन का अधिपति हो जाए तो गुजरात का बहुत भला हो सकता है। कुछ सच्चे भाव से भी और कुछ दुर्लभदेव की आराधना से द्रवित होकर वे दुर्लभदेव के समर्थक बन गए थे। इन्हीं को अब दुर्लभदेव ने पाटन जाकर राजा को नर्म करके जैसे बने, महारानी दुर्लभदेवी को मुक्त कराने और मन्त्रीप्रवर विमलदेव शाह को अपना अनुगत बनाने के लिए बहुत ऊँच-नीच समझा कर भेजा। राजनीति को तनिक भी

न समझने वाला यह बूढ़ा संन्यासी, बिना इस बात की गुरुता का विचार किए कि वह कहाँ, किस कार्य के लिए जा रहा है, पाटन की ओर चल दिया। दुर्लभदेव उत्कण्ठा से परिणाम की प्रतीक्षा करने लगा।

विफल प्रयास

पाटन में महामन्त्री की सत्ता एकबारगी ही व्याप गई। वह शूरवीर, तेजस्वी, मिलनसार और कुलीन जैन वणिक था। इससे नगर के सभी महाजनों में उसका पहले ही बहुत मान था। उसके मन्त्री होने पर सबने उसे आनन्द बधाइयाँ दीं। महामन्त्री के महालय के आगे हाथी झूम रहे थे, नौकर-चाकर, दास-दासी, दूत, व्यापारी, माण्डलिक, मन्त्री, योद्धा और अनेक पुरुष भाँति-भाँति के अभिप्राय और काम-काज के लिए आ-जा रहे थे।

मठपति महामन्त्री का यह वैभव देखकर विमूढ़ हो गए। संध्याकाल में वे महामन्त्री से मिलने गए।

विमलदेव ने उनका उत्थानपूर्वक सत्कार किया। साधारण शिष्टाचार के बाद वार्तालाप प्रारम्भ हुआ। मन्त्री ने कहा–

"कहिए, कैसे कब पाटन में पधारना हुआ?"

"आज ही मन्त्रीश्वर।"

"आज? और तुरन्त ही इस सेवक को दर्शन से कृतार्थ किया–बड़ी कृपा हुई महाराजकुमार दुर्लभदेव प्रसन्न तो हैं?"

"प्रसन्न हैं। उनपर दुहरा भार है मन्त्रीश्वर, देवता का भी और राज्य का भी।"

"अच्छा!" मन्त्री विमलदेव शाह ने मन्द स्मित करके सम्मुख पड़े बहुत से कागज़ों पर दृष्टि डाली। मठपति नहीं समझ पाए कि इस एक 'अच्छा' शब्द में कितना अंश व्यंग्य का है और कितना अविश्वास और तिरस्कार का। वे कोई राज-दरबारी पुरुष न थे। वे इसी एक शब्द से हतप्रभ हो गए। कुछ ठहरकर उन्होंने कहा, "राज्य पर संकट-काल है। महाराज कर्तव्य से बेसुध हैं, अब आप हैं तो गुजरात का सब-कुछ है।"

"यह क्या महाराजकुमार का संदेश है?"

"नहीं मन्त्रीश्वर, परन्तु गुजरात का रक्षण होना चाहिए।"

"उसकी समुचित व्यवस्था हो रही है।"

"किस प्रकार मन्त्रीश्वर?"

"यह काम राज-पुरुषों का है, आपका नहीं। आप मुझसे क्या कहना चाहते हैं, वह कहिए।"

“मन्त्री के प्रताप और तेज से मठपति की सारी ज्ञान-गरिमा लुप्त हो गई। उन्होंने देखा, चापलूसी और भय इस पुरुष को स्पर्श ही नहीं करते। उन्होंने धीरे से कहा, “मैं यही कहने आया था मन्त्रीश्वर।”

“तो यह बात तो खत्म हुई।”

“मेरा एक अनुरोध भी है।”

“आपका?”

“महाराज दुर्लभदेव की ओर से।”

“महाराज दुर्लभदेव कौन है?”

“महाराज...”

“हाँ-हाँ, किन्तु महाराज तो चामुण्डराय अभी पाटन में विराजमान हैं।”

“मैं महाराजकुमार की बात कह रहा हूँ।”

“कहिए।”

“देश पर म्लेच्छ आ रहा है। महाराज...”

“फिर महाराज! कौन महाराज?”

“नहीं, नहीं, कुमार दुर्लभदेव उसके दमन में कृतोद्यम हैं, आप उनकी सहायता कीजिए।”

“आपको क्या कुमार दुर्लभदेव ने यहाँ भेजा है?”

“नहीं मन्त्रीश्वर, मैं तो आपसे एक अनुरोध कर रहा हूँ।”

“तो देखिए, आप मठपति हैं। इसलिए रुद्र महालय के सम्बन्ध में यदि कुछ त्रुटि हो तो कहिए। मैं उसपर विचार करूँगा। राज-काज में अनुरोध मानकर शासन करने की मेरी आदत नहीं। रही कुमार दुर्लभदेव की बात, वे राजविद्रोह के एक अभियुक्त हैं, इस सम्बन्ध में ज़ाब्ते की कार्रवाई की जा रही है जो शीघ्र उन्हें ज्ञात हो जाएगी।”

“परन्तु मन्त्रीश्वर, वे राजपुत्र हैं।”

“राजपुत्र या राजमाता, जो भी हों, पाटन का न्याय-विधान सबके लिए एक-सा ही है।”

“किन्तु...”

“सुनिए महाराज, यदि राज-दरबारी मामलों में रुचि रखेंगे तो यह समझा जाएगा कि आप भी षड्यन्त्र में सम्मिलित हैं। आप विद्वान पुरुष हैं, संन्यासी हैं, इसी से मैं आपकी भलाई की बात कहता हूँ। आप अपना काम कीजिए। कुमार दुर्लभदेव सैन्य-संधान कर रहे हैं, वह हमारी दृष्टि से ओझल नहीं है तथा राज्य और शत्रु पर उनकी जैसी दृष्टि है, वह भी पाटन का मन्त्री जानता है। परन्तु आपको उचित प्रतीत हो तो आप उनके हितैषी के रूप में उन्हें समझा दीजिए कि जब वे विरक्त होकर साधु ही हो गए हैं तो इस प्रकार की खटपट में माथापच्ची न करें, यही उत्तम है। नमस्कार!”

मठपति को और कुछ कहने की हिम्मत नहीं हुई। वे आशीर्वाद दे वहाँ से उठकर चले आए।

विमलशाह ने एक कुटिल हास्य उनपर डाला, और एक पार्श्वद को कुछ संकेत किया। पार्श्वद तनिक झुककर चुपचाप मठाधीश के पीछे रवाना हो गया।

पाटन में हड़कम्प

घोघाबापा और महाराज धर्मगजदेव के रणांगण में गिरने के समाचार हवा में तैरते हुए पाटन पर छा गए। अमीर दबादब गुजरात की ओर बढ़ा चला आ रहा है, इसकी भाँति-भाँति की विकृत और कल्पित कहानियाँ लोग कहने-सुनने लगे। कोई कहता, उसके साथ दैत्यों की सेना है; कोई कहता, उसके पास उड़ने वाली सांढ़नियां हैं; कोई कहता, वह मर कर भी जी उठता है, उसका सिर कट कर फिर जुड़ जाता है। जितने मुँह, उतनी बात। पाटन के उद्वेग का ठिकाना न रहा। लोगों के चेहरों पर हवाइयाँ उड़ने लगीं। सेठ, साहूकार, गृहस्थ अपना धन-रत्न धरती में या तहखानों में छिपाने लगे। जिससे जो लेकर भाग जाते बना, ले भागा। जिसका जिधर मुँह उठा, वह उधर ही भाग निकला। किसी को किसी की सुध न रही। अमीर के चमत्कारों और अत्याचारों के अतिरंजित किस्से अनेक रूप धारण करके लोगो में आतंक उत्पन्न करने लगे। पाटन में भगदड़ मच गई।

इस समय पाटन में दो ही ऐसे पुरुष थे, जिनपर पाटन का सारा दायित्व था। एक वैदेशिक मन्त्री दामोदर महता, दूसरा मन्त्रीश्वर विमलदेव शाह। दोनों ने परस्पर विचार-विनिमय किया। परिस्थिति को परखा और आगे-पीछे की योजना बनाई। महाराज वल्लभदेव और भीमदेव इस समय राधनपुर में सैन्य तथा युद्ध-सामग्री का संग्रह कर रहे थे। दामोदर महता ने तुरन्त नगर, राज्य और राज्यकोष की सुरक्षा की व्यवस्था की। नगर की भगदड़ रोक दी और ढिंढोरा फिराकर नगर निवासियों को राज्य व्यवस्था के अनुसार काम करने का आदेश दिया गया। कन्नौज, उज्जयिनी, श्रीमाल और भृगकच्छ के ब्राह्मण परिवारों को तथा राजकोष, राजपरिवार एवं उच्चवर्गीय परिवारों को खम्भात और भरुच भेज दिया गया। अवांछनीय जनों को दूर देशांतर में रवाना कर दिया, गाँव-देहात के लोगों को सुरक्षित स्थानों में स्थानान्तरित कर दिया। राह-घाट, पुलों और जलाशयों पर पहरे बिठा दिए। खम्भात की खाड़ी में समुचित जहाज़ों को, सब साधनों से सम्पन्न करके तैयार रखा गया। पाटन और आसपास के नगर-ग्रामों की सारी खाद्य-सामग्री पर राज्य ने अधिकार कर उसे तथा धन से भरे छकड़ों को महाराज वल्लभदेव के पास राधनपुर भेज दिया गया।

अब रह गए गुजरात के प्रतापी महाराजाधिराज—पाटन नगर और पाटन के राजमन्दिर और देवालय। इनके सम्बन्ध में देर तक दोनों चतुर राजनीतिविशारदों ने विचार-विनिमय कर अपनी गुप्त योजनाएँ बनाईं। विमलदेव शाह ने महाराज को स्थानान्तरित करने का बीड़ा अपने हाथ में लिया और दामोदर महता ने नगर की रक्षा का।

दोनों राजपुरुष अपनी-अपनी योजना को सफल करने में जुट गए।

जूनागढ़ का राव

जूनागढ़ के राव नवधन बिना ही किसी पूर्व सूचना के इसी समय पाटन में आ धमके। उनके साथ दो हज़ार कच्छी सवार थे। उन्होंने नगर से बाहर सहस्रलिंग सरोवर के तट पर डेरा डाला।

राव नवधन एक तेजवान, वीर, सरल किन्तु निष्ठावान पुरुष थे। वे बात के धनी भी थे। गुजरात में उनकी बहुत धाक थी। लोग उनसे भयभीत रहते थे। वे राजकुमार भीमदेव के श्वसुर थे। उनकी इकलौती बेटी उदयमती भीमदेव को ब्याही थी। रानी उदयमती यद्यपि अभी नवोढ़ा ही थी, परन्तु पिता के समान ही तेजस्विनी और स्वाभिमानी थी। मिज़ाज भी उसका तीखा था। चाल-ढाल, रहन-सहन गर्वीला था। अपने पिता पर उसे बहुत घमण्ड था। बिना माता की इकलौती पुत्री को राव प्राणों से बढ़कर प्यार करते थे। राव नवधन एक कठोर, दृढ़प्रतिज्ञ और कड़े स्वभाव के योद्धा अवश्य थे, परन्तु हृदय उनका शुद्ध था।

पाटन की अधोगति, अन्तःपुर का विद्रोह, और गुर्जरेश्वर की अकर्मण्यता एवं अमीर की अवाई सुनकर ही राव बिना निमन्त्रण, पाटन में अपना कर्तव्य पालन करने आए थे। परन्तु इस टेढ़े अवसर पर राव का ससैन्य आना सुनकर लोग आश्चर्य और भय से परस्पर कानाफूसी करने लगे। बिना बुलाए ससैन्य राजधानी में आना मर्यादित न था। राजपुरुष चिन्ता में पड़े। परन्तु दामोदर महता तुरन्त राज्य की ओर से राव का सत्कार करने उनके डेरे पर पहुँचे।

राव अपने पट-मण्डप में बहुमूल्य रेशमी गद्दी पर बैठे थे। उनकी बड़ी-बड़ी मूँछें, भारी डील, लाल डोरे वाली आँखें, घनश्याम शरीर और घन-गर्जन सा कण्ठस्वर अति भव्य था। उनके आगे गद्दी पर जड़ाऊ मूठ की नंगी तलवार रक्खी थी, तथा राव के हाथ में रुद्राक्ष की माला थी। दामोदर को देखकर राव नवधन ने ऊँचे स्वर में हाथ ऊँचा करके कहा, "आओ महता, बैठो, बैठो!"

दामोदर ने निकट जा हाथ जोड़कर कहा, "महाराज, सूचना भी नहीं भेजी, चुपचाप पधारे।"

"घर आने के लिए सूचना कैसी? कहो, पाटन पर कैसी बीत रही है भाया?"

"सब ठीक-ठाक है महाराज।"

"यही देखने तो आया हूँ। गुर्जरेश्वर तो अपनी बावड़ी और ताल बनवाने में संलग्न हैं, क्यों?"

"महाराज देखेंगे तो प्रसन्न होंगे, धवल-गृह तो बनकर तैयार हो चुका है।"

"देखूँगा भाया। पर पहले गुजरात की प्रतिष्ठा की बात देखनी है। गज़नी का अमीर आ रहा है, सो गुर्जरेश्वर क्या धवल-गृह में ही इस म्लेच्छ का स्वागत करेंगे?"

"यह कैसी बात दरबार! जब तक जूनागढ़ की तलवार है, तब तक..."

"अब यह बात रहने दो महता, तुम्हें तो अपनी शक्ति पर बड़ा भरोसा है, फिर अपनों को क्यों बुलाने लगे। पर भाया, मुझसे तो रहा नहीं गया। चला आया। समय आया है तो अब मानापमान क्या। अब सच-सच जो बात है, वह कहो।"

महता ने हाथ जोड़ और अधीनता जताकर कहा, "अब आपका विराजना हुआ है तो सब ठीक हो जाएगा। सब निवेदन करूँगा। किन्तु क्या कुमार को सूचना दे दूँ?"

"अभी नहीं, महाराज से मिलने के बाद।"

"तो मैं महाराज को निवेदन करता हूँ।"

"निवेदन हो चुका है महता, अभी महाराज नशे-पानी की झोंक में हैं। जब सावधान होंगे तब..." राव नवधन इतना कह व्यंग्य से मुस्करा दिए। फिर कुछ सोचकर बोले, "महता, महाराज गुर्जरेश्वर हैं, पर मैं भी सोरठ का धनी हूँ! गज़नी का अमीर जो सोमनाथ पर आए, तो राव के जन्म को ही धिक्कार है।"

"परन्तु महाराज, वह आए तो, सोरठ की तलवार के साथ-साथ गुजरात की तलवार भी तैयार है।"

"और कुमार भीमदेव?"

"महाराज, गुजरात की तलवार तो कुमार ही के हाथ में है।" फिर उसने इधर-उधर देखकर मन्द स्वर में कहा, "यशस्वी मूलदेव की गद्‌दी पर तो एक दिन कुमार ही की प्रतिष्ठा होगी। और महारानी उदयमती गुजरात के भावी अधिपति की माता।"

राव नवधन प्रसन्न हो गए। उन्होंने सन्तुष्ट होकर कहा, "किन्तु महता, क्या कुमार भीमदेव पाटन में आते ही नहीं?"

"क्यों नहीं महाराज, परन्तु इधर तो वह अमीर की अवाई की खटपट में लगे हैं।"

"तो भाया, कुमार को सूचना भेज दो, और घर-बाहर के सब सगे-सम्बन्धियों को भी बुलाओ। केसरदेव मकवाना पर अभी एक सांढ़नी रवाना कर दो। अरे भाई, यह तो धर्म पर तलवार है! हाँ राजपुत्र दुर्लभदेव का क्या समाचार है? सुना है, उन्होंने संन्यास लिया है।"

“राज-संन्यास महाराज” महता ने हँसकर कहा, “महाराजकुमार योग और भोग दोनों ही का आनन्द-लाभ कर रहे हैं।”

“और तो कुछ बात नहीं है महता?”

सोरठ का राव गुजरात की घरू राजनीति में उतरे, यह दामोदर को रुचा नहीं। उसने बात को उड़ाकर कहा, “महाराज जब पाटन में पधारे ही हैं तो सब स्वयं देख-भाल लेंगे।”

“पर सुनता हूँ, दुर्लभदेव ने खूब सैनिक तैयारी की है!”

“सिद्धपुर की रक्षा का भार भी तो उन पर है। आखिर सिद्धपुर गुजरात का मुख है।”

“ठीक है महता।”

दामोदर प्रणाम करके उठ खड़ा हुआ। उसने पुनः हाथ जोड़कर कहा, “तो मैं सांढ़नी-सवार रवाना करता हूँ।”

राव ने सत्कार से दामोदर को विदाई दी और गद्दी पर बैठकर माला फेरने लगे।

परम-परमेश्वर

परम-परमेश्वर परम माहेश्वर गुर्जरेश्वर प्रबल प्रताप मार्तण्ड महाराजाधिराज चामुण्डराय बेचैनी और घबराहट में उन्मत्त की भाँति बड़बड़ा रहे थे। राजा के सब खुशामदी, जी-हुजूरिए, खवास, गोले, दास-दासी राजा को छोड़कर जिसके हाथ जो लगा, लेकर भाग गए थे। गुर्जरेश्वर अपने महलों में अकेले पड़ गए थे। जब से उन्हें मार डालने के षड्यन्त्र का भण्डाफोड़ हुआ था, वह प्रत्येक आदमी को सन्देह और भय की नजर से देखते, अपने ही पैर की आहट से चौंक उठते, हर समय हाथ में नंगी तलवार लिए रहते और नौकर-चाकर, गुलाम-गोले सभी से भयभीत और सशंकित रहते थे। अपनी परछाईं से भी डर जाते थे। भोजन और जल, सभी में उन्हें विष का भय रहता था। भोजन को वे दूर फेंक देते, चीखते-चिल्लाते, और बहुधा भूखे-प्यासे पड़े क्रोध और जुनून में बड़बड़ाया करते थे।

आज उनकी नित्यक्रिया में भी बाधा आ उपस्थित हुई। बारम्बर पुकारने पर भी कोई गोला-गोली, खवास-चाकर उपस्थित नहीं हुआ। वे ज़ोर-ज़ोर से गालियां बकने लगे, उनके मुँह से फेन निकलने लगा। बहुत देर बाद एक दासी हाथ बाँधे आकर खड़ी हुई। राजा उसे देखते ही चौंक पड़े। उन्होंने तलवार का हाथ ऊँचा करके कहा, “तू क्यों आई, बोल?”

“मैं अन्नदाता की सेवा में हाजिर हूँ।”

"कैसी सेवा?"

"जैसी हुज़ूर की मर्ज़ी।"

"और सब चाकर-गुलाम कहाँ गए?"

"सब भाग गए महाराज।"

"क्यों भाग गए?"

"सारा पाटन ही भाग रहा है, अन्नदाता। नगर में भगदड़ मची है।"

"महाराज यह सुनकर एकदम गद्दी पर गिर गए। उन्होंने कहा, "पाटन भाग रहा है और मुझे खबर ही नहीं।"

दासी ने जवाब नहीं दिया। नीचा सिर किए खड़ी रही।

राजा ने कहा, "बोलती क्यों नहीं, बोल," फिर राजा ने गुस्से में भरकर कहा, "मैं समझ गया। तुम सब अपने राजा को मार डालना चाहते हो।"

"अन्नदाता, मैं तो बचपन से ही हुज़ूर की खिदमत में हूँ, महाराज ने तो सदा ही मुझपर विश्वास किया है।"

"पर अब..." महाराज ने दासी की ओर देखा।

दासी ने निकट आकर महाराज की मसनद ठीक की। फिर हाथ बाँधकर कहा, "अन्नदाता, बाहर मन्त्रीश्वर विमलदेव शाह ड्योढ़ियों पर हाज़िर हैं, वे हुज़ूर को सब बात बता सकते हैं।"

"तो विमल को यहाँ ले आ।"

विमलदेव शाह राजा के निकट आ खड़े हुए। राजा ने पुछा, "विमल, यह सब क्या हो रहा है? सुनता हूँ, पाटन के सब नगर-जन घरबार छोड़कर भाग रहे हैं।"

"महाराज ने सत्य ही सुना है।"

"परन्तु क्यों?"

"गज़नी का म्लेच्छ गुजरात पर रहा है महाराज।"

"तो बालुकाराय क्या कर रहा है, उसने उसे मारकर भगाया नहीं?"

"नहीं महाराज।"

"क्यों नहीं?"

"म्लेच्छों की सेना अपार है। पाटन में सेना नहीं है, सेना के पास शस्त्र नहीं है।"

"क्यों नहीं हैं विमल?"

"राजकोष का सब धन महाराज ने धवल-गृह और सरोवर के निर्माण में खर्च कर दिया है।"

"अरे, किन्तु प्रजा की रक्षा कैसे होगी?"

"नहीं होगी महाराज।"

"यह कैसी बात?"

"यह बात प्रजा जानती है। परम-परमेश्वर गुर्जराधिपति महाराज चामुण्डराय अपनी प्रजा की रक्षा करने में असमर्थ हैं, इसी से वह भाग रही है।"

"बहुत खराब बात है...अब क्या होगा?"

"पहले पाटन का और फिर सोमनाथ का विध्वंस होगा।"

"नहीं, नहीं रे विमल, ऐसा नहीं होना चाहिए, तू नहीं जानता कि अनहिल्लपट्टन पश्चिमी भारत का मुख है और भगवान् सोमनाथ सोलंकियों के कुल-देवता हैं।"

"जानता हूँ महाराज।"

"तो फिर?"

"तो फिर महाराज, उठाइए तलवार घोघाबापा रण में जैसे जूझ गए, महाराज धर्मगजदेव जैसे कट मरे, उसी प्रकार रण में एक-दो हाथ मार-मूरकर आप भी वीरगति प्राप्त कीजिए। पीछे पाटन का जो हो सो हो।"

राजा भय और आतंक से पीला पड़ गया। उसे जीवन का बहुत मोह था। उसने मन्त्री की ओर भीत मुद्रा से देखा। मन्त्री अविचल भाव से खड़ा था। राजा ने भर्राए स्वर में कहा, "विमल, पाटन की लाज रख।"

"किस प्रकार महाराज।"

"जैसे तू ठीक समझे। मेरी ओर से तुझे छूट है, समझा!"

"बहुत अच्छा महाराज, तो आप तैयार हो जाइए।"

"किसलिए?"

"शुक्ल तीर्थ पधारने के लिए। वहाँ महाराज विराज कर शान्ति से परलोक चिन्तन करें।"

"और पाटन?"

"अब राज्य की खटपट में पड़ने का महाराज का काम नहीं। उसकी समुचित व्यवस्था हो जाएगी।"

"तो विमल, तू मुझे गद्दी से उतारता है?"

"महाराज को गद्दी पर विराजने में बहुत कष्ट उठाना पड़ रहा है।"

"और जो मैं गद्दी नहीं छोड़ूँ?"

"तो और अच्छा है। उठाइए तलवार।"

"तलवार?"

"हाँ महाराज, यदि आप किसी म्लेच्छ की तलवार का भोग होना ही चाहते हैं तो फिर जैसी महाराज की इच्छा!"

राजा की आँखों से झरझर आँसू झरने लगे। उसने कहा, "अरे विमल, यह क्या मेरा तलवार उठाने का काल है?"

"नहीं है महाराज, इसी से मैंने निवेदन किया कि अब महाराज शुक्ल तीर्थ पधारें।"

"वहाँ क्या है?"

"देवस्थान हैं, रायस्थली है, सुपर्णा नदी है, वन-विहंगम है, शीतल-मन्द पवन है।"

"और गज़नी का यह दैत्य?"

"वहाँ न जाने पाएगा महाराज।"

"और यदि जाए तो?"

"विमल के जीते-जी नहीं महाराज।"

"यह...यह क्या यथेष्ट है?"

"एक भी गुर्जर जब तक जीवित है, तब तक नहीं।"

"हाँ, अब ठीक है। किन्तु ये हत्यारे, जो अपने राजा को विष देकर मार डालना चाहते हैं?"

"सब दण्ड पाएँगे महाराज, वहाँ उनका कुछ भय नहीं है।"

"तो तू जान विमल।"

"महाराज निश्चिन्त रहें।"

"अच्छा, तो तैयारी कर।"

"महाराज का गजराज द्वार पर उपस्थित है। रनवास रवाना हो चुका है। सेवक, खवास और सब विश्वासी जन रवाना हो चुके हैं महाराज।"

"तो फिर मैं चला।"

"राजा काँपता हुआ गद्दी से उठ खड़ा हुआ। जीवन के पचास वर्ष जहाँ बैठकर उसने कच्छ, लाट, झालौर, मारवाड़, स्थानक और सिन्ध के छत्रपति राजाओं का छत्र भंग किया था, उज्जयनी के मालवराज जिससे सदा स्पर्द्धा करते तथा भयभीत रहते थे। वही सोलंकी गुर्जरेश्वर चामुण्डराय आज थर-थर काँपता हुआ, बुढ़ापे में धुंधली आँखों से अविरल अश्रुधारा बहाता हुआ गद्दी से नीचे लड़खड़ाते पैर रख रहा था।

वीरों के दल-बादल

देखते ही देखते वीरों के दल-बादल पाटन में आने लगे। भृगुकच्छ के दद्दा चौलुक्य, कच्छ के कमा लाखाणी, कीर्तिगढ़ के केसर मकवाणा आदि सामन्त-भायात अपनी-अपनी सैन्य लेकर पाटन में आ जुटे। जूनागढ़ के राव तो पहले ही से जमे थे। द्वारिका, बांसवाड़ा और दमन से आबू-पर्यन्त छोटे-बड़े सरदार योद्धा सैनिक तथा कच्छ, लाट, सोरठ, श्रीमाल, गुजरात और कोंकण के धर्म-वीर अपनी-अपनी तलवार धर्म को अर्पण करने आ जुटे। इस समय पाटन में अनोखा दृश्य था। एक ओर

पाटन के नगर-जन घर-बार छोड़कर बाहर जा रहे थे, दूसरी ओर देश-देश के योद्धा शस्त्र बांध युद्ध उमंग में हुंकार भरते पाटन आ रहे थे।

अब अधिक समय नष्ट करना ठीक न समझ दामोदर महता ने राजगढ़ में दरबार की घोषणा कर दी। छोटे-बड़े सबने इस दरबार में भाग लिया। दरबार में सर्वसम्मति से वल्लभदेव को गुजरात के अधीश्वर की पाग बंधाई गई तथा उनके नाम की प्रशस्ति गाई गई। राज्य के प्रमुख जनों को एवं राज-कारबारियों को एवं नगर जनों को दान-मान से सत्कृत करके दरबार की औपचारिक कार्रवाई समाप्त कर डाली गई। बूढ़े सनकी महाराज चामुण्डराय को किसी ने याद भी नहीं किया। दरबार की समाप्ति पर उसी रात गुप्त मंत्रणा-सभा बैठी, जिसमें सभी प्रमुख राजपुरुष और राज अतिथि उपस्थित हुए।

दामोदर महता ने वार्ता प्रारम्भ की। उसने एक बार चारों ओर दृष्टि डाली और कहा, ''आज हमारे सम्मुख महत्त्वपूर्ण कठिनाइयां हैं। हम चारों ओर शत्रुओं से घिरे हैं। हमारे घर में छिद्र हैं, और एक प्रबल शत्रु हमारे धर्म और हमारी संस्कृति को विध्वंस करने आ पहुँचा है। पाटन की एक निष्ठा है, पहले धर्म और पीछे राज-सत्ता। अब हमें एक पथ निर्धारित करना है, जिससे राजनीति घरू शत्रुओं पर और तलवार धर्म-शत्रुओं पर प्रयुक्त हो। इसी पर हमारी विजय निर्भर है।''

''निस्संदेह ऐसा ही है!'' भस्मांकदेव ने गम्भीर मुद्रा से कहा, ''तो प्रथम मालव पर विचार करना चाहिए।''

''उसके सम्बन्ध में आप क्या कहते हैं, देव? आपने वहाँ क्या देखा?''

''केवल एक बात, मालव की सामर्थ्य अपार है और अशक्ति निस्सीम।''

''इसका क्या अर्थ है?'' राव नवधन ने आश्चर्य-मुद्रा से कहा।

भस्मांकदेव ने कहा, ''महाराज, पाटन मालव के सामने नगण्य है। पाटन की महत्ता महाराज मूलराजदेव तक ही सीमित है। परन्तु मालव में परम्परा की महत्ता है। महाराज मुंज, उनके पिता, भाई सिन्धुराज और आज के मालवपति भोजराज इन सबकी अपनी महती निष्ठा है। मालव में वीर हैं, विद्वान हैं, वीरांगना हैं, विशाल गज-सैन्य है।''

''यह हुई अपार सामर्थ्य; अब निस्सीम अशक्ति कैसी है, वह भी कहिए।'' दामोदर ने गम्भीर मुद्रा में कहा।

''कहता हूँ, विद्या, वीर और वारांगना—इन तीनों का संगम ही मालव की निस्सीम अशक्ति है। जब भी उसका पतन होगा, इसी त्रिपुटी के द्वारा।''

''यह कैसी बात?'' राव ने भौहें सिकोड़ कर कहा। वह योद्धा इस चाणक्य की गहरी राजनीति नहीं समझा।

''महाराज, मालवा में वारांगनाओं का प्रामुख्य है। वीर और विद्वान, दोनों ही उनके उपासक हैं, इसी में मालवराज का पतन है।''

"और पाटन?" भीमदेव ने प्रश्न किया।

"पाटन का प्रश्न तो एक स्वप्न है, जिसे सच्चा किया जा सकता है।"

"परन्तु उसके लिए भी तो सामर्थ्य चाहिए।"

"कुमार, तुम्हारा गौरव ही पाटन की सामर्थ्य है। वह अभी तक प्रच्छन्न है। अब उसके प्रकट होने का काल है।" भस्मांकदेव ने स्नेह-प्रेरित स्वर में ये शब्द कहे और फिर मन्द मुस्कान बिखेरते हुए उनकी ओर देखा। सोरठ का राव यह सुनकर प्रसन्न हो गया। उसने अपनी तलवार ऊँची करके कहा, "उसके लिए तो यह तलवार भी है।"

"ठीक है, तलवार धर्म-शत्रु के लिए और केवल राजनीति घरू शत्रुओं के लिए—हमें यह सूत्र नहीं भूलना है।" महता ने कहा।

"हाँ, हाँ।" भस्मांकदेव ने मग्न भाव से कहा, "महता, मालव से तुम निश्चिन्त रहो। मालव पाटन पर दृष्टि नहीं डालेगा।"

"सो कैसे?" राव ने आश्चर्य से कहा।

"यह ब्राह्मण उसका पक्का बन्दोबस्त कर आया है।"

"बड़ा काम हुआ देव, परन्तु किस प्रकार?" महता ने प्रशंसा की दृष्टि भस्मांकदेव पर डाली। भस्मांकदेव ने हँसकर कहा, "मुझे कुछ अधिक परिश्रम नहीं करना पड़ा। मालवराज तो राजधानी में थे ही नहीं, मेदपाट में थे। मुझे केवल नाटिका का आयोजन करना पड़ा। उसमें मालव के सब नामांकित विद्वान और साहूकार आमन्त्रित किए गए। मुंज की विधवा महारानी कुसुमावती भी पधारीं। नाटिका में तैलपराज का एक अभिनय हुआ उसमें तैलपराज ने मालवराज मुंज के सिर काटने का गर्वपूर्ण प्रदर्शन किया। इस पर कुछ पात्रों ने मालव की धर्षणा की। बस, इतने ही से काम हो गया।"

महारानी ने क्रोध में आकर उसी क्षण कहा, "नाटिका तुरन्त बन्द कर दी जाए, और मालव की गज-सेना इसी क्षण तैलप पर चढ़ाई करे। महारानी के स्वभाव से मैं परिचित था, मैंने यही आशा कर रखी थी और ऐसी व्यवस्था कर रखी थी कि मालव के सब पण्डितगण और नागरिक इसका अभिनन्दन करें, सो ऐसा ही हुआ। अब मालवराज ने भी अनुमति दे दी। है। मालव गजसैन्य को, मैं तैलपराज पर अभियान करता छोड़ आया हूँ।"

सोरठ का राव प्रसन्नता का हास्य हँसा। दामोदर ने संतोष की साँस ली। कुमार भीमदेव ने कहा, "अब नान्दोल"

"वहाँ की सूचना स्थान-पुरुष ने मुझे दी है। महाराज धर्मगजदेव और सपादलक्ष के अतर्कित पतन से वह विमूढ़ हो गया है। आमेर के दुर्लभराय की नीति पर चलकर उसने अमीर से युद्ध करने का खतरा नहीं उठाया, इससे उसकी सैन्य-शक्ति तो वैसी ही है, परन्तु अमीर ने नान्दोल को भूमिसात् कर दिया है। और अब उसे इसी को बसाने में दस वर्ष लग जायेंगे। धन भी अपार खर्च होगा। फिर, अभी उसे वापसी

में अमीर का भय है। इसलिए अभी उधर से हम निश्चिन्त रह सकते हैं।'' दामोदर महता ने विवेचना की। महाराज वल्लभदेव ने कहा–''लेकिन आबू चन्द्रावती पर तो हमें तुरन्त ही अधिकार कर लेना चाहिए।''

''निस्संदेह, राजा और युवराज राजधानी में नहीं हैं। राजा मालवराज के पास है, और युवराज नान्दोल के राजकुमार के पास। अमीर से वे आश्वस्त हैं ही। इससे वे अभी मालवराज और अनहिल्लराय का सान्निध्य छोड़ इधर नहीं आएंगे। परमार ने हमें न राजस्व दिया है, न सहायता। इसलिए मेरा प्रस्ताव है कि चन्द्रावती पर तुरन्त अधिकार कर लिया जाए और मन्त्रीश्वर वहाँ के दण्डनायक होकर जाएँ।''

''परन्तु विमल के बिना हमारा दाहिना हाथ ही भँग हो जाएगा।'' भीमदेव ने कहा।

''नहीं महाराज, हमारी दाहिनी भुजा तो चन्द्रावती ही है, बिना मन्त्रीश्वर के वहाँ गए निस्तार नहीं है।'' महता ने बल देकर कहा।

''क्या अमीर से वहीं लोहा लेना होगा?'' राव ने पूछा।

''न, अमीर को छेड़ने का कोई काम नहीं है। मन्त्रीश्वर परमार की सन्धि की आन रख उसे चला आने दें। अमीर ऐसी अवस्था में है कि इस भीतरी परिवर्तन पर उसका ध्यान न जाएगा। दुर्लभराय ने अरावली की उपत्यका में अमीर को दुर्गम घाटियों में फंसा रखा है, अब तक की मिली सूचनाओं के आधार पर वह गहरी विपत्ति में दुर्गम वन में फँसा है।'' महता ने जवाब दिया।

इसपर महाराज वल्लभदेव ने कहा, ''किन्तु वहाँ उसकी समाप्ति तो होगी नहीं। हमें ढीला नहीं पड़ना चाहिए।''

''यह तो है ही। इसी से मैंने कहा। मन्त्रीश्वर आबू में बैठकर परमार और अमीर दोनों पर गृध्र दृष्टि रखें। क्या जाने, अमीर की वापसी पर चन्द्रावती में ही निर्णायक युद्ध हो।'' दामोदर ने गम्भीरता से कहा।

''यह बहुत सम्भव है, यह तो ठीक ही कहा है।'' भस्मांकदेव ने समर्थन किया।

दामोदर के प्रस्ताव का सबने समर्थन किया। विमलशाह का आबू जाना निश्चित हो गया।

''अब सिन्धुपति हुम्मकदेव?'' महाराज वल्लभदेव ने कहा।

''तुमने कहा था महता, वह तो सीधी तलवार से बात करना है, है न?'' भीमदेव ने कहा।

''हाँ, महाराज।''

''तो उसपर मेरी यह तलवार है,'' कीर्तिनगर के केसर मकवाणा ने जोश में आकर कहा, ''गज़नी के दैत्य के आने से पहले ही मैं हुम्मकदेव की तलवार दो टूक करके सोमनाथ पट्टन में आपकी सेवा में आ उपस्थित होऊँगा।''

जूनागढ़ के राव ने हुंकृति की, ''अब ठीक हुआ।'' दामोदर ने संतोष की साँस ली–''अब पाटन।''

“पाटन और उसकी राजनीति को मेरे ऊपर छोड़िए। मैं वचन देता हूँ, पाटन की एक ईंट की भी क्षति नहीं होगी, एक दम्म भी खर्च नहीं होगा, एक मनुष्य की भी प्राण-हानि नहीं होगी। मुझे केवल भस्मांक को दे दीजिए। अब तक चुप बैठे महासंधि-वैग्रहिक चण्ड शर्मा ने स्थिर स्वर से कहा। महता ने कहा, “मैं भी आप ही के साथ हूँ।

“न, तुम परछाईं की भाँति कुमार भीमदेव के साथ रहो। और कुमार को प्रभासपट्टन की सम्मिलित धर्म-सैन्य का सेनापति नियत करो। उनका रक्षण और नीति-संतुलन महता, तुम्हें करना है।” चण्डशर्मा ने कहा।

“ऐसा ही हो, अब मैं क्या करूं?” महाराज वल्लभदेव ने कहा।

“महाराज, आप प्रच्छन्न रूप से राधनपुर में विराजिए। आपकी सुरक्षा की मैं व्यवस्था करूंगा।”

“क्या पाटन के सम्बन्ध में और कुछ विचार यहाँ होगा?”

“नहीं।” चण्ड शर्मा ने संक्षेप में कहा।

“तो उन राजबन्दी और अपराधियों की बात ही रह गई, राजवध की चेष्टा और राजविद्रोह के दो भारी-भारी अभियोग इनपर हैं।”

“महारानी दुर्लभदेवी को बन्दी करके दामोदर किसी गुप्त स्थान पर भेज दें, अन्य अपराधियों को प्राण-दण्ड दे दिया जाए। कुमार दुर्लभदेव के सम्बन्ध में फिर निर्णय होगा। अभी उन्हें मेरी निगरानी में छोड़ दिया जाए।” चण्ड शर्मा ने कहा।

“क्या राह, घाट, पुल सब नष्ट कर दिए जाएँ? अमीर का अवरोध कैसे किया जाएगा?”

“यह सब पाटन की राजनीति पर छोड़िए। मैं समुचित व्यवस्था कर लूँगा। कुमार समूची सम्मिलित सैन्य लेकर कल भोर ही में कूच कर दें। अमीर का विरोध-अवरोध जो होना है, प्रभास में ही हो। महाराज वल्लभदेव भी इसी क्षण पधार जाएँ, और मन्त्रीश्वर विमलदेव भी। समूची सुरक्षित सैन्य वे साथ ले जाएँ।” चण्ड शर्मा ने दृढ़ विश्वास के साथ कहा।

“और पाटन?”

“पाटन की रक्षा के लिए पचास सैनिक यथेष्ट हैं। नागरिकों का निष्कासन अब बन्द कर दिया जाए। यातायात के सारे साधनों पर इसी क्षण कुमार भीमदेव अधिकार कर लें। पाटन से प्रभास तक समूचे मार्ग पर सैनिक नियन्त्रण कायम कर लिया जाए। एक प्रहर दिन चढ़े बाद पाटन पर मेरी सत्ता स्थापित होगी। उस समय मेरे पचास सैनिकों के अतिरिक्त और सब कोई पाटन छोड़ दें।” चण्ड शर्मा ने स्थिर स्वर में कहा।

चण्ड शर्मा की बात किसी ने नहीं काटी। दामोदर ने कहा, “अब सब-कुछ निर्णय हो गया। सभा भंग हो।”

एक प्रहर रात रहते सभा भंग हुई। परन्तु इन राजपुरुषों में से विश्राम किसी ने नहीं किया। सभी अपनी-अपनी योजना में जुट गए। सूर्योदय से प्रथम ही पाटन में कूच का नगाड़ा बज उठा।

ब्राह्मण की कूटनीति

सूर्योदय होते-होते तो सारा पाटन ही सूना हो गया। जिन गली और राजमार्गों पर सैनिकों, घोड़ों, हाथियों का जमघट जमा रहता था, वे सब सूने हो गए। जिन हाट-बाज़ारों में भाँति-भाँति का क्रय-विक्रय होता था, वहाँ सन्नाटा छा गया। दरबार गढ़ की सारी चहल-पहल खत्म हो गई। केवल पाँच सैनिक दरबार गढ़ की ड्योढ़ियों में बैठे और दो-चार भीतर-बाहर आते-जाते दीख पड़ते थे। घरों के द्वार बन्द, दूकानों के द्वार बन्द, देवालयों के पट बन्द और विद्यालयों के द्वार बन्द। पनघट सूने, ताल-सरोवर-नदी-कूप-बावड़ी सब सूने। जैसे आज सूर्य व्यर्थ ही पाटन पर प्रकाश बखेर रहा था, वायु व्यर्थ ही चल रही थी। इस प्रकार आज पाटन जीवित श्मशान हो रहा था।

चण्ड शर्मा ने नगर में ड्योढ़ी फिरवा दी—कोई जन नगर से बाहर न जाए। नगर के फाटक बन्द करा दिए गए और अपने आदेशों और कूटनीति का प्रभाव देखने वह स्वयं घोड़े पर सवार होकर नगर में निकले। उनके अकेले अश्व की टापों की आवाज़ उन्ही के कानों में आघात करने लगी।

दोपहर दिन चढ़े दोनों ब्राह्मणों की मन्त्रणा-सभा बैठी। मन्त्रणा-सभा में कुल जमा दो ही आदमी थे। चण्ड शर्मा और भस्मांकदेव। भस्मांकदेव ने कहा, "यहाँ तक तो हुआ अब?"

"अब यह, कि आप इसी क्षण सिद्धपुर चले जाइए और दुर्लभदेव के सम्मुख भली-भाँति रोना गाना करके कहिए कि राजा, प्रजा, सेठ, साहूकार सब कोई पाटन को सूना छोड़कर भाग गए हैं, बाणबली भीमदेव सोमनाथ में अमीर से युद्ध करने सारी सेना ले गए हैं। सारा राजकोष राजा ले गए हैं। पाटन अरक्षित है—आप धीर-वीर, प्रतापी, धर्मात्मा और सब भाँति योग्य पुरुष हैं, जैसे सम्भव हो, पाटन की रक्षा कीजिए। जो नगर-जन वहाँ हैं उन्हें अभय दीजिए। आप देश के राजा हैं राजधर्म पालिए। प्रजा के जान-माल की रक्षा कीजिए—इस प्रकार की बातें आप कहिए, परन्तु चेष्टा ऐसी कीजिए कि वह न तो पाटन आए, न अपनी सेना लाए। उसकी समूची ही सैन्य-शक्ति को हमें समय-कुसमय के लिए सुरक्षित और अक्षुण्ण रखना है। कदाचित् अमीर से निर्णायक युद्ध आबू में ही करने का अवसर आए, तो यही सैन्य हमारे पृष्ठ का बल होगी, यह हमें न भूलना चाहिए। आप ऐसा कीजिए कि वह अमीर

को ठण्डा करके पाटन ले आए और अमीर पाटन की बिना कोई हानि किए आगे को सरक जाए। इतना हो कि बस। फिर वापसी में दैव-विपाक से वह बच आया भी—तो हम उसे समझ लेंगे। यदि आप ही दुर्लभ के प्रतिनिधि बनकर अमीर से मिल लें और पाटन में हमीं अमीर का स्वागत करें और पाटन की तनिक भी क्षति बिना किए उसे प्रभास की राह पर धकेल दें, तो और भी अच्छा है।...

'समय बहुत कम है और काम अधिक है। इसलिए देव, आप अभी, इसी क्षण सिद्धपुर की ओर कूच कर जाएँ, मैं गुप्त राजकोष आदि की सुरक्षा-व्यवस्था करके नागरिकों की सहायता से तब तक अमीर के स्वागत की तैयारियाँ कर रखूँगा।" देव सहमत हुए तथा आवश्यक परामर्श कर तत्क्षण सिद्धपुर की ओर कूच कर गए।

अब चण्ड शर्मा ने नगर के अवशिष्ट नागरिकों के प्रमुखों को दरबार गढ़ में बुलाया और उनसे कहा, "भाइयो, यह भारी विपत्काल आया है, ऐसा करो जिससे साँप मरे, लाठी न टूटे। राजा सब राजकोष और सेना लेकर भाग गया है। हमारे पास न लड़ने के शस्त्र हैं, न सिपाही। हम किसी भाँति ग़ज़नी के सुलतान का मुकाबला कर ही नहीं सकते। इसलिए मेरी राय तो यह है कि हम लोग चलकर अमीर की खातिर-खुशामद करके किसी तरह उससे यह आश्वासन ले लें कि पाटन पर वह आक्रमण न करे, सीधी राह सोमनाथ चला जाए। हम उसका कोई विरोध नहीं करते। सोमनाथपट्टन में उसका जो हो सो हो।"

कुछ लोगों ने इसका विरोध किया। कहा, "ऐसे कायर प्रस्ताव से तो मर मिटना ही अच्छा है, ऐसा हम करेंगे तो पाटन की प्रतिष्ठा कहाँ रहेगी?" परन्तु चण्ड शर्मा ने कहा, "भाइयों, जान-बूझकर अपना सत्यानाश करना बुद्धिमानी की बात नहीं है। अमीर तुम्हारे घर-बार लूट-लाटकर, तुम्हारी बहू-बेटियों की आबरू धूल में मिलाकर, पाटन को राख का ढेर बनाकर आगे जाए, वह अच्छा, या वह बाहर-ही-बाहर खिसक जाए, यह अच्छा है? आखिर बाणबली भीमदेव उसके दाँत तोड़ने को प्रभास में बैठे ही हैं। यह तो एक राजनीति की बात है, इसमें कायरता क्या है। केवल नष्ट होने के लिए साहस करना तो आत्मघात कहाता है, और आत्मघात सदैव ही पाप है।"

अछता-पछताकर पाटन के नागरिकों ने चण्ड शर्मा की युक्ति को स्वीकार किया। और तब चण्ड शर्मा ने उन्हें समझा-बुझाकर तथा शान्त कर विदा किया। इसके बाद वे अपनी योजना-पूर्ति की सब गोपनीय व्यवस्था करने लगे।

शत्रु निमंत्रण

जैसा सोचा था वही हुआ। दुर्लभदेव इस ब्राह्मण की राजनीति को न समझ सका। भस्मांकदेव जनेऊ-नारियल राजकुमार को अर्पण करके अधोमुख हो बैठे रहे। राजकुमार ने ही वार्त्तालाप शुरू किया।

"कहिए देव जी, पाटन में कुशल तो है।"

"अब कुशल कहाँ महाराज, यशस्वी मूलदेव राज का संचित पुण्य क्षय हो गया, पाटन आज श्मशान हो गया। महाराज गुर्जरेश्वर और उनके खुशामदिये राजधानी छोड़ न जाने कहाँ भाग गए। बाणबली भीमदेव अपने नए रक्त के आवेश में अमीर से दो-दो हाथ करने प्रभास में जा बैठे हैं, नगरनिवासी अपनी जान-माल को लेकर जहाँ जिसका सींग समाता है, भाग रहे हैं। पाटन को महाराज, अब आपका ही आसरा है।"

"और राजकोष?"

"राजकोष में एक फूटी कौड़ी भी नहीं, महाराज ने सब धवलगृह और सरोवर बनवाने तथा भांड़-भंड़ेतों में खर्च कर दी।"

"और सेना?"

"सेना पाटन में कहाँ है, कुछ बिगड़े-दिल अवश्य भीमदेव के साथ गए हैं, शेष सब हल जोत रहे हैं। उन्हें न वेतन, न शस्त्र, न उनके पास अश्व, न उनका कोई नायक।"

"और बालुकाराय?"

"बालुकाराय क्या और दामोदर महता क्या—सब बाणबली के गीत गाते हैं। सुना है, वे सब भी उन्हीं के साथ हैं।"

"आपको किसने मेरे पास भेजा है?"

"नगरजनों ने, उनके घर-द्वार अरक्षित हैं। मैंने बड़ी ही कठिनाई से उन्हें रोका है। अब सबकी आशा-दृष्टि आप ही पर है।"

"मैं क्या कर सकता हूँ, यह तो राजा का काम है।"

"अब आप ही हमारे राजा हैं महाराजाधिराज।"

"और वल्लभ?"

"उनका तो कहीं पता ही नहीं है, सुना है, वे साधु होकर मरुस्थली में रणाथम्मी माता के थान पर तपने चले गए हैं।"

"तो यों कहो, गुजरात का कोई धनी-धोरी ही नहीं है।"

"ऐसा मैं कैसे कहूँ, जब कि अभी चालुक्य कुलकमल दिवाकर महाराज महामाहेश्वर श्री दुर्लभदेव की अजेय तलवार उपस्थित है?"

"देव, मुझे खटपट में न डालिए, पाटन जाने और अमीर।"

"वाह, यह कैसी बात महाराज, पाटन गया तो सिद्धपुर कहाँ रहेगा? कुछ तो सोचिए!"

"तो आप मुझे क्या करने को कहते हैं?"

"मैं कुछ नहीं कहता, पाटन के नागरिक कहते हैं।"

"वे क्या कहते हैं?"

"वे कहते हैं, हमारे महाराज दुर्लभदेव हैं, वे हमारी रक्षा करें, हम उनकी धन-जन से सहायता करेंगे।"

"क्या पाटन के सेठिया मुझे दम्म देंगे?"

"अन्नदाता, उनका धन ही नहीं, जीवन भी आपका है, जब आप उनकी रक्षा के लिए प्राण न्योछावर करेंगे, तो वे आपको धन क्यों नहीं देंगे?" इसके बाद उसने अभिप्रायपूर्ण दृष्टि से इस ढोंगी और लालची राजकुमार के कान के पास मुँह ले जाकर कहा, "गुप्त राजकोष कहाँ है, यह मैं जानता हूँ।"

दुर्लभ बड़ी देर तक सोचते रहे। फिर बोले, "तो क्या आप मुझे अमीर के सामने पड़ने को कहते हैं?"

"नहीं महाराज, इससे क्या लाभ? हमें घोघाबापा और धर्मगजदेव का अनुसरण नहीं करना है।"

"तो फिर?"

"बस, साँप तो मरे, किंतु लाठी न टूटे।"

"किन्तु कैसे?"

"अमीर हमारे राज्य को तो लूटना चाहता नहीं। न यहाँ का राजा ही बनना चाहता है। वह जाना चाहता है सोमनाथपट्टन। सो जाए। वहाँ कुमार भीमदेव का लोहा खाकर वह खेत रहा तो जय गंगा। वापस आया तो सीधा अपनी राह लेगा। इस समय हम लड़ते हैं तो उसका बल बहुत है। सोमनाथ से लौटने पर, जय पाकर भी वह विशाल सेना का मुकाबला नहीं कर सकेगा। इसके अतिरिक्त भीमदेव भी वहाँ लोहा लेकर जल्द नहीं पनपेंगे। इससे अमीर का यह आगमन आपके लिए वरदान है। इस सुयोग से लाभ उठाइए महाराज, पाटन ने आपका आह्वान किया है!"

दुर्लभदेव सोच में पड़ गए। मन की बात कैसे कहें, यही सोचने लगे। उनके मन की बात ताड़कर भस्मांक ने कहा, 'क्या अमीर ने अभी तक आपके पास सन्देशा नहीं भेजा? वह तो अब सुना है, आबू की उपत्यका में पड़ा हुआ है।"

"अमीर का सन्देश मुझे मिला है। अमीर के सामने पड़ना मैं भी नहीं चाहता हूँ।"

"बस, बस, वह पाटन और सिद्धपुर की सलामती का वचन दे, तो इतना ही बस है।"

"अच्छा तो देव, आप ही अमीर के पास मेरे दूत बनकर जाएँ।"

"अच्छा, कहिए, क्या कहना होगा?"

"अब यह भी आप ही बताइए कि उससे हमें क्या कहना चाहिए।" भस्मांक हँस दिए। उन्होंने कहा, "महाराज, 'वचने का दरिद्रता' यह नीति का वाक्य है। राजनीति भी कहती है कि मन में चाहे जो हो, पर वाणी तो मीठी ही रहे। विशेषकर शत्रु के सम्मुख, तो उसके अनुकूल बोलना ही ठीक है।"

"तो समय पर जैसा सूझे, वही कहिए। मैं पाटन का निमन्त्रण स्वीकार करता हूँ। परन्तु आप ही को प्रधानमन्त्री बनना होगा।"

"नहीं महाराज, इस कार्य के लिए योग्य पुरुष को मैंने पाटन में ही रोक रखा है।"

"वह कौन?"

"चण्ड शर्मा।"

"वह तो दामोदर के गुट का आदमी है।"

"कभी था। अब तो वह आपका अनुगत है, मेरी सम्मति है कि आप स्वयं चाहे पाटन में अभी न जाएँ, अपनी आन फेर दें! मैं नहीं चाहता कि लोग यह कहें कि आप ही डर कर अमीर को पाटन में ले आए हैं। इसकी बदनामी को तो हम अपने सिर ले लेंगे। ब्राह्मण हूँ, सो पाप नहीं लगेगा।" भस्मांक हँस दिए। दुर्लभदेव भी हँसे।

"अच्छी बात है, तो आप अमीर से मिलिए। मैं पत्र और मुद्रा देता हूँ।"

भस्मांकदेव दुर्लभ का विश्वास-पत्र और मुद्रा लेकर आबू की उपत्यका में अमीर की छावनी में जा पहुँचे। अमीर ने खूब ठसक से इस ब्राह्मण का स्वागत किया। उसके लिए गुजरात की भूमि में बराबर सुयोग मिलते जा रहे थे। अमीर ने कहा, "हमारे दोस्त गुजरात के महाराज दुर्लभदेव अमीर से क्या चाहते हैं?"

"नामदार अमीर हमारे महाराज के ऐसे ही दोस्त हमेशा बने रहें, यही उनकी इच्छा है।"

"यकीनन, हम गुजरात के महाराज के दोस्त हैं।"

"तो महाराज चाहते हैं कि सिद्धपुर और पाटन को कोई नुकसान न पहुँचाया जाए। महाराज की आज्ञा से हम पाटन में अमीर का शाही स्वागत करेंगे। अब अमीर नामदार भी पाटन की रियाया को अपनी रियाआ समझ कर उसकी जान-माल की सलामती का वचन दें।"

"अल्हम्दुलिल्लाह, ऐसा ही होगा।"

"हमारे महाराज, यह भी चाहते हैं कि महाराज के साथ अमीर नामदार के जो कौल-करार हुए हैं, वे अभी पोशीदा ही रहें। जिससे रियाया बदगुमान न हो। फिर प्रभास की वापसी में अमीर खुले दरबार में हमारे महाराज को गुजरात का राजा स्वीकार कर लें।"

"हमको मंजूर है।"

"तो जहांपनाह, कम्बल जैसे-जैसे भीगता है, भारी होता है।"

"यह क्या महाराज की बात है?"

"नहीं, इस ब्राह्मण की।"

अमीर ने हँसकर कहा, "आप हमारे बुजुर्ग हैं, आपकी बात की हम कद्र करते हैं और समझ गए हैं।"

इसके बाद अमीर ने खूब भारी भेंट देकर भस्मांकदेव को विदा किया। सब तरह कृतकृत्य होकर भस्मांकदेव पाटन लौटे।

गुजरात की राजधानी में

अमीर भस्मांकदेव का संकेत समझ गया। उसने तुरन्त छावनी तोड़ दी और गुजरात की शस्य-श्यामला भूमि को उजाड़ता, राह-बाट के गाँवों को लूटता, जलाता और निरीह स्त्री-पुरुषों को तलवार के घाट उतारता, झपाटे बन्द अनहिल्ल पट्टन की पौर पर जा खड़ा हुआ। सिद्धपुर को उसने बगल में छोड़ दिया, आबू-चन्द्रावती से भी कतरा गया। दुर्लभ देव ने उसके मार्ग में बाधा नहीं दी। और विमल देव शाह भी जैसे कान में तेल डालकर सो गए। दुर्लभदेव की तैयारियों से भयभीत पड़ा हुआ अमीर आगे बढ़ने में हिचक रहा था। वह उसकी तैयारियों से आश्वासन पाने पर भी भयभीत हो रहा था। अब जैसे भस्मांकदेव ने उसके दिल का काँटा ही निकाल दिया, दुर्लभदेव की अयाचित मैत्री और पाटन का निर्विरोध समर्पण उसके लिए दैवी वरदान बन गए। अब उसने एक क्षण भी खोना घातक समझा और वह ताबड़तोड़ कूच-दर-कूच करता चला गया।

अमीर की अवाई सुनकर पाटन के तथाकथित थानेदार चण्ड शर्मा नगर के अवशिष्ट जनों का एक प्रतिनिधि-मण्डल बनाकर अमीर की सेवा में पहुँचे। और अत्यंत अधीनताई जताकर कहा, "पाटन में आपका अवरोध करने वाला एक भी पुरुष नहीं है, इसलिए आप नामदार से हमारी यह अर्ज़दाशत है कि हमें अपनी अनुगत प्रजा समझकर हमारी जान-माल की रक्षा करें। नगर में लूटमार न हो। हम सब नगर-निवासी आपकी शरण हैं।"

सुलतान यह सुनकर प्रसन्न हो गया। वास्तव में गुजरात की जगतप्रसिद्ध यह समृद्ध राजधानी इस प्रकार निर्विरोध बिना प्रयास उसके हाथ लग जाएगी, इसकी उसने कल्पना भी नहीं की थी। उसे सब-कुछ स्वप्नवत् भान हो रहा था। वह नहीं चाहता था कि सोमनाथ पट्टन पहुँचने से पहले उसके एक भी योद्धा, एक भी घोड़े की क्षति पहुँचे। यह उसका दुर्धर्ष प्रभाव, रण-चातुर्य तथा असीम धैर्य ही था कि वह नान्दोल वन के विनाश को सहकर भी अपनी सेना को सुगठित कर सका। फिर भी वह अपनी उस क्षति को जानता था, और अब उसे अपनी विजय में घोर सन्देह था। इस समय यदि अकेला दुर्लभदेव ही सिद्धपुर में उसकी राह रोक लेता, या विमलदेव शाह और भीमदेव की संयुक्त सेना अर्बुदगिरि में ही उससे मोर्चा लेती तो अमीर

का निस्तार नहीं था। उसे गुजरात की ओर एक कदम उठाना मौत के मुँह में प्रविष्ट होना जान पड़ रहा था। इन सब कारणों से—इन सब अनागत भयों से मुक्त होने से अमीर के आनन्द का पार न रहा। उसने नागरिकों की अर्ज़दाश्त स्वीकार की और खड़ी रकाब पाटन में प्रवेश कर दरबार गढ़ दखल कर अपने नाम का डंका बजवा दिया। फिर शुक्राने की नमाज पढ़ी। अपने नाम का अमल नगर में फेरकर नगर-निवासियों को अभयदान दिया। और उन्हें तथा सेना को तीन दिन जश्न मनाने का हुक्म दिया।

नगर-निवासियों को मन की गहरी उदासी मन में छिपाकर, घरों में रोशनी करनी पड़ी। अमीर के दरबार में हाजरी बजाकर भेंट-नज़र देनी पड़ी। अमीर ने यद्यपि नगर को न लूटने की आज्ञा दे दी थी, पर विजयोन्मत्त पठान और तुर्क सिपाही जहाँ जो वस्तु पाते, उठाकर ले जाते। उन्हें रोकने, या उनसे दाम मांगने का साहस नगर-जन नहीं कर सकते थे। सैनिक यह सुयोग पाकर नान्दोल वन के सर्वनाश की यथासम्भव क्षति-पूर्ति कर चाक-चौबन्द होने लगे।

परन्तु अमीर को जश्न मनाने का अवकाश न था। वह अत्यन्त व्यस्त हो अपने जीवन की सबसे बड़ी मुहिम का सामना करने की तैयारी कर रहा था। उसका अदम्य उत्साह, असीम साहस और रणपाण्डित्य भी उसके मन से भय, शंका और दुविधा को दूर नहीं कर सके थे। उसने बार-बार अपने सरदारों और सेनापतियों से गूढ़ परामर्श किए। कच्छ और प्रभास के चारों ओर फैले हुए अपने जासूसों को गुप्त आदेश भेजे। सब बातों पर विचार करके उसने इस समय अपने सैनिक और प्रतिनिधि पाटन में छोड़ना निरर्थक समझा। उसकी सारी ही सफलता अब सोमनाथ पट्टन की विजय पर निर्भर थी। सोमनाथ की विजय से समूचे गुजरात पर उसी की विजय थी। पाटन भी उसी के चरणतल में था। उसे सूचना मिल गई थी कि प्रभास में सारे कच्छ, गुजरात, काठियावाड़ की तलवारें उसके स्वागत के लिए तैयार हैं। इसलिए वह अब इधर-उधर देख ही न सकता था। उसने एक ही ठान ठानी—पहले प्रभास और पीछे और कुछ। उसने पाटन में और समय व्यर्थ खोना ठीक नहीं समझा। उसे जो कुछ उपयोगी भेंट पाटन में मिली, उसे ले, चण्ड शर्मा को ही अपना प्रतिनिधि बनाकर और उन्हें ही नगर सौंप—उसने तीसरे ही दिन सूर्योदय से पूर्व सोमनाथ पट्टन की ओर सवारी बढ़ाई। पाटन में एक भी म्लेच्छ नहीं रहा।

चण्ड शर्मा और भस्मांकदेव ने संतोष की साँस ली। अब वे इस दुर्धर्ष शत्रु का वापसी में सत्कार करने और नगर की कठिन-से-कठिन समय में रक्षा करने के सब सम्भव प्रयत्न करने में जुट गए। उन्होंने विमलदेव शाह और दुर्लभदेव से अपने सम्बन्ध कायम किए। नगर के प्रत्येक घर को इस भाँति सन्नद्ध किया कि आवश्यकता होने पर प्रत्येक घर एक दुर्ग का रूप धारण कर ले। इस प्रकार दुधारी मीठी तलवार की राजनीति पर दोनों ब्राह्मण अपनी योजना के ताने-बाने बुनने लगे।

पाटन में इस समय कुल तीन हज़ार पुरुष और केवल पाँच सौ स्त्रियां शेष थीं। इन सबको चण्ड शर्मा ने सैनिक रूप में संगठित कर दिया। आवश्यकता पड़ने पर प्रत्येक को, शत्रु से मोर्चा किस भाँति लेना पड़ेगा—यह सब उन्हें समझाया। घरेलू पदार्थों को युद्ध-साधन कैसे बनाया जाए यह बताया। योजना बनाकर व्यवस्थित रूप से पीछे हटना और आगे बढ़ना सिखाया। उनके हौसले बढ़ाए और भय, निराशा के भाव उनके मन से दूर किए। महाराज वल्लभदेव और विमलदेव शाह से यातायात-साधन तथा समाचार-वाहन सम्बन्धित रहें, ऐसी व्यवस्था की। दुर्लभदेव की एक-एक, गतिविधि पर दृष्टि रखी। वे प्रत्येक बात की मनचाही सूचना दुर्लभदेव को देते, उन्हें अपना राजा समझने का अभिनय करते और उनके आदेशों को मनमानी रीति पर पूरा करते।

दुर्लभदेव अब अपने को सोलहों आना गुजरात का राजा समझने लगे थे। वह प्रच्छन्न रूप से एक-दो बार पाटन भी आ चुके थे। चण्ड शर्मा की व्यवस्था से वे संतुष्ट थे। उन पर उन्हें तनिक भी सन्देह नहीं था। चण्ड शर्मा की वह सीख—कि जब तक अमीर खुल्लमखुल्ला उन्हें गुजरात का राजा घोषित न करे—वे चुप ही बैठे रहें, उन्होंने मान ली थी।

महाराज वल्लभदेव भी उसी भाँति पाटन में प्रच्छन्न भाव से समय-समय पर आकर इस कुटिल ब्राह्मण से परामर्श कर जाते थे तथा राजकोष की गुप्त सहायता ले जाते थे। इस प्रकार पाटन में अमीर की वापसी के स्वागत की तैयारियाँ हो रही थीं। यह नहीं कहा जा सकता था कि पाटन अमीर का स्वागत करेगा या भीमदेव अथवा दुर्लभदेव का। सब-कुछ सोमनाथ पट्टन के परिणाम पर ही निर्भर था।

किमाश्चर्यमतः परम्

जिस समय गज़नी का यह आततायी, उत्तर भारत को इस प्रकार रौंदता हुआ, नगर-जनपद सबको आग की भेंट करता हुआ—सोमनाथ पाटन को भूमिसात् करने बढ़ा चला जा रहा था, उस समय दक्षिण का चोल राजा छह लाख अश्वों का अधिपति था। परन्तु उसने आँख उठाकर भी इस आततायी की ओर नहीं देखा। वह बर्मा और बंगाल को जीतने ही में लगा रहा। यद्यपि राजा जयपाल की सहायता, दिल्ली, अजमेर, कालिंजर और कन्नौज के राजाओं ने की थी, पर फिर भी उनकी पराजय ही हुई। महमूद के ये आक्रमण तो भारत के लिए भावी खतरे की एक विज्ञप्ति थे। महमूद से पराजित होना उतना निन्दनीय नहीं था, जितना उसके निर्बल और पराजित उत्तराधिकारियों से राज्य को न फेर लेना। सन् 1175 तक पंजाब में महमूद का उत्तराधिकारी शासन करता रहा, जबकि उसका गज़नी का साम्राज्य इससे बहुत पहले

ही ध्वस्त कर दिया गया था। सिकन्दर ने भी पंजाब को आक्रांत किया था, पर उस समय भारत छह साल ही में स्वतन्त्र हो गया था। यह चाणक्य और चन्द्रगुप्त जैसे महापुरुषों का चमत्कार था। अन्त में वह खतरा भारत पर वज्र की भाँति टूट पड़ा। अमीर महमूद के बाद शहाबुद्दीन ने भारत पर करारे आघात किए। और अन्ततः उत्तर भारत के हिन्दू राज्यों की लाशों पर मुस्लिम साम्राज्य की स्थापना होकर रही। इससे देश में जो राजनीतिक और सामाजिक अस्थिरता उत्पन्न हुई, वह बड़ी ही कष्टकर थी। केवल देश का शासन ही मुसलमानों के हाथ में नहीं चला गया—सामाजिक संस्थाओं, धार्मिक क्रियाओं, आर्थिक व्यवहारों, तथा कला, व्यापार, स्थापत्य, विज्ञान और अन्यान्य राष्ट्रीय-जीवन सम्बन्धी बातों में भी उलट-फेर हो गया। हिन्दुओं की सैनिक-वृत्ति नष्ट कर दी गई। क्योंकि उन्हें इन मुस्लिम विजेताओं ने अपने राज्य में कोई स्थान नहीं दिया। अरबी-फारसी की शिक्षा प्रचलित कर दी गई। यद्यपि सारा भारत कभी भी मुस्लिम सत्ता के अधीन नहीं हुआ, परन्तु सारा देश मुस्लिम शासन से प्रभावित अवश्य हो गया।

मुस्लिम राज्य में हिन्दू, नागरिकता के अधिकारों से वंचित हो गए और उन्हें सामूहिक रूप से अर्धदास के रूप में रहना पड़ा। जिन बौद्धों की धर्मपताका नील महानद ब्रह्मपुत्र तक फहरा चुकी थी, इस्लाम ने उन्हें उनकी जन्मभूमि से एकबारगी ही निकाल बाहर किया। ब्राह्मणों के हाथ से राजनीति, शिक्षा और न्याय-शासन छीन लिए गए। और वे गर्वीले राजपूत, जिन्होंने केसरिया बाना पहनकर आततायियों से लोहा लिया, जिनकी बेटियाँ और वधुएँ जौहर की आग में भस्म होकर छार हो गईं, अपनी टूटी तलवारें फेंक हल जोतने लगे।

'नल बावड़ी' की राह उसने कूच किया। चतुर और विश्वस्त पथप्रदर्शक उसे राह दिखा रहे थे। कूच करते-करते ही वह सब व्यवस्था करता जाता था। किसी ने उसकी राह में बाधा न दी। ऋतु सुहावनी थी और मार्ग आरामदेह। चारों ओर हरियाली फैली थी। मार्ग में उसे खारे पानी के सरोवर मिले, जिनमें भाँति-भाँति के दरियाई पक्षी आनन्द से कलरव कर रहे थे। उन्हें इस आततायी के आगमन का कुछ गुमान भी न था। अमीर और उसके बर्बर सैनिकों के लिए ये सब दृश्य नवीन और अपूर्व थे। उसके गोइन्दे, अन्वेषक तथा रक्षक टोलियाँ चौगिर्द फैलकर चल रही थीं। इस भूमि में खुदरौ (बिना बोए) वीड पैदा होते हैं, जिन्हें खोद-खोद कर वहाँ के निवासी लोधी आनन्द से खा रहे थे। अमीर ने लोगों से पूछा तो उसने जाना, दुष्काल में हज़ारों गरीब जनों के प्राणों की रक्षा इसी से होती है। अर्धनग्न, कृष्णवर्ण लोधियों को उसने बड़े कौतूहल से देखा। जंगलों में सुअरों के झुण्ड, मोथे की जड़ अपनी थुथनी से खोद-खोद कर खा रहे थे। यह सब देखता और चारों ओर से चौकन्ना हुआ अमीर, झपाटेबन्द आगे बढ़ा जा रहा था। उसकी आशाएँ प्रतिक्षण बदलती जा रही थीं।

राजपूत राजाओं ने यद्यपि गुजरात और गुजरात की राजधानी के रक्षण का कोई प्रयत्न नहीं किया था, परन्तु सोमनाथ के रक्षण के लिए उन्होंने अपनी पूरी सामर्थ्य लगा दी थी। अनेक छत्रधारी राजा, महाराजा, उमराव, राव, योद्धा, ठाकुर और मण्डलेश्वर अपनी-अपनी सामर्थ्य से सैन्य ले-लेकर आए थे। सोरठ के छोटे मोटे सरदार, जमींदार तथा आसपास के प्रजापाल, भूपाल और जागीरदार बड़े उत्साह से तलवार बाँधकर भगवान् सोमनाथ के लिए अपना रक्तदान करने आए थे। सहस्रों कुल-वधुओं, गुर्जरबालाओं ने अपने स्वर्ण-रत्न-आभरण उतार कर इस धर्म-युद्ध में सहायता भेजी थी, और अपने पति-पुत्रों को उत्साहित करके युद्ध-क्षेत्र में भेजा था। नंग धड़ंग, भीमकाय, उघाड़े पैर भटकने वाले कोली ठाकुर गंड़ासे लेकर आए थे। गुजरात के वनों, उपत्यकाओं और ग्रामों में रहने वाले भील, मोटे-मोटे चांदी के कड़ों से सुशोभित हाथों में तीर-कमान लेकर आए थे। सोरठ, गुजरात के पहाड़ी इलाकों के कद्दावर और निर्भय काठी भी उपस्थित हुए थे। इस प्रकार अपनी ही अन्तःप्रेरणा से गुजरात के एक लाख तरुण अपने-अपने शस्त्र ले भगवान् सोमनाथ के लिए रक्तदान देने, अपने-अपने दल बनाकर आए थे।

यह एक महत्त्वपूर्ण बात थी कि ये हिन्दू अपने राजनैतिक जीवन में तो असम्बद्ध थे, किन्तु धार्मिक और सामाजिक जीवन में सम्बद्ध थे। इसी से जिस मुस्लिम शक्ति ने इतनी सरलता से हिंदुओं की राजशक्ति को धूल में मिला दिया, जिसके छूते ही हिन्दू राज्य बिखरते चले गए, उसका समूचा बल भी हिन्दू धर्म को ध्वस्त न कर सका। जब-जब मुसलमानों ने हिन्दुओं की धर्म-भावना और सामाजिक जीवन पर बलात् प्रभाव डालना चाहा, तब-तब उन्हें अजेय सामर्थ्य से टक्कर लेनी पड़ी और इसी का यह परिणाम हुआ कि मुसलमानों से सब प्रकार का असहयोग हिन्दुओं में एक धार्मिक रूप धारण कर गया।

राजस्थान, सोरठ, गुजरात और आसपास के राजा-महाराजा, छत्रधारी महीपति, ठाकुर, मण्डलेश्वर जो अपनी-अपनी सैन्य लेकर इस धर्मशत्रु से लोहा लेने धर्मक्षेत्र प्रभास में आ-आकर एकत्र हो रहे थे, उनके हाथियों, घोड़ों और सैनिकों की धमाचौकड़ी, शोर-गुल तथा शस्त्रों की झनझनाहट से प्रभास धर्मक्षेत्र मुखरित हो उठा। भीड़-भाड़ और धूम-धाम इतनी बढ़ गई कि निवास और भोजन की नगर में अव्यवस्था हो गई।

देलवाड़े का मार्ग आने वाले सैनिकों तथा रसद के भरे हुए सैकड़ों छकड़ों से पटा पड़ा था। जितना अधिक रसद, खाद्य सामग्री और शस्त्रास्त्र जुटाए जा सकते थे, जुटाने का प्रत्येक सम्भव उद्योग किया जा रहा था। युवराज भीमदेव ने अनहिल्लपट्टन खाली कराते समय यह व्यवस्था की थी—कि लोग अपना मालमता लेकर तो सुरक्षित स्थानों में चले जाएँ, किन्तु अस्त्र-शस्त्र सब राजधानी ही में छोड़ जाएँ। वह सब अन्न-भण्डार और शस्त्रास्त्र चण्ड शर्मा ने अमीर के आने से प्रथम ही शीघ्रतापूर्वक

प्रभास में भेज दिया था। उधर महाराज वल्लभदेव अब खम्भात पहुँच गए थे और उन्होंने सूचित किया था कि आठ जहाज भरकर अन्न वहाँ से जलमार्ग द्वारा प्रभास को भेज़ा जा रहा है।

युवराज भीमदेव बाणबली–अपने कूट मन्त्री दामोदर महता के साथ, अठारह हज़ार सज्जित रणबांकुरे गुर्जर योद्धाओं को लेकर प्रभास आ पहुँचे थे। उनकी अवाई सुन आबाल-वृद्ध हर्षोन्मत्त हो उच्च स्वर से अपनी-अपनी अटारियों पर चढ़कर गुर्जर वीर का आगमन चाव से देखने लगे। आशा और उत्साह की एक अभूतपूर्व उमंग प्रभास में लहराने लगी।

ज्योंही घोड़ों की टापों से उड़ाई हुई धूल, नगर-जनों को दिखाई दी कि नगर और मन्दिर में ढोल-दमामे बज उठे। मन्दिर के ऊँचे कंगूरों पर चढ़कर लोगों ने देखा–गगनस्पर्शी धूल के समुद्र में शस्त्रों को चमकाते गुर्जर योद्धा धीर-मंथर गति से आगे बढ़े आ रहे हैं। उनके शस्त्र सूर्य की किरणों में चमक रहे थे।

निकट आने पर लोगों ने देखा–बाणबली का गजराज अपने सेनापतियों, मन्त्रियों और शरीर-रक्षकों से घिरा हुआ, छत्र-चंवर सहित आगे बढ़ रहा है। उनकी सतेज श्यामल मुख-छवि और गठीले शरीर तथा तेजस्वी आँखों में जो वीरत्व और पौरुष का आभास चमक रहा था, उसे देख हज़ारों कण्ठ एकबारगी ही हर्ष-विह्वल होकर 'जय-जय' चिल्ला उठे।

बाणबली का नगर में धूमधाम से स्वागत हुआ। नगर-जनों ने राजपथ को ध्वजा-पताकाओं से सजाया। गंग सर्वज्ञ ने पुकारकर कहा, "धर्म के शत्रुओं का संहारक आ रहा है, उसका सब कोई यथोचित सत्कार करे।" सर्वज्ञ ने सब प्रधान पौरजनों, सेठ-साहूकारों, समागत धर्माधिकारी महीपतियों, ठाकुरों तथा नेताओं सहित नगर-द्वार पर बाणबली का सत्कार किया। उन्होंने अक्षत, रोली, गन्ध एवं माला से वीर की अभ्यर्थना की। ज्योंही बाणबली ने तोरण में प्रवेश किया, वैसे ही डंकों की गड़गड़ाहट ने उसका जय-जयनाद किया। उस क्षण जैसे प्रभास का धर्म-क्षेत्र वीररस में डूब गया–जैसे साक्षात् भगवान् सोमनाथ शिव-रूप तजकर रौद्र रूप में अवस्थित हो गए।

अंतिम नृत्य

उसी दिन ज्योतिर्लिंग का एक सहस्र घड़े गंगाजल से रुद्राभिषेक हुआ। एक सहस्र घृत के दीप महालय में जलाए गए। एक सहस्त्र शुभ्र माला और विल्वपत्र ज्योतिर्लिंग को समर्पित किए गए। देवार्चन के बाद रत्न-मण्डप में नृत्य हुआ। नृत्य केवल चौला ने ही किया।

पहले ही दिन जब चौला ने कुमार भीमदेव को देखा था, तभी वह प्यार का

घाव खा गई थी। भीमदेव की सलोनी मूर्ति को वह चुपचाप हृदय में रख प्यार की पीर को छिपाती रही। बाणबली आएँगे, इसकी वह प्रतिक्षण प्रतीक्षा ही कर रही थी। जब बाणबली की अवाई की धूम मची, तो वह सबकी दृष्टि बचाकर स्त्रियों के झुरमुट में, सबसे पीछे खड़ी हो धड़कते हृदय से, मन्दिर के कोट के एक कंगूरे पर से नेत्रों की प्यास बुझा रही थी। उस श्याम-सलोनी मूर्ति को राज-गज पर देख, उसके शरीर की एक-एक बूंद नृत्य करने लगी।

और अब, जब वह देवता के सम्मुख नृत्य करने आई, तो उसकी सुषमा ही कुछ और थी। उसने आचूड़ शुभ्र शृंगार किया था। उस शृंगार में वह शरद्पूर्णिमा की चांदनी की प्रतिमूर्ति-सी लग रही थी। उसके कण्ठ और कटि प्रदेश में बड़े-बड़े मोतियों की माला और मेखला थी। मस्तक पर उज्ज्वल हीरों से जड़ा मुकुट था, इन सब आभरणों में वह स्वयं हीरे की कनियों की एक दीप्तिवान् राशि-सी लग रही थी। उस दिन उसकी सम्मोहिनी मुद्रा को देख उपस्थित राजा-महाराजा, छत्रधारी, ठाकुर, सरदार सैनिक सब कोई मन्त्र-मुग्ध से हो गए। कोई 'वाह' भी न कह सका।

युवराज भीमदेव की भी ऐसी ही स्थिति थी, वे भी प्रथम दर्शन में ही उसकी मधुर मूर्ति को हृदय में धारण करके जो ले गए सो आज उसे सम्मुख देख उन्होंने अपने नेत्रों का फल प्राप्त कर लिया। वे नेत्रों के द्वारा जैसे उस शोभा-सुषमा, सुख और शोभा की अजस्र धारा को पीने लगे। उसी रस-पान में वे आत्मविस्मृत हो गए।

उन्हें होश तब हुआ जब गंग सर्वज्ञ ने नृत्य बन्द करने का आदेश दिया। सर्वज्ञ का आदेश पाते ही चौला नत-वदन देव-वन्दन कर वहीं भूमि पर लोट गई। उसने मन-ही-मन प्रार्थना की—"हे देव, मेरे इस आराध्य की रक्षा करना।"

इसी क्षण गंगसर्वज्ञ ने जलद गम्भीर स्वर में कहा, "आज आप सब अन्तिम बार भगवान् सोमनाथ का दर्शन कर लीजिए। अब से जब तक गज़नी के अमीर का आतंक दूर न हो, देव-पट बन्द रहेंगे। आप दर्शन न कर सकेंगे। केवल मैं देव दास एकमात्र देवार्चन करूँगा, आज मैं इस देवधाम और देवनगर के सब अधिकार गुर्जर युवराज भीमदेव को सौंपता हूँ। आज से नगर और महालय पर उन्हीं का अबाध शासन चलेगा। आप सब लोग पूर्ण अनुशासन से इस विपत्ति-काल में उनके आदेशों का पालन करेंगे। युवराज भीमदेव को मैं आज देवाविष्ट करता हूँ। अब से भूतपावन भगवान सोमनाथ का निवास युवराज के शरीर में रहेगा। युवराज भीमदेव ही अब से इस संयुक्त धर्म-सेना के एकछत्र महासेनापति हैं। सो इनकी प्रत्येक आज्ञा का पालन आप भगवान् सोमनाथ की आज्ञा समझ कर कीजिए!"

गंग सर्वज्ञ की इस घोषणा के उत्तर में उपस्थित जनता ने गगनभेदी जयनाद किया—"महाराज भीमदेव की जय।", "महा धर्म-सेनापति की जय," "भगवान्, सोमनाथ की जय!"

इसी जय-जयकार के बीच खड़े होकर भीमदेव ने एक संक्षिप्त भाषण दिया—

"सद्गृहस्थो, महाप्रभु सर्वज्ञ ने जो भार मुझे दिया है वह मैं प्राणान्त उद्योग करके वहन करना अपना धर्म समझूँगा। हम सब पर घोर धर्म-संकट आया है। यह गज़नी का दैत्य जो अपने घोड़ों की टापों से हमारे धर्म और देश को हर बार रौंदता हुआ हमारी स्वर्ण-मणि और प्रतिष्ठा के साथ हमारी देव-सम्पदा का हरण करता है सो यह उसका दोष नहीं, हमारा ही दोष है। हमारी ही कायरता, फूट और स्वार्थ ने उस धर्मद्वेषी को सफल अभियान वाला बनाया है। आज मैं चालुक्य भीमदेव अपने प्राणों की शपथ खाकर कहता हूँ कि जब तक मेरे रक्त की एक भी बूँद मेरे शरीर में रहेगी मैं इस दैत्य का दलन करूँगा। और यह मैं आप ही के सहयोग और सहायता के बल पर कह रहा हूँ।"

एक बार फिर गगनभेदी जय-जयकार हुआ। सर्वज्ञ ने हाथ के संकेत से सबको निवारण किया। भीमदेव ने कुछ क्षण शान्त रहकर कहा, "अब आज से यह प्रभास तीर्थ—प्रभास दुर्गाधिष्ठान हुआ। सोमनाथ महालय और प्रभासपट्टन नगर दोनों ही की व्यवस्था सैनिक नियमों के आधार पर दुर्ग की भाँति की जाएगी। मैं आशा करता हूँ कि सोमनाथ महालय की रक्षा और सैनिक व्यवस्था के लिए जैसा आदेश आप लोगों को दिया जाएगा, उसे आप यथावत् मान्य करके हमारी शक्ति की वृद्धि करेंगे।

"हमारी सबसे पहली आज्ञा है कि भगवान् सोमनाथ की रक्षा के लिए रक्तदान देने की सामर्थ्य जिस तरुण में हो, वही शस्त्र धारण करके प्रभास दुर्गाधिष्ठान में रहे। जो कोई समय-समय पर दिए गए आदेशों का उल्लंघन करेगा, वह प्राण-दण्ड का भोग भोगेगा। अब आप सब कोई शान्त भाव से अपने-अपने आवास को चले जाएँ।"

इस बार जनता ने जयनाद नहीं किया। सब लोग गम्भीर मुद्रा से उठकर चुपचाप चले गए। मन्दिर का जनाकीर्ण रत्न-मण्डप देखते-देखते जन-शून्य हो गया।

धर्मसूत्र

सभा-मण्डप में रह गए गंग सर्वज्ञ, जो इस समय शान्त, निर्वाक्, निश्चल, समाधिस्थ, निमीलित-नेत्र बैठे थे और रह गए बाणबली भीमदेव, जो वीरासन से उनके सम्मुख बैठे थे। चौला गंग सर्वज्ञ के चरणतल में बैठी रह गई, गंगा गर्भद्वार के बीचोंबीच प्रस्तर मूर्ति-सी खड़ी थी। रत्न-मण्डप में ये चारों ही प्राणी उस समय निर्वाक्-निस्पन्द, मूक-मौन कुछ क्षण बैठे रहे।

कुछ देर में सर्वज्ञ ने निमीलित नेत्र खोले। व्याघ्र-चर्म से वे उठ खड़े हुए। उन्होंने भीमदेव से मन्द स्वर में कहा, "आ पुत्र", और वे उन्हें गर्भ-गृह में ले गए।

भीमदेव ने चुपचाप उनका अनुसरण किया, उनके पीछे चौला ने। गंगा ने उन्हें मार्ग दिया, पीछे वह भी गर्भगृह में चली गई। सर्वज्ञ ने पीछे लौटकर कहा, "गंगा, तू गगनराशि को यहीं ले आ और फिर गर्भगृह का द्वार बन्द कर दे।"

गंगा ने ऐसा ही किया। ठीक ज्योतिर्लिङ्ग के नीचे एक व्यासासन पर सर्वज्ञ बैठे। उन्होंने सम्मुख भीमदेव को बैठने का आदेश दिया। चौला निस्पन्द खड़ी रही। सर्वज्ञ फिर समाधिस्थ हो गए।

इसी प्रकार दो घड़ी समय बीत गया। सर्वज्ञ ने प्रकृतिस्थ हो नेत्र खोले। उनके होंठों पर हास्य की एक रेखा आई, उन्होंने मृदु स्वर में कहा, "केवल इस गर्भगृह और देवता पर तेरा अधिकार नहीं रहेगा महासेनापति। यहाँ केवल मैं देवनिमित्त रहूँगा। इस क्षण जो गर्भगृह के द्वार बन्द हुए, सो ऐसे ही रहेंगे।"

भीमदेव ने बद्धाञ्जलि कहा, "गुरुदेव, देव-रक्षण तो करना होगा।"

"नहीं, तुम केवल देवस्थान की रक्षा करो पुत्र!"

"देव-रक्षा भी होनी चाहिए।"

"देवता तो नित्य-रक्षित हैं पुत्र।"

"फिर भी सुरक्षा के विचार से देवता का स्थानान्तरित होना आवश्यक है।"

"सर्वदेशस्थ—सर्वव्यापी देवता का कैसे स्थानान्तर करोगे पुत्र?"

"मेरा अभिप्राय ज्योतिर्लिङ्ग से है प्रभु।"

"पार्थिव लिंग शरीर से जब ज्योति अन्तर्धान हुई, तब देवाधिष्ठान वहाँ कहाँ रहा? देवप्रस्थान तो हो चुका।"

"कब?"

"आज—अभी।"

"तो अब यह लिंग, देवता नहीं?"

"नहीं, देवता का पार्थिव शरीर है—जैसे मृत पुरुष का निष्प्राण शरीर रह जाता है।"

"देवता कहाँ गए?"

"अन्तर्धान हो गए।"

"किसलिए?"

"धर्मद्वेषी शत्रु के विनाश के लिए।"

"कहाँ?"

"किसी पुण्य शरीर में।"

"किस प्रकार?"

"तेरे ही शरीर में देव का वास हुआ है पुत्र। तू अब शिवरूप है, जा, देवद्वेषी का संहार कर।"

"किन्तु लिंग-शरीर?"

"वह अचल है, यहीं रहेगा।"

"यदि मलेच्छ उसकी मर्यादा भंग करे तो?"

"उसका रक्षक मैं हूँ, मैं अपना कर्तव्य-पालन करूँगा।"

"लेकिन आप यहाँ न रह सकेंगे!"

"भलीभाँति रह सकूँगा," गंग सर्वज्ञ ने हँसकर कहा, "महासेनापति क्या देव-सेवक पर भी अनुशासन चलाएँगे?"

"भीमदेव भी हँस दिए, उन्होंने कहा, "क्यों नहीं, अब तो यह शरीर देवाधिष्ठित हो गया। अब यह आपका चिर-किंकर भीमदेव नहीं, देवदेव महादेव बोल रहे हैं।"

"तो देव जानते हैं कि ऐसी स्थिति में देवता के इस पार्थिव शरीर की रक्षा के सम्बन्ध में मेरा क्या कर्तव्य है। तुम सेनापति, इतना भी नहीं जानते कि नगण्य पुरुष का भी निष्प्राण शरीर, जीवित शरीर की अपेक्षा अधिक सम्मानीय होता है, फिर यह तो देवता का लिंग-शरीर है।"

'किन्तु प्रभु, उसने अनेक देवस्थानों को भंग किया है, अनेक देवमूर्तियों को अपमानित किया है।"

"तो पुत्र, यह उसका अपना पुण्य-पाप, निष्ठा और आचार है। इसका लेखा-जोखा हम कहाँ तक करेंगे?"

"तब हमें क्या करना होगा?"

"केवल कर्तव्य-पालन।"

"किसके प्रति?"

"तुम्हारा देवस्थान के प्रति, तुम प्राण रहते इसकी रक्षा करो! और मेरा देवलिंग के प्रति, प्राण रहते मैं इसकी प्रतिष्ठा रखूँगा।"

"इसके बाद?"

"इसके बाद जो दैवेच्छा!"

"किन्तु...।"

"नहीं पुत्र, दैवेच्छा में किन्तु-परन्तु नहीं।"

"तो लिंग-शरीर यहीं रहेगा।?"

"निश्चय।"

"और आप?"

"जहाँ देवमूर्ति, वहाँ देव-सेवक।"

"यदि दैव-विपाक से म्लेच्छ हमें पराभूत करें?"

"तो यह भी दैवेच्छा!"

"तब हम?"

"जैसे अब तैसे तब, प्राणान्त अपना कर्तव्य-पालन करेंगे।"

"जैसी प्रभु की आज्ञा!"

गंग नेत्र बन्द कर समाधिस्थ हो गए। इसी समय गगन को संग ले गंगा गर्भगृह में आई। सर्वज्ञ ने नेत्र खोले, उन्होंने देखा, गगन ने सम्मुख आ साष्टांग दण्डवत् किया।

"गगन", सर्वज्ञ ने अकम्पित वाणी से कहा।

गगन बद्धांजलि सर्वज्ञ के सम्मुख बैठा। सर्वज्ञ ने कहा, "मैं आज इसी क्षण तेरा पट्टाभिषेक करता हूँ।" और उन्होंने देवस्नात गंगोदक की धार उसके मस्तक पर डालकर उसका अभिषेक किया। बड़ी देर तक वे मंत्रोच्चारण करते रहे। फिर उन्होंने लकुलेशदेव की पादुका और लिंग उसे सौंप कर कहा, "गगन, अब तू अभी, इसी क्षण भरुकच्छ को प्रस्थान कर। अब से तू ही पाशुपत आम्नाय का अधिष्ठाता है, देवता और सेनापति के सम्मुख मैंने तेरा यह पट्टाभिषेक किया।" फिर कुछ ठहरकर उन्होंने भीमदेव की ओर देखा और कहा, "तुम पाशुपत आम्नाय के अधिष्ठाता के संरक्षक और साक्षी हो—वत्स!"

"हाँ महाराज," भीमदेव ने बद्धांजलि कहा।

"और चौला, तू भी!"

चौला ने यह सुनकर हाथ जोड़े।

गंगा ने कहा, "मैं नहीं प्रभु?"

"नहीं।" गंग ने फिर नेत्र बन्द कर लिए। गगन को विदा करने का संकेत कर गंग ने भी नेत्र पोंछे और कहा, "जा पुत्र, शुभास्ते पन्थानः स्युः।"

गगन भूप्रणिपात कर आँसू बहाते बहुत देर तक सर्वज्ञ के चरणों में पड़े रहे।

इसके बाद फिर गंग सर्वज्ञ बहुत देर तक नेत्र बन्द किए निश्चल-निर्वाक् बैठे रहे। फिर उन्होंने मन्द स्वर में भीमदेव से कहा, "अब पुत्र, कह, तूने क्या योजना स्थिर की है?"

"प्रभु, राजधानी का सम्पूर्ण अस्त्र और अन्न-भण्डार प्रभास में आ गया है। महाराज वल्लभदेव खम्भात पहुँच गए हैं। वे यथासाध्य अन्न और शस्त्र एवं सैनिक वहाँ से भेजने की व्यवस्था कर रहे हैं। आठ भारवाहक और तीन यात्री जहाज़ों की व्यवस्था हमारे पास है। अब हमें प्रभास से अनावश्यक स्त्री-पुरुषों को सुरक्षित खम्भात में पहुँचा देना है। सो उसकी व्यवस्था में महता संलग्न हैं। वे पहले वाणिक्-व्यापारियों को उनके धन और माल मता सहित कल प्रातःकाल रवाना कर देंगे। वापसी में वही यान उधर से आवश्यक सामग्री ले आएँगे। पीछे स्त्री, बालक, वृद्ध और अनावश्यक व्यक्ति भी भेज दिए जाएँगे। सम्भवतः परसों तक इस निष्कासन और सैनिक और सन्निवेश की प्रस्थापना हो जाएगी।"

"साधु!"

"किन्तु मन्दिर का धन-रत्न भी सुरक्षित होना चाहिए।"

"वह सम्पूर्ण रूपेण सम्भव नहीं है, परन्तु आंशिक रूप से जो-जो ले जाने

योग्य है, उसे यथास्थान ले जाओ।" यह कहते-कहते गंग सर्वज्ञ गहरी चिन्ता में मग्न हो गए। भीमदेव भी कुछ सोचने लगे।

"किन्तु महालय की स्त्रियाँ?" एक छिपी दृष्टि चौला पर डालते हुए भीमदेव ने कहा। चौला अभी तक निश्चल भाव से सारा वार्तालाप सुन रही थी। अब साँस रोककर भीमदेव के उत्तर की प्रतीक्षा करने लगी।

सर्वज्ञ ने कहा, "उन्हें भी खम्भात जाना होगा पुत्र।" फिर उन्होंने गंगा की ओर देखकर कहा, "गंगा, यह व्यवस्था तू कर।"

"किन्तु गंगा का स्थान तो यहीं है प्रभु।" गंगा अभी तक एक खम्भे के सहारे खड़ी सारा वार्तालाप सुन रही थी।

अब उसने स्थिर कण्ठ से ये शब्द कहे,—और आगे बढ़कर गंग सर्वज्ञ के दोनों चरण गोद में लेकर उनपर अपने होंठ स्थापित कर दिए।

बड़ी देर तक सन्नाटा छाया रहा। धीरे-धीरे प्रकतिस्थ होकर सर्वज्ञ ने गंगा के सिर पर हाथ रखकर कहा, "गंगा, यह तू क्या कर रही है, सावधान हो!"

"मैं सावधान हूँ, आपका स्थान देवता के चरणों में है तो मेरा स्थान आपके चरणों में। आप देवता के सेवक हैं और मैं आपकी किंकरी हूँ। अब मैं इस काल कौन-सी लाज करूँ, बहुत हुआ, जन्मभर जलती रही, अब मेरी सद्गति का समय सन्निकट है, सो मैं अब उस सुयोग को छोडूँगी नहीं।"

गंग निरुत्तर हुए। उनके होंठों पर हास्य और आँखों में जल फैल गया। उन्होंने कहा, "गंगा, मैं तेरी किसी भी इच्छा में बाधक नहीं होऊँगा। जैसा तू चाहे, वही कर।"

बड़ी देर तक सर्वज्ञ निस्पन्द बैठे रहे। उनकी कूटस्थ दृष्टि देर तक अतीत के चित्रों को देखती रही। और गंगा अपनी आँखों से अविरल अश्रु बहाती रही। युवराज भीमदेव की आँखें भी सजल हुईं। हल्की सिसकी सुनकर भीमदेव और सर्वज्ञ दोनों ही ने आँखें उठाकर देखा, एक खम्भे से चिपकी चौला सिसक-सिसक कर रो रही थी। एक प्रश्न भीमदेव के होंठों पर आया, परन्तु वाणी जड़ हो गई। उनके नेत्र भी इधर-उधर डोलायमान होकर पृथ्वी पर झुक गए।

गंग ने स्नेहार्द्र स्वर में आसन से उठकर कहा, "भीमदेव पुत्र, यहाँ आ और पुत्री चौला, तू भी। दोनों आओ।"

वे दोनों को ज्योतिर्लिङ्ग के सान्निध्य में ले गए। कम्पित चरणों से चल कर चौला भीमदेव के पार्श्व में खड़ी हो गई। उसका सर्वांग काँप रहा था। बड़ी देर तक सर्वज्ञ ध्यानस्थ हो देवता के सम्मुख खड़े रहे। फिर स्थिर कण्ठ से कहा, "आगे बढ़ो युवराज, और तुम भी चौला।"

दोनो ज्योतिर्लिङ्ग के निकट अन्तरायण में जा खड़े हुए। वहाँ एकाएक चौला का हाथ भीमदेव के हाथ में देकर उस पर मंत्रपूत जल और बिल्व-फल रख सर्वज्ञ ने कहा, "पुत्र भीमदेव, आज तुम देवाविष्ट सत्व हो—तुम्हारी सेवा के लिए यह देवदासी चौला मैं तुम्हें अर्पण करता हूँ। यह तुम्हारे ही समान उच्च वंशोद्भव राजकुल की

कन्या है। इसकी रक्षा और सम्मान करना। और पुत्री चौला, यह साक्षात् शिवरूप सत्व भीमदेव तेरी श्रद्धा, पूजा और सेवा का पात्र है, इसी के माध्यम से तू अब से अपनी श्रद्धा, पूजा और देवार्पण करना। अब तुम अभिन्न हो—धर्म-सूत्र में बद्ध हो।''

चौला पीपल के पत्ते की भाँति काँपने लगी। भीमदेव अवाक् रह गए। एक अनिर्वचनीय सुख से अभिभूत होकर वे गंग के चरणों में झुक गए। चौला अर्द्धमूर्च्छित हो पृथ्वी पर वहीं देव-सान्निध्य में गिर गई।

प्रभास दुर्गाधिष्ठान

भीमदेव ने नगर का भार बालुकाराय को सौंपा। मन्दिर की रक्षा का भार जूनागढ़ के राव को दिया गया। मन्दिर का धन-रत्न, कोष और भीतरी व्यवस्था मकवाणा के सुपुर्द हुई। दामोदर महता को गुप्तचर विभाग और सूचना विभाग सौंपा गया। रसद और व्यवस्था पतरी के ठाकुर को और प्रभास पट्टन के जल-तट की रक्षा कमा लाखानी के सुपुर्द की गई। सम्पूर्ण संयुक्त धर्म-सैन्य का भार बाणबली ने स्वयं लिया।

बालुकाराय ने तुरन्त नगर में सैनिक व्यवस्था घोषित कर दी। और तुरन्त ही निष्कासन कार्य आरम्भ हो गया। नगर के व्यापारी, सेठ-साहूकार अपना अपना मालमता धन-रत्न लेकर पुत्र-परिजन सहित ठठ-के-ठठ खम्भात जाने के जहाज पर आने लगे। तीन प्रहर बीतते-बीतते यह कार्य समाप्त हो गया। उसी दिन रात को पट्टन के सम्पूर्ण ब्राह्मण-परिवार भी रवाना कर दिए गए। उन्हीं के साथ सब बालक और स्त्रियाँ भी। बहुत नगर-जन स्थल-मार्ग से इसी दिन चले आए।

आठ प्रहर में नगर का रूप ही बदल गया। सभी सूने घरों में सैनिकों ने अपने अड्डे जमा लिए। स्थान-स्थान पर मोर्चेबन्दी होने लगी। प्राचीर, तट, पुल, खाई, परकोट सभी का संस्कार हुआ। सर्वत्र ही प्रहरियों की नियुक्ति हुई। नगर में एक भी स्त्री, एक भी बालक दृष्टिगोचर नहीं होता था। हाट-बाट में शस्त्रों के बनाने के कारखाने देखते-देखते खड़े हो गए। स्थान-स्थान पर योद्धा अपनी-अपनी तलवारों की धार सान पर चढ़ाने लगे। वातावरण में वीर रस का प्रादुर्भाव हो गया। लोग बेसब्री से देवभंजक गज़नी के दैत्य की प्रतीक्षा करने लगे।

यह सारी व्यवस्था करके महा सेनापति ने सम्पूर्ण संयुक्त सैन्य की परेड कराई। सारी सेना को एकत्र किया गया। उसमें बारह हज़ार काठियावाड़ के अडिग योद्धा अपने गठीले टट्टुओं पर सवार थे। सात हज़ार गुजरात की विकट पहाड़ियों की गुफाओं में नंगे रहने वाले भील हाथ में भाला और तीर-कमान लिए आए थे। तीन हज़ार कोली ठाकुरों की ग्रामीण सैन्य गंडासों और फरसों से लैस थी। दस हज़ार राजपूत क्षत्री मारवाड़, सिन्ध और आसपास के इलाके से आए थे, एवं अठारह हज़ार गुर्जर

सेना बाणबली की कमान में थी। इस प्रकार प्रभास के प्रांगण में पचास सहस्र दल का जमाव था।

जरीन ज़ीन वाले सफेद घोड़े पर सेनापति के ठाठ में बाणबली भीमदेव छत्र-चमर धारण कर उपस्थित हुए। उनका चपल अश्व हवा में उछल रहा था। उसके मुकुट-कान-कण्ठ और ज़ीन पर जड़े मणि सूर्य की धूप में चमक रहे थे। महा सेनापति भीमदेव ने झिलमिल कवच धारण किया था। उनके तेजस्वी श्यामल चेहरे पर तेज झलक रहा था। सम्मुख खड़े हिन्दू बल को देखकर उन्होंने तलवार म्यान से निकाल कर जय-घोष किया–''जय ज्योतिर्लिंङ्ग! जय सोमनाथ! जय सोमनाथ!'' एक साथ ही सहस्रों कण्ठों से जय ज्योतिर्लिङ्ग का गगनभेदी स्वर निकला, जैसे समुद्र में तूफान आ गया हो।

विप्रलब्धा

महालय के अन्तरायण में दूसरे खण्ड पर एक एकान्त प्रकोष्ठ था। उसके सामने खुली छत थी। छत पर से सम्पूर्ण महालय का, महालय के उस ओर लहराते समुद्र का तथा क्षीण-कलेवरा हिरण्य नदी का सब दृश्य दीख पड़ता था। बाणबली भीमदेव ने इसी प्रकोष्ठ में अपना डेरा डाला था।

अभी संध्या होने में देर थी। सेना की परेड से निवृत्त हो, धूप और थकान से क्लांत, शिथिल गात भीमदेव अपने आवास में लौटे। उनका बूढ़ा विश्वासी सेवक भीमा उपस्थित हुआ, उसने युवराज के शस्त्र-वस्त्र उतारने में सहायता दी। एक गिलास शीतल जल पीकर भीमदेव ने कहा, ''भीमा, अब मैं थोड़ा सोना चाहता हूँ, देख–कोई मुझे दिक न करें।'' बूढ़े सेवक ने सिर झुकाया और द्वार बन्द करता हुआ बाहर चला आया। थोड़ी ही देर में महाराज भीमदेव शीतल पवन के झंकोरों की थपकियाँ खाकर मीठी नींद सो गए। बहुत देर तक वह सोते रहे। एकाएक एक मृदुल सुखद स्पर्श से उनकी नींद टूट गई। उन्होंने आँखें खोल और अचकचा कर देखा, जैसे उनके चरण-तल में फूलों का ढेर पड़ा हो। चौला उनके दोनों चरणों को आलिंगन में भरे, निमीलित नेत्र और अपने दोनों गर्म होंठ उनके चरण-नख पर स्थापित किए अधोमुखी पड़ी थी।

उन्होंने हड़बड़ा कर दोनों हाथ पसार दिए। उनके चरण-तल का तल्प भाग आँसुओं से भीग गया है, यह उन्होंने देखा। प्रेम, आवेश और आनन्द से अभिभूत होकर उन्होंने चौला को अंक में भर कर उसका चुम्बन किया और कहा, ''प्राण सखि, रोती क्यों हो?''

परन्तु चौला की वाणी जड़ हो गई। स्वर उसके कण्ठ से नहीं फूटा। भीमदेव

ने अनेकविध उसका आलिंगन कर विविध चुम्बन लिए, बारम्बार कहा, "कह, कह, रोने का कारण क्या है?"

चौला के होंठ खुले। उसने कहा, "म म मैं—मैं नहीं जाऊँगी, मुझे यहीं चरण-तल में आश्रय दीजिए।"

"पर तुम्हें भेज कौन रहा है?"

"सर्वज्ञ प्रभु की आज्ञा है। वे मुझे खम्भात जाने का आदेश दे चुके हैं।"

"किन्तु..." भीमदेव विचार में पड़ गए।

चौला ने कहा, "आप उनसे कहिए, उन्हें रोकिए!" उसकी हिचकियाँ बँध गईं।

"तो गंगा से कहो, वह सर्वज्ञ से निवेदन कर देगी।"

"कहा था।"

"फिर? गंगा ने सर्वज्ञ से कहा?"

"नहीं।"

"क्यों?"

"सर्वज्ञ प्रभु समाधिस्थ हैं, निवेदन असम्भव है।"

"तब?"

"आप आज्ञा दीजिए। सेनापति ने मुझे ले जाने को चर भेजे हैं, उन्हें निवारण कीजिए।"

"किन्तु..."वे फिर विचार में पड़ गए। चौला चुपचाप आँसू बहाती रही। भीमदेव ने कहा, "देखूँ, यदि सर्वज्ञ..." वे उठकर कक्ष से बाहर चले, द्वार पर गंगा खड़ी थी। गंगा को देखकर उन्होंने हंसकर कहा—

"देखा, चौला रो रही है।"

"क्यों?"

"वह जाना नहीं चाहती।"

"उसे जाना होगा, महाराज।"

"किन्तु..."

"सर्वज्ञ का आदेश है।"

"उनसे कहो, उसे रहने दें।"

"कहना असम्भव है।"

"क्यों?"

"वे समाधिस्थ हैं।"

"समाधि भंग होने पर?"

"समाधि अभी भंग नहीं होगी। उनका आदेश टाला भी नहीं जा सकता है। चौला को जाना ही होगा।"

भीमदेव असमंजस में पड़ गए। फिर उन्होंने हँसकर कहा, "मैं सर्वाधिप सेनापति हूँ, यदि मैं आदेश दूँ?"

"सर्वज्ञ के आदेश को रद्द करके?"

"नहीं, नहीं, परन्तु..." वे फिर विचार में पड़ गए। गंगा भीतर गई और सूखी वाणी में कहा, "उठ चौला, विलम्ब न कर, यान जाने में अब विलम्ब नहीं है, सेनापति प्रतीक्षा कर रहे हैं।"

चौला ने कातर दृष्टि से भीमदेव की ओर देखा। भीमदेव असंयत हुए, उन्होंने कहा, "गंगा, चौला को रहने दे, कुछ हर्ज नहीं। मैं समाधि भंग होने पर सर्वज्ञ से निवेदन कर दूँगा।"

"यह असम्भव है महाराज, सर्वज्ञ का आदेश टाला नहीं जा सकता।"

"तो सर्वज्ञ की समाधि भंग होने तक यान को रोका जाए, मैं बालुकाराय से कहता हूँ।"

इसी समय बालुकाराय ने प्रविष्ट होकर चौला को लक्ष्य करके कहा, "बहुत विलम्ब हो रहा है।"

भीमदेव ने कहा, "उसे रहने दो बालुक, मेरा आदेश है।"

बालुकाराय ने सिर झुकाया। इसी समय दामोदर महता ने बालुकाराय के पीछे से निकलकर कहा, "नहीं महाराज, उन्हें जाना ही होगा।"

"किन्तु सर्वज्ञ की समाधि भंग होने तक..."

"मैंने सर्वज्ञ से निवेदन किया था महाराज, परन्तु उन्होंने फिर आदेश दिया कि उसे निश्चय जाना होगा।"

भीमदेव ने देखा, चौला स्थिर चरणों से उठी, उनके चरण छुए और गंगा की छाती से जा लगी। फिर बिना पीछे देखे सेनापति के पास जाकर कहा, "चलिए।"

आगे-आगे सेनापति बालुकाराय, उसके पीछे चौला और उसके पीछे दामोदर महता कक्ष से बाहर हो गए।

भीमदेव का एक-एक रक्त-बिन्दु चीत्कार कर उठा। "नहीं, नहीं, ठहरो, मत जाओ! ओ प्राण सखी, प्राणाधिक, कुसुम-कोमल, चौला, चौला," वे उन्मत्त की भाँति हाथ पसार कर द्वार की ओर दौड़े।

परन्तु गंगा ने उन्हें रोककर कहा, "मेरे महाराज, आपकी एक मर्यादा है, फिर महाप्रभु सर्वदर्शी हैं, उसकी सुरक्षा सर्वोपरि है, विचार कीजिए।"

भीमदेव आहत पशु की भाँति शय्या पर गिरकर छटपटाने लगे। छद्मवेशी सुलतान का वह असियुद्ध, चौला पर उसकी आसक्ति, उनकी दृष्टि में घूम गया। सर्वज्ञ ने जो उसका समर्पण उन्हें किया है, उसे स्मरण कर उन्हें रोमांच हो आया, उनके मुँह से अस्फुट स्वर निकला, "वह मेरी है, वह मेरी है, परन्तु यह ठीक है, उसे सुरक्षित होना ही चाहिए।"

गंगा ने निकट आकर कहा, "हाँ महाराज, वहाँ उसकी सुरक्षा और सुख-सुविधा के लिए सर्वज्ञ ने विशेष आदेश दे दिए हैं। आप निश्चिन्त होकर आराम कीजिए।"

उसने अपनी कोमल बाँह का सहारा दे महाराज भीमदेव को शय्या पर लिटा दिया और दुकूल उनके अंग पर डालकर चुपचाप कक्ष से चली गई।

अभिसार

अभी सूर्योदय नहीं हुआ था। आकाश में तारे टिमटिमा रहे थे, मार्ग जनशून्य थे। शोभना को परिचित संकेत-ध्वनि सुनाई दी। उसने चुपके से पीछे की खिड़की खोलकर देखा—एक छाया-मूर्ति दीवार से सटी खड़ी थी। वह हलके पैरों सीढ़ी उतरकर नीचे आई और धीरे से द्वार खोल दिया। दोनों प्रेमी गाढ़ालिंगन में बद्ध हुए। शोभना ने प्रेमी के गले में बाँह डालकर कहा, ''आज इतने दिन बाद आकर सुध ली।''

''यह बात नहीं शोभना, मैं दूर चला गया था।''

''दूर कहाँ?''

''अभी मत पूछो, भेद की बात है।''

''नहीं, बता दो।''

''मैं अमीर के पास गया था।''

''क्या अमीर के पास?'' शोभना का मुँह भय और आश्चर्य से फैल गया। उसके मुँह पर हाथ रखते हुए फतह मुहम्मद ने कहा, ''हाँ शोभना, अमीर ने मुझे भेजा था।''

''तुमने अमीर को देखा?''

''अमीर ने मुझे प्यार से थपथपाया और कहा, ''बरखुरदार, तुम तो जैसे मेरे एक होनहार सिपहसालार हो।''

''अमीर ने यह कहा?'' शोभना की आँखों में आनन्द नाचने लगा।

''यही नहीं, उसने मुझे एक टुकड़ी फौज का सरदार भी बनाया है।''

''सच?''

''देखना अब मेरी तलवार के जौहर।''

''किन्तु, देव, क्या तुम धर्म के विरुद्ध तलवार उठाओगे?''

''धर्म, प्यारी शोभना, वह धर्म जिसने तुम जैसे कुसुम-कोमल अमल-धवल रमणी-रत्न को वैधव्य के दुर्भाग्य से बाँध रखा है, और मेरे उछलते हृदय को लातों से दलित किया है? देखा नहीं था जब तुम्हारे पिता मेरे मन्त्रपाठ करने पर तलवार लेकर मारने दौड़े थे, तब किसी ने मुझपर दया की? सभी ने कहा, ''मारो साले शूद्र को, वेद पढ़ता है नीच-अधर्मी! और उसी धर्म की तुम अभी तक दुहाई देती हो?''

''किन्तु देव, वह हमारे बाप-दादों का धर्म है।''

''किन्तु हमारे बेटे-पोतों का धर्म ऐसा होगा, जहाँ सब समान होंगे, कोई

छोटा-बड़ा न होगा। जहाँ तुम रानी और मैं राजा होऊँगा, तुम्हें क्या कुछ एतराज़ है?"

"नहीं, मैं तुम्हें प्यार करती हूँ, तुम्हारे बिना रह नहीं सकती। मैं कोई दूसरी बात सोच ही नहीं सकती। तुम जैसे ठीक समझो करो, मैं तुम्हारी हूँ।"

"तो प्यारी शोभना, तुम निश्चिन्त रहो, हम दोनों ही इस धर्म की गुलामी से मुक्त होकर जीवन का फल लाभ करेंगे। खैर, अब यह कहो, यहाँ का क्या हाल-चाल है, देखता हूँ सारा पट्टन ही खाली हो रहा है। सब सेठिए, व्यापारी पट्टन से बाहर चले गए हैं, चारों ओर के राह बाट सैनिकों ही से पटे पड़े हैं।"

"तुम्हें नहीं मालूम, बाणबली भीमदेव सर्वाधिपति हुए हैं। पाटन में इस समय एक लाख तलवारें अमीर का स्वागत करने को तैयार खड़ी हैं।"

"तो क्या परवाह, इन तलवारों के पीछे दासता, घमण्ड, स्वार्थ, दुराचार, पाखण्ड जो छिपा हुआ है। ये एक लाख तलवार अमीर की उस अकेली तलवार का भी मुकाबला नहीं कर सकतीं जो केवल एक ईश्वर को मानता है, जिसका एक धर्म, एक जाति, एक ईश्वर और एक ईमान है—जहाँ छोटे-बड़े सब बराबर हैं।"

"यह तुम क्या कह रहे हो, देव! क्या सचमुच अमीर सोमनाथ को भंग करेगा?"

"नहीं तो क्या? उस दिन जब मैंने सोमनाथ की पौर में खड़े होकर दर्शन करने चाहे थे, तब मुझ शूद्र को धक्के देकर खदेड़ दिया गया था। अब मैं ही अपनी इस तलवार से इस सोमनाथ के दो टुकड़े न कर डालूँ, तो तुम्हारे प्रेम का दंभ न भरूँ।"

"नहीं, नहीं, देव! ऐसी भयानक बात मत कहो। पैरों पड़ती हूँ। भगवान् सोमनाथ देवाधिदेव हैं, संसार के स्वामी हैं।"

"देखा जाएगा, अभी तो मैं तुम से एक खास मामले में सहायता लेने आया हूँ।"

"कहो।"

"मेरा काम तुम्हें करना होगा।"

"करूँगी।"

"पर काम मेरा नहीं, अमीर का है।"

"अमीर का क्या काम है?"

"उसे पूरा करने पर ही हमारा भाग्योदय निर्भर है।"

"तुम कहते हो तो करूँगी।"

"ज़रूर करो।"

"कहो।"

"महालय की सब स्त्रियाँ खम्भात जा रही हैं?"

"हाँ, आँ।"

"चौला भी?"

"वह भी। पिताजी कह रहे थे।"

"और तुम?"

"मैं भी।"

"ठीक है, तो सुनो। जैसे बने, छाया की भाँति चौला के साथ रहो। उसकी विश्वास-भाजन बनो। एक क्षण को भी अपनी आँखों से उसे ओझल मत होने दो।"

"क्यों?"

"अमीर का हुक्म।"

"किन्तु क्यों?" शोभना ने भयभीत होकर पूछा।

"क्यों का उत्तर नहीं। जब मैं खम्भात में तुमसे पूछूँ कि चौला कहाँ है, तब मुझे बताना।"

"खम्भात तुम कब आओगे?"

"सोमनाथ को जलाकर छार करने के बाद।"

"ऐसी बात मत कहो।"

"खैर, कहो, कर सकोगी?"

"करूँगी।"

"तुम कब जा रही हो?"

"आज ही रात को यान जा रहा है, उसी में।"

"चौला उसी में जा रही है न?"

"सुना है।"

"और भी कुछ सुना है।?"

"सुना नहीं, देखा है।"

"क्या देखा?"

"चौला रो रही थी।"

"क्यों?"

"वह खम्भात जाना नहीं चाहती।"

"किस लिए?"

"वह बाणबली को प्यार करती है"

"सच?"

"जैसे मैं तुम्हें।"

"झूठ!"

"नहीं।"

"तो फिर?"

"वह गंगा से कह रही थी।"

“तब?”

“गंगा ने कहा—जाना होगा। सर्वज्ञ की आज्ञा है।”

“चौला ने सर्वज्ञ से नहीं कहा?”

“न, सर्वज्ञ समाधिस्थ हैं।”

“ढोंग!”

“चौला न जाए तो?”

“तुम भी मत जाना।”

“कैसे?”

“चौला की सेवा में रहने की आज्ञा लेकर।”

“आज्ञा कौन देगा?”

“तुम्हारे पिता आसानी से यह व्यवस्था कर देंगे, उनसे कहना।”,

“ऐसा ही करूँगी।”

“बस तो एक प्यार।”

“यहाँ नहीं, खम्भात में।”

“तो यही सही।”

युवक तीर की भाँति द्वार से बाहर जाकर मकानों की छाया में लोप हो गया। शोभना सकते की हालत में खड़ी देखती रही। आँखें उसकी जलधार से गीली और धुंधली हो रही थीं।

पतिव्रता रमा

कृष्णस्वामी के अनुरोध से शोभना को चौला की सखी बनकर उसी के साथ रहने में कोई कठिनाई नहीं हुई। कृष्णस्वामी को भी इससे एक प्रकार की निश्चिन्तता हो गई। बालुकाराय ने प्रसन्नता से कृष्णस्वामी का अनुरोध मान लिया और शोभना को चौला के पास पहुँचा दिया। शोभना की आयु यद्यपि चौला से कुछ अधिक ही थी परन्तु दोनों को एक प्रकार से समवयस्का ही कहा जा सकता था। शोभना जैसी आनन्दी, चतुर और तत्पर सहेली पाकर चौला भी बहुत प्रसन्न हुई। राह में ही दोनों हिलमिल गईं। खम्भात पहुँचते-पहुँचते दोनों चिर सखी हो गईं। महाराज महा सेनापति भीमदेव का संकेत पाकर खम्भात में चौला को सब सम्भव सुख-साधन जुटा दिए गए और वहाँ महारानी की भाँति मर्यादा से रहने लगी। शोभना उनकी परछाईं की भाँति रात-दिन साथ रहने तथा उसका मनोरंजन एवं सेवा करने लगी। अपनी सेवा-प्रेम-तत्परता और आनन्दी स्वभाव से शोभना ने शीघ्र ही चौला का मन मोह लिया।

परन्तु रमाबाई किसी तरह खम्भात जाने को राज़ी न हुई। भाषा और भाव उसके चाहे जैसे रहे हों, अभिप्राय उसका यही था कि पति ही उसका लोक-परलोक में शरण है, पति ही परमेश्वर है, पति ही प्राण है, पति ही धर्म है, उसके चरणों का आश्रय छोड़कर वह जीते-जी कहीं नहीं जाएगी। जो पति की गति सो उसकी गति। वह जीवन-मरण, सुख-दुःख, लाभ-हानि, सम्पत्ति-विपत्ति में पति की अखण्ड संगिनी, सहधर्मिणी और भार्या है।

परन्तु यह हुआ अभिप्राय। भाव-भाषा भी देखिए इसमें किसी का वश भी क्या है। मनुष्य अपने स्वभाव ही के अनुसार मनोभाव प्रकट करता है। सो जब रमाबाई से खम्भात जाने को कहा गया तो उसने अच्छा-खासा महाभारत खड़ा कर दिया। वह गुस्से से मुँह फुला कर अपनी गोल-गोल आँखें घुमाती हुई बेलन लेकर कृष्णस्वामी के सामने तन कर खड़ी हो गई और सर्पिणी की भाँति फुफकार मार कर बोली, "देखती हूँ, तुम मुझ जीती-जागती को कैसे घर से निकालते हो, चार फेरे डाल अग्नि की साक्षी करके लाए हो, भाग कर बाप के घर से नहीं निकली हूँ। अब इस की देहरी के बाहर मेरी लाश ही निकलेगी, समझे!" किन्तु कृष्णस्वामी ने खूब नर्म होकर समझाते हुए कहा, "यह बात नहीं है शोभना की माँ, वह गज़नी का राक्षस आ रहा है। उसी के भय से सब लोग घरबार छोड़कर भाग रहे हैं। तुम्हें घर से निकालता कौन है! घर-बार तो सब तुम्हारा ही है। तुम्हीं न घर की मालकिन हो।" इस पर ज़िद करके रमा ने कहा, "तो जिसे डर हो, वह भागे। आए वह गज़नी का राक्षस, इसी बेलन से उसका सिर न फोड़ूं तो मेरा नाम रमा नहीं।" वह गेंद की तरह लुढ़कती हुई सारे घर में घूम गई। फिर फफक-फफक कर रोने लगी। रोते-रोते बड़बड़ाने लगी, "तुमने जन्म भर जलाया है, और अब डर के मारे औरत को घर से बाहर भेज रहे हो, बड़े बांके बहादुर हो। अरे नामर्द, औरत की रक्षा नहीं कर सकते थे, तो उसका हाथ चार पंचों में क्यों पकड़ा था? फिर डर है तो तुम भी चलो। तुम यहाँ कहाँ के तीर-तमंचे चलाओगे। देखी है तुम्हारी जवांमर्दी बस अधिक न कहलाओ।"

कृष्णस्वामी ने फिर साहस किया। समझाते हुए बोले, "शोभना की माँ, महाराज महासेनापति की आज्ञा है। वह तो माननी ही पड़ेगी।"

रमा ने खीझ कर कहा, "क्यों माननी पड़ेगी, मैंने महासेनापति से ब्याह नहीं किया, न उनकी दबैल हूँ। महासेनापति मेरे सामने तो आएँ। कौन से शास्त्र वचन से वह पत्नी को पति के चरणों से दूर करते हैं? घरनी को घर से निकालते हैं? सुने तो! बड़े आए तीसमारखाँ।"

कृष्णस्वामी ने खीझ कर कहा, "तो तुम नहीं जाओगी?"

"नहीं, नहीं जाऊँगी, नहीं, जाऊँगी, नहीं जाऊँगी–जहाँ तुम वहाँ मैं।" वह रोती-रोती कृष्णस्वामी के पैरों से लिपट गई। रोती-रोती बोली, "इस बुढ़ापे में अधर्म में मत खसीटो, इन चरणों से दूर न करो, दया करो, दया करो!"

बालुकाराय ने आकर समझाया। शोभना ने भी दम-दिलासा दिया। फुसलाया-बहलाया। पर रमाबाई एक से दो न हुईं। विवश हो, शोभना माता से अंक भर मिल रोती हुई विदा हुई। रमाबाई ने कृष्णस्वामी को घर के भीतर खींच, द्वार की सांकल भीतर से चढ़ा ली।

अलबरूनी

शेख अलबरूनी बहुत भारी विद्वान् थे। इनकी अवस्था सत्तर से भी ऊपर थी। रंग एकदम काला, बहुत ऊँची उठान, लम्बी सफेद दाढ़ी, गृध्र के समान तेज और भेदिनी दृष्टि। सम्पुटित ओष्ठ, अल्प भाषी।

शेख नदी-तीर की अपनी एकान्त झोंपड़ी में बैठे कुछ ज्योतिष की रेखाएँ खींच रहे थे। उनके सम्मुख दिग्विजयी अमीर छद्म-वेश में बैठा चुपचाप उनके मस्तिष्क पर बनने-बिगड़ने वाली रेखाओं को ध्यान और अधैर्य से देख रहा था। दोनों मौन थे। वृद्ध शेख कुछ उलझन में थे, ऐसा प्रतीत होता था कि वे कुछ निर्णय नहीं कर पा रहे हैं। अन्त में अधीर होकर अमीर ने कहा–

"जैसा कुछ आपने समझा है, कहिए।"

"अभी कुछ नहीं कह सकता सुलतान!"

"अब नहीं तो फिर कब? जो कुछ कहना है, अभी कहिए।"

"तो बेहतर हो कि आप चुपचाप अभी सिन्ध की राह वापस गज़नी चले जाएँ।"

"खूब, यह आप महमूद को सलाह दे रहे हैं हज़रत?"

"हुजूर, मैं लाचार हूँ, आपके सितारे मुझे उलझन में डाल रहे हैं।"

"काफिरों का यह इल्म नजूम भी क्रुफ है। आप इस पर क्यों यकीन करते हैं?"

बूढ़े शेख ने भौंहों में बल डालकर एक बार अमीर की ओर देखा, फिर शान्त स्वर से कहा, "सुलतान, इल्म की कोई जात-बिरादरी नहीं। वह सदा सच्चा है, सूरज की तरह चमकदार हीरा, गलाज़त से उठाया हुआ भी हीरा ही है। बस, आपको अगर इल्म-नजूम कुफ्र दीख पड़ता है तो शेख को माथा-पच्ची करने की आवश्यकता नहीं है। बिस्मिल्लाह कीजिए।"

उसने तख्ती उठाकर रख दी और मौन हो बैठा। अमीर ने नरम होकर कहा, "खैर, आपने जो कुछ समझा हो, वहीं कहिए।"

"आपका एक सितारा बहुत खराब है, लेकिन उसका असर आज की तारीख से ठीक चौथे माह होगा।"

"उसका क्या असर है?"

“आपकी जिन्दगी, फतह और इज्जत पर खतरा।”

“कैसा खतरा?” अमीर के होंठ गुस्से से चिपक गए।

“लड़ाई में शिकस्त भी हो सकती है, आपके दुश्मनों की जान को भी जोखिम है।”

“तो क्या परवाह, महमूद ने तो ऐसे बहुत-से खतरे उठाए हैं हज़रत!”

“सुलतान, हर उरूज का एक ज़वाल है; सूरज उगता है, उठता है, तपता है, फिर आखिर ग़रूब होता है।”

“तो इससे क्या? दूसरे दिन सुबह फिर उगता है।”

“हुज़ूर, इल्म में बहस बेकार है।”

“जाने दीजिए, आपने कहा, ‘वह सितारा आज से चौथे महीने असर करेगा’?”

“जी हाँ।” शेख ने फिर अपनी तख्ती पर नज़र फैलाई।

“खैर, तो तब तक मैं गज़नी पहुँच जाऊँगा।”

“यह नामुमकिन है।”

“क्यों?”

“आपने यदि लड़ाई छेड़ दी तो वह लम्बी मुहिम होगी। सोमनाथ की फतह आसान नहीं है।”

“यह तो इत्तफ़ाक़ पर मौक़ूफ़ है।”

“जी नहीं। हाँ, अगर आपको कोई ग़ैबी मदद मिल जाए, तो बात जुदा है।”

“मसलन?”

“जैसे वही खतरनाक गुसाईं सच्चा उतरे।”

“उसपर आपको शक है?”

“जो खबर मिली है, उससे तो वह आपकी मदद करेगा। मगर काफ़िर का भरोसा क्या? फिर वह जो मालिक से दगा कर रहा हो, अपने दीनों-ईमां से बगावत कर रहा हो।”

“लेकिन वह तो अपने देवता जिन्नात के हुक्म की तामील कर रहा है जिसके हम शाही मेहमान बन चुके हैं और अब फिर उसने मुझे बुलाया है।”

“ठीक है, पर कौन जाने, इसमें क्या भेद है?”

“क्या आपने उससे मुलाक़ात की थी?”

“मुलाक़ात नहीं हुई। मगर मेरे-उसके बीच बातचीत तो है ही।”

“उसी नौजवान की मार्फत, जिसे आपने अपना सन्देश लेकर मेरे पास भेजा था?”

“जी हाँ।”

“वह लड़का कहाँ है?”

“मेरे ही काम से पट्टन गया है।”

"जिन्नात के बादशाह से कल वहीं मुलाकात होगी न?"

"यही उसने कहलाया था, लेकिन उसने इस बार मुझे अकेला बुलाया है। मैं ज़रूर जाऊँगा।"

"खैर, मेरी सुलतान से एक इल्तजा है।"

"क्या?"

"अगर सुलतान इस मुहिम को सर करने पर तुले ही हुए हैं तो ऐसी कोशिश कीजिए कि जल्द से जल्द मुहिम खत्म हो जाए, और आप चौथे चाँद से पेश्तर ही गज़नी लौट जाएं।"

"अलहम्दुलिल्लाह, ऐसा ही करूँगा, हाँ, वह नाज़नीं?"

"सब लोगों के साथ खम्भात भेजी जा रही है। मैंने बन्दोबस्त किया है कि एक भरोसे की औरत उसके साथ रहे।"

"कौन है वह?"

"फ़तह की होने वाली जोरू।"

"फ़तह कौन है?"

"वही नौजवान। हज़रत, उसे मैंने एक टुकड़ी फौज का सरदार बनाया है, अगर वह यह खिदमत ठीक-ठाक बजा लाया तो उसे सिपहसालारों में रखूँगा।"

"वह जी-जान से हुज़ूर के काम में लगा है।?"

"लेकिन हज़रत, सिर्फ एक चीज़ लेकर भी मैं सोमनाथ को छोड़ सकता हूँ।"

"वह क्या ?"

"वही नाज़नीं।"

"क्या नाम है उसका?"

"चौला।"

"यह शायद नामुमकिन है सुलतान, एक लाख नंगी तलवारें उसकी हिफ़ाजत कर रही हैं।"

"उस लौंडी की?"

"वह देवदासी है हुजूर, देवता की जोरू।"

"पत्थर के देवता की जोरू ज़िन्दा औरत?" अमीर हँसा।

"इसी से सोमनाथ और लौंडी की इज़्ज़त बराबर ही है।

"तो मैं सोमनाथ के इसी गुर्ज से चार टुकड़े करके उस लौंडी को अपनी खिदमत में रखूँगा।"

"अब सुलतान किस बात का इन्तज़ार कर रहे हैं?"

"किसी बात का नहीं, मेरी सब बिखरी फ़ौज इकट्ठी हो गई है। कल उस ग़ैबी शै से मुलाकात होने के बाद खुले मैदान में छावनी डालूँगा।"

"मुझे कोई हुक्म?"

"उस छोकरे को मेरे पास भेज दीजिए।"

"बेहतर!"

अमीर ने वृद्ध शेख के दोनों हाथ अपनी आँखों से लगाए, चूमे और चुपचाप घोड़े पर चढ़कर रवाना हुआ। अभी भी दिन निकलने में देर थी। पूर्व दिशा में सफेदी छा रही थी।

सहस्राग्नि-सन्निधान

परन्तु रुद्रभद्र ने धर्म-सेनापति की आन नहीं मानी। वह एक सहस्र धधकती धूनियों के बीच वहीं कूटस्थ मुद्रा में बैठा रहा। उसका विशाल कृष्णकाय शरीर, लाल भस्म भूषित जटाएँ, मद्य से लाल-चोट नेत्र, भयानक काली सघन भौंहें, मोटे निरन्तर हिलते होंठ और बीच-बीच में 'ला विनाश' का चीत्कार, यह सब मिलकर दर्शकों के मन पर एक ऐसा बीभत्स, रौद्र और भयानक प्रभाव छोड़ते थे कि जिसका वर्णन ही दुर्लभ है। उसे न सेना का भय था, न शस्त्रों का, न उसे गुरु के आदेश की परवाह थी, न सेनापति की। त्रिपुरसुन्दरी के मन्दिर के बाहर विशाल मैदान में उसने अब सहस्त्राग्नि तपना प्रारम्भ किया था। उसके साथ उसके तीन सहस्र संगी-साथी अघोरी, वामपन्थी और कलमुँहे भी वैसी ही मायाविनी आकृति बनाए उन धधकती हुई एक हज़ार धूनियों के चारों ओर मिथुन-मुद्रा में बैठे मन्त्र-जप कर रहे थे। उनके सैकड़ों चेले-चांटे उन जलती सहस्र महाचिताओं में निरन्तर वृक्ष-वनस्पति काट-काट कर ईंधन झोंक रहे थे। केवल यही नहीं, नगर में जो कुछ भी जहाँ कहीं जलने-योग्य अच्छा-बुरा पदार्थ मिल जाता, वे उसी को उठा लाकर धूनियों में झोंक रहे थे। वे लोग कोई भी विधि-निषेध नहीं सुनते थे, किसी से नहीं डरते थे, रोकने पर लड़ने-मरने को उद्यत हो जाते थे, वे छूटते ही घातक आक्रमण करते थे।

नगर में नागरिक तो कम ही रह गए थे, अधिकांश बाहर से आए हुए सैनिक थे, वे उनके इस व्यवहार से बड़े आतंकित हो रहे थे। उनसे उनके सम्मुख विरोध करते ही न बन पड़ता था। अंधविश्वास ने उन्हें कायर बना दिया था। उन्हें देखते ही बड़े-बड़े वीर भाग खड़े होते थे, निकट आते ही ये अघोरपंथी छूटते ही अपने विकराल चीमटों का प्रहार ऐसे वेग से करते थे कि अच्छे-से-अच्छे बलिष्ठ पुरुष की भी खोपड़ी फट जाती। अपने नेता रुद्रभद्र के साथ वे—हूँ फट, ह्रीं, क्लीं का उच्चारण करते, उनके होंठ निरन्तर हिलते रहते और बीच-बीच में वे सब सहस्र-सहस्र कंठ से 'ला विनाश', 'ला विना[illegible] चिल्लाते।

महा मेधावी प्रतापवान सेनापति बालुकाराय इन दुर्भट हठीले अघोरियों के सम्मुख निरुपाय हो गए। उन्होंने महासेनापति भीमदेव और दामोदर महता से परामर्श किया।

बालुकाराय ने कहा, "क्या उन पर बल-प्रयोग किया जाए?"

“यह शायद ठीक न होगा” भीमदेव ने कहा, “किन्तु क्यों न सर्वज्ञ से निवेदन किया जाए?”

“सर्वज्ञ अन्तःस्थ हैं। उनसे मिलना अशक्य है। बात करना भी सम्भव नहीं।”

“बहुत विचार-परामर्श के बाद दामोदर महता ने कहा, “उन्हें मुझ पर छोड़ दीजिए। मैं उन सबसे निपट लूँगा। ये मूर्ख हमारा कुछ भी न बिगाड़ पाएँगे। और इनका आप ही विनाश हो जाएगा।”

यही बात तय रही। दामोदर महता ने उनकी गतिविधि की देख-रेख अपने पट्ट-शिष्य गजानन के सुपुर्द की। उसकी अधीनता में पचास सशस्त्र सैनिक भी दे दिए। उसे आदेश दे दिया गया कि उन्हें छेड़ने का कोई काम नहीं है। वे दूसरों का अनिष्ट न करें, केवल यही देखना चाहिए। इसके अतिरिक्त इस धूर्त रुद्रभद्र की कोई कहीं गहरी चाल तो इस ढोंग-धतूरे की ओट में नहीं चल रही है, यह भी देखने का आदेश महता ने अपने शिष्य को दे दिया।

गजानन ने अपने पचास सैनिकों को उन्हीं कलमुंहों के छूदम वेश में उनमें प्रविष्ट कर दिया। वे उनमें घुल-मिलकर ईंधन लाने, चिल्लाने तथा होंठ हिलाने लगे। महत्त्वपूर्ण और आवश्यक सन्दिग्ध संदेश गजानन के द्वारा महता दामोदर के पास पहुँचने लगे।

दैत्य आया

गज़नी का दैत्य नल वावणी होता हुआ प्रभास की सीमा में धंसा चला आ रहा है। अन्ततः इसकी सूचना भीमदेव को मिली। भीमदेव ने तत्काल ही एक युद्ध-समिति की बैठक की। इस समिति में भीमदेव चालुक्य, सेनापति बालुकाराय, जूनागढ़ के राव, केसर मकवाणा, राय रत्नादित्य, कमा लाखाणी, दद्दा सोलंकी, सामन्त सिंह और सज्जनसिंह आदि प्रमुख भट सेनानायक उपस्थित थे।

प्रश्न था कि क्या अमीर को प्रभास तक आने का अवसर दिया जाए, या उसे राह ही में अटकाया जाए? यदि राह में अटकाया जाता है तो दुर्गाधिष्ठान का महत्त्व जाता रहता है, बल बिखर जाता है, अतः सर्वसम्मति से यही निर्णय हुआ कि अमीर को आगे बढ़ने दिया जाए तथा उसके वापस जीवित लौटने के सब मार्ग बन्द कर दिए जाएँ।

मकवाणा ने वीर दर्प से मूंछों पर ताव देकर कहा, “मैं इस तलवार से उसके दो खण्ड करूँ तो मेरा नाम मकवाणा। इसी धर्मक्षेत्र में राक्षस की मुक्ति हो।”

जूनागढ़ के राव ने कहा, “जब तक शरीर में प्राण हैं, हम लोहा बजाएँगे। आगे जैसी शंकर की इच्छा।”

सज्जन चौहान ने कहा, "अब मेरा तो जीवन ही उस दैत्य का सर्वनाश करने के लिए है।"

और भी बहुतों ने बहुत बातें कहीं। सभी ने वीर-दर्प से हुंकृतियाँ भरीं। सबके अन्त में जलद गम्भीर स्वर में भीमदेव ने कहा, "यह तो हुआ। अब यह कहो, अमीर का बल कैसा है, उसकी सैन्य कितनी है, उसका संगठन कैसा है?"

"उसके पास चालीस हज़ार मंजे हुए घुड़सवार हैं, इसके अतिरिक्त दो हज़ार सांढ़नियाँ और पाँच सौ हाथी हैं। बारह हज़ार अचूक तीरन्दाज़ हैं जिनके तीर में पाँच टंक की अनी पड़ती है महाराज।"

भीमदेव ने कहा, "तो पहले तीरन्दाज़ों ही को लो। हमारे पास कुल सात हज़ार तीरन्दाज हैं। वे सब उतने होशियार और अचूक तो नहीं हैं, परन्तु हमारे पास गढ़ हैं, खाई हैं, दुर्ग हैं, तथा भरपूर रसद और रण के साधन हैं। सबसे प्रथम उन्हीं की मुठभेड़ हो। इन सात हज़ार धनुर्धरों का अधिकार मैं लेता हूँ।" किन्तु बालुकाराय ने बाधा देकर कहा, "नहीं महाराज, उनका अधिकार मैं लेता हूँ। आप सम्पूर्ण धर्म-सैन्य के नेता और सेनापति हैं। आपको सम्मुख युद्ध में आने का कोई काम नहीं है। महाराज बाणबली प्रसिद्ध हैं, परन्तु मैं एक ही बाण से उसका हृदय विदीर्ण न करूँ तो बालुकाराय नाम न धराऊँ।"

भीमदेव ने हँसकर कहा, "बालुक, तुम्हारे हस्त-लाघव और शौर्य पर तो मैं ईर्ष्या करता हूँ, परन्तु तुम्हारे अधीन नगर-रक्षा भी है, इसी से..."

परन्तु बालुक ने बात काटकर कहा, "नगर अब कहाँ है महाराज, यह प्रभास तो अब सैनिक-सन्निवेश है। फिर भी तो मैं स्वेच्छा से दायित्व ले रहा हूँ। आपको मैं किसी भी हालत में कोई जोखिम सिर न लेने दूँगा।"

भीमदेव ने कहा, "तब ऐसा ही हो। अपने धनुर्धारियों को तुम सम्भालो। अब हमें कुल तीन मोर्चे स्थापित करने हैं। प्रथम होगा मुख्य तोरण—उसका रक्षक कौन होगा?"

जूनागढ़ के राव ने अपनी तलवार ऊँची करके कहा, "यह लोहा। इसके रहते दैत्य महालय के मुख्य तोरण पर पदाघात न कर सकेगा।"

"ठीक है। आप दो सहस्र घुड़सवार और दस सहस्र सैन्य सहित मुख्य तोरण की रक्षा करेंगे।"

"अब दूसरा मोर्चा जूनागढ़-द्वार सागर-तट है, उसे कौन सम्भालेगा?"

"मैं" कमा लाखाणी ने मेघ-गर्जन की भाँति कहा, "सागर-तट पर मेरा जन्मसिद्ध अधिकार है!"

"अच्छा, तो तट पर इस समय तीन सौ नावें हैं तथा छह भारवाहक और तीन शस्त्रसज्जित जहाज़ हैं। शत्रु के पास जल-युद्ध का कुछ भी सरंजाम नहीं है। ये आपके अधिकार में हुए। आपको अश्वारोही सेना की तो दरकार ही नहीं। पाँच

हज़ार तलवार और बर्छे के धनी योद्धा और बालुकाराय के तीरन्दाज़ भी आपके साथ रहेंगे।''

''तो महाराज, तट भाग अभंग है, सो अभंग रहेगा।''

''अब रहा नगर-द्वार'' भीमदेव ने कुछ चिन्तित होकर कहा।

''उसके लिए केवल पाँच सौ अश्वारोही मुझे दे दीजिए।'' मकवाणा ने हँसकर कहा। भीमदेव हँस पड़े। उन्होंने कहा, ''पाँच सौ नहीं, दो हज़ार अश्वारोही और पाँच हजार पदातिक, साथ ही दामो महता भी।''

''तब तो अधिकस्याधिकं फलम्।''

सज्जनसिंह चौहान ने कहा, ''किन्तु मुझे क्या काम सौंपा जाता है?''

भीमदेव ने गम्भीर मुद्रा से कहा, ''हाँ, अब आपकी बारी है, सज्जनसिंह जी। आपको मैं सबसे कठिन कार्य सौंप रहा हूँ।''

''यही मेरी अभिलाषा भी है।''

''तो देखिए, यदि दैव-दुर्विपाक से हमें दलित करके यहाँ से सुलतान वापस लौटे तो मरुस्थली में ही उसको समाधि तुम देना। यही कार्य मैं तुम्हारे सुपुर्द करता हूँ। प्रातःस्मरणीय घोघाबापा का तर्पण तुम्हें ही करना होगा वीरवर! और अब तो तुम्हीं मरुस्थली के रक्षक भी हो।''

''ऐसा ही होगा महाराज, मैं प्रतिज्ञा करता हूँ।''

''तब कहो, तुम्हें कितने सैनिक चाहिए? यह देख लो, हमारे पास योद्धाओं की बहुत कमी है।''

''यह मैं देख रहा हूँ महाराज!''

''तुम्हें कम से कम योद्धा दूँगा''

''ठीक है महाराज!''

''कहो, फिर कितने?''

सज्जनसिंह ने फीकी हँसी हँसकर कहा, ''एक भी नहीं महाराज, वह सामने नीम की छाया में मेरी साँढ़नी बँधी है। बस, वह और मैं दो ही यथेष्ट हैं।''

सज्जनसिंह की बात सुनकर सब कोई आश्चर्य से उसका मुँह ताकने लगे। सज्जन ने कहा, ''महाराज, बिना कुछ खाए-पिए मेरी सांढ़नी ने पाँच बार इस मरुस्थली को पार किया है। वह मरु समुद्र का जहाज़ है। वह चालीस दिन तक बिना खाए-पिए धावा कर सकती है। परन्तु एक बात है।''

''वह क्या?''

''यदि अमीर पीछे मरुस्थली की ओर न लौटे।''

''सम्भवतः वह राजस्थान की ओर मुँह न कर सकेगा।''

''किन्तु अर्बुदाचल के मार्ग जाए तो?''

''उसकी चिन्ता नहीं। विमलदेव शाह तीस हज़ार गुर्जर-सैन्य सहित उसका मार्ग रोकने को आबू में सन्नद्ध हैं। फिर काका दुर्लभदेव की गज-सैन्य भी है, और

अभी तो यहाँ हम हैं। यदि भगवान् सोमनाथ की ऐसी ही इच्छा हुई, तो सुलतान के भाग्य का अन्तिम निबटारा या तो तुम्हारी मरुस्थली में होगा या अर्बुदाचल में। मरुस्थल सज्जन का और अर्बुदाचल मेरा।''

''तो महाराज, मरुस्थल की ओर यदि दुर्भाग्य अमीर को ले गया, तो वहाँ से एक भी म्लेच्छ जीता न लौटेगा!''

''अब रहा सामन्त। सामन्त को मैं यहाँ न रहने दूँगा। यह इसी समय घोघागढ़ जाए।''

''मेरा अपराध महाराज?'' सामन्त ने भरे कण्ठ से कहा।

''अपराध नहीं भाई, घोघाबापा का वंश जीवित रखना होगा। घोघाबापा के चौरासी पुत्र-पौत्रों में एक तुम और सज्जन बस दो बचे हो। सज्जन को तो मैं उत्सर्ग के मार्ग पर भेज रहा हूँ। पर सामन्त, तुम्हें अपने वंश की रक्षा करनी होगी।'' महासेनापति भीमदेव की वाणी कम्पित हो गई। आँखें मेंह बरसाने लगीं।

''तो सामन्त, महाराज की बात रख।'' सज्जन ने आँखों में आँसू भरकर कहा।

सामन्त ने अवरुद्ध कण्ठ से कहा, ''बापू, मैं यहाँ धर्मयुद्ध से विमुख़ होकर चला जाऊँ तो मेरा क्षत्रिय धर्म जाए।''

''ऐसा नहीं सामन्त।'' भीमदेव ने कहा।

''मैं नहीं जाऊँगा महाराज। मैं सेनापति की आज्ञा को अस्वीकार करता हूँ, मुझे अनुशासन भंग करने का दण्ड दीजिए।''

महाराज भीमदेव ने हँसकर स्नेह से उस तरुण को छाती से लगा लिया। दामोदर महता ने कहा, ''महाराज, सामन्त सिंह जी के लिए एक महत्त्वपूर्ण कार्य है।''

''क्या?''

''उन्हें खम्भात की रक्षा का भार दीजिए। अन्ततः खम्भात का सामुद्रिक महत्त्व सबसे अधिक बढ़ता जाएगा।''

''ठीक है, तो सामन्त, तुम्हें खम्भात सौंपता हूँ। वहाँ गुर्जरेश्वर श्री वल्लभ देव है, सुश्री चौला हैं, पाटन के हज़ारों आबाल-वृद्ध हैं; गुजरात की सभी प्रतिष्ठा और सम्पदा इस समय खम्भात में है, इन सबका रक्षक मैं तुम्हें बनाता हूँ। वीर!''

सामन्त ने सिर झुकाकर कहा, ''जैसी महाराज की आज्ञा!''

अन्य आवश्यक व्यवस्था के बाद यह युद्ध-मन्त्रणा भंग हुई। बीस सहस्र सुरक्षित सैन्य की कमान महाराज भीमदेव के अधीन रही।

शत्रु-मित्र

देलवाड़े का राजमार्ग आबाल-वृद्ध नर-नारियों से पटा पड़ा था। कोई ऊँट, घोड़ा, बैलगाड़ी पर, कोई पैदल, कोई असमर्थ-रोगी-अपाहिज आने में असमर्थ साथी

को पीठ पर लादे हुए प्रभास की ओर आ रहे थे। उनमें बहुत घायल थे। मुमूर्षु थे, अनेक विलाप करती सद्यःविधवाएँ थीं, जिनका एक ही रात में चिर सुहाग लुट चुका था। अनेक सिसकते भूखे-प्यासे अनाथ बालक थे, जो रात को माता की सुखद गोद में सोए थे। एक ही रात में उनपर वज्रपात हुआ था। उनके घर-बार लूट-पाट और जलाकर खाक पर दिए गए थे। स्त्री-पुरुष सभी को तलवार के घाट उतार दिया गया था। देलवाड़े की सम्पन्न और खुशहाल बस्ती एक ही रात में उजाड़ कर ऐसी कर दी गई थी कि उसे भूतों का वास कह सकते थे। बचे-खुचे लोग जैसे तैसे प्रभास की शरण में आ रहे थे।

गज़नी का दैत्य देलवाड़े तक आ पहुँचा है और उसने देलवाड़े को भंग कर दिया है, यह बात बिजली की भाँति प्रभास में फैल गई। ठठ-के-ठठ लोग देलवाड़े के राजमार्ग पर आ जुटे। सिसकती हुई अबलाओं, लुटे हुए वृद्धों और आहत युवकों ने देलवाड़े की रक्तरंजित कहानी—चौधारे आँसू बहा-बहाकर कह सुनाई। सैनिक और नगर के अगणित जनों ने उन्हें धैर्य दिया, नगर के भीतर लिया। उनके भोजन और विश्राम की व्यवस्था की। घायलों तथा रोगियों की सुश्रूषा होने लगी। नगरपाल ने तुरन्त ही इन शरणार्थियों को भी खम्भात भेजने की व्यवस्था कर दी। उन्होंने यह भी समझ लिया कि अब युद्ध में विलम्ब नहीं है। तत्काल नगरकोट और दुर्ग के सब द्वार बन्द कर दिए गए। खाई-समुद्र जल से भर दी गई। बुर्जियों पर धनुर्धारी तैनात कर दिए गए। नगर से बाहर जाना निषेध कर दिया गया।

नगरपाल जब शरणार्थियों, नागरिकों और सैनिकों की व्यवस्था तथा रक्षा एवं प्रथम मुठभेड़ की तैयारियों में व्यस्त थे और महासेनापति भीमदेव व्यग्र भाव से युद्ध मोर्चों की देख-भाल कर रहे थे, तभी दामोदर महता ने एक दुस्साहसिक कार्य किया। वे शस्त्र-सज्जित घोड़े पर सवार होकर चुपचाप परकोटे से बाहर निकल गए। बाहरी परकोटे के बाहर, खाई के उस पार दक्षिण-पश्चिम कोण पर, परकोटे से सटा जो महाकाल भैरव का मन्दिर था, वे वहाँ तक चले गए। बड़ी देर तक वे मन्दिर से दूर-दूर उसके चारों ओर घूम-घूम कर कुछ निरीक्षण करते रहे। फिर वे हिरण्या नदी के किनारे-किनारे अघोरवन के अभिमुख चलते चले गए। दो प्रहर दिन चढ़ आया था और सूरज की धूप खूब साफ चमक रही थी। उसमें बलखाती हुई हिरण्या का जल पिघलते हुए स्वर्ण की भांति चमक रहा था। किनारे की बालू चाँदी की भाँति चमक रही थी।

चारों तरफ सन्नाटा था। दूर तक मनुष्य का नामो-निशान न था। दूर पर प्रभास का नगरकोट और उसके ऊपर महालय का स्वर्ण-कलश चमक रहा था। दामो महता चौकन्ने हो चारों और राह-बाट ताकते नदी के उस पार अघोरवन की काली-काली पहाड़ियों की चोटियों को, और कभी दूर तक टेढ़ी-मेढ़ी बहती हुई क्षीण हिरण्या नदी

की धार को देखते चल रहे थे। एकाएक उन्हें ऐसा प्रतीत हुआ कि हिरण्या नदी के उस पार अघोरवन के तट पर कोई वस्तु हिलती और इधर-उधर घूमती फिर रही है। उन्हें बड़ा कौतूहल और भय भी हुआ। वह तो अगम्य स्थल है, पिशाचों का वास है, मनुष्य का वहाँ जाना-रहना अशक्य है, तब यह क्या कोई पिशाच या प्रेत है?

सम्मुख ही महाश्मशान था। परन्तु इस समय वहाँ भी सन्नाटा था। उन्होंने एक बार उधर देखकर फिर अपनी दृष्टि उसी हिलती हुई वस्तु पर स्थिर की। उन्होंने अब स्पष्ट देखा। वह मनुष्य मूर्ति है और अश्व पर सवार है। वह बड़े ध्यान से उस मनुष्य मूर्ति की गतिविधि देखने लगे। उन्होंने देखा—उस मूर्ति ने अपना अश्व हिरण्या में डाल दिया है, और वह इस पार आ रहा है। ज्यों-ज्यों वह निकट आता जाता था, उसकी आकृति स्पष्ट होती जाती थी। उसके सिर पर हरे रंग की पगड़ी थी और ऐसा ही एक चोगा उसके शरीर पर था। उसकी लम्बी नंगी तलवार धूप में चमक रही थी और वह घोड़े पर आसीन बड़ी दक्षता से नदी पार हो रहा था। कुछ निकट आने पर उन्होंने देखा—सवार कोई तुर्क म्लेच्छ है, उसकी लाल दाढ़ी हवा में फरफरा रही है। देखते ही देखते वह इस पार भूमि पर आ गया। आते ही उसका बलिष्ठ अश्व हवा में उछला और छलांगें मारने लगा।

अब दामोदर महता को अपनी एकाकी तथा असहाय अवस्था का ध्यान आया। दामो जैसे कूटनीतज्ञ थे, वैसे ही युद्ध-विशारद भी थे। उन्होंने तत्काल खतरे को समझ लिया। नदी-तट से हटकर सामने कुछ वृक्षों का एक झुरमुट था, वे तेज़ी से उधर ही चल दिए।

परन्तु तुर्क सवार ने उन्हें देख लिया। तीर की भाँति अपना अश्व उड़ाता और हवा में अपनी तलवार घुमाता हुआ वह उन पर दौड़ा।

महता ने अपना अश्व दो भारी वृक्षों के बीचों-बीच व्यवस्थित किया। और स्थिर होकर शत्रु के आक्रमण के वेग को रोकने के लिए सन्नद्ध हो गए। अपने अश्व को व्यर्थ थकाना उन्होंने ठीक नहीं समझा। शत्रु जब एक तीर के अन्तर पर रह गया, तब तुर्क ने घोड़े को दाहिनी ओर मोड़ा और तेज़ी से महता की बगली देकर वह पृष्ठ भाग में जा पहुँचा। फिर एकबारगी ही उन पर टूट पड़ा। महता सावधान थे। उन्होंने द्रुतगति से उसी ओर अश्व को घुमाकर तिरछा खड़ा किया। तलवार उन्होंने हाथ में ले ली।

शत्रु को वार करने का अवसर नहीं मिला। इस पर खीझकर वह एक तीर के फासले पर चला गया और फुर्ती से तलवार खींचकर वहाँ से बाज़ की भाँति झपटा। महता के निकट आकर ज्यों ही वह हाथ ऊँचा करके तलवार के एक वार में शत्रु के दो टुकड़े करना चाह रहा था कि महता ने फुर्ती से घोड़े को एड़ देकर उसपर धकेल दिया। फिर अत्यन्त कौशल से उसे उसकी कमर में हाथ डालकर उसे घोड़े से नीचे गिरा लिया, और बड़े ही हस्त-लाघव से उसकी गर्दन अपने धनुष की डोरी

में फँसा ली। धनुष की डोरी में गर्दन फँसने से तुर्क शत्रु छटपटाने लगा। तलवार उसके हाथ से छूट गई। दोनों योद्धा पूरा बल लगाकर पृथ्वी पर द्वन्द्व-युद्ध करने लगे। परन्तु गर्दन डोरी में फँसी रहने से तुर्क के हाथ-पैर ढीले पड़ गए। दामो महता ने दो-तीन करारे झटके दिए और अनायास ही उसकी छाती पर चढ़ बैठे। और तलवार की धार उसकी गर्दन पर रखकर कहा, "अब तू मर।"

किन्तु पराभूत तुर्क ने मृत्यु की विभीषिका से तनिक भी भयभीत न होकर कहा, "शाबाश बहादुर, तुम सिपाही तो नहीं हो, मगर बड़े बहादुर हो, मरने से पहले मैं तुमसे दोस्ती करना चाहता हूँ।"

"तुम कौन हो?"

"दुश्मन।"

"तब तुम समझते हो कि तुम्हारी दोस्ती में फँसकर मैं तुम्हारी जान बक्श दूँगा?"

"अगर तुम अपनी बहादुरी के सिले में सिर्फ मेरी दोस्ती कबूल कर लो, तो मैं तुम्हारे हाथ से मरना हज़ार ज़िन्दगियों से भी बेहतर समझूँगा। फिर मरने से पहले मैं तुम्हें कुछ सौगात भी दूँगा।"

"क्या?"

"यह तलवार, जिसे तुमने फतह कर लिया।"

"देखता हूँ, तुम एक बहादुर दुश्मन हो।"

"और बहादुरी की कद्र करके मैं तुमसे तुम्हारी दोस्ती माँग रहा हूँ।"

"फिर तो मुझे तुम्हारी जान बख़्शनी होगी।"

"जान दुश्मन की है, दोस्तमन। मगर अपना हाथ दो।"

महता ने अपना हाथ आगे बढ़ाया। तुर्क ने अपनी तलवार उसके हाथ में थमा कर कहा, "इसे नाचीज़ न समझना बहादुर।" फिर कुछ ठहर कर उसने धीरे से कहा, "अब तुम अपना काम करो, ख़ुदा हाफिज़।"

वह आँख बन्द करके निढाल गिर गया। दामो महता उसकी छाती से उतर गए। उसके कण्ठ से धनुष की डोरी निकाल ली और सहारा देकर उसे उठाते हुए उन्होंने कहा—

"तुम आज़ाद हो दोस्त।"

"इस आज़ादी की कोई कीमत तुम नहीं लोगे?"

"दोस्त को कोई चीज़ कीमत लेकर नहीं दी जाती।"

"सच है, सच है।" उसने अपने कपड़ों को ठीक किया। फिर कहा—"तो तुमने मेरी दोस्ती कबूल कर ली?"

"तुम अगर इसके लिए पछता रहे हो, तो मैं तुम्हारी दर्खास्त नामंजूर भी कर सकता हूँ।"

"नहीं, मगर हमें कसम खानी होगी। मैं खुदा और पैगम्बर की कसम खाता हूँ कि तुम्हारी दोस्ती को दुनिया की सबसे बड़ी नियामत समझूँगा।"

"और मैं भी भगवान् सोमनाथ की कसम खाकर कहता हूँ कि जब तक तुम्हारा मित्र-भाव कायम है, मैं सदैव तुम्हारा मित्र रहूँगा।"

"तुम कहाँ तक मेरा यकीन कर सकते हो, दोस्त?"

"जहाँ तक एक दोस्त का किया जा सकता है।"

"तो तुम्हें मेरे साथ चलना होगा।"

"कहाँ?"

"अमीर गज़नी के लश्कर में।',

"किसलिए?"

"उनके रूबरू हम अपनी दोस्ती की सनद देंगे। मैं अमीर का एक खास उमरा हूँ, मेरे लिए यह जरूरी है।"

महता ने मर्म-भेदनी दृष्टि से तुर्क की ओर देखा। उसकी काली चमकीली आँखें निर्भय आनन्द की धारा बहा रही थीं। उसने कहा–

"क्या तुम्हें मुझसे डर है?"

"नहीं, मुझे तुम्हारी बात मंजूर है।"

दोनों वीरों ने अपने-अपने घोड़े ठीक किए और उन पर सवार हुए। वे धीरे-धीरे प्रभास की विपरीत दिशा की ओर चलने लगे। ये क्षण दामो महता के लिए अत्यन्त महत्त्वपूर्ण थे। वे स्पष्ट ही एक ऐसे खतरे की ओर बढ़ रहे थे, जिसका साहस बहुत कम लोग कर सकते थे।

तुर्क सैनिक कद्दावर और बलवान था। उसका घोड़ा बहुत उत्तम था। अपने बहुमूल्य वस्त्राभरणों से वह उच्च कुल का भी प्रतीत होता था। यह स्पष्ट था कि वह गजनी के अमीर का कोई उमराव है और महता अमीर के सैन्य-बल की सही झलक अपनी आँखों से देखने के लिए यह भारी खतरा उठा रहे थे। उन्होंने अभी-अभी उस यवन शत्रु की आँखों में एक गहरे विश्वास की चमक देखी थी। तथा अभी उसे प्राणदान भी दिया था। इसी से वह सत्साहस करके उसके साथ शत्रुपुरी में निर्भय घुसे चले जा रहे थे।

कुछ दूर दोनों अद्भुत मित्र चुपचाप साथ-साथ चलते रहे। तुर्क ने अपने घोड़े की रास खींचकर कहा, "क्या मैं अपने नए दोस्त का नाम जान सकता हूँ।"

"मैं गुजरेश्वर का एक सेवक हूँ, और अब लोग मुझे महता के नाम से पुकारते हैं।"

"अगर गुजरात के राजा के पास ऐसे ही सेवक हैं, जैसे कि तुम हो, जो शत्रु के सामने पहाड़-सा अडिग और दोस्त के सामने पहाड़-सा महान् है, तो मैं गुजरात के महाराज के भाग्य पर ईर्ष्या करूँगा।"

"क्या तुम्हारा ऐसा रुतबा है कि तुम प्रतापी गुर्जरेश्वर के भाग्य से स्पर्धा कर सको?"

"यह मैं नहीं कह सकता दोस्त। लेकिन मैंने जो कहा है, उसे फिर दुहराता हूँ।"

"तो मेरा नाम तुमने पूछ लिया तुर्क सरदार, क्या तुम भी मुझे अपना नाम बताओगे?"

"क्यों नहीं, मगर थोड़ा सब्र करने के बाद। अभी तुम मुझे सिर्फ एक दोस्त ही समझ लो।"

"यदि इसमें कोई भेद है तो ऐसा ही सही, लेकिन तुम यह जानते हो कि मैं इस तलवार की दोस्ती के नाम पर कितना खतरा मोल ले रहा हूँ।"

"लेकिन रसूल और खुदा के नाम पर जो तुम्हारा दोस्त बना है, उसके जिन्दा रहते तुम्हें खतरे से क्या डर?"

"लेकिन तुम क्या मुझे अमीर के सामने ले जाओगे?"

"मेरा बिलकुल यही इरादा है।"

"क्या अमीर एक काफिर का अपने लश्कर में आना पसन्द करेगा?"

"क्यों नहीं, जबकि वह उसके एक इज़्ज़तदार सरदार का जीवनदाता है।"

"यह बात अमीर से कहेगा कौन?"

"मैं कहूँगा।"

"क्या सचमुच गज़नी का अमीर अपने सरदारों की इतनी इज़्ज़त करता है कि वह तुम जैसे एक अदना दरबारी सरदार के दोस्त का स्वागत करे, जो एकदम अजनबी है?"

"दोस्तमन्, अमीर बहादुरों का कद्रदान है, और तुम देखोगे कि वह उस आदमी को उठकर गले से लगाएगा, जिसमें बहादुरी और बड़प्पन दोनों ही बहुत हैं।"

"खैर, यह मैं देख लूँगा।" महता चुप हो गए। कुछ देर दोनों चलते चले गए। धीरे-धीरे मार्ग के घुमाव के उस ओर घने जंगल में अमीर की छावनी दृष्टिगोचर हुई। मीलों तक छावनी का फैलाव था। हाथी, घोड़े, पैदल, सिपाही, नौकर-चाकर सब अपना-अपना काम कर रहे थे।

प्रभावशाली तुर्क ने निरन्तर एक विशेष संकेत-शब्द करते हुए छावनी में प्रविष्ट होना प्रारम्भ किया, और वे दोनों निर्विघ्न छावनी की मरुस्थली में पहुँच गए।

महता उस विराट् सैन्य की व्यवस्था और प्रचण्ड सत्ता को देखते हुए तुर्क सवार के साथ-साथ चलते चले गए।

अब उनमें कभी-कभी बहुत धीरे-धीरे बातचीत होती थी। तुर्क सवार कुछ महत्त्वपूर्ण बात कहना चाह रहा था। परन्तु महता चुपचाप नेत्रों से जो देख रहा था, उस पर विवेचन कर रहा था। इसलिए वह बातचीत में अन्यमनस्क हो रहा था।

इसी समय वे एक लाल रंग के बहुमूल्य खेमे के सम्मुख जा खड़े हुए। उसके सम्मुख कोई पचास तीरंदाज़ पहरा लगा रहे थे। उन्होंने अदब से तुर्क सरदार का अभिनन्दन किया। तुर्क फुर्ती से घोड़े से कूद पड़ा। उसने संकेत से महता को घोड़े से उतरने के लिए कहा और बताया वह अमीर से निवेदन करके उसे अभी भीतर बुला लेगा।

वह भीतर चला गया। दो हब्शी गुलामों ने आगे बढ़कर अश्व थाम लिए, सैनिक घूर-घूरकर महता को देखने लगे। महता अपने विचारों में डूब-उतरा रहे थे। परन्तु उन्हें अधिक सोचने-विचारने का अवसर नहीं मिला। एक सम्भ्रान्त दरबारी पुरुष ने अत्यन्त आदर-मान से उसका अभिवादन किया और अमीर के खेमे में चलने का विनम्र अनुरोध किया। महता धड़कते कलेजे से अमीर के खेमे में घुस गए।

प्रथम यों वह वहाँ की महार्घता देख, सकते की हालत में रह गए। खेमे में जो सजावट थी, वह अकल्पनीय थी। उसमें कीमती कालीन बिछे थे। खेमे के मध्यभाग में मसनद के निकट अमीर सुलतान महमूद प्रसन्न-वदन खड़ा था। उसने कहा, "खुश-आमदन दोस्तमन, मेरे पास मसनद पर बैठकर मुझे ममनून करो, और बताओ कि गज़नी का सुलतान अपने दोस्त को किस तरह खुश कर सकता है?"

दामोदर महता ने दरबारी कायदे से सुलतान का अभिवादन किया और कहा, "आलीजाह, यद्यपि यह गुलाम आपको पहचानता न था, फिर भी कुछ भान हो गया था कि उसे, हो न हो, हुजूर की ही दोस्ती का रुतबा मिला है। हम लोग दुर्भाग्य से दो अलग-अलग उद्देश्यों में सन्नद्ध हैं, परन्तु नामवर अमीर दामोदर महता को जब चाहेंगे, दोस्त की तरह काम में ले सकेंगे।"

अमीर ने कहा, "दोस्तमन, मैं चाहता हूँ कि तुम्हें निहाल कर दूँ, मगर मैं देखता हूँ कि तुम वह बशर हो जिसे शहनशाह ममनून नहीं कर सकते।"

"फिर भी नामवर सुलतान नाजुक मौकों पर जब चाहें, दामोदर महता को अपना दोस्त पाएँगे।"

"मुझे यकीन है, लेकिन मैं चाहता हूँ कि तुम मुझसे कुछ माँगकर मुझे ममनून करो।"

"आलीजाह ने इस साधारण राजसेवक को दोस्त कहकर सब कुछ दे दिया। अब और कुछ माँगने को रहा नहीं।"

"क्या इस जंग की बाबत मेरे दोस्त गज़नी के सुलतान से कुछ कहना चाहेंगे?"

"आलीजाह, मैं महा धर्म-सेनापति महाराज भीमदेव का सन्देशवाहक नहीं हूँ।"

"ठीक है मैं समझता हूँ। तो दोस्त, गज़नी के अमीर की जान तुम्हारी अमानत है। बस जाओ, खुदा हाफिज़!"

अमीर उठकर महता के गले मिला। खेमे के द्वार तक साथ आया। खेमे के बाहर अमीर के साथ मनसबदारों ने उसे विदाई की सलामी दी। और राहदारी का सवार देकर उसे विदा किया।

जय शंकर

पौष की पूर्णिमा की प्रभात-बेला में ज्यों ही उषा की प्रथम किरण फूटी, मन्दिर के शिखर पर आरूढ़ प्रहरी ने शंख फूंका। क्षणभर ही में चारों ओर शंख और भेरी-नाद से दिशाएँ गूँज उठीं। डंकों और नक्कारों की धमक से प्रभास गरज उठा। सहस्रों सैनिकों ने जयघोष किया–"जय शंकर!"

महासेनापति युवराज भीमदेव हड़बड़ाकर उठ बैठे। पार्श्वद ने घबराए हुए आकर कहा, "आक्रमण हुआ, अन्नदाता।"

"तो मेरे शस्त्र और वस्त्र ला" भीमदेव तुरन्त ही सज्जित होकर कोट पर चढ़ गए। वहाँ गंग सर्वज्ञ, जूनागढ़ के राव, लखा कामानी, केसर मकवाणा और दामोदर महता आदि सावन्त सचिव उपस्थित थे। बहुत लोग भाग-दौड़ रहे थे। सैनिक कंगूरों पर चढ़ रहे थे। धनुर्धर धनुष ताने आज्ञा की प्रतीक्षा में थे। घुड़सवार भाले-बरदार प्रांगणों में बद्ध-परिकर खड़े थे।

दूर नदी के किनारे-किनारे अर्धोदित सूर्य के चरण-तल में धूल-गर्दे के बादल उड़ रहे थे। और उसमें से काली-काली मूतियाँ प्रकट होती-सी दीख रही थीं–पहले दो-चार और पीछे शत-सहस्र। ये अमीर के अश्वारोही थे।

झपटते हुए बालुकाराय ने बुर्ज में प्रवेश किया। उन्होंने महाराज भीमदेव के हाथ में धनुष-बाण देकर कहा, "देखिए तो महाराज, यह प्रथम बाण है, इसी से आप शत्रु का इस धर्मनगरी में सत्कार कीजिए।"

"अभी ठहरो बालुक" महासेनापति ने सुदूर उड़ती हुई धूल पर दृष्टि गड़ाकर कहा। सबने देखा, एक दुर्धर्ष योद्धा काले अरबी घोड़े पर सवार हो सेना से बाहर आया। उसके साथ कुछ और चुने हुए सवार थे। सबके सुनहरी तारकशी के वस्त्र उस प्रभात-कालीन सूर्य की पीत किरणों में चमक रहे थे। जो सबसे आगे था, वह पगड़ी पर एक मूल्यवान पन्ने का तुर्रा बाँधे था। उसकी दाढ़ी लाल रंग की थी। वह क्षणभर शांत भाव से खड़ा महालय की फहराती ध्वजा को देखता रहा, फिर उसने साथी से धनुष लेकर एक बाण संधान किया। तीर खाई में आकर गिरा।

बालुकराव ने कहा, "महाराज, अब आपकी बारी है," बाणबली ने कहा, "क्या यही ग़ज़नी का अमीर है?" महता ने आगे आकर कहा, "यही है महाराज!"

बाणबली ने बारह टंक की अनी बाण में लगाकर धनुष को कान तक खींचा।

और फिर बाण छोड़ दिया। बाण तुर्रे-सहित अमीर की हरी पगड़ी को लेकर भूमि पर जा गिरा।

सैनिक गर्जना कर उठे, "जय शंकर! जय सोमनाथ! हर हर महादेव, बम्भोला।"

वह लाल दाढ़ी वाला सरदार घोड़े को घुमाकर तीर की भांति पीछे को फिरा। और एक चक्कर काटकर फिर सेना के मध्य भाग में आ खड़ा हुआ। उसने संकेत किया और तीरों की एक बौछार मन्दिर पर पड़ी। साथ ही अल्लाहो-अकबर का गगनभेदी नाद भी उठा। परन्तु उसके उत्तर में इधर से कोई उत्तर नहीं दिया गया। तुर्क सवार आगे बढ़कर खाई के किनारे तक चले आए। बहुत से सवारों ने घोड़े पानी में डाल दिए। बहुत सवार तट पर खड़े होकर ही तीर फेंकने लगे।

इसी समय बालुकाराय ने संकेत किया और मन्दिर के कंगूरों से तीरों की वर्षा प्रारम्भ हुई। इस भीषण बाण-वर्षा से घबराकर तुर्क सैन्य की गति रुक गई। अनेक सवार मुँह मोड़कर लौट चले। अनेक खाई के जल में ही डूबने उतराने लगे। परन्तु कुछ खाई के इस पार आकर ऊपर चढ़ने की चेष्टा भी करने लगे। इन पर राव के कच्छी योद्धाओं ने तलवार की भारी मार करनी प्रारम्भ की। देखते-ही-देखते वह सारा रणक्षेत्र भयानक मार-काट, चिल्लाहट और वीभत्स दृश्यों से भर गया।

सूर्य का प्रखर तेज बढ़ने लगा और युद्ध भी घमासान होने लगा। बाणों से आकाश छा गया। घायलों की कराह और चीत्कार से वातावरण गूँज उठा। अपराह्न में सूर्यास्त से पहले ही अमीर ने युद्धावसान का संकेत किया। तुर्क और अरबी अपने योद्धा मृत शवों को छोड़ भग्नोत्साह पीछे शिविर में लौटे। हिन्दू सैन्य में जय जयकार का बोल-बाला हुआ।

दामो महता की चौकी

प्रथम दिन के युद्ध में विफल-मनोरथ होकर अमीर के लौट जाने पर हर्ष और उमंग की जो बाढ़ राजपूत सैनिकों में आई, उसे अपनी आँखों देखते, शाबाशी देते तथा दूसरे दिन के युद्ध के लिए ठीक-ठीक व्यवस्था करते, जत्थेदारों को आदेश देते महाराज महा सेनापति भीमदेव बहुत रात गए तक सारे मोर्चों पर घूमते रहे। आज के युद्ध में हिन्दू सैन्य की कुछ भी हानि नहीं हुई थी। एक भी आदमी व्यापक रूप से आहत नहीं हुआ था। एक भी मोर्चा भंग नहीं हुआ था। प्रथम बाण से जो अमीर की पगड़ी गिरा दी गई थी, उसकी हँस-हँसकर चर्चा हो रही थी। सिपाही अपने-अपने कौशल की डींगें मार रहे थे।

बहुत रात बीतने पर महाराज भीमदेव अपने शयन-कक्ष में गए। वहाँ उन्हें सूचना मिली कि सर्वज्ञ अभी तक समाधिस्थ ही हैं। सब सेनापति और मण्डलेश्वर

एक-एक करके महासेनापति से विदा हुए। गंगा ने आकर महासेनापति को देव-प्रसाद दिया और कहा, सर्वज्ञ तथा देवता के कल भी दर्शन नहीं होंगे।

धीरे-धीरे सारा सोमपट्टन नींद में ऊँघने लगा। दिशाओं में शान्ति एवं नीरवता छा गई। केवल एक व्यक्ति जो अब भी विश्राम नहीं कर पाया, वह था दामो महता। वह चुपचाप सारे मोर्चों को बारीकी से देखता हुआ, और बीच-बीच में अमीर की छावनी में जलती और धूकती हुई हज़ारों मशालों को देख रहा था। उसी के पीछे चुपचाप उसके दो चर उसी की भाँति छाया-मूर्ति बने चल रहे थे।

द्वारिका-द्वार पर आकर महता खड़ा हो गया। उसने बड़े ध्यान से द्वार के सब मोर्चों को देखा। फिर उसने पीछे मुँह कर मन्द स्वर से कहा, ''यहाँ किसकी चौकी है आनन्द?''

''दद्दा सोलंकी की।''

''हाँ, हाँ, परन्तु इस समय दद्दा कहाँ हैं? दीख नहीं रहे।''

''उधर बुर्ज पर वे बैठते हैं, बैठे तो हैं सामने।''

''ठीक है, किन्तु तुम कहते हो, वह युवक इसी घाट पर आता है।''

''जी।''

''दद्दा ने क्या उसे एक बार भी नहीं देखा?''

''मालूम तो ऐसा ही होता है। मैंने दद्दा से पूछा था कि चौकी-पहरा सब ठीक है, तो उन्होंने हँसकर यही कहा, ''सब ठीक-ठाक है भाया, जब तक यह तलवार है।''

''हाँ, आँ, उन्हें तलवार ही का तो भरोसा है।, अरे आनन्द, ये योद्धा तलवार ही को काम में लेना जानते हैं, बुद्धि को नहीं, लेकिन तूने कहा था कि वह आज भी आएगा।''

''जी, हाँ।''

''कब?''

''दो पहर रात-बीते।''

''इसमें तो अब देर नहीं है, लेकिन तूने तो कहा था, वह कृष्णस्वामी की लड़की से प्रेम करता है, वह तो अब है नहीं, फिर अब क्यों आता है?''

''सिद्धेश्वर से मिलने।''

''सिद्धेश्वर कौन है?''

''अमीर और रुद्रभद्र का मध्यदूत।''

''ठीक कह सकते हो?''

''जी, मैंने स्वयं उनकी बात सुनी है, निश्चय ही कुछ गहरी चालें चली जा रही हैं।''

''तो तुम इस निर्णय पर पहुँच चुके हो कि रुद्रभद्र सहस्राग्नि तप का जो ढोंग कर रहा है, उसका कुछ और ही उद्देश्य है?''

"सन्देह तो मेरा यही है, अब आज आप स्वयं देख लें।"

"क्या वह योद्धा है?"

"खूब तरुण है।"

"पर शायद बुद्धिमान नहीं!"

"कम-से-कम सावधान नहीं है, पर साहसी है।"

"तो आनन्द, तू उसका विश्वास-भाजन बन।"

"इसी के लिए तो मैं यह चीज़ लाया हूँ"—आनन्द ने हँसकर कहा।

"क्या?"

"द्वारिका-द्वार की चाबी।"

"किन्तु...।"

"नकली है, इसे सिर्फ दिखाऊँगा, दूँगा नहीं। उसी से काम हो जाएगा।" आनन्द हँसा। इसी समय पानी में कुछ शब्द हुआ। आनन्द ने कहा, "वह शायद आया है, आप इसी वृक्ष की आड़ में छिप जाएँ, उसका कौशल देखिए, किस युक्ति से आता है कि दद्दा का चौकी-पहरा ही व्यर्थ जाता है।"

"ऐसा वह क्यों न करे, यहीं का खेला-खाया है, सब घर-घाट जानता है, दद्दा की आँखों में धूल झोंकना उसके लिए कठिन क्या है!"

"क्या दद्दा को सावधान कर दिया जाए?"

"तब तो शिकार हाथ से निकल जाएगा, किसी से कुछ कहने की आवश्यकता नहीं है, देखो वह छाया-मूर्ति।"

"वही है, आप उस वृक्ष की ओट में हो जाएँ।"

"ठीक है, देवसेन, तुम अवसर पाकर पानी में पैठना, और अन्ततः सावधानी से उसका पीछा करना। तथा सूर्योदय होने से पहले ही मुझे उसका सब विवरण देना।"

देवसेन क्षणभर में दृष्टि से ओझल हो गया। दामो महता पीछे हटकर वृक्ष की ओट में छिप गए। आनन्द छाया में छिपता हुआ तट की ओर बढ़ा। तट पर एक बहुत बड़ा प्राचीन वट-वृक्ष था, उसकी अनगिनत जटाएँ जल तक लटकी हुई थीं। ऐसी ही एक जटा को पकड़कर कमर तक जल में घुसकर उसने एक शब्द किया, शब्द सुनकर जल से एक सिर बाहर निकाला।

आनन्द ने कहा, "निर्भय रहो मित्र, और निकट आ जाओ, कोई खटका नहीं है।"

छाया-मूर्ति ने पास आकर कहा, "दम्म मैं ले आया हूँ, यह लो!" उसने सोने से भरी एक भारी थैली आनन्द के हाथ में दे दी, और इधर-उधर सिर हिलाकर बालों का जल झाड़ा। स्वर्ण-दम्म से भरी थैली लेकर आनन्द ने कहा, "ठीक है, मैं भी तुम्हारी चीज़ ले आया हूँ, देखो!" उसने वस्त्र से निकाल कर बड़ी-सी चाबी दिखाई।

युवक ने प्रसन्न होकर कहा, "लाओ, दो, बाकी इनाम कल मिल जाएगा।"

आनन्द ने चाबी वस्त्र में छिपा कर कहा, "अभी नहीं मित्र, सब काम खूब होशियारी से आगा-पीछा देखकर होना चाहिए। अभी दे दूँगा, तो हम पकड़े जाएँगे। प्रातःकाल चाबी माँगी जाएगी, न देने से मुझ पर विपत्ति आएगी। तथा द्वार पर पहरा-चौकी बढ़ जाएगा। हमारी सारी योजना व्यर्थ जाएगी।"

"तब?"

"मैंने एक युक्ति सोची है। इसी प्रकार की दूसरी चाबी बनवाई है, वह कल मिल जाएगी। उसे लेकर तुम अपना काम करना। किसी को सन्देह भी न होगा।"

"यही सही, पर अब नित्य आने में जोखिम है।"

"बस, एक बार और। परन्तु मैं तुम्हारी एक सहायता करना चाहता हूँ।"

"क्या?"

"एक पुरुष से मुलाकात।"

"कौन है वह?"

"काम का आदमी है"

"कहाँ?"

"जल के बाहर आओ।"

"वह क्या सहायता करेंगा?"

"सब-कुछ?"

"तुमसे भी अधिक?"

"सबसे अधिक।"

"क्या उस पर विश्वास कर सकता हूँ"

"प्राणों का इतना मोह है तो ऐसा दुस्साहस न करो। जाओ, यह लो अपने दम्म।"

"नाराज न हो दोस्त।"

"फिर विश्वास क्यों नहीं करते?"

"करता हूँ।"

"तो मेरे साथ आओ।"

दोनों व्यक्ति शाखाओं के सहारे तट पर आए। और पेट के बल रेंग कर उस वृक्ष के निकट पहुँचे। दामो महता भी वहाँ पेट के बल औंधे पड़े थे।

दामो ने कहा, "यही वह युवक है?"

"जी हाँ।"

"तो ज़रा खिसक कर मेरे पास आओ।" युवक दामो महता से सट गया।

महता ने छाती के नीचे से तलवार निकाल कर कहा, "इसे भली-भाँति देखकर बताओ कि पहचान सकते हो, यह किस की तलवार है?"

युवक ने घने पत्तों के झुरमुट से छन कर आती हुई चन्द्र की क्षीण छाया में तलवार को भली-भांति परखकर कहा, "पहचान गया।"

"तो जिसकी यह तलवार है, उसके पास जाकर कहो, कि जिसके पास यह तलवार है, उसके साथ तुम्हें कैसा व्यवहार करना चाहिए। फिर यदि वह तुम्हें यहाँ भेजे तो कल इसी समय यहीं भेट होगी—और बात फिर।"

यह कहकर दामो महता खिसक कर तेज़ी से निकट की एक अंधेरी गली में घुस गए।

युवक सकते की हालत में रह गया। आनन्द ने कहा, "क्या तुम जानते हो, यह किसकी तलवार है?"

"तुम जानते हो?"

"नहीं।"

"मैं भी नहीं जानता।" युवक के चेहरे पर गहरी घबराहट के चिह्न थे। संयत होकर उसने कहा, "कल मुझे आना होगा दोस्त।"

"इस तलवार को देखने?"

"बेशक!"

"इसी समय?"

"इसी समय।"

"तो तब तक के लिए विदा।"

युवक ने आनन्द से हाथ मिलाया। और उसी भाँति रेंग कर पेट के बल पानी में पैठ गया। आनन्द ने मन्द स्वर से कहा, "मेरे दम्म मत भूलना।"

युवक ने कहा, "अच्छा।"

दूसरा दिन

सूर्योदय से पूर्व ही अमीर की सेना में नक्कारे बज उठे। नक्कारों की गड़गड़ाहट से हड़बड़ा कर राजपूत योद्धा भी सन्नद्ध होकर अपने-अपने मोर्चों पर जा जमे। सोरठी सरदार और मुकुटधारी राजा लोग अपनी-अपनी टुकड़ियाँ ले-लेकर निर्धारित मोर्चों पर जा डटे। ब्राह्मणों ने महालय में वेद-पाठ किया। देवद्वार बन्द होने पर सबने देवद्वार ही की वन्दना की। पट्टनी सेना में भी डंके-दमामे बज उठे और रणसिंहे फूंके गए।

महाराज सेनापति भीमदेव ने प्रातःकृत्य से झटपट निवृत्त होकर गोदान-स्वर्णदान दिया। ब्राह्मणों ने देवध्वनि करके आशीर्वाद दिया। राजा ने तलवार से मौत माँगी। और घोड़े पर सवार होकर, मोर्चों के निरीक्षण को चल दिए। महमूद की सेना से चुने हुए तुर्क-सवारों की टुकड़ियाँ मोर्चे बनाकर बाण-वर्षा करती हुई खाई की ओर अग्रसर हुईं। धीरे-धीरे अमीर की सेना का सारा भार मध्य द्वार पर आ जमा।

यह देख अपने-अपने सेनापतियों के आदेशनुसार हज़ारों राजपूत योद्धा मोर्चेबन्दी

करके बाणवर्षा करने लगे। खाई के दोनों तटों पर दोनों ओर के शूरवीर दूर तक डटे बाण-वर्षा करने लगे। परन्तु अमीर निरुपाय था। उसके बाण व्यर्थ जा रहे थे। उधर खाई के इस पार तथा कोट से जो बाणवर्षा हो रही थी, वह आगे बढ़ती हुई अमीर की सेना की भारी क्षति कर रही थी। अमीर ने दुर्धर्ष साहस करके हाथियों को खाई में धकेल दिया, उसी के साथ अल्लाहो-अकबर का नाद करते सहस्रों तुर्क सिपाही भी पानी में कूद पड़े। बालुकाराय ने कोटों पर तेज़ी के साथ धनुर्धरों को अवस्थित कर तलवार के धनी कच्छी सवारों को मुख्य द्वार पर सन्नद्ध किया। खाई में आधी दूर तक शत्रु के हाथी घुस आए। तो राजपूत योद्धा भी 'जय-जय महादेव सोमनाथ' का नाद करते हुए जल में कूद पड़े। उन्होंने सिमट कर अमीर की मध्य सेना पर वार करने प्रारम्भ किए। परन्तु अमीर के हाथी धंसे ही चले आ रहे थे। ऊपर से दोनों ओर से जो बाण-वर्षा हो रही थी, उससे आकाश भरा पड़ा था। महासेनापति भीमदेव एक ऊँचे बुर्ज पर खड़े युद्ध देख रहे थे। बालुकाराय प्रबल पराक्रम से शत्रु की सेना का गतिरोध कर रहे थे, यद्यपि कच्छी योद्धाओं की मार से अमीर के हाथियों की पंक्ति दो भागों में विभक्त हो गई थी, और राजपूतों ने तलवार से उनके बीच दरार बना ली थी। वे कंधे पर ढाल रखे जल में तलवार चला रहे थे। पर अमीर के सिपाहियों का तांता ही नहीं टूट रहा था। वह दबादब सेना को खाई में धकेल रहा था। हाथियों की ओट में असंख्य बर्बर योद्धा खाई पार कर रहे थे। उनपर न तीरों की मार थी, न तलवार की। महाराज भीमदेव ने इस कठिनाई को देखा। उन्होंने तत्काल कमा लाखाणी को आदेश भेजा कि अपने कछुओं से अमीर की गज-सेना में धंसार करो। संकेत पाते ही दो सौ कछुए तिरछी छोटी-छोटी तलवारें लेकर पानी में पैठ गए। जल के भीतर-ही-भीतर वे अमीर के हाथियों के चारों ओर फैलकर अपनी तिरछी तलवारों से हाथियों की सूंडों और पैरों में करारे घाव करने लगे। अपने काम में वे बड़े उस्ताद थे। कच्छी योद्धा उन्हें घेर कर उनकी रक्षा करने लगे। देखते-ही-देखते खाई का जल रक्त से लाल हो गया। हाथी, कछुओं से सूंड और पैरों में घाव खाकर चिंघाड़ते हुए सूंड़ उठा-उठाकर पीछे की ओर अपनी ही सेना को कुचलते हुए भागे। अमीर इस भगदड़ का कुछ भी अभिप्राय न समझ सका। उसने भागते सैनिकों को बहुत उत्साहित किया, पर हाथी भाग रहे थे, सैनिक नहीं, अतः भगदड़ बढ़ती ही गई। अमीर ने क्रोध में आकर अपना घोड़ा खाई में छोड़ दिया। यह देख 'अल्लाहो-अकबर' का वज्र-नाद करके दस हज़ार बलूची सवार भी खाई में पैठ गए। वे छातियों की दीवार बनाकर आगे बढ़ने लगे। उनकी सुरक्षा में दो हज़ार कारीगर अपने औज़ारों को लेकर बढ़ चले। हाथियों पर रस्सी और लकड़ी के तख्तों से बना पुल था। खाई के उस ओर पुल खूंटों से जमा दिया गया था—अब अमीर की खास तलवार राह बनाती दस हज़ार तलवारों की छत्र-छाया में खाई पर पुल को फैला रही थी।

बालुकाराय ने यह देख, अधीर होकर अपनी समूची गजसैन्य को मुख्य द्वार पर फैला दिया। और वे अपने चुने हुए तीन सहस्त्र सोरठी अश्वारोहियों को ले पानी में पैठ गए। खाई में घनघोर युद्ध होने लगा। हाथियों, घोड़ों और मनुष्यों की लाशें पानी पर तैरने और समुद्र की ओर बहने लगीं। लाशों को पैरों से रूंदते हुए अमीर की सेना खाई पर पुल को फैलाती आगे बढ़ी। नीचे तलवार के हाथ चल रहे थे ऊपर बाण-वर्षा हो रही थी।

महाराज भीमदेव ने युद्ध की गतिविधि को देखकर सैनिकों को बाण के स्थान पर पत्थर बरसाने का आदेश दिया। उधर मुख्य द्वार को पत्थरों से भरवा देने का प्रबन्ध किया। चबूतरों, मन्दिरों और मकानों से बड़े-बड़े पत्थर उखाड़ कर मुख्य द्वार को पत्थरों से ऊपर तक पाट दिया गया। परन्तु अमीर की गति में बाधा नहीं पहुँची। वह अपने दुर्धर्ष बलूची सरदारों को लिए बढ़ता ही चला आ रहा था। और अब वह पुल खाई के इस पार तक आ पहुँचा था। महाराज भीमदेव ने यह विपत्ति देखी। वे फुर्ती से कोट से उतरकर गज-सैन्य में घुस गए। उन्होंने चुपचाप कुछ मस्त हाथी ले पीछे हटकर पार्श्व से खाई में प्रवेश किया। उन्हें घेरकर लाट योद्धा जल में पैठे। महाराज भीमदेव बिना बाधा के खाई के मध्य भाग में पहुँच गए। इस बीच अमीर के बहुत से योद्धा इस पार पहुँच जल से बाहर आ तलवारों की छाया में पुल को जंजीरों से बांधने लगे। भय और आशंका की लहर फैल गई। इसी समय महाराज के मस्त हाथियों ने बीच धार में पुल को टक्कर दी। पुल एक बार हिला। महावतों ने वेग से हाथियों को हूला। मत्त हाथी चिंघाड़ते हुए पुल को धकेलने लगे। अमीर यह देख घबराकर अपनी बलूची सेना ले उधर को पलटा। बालुकाराय ने भी यह देखकर अपने कच्छी योद्धाओं को महाराज के चारों ओर फैला दिया। इधर अमीर के सैनिक मुख्य द्वार पर झटपट पुल को जंज़ीरों से बांध देने में प्राण खो रहे थे। सौ-सौ, हज़ार-हज़ार, बलूची सैनिक लाशों को रौंदते हुए जल से बाहर आ रहे थे। उधर जल के मध्य भाग में अमीर तड़प कर जी-जान से महाराज के हाथियों पर पिल रहा था। बालुकाराय के कच्छी योद्धा बेढब तलवार फेंक रहे थे। खाई के इस पार टिड्डी दल के समान बर्बर पठान और तुर्क पुल के सहारे-सहारे बढ़े चले आ रहे थे। ये दोनों ही पक्षों के लिए शंका और सन्देह के क्षण थे। इसी समय महावतों ने हाथियों को एक साथ हूल दिया। तलवारों और भालों की चोट से वे बौखला उठे, उनकी सम्मिलित टक्कर को पुल न झेल सका। वह आखिर टूट गया। पुल के सहारे हज़ारों तुर्क-सैनिक सवार जल में डूबने-उतराने लगे। राजपूतों ने हर्षनाद किया, 'हर-हर महादेव!' और चारों ओर से घेर कर मार करनी प्रारम्भ की। बड़ी ही कठिनाई से अमीर अपने प्राण बचाकर खाई के उस पार पहुँचा। उसकी सारी सेना छिन्न-भिन्न हो गई। इधर जो योद्धा पहुँच चुके थे, सब काट डाले गए। जो प्राण-भय से जल में कूदे, उनमें अधिकांश डूब गए। कुछ तलवार के घाट उतार दिए

गए, कुछ किसी तरह मार खाकर उस पार पहुँचे। राजपूतों ने पुल में आग लगा दी।

अमीर रणक्षेत्र से एक कोस पीछे हट गया। अभी सूर्य मध्याह्न तप रहा था। मन्दिर में विजय-दुन्दुभी बज उठी—भेरी, शंख, घड़ियाल से दिशाएँ गूँजने लगीं। सूर्य की उज्ज्वल धूप में महालय के सुनहरी कंगूरों को अमीर हताश भाव से खड़ा देख रहा था और उसके सैनिक अस्त-व्यस्त भाग रहे थे।

आधे दिन के इस महा घनघोर युद्ध में यद्यपि हिन्दुओं की भी बहुत हानि हुई थी, परन्तु अमीर की तो सारी सेना की व्यवस्था ही बिगड़ गई थी। सब से बड़ी बात तो यह थी उसकी समूची ही गज-सैन्य का सत्यानाश हो गया था। उसके पास अब सौ हाथी भी शेष नहीं बचे थे—जो घायल न हों। कछुओं ने सबकी सूंड़े काट डाली भीं, पैरों में घहरे घाव कर दिए थे।

अमीर शोक और निराशा में अभिभूत हो घोड़े से उतर वहीं भूमि में दोनों हाथों से मुँह ढांपकर बैठ गया। उसने शोक-संतप्त होकर कहा, "या अल्लाह, ऐसा दिन तो कभी ज़िन्दगी में देखा ही न था।" मन्दिर में नक्कारे बज रहे थे। प्रसादी की तैयारियाँ हो रही थीं। ज्यों ही घायल और थकित भीमदेव अपने कक्ष के द्वार पर पहुँचे, उन्होंने देखा—गंग सर्वज्ञ शान्त मुद्रा में खड़े हैं। भीमदेव ने उन्हें साष्टाङ्ग दण्डवत् किया। सर्वज्ञ ने कहा, "हे धर्म-रक्षक, तेरी सदा जय हो!"

फतह मुहम्मद

परिचित शब्द-संकेत से आश्वस्त होकर फतह मुहम्मद ने पानी से सिर निकाला। आनन्द ने वट-वृक्ष की डाल पर से झूलकर कहा, "कोई डर नहीं है दोस्त, बाहर आ जाओ", जब युवक ने जल से बाहर निकल कर कहा, "वह बुजुर्ग कहाँ हैं, मैं उनसे मिलूँगा"

"तब मेरे पीछे आओ।"

दोनों व्यक्ति चुपचाप खिसक कर एक अंधेरी गली में घुस गए और टेढ़े-तिरछे रास्ते पार करते एक छोटे-से मकान के द्वार पर जा खड़े हुए। द्वार पर पहुँच कर आनन्द ने संकेत किया। संकेत होते ही द्वार खुल गया। दोनों ने भीतर जाकर देखा—एक प्रशस्त कक्ष में दामोदर महता गद्‌दी पर बैठे हैं। युवक ने आगे बढ़कर अदब से उनका अभिवादन किया।

अभिवादन का जवाब देकर महता ने हँसकर कहा, "इत्मीनान से बैठ जाओ। और कहो, जिसकी वह तलवार थी, उससे मुलाकात हुई?"

"हुई।"

"उसने क्या कहा?"

उसने कहा, "जिसके पास वह तलवार है, उसका हर हुक्म बजा लाना लाज़िम है।"

"तो तुम उस आदमी की मर्यादा भी समझ गए न?"

"जी हाँ, मैं हुज़ूर को रुतबे में अमीर से किसी हालत में कम नहीं समझता।"

"ठीक है, अब अपनी बात कहो।"

"मुझे सुलतान ने आपकी खिदमत में भेजा है।"

"किसलिए?"

"सुलतान का पैग़ाम लेकर।"

"पैगाम क्या है?"

"सुलह! सिर्फ एक चीज़ पाकर वे इस मुहिम से लौट जाएँगे।"

"कौन चीज़?"

"जांबख्शी हो तो अर्ज़ करूँ?"

"कहो।"

"वह नाज़नीं।"

"कौन?"

"चौला नर्तकी।"

दामोदर महता गम्भीर मुद्रा में क्षणभर बैठे रहे। फिर कहा, "कल भी क्या इसी बात को कहने आए थे?"

"जी नहीं।"

"वह बात क्या थी?"

"अब उस बात को रहने दीजिए।"

"तुम्हारा नाम क्या है?"

"फतह मुहम्मद।"

"यह तो नया नाम है, पुराना नाम क्या था?"

"उस नाम से अब क्या?"

"फिर भी, मैं जानना चाहता हूँ।"

"देवा, देवस्वामी।" कहकर युवक उदास हो गया।

"तुमने कृष्णस्वामी के पास बहुत-कुछ पढ़ा-लिखा है।"

"जी हाँ, लेकिन उनके पास नहीं, पीर के पास।"

"तुम तो संस्कृत भी जानते हो, फिर म्लेच्छ भाषा क्यों बोलते हो?"

"पर शूद्र हूँ, दासी-पुत्र हूँ, संस्कृत पढ़ना मुझे निषिद्ध है, इसकी सज़ा मौत है, मैं म्लेच्छ भाषा नहीं, शाही ज़बान बोलता हूँ, जो मेरे पीर ने मुझे सिखाई है।"

"लेकिन मैं तुम्हें यदि तुम्हारे पुराने नाम से पुकारूँ?"

“बेकार है।”
“उस नाम से भी तुम्हें नफरत है?”
“उसकी याद से भी।”
“तुमने सिर्फ शोभना के लिए ही धर्म त्यागा न?”
“जी नहीं, मैंने धर्म कबूल किया।”
“मेरा मतलब हिन्दू धर्म से है।”
“वह धर्म नहीं, कुफ्र है, धर्म तो सिर्फ इस्लाम है।”
“इस्लाम में तुम्हें कुछ मिला?”
“जी हाँ—समानता, उदारता, जीवन, आशा, आनन्द और दौलत।”
“और शोभना?”
“वह भी।”
“लेकिन वह तो अब मेरे कब्ज़े में है, यदि मैं तुम्हें न दूँ?”
“तो मैं आपसे लड़ूँगा।”
“मेरा हुक्म नहीं मानोगे?”
“नहीं जनाब।”
“अमीर का जो हुक्म है।”
“वह सुलतान के काम के लिए है, यह मेरा काम है। शोभना के लिए तो मैं सुलतान नामदार से भी लड़ूँगा।”
“क्या तुम्हारी ऐसी हैसियत है?”
“हैसियत का सवाल नहीं है, जनाब! तबियत का सवाल है।”
“क्या मतलब?”
“एक तरफ शोभना और एक तरफ सारी दुनिया, यही मतलब!”
“तुम्हारी बातों से मुझे तुम पर प्यार हो गया, यदि मैं तुम्हें शोभना दे दूँ, और वह तलवार भी, जिसकी कीमत तुम्हें मालूम है, तो क्या तुम फिर देवस्वामी बन सकते हो?”
“नहीं हज़रत, मैं मुर्दे का मांस नहीं खाता।”
“मुर्दे का मांस कैसा?”
“कमीना हिन्दू धर्म, ऐसा मुर्दा है कि इसकी सड़ी हुई बू से दूर ही रहना चाहिए।”
“तुम शोभना के लिए इतना नहीं कर सकते?”
“ज़रूरत नहीं है, शोभना के लिए मेरे पास यह तलवार है, लेकिन हम लोग वक्त बर्बाद कर रहे हैं।”
“खैर, तो तुम क्या कहना चाहते हो?”
“सुलतान की जो ख्वाहिश है, वह तो अर्ज़ कर चुका।”
“लेकिन वह तो मेरे बूते की बात नहीं है भाई।”

"आप क्या अपने देवता को बचाने के लिए एक अदना औरत की कुर्बानी नहीं कर सकते?"

"एक अदना औरत के लिए तुमने अपना धर्म, ईमान, कर्त्तव्य, देशभक्ति, सबको लात मार दी, विदेशी-विधर्मी तुर्क के दास बन गए, अपने ही घर को बर्बाद करने पर तुले बैठे हो, इसके सिवा, गज़नी का अमीर जिसे लेकर सारी मुहिम से ही मुँह फेरने को तैयार हो, उसे तुम 'अदना औरत' कहकर पुकारते हो? अभी तुम बच्चे हो, देवस्वामी, तुम्हारा सिर फिर गया है, और प्रतिहिंसा और स्वार्थ ने तुम्हें पागल कर दिया है, फिर भी तुम्हें यह भूलना न चाहिए कि तुम किसके दूत हो और किससे बात कर रहे हो–तुम्हें मर्यादा से बात करनी चाहिए।"

फतह मुहम्मद का सिर झुक गया। उसने आगे झुककर दामो महता के दोनों हाथ छूकर आँखों से लगाए। फिर कहा, "मुझे माफ कीजिए, आपकी जो भी मर्यादा हो–मगर आप मेरे लिए रुतबे में अमीर से कम नहीं हैं। मैंने सिर्फ साफ-गोई की है, अब हुज़ूर का क्या हुक्म है?"

"खेद है कि अमीर का यह संदेश मैं महाधर्म सेनापति तक नहीं ले जा सकता।"

"तो हुज़ूर, मुझे ही महाराज महासेनापति तक पहुँचा दें।"

"तब तो तुरन्त तुम्हारा सिर काट लिया जाएगा, क्योंकि तुम सैनिक नियम के विरुद्ध चोरी से पाटन में आए हो।"

"तो हुज़ूर, क्या मेरी रक्षा न करेंगे?"

"नहीं कर सकता, फिर तुम यदि अमीर का संदेश महाधर्म सेनापति तक ले जाना ही चाहते हो तो खुले रूप में अमीर के दूत का अधिकार-पत्र लेकर महाराज के पास जा सकते हो, बाधा नहीं होगी।"

"सुलतान के लिए क्या आप कुछ भी नहीं कर सकते?"

"सुलतान पर यदि कोई गहरी विपत्ति आ पड़े और वह मेरा आश्रय चाहे तो मैं उसकी मदद इस तलवार की मैत्री के नाम पर करूँगा और तुम जो इस समय चोरी से आए हो, तुम्हें प्राण-दण्ड से बचाकर जीता चला जाने दूँगा, यह काफी नहीं है?"

"काफी है हुज़ूर, मैं सुलतान नामदार से हुज़ूर की मेहरबानी की बात कहूँगा।"

"तुम्हें और कुछ कहना है?"

"जी नहीं।"

"तो अब तुम जा सकते हो और कभी किसी मुसीबत में तुम्हें एक शुभ चिन्तक की आवश्यकता हो तो मेरे पास आना देवस्वामी, यह मत भूलना कि मैं तुम्हें प्यार करता हूँ। और तुम्हें फतह मुहम्मद नहीं–देवस्वामी ही समझता हूँ।"

फतह मुहम्मद ने दोनों हाथ जोड़कर हिन्दू रीति से महता का अभिवादन किया और कक्ष से बाहर हो गया। आनन्द भी उसके साथ-साथ पीछे चला। पानी में पैठकर फतह मुहम्मद ने कहा, "मेरी चीज़?"

“यह है, लेकिन दम्म?”

“यह लो” युवक ने मुहरों का तोड़ा आनन्द को पकड़ा दिया। फिर कहा, “वह चीज़ मुझे दो।”

“अभी मेरे पास ही रहने दो, इससे मैं तुम्हारी मदद करूंगा।”

फतह मुहम्मद ने कुछ सोचकर कहा, “अच्छा, तो अब मैं चला।”

“फिर अब कब?”

“कल।”

“ठीक है” युवक ने पानी में गोता लगाया, परन्तु वह गया नहीं। दम साध कर कुछ देर पानी के भीतर ही भीतर बहाव से ऊपर को चला, और फिर किनारे पर आकर एक सीढ़ी के सहारे थोड़ा ऊपर आकर उसने सांस ली, फिर इधर-उधर देखा।

आनन्द भी तट से गया नहीं। दो-चार कदम जाने का अभिनय करके वह लोमड़ी की भाँति घूमकर पेट के बल रेंगता हुआ किनारे-किनारे बहाव के ऊपर चलने लगा। उसे यह समझते देर न लगी कि फतह मुहम्मद गया नहीं, पानी में यहीं है। जब उसने पानी से सिर निकाला तो आनन्द ने देख लिया। वह भी धीरे से जल में पैठ गया। तलवार नंगी कर उसने हाथ में ले ली। फतह मुहम्मद ने डुबकी लगाई और आनन्द ने ध्यान से उसकी गतिविधि देखी। फिर उसने भी डुबकी लगाई।

दोनों साहसी युवक अपने-अपने कार्य में तत्पर थे। जल ही जल में वे मुख्य द्वार तक पहुँच गए। यहाँ काफी प्रकाश था। पहरा भी बहुत था। फतह मुहम्मद थोड़ा हटकर गहरे जल में पैठ गया। आनन्द ने देखा, वह केवल छिपकर आगे बढ़ना चाहता है, वह भी सावधानी से जल के भीतर-ही-भीतर आगे बढ़ने लगा। त्रिपुर सुन्दरी के मन्दिर के पार्श्वभाग में जल के ऊपर ही एक बहुत भारी शमी का वृक्ष था। उस वृक्ष से आनन्द को कुछ संकेत-शब्द सुनाई दिया। उस शब्द को सुनकर फतह मुहम्मद ने पानी से सिर निकाल कर संकेत किया और फिर किनारे की ओर बढ़ा। आनन्द एक सीढ़ी से चिपक गया।

सिद्धेश्वर ही था। वह वृक्ष से उतरकर सीढ़ी तक चला आया। फतह मुहम्मद ने उसके कान के पास मुँह ले जाकर केवल इतना ही कहा, “मंजूर है” और वह पानी में पैठ गया। आनन्द ने स्पष्ट यह शब्द सुना। उसने देखा, फतह मुहम्मद तीर की भाँति लौटा जा रहा है। सिद्धेश्वर ने अपने चारों ओर देखा और मन्दिर के पिछवाड़े की ओर चला गया। आनन्द भी पानी से निकलकर उसके पीछे-पीछे हो लिया। नंगी तलवार उसके पास थी। सिद्धेश्वर चोर दरवाज़े से घुसकर जहाँ छोटे-छोटे बहुत से मन्दिर थे, उनमें चक्कर काटता हुआ जाने लगा। आनन्द ने भी निरशब्द उसका पीछा किया। घूमते-फिरते वह संकटेश्वर की बावड़ी के निकट आकर एकाएक आनन्द की दृष्टि से ओझल हो गया। आनन्द ने बहुत खोजा, पर सिद्धेश्वर का पता न लगा,

जैसे उसे धरती निगल गई हो। इस समय प्रभात की सफेदी आकाश पर फैल रही थी। आनन्द पीछे लौटा।

रात के अंधेरे में

कृष्ण पक्ष की प्रतिपदा का क्षीण चन्द्र आकाश में बांकी छटा दिखा रहा था। सागर स्तब्ध था। आधी रात बीत चुकी थी। इस समय सर्वत्र सन्नाटा था। यत्र-तत्र प्रहरियों की पदचाप सुन पड़ती थी। समुद्र की लहरें तटवर्ती चट्टानों से टकरा रही थीं। सुदूर शत्रु की छावनी की मशालें धुंधली-सी प्रतीत हो रही थीं। कमा लाखानी अपने मोर्चे पर मुस्तैद थे। उनके कान चौकन्ने थे। वे अमीर की चुप्पी से सन्देह में थे। इससे वे बड़ी उत्सुकता और बारीकी से अमीर की गतिविधि पर अपनी गृध्र-दृष्टि जमाए थे। उन्होंने अपने दो सौ कुशल कछुओं को किसी भी क्षण तैयार रहने का आदेश दिया हुआ था।

उनके कानों में कुछ असाधारण शब्द सुन पड़े। दूर कहीं बड़ी सावधानी से ठोक-पीट हो रही थी। बीच-बीच में छपाक से किसी के पानी में गिरने का धमाका तथा तैरने का भी सन्देह हो रहा था। उस क्षीण चन्द्र-प्रकाश में साफ-साफ कुछ भी दीख नहीं रहा था। पर उधर किनारे पर कुछ नौकाएँ जमा हो रही हैं ऐसा उन्हें अनुमान हुआ। उनकी दृष्टि एक अंधकारपूर्ण वृत्त पर केन्द्रित हुई। तब उन्होंने समझा कि वहाँ चुपचाप कुछ काली-काली मूर्तियाँ एकत्र हो रही हैं।

उन्होंने अपने विश्वस्त नायक जीवन को बुलाकर कहा, "भाया, ऐसा चल कि पैरों की आहट न हो। और जितनी जल्द हो सके सारी बुर्जियों पर तैनात प्रहरियों को सचेत कर दे और सेनापति से कह कि जितने धनुर्धर सम्भव हों, उन सबको जितनी जल्दी हो सके यहाँ भेज दें। सावधान रह, ज़रा भी शब्द न हो, ज़रा भी हलचल न हो। योद्धा मशाल साथ न लावें तथा प्रकाश से बचकर, खाई से सट कर कोट की आड़ में यथास्थान छिपकर मेरे संकेत की प्रतीक्षा करें।"

नायक ने तत्क्षण राव की आज्ञा का पालन किया। उसके जाने पर राव ने अपने निकट खड़े एक योद्धा से कहा, "उधर, जहाँ समुद्र खाई में मिलता है, उस आम्रकुंज के अंधकार-वृत्त में तुझे कुछ दिखाई देता है भाया?"

"बापू, वहाँ तो बहुत से आदमी इकट्ठे हो रहे हैं, तो क्या कोट पर कोई आक्रमण होगा?"

"शत्रु की सेना तो खाई से बहुत दूर है, यह आक्रमण की तो नहीं, किसी दूसरी ही प्रवृत्ति का उद्देश्य दीख पड़ रहा है।

राव सोच में पड़ गए।

"बापू!" योद्धा ने चिन्तित होकर कहा।

"क्या?"

"वे जहाज़!"

"दूर क्षितिज पर कुछ प्रवहण धीरे-धीरे प्रभास की ओर बढ़ रहे थे। राव ने आँखों पर हाथ रखकर देखा और कहा, "भाया, वह तो अपने ही प्रवहण हैं, अमीर क्या उन्हें पकड़ने का प्रयत्न कर रहा है?"

"उन्हें क्या सावधान नहीं किया जा सकता बापू?"

"कैसे?"

"संकेत से?"

"मशाल से संकेत देना जोखिम का काम है।"

"और यदि मैं संकेत-शब्द करूं तो? प्रवहण के नायक मेरा संकेत-स्वर पहचानते हैं।"

"ठीक नहीं है भाया, शत्रु का ध्यान उधर है भी या नहीं, कहा नहीं जा सकता। तेरे शब्द-संकेत से या मशाल के संकेत से शत्रु का उधर ध्यान जा सकता है।"

"पर बापू, नौका को आने देना भी तो खतरे की बात है।"

"यह तो है भाया, क्या तू भोला को पहचानता है?"

"हां बापू।"

"उसे इसी क्षण ला सकता है?"

"देखता हूँ।"

"तो जा, और तट की सारी मशालें बुझाता जा, पर तेरी परछाईं भी न दीखने पावे, हाँ।"

योद्धा ने जवाब नहीं दिया। वह तेज़ी से एक ओर चल दिया। राव फिर उधर ही देखने लगे। उन्होंने दूसरे एक योद्धा को बुलाकर कहा, "भाया, तू कुछ रस्से जितनी जल्द हो सके, जुटा ले। दो-चार आदमी और संग ले। पर देख, आहट न हो और इधर की हलचल उधर शत्रु की दृष्टि में न पड़ जाए, तू पृथ्वी पर रेंगकर जा।"

सैनिक ने तत्काल ही आज्ञा का पालन किया।

इसी समय एक तट-प्रहरी ने आकर निवेदन किया, "महाराज, शत्रु चुपचाप नावों का एक बेड़ा बना रहे हैं।"

राव ने व्याकुल होकर प्रहरी को देखा। पर उसने संयत स्वर में कहा, "कैसा बेड़ा भाया?"

"उन्होंने सैकड़ों नावों को जोड़ कर एक भारी बेड़ा बना लिया है, और वे उसे खाई के मुहाने से कुछ हटकर खूँटों से बाँध रहे हैं।"

प्रहरी साँस रोककर राव का मुँह ताकने लगा। उन्होंने फिर कहा, "बापू, उधर

हमारे प्रवहण पड़े हैं, शत्रु कहीं उन पर संकट तो लाने की तैयारी नहीं कर रहा है?''

किन्तु राव ने फिर भी कुछ उत्तर नहीं दिया। वे गहरे विचार में पड़ गए। ''महाराज, कुछ योद्धा भी बाहर निकालिए।''

''भाया, वे तो उन तरणियों के पास पहुँचने से पहले ही तीरों में बींध दिए जाएँगे।''

सैनिक विचार में पड़कर राव का मुँह ताकने लगा। राव ने कहा, ''भाया, तू अपनी जगह पर सावधान रह, और कोई नई बात हो तो मुझे कहना। परन्तु चुपचाप मेरे पास नायक को भेज दे।''

सैनिक चला गया। और कुछ क्षण बाद नायक ने आकर राव को मुजरा किया।

राव ने शत्रु की हलचल समझते हुए कहा, ''देखा तुमने?''

''बापू, महाराज को सूचना देनी होगी।''

''उन्हें क्या इस समय कष्ट देना ठीक होगा? यह क्या हमारे बूते के बाहर की बात है?''

इसी समय भोला ने आकर मुजरा किया। राव ने कहा, ''भाया, मुझे तेरी अभी आवश्यकता है।''

''तो अन्नदाता, यह दास हाज़िर है।''

''तू साहस करेगा?''

''क्यों नहीं अन्नदाता।''

राव ने इधर-उधर देखकर कहा, ''रस्से?''

सैनिक ने कहा, ''ये हैं।''

''इन्हें कोट से नीचे लटका दो।'' फिर पलटकर भोला से कहा, ''भाया, दुश्मन वहाँ बेड़ा बना रहे हैं, वहाँ उस आम की अमराई की ओर देख।''

''देख चुका हूँ बापू।''

''तो जाकर मेरे वीरदेव को सावधान कर दे। ऐसा न हो, वह शत्रु के चंगुल में फँस जाए।''

''मैं अभी चला महाराज।'' उसने रस्से पर हाथ डाला।

''परन्तु शब्द न हो, संकट के समय मुझे सूचना कैसे देगा?''

''अन्नदाता मेरा संकेत तो पहचानते हैं।''

''हाँ-हाँ वीर, वैसा ही कर, बन पड़े तो देख आ, बेड़े की रक्षा कैसे हो रही है।''

भोला ने पानी में डुबकी लगाई।

राव ने कुछ देर उसे देखा, फिर नायक की ओर मुड़कर कहा, ''शत्रु गहरी चाल चल रहा है।''

''कैसी बापू?''

"देखते नहीं हो, वह बेड़ा!"

नायक पूरी बात सुनने के लिए राव की ओर ताकता रहा। राव ने कहा, "सूर्योदय होते ही अमीर आक्रमण करेगा। आक्रमण के प्रारम्भ में ही वह इसे खाई में खींच लाएगा और कोट पर चढ़ने की चेष्टा की जाएगी।"

"यह तो बड़ी भयानक विपत्ति है बापू।"

"इसे दूर करना होगा, भाया।"

"बापू, महाराज को सूचना देनी चाहिए।"

"नहीं, यह हमारा काम है। तुम जितने तैराक इसी क्षण इकट्ठे कर सकते हो, उन्हें लेकर खाई के मुहाने पर मेरी प्रतीक्षा करो। परन्तु सावधान रहो। शत्रु को तुम्हारी हलचल का तनिक भी पता न लगने पाए।"

नायक चला गया। राव ने देखा—धनुर्धर योद्धा दो-दो, चार-चार की संख्या में, दल-बादल की भाँति आ-आकर बुर्जियों पर, मोर्चों पर, ठीओं पर आसीन होते जा रहे हैं।

राव आश्वस्त हुए। परन्तु इसी समय उन्हें ऐसा भास हुआ कि वह विराट बेड़ा हिला। उन्होंने आश्चर्य से देखा, वे नावें बिखर कर भिन्न-भिन्न दिशा में बह चलीं। राव को आँखों पर विश्वास नहीं हुआ। क्या यह भगवान् भूतनाथ सोमनाथ का दैवी चिमत्कार तो नहीं है?"

इतने में कोट के नीचे से संकेत हुआ। राव ने रस्सी लटका दी। भोला चढ़ रहा था।

राव हर्ष से नाच उठे। उन्होंने कहा, "आ वीर, क्या यह तेरी ही कारिस्तानी है?"

भोला हँसते-हँसते अपने भीगे वस्त्र निचोड़ने लगा। उसने कहा, "बड़ा मज़ा हुआ बापू, जाते-जाते मैंने सोचा कि चुपचाप बेड़े को देखता ही चलूँ। जाकर देखा, वहाँ कोई नहीं है। बेड़ा खूँटे से बाँधकर मेरे बेटे सब चले गए थे। प्रहरी कुछ दूर आग ताप रहे थे। मैंने डुबकी लगाई और बेड़े की तली में पहुँच दाँतों से बेड़े की सब रस्सियाँ काट डालीं। किसी को पता नहीं लगा। बेड़ा लहरों के थपेड़ों में घूमता हुआ गहरे समुद्र में यह जा, वह जा।"

भोला दाँत निकालकर हँसने लगा।

"बड़ी बात हुई भाया, तैने प्रभास को भी बचा लिया और मेरी इज़्ज़त को भी।" उन्होंने आगे बढ़कर भोला को छाती से लगा लिया। फिर कहा, "परन्तु अभी तुझे फिर जाना पड़ेगा।"

"समझ गया बापू, मुझे वीरसिंह जी को सावधान करना है।"

"हाँ-आँ, कहीं हमारे प्रवहण शत्रु की दृष्टि में न पड़ जाएँ।"

"तो मैं अभी चला।" भोला ने रस्से पर हाथ डालते हुए कहा और वह चुपचाप गहरे पानी में पैठ गया।

दद्दा चौलुक्य

जिस समय मुहाने की चौकी पर वृद्ध शार्दूल कमा लाखानी अपनी जाग्रत सत्ता से प्रभास का संकट टालने का यह प्रयत्न कर रहे थे, उसी समय उसी अर्द्ध निशा में द्वारिका-द्वार पर कुछ दूसरा ही दृश्य समुपस्थित था। भरुच के दद्दा चौलुक्य की चौकी द्वारिका-द्वार पर थी। आधी रात बीत चुकी थी। और चौलुक्य एक सैनिक के साथ कोट की देखभाल कर रहे थे। उनकी आयु अभी तरुण थी। शरीर सुकुमार और सुन्दर था। वे कर्मठ पुरुष न थे। मूलराजदेव ने जब दक्षिण के सेनापति वारप को परास्त कर भृगु कच्छ ले लिया, तब उन्होंने चौलुक्यों के पुराने राजा के वंशधरों में से एक को लाट की गद्दी पर बैठा दिया था। किन्तु उस पर शासन पाटन के दण्डनायक का रहता था। चामुण्डराय के शासनकाल में दद्दा के पिता ने विद्रोह किया था, सो उसे पदच्युत करके चामुण्डराय ने दद्दा को गद्दी पर बैठा दिया था। अब राजा बने दद्दा भरुकच्छ में चैन की बंसी बजा रहे थे। पाटन के दण्डनायक का फरमान पाने पर उन्हें यहाँ आना पड़ा। पौष की शिशिर रजनी में उन्हें अपनी नव-परिणीता तृतीया रानी को सूनी सेज पर छोड़कर आना पड़ा था। सो वे पल-पल में भरुच भागने की सोच रहे थे। लड़ाई-झगड़ा उन्हें पसन्द नहीं आ रहा था। युद्ध में उन्हें तनिक भी रस न था।

फिर भी दद्दा चौलुक्य एक विचारवान् तरुण थे। यद्यपि भीरु थे, सुकुमार थे, परन्तु सहृदय थे। जब उन्हें महाराज भीमदेव ने द्वारिका-द्वार की चौकी सुपुर्द की, तो उन्होंने निष्ठापूर्वक वह सेवा ग्रहण की। वे पूरे धर्मभीरु थे। वे वाम शैव थे और भगवती त्रिपुरसुन्दरी के सेवक थे। रुद्रभद्र पर उनकी अपार श्रद्धा थी। उसके आशीर्वाद से उन्हें पुत्र-लाभ हुआ था। उसी के रक्षा-कवच से उन्हें भरुच की गद्दी मिली थी। उसी के तप के प्रभाव से वे जीते-जागते हैं, ऐसा वे मानते थे। उन्होंने अपनी प्रथम पुत्री चौला को उन्हीं के कहने से त्रिपुरसुन्दरी को भेंट कर दिया था, जो गंग सर्वज्ञ के हस्तक्षेप से भगवान सोमनाथ को अर्पित की गई थी। जिससे रुद्रभद्र का क्रोध भड़क कर सीमा पार कर गया था।

प्रभास में आते ही उन्होंने सुना कि रुद्रभद्र सहस्राग्नि-सन्निधान तप कर रहे हैं। उन्होंने यह भी सुना कि उनका भेजा निर्माल्य त्रिपुरसुन्दरी की भेंट नहीं हुआ, इसी से क्रुद्ध होकर रुद्रभद्र विनाश का आह्वान कर रहे हैं। उन्हें यह भी विश्वास हो गया कि गज़नी का दैत्य ही यह विनाश बन कर आया है और इसमें रुद्रभद्र की तपःप्रेरणा है। और भी बहुतों की यही राय थी। इसकी चर्चा भी बहुत थी। सर्वज्ञ तक यह चर्चा पहुँच चुकी थी, पर उन्होंने उस पर कान नहीं दिया था।

दद्दा जब रुद्रभद्र को प्रणाम करने धूनी पर गए, तो रुद्रभद्र ने उनका प्रणाम स्वीकार नहीं किया। उन्होंने लाल-लाल आँखें करके होंठो-ही-होंठों में 'विनाश-विनाश'

कहकर उन्हें देखा और दूर चले जाने का संकेत किया। भय से काँपते हुए चौलुक्य चले आए। तब से वे अत्यन्त चिन्तित, अपमान और अमंगल-आशंका से आतंकित रहने लगे। उन्हें फिर रुद्रभद्र के सम्मुख जाने का साहस न हुआ। चौला से मिलने का सर्वज्ञ ने उन्हें निषेध कर दिया था। तथा बलपूर्वक यह व्यवस्था कर दी थी कि चौला पिता से मिलने न पाए।

परन्तु उस अर्ध निशा में कोट का निरीक्षण करते हुए उन्होंने एक छाया-मूर्ति को अपनी ओर आते देखा। उन्होंने नंगी तलवार हाथ में ली। निकट आने पर पहचाना, वह रुद्रभद्र है। कमर में केवल एक रक्ताम्बर है। शरीर नंग-धड़ंग। भयंकर जटाजूट के नीचे आग के अँगारे के समान जलते नेत्र हैं। भस्म-भूषित विशाल कृष्ण काय है। विकराल दाढ़ी में संपुटित मोटे-मोटे काले होंठ हैं। कण्ठ, भुजा और कमर में रुद्राक्ष हैं। हाथ में एक भारी चीमटा है। उस भीमकाय कृष्णवर्ण भयानक आकृति को देखकर दद्दा चौलुक्य का खून सूख गया। जैसे साक्षात् काल भैरव ही उनके सम्मुख आ खड़ा हुआ। उन्होंने हाथ की तलवार पृथ्वी पर फेंक दी और भूमि पर गिरकर साष्टांग दण्डवत् किया।

वज्रगर्जन की भाँति एक शब्द उनके कान में पड़ा, "उठ चौलुक्य!"

दद्दा खड़े होकर काँपने लगे, वे बद्धांजलि चुपचाप खड़े रहे। अपनी बड़ी-बड़ी घनी काली भौंहों पर जलती हुई दृष्टि को स्थिर करके रुद्रभद्र ने एक उँगली उठा कर कहा, "इस बार आशीर्वाद नहीं दूँगा। विनाश दूँगा।" दद्दा थर-थर काँपने लगे।

रुद्रभद्र ने अट्टहास करके कहा, "अरे धर्मद्रोही, नहीं जानता, विनाश आ रहा है, सावधान हो जा। यहाँ रोने के लिए कुत्ते और स्यार आ रहे हैं।" उसने अपना विकराल चीमटा हवा में घुमाया और आकाश की ओर देखकर कहा, "ला विनाश, ला विनाश!"

आसपास के सैनिक सहम कर पीछे हट गए।

रुद्रभद्र ने वज्रगर्जन करके कहा, "त्रिपुरसुन्दरी का निर्माल्य भ्रष्ट हुआ।"

चौलुक्य होंठ हिलाकर रह गए।

रुद्रभद्र ने फिर हवा में चीमटा ऊँचा करके कहा, "ला विनाश, ला विनाश!" उसने ऐसी मुद्रा बनाई जैसे भगवान् रुद्र ही प्रलय का ताण्डव नृत्य कर रहे हों। दद्दा ने काँपते-काँपते कहा, "रक्षा करो, प्रभु, रक्षा करो!"

परन्तु रुद्रभद्र का उन्माद कम नहीं हुआ, उसने अग्निमय नेत्रों से घूरते हुए कहा, "नहीं, नहीं, यह दासपुरी भस्म होगी। महाकाल का कोप है।" फिर कुछ ठहरकर कहा, "आ मेरे साथ..." इतना कह वह द्वारिका-द्वार की ओर बढ़ा।

पर दद्दा चौलुक्य पत्थर की मूर्ति की भाँति वहीं खड़े रहे।

रुद्रभद्र ने पीछे घूमकर कहा, "आदेश सुना नहीं रे?"

"प्रभु, यहाँ मेरी चौकी है।"

"पर यह देवता की आज्ञा है।"

"देवता की क्या आज्ञा है?"

"मेरे साथ आ", रुद्रभद्र ने वज्र-गर्जना की।

पर दद्दा फिर भी उसी भाँति निस्पन्द खड़े रहे। रुद्रभद्र ने चीमटा हवा में ऊँचा करके कहा, "पातकी, तू देवाज्ञा को स्वीकार नहीं करता। तो मेरा दिया पुत्र फेर दे। महाकाल अभी उसका भक्षण करेंगे। ला दे।" उसने उसी क्षण पृथ्वी में पद्मासन से बैठ सिन्दूर से भैरवी चक्र रचा और अघोर मन्त्रों का उच्चारण कर फट्-फट् करने लगा।

दद्दा ने कहा, "प्रभु, रक्षा करो, मेरा एक ही पुत्र है।"

"वह मैंने तुझे दिया था रे। अब मैं उसे लूँगा।" उसने जल्दी-जल्दी मन्त्रोच्चारण करते हुए गीली मिट्टी का एक पुतला बनाया।

दद्दा ने कहा, "नहीं नहीं, मैं आज्ञाधीन हूँ, चलिए।"

"तो आ", पुतले को वहीं मिट्टी में दबाकर वह द्वारिका-द्वार की ओर चल दिया।

दद्दा चौकी छोड़ नीचे उतरे।

द्वारिका-द्वार पर आकर रुद्रभद्र ने कहा, "खोल दे द्वार।"

दद्दा ने रुद्रभद्र को साष्टांग दण्डवत् करके कहा, "नहीं-नहीं, गुरुदेव, महाराज की आज्ञा नहीं है। ऐसा मैं करूँगा तो मेरा सिर धड़ पर नहीं रहेगा।"

"मैं कहता हूँ, चाबी दे।"

"नहीं, गुरुदेव, नहीं।"

"तेरे पुत्र को महाकाल भक्षण कर लेगा रे!" उसने मिट्टी का पुतला दिखला कर कहा।"

"सो कर ले।"

"तेरा नाश होगा।"

"सौ बार हो। मैं चला" दद्दा मुट्ठी में कसकर तलवार पकड़े पीछे को भागे। परन्तु रुद्रभद्र ने दौड़कर एक भरपूर चीमटे का हाथ कस कर उनके सिर पर दे मारा। दद्दा घूम कर गिर पड़े।

रुद्रभद्र ने उनके वस्त्रों से चाबी निकाल द्वार की खिड़की खोली। प्रेत की भाँति सिद्धेश्वर कहीं से आकर खिड़की की राह बाहर हो गया। खिड़की बन्द कर और चाबी को यत्न से अपनी जटा में रख रुद्रभद्र तेज़ी से एक ओर को चल दिया।

संकटेश्वर की बावड़ी

रात-भर के जागरण से थका हुआ आनन्द, खिन्न होकर अपने डेरे पर आया। नित्यकर्म से निवृत्त होकर उसने विश्राम की परवाह न कर दामो महता से मिलना चाहा, पर दामो महता अपने आवास में न थे। आनन्द ने उनकी खोज में समय नष्ट करना ठीक नहीं समझा। वह द्वारिका-द्वार की तरफ चला। उसकी दृष्टि खाई के उस पार श्मशान के उस छोर पर पड़ी अमीर की छावनी पर घूमने लगी। सूर्य काफी ऊपर उठ गया था, धूप की तिरछी किरणें अब सुहावनी लग रही थीं। उसकी उज्ज्वल आभा में रत्नाकर की फेन-राशि बड़ी शोभायमान दीख रही थी। वह कुछ देर तक खूब ध्यान से अमीर की छावनी को देखता रहा। वहाँ इस समय इतना दिन चढ़ने पर भी कोई नई हलचल न थी। आज अमीर क्या युद्ध नहीं करेगा? आनन्द कुछ देर यही सोचता रहा। परन्तु फिर उसकी विचारधारा सिद्धेश्वर की ओर गई। आखिर सिद्धेश्वर एकाएक उसकी आँखों से ओट होकर गायब कैसे हो गया?

सोचते-सोचते आनन्द तेज़ी से संकटेश्वर की बावड़ी की ओर चला। इस समय भी वहाँ सन्नाटा था। महालय में सब लोग युद्ध-सज्जा में दौड़-धूप कर रहे थे। कोई शस्त्र सजा रहा था, कई सैनिक-टुकड़ियाँ इधर से उधर आ-जा रही थीं। अकेले-दुकेले सिपाही, सवार, प्यादे अपने रास्ते आ-जा रहे थे। आनन्द का ध्यान इन सबसे हटकर संकटेश्वर की बावड़ी में लगा था।

बावड़ी पर आकर वह चुपचाप एक सीढ़ी पर बैठकर जल की हिलती हुई लहरों को देखने लगा। बहुत से विचार उसके मस्तिष्क में आए। आज अमीर युद्ध नहीं कर रहा है, सिद्धेश्वर उस युवक से संकेत पाकर यहाँ आकर लोप हो गया है। इन दोनों बातों में कोई सम्बन्ध है या नहीं। आनन्द यही सोच रहा था। दोपहर हो गया। सूर्य का प्रखर तेज बढ़ गया। भूख-प्यास, थकान उसे सता रही थी। उसे विश्राम की अत्यन्त आवश्यकता थी। इसी समय उसे जल में कुछ हलचल प्रतीत हुई। क्षणभर ही में जल में से एक सिर निकला। यह देख आनन्द बिजली की भाँति फुर्ती से भूमि पर एक पत्थर के ढोके की आड़ में लेट गया। लेटे ही लेटे वह खिसक कर एक वृक्ष की आड़ में छिप गया। यह देखकर उसके आश्चर्य का ठिकाना न रहा कि सिद्धेश्वर जल से बाहर आ रहा है। वह जल से बाहर आकर भारी-भारी डग रखता हुआ एक ओर को चला गया। आनन्द का मन एक बार उसका पीछा करने का हुआ, पर कुछ सोच कर वह ठिठक गया। वह बड़े ध्यान से बावड़ी के जल को देखने लगा। एकाएक उसने एक संकल्प मन में दृढ़बद्ध किया और वह वस्त्रों सहित जल में पैठ गया।

उसने चारों ओर दृष्टि डाली, कोई न था, वह बावड़ी के मध्य भाग में पहुँच गया, जहाँ कण्ठ तक जल था। साहस करके उसने पानी में गोता लगाया और बावड़ी

के चारों ओर घूम गया। साँस फूल जाने से वह फिर बाहर आया। दूसरी बार और फिर तीसरी बार उसने गोता लगाया। इस बार उसे दीवार में एक छिद्र नज़र आया। छिद्र बहुत बड़ा था, चारों ओर टटोलकर वह उस छिद्र में घुस गया। घोर अन्धकार था। परन्तु उसे तुरन्त ही मालूम हो गया कि वह एक सुरंग का द्वार है। तथा सुरंग में ऊपर जाने के लिए सीढ़ियाँ बनी हुई हैं। 5-6 सीढ़ियाँ चढ़ने पर ही वह जल से ऊपर हो गया। जल से ऊपर आकर वह एक सीढ़ी पर बैठकर सुस्ताने लगा। उसने देखा, सामने आगे सुरंग में कहीं से प्रकाश आ रहा है। वह आगे बढ़ा। दस-बारह सीढ़ियाँ और चढ़ने पर उसने देखा, ऊपर एक बड़ा छिद्र है, छिद्र में होकर एक भारी वट वृक्ष उसे दीख रहा था। वह समझ गया, यह वही विशाल वट वृक्ष है जो काल भैरव के मन्दिर के पार्श्व में है, यहीं से ऊपर को सीढ़ियां उस छिद्र तक जा रही थीं। पर सम्मुख सीधी सुरंग थी। अब उसने अपने गीले वस्त्रों को निचोड़ कर नंगी तलवार हाथ में ले ली और सुरंग में आगे बढ़ गया। सुरंग में घोर अंधकार था। उसके अंग में कंपकंपी होने लगी। परन्तु उसने अन्त तक जाने का निश्चय कर लिया, और अंधकार में तैरता हुआ-सा आगे बढ़ने लगा। उसने दोनों हाथ आगे पसार दिए। और अनुमान किया कि सुरंग जंगल और मैदान पार कर रही है। बीच में उसे एक-दो छिद्र मिले जहाँ किंचित् प्रकाश मोटे-मोटे छिद्रों से आ रहा था।

वह आगे बढ़ा। यहाँ सुरंग दो तीन दिशाओं में फट गई थी। सोच-विचार कर वह एक दिशा में आगे बढ़ा। कोई वस्तु उसके सिर को छूती हुई उड़ गई, वह सिहर उठा, एक तरफ उसने मन्द-मन्द किसी के धसकने का शब्द अनुभव किया। भय से उसके समूचे अंग में पसीना छा गया। वह और भी आगे बढ़ा। अब उसे प्रत्यक्ष दीख पड़ा कि सुरंग में सर्प और चिमगादड़ बहुत हैं। परन्तु अब साहस ही उसका आसरा था। वह बड़ी देर तक चलता गया। धीरे-धीरे सुरंग ऊँची होती गई और उसका सिर ऊपर छत पर जा टकराया। टटोल कर देखा। सख्त पत्थर की चट्टान थी। अब वह भूमि पर बैठकर दोनों हाथ-पैरों से पशु की भाँति चल रहा था। उसने तलवार मुँह में दबा ली थी। धीरे-धीरे सुरंग तंग होती गई। और अब उसे बिल्कुल लेटकर खिसकना पड़ा। पर थोड़ा और चलने पर प्रकाश की झलक उसे दिखाई दी, प्रकाश बढ़ता गया। अन्त में एक चौकोर-सा समतल स्थान आया जहाँ से ऊपर को सीढ़ियाँ बनी थीं। सीढ़ी चढ़कर उसने सुरंग से बाहर मुँह निकाला। और उसने देखा कि वह पापमोचन के खण्डहरों में आ पहुँचा है। उचक कर वह बाहर आया। उसके हाथ-पैर, मुख और शरीर में धूल, मकड़ी के जाले और गन्दगी लग गई थी। उसने झटक कर वस्त्र साफ किए और चारों ओर दृष्टि फेरी।

पापमोचन एक तीर्थ था। परन्तु चिरकाल से वह खण्डहर और वीरान पड़ा था। इधर लोगों का आना-जाना नहीं था। दूर तक मोटे-मोटे पत्थरों के टूटे-फूटे मन्दिर और मठ फैले पड़े थे। यह स्थान सोमनाथ पट्टन से बारह मील पर था। आनन्द

ने इसके सम्बन्ध में सुना तो था, परन्तु उसने कभी यह स्थान देखा नहीं था। वह सावधानी से खण्डहर में घूमने और यह देखने लगा कि वहाँ किसी मनुष्य का कोई गुप्त वास तो नहीं है। खण्डहर में घूमते-घूमते वह जब उसके नैर्ऋत्य कोण की दिशा में पहुँचा तो यह देखकर उसके भय और आश्चर्य का ठिकाना न रहा कि सामने ही गज़नी के अमीर का लश्कर पड़ा है। उसे अपनी एकाकी स्थिति का भान हुआ और अब उसे यह समझने में देर न लगी कि सिद्धेश्वर इस गुप्त मार्ग से अमीर के पास मिलने आया है। उसकी मेधा-शक्ति ने यह भी समझ लिया कि यदि इस गुप्त मार्ग का उपयोग सोम-पट्टन में प्रविष्ट होने के लिए करे, तो फिर पट्टन का निस्तार नहीं है। अब उसके मस्तिष्क में दो विचार आए, एक यह कि वह उसी मार्ग से जल्द-से-जल्द कोट में लौट जाए, महता को सूचना दे दे और इस मार्ग पर चौकी-पहरा रखवा दे; दूसरा यह कि थोड़ा और साहस करके अमीर की गतिविधि का अनुसंधान करे। बहुत सोच-विचार कर उसने अमीर की छावनी की ओर रुख किया। परन्तु इसी समय तुर्क सवारों ने उसे घेर लिया। आनन्द ने हौसला बनाए रखा। उसने तलवार म्यान में रख ली और कहा, "मैं शत्रु नहीं, मित्र हूँ, मुझे सुलतान नामदार की सेवा में ले चलो।" तुर्क सवार उसे बाँधकर छावनी में ले गए।

राज-बन्दी

आनन्द को तुरन्त ही अमीर के सम्मुख पेश किया गया। आनन्द अमीर के तेज, प्रताप और प्रदीप्त व्यक्तित्व से डगमगा गया। उसने तलवार की मैत्री की भी याद दिलाई, फतह मुहम्मद के प्रति मैत्री-भाव भी प्रकट किया, परन्तु इससे उसका अनिष्ट ही हुआ। अमीर जैसे राजनीति के महापण्डित को यह समझते देर न लगी कि सुरंग के रास्ते एकाएक नये अनपेक्षित व्यक्ति का आना युक्तिसंगत नहीं है। उसने फतह मुहम्मद और सिद्धेश्वर दोनों से परामर्श करके विश्वस्त रूप से उसे शत्रु मानकर कड़े पहरे में बन्दी कर लिया। परन्तु उसके खान-पान और रहन-सहन की अच्छी व्यवस्था कर दी। सिद्धेश्वर ने स्पष्ट कह दिया था कि यह हमारे भेद को जान गया है। यदि इसे छोड़ दिया गया तो इसका घातक परिणाम होगा। और हमारी सारी योजना ही निष्फल हो जाएगी।

बन्दी आनन्द की खूब खातिर-तवाज़ै की गई। कोई काम की बात उससे उगलवाने के पूरे प्रयत्न किए गए। पहले उसने पागल होने का स्वांग भरा, पर वह भी निभा नहीं, अन्त में वह शान्त और मौन हो बैठा! बहुत कहने-सुनने पर भी फतह मुहम्मद से उसे नहीं मिलने दिया गया। आनन्द अमीर के शिविर में बन्दी है, यह बात अत्यन्त गोपनीय रक्खी गई।

अन्ततः सब बातों पर खूब आगा-पीछा सोचकर आनन्द स्थिर हो गया। वह ऊपर से प्रसन्न और निश्चिन्त रहने लगा। छूटने की उसने कोई चेष्टा नहीं की। एक-दो बार अमीर ने उससे बात भी की, कुछ मामले की बात निकलवाने की बड़ी चेष्टा की, परन्तु उसने हँसकर टाल दिया। कहा, "अभी तो मैं अमीर नामदार की सेवा में हूँ ही, समय आने पर अमीर के लाभ की बात निवेदन करूँगा।" अमीर ने और भी यत्न से इस गूढ़ पुरुष पर पहरे-चौकी की व्यवस्था कर दी।

रुद्रभद्र से अमीर की और एक बार मुलाकात हुई। सिद्धेश्वर का दूतत्व तो जारी ही रहा। अमीर अब यह भेद भी जान गया कि अघोर वन का वह पिशाचराज और कोई नहीं, वही धूर्त रुद्रभद्र है। अमीर उसे महालय की सारी सम्पदा सौंपकर उसे महालय का अधिष्ठाता स्वीकार कर ले, इस शर्त पर उसने अमीर को सुरंग की राह महालय में ले जाने का वचन दिया। बीच में बहुत से आदान-प्रदान हुए और अन्त में सब योजना स्थिर कर ली गई। योजना अत्यन्त गुप्त रखी गई। अमीर अपना शिविर और पीछे हटा ले गया। और योजना की पूर्ति में लग गया।

दामोदर महता को आनन्द के इस प्रकार एकाएक गायब हो जाने का बहुत आश्चर्य हुआ। और जब पूरा दिन और रात्रि भी बीत गई, तो उनका आश्चर्य चिन्ता में बदल गया। एक विशेष बात यह भी चिन्ता की थी कि अमीर ने कोट पर आक्रमण करने की चेष्टा नहीं की। उल्टे वह अपना लश्कर पीछे हटा ले गया। राजपूत योद्धा हथियार बांधे अपने-अपने मोर्चों पर मुस्तैदी से डटे हुए आक्रमण की प्रतीक्षा करते रहे। सदैव ही हिन्दू रण-नीति यही रही है, आगे बढ़कर शत्रु का दलन करने की नहीं। जब दूसरा भी दिन यों ही बीत गया और अमीर ने युद्ध करने का कोई लक्षण प्रकट नहीं किया अथवा अमीर का कोई सैनिक भी दृष्टिगोचर नहीं हुआ, तो दामो महता अत्यन्त गम्भीर हो गए। वे सोचने लगे, 'क्या आनन्द के इस प्रकार एकाएक गायब हो जाने और अमीर के पीछे हटने में कोई तारतम्य है?' उनका यह विश्वास इसलिए और भी बढ़ गया कि फिर फतह मुहम्मद नहीं आया।

रुद्रभद्र और सिद्धेश्वर के प्रति उनके सन्देह के भाव अवश्य थे। रुद्रभद्र के समूचे पाखण्ड में वे किसी गहरी कार्रवाई का अनुमान कर रहे थे। धीरे-धीरे इसी लक्ष्य बिन्दु पर उनका सारा सन्देह केन्द्रित हो गया। उन्होंने चुपचाप रुद्रभद्र और सिद्धेश्वर पर अपनी सैकड़ों आँखें स्थापित कर दीं। परन्तु दो दिन यों ही बीत गए कोई नई बात उन्हें नहीं दीख पड़ी। दैव-दुर्विपाक से संकटेश्वर की बावड़ी का भेद उनसे अज्ञात ही रह गया।

कठिन उलझन को सुलझाने में दामो महता दूसरों को साझी नहीं बनाते थे। स्वयं ही उलझ-सुलझ कर निपट लेते थे। परन्तु अब, जब उन्हें कोई कोर-किनारा न मिला, तो उन्होंने बात का महत्त्व समझ कर सब बातें महासेनापति से कह डालना ही ठीक समझा। महता ने महाराज महासेनापति भीमदेव से एकान्त मुलाकात कर

सारा विवरण उन्हें अथ से इति तक जा सुनाया। महता की अमीर से मुठभेड़, तलवार की मैत्री, फतह मुहम्मद और सिद्धेश्वर का षड्यन्त्र और आनन्द के एकाएक गायब हो ज़ाने के समाचार सुनकर महाराज भीमदेव बहुत चिन्तित हुए। उन्होंने कहा, ''महता, क्या मन्त्रणा-सभा बुलाई जाय।'' महता ने कहा, ''महाराज, इन विषयों को प्रकाश में लाना ठीक न होगा। आनन्द के सम्बन्ध में जब तक यह न ज्ञात हो जाए कि वह कहाँ है, कोई कदम आगे बढ़ाना हितकर न होगा। इस सम्बन्ध में अपनी गुप्त कार्रवाई जारी रखूँगा। आवश्यकता होगी तो प्रच्छन्न रूप से अमीर की छावनी में भी जाऊँगा। उसकी गतिविधि समझनी होगी। तथा अमीर के आक्रमण से विरत होने का कारण क्या है, इसका पता लगाना होगा। उसके बाद यदि आवश्यक हुआ तो फिर मन्त्रणा-सभा बुला ली जाएगी।''

परन्तु महता का सारा ही चातुर्य बेकार गया। धूर्त रुद्रभद्र और उसके चरों को ज्योंही इस बात का पता लग गया कि उनका मन्त्र फूट गया है, तथा उन पर दृष्टि रक्खी जा रही है, तो वे भी चौकन्ने और सावधान हो गए। इसी प्रकार और तीन दिन व्यतीत हो गए। कहाँ क्या हो रहा है, इस बात का मर्म कोई न जान सका।

दो घड़ी की प्राण-भिक्षा

आकाश में बदली छाई हुई थी और उनके बीच तृतीया का अस्तंगत चन्द्र क्षीण प्रकाश डाल रहा था। एकाध तारे बादलों में झाँक रहे थे। इसी समय दद्दा सोलंकी की मूर्च्छा टूटी। कुछ देर वे सिर पकड़कर बैठे रहे, परन्तु शीघ्र ही उन्हें घटना का स्मरण हो आया। उन्होंने भयभीत होकर अपनी कमर टटोली, द्वारिका-द्वार की चाबी वहाँ न थी। भय से उनका मुँह पीला हो गया। उन्होंने आँख उठाकर खाई के उस पार बिखरे हुए अंधकार पर दृष्टि डाली। उन्होंने देखा, असंख्य काली-काली मूर्तियाँ चींटियों की भाँति किसी माया से प्रेरित-सी खाई के इस पार धँसी चली आ रही हैं और अवरुद्ध द्वारिका-द्वार से महालय के परकोट में प्रविष्ट हो रही हैं। कहीं भी एक शब्द नहीं हो रहा है। उनका सिर घूमने लगा और आँखों में अंधेरा छा गया। सिर के घाव से अभी भी खून बह रहा था और सिर दर्द से फटा जा रहा था। परन्तु वह दौड़कर दो-दो, चार-चार सीढ़ियाँ फलांगते हुए द्वारिका-द्वार की ओर दौड़े। राह में एक बुर्ज था, वहाँ सैनिकों की एक टुकड़ी पहरा बदल रही थी। बुर्ज द्वारिका-द्वार से तनिक आड़े पड़ता था। दद्दा के सिर से खून बहता देख टुकड़ी के नायक ने कहा, ''बापू, यह क्या? रक्त कैसा?'' पर दद्दा ने पागल की भाँति कहा, ''प्रलय हो गया रे, प्रलय, उधर देख!''

दलपति ने देखा तो सन्नाटा छा गया। उसने तुरन्त नरसिंहा में फूंक दी। वह नरसिंहा-निनाद उस क्षीणमात्र रात्रि के सन्नाटे में गूँज उठा। सहसा सभी बुर्जों से नरसिंहे बज उठे और सैनिकों की टुकड़ियों में भाग-दौड़ मच गई। दद्दा नंगी तलवार हाथ में लिए पागल की भाँति 'सावधान-सावधान' चिल्लाते द्वारिका-द्वार की ओर दौड़े। जहाँ के वे रक्षक थे और जहाँ चींटियों की पंक्ति की भाँति शत्रु धँसे चले आ रहे थे।

इसी बीच में सैकड़ों मशालों का प्रकाश हो गया था और टिड्डी-दल की भाँति राजपूत योद्धा नंगी तलवार ले-लेकर द्वारिका की ओर बरसाती नदी की भाँति बढ़े चले आ रहे थे। धनुर्धर अपने-अपने नाकों पर जमकर तीर बरसाने लगे। बर्छे वाले बांके वीर बर्छा फेंकने लगे। हज़ारों वीर खाई में कूदकर बढ़े आते हाथियों पर करारा वार करने लगे। देखते ही-देखते टूटती हुई वह रात प्रलय-रात्रि हो गई।

शीघ्र ही दोनों दल जुट गए। हर-हर महादेव और अल्लाहो-अकबर का निनाद एक दूसरे से टकरा गया। योद्धा छाती से छाती भिड़ाकर घातक प्रहार करने लगे। तीरों से आकाश पट गया। घायलों की चीत्कार, मरते हुओं का आर्तनाद, हाथियों की चिंघाड़, घोड़ों की हिनहिनाहट, शस्त्रों की झंकार सब मिलकर रक्त में अवसाद उत्पन्न करने लगे।

महाराज महासेनापति भीमदेव झटपट कवच धारण कर शस्त्रास्त्र ले घोड़े पर सवार विद्युत-गति से सारे मोर्चों की व्यवस्था का निरीक्षण करने और समुचित आदेश देने लगे। बालुकाराय और दामो महता उनकी रकाब के साथ थे। महासेनापति ने द्वारिका-द्वार पर आकर गम्भीर स्थिति देखी। दद्दा चौलुक्य मुट्ठी में तलवार थाम, खून से सराबोर, महाराज महासेनापति भीमदेव के सम्मुख आ चिल्लाकर बोले, "मैं कर्तव्यच्युत हुआ हूँ महाराज, मेरा शिरच्छेद करने की आज्ञा दीजिए।"

महाराज ने पूछा, "क्या बात है चौलुक्य?"

"मैं द्वार की रक्षा न कर सका।"

"अवश्य ही आपने शक्ति-भर कर्तव्य-पालन किया होगा।"

"नहीं महाराज, मैंने कर्तव्य-पालन नहीं किया। मैंने चौकी त्याग दी।"

"क्या?" महाराज ने क्रोध ने नथुने फुलाकर कहा।

हठात् उन्हें याद आया कि चौलुक्य चौला के पिता हैं। उन्होंने नर्म होकर कहा, "हुआ क्या चौलुक्य?"

चौलुक्य ने सब घटना जल्दी-जल्दी उन्हें सुना दी। महाराज की आँखों से आग निकलने लगी।

उन्होंने पूछा, "तुम रुद्रभद्र के साथ चौकी छोड़कर द्वारिका-द्वार पर गए।"

"गया-गया, मैं गया।"

"तुमने द्वार की चाबी रुद्रभद्र को दी?"

"नहीं महाराज। मेरे सिर पर उस ब्रह्म राक्षस ने चिमटे से प्रहार किया। मैं बेसुध होकर गिर गया, फिर होश में आया तो अनर्थ हो चुका था।"

"तुम्हें मरना होगा।" महासेनापति ने गम्भीर होकर बालुकाराय को पुकारा। बालुकाराय सम्मुख आए तो महाराज ने आज्ञा दी, "चौलुक्य को ले जाकर अभी शिरच्छेद करो।"

"दुहाई महाराज!" चौलुक्य ने दाँत से तृण दाबकर कहा।

"क्या प्राण-भिक्षा माँगते हो?"

"नहीं महाराज, केवल थोड़ा समय मुझे भिक्षा में मिले।"

"किसलिए?"

"प्रायश्चित्त के लिए।"

"कितना समय?"

"केवल दो घड़ी।"

"तो बालुक, चौलुक्य को बाँध लो, उसकी तलवार छीन लो।"

"यह नहीं महाराज, मृत्यु-दण्ड तक मुझे और मेरी तलवार को स्वतन्त्रता दीजिए।"

"तुम चाहते क्या हो?"

"पृथ्वीनाथ, समय कम है, विवाद में बहुमूल्य क्षण नष्ट हो रहे हैं। मुझे दो घड़ी को मेरी तलवार बख्श दीजिए।"

दामो महता ने कहा, "महाराज, समय टेढ़ा है, चौलुक्य का ज़िम्मा मैं लेता हूँ।"

"तो दामो, दो घड़ी बाद, तुम्हीं इसका सिर काट लेना। शायद मुझे फिर आज्ञा देने का अवसर न मिले।" उन्होंने अपना अश्व आगे बढ़ाया और दद्दा तलवार ऊँची किए, छलाँगे भरते द्वारिका-द्वार की ओर दौड़े।

उन्होंने अपने कच्छी योद्धाओं को ललकारकर कहा, "भाइयो, यह प्राण और तलवार मुझे दो घड़ी को मिले हैं। इसी बीच हमें यह कलंक धो बहाना है। आगे बढ़ो, द्वार हमारा है" और इस कोमल भावुक तरुण के योद्धा प्राणों का मोह छोड़ छातियों की दीवार बनाकर द्वार पर अड़ गए। अमीर ने अपनी गति को अवरुद्ध देख द्वार पर उन्मत्त हाथी हूल दिए। पर दद्दा चौलुक्य की तलवार उनसे भी नहीं झुकी। लोथों पर लोथ पाटकर दद्दा ने दो घड़ी बीतते-न-बीतते द्वार पर अधिकार कर लिया। द्वार बन्द होने पर वह घूमे और भीतर घुस आए शत्रुओं को गाजर-मूली की भाँति काटने लगे। दद्दा पर जो रणरंग चढ़ा, उसके प्रभाव से शत्रु आतंक से भयाक्रान्त हो पटापट गिरने लगे। एक बार फिर भीषण नाद हुआ—"हर-हर महादेव!"

समर्पित तलवार

इसी समय जूनागढ़-द्वार पर तुमुल कोलाहल हुआ। महाराज महासेनापति का ध्यान उधर गया। मामला गम्भीर होता जा रहा था। कमा लाखाणी की तनिक भी आन न मानकर, शत्रु कोट में घुस आए थे। हज़ारों कछुए धातु की बड़ी-बड़ी ढालों में सिर छिपाए, निसैनियाँ पीठ पर लादे तैरते हुए कोट तक आ रहे थे। पीछे बलूची घुड़सवार उनपर बाणों की छांह कर रहे थे। उनकी अगल-बगल अमीर के हाथी दीवार बनाकर चल रहे थे। देखते-ही-देखते सैकड़ों सीढ़ियाँ कोट पर लग गईं और जीवट के तुर्क लम्बी-लम्बी दाढ़ी के बीच बड़ी-बड़ी तलवारों को दाँतों में पकड़ सीढ़ियों पर चढ़ने लगे। कोट के राजपूतों ने ऊपर से तीर, पत्थर और गर्म तेल उलीचना आरम्भ किया। वृद्ध कमा लाखाणी अकथ पराक्रम दिखा रहे थे। उनके पाँच हज़ार तलवार और बर्छे के धनी योद्धाओं की लोथों से कोट और तट पट गया था। अब उनकी आशा अपने जहाज़ों पर थी जो तेज़ी से बढ़े चले आ रहे थे। जहाज़ों के बीच में तीन सौ नावें थीं जिनमें से प्रत्येक पर इक्कीस-इक्कीस धनुर्धारी थे। मार के भीतर जाते ही जहाज़ों और नौकाओं से बाण-वर्षा होने लगी। नौकाएँ आगे बढ़कर अमीर के तैरते हुए हाथी-घोड़ों और पदातिकों का कचूमर निकालने लगीं। इस पर अमीर ने अपने सम्पूर्ण मस्त हाथियों को कोट में ठेल दिया। घुड़सवार बलूची भी पानी में पैठ गए। इस काली बला से उलझ-उलझकर नावें उलटने लगीं। अमीर ने जहाज़ों में आग लगाने को अग्नि-बाण छोड़ने आरम्भ किए।

अब मुख्य युद्ध जल में हो रहा था। देखते-ही-देखते एक जहाज में आग लग गई। शीघ्र ही वह जहाज़ धांय-धांय करके जलने लगा। इसी समय वीरवर दद्दा चौलुक्य ने द्वारिका-दुर्ग को अधिकृत किया। द्वारिका के दुर्ग से हर-हर महादेव का निनाद ऊँचा हुआ और खाई में आग की लपटों को लहराता देख, शत्रुओं ने हर्ष से उल्लसित हो अल्लाहो-अकबर का नाद किया। हर्ष और भय दोनों के नाद आपस में टकरा गए।

महाराज महासेनापति भीमदेव मुग्ध नेत्रों से दद्दा का असह विक्रम देख रहे थे। इस दुर्धर्ष कोलाहल से उनका ध्यान जूनागढ़-द्वार की तरफ गया। वे अश्व को और ऊँचाई पर ले जाकर वहाँ की गतिविधि ध्यान से देखने लगे। देखते-देखते उनकी भृकुटी में बल पड़ गए। उन्होंने इधर-उधर चिन्ता-ग्रस्त नेत्रों से देखा। इसी समय रक्त से सराबोर, अंग से झर-झर खून झरते हुए दद्दा हांफते हुए आए और अपनी तलवार महाराज महासेनापति के सम्मुख बढ़ाते हुए उन्होंने वीर-दर्प से कहा, "अपने पाप का प्रायश्चित्त और अपराध का परिहार मैंने कर लिया है, महासेनापति, देखिए वह द्वार अब हमारे अधिकार में है, दो घड़ी पूरी हुईं। अब महाराज, यह मेरी तलवार और यह मेरा प्राण।" महाराज भीमदेव ने तुरन्त घोड़े से कूदकर दद्दा को छाती से

लगा लिया। प्रेम के आँसू बहाते हुए उन्होंने कहा, "चौलुक्य, क्षत्रिय धर्म बड़ा कठोर है! अभी यह तलवार अपने वीर हाथों में मज़बूती से पकड़े रहो। उधर देखो, जूनागढ़-द्वार पर दबाव बढ़ रहा है। कमा लाखाणी संकट में हैं, जाओ वीर, यह मेरा अश्व है, अपना जौहर दिखाओ, जिससे चौलुक्यों का रक्त उज्ज्वल हो।"

चौलुक्य ने तलवार मस्तक से लगाई। महाराज महासेनापति ने रकाब थामकर वीर को अपने अश्व पर चढ़ाया और रक्त की होली खेलने में मस्त तरुण चौलुक्य, अपने शूरों को ललकारता हुआ जूनागढ़-द्वार पर लपका।

उसके साथ अब केवल पाँच सौ ही योद्धा थे। सभी के अंग लोहू से रंग चुके थे। पर यह आन पर खेलने की बात थी। बात की ही तो बात है। इन वीरों ने शत्रुओं के छक्के छुड़ा दिए। वीर चौलुक्य शत्रुओं में धँसे चले गए। उनके चुने हुए वीरों से उन्हें चारों ओर से घेरकर वह मार मारी कि आतंक छा गया। पर इसी समय अमीर के बलूची दैत्य लम्बी-लम्बी खमदार तलवार ले-लेकर दद्दा के छोटे-से दल पर टूट पड़े। कमा उनकी मदद नहीं कर सकते थे। वे अपने जहाज़ों की सुरक्षा में व्यस्त थे। महाराज महासेनापति ने देखा तो क्रोध से थर-थर काँपते हुए महाराज भीमदेव पाँव-प्यादे ही तलवार हाथ में ले दौड़ चले। यह देख बालुकाराय ने दौड़कर उन्हें अपना अश्व दे दिया। महाराज चौलुक्य के पीछे शत्रुओं में धँसते ही चले गए। उन्होंने किसी की आन नहीं मानी। विकट संकट देख बालुकाराय ने महाराज के हज़ारों शरीर-रक्षकों क़ो ललकारा। परन्तु इतने आदमियों के एक साथ बढ़ने की वहाँ गुंजाइश न थी। बढ़ती हुई सेना की प्रगति धीमी पड़ गई। उधर महाराज और दद्दा एकबारगी शत्रु के दबाव में पड़ गए। बालुकाराय चिन्ता से अधीर हो गए।

इसी समय एक अत्यन्त भयानक अघट घटना घटी। लड़ते-लड़ते एक बलिष्ठ तुर्क से दद्दा की भिड़न्त हो गई। तुर्क का एक पैर सीढ़ी पर था, दूसरा कोट पर। उसके एक हाथ में विकराल टेढ़ी तलवार थी, दूसरे से वह सीढ़ी थामे था। दद्दा ने लात मारकर उसे पीछे धकेलना चाहा। लात सीढ़ी में उलझ गई। सीढ़ी उलट गई, एक क्षण के लिए दोनों हवा में निराधार लटके और तुर्क के साथ दद्दा भी खाई में जा गिरे। उस स्थान पर खाई में तुर्क ही तुर्क दीख रहे थे। पानी में गिरकर, तुर्क दद्दा से भिड़ गए। दद्दा-जैसे सुकुमार तरुण का, जबकि वे पहले ही घायल हो चुके थे, इस भयानक मुठभेड़ में जुट जाना जीवट का ही काम था। सैकड़ों तलवारें उन पर पड़ रही थीं। और इसमें तनिक भी सन्देह न था कि दद्दा के टुकड़े-टुकड़े हो जाते। महाराज भीमदेव उस समय उनके निकट पहुँच चुके थे, पर उन्हें गिरने से बचा न सके। अब इस प्रकार इस वीर का निधन देखना भी उनके लिए सम्भव न था। महाराज भीमदेव हाथ में तलवार लिए घोड़े समेत ही खाई में कूद पड़े। भय और विस्मय से राजपूत हाहाकार कर उठे। चारों ओर कुहराम मच गया। महाराज महासेनापति भीमदेव को खाई में घोड़े-सहित कूदते हज़ारों आदमियों ने देखा। महाराज

का प्राण-संकट और ऐसा दुस्साहस देखकर ललकारते हुए सैकड़ों योद्धा सत्तर हाथ ऊपर कोट से मोट में कूद पड़े। ऊपर कोट पर अनगिनत योद्धा आ जुटे, और बाण-वर्षा करने लगे। महाराज भीमदेव तैरते हुए प्रबल पराक्रम से शत्रुओं का दलन करते हुए दद्दा के निकट आ पहुँचे और चौलुक्य से गुंथे हुए दैत्य का सिर काट लिया। दैत्य से मुक्त होकर चौलुक्य पास ही तैरते हुए एक घोड़े पर चढ़ गए। पल-पल में योद्धा कोट पर से मोट में कूद रहे थे। उस समय पानी में वह खंजर और तलवार चली कि मोट का जल लाल हो गया। उस पार से शत्रु टिड्डी दल की भाँति बढ़े चले आ रहे थे। महाराज और दद्दा पर हज़ारों तलवारें छा रही थीं। बाणों की बौछारों ने उन्हें ढांप लिया था।

बालुकाराय ने दद्दा को मोट में गिरते और महाराज को उनके पीछे छलांग मारते देखा। इस समय वे द्वारिका-द्वार पर मोर्चा ले रहे थे। वहाँ बड़े वेग का धंसारा हो रहा था तथा द्वार 'अब टूटा, अब टूटा' हो चला था। अब वे क्या करें? सोचने-विचारने का समय न था। संकट भारी था। बालुकाराय ने चरम साहस किया, अपने पाँच सहस्र सुरक्षित लाट योद्धाओं को ललकारा और द्वार खोल दिया। एक ओर हर-हर महादेव का नाद करते हुए लाट-योद्धा द्वार से शत्रुओं को धकेल कर अपने महाराज के प्राणों की रक्षा के लिए बाहर आ-आकर जल में कूदने लगे। दूसरी ओर तुर्क सवार अल्लाहो-अकबर कहते हुए, एक बार दुर्धर्ष वेग से फिर द्वार में धँस गए। बालुकाराय का सारा ध्यान महाराज पर था। और वे जल में कूदकर दोनों हाथों से तलवार चलाते हुए अपने योद्धाओं को बढ़े आने को ललकार रहे थे। और गुर्जर-योद्धा आकाश से टूटते नक्षत्रों की भाँति जल में कूद कर तलवार चला रहे थे। बड़ा ही दुर्घट समय था। अन्त में गुर्जर योद्धा महाराज के निकट पहुँच पाए। कठिन मार में उन्होंने महाराज और दद्दा का सैकड़ों घावों से भरा मूर्च्छित शरीर अपने कब्जे में किया और हाथों-हाथ लेकर द्वारिका-द्वार की ओर लौटे। पर इस बीच अरक्षित द्वार पर फिर तुर्कों ने अधिकार कर लिया था और उनके दल-बादल कोट में घुसे चल आ रहे थे। मकवाणा ने दूर से यह संकट-भरा दृश्य देखा। उन्होंने यह भी देखा कि महाराज, दद्दा और बालुकाराय तीनों की खैर नहीं है। उनका कोट में प्रविष्ट होना तथा जीवित रहना कठिन है। वह दुर्धर्ष वेग से अपने योद्धाओं को लेकर द्वारिका-द्वार पर दौड़े और लोहे की जीवित दीवार बनकर द्वार अड़ गए। एक बार शत्रु की गति फिर रुक गई। अब इस वीर ने प्रबल सामर्थ्य से शत्रु को चीरकर राह बनाई। बालुकाराय और महाराज को भीतर लिया तथा एक बार फिर द्वार को अधिकृत करने में सफल हुए। राजपूतों ने उमंग में भरकर तुमुल हर्षनाद किया—'हर-हर महादेव!'

विनाश का अग्रदूत

धूर्त और महान् रणपंडित अमीर समूचे युद्ध-क्षेत्र पर अपनी गृद्ध-दृष्टि दिए सैन्य-संचालन कर रहा था। अभी उसकी सेना का मुख्य भाग तथा वह स्वयं, खाई के उस पार ही था। इधर राजपूत सभी मोर्चों में दबाव में पड़ गए थे। राजपूतों के मोर्चे जर्जर और अरक्षित हो रहे थे, पर सबसे भयानक बात तो महासेनापति का मूर्च्छित हो जाना था। कुटिल और प्रत्येक मूल्य पर विजय, केवल विजय ही प्राप्त करने का हौसला मन में रखने वाले अमीर को यह भास गया कि निर्णायक युद्ध का क्षण अब दूर नहीं है और उसने अविलम्ब अपनी योजना कार्यान्वित की।

फ़तह मुहम्मद और सिद्धेश्वर उसकी रकाब के साथ थे। उसने फ़तह मुहम्मद की ओर भेदभरी दृष्टि से देखा और अपनी दाढ़ी पर हाथ फेरते हुए कहा, "अय नेकबख़्त, यही वक्त है कि तू अपनी मुराद को पहुँच सकता है, क्या तू सबसे ज़बर्दस्त नाजुक मुहिम का सरदार बनकर इस बड़ी फ़तह का सेहरा अपने सिर पर बांधने को तैयार है?"

फ़तह मुहम्मद ने आगे बढ़कर अमीर की रकाब चूमी। उसने कहा, 'आलीजाह, मेरे खून की प्रत्येक बूंद सब-कुछ कर गुज़रने पर आमादा है। मैं ज़िन्दगी को एक तिनके के समान समझता हूँ, हुजूर हुक्म दें।" उसने तलवार सूंत ली।

"तो जा, सिर्फ दो सौ मर-मिटने वालों को छांट लें। यह गुसाईं तुझे राह दिखाएगा। अब से दो घड़ी के भीतर उस बुलन्द दरवाज़े की पौर पर गज़नी के सुलतान का इस्तकबाल कर। मैं खुदा का बन्दा महमूद, वही कहूँगा जो मुझे कहना चाहिए। और मैं कहता हूँ कि वह दरवाज़ा आज से फतह-दरवाज़ा कहलाएगा। यह ले वह तलवार, जिसने सोलह बार फ़तह का पानी पिया है, पाक परवर-दिगार और पैगम्बर इसे सत्रहवीं फतह तेरे हाथ से दे। जा, राह के हर रोड़े को रौंद डाल और अपनी राह साफ कर। तुझे इस तलवार के साथ वे सब हकूक मैंने दिए, जो अमीर महमूद को प्राप्त हैं। जा-जा, अलहम्दुलिल्लाह! राज़ की बात से तू अनजान नहीं।"

युवक ने तलवार को दोनों हाथों में लेकर चूमा। एक नज़र उसने अमीर के चुने हुए योद्धाओं पर डाली। दो-सौ जीवट के वीरों को अपने पीछे आने का संकेत कर, सिद्धेश्वर के अश्व की लगाम अपने घोड़े के चारजामे से बाँध, तलवार की नोंक उसकी छाती पर रखकर कहा, "चलो गुसाईं।"

सिद्धेश्वर इस दासी-पुत्र की स्पर्द्धा और दबंगता से कुढ़ गया। उसने घृणा से उसकी ओर देखा। फिर सुलतान से कुछ कहना चाहा। मगर सुलतान ने अपना रुख फेरकर पास खड़े मसऊद से कहा, "मसऊद, अब हमारी बारी है।" और ऐसा प्रतीत हुआ जैसे एकबारगी ही समूचा अचल हिमालय चल-विचल हो गया। ज्यों ही अमीर ने घोड़ा पानी में डाला, उसके साथ ही तीस हज़ार योद्धा पानी में पैठ गए।

अल्लाँहो-अकबर के तुमुल नाद से महालय प्रकम्पित हो गया। महालय के सभी मोर्चों पर जूझते हुए राजपूतों के हाथ एक क्षण को रुक गए। शत्रु दल नया बल पाकर विद्युत-गति से आगे बढ़ा।

फ़तह मुहम्मद अपनी छोसी-सी टुकड़ी को लिए द्रुत-गति से लश्कर के पीछे हटकर पापमोचन की ओर बढ़ा और कुछ ही क्षणों में सुरंग के द्वार पर आकर घोड़े से उतर पड़ा। सभी योद्धा घोड़ों से उतर पड़े। फतह मुहम्मद ने सिद्धेश्वर की पीठ में तलवार की नोंक छुआकर कहा, "आगे चलो गुसाईं"

परन्तु सिद्धेश्वर इस दासी-पुत्र का यह अपमानजनक व्यवहार न सह सका। उसने कहा, "क्या तेरे कहने से?"

परन्तु फतह मुहम्मद ने तर्क नहीं किया। फुर्ती से रस्सी उसकी कमर में डालकर उसके दोनों हाथ पीछे कसकर बाँध लिए। और दो तुर्क सैनिकों के हाथ में रस्सी थमाकर कहा, "इस आदमी को तनिक भी दरेग करते देखो, तो तुरन्त सिर उड़ा दो।" इसके बाद उसने मशाल जलवाई और सिद्धेश्वर को धकेलता हुआ सुरंग में घुस गया। उसके पीछे उन दो सौ दैत्यों की सेना भी। सिद्धेश्वर रस्सियों से जकड़ा हुआ, तलवार की नोंक से धकेला जाकर सुरंग में बदहवास की भाँति चलने लगा। विश्वासघात करने के पश्चाताप से उसका मन ग्लानि और दुख से भर गया। पर अब क्या हो सकता था। अपमान और क्रोधाग्नि की ज्वाला से जलता-भुनता, शोक और अनुताप में डूबता-उतराता, तलवार की नोंक से धकेला जाता हुआ वह विश्वासघाती ब्रह्म-राक्षस विनाश की उस अंधेरी सुरंग में राह दिखाता, मन-ही-मन अछता-पछताता, बढ़ा चला जा रहा था।

निर्णायक क्षण

डंका बजाते और नरसिंहा फूंकते हुए, प्रधान तुर्क सेनापति मसऊद हाथियों पर पुल बनाने की सामग्री लेकर खाई में घुसा। दो सौ हाथियों पर मोटी-मोटी लोहे की जंजीरें, भारी-भारी रस्से, छोटे-बड़े तख्ते और पुल बनाने की आवश्यक सामग्री थी। हाथियों की आड़ लेकर हज़ारों बढ़ई अपने-अपने औजार पीठ पर बाँध, बड़ी-बड़ी लोहे की ढालों के नीचे सिर छिपाए चल रहे थे। उनके पीछे अपने बलूची घुड़सवारों के बीच कसा हुआ अमीर हरी पगड़ी पर पन्ने का तुर्रा पहने, अपनी लाल दाढ़ी को फर्राता हुआ आगे बढ़ा। उसके पीछे बाणों का मेह बरसाते असंख्य योद्धा मशकों पर, हाथियों पर और घोड़ों पर तैरते ऐसे बढ़े चले आ रहे थे, जैसे भूमि पर ही हों।

अभी सूरज ढलने लगा था। उसकी तिरछी पीली किरणें अमीर की तलवारों में पीली चमक उत्पन्न कर रही थीं। सेना गगनभेदी 'अल्लाहो-अकबर' के नारे बुलन्द

करती हुई बरसाती नदी के प्रवाह की भाँति बढ़ी चली आ रही थी। मृत्यु और विपत्तियों को खेल समझने के अभ्यस्त पार्वत्य-प्रदेश के ये बर्बर तुर्किस्तानी सैनिक किसी भी बाधा को बाधा न समझ, दुर्धर्ष तेज से दौड़ते चले आ रहे थे। उनके आगे विजयी महमूद था, जिसे अपनी सतर्कता, साहस, योजना और युद्ध-नेतृत्व पर पूरा भरोसा था।

सिंहद्वार पर जूनागढ़ के राव की चौकी थी। वे अपने दस हज़ार सैनिकों के साथ इस आती हुई विपत्ति का सामना करने को अग्रसर हुए। अभी तक युद्ध में इनका मोर्चा अक्षुण्ण बचा था। उन्होंने झटपट दूसरे मोर्चों पर सावधानी से रहने के सन्देश भेजे और कठिन युद्ध के लिए तैयार हो गए। संकट के क्षण को उन्होंने समझ लिया था। क्षण-क्षण में अन्य मोर्चों के समाचार उन्हें मिल रहे थे। आधे दिन से भी अधिक काल तक जो उनके नेत्रों के सम्मुख खून की होली खेली गई थी, उसे देखते हुए भी वे अब तक अचल-अभंग रहे थे। अब उनकी बारी आ गई थी। सोरठी योद्धाओं ने तलवार खींच ली। राव ने सैनिकों को सम्बोधन करके कहा, "भाया, यह जीवन का अमर साखा है। याद रखना, जहाँ तुम्हारे पैर हैं, वहाँ से आगे तुम्हारे जीते-जी शत्रु के पाँव इस देवधाम को अपवित्र न करने पाएँ।"

सोरठी योद्धा गरज उठे और अब उन्होंने एकबारगी ही कोट से बाणों का मेह बरसाना शुरू किया। देखते-ही-देखते मध्य द्वार के सम्मुख शत्रु उतरने लगे। वे तीरों से बिंध-बिंधकर घायल चीत्कार कर और घूम-घूमकर गिरने लगे। परन्तु उनके चीत्कार 'अल्लाहो-अकबर' और 'हर-हर महादेव' के घोर नाद में व्याप्त होने लगे। मरे हुए सैनिकों का स्थान दूसरे सैनिक तुरन्त लेते। एक घोड़ा गिरता तो दूसरा घोड़ा आता। मुर्दों से खाईं पट गई। पर मुर्दों और अधमरों को पैरों से रुंधते हुए दूसरे बर्बर सैनिक धँसे ही चले आ रहे थे। अब पुल बनाने वाले इस तट पर आकर पुल के रस्से कोट की दीवारों में जमाने का प्रयत्न कर रहे थे। उन पर ऊपर से बड़े-बड़े पत्थर लुढ़काए जा रहे थे। सिंहद्वार पर शत्रुओं के दल-बादल एकत्र हो रहे थे। यह देखकर राव ने अपने हज़ारों योद्धाओं को बड़े-बड़े पत्थरों से द्वार को भीतर से पाट देने का आदेश दिया था। बड़े-बड़े पत्थर इधर- उधर के मकानों, मन्दिरों और चबूतरों से उखाड़-उखाड़कर द्वार पर ढेर किए जा रहे थे। खाई में मरे हुए तुर्कों के तीरों से कोट पर के राजपूत विद्ध हो-होकर खाई में गिर रहे थे। इधर भारी-भारी पत्थरों से चटनी होकर महमूद के योद्धा मर रहे थे।

परन्तु आज जैसे प्राणों का किसी को मोह नहीं रहा था। खाई और खाई के बाहर मुर्दों का टीला लग रहा था, फिर भी शत्रु-दल टिड्डी-दल की भाँति बढ़ता ही आ रहा था।

अब द्वार पर हाथियों की टक्कर लगने लगी। आठ मस्त हाथी सूंड से भारी-भारी शहतीर ले द्वार को ठेलने लगे। उनके कंधे पर बैठे महावत निर्दयता से उनके कान

की जड़ में अंकुश बींध रहे थे। और हाथी चिंघाड़ते हुए बड़े-बड़े शहतीरों से सिंहद्वार के लौह-जटित फाटक पर आघात कर रहे थे।

उधर पुल भी खाई पर फैल गया। और इधर-उधर तैरते हुए योद्धा उसपर चढ़कर दौड़ने लगे। अब ऊपर से उनपर खौलता हुआ तेल और जलती हुई लकड़ियाँ फेंकी जाने लगीं। बड़े-बड़े लकड़ी के कुन्दों में तेल और गन्धक से तर कपड़ा लपेटकर आग लगाकर उन्हें हाथियों पर फेंका गया। गन्धक की गन्ध से घबराकर हाथी चिंघाड़ते हुए, पीछे हटकर खाई में जा गिरे। इसी समय शत्रुओं ने सिंहद्वार में आग लगा दी।

कोट में भय की लहर व्याप गई। इसी क्षण कोट के अन्तरायण से एक वज्रनिनाद सुन पड़ा, ''अल्लाहो-अकबर!'' राजपूत योद्धा आश्चर्यचकित हो भीतर की ओर देखने लगे। जो कुछ देखा, उसे देख वे भय से चिल्ला उठे। न जाने कहाँ से कैसे धरती फोड़कर अन्तरायण में शत्रु घुस आए थे। कोई कुछ न समझ सका।

महता की दृष्टि

दामोदर महता युद्ध नहीं कर रहे थे, परन्तु वे सारे ही मोर्चों पर बारीक दृष्टि रख रहे थे, किन्तु उनके मस्तिष्क को आनन्द का एकाएक गायब हो जाना ही मथ रहा था। यद्यपि इसका स्पष्ट कारण वे नहीं समझ पाए थे, परन्तु यह वे निश्चित रूप से समझ गए थे, कि वह शत्रु का बन्दी हो गया है। यह भी उनके जानने से शेष न रह गया था कि रुद्रभद्र शत्रु को सहायता दे रहा है। परन्तु कैसी? यह वे भी न समझ पाए थे। फिर भी किसी अतर्कित और अकल्पित भयानक घटना की वे प्रतीक्षा कर रहे थे; परन्तु वह क्या हो सकती है, नहीं समझ पा रहे थे। एक बात और थी, आनन्द के साथ सिद्धेश्वर भी गायब था। आखिर ये दोनों कहाँ गए? क्या सिद्धेश्वर भी बन्दी है! तब तो बात ही दूसरी हो जाती है, यही उलझन थी जिसे दामो महता इस समय नहीं सुलझा सके थे।

गत रात से इस क्षण तक उन्होंने पीठ नहीं खोली थी। सारे आक्रमणों की स्थिति पर उन्होंने दृष्टि रक्खी थी। और अब इस क्षण संकट के लक्षण वे प्रत्यक्ष देख रहे थे। उन्हें अपना निर्णय करने में देर नहीं लगी। ज्योंही उन्होंने जहाज में आग लगी देखी, वे शेष दो जहाज़ों को कौशल से बचाकर खाड़ी के एक सुरक्षित स्थान में ले गए। नौकाओं के धुनर्धरों को शत्रुओं पर बाण-वर्षा करते हुए पीछे हटकर जहाँ तक सम्भव हो सुरक्षित रहने के उन्होंने आदेश दिए। कमा लाखाणी को योजना का सारा रूप समझा दिया। उनका ख्याल था कि शत्रु का ध्यान शीघ्र ही जूनागढ़-द्वार से हट जाएगा। और वह सिंह-द्वार पर ही मुख्य आक्रमण करेगा। वही हुआ भी।

दामो महता की इस योजना और कौशल को शत्रु ने नहीं समझा। इधर से निवृत्त हो उन्होंने द्वारिका-द्वार की गम्भीर स्थिति पर विचार किया। द्वार की स्थिति बहुत ही खराब हो गई थी—परन्तु इस समय बड़े-बड़े पत्थरों और मलबे के पहाड़ से वह पट चुका था। तथा अमीर के सिंहद्वार पर धंसारा करते ही वहाँ भी दबाव कम पड़ गया था। यद्यपि इस समय वह द्वार एक प्रकार से अरक्षित ही था और कोई भी सेनापति वहाँ न था, परन्तु अब उसके लिए और कुछ किया भी नहीं जा सकता था। दलपति और नायक जो कुछ कर सकते थे, कर रहे थे।

जिस समय वह भयानक घटना घटी—चौलुक्य खाई में गिरे और महाराज भी मोट में कूदे—उस समय दामो वहाँ से काफी फासले पर गणपति-मन्दिर के इधर-उधर गहरी चिन्ता में सोचते-विचारते चक्कर लगा रहे थे। इधर शत्रु थे ही नहीं। अपितु यह भाग एक प्रकार से शून्य हो रहा था। त्रिपुरसुन्दरी के बाहरी मैदान में रुद्रभद्र और उसके पाखण्डी सङ्गी साथी धूनियां तप रहे थे। जैसे इनके लिए यह महा-विपद् काल कोई मूल्य ही नहीं रखता था। इन धूर्तों को इस प्रकार निश्चिन्त देख, दामो महता को अब इस बात में तनिक भी सन्देह नहीं रह गया था, कि ये लोग अवश्य ही किसी गहरी अभिसन्धि में लिप्त हैं। रुद्रभद्र के ऊपर उनकी तीव्र दृष्टि थी। यद्यपि वे उसकी दृष्टि से सर्वथा बचे हुए थे। उनके दूत क्षण-क्षण पर इधर-उधर के समाचार ला और उनके आदेश ले जा रहे थे। वे प्रत्येक क्षण किसी अप्रत्याशित घटना की प्रतीक्षा कर रहे थे, कि इसी क्षण महाराज महासेनापति के मोट में छलांग मारने से हुए तुमुल नाद ने उनका ध्यान उधर खींचा। और वे घोड़ा दौड़ाते उधर दौड़ पड़े। हवा में उछलते महाराज के अश्व की एक झलक उन्होंने देखी थी। वे जब तक मोर्चे पर पहुँचें, बालुकाराय साहस का परिचय दे चुके थे। उन्होंने द्वार खोल दिया था और उनकी विकटवाहिनी द्वार के बाहर जा रही थी। कोट से योद्धा तलवार ऊँची किए दबादब मोट में महासेनापति के चारों ओर कूद रहे थे।

दामो महता ने कोट के कंगूरे पर चढ़कर इस विकट युद्ध को देखा। उनके देखते-देखते ही महाराज और दद्दा का मूर्च्छित क्षत-विक्षत शरीर बालुकाराय ने अधिकृत करके कोट की ओर मुँह मोड़ा। यद्यपि उन पर महान् संकट था, परन्तु दामो महता उसे देखने रुके नहीं।

वे पीछे लौटे। वे जूनागढ़-द्वार के निकट तक आ गए। यहाँ अब, मरे और अधमरे शत्रु-मित्रों के ढेर पड़े थे। युद्ध का दबाव यहाँ बहुत कम हो गया था। कमा लाखाणी बहुत घायल हो गए थे, पर वे बराबर मोर्चे पर डटे हुए थे। दामों ने उनके निकट पहुँचकर कहा, "वीरवर, जितने धनुर्धर योद्धा सम्भव हों, मोर्चे के पीछे जहाज़ पर भेजना प्रारम्भ कर दो!" लाखाणी ने मर्मभेदी दृष्टि से महता को देखकर कहा,

"जैसी भगवान् सोमनाथ की इच्छा। महता, महासेनापति को मेरा जुहार कहना।"

दोनों वीर पुरुषों ने गीली आँखों से एक-दूसरे को देखा, और अपने-अपने काम में लगे। महता अब सिंहद्वार की ओर फिरे। यहाँ भारी घमासान युद्ध हो रहा था। धीर-वीर जूनागढ़ के राव बढ़-बढ़कर हाथ मार रहे थे। महता को देखकर उन्होंने चिल्लाकर कहा, "महता, महाराज का ध्यान रख भाया!"

"महाराज के साथ बालुकाराय हैं अन्नदाता, उनकी चिन्ता न करें। यह भारी लोहा लेना तो आप ही का भाग है।"

"महता, तुम भी जाओ, यहाँ तो मैं ही बहुत हूँ। आज म्लेच्छ से दिल खोलकर दो-दो हाथ करूंगा। अभी तो वह दूर है, वह हरी पगड़ी देखते हो न?" राव ने हँस कर तलवार की नोक उधर उठाई।

"हाँ, बापू देख रहा हूँ। आप देवासुर-संग्राम कर रहे हैं। महाराज के लिए आपका कोई सन्देश है बापू?"

"वे जिएं, म्लेच्छ का सत्यानाश देखने के लिए, और यह आज यदि मेरे हाथ से ज़िन्दा बच निकले तो अपने हाथ से इस धर्मद्रोही का शिरच्छेदन करें। भाया, मेरा यही सन्देश है। और सब को प्यार।"

राव उधर से मुँह फेरकर युद्ध में लग गए, जैसे महता का माया-मोह सभी वे भूल गए।

इस समय अमीर के सैनिक बड़ी-बड़ी जंज़ीरों से पुल को, सिंह-द्वार के प्रस्तर-स्तम्भों में अटका रहे थे। राव ने अपने योद्धाओं को ललकारा, "अरे, हमारे रहते यह क्या हो रहा है, वीरों, कूद पड़ो और पुल को तोड़ दो।" हज़ारों योद्धा कोट में कूद पड़े। ऊपर से जलते हुए तेल और भारी-भारी पत्थरों की बौछार की भरमार हो गई। अमीर के योद्धा पुल पर चढ़ आए, दोनों पक्षों ने बाणों से आकाश को पाट दिया। कच्छी योद्धा बड़ी-बड़ी रेतियाँ लेकर जंज़ीरों से चिमट कर जंज़ीरों को काटने लगे। ऊपर तलवारों के वार हो रहे थे, और वे अपनी कसी हुई मुट्ठी में रेतियाँ लिए लुढ़क रहे थे।

पुल पर हज़ारों मनुष्य, और पदातिक चढ़ गए थे। उस पर बोझ बहुत पड़ गया था। इसी समय तड़तड़ा कर जंज़ीरें टूट गईं। उधर पुल में आग लग गई। पुल टूट गया। राजपूत हर्ष से चिल्ला उठे, "हर-हर महादेव!"

परन्तु इसी क्षण अन्तर्कोट के भीतर से दिल को थर्रा देनेवाला निनाद उठा, "अल्लाहो-अकबर!" क्षण-भर के लिए राजपूत योद्धा थम गए। दामोदर जो मुग्ध होकर सोरठ के राव का पराक्रम निहार रहे थे, अब तलवार ऊँची करके अन्तर्कोट की ओर दौड़ पड़े।

दो तलवारें

न जाने किस अचिन्त्य विधि से संकटेश्वर की बावड़ी का जल एकाएक सूख गया। बावड़ी में कीचड़-ही-कीचड़ रह गया। उसी कीचड़ में से प्रथम एक, फिर दूसरा इसके बाद तीसरा, इस प्रकार एक के बाद एक अनगिनत सिर निकलने लगे—मानो दैत्य पाताल फोड़कर जन्म ले रहे हों। सबसे आगे रस्सों से बंधा सिद्धेश्वर था, और उसके पीछे नंगी तलवार हाथ में लिए फतह मुहम्मद। उसके पीछे अन्य तुर्क योद्धा। उनके विकराल शरीर कीचड़ और गन्दगी में लथपथ, वीभत्स भयानक प्रेतों के समान दीख रहे थे।

भूमि पर पैर रखते ही बिना एक क्षण का विलम्ब किए फतह मुहम्मद ने तलवार का एक भरपूर हाथ सिद्धेश्वर की गर्दन पर मारा। उसका सिर भुट्टे के समान कटकर दूर जा गिरा। उसे सांस लेने का भी अवसर नहीं मिला। फतह मुहम्मद ने तलवार ऊँची करके कहा, "यह हमारी पहली किस्त है।" उसकी तड़पती हुई लाश को वहीं छोड़ वे सब प्रेत-मूर्तियाँ वृक्षों और दीवारों की आड़ में निःशब्द गणपति-मन्दिर की ओर बढ़ीं। गणपति-मन्दिर के प्रांगण को बगल में छोड़, वे सब चुपचाप महाकाल भैरव के विशाल चौक तक आ गईं। युद्ध का शोर यहाँ तक सुनाई पड़ रहा था, परन्तु युद्ध का यहाँ और कुछ भी प्रभाव न था। सामने ही रुद्रभद्र और उसके सैकड़ों वामाचारी चेले-चांटे और कलमुंहे लोग सहस्राग्नि-सन्निधान तप रहे थे। जहाँ तक दृष्टि जाती थी, धूनियां धधक रही थीं, उनमें बड़े-बड़े लक्कड़ जल रहे थे। सबके बीच में दैत्याकार रुद्रभद्र का काजल-सा काला शरीर अचल स्थिर आसीन था।

फतह मुहम्मद बाज़ की भाँति इन पाखण्डियों पर टूट पड़ा। देखते-ही-देखते उसके बर्बर तुर्क-सैनिक उन पाखण्डी तपस्वियों को गाजर-मूली की भाँति काटने और धूनियों में झोंकने लगे। बाबा लोगों में भगदड़ मच गई। सब कलमुँहे, अघोरी वामाचारी अपनी-अपनी धूनी छोड़ जान ले-लेकर इधर-उधर, जहाँ जिसका सींग समाया, भाग निकले। पर फतह मुहम्मद ने ललकार कर कहा, "देखना, एक आदमी भी इन शैतानों में से जिन्दा यहाँ से न निकलने पाए।" कद्दावर तुर्क उन पर पिल पड़े और देखते-ही-देखते उन सबके टुकड़े कर डाले।

रुद्रभद्र की सारी सिद्धियाँ और दिव्य शक्तियाँ हवा हो गईं। वह सूक्तों के पाठ भूल गया। और भय से डरता, काँपता, गिड़गिड़ाता हुआ फतह मुहम्मद के पैरों पर गिरकर कहने लगा, "अरे देवस्वामी, मुझे पहिचान, मैं अमीर का दोस्त हूँ, अमीर का दोस्त। तू तुझे अमीर के पास ले चल, वह तुझसे प्रसन्न होगा। उसका मुझसे कौल-करार हो चुका है, मैं अमीर का दोस्त..."

"तो ले, यह अमीर की तलवार है, इसका पानी पी!" उसने तलवार का एक भरपूर हाथ मारा और उस दैत्य का सिर भूमि पर लुढ़कने लगा। काजल के ढेर के

समान उसके शरीर से खून की नदी बह चली। फतह मुहम्मद ने खून टपकाती हुई तलवार हवा में घुमाते हुए कहा, "बहादुरो, यह दूसरी किस्त है। आओ, अब अमीर नामदार का इस्तकबाल करने हम फतह दरवाज़े की ओर बढ़ें। याद रखो, हमारा एक-एक पल कीमती है, हमें सिर्फ दो घड़ी का वक्त है।"

और वे अल्लाहो-अकबर का सिंहनाद करते हुए सिंहद्वार की ओर बढ़े, जिसे फतह मुहम्मद ने अभी से फतह दरवाज़ा कहना प्रारम्भ कर दिया था। यह उस गहरे आत्मविश्वास का फल था जो मुस्लिम सत्ता की सफलता का मूल कारण था। वह अन्तर्कोट की ओर गली-कूचों को पार करता हुआ तेजी से बढ़ रहा था। राह में जो मिला, उसी के उसने दो टुकड़े कर दिए। वह मुख्य मन्दिर के परकोटे के द्वार पर पहुँचा, जहाँ कभी पहर-पहर पर चौघड़ियां बजती थीं, वहाँ इस समय सन्नाटा था। वह दीपस्तम्भों पर तिरस्कार की दृष्टि फेंकता हुआ सीढ़ी पर चढ़कर सभा-मण्डप में जा पहुँचा। जहाँ एक शूद्र के चरण कभी नहीं पहुँचे थे और जहाँ खड़े होकर देव-दर्शन करने की चेष्टा में एक बार उसे धक्के देकर निकाल दिया गया था। सभा-मण्डप के पास ही रत्न-मण्डप था और उसके मूल में वह गर्भगृह था, जहाँ भगवान भूतपावन महाकाल सोमनाथ का ज्योतिर्लिङ्ग था। कदाचित् वह इस समय अपना कर्तव्य भूलकर ज्योतिर्लिङ्ग के दर्शन करने की इच्छा से रत्न-मण्डप की ओर बढ़ा। उसने सोचा, एक बार उस पत्थर के देवता को देखूँ तो, जिसे देखने का अधिकार सिर्फ इन ब्राह्मणों को ही है।

परन्तु उसकी गति रुक गई। रत्न-मण्डप के द्वार पर नंगी तलवार हाथ में लिए अचल भाव से दामोदर महता निर्भय खड़े थे।

दोनों तलवारें ऊँची हुईं और भिड़ गईं। बर्बर तुर्क अल्लाहो-अकबर का निनाद करते हुए तलवारें ले-लेकर दामोदर पर टूटे। वहाँ इस समय एक चिड़िया का पूत भी न था। दामोदर ने दो सीढ़ियाँ उतरकर मुस्कराते हुए कहा, "देवस्वामी, इस तलवार को पहचानते हो?"

फतह मुहम्मद सहम कर दो कदम पीछे हट गया। उसके योद्धा भी किसी जादू से जड़ हो गए। जिसकी तलवार जहां थी, वहीं रही। फतह मुहम्मद ने अदब से सिर झुकाकर कहा, "पहचान गया जनाब, लेकिन ऐसी ही तलवार यह मेरे पास भी है। आप भी पहचान लीजिए।"

दामोदर ने अपनी मुस्कान को और विस्तृत करके कहा, "ठीक है देव, तो ये दोनों तलवारें लड़ तो नहीं सकतीं?"

"जी नहीं।"

"और जिसके हाथ में यह तलवार है, उसके साथ तुम कैसा सलूक करोगे?"

"जी, जहाँ तक तलवार का सवाल है, मुझे भी हक हासिल है कि मैं उससे बराबरी का सलूक करूँ। क्योंकि ऐसी ही दूसरी तलवार मेरे पास भी है। मगर आप

बुजुर्ग और मुरब्बी हैं, मेरा फर्ज़ है कि मैं आपकी इज़्ज़त करूँ। मैं अमीर का हुक्म ज़रूर बजा लाऊंगा, मगर अमीर नामदार के बाद मुझपर आपका हुक्म बजा लाना फर्ज़ हो जाता है।''

''और यदि ऐसा करने में तुम्हें खतरा उठाना पड़े?''

''तो क्या हर्ज है, खतरे के डर से फतह मुहम्मद क्या फर्ज को तर्क करेगा?''

''शाबाश बहादुर, तो क्या अमीर ने तुम्हें रत्न-मण्डप तक आने का हुक्म दिया है?''

''नहीं जनाब।''

''तो मित्र, अमीर का हुक्म बजा जाओ। अभी यहाँ मेरी चौकी है। यहाँ आने की वह आदमी हिम्मत करे जिसे इस तलवार की वह आन न हो।''

फतह मुहम्मद ने एक बार दामोदर को सिर झुकाकर प्रणाम किया और चुपचाप पीछे लौट चला।

छत्र-भंग

द्वारिका-द्वार को पार कर जो तुर्कों के दल-बादल कोट में घुस आए थे, वे प्राचीरों पर चढ़कर बुर्जों पर दखल करने लगे। कमा लाखाणी की तनिक-भी आन न मानकर अमीर के कछुए इस पार आ रहे थे और नसैनी लगा-लगाकर कोट पर चढ़ रहे थे। जो कोट पर पहुँच चुके थे, वे एक हाथ से तलवार चला रहे थे, दूसरे से आने वालों को सहायता दे रहे थे। लड़ाई चौमुखी हो रही थी। लाशों से जल-थल पट गए थे।

सिंहद्वार पर जूनागढ़ के राव अपने काठियावाड़ी योद्धाओं की अडिग दीवार बनाए लोथों का पहाड़ बना रहे थे। बड़े-बड़े कद्दावर तुर्क अपनी दाढ़ी दाँतों में भींच दुहरी तलवार फेंक रहे थे। उधर बलोची सवारों के दस्ते गहरा धंसारा कर रहे थे। द्वार की बहुत ही दुर्दशा हो चुकी थी और अब वह किसी भी क्षण गिर सकता था। ऊपर-नीचे चारों ओर हज़ारों तलवारें छा रही थीं। नीचे चींटियों की कतार की भाँति हठी तुर्क योद्धा पल-पल पर बढ़े आ रहे थे। राजपूत उन्हें पीछे धकेल रहे थे। वृद्ध राव नवधन शत्रुओं से गस गए थे। उन्होंने आँख उठाकर चारों ओर देखा, मन में समझा, आज ही प्रलय का क्षण उपस्थित हो गया प्रतीत होता है। गुर्जर योद्धा असीम पराक्रम दिखाने लगे। अब बाण, तलवार, गदा और कुश्ती का हाथों-हाथ युद्ध हो रहा था। मध्य एशिया के प्रचण्ड योद्धाओं की अजेय सेना लिए अमीर, सिंहद्वार पर तलवार ऊँची किए खड़ा था। राव ने अमीर को देखा, उन्होंने सोचा, क्यों न दो-दो हाथ इस गज़नी के दैत्य से कर लिए जाएँ। फिर कैलास-वास तो होना ही है। उन्होंने

तलवार सम्भाली और अमीर को ललकारते हुए कोट से कूदने को तैयार हुए। कच्छी योद्धा 'बापू-बापू' कर-करके दौड़ पड़े। परन्तु इसी समय अन्तरायण से अल्लाहो-अकबर का विकट नाद उठा, और मायामूर्ति की भाँति भीतर कोट से तुर्क योद्धा निकलकर पीछे से मार करने लगे। जब तक कि राजपूत संभलें कि फतह मुहम्मद ने उनके सिरों पर छलांग मारी और बिल्ली की भाँति उछलकर द्वार खोल दिया। नदी के प्रवाह की भांति शत्रु जय-निनाद करते हुए भीतर घुस चले।

राव ने देखा तो असंयत हो उधर दौड़ पड़े। परन्तु जैसे तिनका भंवर में पड़कर टुकड़े-टुकड़े हो जाता है, उसी प्रकार तिल-तिल कर वे खेत रहे।

राजपूतों में हाहाकार मच गया। अब युद्ध की कुछ व्यवस्था न रही। दो-दो चार-चार योद्धा दल बांधकर लड़ने लगे। चारों ओर पुकार मच गई, 'अन्तर्कोट! अन्तर्कोट!' और बचे-खुचे योद्धा सिमटकर अन्तर्कोट की ओर दौड़ चले। राहबाट सब लाशों में भर गए। मरते हुओं के आर्तनाद, योद्धाओं के चीत्कार और घोड़ों तथा हाथियों की चिल्लाहट से वातावरण अशांत हो उठा। फतह मुहम्मद ने अमीर की रक़ाब चूमकर अमीर का स्वागत किया। फिर वह उछलकर घोड़े पर चढ़ा, और अमीर के आगे-आगे तलवार की धार से राह बनाता चला। अमीर अपने विशाल काले घोड़े पर सवार अपनी अप्रतिहत वीर वाहिनी के दल-बादल लिए महालय की सिंह-पौर में धँसा।

धर्मानुशासन

रत्न-मण्डम की पौर पर दामोदर महता उसी प्रकार अचल-भाव से निस्पंद खड़े रहे। वे सोच रहे थे, दासी-पुत्र के शौर्य-पराक्रम, विनय और उच्चाशयता की बात। कुछ ही क्षणों में उन्हें प्रतीत हो गया कि सिंहद्वार का पतन हो गया और अमीर की सेना अन्तरायण में धँसी चली आ रही है। क्या करना चाहिए, इसका कुछ भी निर्णय वह कर्मठ राजपुरुष इस समय न कर सका। वह देख रहा था, आज उसी के नेत्रों के सम्मुख गुजरात के उस विश्रुत देव-स्थान के भंग होने का क्षण आ लगा। कैसे वह उसे देखे, कैसे वह उसे रोके? उसके हाथ में अमीर की दी हुई तलवार थी, क्या वह उसके नाम पर अमीर से याचना करे, उस अमीर से, जिसे उसने एक बार प्राण-दान दिया था। नहीं, नहीं। उसने वह तलवार म्यान में कर ली और गुर्जर तलवार सूंत ली। उस साहसी पुरुष ने इस पुण्य पर्व पर प्राणोत्सर्ग का निर्णय कर लिया। उसने अपने ही आपसे कहा, 'नहीं-नहीं, इस पौर पर मेरे रहते म्लेच्छ का पांव नहीं पड़ेगा।'

शोर और अल्लाहो-अकबर का नाद निकट आ रहा था। शस्त्रों की झनझनाहट और मरनेवालों के आर्तनाद बढ़ रहे थे। परन्तु इस स्थान पर एक भी पुरुष न था। सामने गर्द उड़ती आ रही थी। और कुछ ही क्षणों में शत्रु इस भूमि की रजकण को रक्त-रंजित करने आ पहुँचेंगे, यह वह जानता था।

दामो महता और एक पौर नीचे उतरे। इसी समय किसी ने पीछे से उन्हें छुआ। उलटकर देखा, तो गंग सर्वज्ञ। वही शान्त मुद्रा, वही अचल धैर्य। सर्वज्ञ ने करुण नेत्रों से गुजरात के मन्त्री को देखा और स्थिर स्वर से कहा, "आ पुत्र!"

उस वाचाल राजपुरुष के मुँह से एक शब्द भी न निकला। उसने आँखों में आँसू भरकर गंग की गम्भीर मुद्रा देखी और चुपचाप बालक की भाँति उनके पीछे-पीछे हो लिया। गर्भगृह में जाकर सर्वज्ञ ने गर्भगृह के द्वार बन्द कर लिए। फिर ज्योतिर्लिंग के ठीक पीछे जा एक गुप्त द्वार उन्होंने खोला और कुछ दूर तक अन्धकारपूर्ण सुरंग में चलकर एक छोटे कक्ष में जा पहुँचे।

कक्ष में महाराज भीमदेव और चौलुक्य के शरीर भूमि में पड़े थे। बालुकाराय शोक-संतप्त चुपचाप खड़े थे। नंगी तलवार उनके हाथ में थी, उनकी तलवार और शरीर पर लगा रक्त सूख गया था। पास ही में गंगा स्तब्ध-निश्चल खड़ी थी।

गंग ने शांत वाणी से कहा, "पुत्र, चौलुक्य तो कैलास-वासी हुए। परन्तु महाराज सेनापति केवल मूर्च्छित हैं। उनकी रक्षा का भार मैं तुम्हें सौंपता हूँ। पुत्र, गुजरात के गौरव की रक्षा करने को ही भीमदेव जीवित रहें, ऐसा ही देव आदेश है। अब समय कम और काम बहुत है, एक-एक क्षण मूल्यावान् है। आओ मेरे साथ!"—यह कहकर सर्वज्ञ ने अनायास ही महाराज भीमदेव का शरीर अपने बलिष्ठ हाथों से कन्धे पर उठा लिया।

बालुक ने बाधा देकर कहा, "गुरुदेव, यह क्या? यदि ऐसा ही है तो वह भार मुझे दीजिए।"

"नहीं पुत्र, तुम्हारी भुजाओं पर तलवार का भार है, वही रहे। यह मेरा धर्मानुशासन है, बाधा मत दो। अपनी तलवार ले सावधानी से मेरे पीछे आओ। फिर गंगा की ओर घूमकर कहा, "गंगा, अब तू?"

"जहाँ आपके श्रीचरण।"

"गंगा, जा, चौला को देख।"

"जिसे देखना मेरा व्रत है, उसे ही देखूँगी, इसके लिए मैंने महासेनापति का राज्यानुशासन भी नहीं माना, आपका धर्मानुशासन भी नहीं मानूँगी।"

"तो घड़ी भर यहीं ठहर, मैं अभी आता हूँ। तब चौलुक्य के शरीर की व्यवस्था करेंगे।"

गुरुदेव रुके नहीं। मूर्च्छित महाराज भीमदेव का अंग कंधे पर लादकर उस अंधेरी गुहा में बढ़ चले, पीछे नंगी तलवार हाथ में लिए दामोदर महता और बालुकाराय चले।

वे चलते चले गए। धीरे-धीरे अंधकार कम होने लगा और वे उन्मुक्त आकाश के नीचे आ खड़े हुए। सामने समुद्र हिलोरें ले रहा था। नौका तैयार थी। महाराज भीमदेव का शरीर नौका पर रख, उन्होंने बालुकाराय और महता को भी नौका पर चढ़ाकर कहा, "पुत्रो, आशीर्वाद देता हूँ। सुखी होओ। यह प्रवाहण खड़ा है, जितना शीघ्र हो, गंदावा दुर्ग पहुँच जाओ। महाराज की रक्षा करना। जाओ, तुम्हारा कल्याण हो।"

सर्वज्ञ एकबारगी ही पीछे लौटकर तेज़ी से उस अंध-गुहा में घुस गए। दोनों राजपुरुषों ने उन्हें हाथ जोड़कर प्रणाम किया और उनकी नाव प्रवाहण की ओर बह चली।

आत्म-यज्ञ

कक्ष में आकर सर्वज्ञ ने देखा, गंगा जल्दी-जल्दी चिता बनाने में जुटी है। उसने पास-पास दो चिताएँ बनाई थीं। वह फुर्ती से जलने योग्य जो सामान वहाँ जुटा सकती थी, जुटा रही थी। सर्वज्ञ ने देखा तो कहा, "यह क्या?"

"चौलुक्य के लिए अग्नि-रथ।"

"और दूसरी?—

"गंगा के लिए" वह हँस दी। परन्तु गंग रो दिए। उनका वीतराग हृदय जैसे बालक की भाँति अधीर हो गया। गंगा ने उनके अत्यन्त निकट आकर उनके वक्ष पर अपना सिर रखकर कहा, "आप भी रोते हैं?"

"गंगे, हिमालय की हिम धवल चट्टानें भी पिघलती हैं, परन्तु अब तो तुझे जाना ही होगा। आ, मैं तुझे विदा कर दूँ।" उन्होंने उसके मस्तक पर हाथ फेरा। और बड़ी देर तक उसे वक्ष से लगाए निस्पन्द खड़े रहे।

इसी समय उनके एक अन्तरंग शिष्य ने आकर कहा, "देव, अन्तर्कोट गिर गया, अब अन्तर्कोट पर शत्रु धावा कर रहे हैं। कुछ ही क्षण में वे रत्नमण्डप तक पहुँच जाएँगे।"

"एक क्षण ठहर पुत्र, तू जा, और कृष्णस्वामी से कह कि रत्न-कोष की समुचित सुरक्षा-व्यवस्था करें। गैं गंगा को मोक्ष देकर अभी आता हूँ।" शिष्य मस्तक नवाकर चला गया। सर्वज्ञ ने कहा, "आ गंगी।" उन्होंने अपने हाथ से उसका केश-विन्यास किया। अंग-प्रत्यंग चन्दन-चर्चित किया, फिर हाथ पकड़ कर चिता पर बैठाया, कुछ क्षण मौन रह, कम्पित वाणी से कहा, "जा कल्याणी, कैलासवासिनी हो।"

गंगा ने सर्वज्ञ की चरण-रज को मस्तक पर चढ़ाया, और आखें बन्द करके ध्यानस्थ बैठ गई। सर्वज्ञ ने घी और कपूर के बड़े-बड़े डले चिता पर रख अग्नि स्थापना कर दी।"

दोनों चिताएँ शीघ्र ही धधकने लगीं। धुआँ कक्ष में फैल गया। किन्तु वह दृश्य देखने सर्वज्ञ वहाँ रुके नहीं, तेज़ी से गर्भगृह की ओर लपक चले।

शत्रु रत्न-मण्डप में घुस आए थे। सबसे आगे अमीर महम्मूद था। उसकी हरी पगड़ी पर पन्ने का तुर्रा झलक रहा था। और लाल दाढ़ी हवा में फहरा रही थी। उसके हाथ में नंगी तलवार थी। उसके एक पार्श्व में एक भारी गुर्ज हाथ में लिए फतह मुहम्मद था, और दूसरे पार्श्व में श्वेत श्मश्रुधारी प्रसिद्ध अरबी विद्वान् अलबरूनी था। उसके हाथ में एक लम्बी तलवार थी।

अमीर ने संकेत से सबको आगे बढ़ने से रोक दिया। तीनों व्यक्ति आगे बढ़े। रत्न-मण्डप के मणिजटित खम्भों पर अस्तंगत सूर्य की रंगीन किरणें झिलमिला रही थीं। उस अप्रतिम मणिमय प्रासाद को देखकर अमीर आश्चर्य से जड़ हो गया। सहमते हुए, वह गर्भगृह में घुसा। उसने देखा घृत के दीपक अपनी पीली आभा और सुगन्ध बिखेर रहे थे। और नितान्त शान्त वातावरण में गंग सर्वज्ञ स्वर्ण-थाल हाथ में लिए देवाधिदेव सोमनाथ की आरती उतार रहे थे।

क्षण-भर अमीर भाव-विमोहित-सा मुग्ध खड़ा रहा। कुछ देर बाद उसने सतेज स्वर में कहा, "यहाँ कौन है?"

"मैं और मेरा देवता", गंग ने शान्त स्वर में कहा। फिर बिना ही अमीर की ओर मुँह फेरे उन्होंने कहा, "वत्स महमूद, कुछ क्षण ठहर जा।"

वे अपनी अर्चना सम्पन्न करने लगे, मानो कुछ हुआ ही न हो। महमूद और उसके दोनों साथी इस अप्रतिम देव और उस देव के सेवापुरुष को अनिमेष देखते खड़े रहे।

शीघ्र ही सर्वज्ञ ने अर्चना-विधि समाप्त की। भूमि में गिरकर देवता को प्रणाम किया। फिर बिलकुल ज्योतिर्लिंग से सटकर बैठ गए। बैठकर वैसी ही शान्त-स्निग्ध वाणी से उन्होंने कहा, "अब तू अपना काम कर महमूद।"

उन्होंने नेत्र बन्द कर लिए। देखते-ही-देखते उनका शरीर निस्पन्द हो गया। अमीर ने साथियों से दृष्टि-विनिमय किया। फिर वह फतह मुहम्मद के हाथ से गुर्ज लेकर आगे बढ़ा।

ज्योतिर्लिंग के निकट जाकर उसने कहा, "मैं खुदा का बन्दा महमूद वही कहूँगा जो मुझे कहना चाहिए। अय बुजुर्ग, दूर हट जा और बुत-शिकन को कुफ्र तोड़ने दे।"

परन्तु गंग सर्वज्ञ ने और भी ज्योतिर्लिंग को अपने अंक में लपेट लिया। उन्होंने आँख खोलकर करुण दृष्टि से महमूद की ओर देखा, और धीर स्वर से कहा, "पहले सेवक और पीछे देवता।"

उन्होंने ज्योतिर्लिंग पर अपना हिमधौत सिर रख दिया। अमीर ने गुर्ज का भरपूर वार किया। सर्वज्ञ का भेजा फट गया। और उनके गर्म रक्त से ज्योतिर्लिंग लाल

हो गया। उनके मुँह से ध्वनि निकली, "ओइम्", और प्राण-पखेरू ब्रह्मरन्ध्र को भेदकर उड़ गए। अमीर ने गुर्ज का दूसरा वार और फिर तीसरा वार किया। ज्योतिर्लिंग के तीन टुकड़े हो गए।

दूज का क्षीण चन्द्र आकाश में चढ़ रहा था। इधर-उधर तारे टिमटिमा रहे थे।

मग़रिब की नमाज़

रत्न मण्डप में आकर अमीर ने मगरिब की नमाज़ अदा करने को घुटने टेक दिए। सहस्रों नर-मुण्ड जो जहाँ थे झुक गए। हज़रत अलबरूनी ने अमीर के नाम का खुतबा पढ़ा। उन्होंने कहा, "गाज़ी अमीर महमूद शहंशाहे-गज़नी, जिनपर परमात्मा की असीम कृपा है और रहेगी, दुनिया में खुदा के प्रतिनिधि हैं।" इसके बाद उन्होंने महालय से कंगूरे पर चढ़कर बांग लगाई। "ला इलाइल्लिलाह—मुहम्मद रसूल अल्लाह।"

सबने 'आमीन! आमीन!' कहा। अमीर ने जलद गम्भीर स्वर में कहा, "मैं अमीर महमूद, खुदा का बन्दा वही कहूँगा जो मुझे कहना चाहिए। और वही करूँगा जो करना चाहिए। खुदा के हुक्म से कुफ्र तोड़ना सबसे बड़ा सवाब है। और मैं खुदा का बन्दा महमूद, धर्म की इस तलवार को कुफ्र तोड़ने के काम में लाता हूँ और आप सब सवाब के हिस्सेदार हैं।"

फिर सबने आमीन कहा। ज्योतिर्लिंग के रुद्राभिषेक के लिए जो गंगोत्री का पवित्र गंगाजल चांदी के घड़ों में गर्भगृह में भरा रखा था, उसी से उसने वजू किया और मग़रिब की नमाज़ अदा की—उसी रत्न-मण्डप में, जहाँ कभी देव-सान्निध्य में शत-सहस्र नेत्रों के सम्मुख रूपसी देवदासियां नृत्य-लास करती थीं। इसके बाद उसने रत्न-मण्डप की पौर में कुर्बानी की। फतह मुहम्मद ने महालय के शिखर पर चढ़ गगनचुम्बी भगवाध्वज भंग कर महमूद का हरा झण्डा फहरा दिया।

इस प्रकार अपने लाशरीक खुदा को प्रसन्न कर, उसके प्रति अपनी कृतज्ञता जता, वह अपने अश्व पर सवार हुआ। उसने महालय और देवपट्टन में अपनी आन फेरी, युद्ध बंद करने का आदेश दिया। आदेश न मानने वालों को कैद करने या कत्ल करने का हुक्म दिया। सब प्रमुख नाकों, आगारों, महालयों पर पहरे-चौकी का प्रबन्ध किया। और सिंह-द्वार के फाटक उखाड़कर उन्हें साथ ले, सब ओर से निश्चिंत होकर वह तुरही, नफीरी, शहनाई और नक्कारे बजाता हुआ, जिहाद का हरा विजयी झण्डा फहराता अपनी छावनी में लौटा। जब उसने घोड़े की पीठ छोड़ी, एक पहर रात बीत रही थी।

हज़ारों घायल, बे-घायल राजपूत बन्दी कर लिए गए। लाशों के उठाने का उस रात कोई बन्दोबस्त नहीं हुआ। जिस कक्ष में गंगा ने अग्निरथ-अभियान किया

था, उसके आसपास के सब कक्ष जल कर राख हो गए थे। रात-भर वहाँ आग धधक़ती रही। किसी ने भी उसे बुझाने की चेष्टा नहीं की,

वृद्ध वीरवर कमा लाखाणी इस समय सैकड़ों घावों से लदे-फदे अपने प्रवाहण में एक ओर खड़े महालय के अंचल की उठती हुई लपटों के प्रकाश में भग्न भगवाध्वज को आँसू-भरी आँखों से देख रहे थे। प्रवाहण में अचेत महाराज भीमदेव को चेत में लाने के लिए दामोदर महता और बालुकाराय अथक प्रयत्न कर रहे थे। संसार अंधकार में डूबता जा रहा था और इस अंधकार में एक गहरा काला धब्बा-सा, वह प्रवाहण लहरों पर हिलता-डोलता-सा समुद्र-वक्ष पर बढ़ता हुआ, कच्छ की खाड़ी में सुरक्षित गंदावा दुर्ग की ओर बढ़ रहा था।

नष्ट प्रभात

रात ही में देवपट्टन में भगदड़ मच गई थी। हिन्दू योद्धा और पुजारी प्राण ले-लेकर जल-थल की राह भाग चले थे। प्रभात होते ही तुर्कों के दल-बादल नगर-महालय लूटने को अल्लाहो-अकबर का नाद करते टूट पड़े। शत्रु के भय से हिन्दू मछुए होड़ी आदि जो जिसके हाथ लगा, उसी में बैठकर समुद्र में तैरने लगे। पर इस समय समुद्र भी अभागे हिन्दुओं का शत्रु हो गया था। उसमें बड़ी-बड़ी पहाड़ की चट्टान के समान लहरें उठने लगीं। अनेक अभागे उन लहरों की चपेट में आकर समुद्र-गर्भ में विलीन हो गए। अनेक लोग शत्रुओं के हाथ बन्दी हुए या कट मरे।

देखते-ही-देखते देवनगर धांय-धांय कर जलने लगा। महमूद अपने काले घोड़े पर सवार हो विजयोल्लास से भरा हुआ दल-बल सहित महालय की पौर में धँसा। इस विजय का महमूद को बड़ा गर्व था। हर्ष से उसका हृदय उछल रहा था। महमूद और उसके मन्त्रीगण आश्चर्यचकित होकर महालय की भव्य शोभा निरखने लगे। उस अगम्य देवस्थली में उनके भ्रष्ट पैरों के पड़ने से देवस्थान मलिन होने लगा। आँखें से कभी न देखी और कानों से कभी न सुनी हुई शोभा और ऐश्वर्य की राशि देख महमूद और उसके मन्त्रीगण विमूढ़ हो गए। उसे अपने गज़नी के राजमहल के ऐश्वर्य का बड़ा गर्व था। परन्तु सोमनाथ महालय के ऐश्वर्य को देखकर उसका गर्व खण्डित हो गया। वह आगे बढ़कर गर्भ-गृह में घुसा। ज्योतिर्लिंग के तीन टुकड़े बिखरे हुए पड़े थे। गंग सर्वज्ञ का छिन्न शरीर भी उसी भाँति देव-सान्निध्य में पड़ा था। उनका रक्त बहकर सूख गया था। उसने मन्दिर के पुजारियों और अधिकारियों को सम्मुख आने की आज्ञा दी। बहुत पुजारी भाग गए थे। जो शेष थे, वे कृष्णस्वामी को आगे करके डरते-काँपते अमीर के सम्मुख करबद्ध आ खड़े हुए।

कृष्णस्वामी ने हाथ जोड़कर कहा, "पृथ्वीनाथ, जितना धन आपको चाहिए,

हम दण्ड देने को तैयार हैं, परन्तु महालय को भंग मत कीजिए। यह हमारा हिन्दुओं का अति प्राचीन देवस्थान है। हम दीन जन आपसे अब यही भिक्षा माँगते हैं।"

महमूद ने कहा, "ज़र-जवाहर के लालच से इस्लाम के बन्दों का खून बहाने मैं यहाँ नहीं आया हूँ। मैं मूर्तिपूजकों के धर्म का तिरस्कर्ता, मूर्तिभंजक महमूद हूँ, बुतपरस्ती के कुफ्र को दूर करना मेरा धर्म है। मैं मूर्ति बेचता नहीं, मूर्तियों को तोड़कर अल्लाताला खुदा के पैगम्बर मुहम्मद की आन कायम करता हूँ।" इतना कहकर उसने अपने हाथ की रत्नजटित सुनहरी छड़ी से तीन बार उस भग्न ज्योतिर्लिंग पर आघात किया और सब मूर्तियों तथा महालय को तोड़ने-फोड़ने का हुक्म दिया। देखते-ही-देखते उसके हज़ारों बर्बर सैनिक महालय की मूर्तियों, महराबों और तोरणों को तोड़ने-फोड़ने और ढाने लगे।

अब महमूद ने कृष्णस्वामी से धन-रत्न-कोष की चाबियाँ तलब कीं। अछता-पछता कर कृष्णस्वामी ने देवकोष महमूद को समर्पण कर दिया। उस देवकोष की सम्पदा को देखकर महमूद की आँखें फैल गईं। भू-गर्भ-स्थित चहबच्चों में स्वर्ण, रत्न, हीरा, मोती, माणिक, आदि भरे थे। उस दौलत का अन्त न था। उस अटूट सम्पदा को देखकर महमूद हर्ष से अपनी दाढ़ी नोचने लगा। उसने तुरन्त ही सब रत्नकोष उठाकर मंजूषाओं में भर-भरकर शिविर को रवाना कर दिया। अस्सी मन वज़नी ठोस सोने की ज़ंजीर, जिसमें महाघण्ट लटकता था, तोड़ डाली। किवाड़ों, चौखटों और छत से चाँदी के पत्तर छुड़ा लिए। कंगूरों के स्वर्णपत्र उखाड़ लिए। मणिमय स्तम्भों पर जड़े हुए रत्न उखाड़ने में उसके हज़ारों बर्बर जुट गए। सोने-चाँदी के सब पात्र ढेर कर उसने ऊँटों पर लाद लिए।

फिर भी उसे सन्तोष न हुआ। उसके गोइन्दों ने गुप्तकोष की तलाश में समूचे गर्भ-गृह को खोद डाला। ज्योतिर्लिंग के मूल स्थान में बहुमूल्य मणि-माणिक्य का एक महा-भण्डार उसे और मिल गया। इससे उत्साहित होकर उसने समूचे महालय के गोख, फर्श, अलिन्दों को खोद-खोदकर गुप्तकोष ढूंढ़ना प्रारम्भ किया। कृष्णस्वामी से उसने बहुत प्रश्न किया। अन्त में उसे बाँधने की आज्ञा दी। सैनिक कृष्णस्वामी को बाँधने लगे। कृष्णस्वामी गिड़गिड़ाने लगे और प्राणों की भिक्षा माँगने लगे। चारों ओर तुमुल कोलाहल मच रहा था। उस कोलाहल के बीच जैसे हृदय को विदीर्ण करती हुई एक तीव्र हुंकृति ने सभी को चौंका दिया। उस पागल क्षण में चीखती-चिल्लाती, न जाने कहाँ से रमादेवी, एक मोटी लकड़ी हाथ में लिए भीड़ को चीरती हुई धँस आई। उसके वस्त्र फटे, नेत्र फैले हुए, बाल बिखरे हुए और मुँह विकराल था। उसने सैनिकों को पीछे धकेलकर कृष्णस्वामी को अपने आँचल में छिपाते हुए ललकार कहा, "कहाँ है वह मुण्डी-काटा गज़नी का अमीर, आए मेरे सामने! देखूँ कैसे वह मेरे आदमी को बन्दी करता है!"

सैनिकों ने झपटकर रमाबाई को पकड़ लिया। धकापेल में उसके वस्त्र तार-तार

हो गए। वह गिर गई। परन्तु सिंहिनी के समान गरजकर उसने उछाल भर कर कई सैनिकों को गिरा दिया। सैनिकों ने तलवारें खींच लीं। सैकड़ों तलवारें रमाबाई पर छा गईं।

फतह मुहम्मद अब तक चुपचाप अमीर की बगल में बड़ा था। अब वह तलवार सूंत एकदम रमाबाई के आगे छाती तानकर खड़ा हो गया। उसने ललकार कर कहा, "खबरदार, जो कोई इस औरत को छुएगा, उसके धड़ पर सिर नहीं रहेगा।"

नामदार अमीर महमूद की उपस्थिति में यह घटना असाधारण थी। महमूद अविचलित भाव से यह सब देख रहा था। अब उसने आगे बढ़कर कहा, "उस औरत को छोड़ दो।"

सिपाहियों ने रमाबाई को छोड़ दिया। छूटते ही उसने कृष्णस्वामी के बन्धन खोल दिए और फिर वह अपने हाथ की लकड़ी मज़बूती से पकड़कर अमीर की ओर फिरी। उसने अपनी गोल-गोल आँखें घुमाते हुए कहा, "तू ही वह अमीर है?"

"हाँ औरत, मैं ही अमीर महमूद हूँ।"

"तूने सर्वज्ञ को मारा, देवलिंग भंग किया?"

"हाँ, मैं विजयी मूर्तिभंजक महमूद हूँ। लेकिन औरत, तू क्या चाहती है?"

"मै तुझसे यह पूछती हूँ, कि क्या तुझसे किसी ने यह नहीं कहा कि तू मृत्यु का दूत, जीवन का शत्रु और मनुष्यों में कलंक रूप है?"

"अय औरत, मैं तेरी सब बात सुनूँगा, कहती जा।"

"तूने विजय प्राप्त की, पर किसी की भलाई नहीं की।"

"मैं खुदा का बन्दा, खुदा के हुक्म से कुफ्र तोड़ता हूँ।"

"तू भगवान के पुत्रों को मारता है, जिन्होंने तेरा कुछ नहीं बिगाड़ा। उन्हें लूटता है और उनके घर-बार जलाता है। तू कंकड़-पत्थरों का लालची है, और आदमी का दुश्मन है। तेरा खुदा यदि तेरी इन काली करतूतों से खुश है, तो वह खुदा नहीं, शैतान है।"

महमूद की भवों में बल पड़ गए। किन्तु वह चुपचाप अपने होंठों को दबाता हुआ इस दबंग औरत को देखता रहा, जिसके साहस और शक्ति का अन्त न था। वह इस औरत की बात का मर्म समझ गया। उसने फतह मुहम्मद की ओर देखा—वह उसी भाँति तलवार नंगी किए रमादेवी के आगे छाती तानकर खड़ा था। महमूद ने कहा—"अय बहादुर, क्या इस औरत को तू जानता है?"

"जानता हूँ जहाँपनाह।"

"कौन है यह?"

"मेरी माँ।"

महमूद बड़ी देर तक उस औरत की ओर ताकता रहा, एक हल्की मुस्कान और करुणा की झलक उसके नेत्रों में आई। उसने जलद गम्भीर स्वर में कहा, "औरत,

तलवार के विजेता महमूद के सामने तूने जो सच कहा, वह बादशाहों के लिए इज़्ज़त की चीज़ है। दुनिया में दो चीज़ें लोगों को ज़िन्दगी बख्शती हैं—एक सूरज की किरनें और दूसरा माँ का दूध। तूने ज़िन्दगी से प्यार करने की ओर मेरा ध्यान दिलाया है। ठीक कहा तूने औरत। और तू माँ है, माँ के बिना महमूद पैदा ही न हो सकता था। फिरदौसी, अलबरूनी, अरस्तू, शेख सादी, ये सब माँ के बच्चे हैं। अय माँ, आगे बढ़, और इस बच्चे के सिर पर हाथ रखकर इसे दुआ बख्श, जिसने तीस वर्ष तक धरती को अपने पैरों से कुचलकर उसे लोहू से लाल किया है।''

दो कदम आगे बढ़कर महमूद सिर झुकाकर एक बालक की भाँति रमाबाई के आगे आ खड़ा हुआ।

रमाबाई का रुद्र-भाव एकबारगी ही जाता रहा। उसने हाथ की लकड़ी फेंककर आगे बढ़कर महमूद के मस्तक पर हाथ रखा और आँखों में आँसू भरकर कहा, ''कैसे तू ज़िंदा आदमी को मार सकता है, उनका घर-बार लूट सकता है! अरे महमूद, उनकी भी तेरी-सी जान है, उन्हें कितना दुःख होता होगा, बोल तो?'' रमाबाई की आँखों से झर-झर आँसू बह चले।

महमूद ने सिर ऊँचा किया। उसने कहा, ''बहुत लोग मुझसे अपने राज्य और दौलत के लिए लड़े। लेकिन इन्सान के लिए आज तक मुझसे कोई नहीं लड़ा। मैं खुदा का बन्दा महमूद, वही कहूँगा जो मुझे कहना चाहिए। यह औरत, जो मेरे सामने खड़ी है, उसने मुझे एक नई बात बताई है, जिसे मैं नहीं जानता था। इसके हाथ में तलवार नहीं है, तलवार का डर भी इसे नहीं है। यह रोती और गिड़गिड़ाती भी नहीं। बादशाहों के बादशाह महमूद को फटकारती है, इन्साफ के प्यार ने इसे इस कदर मज़बूत बनाया है। इसके आँसुओं का मोल तमाम दुनिया के हीरे-मोतियों से भी नहीं चुकाया जा सकता। इसने महमूद को माँ की तरह नसीहत दी है और अब मैं महमूद, खुदा का बन्दा, वही कहूँगा जो मुझे कहना चाहिए। दो सौ घुड़सवार जिनकी सरदारी फतह मुहम्मद करेगा, इज़्ज़त के साथ बादशाहों के बादशाह की माँ को इसके घर तक पहुँचा दें और उसका हर एक हुक्म बजा लाएँ। महमूद इस औरत का बेटा है। वह कहता है, वह जितनी दौलत चाहे, ले जाए और जो चाहे उसे वही हुक्म दे।''

लेकिन रमा देवी ने कहा, ''महमूद, मुझे कुछ नहीं चाहिए। मैं केवल यही चाहती हूँ कि तू अभी, इस देवपट्टन से चला जा और अब अधिक विनाश न कर! और जान रख, कि तू जैसे खुदा का बन्दा है वैसे ही और सब लोग भी हैं। वे सब तेरे भाई हैं महमूद, उन्हें प्यार कर, तेरी नामवर तलवार उनकी रक्षा के लिए है, उनकी गर्दन काटने के लिए नहीं।''

महमूद ने तलवार ऊँची करके कहा, ''महमूद, खुदा का बन्दा, इस औरत का हुक्म मानकर इसी क्षण इस देवपट्टन को छोड़कर कूच का हुक्म देता है।''

महमूद ने तलवार को म्यान में किया और अपना घोड़ा मँगाया। उसके सब सैनिक चुपचाप अपनी तलवारें नीची किए उसके पीछे-पीछे चले। केवल फतह मुहम्मद अपने दो सौ सवारों के साथ रह गया।

"अब तू, देवा, तू भी जा," रमादेवी ने उसे देखकर कहा।

"माँ, क्या तुम मुझसे नाराज़ हो?"

"जो कुछ तूने किया, वह होनहार था। पर अब तू जा और इन अपने संगी-साथियों को भी ले जा। तेरी आँखों के आगे सर्वज्ञ का हनन हुआ। यह महापाप तेरे ही ऊपर है। पर मैं तुझे दोष नहीं दूँगी। सर्वनाश का क्षण ही आ लगा था।"

कुछ देर फतह मुहम्मद सिर नीचा किए खड़ा रहा। वह शोभना के सम्बन्ध में कुछ कहना चाहता था, पर कुछ सोचकर चुप रहा गया। फिर उसने कहा, "माँ, और कुछ कहना है?"

"ना, तू जा अब!"

फतह मुहम्मद चुपचाप चला गया। उसने आँख उठाकर एक बार भी कृष्णस्वामी की ओर नहीं देखा। उसके पीछे उसके दो सौ सवार भी गए।

कृष्णस्वामी नीचा सिर किए खड़े थे। अब कृष्णस्वामी और रमाबाई को छोड़कर और कोई वहाँ उपस्थित न था। रमाबाई ने भरे हुए बादलों के स्वर में कहा, "अब इस तरह खड़े रहने से क्या होगा, चलकर पहले सर्वज्ञ का ऊर्ध्व दैहिक करो, पीछे और कुछ।"

और वे दोनों प्राणी उस नष्ट प्रभात में अपनी ही पग-ध्वनि से चौंकते हुए खण्डहरों, मलबों और भग्न मूर्तियों के सूने ढेरों से उलझते, भय आतंक और भूख-प्यास से जर्जर, उस भग्नगृह में घुस रहे थे, जहाँ अब केवल सर्वज्ञ का छिन्न-भिन्न शरीर भूमि पर पड़ा था। ज्योतिर्लिंग के भग्न खण्ड, धन-रत्न भण्डार साथ ही अमीर ले गए थे।

गंदावा दुर्ग

महमूद को देवपट्टन की यह विजय बहुत महँगी पड़ी। यद्यपि यहाँ से उसे अथाह सम्पदा मिली, परन्तु उसका सैनिक बल छिन्न-भिन्न हो गया। अब उसे यह भय होने लगा कि वह इस अतोल सम्पदा को लेकर सही-सलामत गज़नी पहुँच सकेगा भी या नहीं। उसकी सेना के प्रायः सारे ही हाथी इस युद्ध में नष्ट हो चुके थे। बहुत से मर चुके थे, जो बचे थे अंग-भंग, कमज़ोर और घायल थे। उनमें से अच्छे ऊँट और हाथी चुनकर उसने उनपर सोना, रत्न और लूटा हुआ धन-माल लादा। पचास हाथी और दो सौ ऊँटों पर यह सब सम्पदा लादी गई। सबके बीच एक गजराज

पर सिंह-द्वार के चंदन के फाटक और ज्योतिर्लिंग के तीन टुकड़े थे। चुने हुए दस हज़ार उत्कृष्ट सवार इस खज़ाने की रक्षा के लिए देकर और सेनापति मसऊद को उसका नायक बनाकर अनहिल्ल पट्टन की ओर सीधा रवाना कर दिया। बंदी, घायल, रोगी तथा अनावश्यक सामग्री भी उसने उनके साथ ही भेज दी।

महासेनानी महमूद को पता लग चुका था कि उसका शत्रु भीमदेव घायल अवस्था में गंदावा दुर्ग में जा छिपा है तथा उसके साथ बहुत-से राजपूत भी हैं। निश्चय ही वह पीछे से आक्रमण कर सकता है। भला महमूद-जैसा अनुभवी योद्धा कैसे शत्रु को बगल में छोड़कर आगे बढ़ सकता था! वह भीमदेव को साँस लेने का अवसर भी नहीं देना चाहता था। उसका दल क्षीण हो गया था और सहायता मिलने की उसे आशा न थी। अतः वह नहीं चाहता था कि शत्रु संगठित हो या उसे शक्ति-संचय का समय मिले। अभी गुजरात में बहुत बल था और लौटना निरापद न था, इसलिए उसने अपने प्रबलतम किन्तु घायल, विपन्न शत्रु भीमदेव की ओर अपनी दृष्टि की और निर्णय किया कि जैसे भी हो, उसे आमूल नष्ट करना ही श्रेयस्कर है। इन सब बातों पर विचार करके उसने चुने हुए तीन सहस्र धनुर्धर देकर फतह मुहम्मद को आगे गंदावा दुर्ग भेज दिया। फतह मुहम्मद यहीं का निवासी तथा सब घर-घाट से परिचित था। उसे जहाँ जितनी नौका मिलीं, उन्हें लेकर तथा बाँसों के बेड़े बनाकर कच्छ की खाड़ी में घुसा और शीघ्र-से-शीघ्र बढ़कर गंदावा दुर्ग के उपकूल पर जा धमका।

अमीर शेष सत्रह हज़ार सुगठित वीरों को लेकर स्थल-मार्ग से दुर्ग की ओर बढ़ा।

यह किला कच्छ के किनारे पर महासागर के खड्ड में था। किला बहुत मज़बूत और सुरक्षित था। एकाएक उसपर किसी शत्रु का आक्रमण सम्भव नहीं था। दुर्ग का तीन भाग सागर-गर्भ में था। बहुत बार गुर्जरपतियों ने विपत्ति-काल में इस दुर्ग का आश्रय लेकर धन, मान और प्राण बचाए थे।

फतह मुहम्मद की सेना ने सूर्य छिपते-छिपते दुर्ग के जल-मार्ग को घेर लिया। इस समय दुर्ग कमा लाखाणी की कमान में था। दामोदर महता और बालुकाराय महाराज भीमदेव की रोग-शय्या पर बैठे उन्हें होश में लाने की तथा उनके घाव पूरे करने की चेष्टा कर रहे थे। महाराज भीमदेव यद्यपि अब मूर्च्छित न थे, परन्तु उनकी चेतना शक्ति जाती रही थी। वे बारम्बार उठ-उठ-कर प्रलाप करते हुए भाग रहे थे। और किसी को पहचानते भी न थे। उनके शरीर में से बहुत-सा रक्त निकल गया था। अभी उनके जीवन की आशंका बनी थी। राजवैद्य उपचार कर रहे थे तथा भरुकच्छ और खम्भात से चिकित्सक बुलाए गए थे, जिनकी प्रतीक्षा हो रही थी। इसी समय फतह मुहम्मद के नेतृत्व में अमीर की सेना ने दुर्ग पर आक्रमण कर दिया।

संकट-काल समुपस्थित देखकर दुर्ग के अधिवासियों ने एक छोटी-सी युद्ध-मन्त्रणा

की। उस मन्त्रणा सभा में केवल तीन व्यक्ति थे। घायल और वृद्ध कमा लाखाणी, बालुकाराय और दामोदर महता। कुछ परामर्श हुआ। अन्तिम निर्णय के अनुसार दुर्ग कमा लाखाणी को सौंप दिया गया। आहत भीमदेव तथा दूसरे घायलों को लेकर महता और बालुकराय अत्यन्त प्रच्छन्न भाव से खम्भात को रवाना हो गए। यह कार्य ऐसे तुर्त-फुर्त और सावधानी से हुआ कि किसी को भी कानोंकान पता न लगा। कमानी ने आग्रहपूर्वक प्रायः सब लड़ने योग्य योद्धा महासेनापति भीमदेव के साथ खम्भात भेज दिए थे। अब शेष दोनों प्रवहण भी खम्भात रवाना कर दिए गए। दुर्ग में अब छोटी जाति के सौ-पचास मनुष्य और सौ योद्धा बच रहे थे। भोजन-सामग्री की भी दुर्ग में कमी थी। इससे कम-से-कम मनुष्यों को ही वहाँ रहने की व्यवस्था की गई। उन्हीं सौ योद्धाओं को लेकर वीरवर कमा लाखाणी सब बुर्जों पर चौकी पहरे की व्यवस्था करके तथा दुर्ग-द्वार भलीभाँति बन्द करके बैठ गए। उनकी गृद्ध-दृष्टि अब शत्रु की गतिविधि पर थी।

दुर्ग अत्यन्त दृढ़ और अजेय था। समुद्र से घिरी तीन ओर की ढालू फिसलती हुई चट्टानों पर किसी भी तरह मनुष्य का चढ़ना सम्भव नहीं था। दुर्ग का मुख्य तोरण बहुत ऊँचा था और वहाँ तक पहुँचने के लिए तीन मील टेढ़ी-मेढ़ी पेंचीली पहाड़ी पगडंडी पर चढ़ना पड़ता था। जहाँ कठिनाई से केवल एक आदमी चल सकता था। घोड़ा-हाथी तो वहाँ जा ही न सकते थे। सारा पर्वत जंगली लता-पुष्पों-गुल्मों एवं कंटीली झाड़ियों से भरा था। किले के कंगूरों पर सौ धनुर्धर आक्रमणकारियों के विफल प्रयास का तमाशा देख रहे थे।

इस समय समुद्र में ज्वार आ रहा था और अमीर की जल-युद्ध से अनभिज्ञ सेना समुद्र की तूफानी पर्वत-सी तरंगों की चपेट में उछल रही थीं। उसकी नौकाएँ उलट रही थीं; या दूर-दूर लहरों पर बिखर गई थीं। उसके साथ साहसी और कुशल मल्लाह भी नहीं थे। फतह मुहम्मद बहुत साहसी योद्धा था, परन्तु यहाँ उसे सफलता नहीं मिल रही थी। किसी तरह वह लहरों पर काबू नहीं पा रहा था। तीर तक नावों का पहुँचना सम्भव नहीं था। लहरें उन्हें पीछे फेंक देती थीं। अनेक नावें लहरों से उठाई जाकर चट्टानों से टकराकर चूर-चूर हो रही थीं। कुछ साहसी योद्धा नावों पर से तीर चला रहे थे, पर वे दुर्ग के इस ओर ही प्राचीर से टकराकर गिर रहे थे। दुर्गस्थ वीर उनका प्रयास देख-देखकर हँस रहे थे।

सारी रात फतह मुहम्मद विफल प्रयास करता रहा। भोर होते-होते अमीर अपनी वीर वाहिनी लेकर दुर्ग के सामने आ डटा। समुद्र भी शांत हुआ और गुस्से में उबलता हुआ फतह मुहम्मद खीझ भरा-सा अमीर के सामने जा खड़ा हुआ। अमीर ने देखा, उसका सारा सैन्य-बल निरर्थक है। किले के फाटक पर पहुँचना सम्भव नहीं है और घेरा डालकर महीनों-वर्षों में भी किले का कुछ नहीं बिगाड़ा जा सकता। उधर अमीर के लिए एक-एक क्षण भारी हो रहा था। नीचे से कोई तीर किले तक नहीं पहुँच

रहा था। एक-एक, दो-दो आदमी, जो उन बीहड़ पगडंडियों के रास्ते से दुर्ग-द्वार पर पहुँच रहे थे, वह दुर्ग से बरसते हुए तीरों से बिंध-बिंधकर और लुढ़क-लुढ़कर अमीर के सम्मुख ढेर हो रहे थे। अमीर की घुड़सवार सेना भी बेकार प्रमाणित हो रही थी। क्योंकि वहाँ घोड़ा दौड़ने का स्थान ही नहीं था। क्रोध और खीझ से पागल होकर अमीर दुर्ग के बाहर बसे छोटे लोगों, खेडूतों की बस्ती पर टूट पड़ा। स्त्री-बच्चों और निरीह बूढ़ों तक को उसने काट डाला। अभी एक औरत के सामने सिर झुकाकर इस खुदा के बन्दे ने जो वचन दिया था उसे भूल गया। पर यह हत्याकाण्ड करके भी उसे कुछ लाभ नहीं हुआ। उसे न दुर्ग को छोड़ते बनता था, न आक्रमण करते। वह सोच ही न पा रहा था कि क्या करे। भीमदेव-जैसे शत्रु को वह अछूता नहीं छोड़ सकता था, और दुर्ग भंग करना उसके बूते से बाहर की बात थी।

निरुपाय उसने दुर्ग पर घेरा डाल दिया और स्थिर होकर सोचने लगा कि अब क्या करना चाहिए। फिर कुछ सोच-समझकर उसने फतह मुहम्मद को दूत बनाकर किलेदार के पास सुलह की शर्तें लेकर भेजा। सुलह की शर्तें सिर्फ यही थीं कि यदि किलेदार महाराज भीमदेव को उनके सुपुर्द कर दे, तो वह किला छोड़ सकता है।

फतह मुहम्मद सफेद झण्डा फहराता हुआ किले की पौर पर पहुँचा। पौर की बुर्ज पर चढ़कर वृद्ध कमा लाखाणी ने अमीर का सुलह का सन्देश सुना। सुनकर हँसा, हँसकर कहा, "अमीर नामदार से हमारा सलाम कहना, और कहना, अभी नहीं, परन्तु उपयुक्त काल में मैं महाराज को लेकर अमीर की सेवा में हाज़िर हूँगा। अभी महाराज भीमदेव बीमार हैं, अमीर की अभ्यर्थना के योग्य नहीं।"

सन्देश में कितना व्यंग और कितना तथ्य था, यह अमीर नहीं समझ सका। उसने दुर्ग में घुसने योग्य कोई गुप्त मार्ग हो, तो उसे ढूंढ निकालने, या कोई दरार चट्टानों में बनाने, तथा किसी तरह दुर्ग में घुसने की कोई-न-कोई तदबीर निकालने को, चारों ओर अपने ज़ासूस रवाना कर दिए।

अट्ठासी तलवारें

दिन बीतते चले गए, पर कुछ लाभ नहीं हुआ। एक-एक करके सात दिन बीत गए। दुर्ग में अन्न-जल केवल एक ही दिन का शेष रह गया। वृद्ध कमा लाखाणी ने वीरों को एकत्रित करके कहा, "भाइयों, खेद है कि समय ने हमारी सहायता नहीं की। हमने कितनी भूल की है कि दुर्ग में यथेष्ट अन्न-जल का प्रबन्ध नहीं किया। परन्तु अब भू-प्यास से तड़पकर मरने का क्या लाभ है? और दो दिन बाद यदि हमने साहस किया तो हमारा बल आधा रह जाएगा। भूख-प्यास से हम जर्जर हो जाएँगे। इससे चलो, अपने हिस्से का शेष कार्य आज ही, अभी पूरा कर दें। शत्रु

की सेना पर प्रबल पराक्रम से टूट पड़ें, और वीरगति प्राप्त करें।" उसने गिनगिनाकर कहा, "हम अट्ठासी वीर हैं। सब स्वस्थ हैं, सबके पास शस्त्र हैं, फिर विलम्ब काहे का? चलो, अपने-अपने प्राणों का मूल्य चुकाएँ। वीरवर सोरठ के राव धर्मक्षेत्र में तिल-तिल कट मरे, अब आज हम भी उनकी राह चलें।"

वीरों ने दर्प से हुँकार भरी। सभी ने अपना अन्तिम भोजन डटकर किया। जो खाद्य-सामग्री बची, उसे नष्ट कर दिया। जल भी सुखा दिया। कुआँ पाट दिया और अपने-अपने घोड़ों पर सवार हो दुर्ग-द्वार खोल दिया। एक-एक वीर बाहर निकला। सबसे आगे वीरकर कमा लाखाणी अपनी सफेद दाढ़ी फहराते चले। उनके पीछे अन्य योद्धा।

अमीर ने सोचा, क्या सचमुच वे आत्म-समर्पण कर रहे हैं। उसने सेना को सज्जित होने की आज्ञा दी। घोड़े पर सवार वह सेना के आगे खड़ा हुआ। राजपूत नीरव और निःस्तब्ध नीचे आ रहे थे। उनकी तलवारें नीची थीं। अमीर ने एक भी तीर न छोड़ा। दोनों सेनाएँ केवल एक तीर के फासले पर आमने-सामने खड़ी हो गईं। परन्तु एक तरफ बीस हज़ार सज्जित सेना थी और दूसरी ओर केवल अट्ठासी नर-व्याघ्र।

अमीर ने ललकार कर कहा, "क्या गुजरात का राजा हमारे ताबे हुआ?"

उत्तर में वीर कमा लाखाणी ने अपनी तलवार छाती से लगाई। घोड़े को ज़रा आगे बढ़ाया और हवा में फहराती हुई अपनी धवल दाढ़ी की छटा दिखाते हुए कहा, "यदि तू ही गज़नी का अमीर है तो हमारे पास अट्ठासी तलवारें हैं, ले, एक-एक गिन!"

उन्होंने तलवार ऊँची की। घोड़े को एड़ मारी। काठियावाड़ी पानीदार घोड़ा हवा में उछला और सीधा अमीर पर टूट पड़ा। अमीर फुर्ती से बगल में दब गया, और कमा लाखाणी की तलवार, जो अमीर के सिर को लक्ष्य कर चुकी थी, उसके घोड़े के मोढ़े पर पड़ी। अमीर अवाक् रह गया। वीर धुरन्धर कमा और उसके अट्ठासी योद्धा इस तरह उस महासैन्य की चीरते चले गए, जैसे खरबूजे को चाकू चीरता है। वे सेना के मध्य भाग तक पहुँच गएं। चारों ओर मुँह करके वृद्ध कमा लाखाणी को केन्द्र में रखकर वे चौमुखी तलवार चला रहे थे। क्षण-क्षण पर तेज़ी से उनकी संख्या कम होती जा रही थी, पर उससे अधिक तेज़ी से वे अपनी राह निकाल रहे थे। सेना के समुद्र को वे अट्ठासी वीर इस प्रकार पार कर रहे थे, जैसे मगरमच्छ पानी को चीरता जा रहा हो।

शत्रु हैरान थे और अमीर विमूढ़ बना इन वीरों के शौर्य को देख रहा था। अन्त में वे शत्रुदल को भेदने में सफल हुए। परन्तु अट्ठासी में से कुल दो योद्धा अब जीवित थे। एक उनमें कमा लाखाणी थे। वे रक्त में सराबोर थे। शत्रु-सैन्य से बाहर होते ही दूसरा योद्धा घोड़े से गिर पड़ा। कमा लाखाणी ने रास मोड़ी और

घोड़े से कूदकर अपने दुर्धर्ष योद्धा का सिर अपनी जांघों पर रख लिया। योद्धा ने एक बार सूखे होंठों पर जीभ फेरी और आँखें पलट दीं। कमा लाखाणी ने वहीं थोड़ी मिट्टी ऊँची कर उसका सिर टेक दिया। वे उठकर खड़े हुए, तब तक हज़ारों शत्रुओं ने उन्हें घेर लिया था। अमीर ने ललकारकर कहा, "खबरदार, इस बुजुर्ग का बाल भी बांका न होने पाए।" योद्धा हट गए और कमा लाखाणी अपनी तलवार हाथ में लिए खड़े रहे। घावों से उनके शरीर पर रक्त बह रहा था।

अमीर घोड़े से कूद पड़ा। उसने कहा, "अय बुजुर्ग, तुझ पर आफरीं, तू कौन है? अपना नाम बताकर महमूद को ममनून कर।"

"मैं कच्छ का धनी कमा लाखाणी हूँ, परन्तु अमीर महमूद, अब मैं खड़ा नहीं रह सकता। दो घड़ी पहले, जब मैं तेरे सामने आया था, मेरे पास अट्ठासी तलवारें थीं, परन्तु अब केवल एक है। यह मैं सिर्फ तुझे देना चाहता हूँ। जल्दी कर, मेरी आँखें भी जवाब दे रही हैं। तलवार उठा।" वृद्ध कमा लाखाणी ने हवा में तलवार घुमाई, पर उनका शरीर झूल गया। अमीर ने लपककर उन्हें आँचल में भर लिया। उसकी आँखों में आँसू भर आए। उसने कहा, "कच्छ के विजयी महाराज, आपकी इस अकेली तलवार ने दिग्विजयी महमूद को ज़ेर किया है, महमूद की क्या ताब कि इसे छुए!"

वीरवर कमा लाखाणी के कान में महमूद के पूरे शब्द नहीं पड़े। अमीर की गोद में उनका सिर ढुलक गया। उनको गोद में लेकर अमीर महमूद वहीं भूमि पर बैठ गया। एक बार वीरवर ने आँखें खोली, होंठ हिले और सदा के लिए निःस्पन्द हो गए।

अमीर ने आँख उठाकर देखा तो उसके योद्धा चुपचाप खड़े यह तमाशा देख रहे थे। अमीर ने हुक्म दिया "अय बहादुरो, घोड़ों से उतर पड़ो, हथियार ज़मीन पर रख दो और बहादुरों के बादशाह इस बुजुर्ग की इस तलवार के सामने सिर झुकाओ।" बीस हज़ार बर्बर दुर्दान्त खूनी डाकुओं ने भूमि पर घुटने टेककर अपने-अपने हथियार ज़मीन पर रख सिर झुका दिए।

अमीर की आँखों से झर-झर आँसू बह चले। उसने दोनों हाथों से वृद्ध व्याघ्र की तलवार लेकर आँखों से लगाई। उसे चूमा और उसे वीरवर के वक्षःस्थल पर स्थापित कर अपना सिर भी उस निःस्पन्द वक्ष पर झुका दिया।

रक्त-गन्ध

अमीर ने बहुत खोज की, पर दुर्ग में एक भी जीवित क्षत्रिय न मिला जो वीरवर कमा लाखाणी की ऊर्ध्वदैहिक क्रिया करता। अमीर ने तब अपने उमराव क्षत्रिय

सरदारों को आदरपूर्वक वीर की अन्तिम क्रिया धर्मानुसार करने की आज्ञा दी। वह स्वयं नंगे पैर पांव-प्यादा कुछ दूर तक अर्थी के साथ चला तथा इस वृद्ध वीर के सम्मान में अपनी सारी सेना की तलवार नीचे झुकी रखने का आदेश दिया। लूटमार करने योग्य वहाँ कुछ भी शेष न बचा था। दुर्ग सूना था, वहाँ न एक प्राणी था, न एक दाना अन्न, न एक बूंद पानी। दुर्ग के तल भाग में बसी बस्ती प्रथम ही जलाकर छार कर डाली गई थी। सब लोग कट-पिट चुके थे; जो बच सके थे, वे प्राण लेकर भाग गए थे। लाशें सड़ रही थीं, गीध मंडरा रहे थे; वायु का सांय-सांय शब्द और समुद्र की उत्ताल तरंगें भयानक दीख रही थीं। अमीर की सारी सेना त्रस्त, थकित, भूखी-प्यासी और अशान्त थी। वहाँ न उनके घोड़ों को घास और दाना-चारा था, न सिपाहियों के लिए अन्न-जल।

वीर का सत्कार कर चुकने पर इस सिंह-व्याघ्र का ध्यान फिर अपने प्रमुख शत्रु भीमदेव की ओर गया। क्या भीमदेव बचकर भाग निकला, या इसी युद्ध में मर-कट गया? परन्तु ऐसा होता तो उसका पता अवश्य लग जाता। बहुत से गोइन्दे इसकी टोह में लगा दिए थे। स्वयं फतह मुहम्मद अपने सवारों सहित खोज में निकला था।

तीसरे पहर फतह मुहम्मद समाचार लाया कि भीमदेव बचकर खम्भात को रवाना हो गया है। अमीर के पाषाण-सम कठोर हृदय पर जो मूर्ति अंकित थी, वह भी खम्भात में थी। अब तक अमीर अपने रण-रंग में उसे भूला था, अब एकबारगी ही वह मूर्ति उसकी रक्त-बिन्दुओं में ऊधम मचाने लगी। उसने मन-ही-मन याद करके उसका नाम दुहराया—चौला, चौला। और वह लम्बी-लम्बी सांसें लेने लगा। उसके नथुने जलने लगे। इसी समय उसे ख्याल हुआ कि उसका शत्रु भीमदेव भी खम्भात में है। और वह उसकी माशूका नाज़नीं भी। एक अज्ञात ईर्ष्या से उसका रोम-रोम जल उठा। एक प्रच्छन्न भावना से अभिभूत होकर उसने अपने मन में कहा—नहीं-नहीं, ये दोनों कभी नहीं मिलने पाएँगे। कभी नहीं। उसे स्मरण हुआ, वह प्रथम दर्शन, भीमदेव का अकस्मात् आकर तलवार उठाना और फिर गंग के आने से निरुपाय लौटना। उसने धरती पर पैर पटककर कहा, "हुंह, जब तक यह तलवार है, उसे दूसरा कोई न छू सकेगा। वह महमूद की दौलत है। उसकी संचित सारी दौलत से भी अधिक। उसकी सत्रह बड़ी-बड़ी दिग्विजयों से भी अधिक मूल्यवान्!"

परन्तु गर्व और गौरव ने किसी के सामने उसे अपने हृदय की इस भूख को प्रकट नहीं करने दिया। वह मन-ही-मन ताव-पेच खाता रहा। अन्त में उसने फतह मुहम्मद को एकान्त में बुलाकर कहा, "क्या तू खम्भात की राह-बाट जानता है?"

"जानता हूँ।"

"राह में दाना-घास-पानी है?"

"बहुत है।"

"खम्भात देखा है?"

"देखा है हज़रत।"

"वहाँ की गली-कूचों से वाकिफ है?"

"अच्छी तरह। मैं वहाँ रह चुका हूँ।"

"और वह नाज़नीं?"

"मेरी एक आँख उस पर है हुजूर।"

"क्या तुझे उसकी कुछ खबर है?"

"वहाँ जाते ही मिल जाएगी।"

"किस तरह?"

"मेरा आदमी उसके साथ है।"

"वह क्या भरोसे का है?"

"मेरी बीवी है।"

"तो चल, अभी कूच कर। अपने तीन हज़ार सवार चुन ले और उन्हें तीन टुकड़ियों में बाँटकर मुझसे तीन कोस आगे चल। हरएक टुकड़ी का आधे कोस का फासला रख।"

"जो हुक्म!"

"और तुझे मैं सिर्फ उस नाज़नीं के ऊपर छोड़ता हूँ, लड़ाई से दूर रहकर, सिर्फ उसी पर आँख रख!"

"जो हुक्म हुजूर!"

"और तेरी बीवी, यदि सिपहसालार की बीवी बनने का फख्र हासिल करना चाहती है, तो उसी नाज़नीं की साया में रहे, यह बात उसे कह देना।"

"कह दिया है हुजूर।"

"तू एक दानिशमन्द खुशगवार बहादुर है। मैं तुझसे खुश हूँ।"

फतह मुहम्मद ने अमीर का दामन चूमा और सिर झुका कर तेज़ी से चल दिया।

और कुछ ही क्षणों के बाद अमीर का लश्कर खम्भात की राह-बाट जा रहा था, जैसे कोई रक्त-पिपासु हिंस्र पशु अपने मारे हुए शिकार की रक्त-गन्ध लेता हुआ उसके पीछे जाता है।

खम्भात

खम्भात गुजरात का वैकुण्ठ कहलाता था। वहाँ की प्रकृति-शोभा अपूर्व थी। प्रकृति और कला दोनों ही के संयोग ने इस कल्याण-नगरी को गुजरात का शिरोभूषण

नगर बना रखा था। नगर का बहुत बड़ा विस्तार था। महत्त्वपूर्ण समुद्र-तट पर होने के कारण उसकी व्यापार-महत्ता और बढ़ गई थी। अरब और रोम के व्यापारी जहाज़ खम्भात ही के द्वार पर भूस्पर्श करते थे। देश-विदेश के वणिक्-व्यापारी यहाँ सदैव बने ही रहते थे। समुद्र-तट की तर-गरम वायु, तरंगित समुद्र की सुषमा, और जल-थल के पक्षियों का कलरव एवं पुष्पों की गन्ध, केला, नारियल, आम आदि वृक्षों की सघन घन छटा देखते ही बनती थी। सान्ध्य बेला में अस्तंगत सूर्य-किरणों की लालिमा अकथ शोभा-विस्तार करती थी। नगर में अनेक उपवन, ताल, बावड़ी और रमणीय स्थान थे। वहाँ के लोग भी अत्यन्त सम्पन्न, सुरुचिपूर्ण, स्वच्छ और सभ्य थे। नगर की समृद्धि इतनी थी कि वहाँ के व्यापारियों की हाट में हीरा, मानिक, मोती और मुहरों के ढेर लगे रहते थे। अरब समुद्र से निकलने वाले गजमुक्ताओं की उन दिनों खम्भात ही सबसे बड़ी मण्डी थी। इस समय नगर का क्षेत्रफल पन्द्रह गाँव की सीमा में तीस मील तक फैला था।

नगर के प्रान्त में समुद्र-तट पर भूरे रंग के पत्थर का एक दुर्ग था। दुर्ग बहुत विशाल और ऊँचा था। उसके चारों ओर की खाई साठ हाथ चौड़ी और इतनी ही गहरी थी, जो सदा समुद्र के जल से भरपूर रहती थी। धनी जनों की हवेलियाँ पत्थर की तथा सर्वसाधारण के मकान दो फीट की लम्बाई वाली पैंतीस-पैंतीस सेर की वज़नी, भट्टी में पकाई हुई समचौरस या लम्बचौरस ईंटों के बने हुए थे। परन्तु इस समय खम्भात का गौरव-स्वरूप देवाधिष्ठान अचलेश्वर महादेवालय था, जो समुद्र के मस्तक पर एक अति भव्य उत्तम शृंग पर भूरे रंग के पत्थर का बना सुशोभित हो रहा था। जिसके स्वर्ण-कलश मध्याह्न के सूर्य में जगमग करते दस-दस गाँव के लोगों को दीख सकते थे। मन्दिर में सैकड़ों ब्राह्मण निरन्तर शिवस्तोत्र का पाठ करते थे। मन्दिर का विशाल मण्डप स्फटिक के खम्भों पर आधारित था। जहाँ जगह-जगह वेद, पुराण आदि के वाक्य तथा देवमूर्तियाँ खुदी हुई थीं, इसे कैलास मण्डप कहा जाता था। मन्दिर में प्रतिष्ठित शिवलिंग की प्रतिष्ठा, सोमनाथ के बाद अग्रगण्य थी। लिंग के सम्मुख स्फटिक ही का विशाल नन्दी था। देवता ही नहीं, देवता के पुजारी नृसिंह स्वामी की कीर्ति भी गुजरात में दिगन्त व्याप्त थी। राजा और प्रजा दोनों ही उन्हें एकनिष्ठ ब्रह्मचारी और महापुरुष की भाँति पूजते थे। नृसिंह स्वामी गत तीस वर्षों से देव-सेवा कर रहे थे। उनके उन्नत ललाट और प्रसन्न मुद्रा देखते ही छोटे-बड़े सब मोहित हो जाते थे। वे सभी की श्रद्धा और भक्ति के पात्र थे। इसके अतिरिक्त और भी अनेक भव्य देवालय थे। जहाँ के प्रत्येक प्रभात, मध्याह्न और सन्ध्याकाल के स्तवन से समस्त खम्भात नगर मुखरित हो उठता था।

खम्भात उद्योग-शिल्प में भी वाणिज्य की भाँति ही प्रख्यात था। हरएक वस्तु के पृथक्-पृथक् बाज़ार थे। नगर का राजमार्ग बड़ा विशाल था। नगर दृढ़ प्राचीर

से घिरा था। इसमें इतने बड़े-बड़े बुर्ज व बड़े-बड़े द्वार थे, जहाँ अम्बारी वाले हाथी अनायास ही निकल सकते थे।

समुद्र-तट नगर से कोई पौन मील के अन्तर पर था। वह अति विशाल और भव्य था। मार्ग के दोनों ओर विशाल वन, उपवन, बावड़ी, धर्मशाला, अतिथिगृह और वाटिकाएँ बनी थीं। जहाँ विविध फल-फूल लदे हुए थे तथा भाँति-भाँति के पक्षी कलरव करते थे। वसन्तघोषी कोयल आम्र-मंजरी पर बैठी कुहू की ध्वनि करती और आम चम्पा, तमाल, अशोक वृक्षों की सघन छाया में स्त्री-पुरुष स्वच्छंद विहार करते तथा उन्मुक्त नैरोग्य समुद्री वायु का सेवन करते थे।

इन दिनों खम्भात में बहुत भीड़ हो गई थी। देवपट्टन के सब ब्राह्मण-परिवार, सेठ, उनके परिजन और इधर-उधर के भागे हुए लोग वहाँ भर गए थे। सैनिक भी बहुत थे। सोमनाथ और गंदावा दुर्ग के पतन के समाचार सुनकर सावंतसिंह चौहान को दुर्ग सौंप, महाराज वल्लभदेव अपना सदर मुकाम यहाँ से उठाकर बहुत से धनी परिवारों तथा ब्राह्मणों सहित अपनी सैन्य ले आबू को रवाना हो गए थे। इससे सर्वत्र उदासी, बेचैनी और चिन्ता की लहर फैल रही थी। कारबार ढीले हो रहे थे। लोग आशंका से भरे थे।

वियोग-संयोग

खम्भात के दुर्ग का पच्छिमी भाग समुद्र की ओर था। उसी दिशा में एक छोटा-सा महल भूरे पत्थर का अति प्राचीन बना हुआ था। कहते हैं कि उस महल को वल्लभीपुर के महाराज शिलादित्य ने निर्माण कराया था। महल सुन्दर और कलापूर्ण था। और उसमें आठवीं-नवमी शताब्दी की भव्य स्थापत्य-कला का प्रदर्शन था। इसी महल में चौला को रखा गया था। शोभना उसकी प्रधान सहचरी के रूप में उपस्थित थी। पाठक भूले न होंगे कि उसे फतह मुहम्मद ने चौला पर जासूसी के लिए नियत किया था। परन्तु शोभना वास्तव में बड़े ही स्वच्छ हृदय की युवती थी। उसका मन बहुत ही भावुक और कोमल एवं सरल था। चौला के सौन्दर्य, उदारता और कोमल भावुकता से शोभना का मन मेल खा गया था और वह सच्चे मन से उसे प्यार करने लगी थी। वह उसकी उदास, आँसुओं से भरी आँखें, बेचैनी से करवटें बदलती हुई रातें आँखों से देख चुकी थी। वह देखती थी, चौला घण्टों निःस्पन्द बैठी सुदूर समुद्र की तरंगों के उस ओर देवपट्टन को अनिमेष भाव से देखती रहती है। फिर लम्बी साँस खींच सिक्त आँखें पोंछ लेती हैं। वह बहुत कम बोलती, बहुत कम खाती, बहुत कम सोती और बहुत कम अपनी आवश्यकताएँ दूसरों को बताती है।

परन्तु शोभना छाया की तरह उसके साथ रहती। कभी-कभी वह नाच-गाकर

उसे खुश करने की चेष्टा करती, हँसती-हँसाती। उसके सरल व्यवहार और आनन्दी स्वभाव को देख, कभी-कभी चौला मुस्करा देती। कभी कहती—बहिन, इतना कष्ट क्यों करती हो। कभी-कभी जब वह बरजोरी शोभना को बरजती तो वह मुँह फुलाकर रूठ जाती। चौला को उसे मनुहार करके मनाना पड़ता, तो वह खिलखिलाकर हँस पड़ती।

कभी वह विचारती, 'क्यों देवा ने उसपर दृष्टि रखने को कहा है, क्यों गज़नी का अमीर उसपर नज़र रखता है। अवश्य ही उसकी नज़र अच्छी नहीं है।' देव स्वामी को वह प्यार करती थी, और उस प्यार की झोंक में उसे उसका मुसलमान होना भी नहीं खला था। धर्म-शत्रु गज़नी के अमीर का अनुवर्ती होना भी उसे बुरा न लगा था। परन्तु वह किसी रूप में चौला का अनिष्ट करे, यह वह नहीं सह सकती थी। उसने मन-ही-मन चौला की प्रत्येक मूल्य पर संकट-काल में रक्षा करने की ठान ली। सोमनाथ के पतन के समाचार दुर्ग में पहुँच चुके थे। वह सोच रही थी, 'क्यों उस सर्वग्रासी अमीर की सेवा देवा करता है।' वह निश्चय कर चुकी थी कि यदि इस बार देवा से मुलाकात हुई तो वह कहेगी, कि वह उस धर्मद्रोही का साथ छोड़ दे, और महाराज भीमदेव की सेवा में रहकर आततायी का सामना करे! महाराज भीमदेव के साथ चौला का धर्म-विवाह देव-सान्निध्य में हो चुका है, यह बात अभी उसे नहीं मालूम थी। परन्तु महाराज भीमदेव के प्रति चौला के विरह-वैकल्य को वह ठीक-ठीक समझ गई थी। वह भुक्त-भोगिनी थी। इससे उसके मन में चौला के प्रति यथेष्ट सहानुभूति थी।

खम्भात का किलेदार सामन्तसिंह नियत किया गया था। और उसने चौला को महारानी की भाँति रहने की सब सम्भव व्यवस्था कर दी थी। वह नित्य सुबह-शाम उपस्थित होकर चौला की आवश्यकताओं को पूछ लेता। दासियों तथा शोभना को आवश्यक हिदायतें, तथा देवपट्टन के समाचार देता था। देवपट्टन के पतन से वह चिन्तित था, और शोभना की विपत्ति की आशंका से सावधान।

और एक दिन जब सन्ध्या-काल में शोभना और चौला समुद्र की उज्ज्वल फेन-राशियों के साथ अस्तंगत सूर्य की अरुण किरणों को क्रीड़ा-विलास करते देखने में मग्न थीं, तभी व्यस्त भाव से चौहान ने वहाँ पहुँच कर सूचना दी, कि महाराज सख्त घायल हुए हैं, एवं महाराज की सवारी खम्भात आ रही है। चौला एकबारगी ही उन्मत्त की भाँति बाहर को दौड़ पड़ी, उसने देखा, सेना की एक छोटी-सी टुकड़ी दुर्ग में प्रविष्ट हो रही है। सबके आगे घोड़े पर सवार नंगी तलवार हाथ में लिए सेनापति बालुकाराय हैं।

महाराज के मूर्च्छित घायल शरीर को चौला के ही कक्ष में लाकर रखा गया। चौला सब लाज-संकोच भूल महाराज का सिर गोद में ले ज़ार-ज़ार दो आँसू बहाती और महाराज के सूखे बालों में अपनी कोमल अँगुलियाँ फेरती रही। भाव-विमोहित

हो शोभना भी महाराज के चरणों को गोद में ले बैठी। राजवैद्यों का उपचार जारी था। दुर्ग में हलचल फैल रही थी। सामन्तसिंह दौड़-दौड़कर सब बुर्जों पर सुरक्षा की व्यवस्था कर रहे थे, अब किसी भी क्षण अमीर के खम्भात पर आ धमकने की सम्भावना थी। निराश और उद्वेग का वातावरण सर्वत्र छा रहा था। धीरे-धीरे रात गम्भीर होने लगी। निःस्तब्ध रात्रि में चौला के सान्निध्य में चौला का सुख-स्पर्श पाकर महाराज भीमदेव को चेतना हुई। महाराज ने आँखें फाड़ कर चारों ओर देखा, उनकी दृष्टि चौला के सूखे और मुरझाए मुँह पर अटक गई। उन्होंने क्षीण स्वर से पूछा, "मैं कहाँ हूँ?"

परन्तु चौला के मुँह में स्वर अटक गया। वह बोल न सकी। उसकी आँखों से झर-झर आँसू बह निकले।

शोभना ने कहा, "घणी खम्मा, अन्दाता खम्भात में हैं।"

"और तुम?"

शोभना उत्तर न दे सकी। महाराज की दृष्टि चौला पर अटक गई। उसे पहचान कर महाराज ने कहा, "तुम हो चौला," उन्होंने हाथ ऊँचा करके अपने बालों में घूमती हुई चौला की अँगुलियाँ छुईं।

चौला ने आँसू पोंछे।

"रोती हो, क्या अशुभ हो चुका? यही सम्भव था। किन्तु और सब?"

"महाराज..." चौला की हिचकियाँ बँध गईं।

"बालुकाराय है?"

चौला ने धीरे से कहा, "हाँ, हैं, क्या बुलाऊँ?"

"नहीं, और महता दामो?"

"वह भी है महाराज।"

"क्या मैं यहाँ कई दिन मूर्च्छित रहा?"

"महाराज को आज ही बालुकाराय लेकर आए हैं"

"देवपट्टन से?"

"नहीं, गंदावा दुर्ग से।"

"तो गंदावा दुर्ग का भी पतन हो गया?"

चौला ने सिर झुका लिया। महाराज ने जल माँगा। चौला ने चाँदी की झारी से जल महाराज के मुँह में डाला। कुछ देर महाराज चुप रहे, फिर उन्होंने एक प्रकार से आर्तनाद-सा करते हुए कहा–

"तो गुजरात की तलवार टूट चुकी? कौन-कौन खेत रहे, कौन-कौन बचे?"

"सब ब्यौरा सेनापति शायद बता सकें, उन्हें बुलाऊँ?"

"अभी नहीं!" उन्होंने फिर शोभना को देखकर कहा, "तुम कौन हो?"

"मैं शोभना हूँ, देवी की चिरकिंकरी।"

महाराज ने चौला की ओर देखा। चौला ने साभिप्राय दृष्टि से शोभना की ओर देखा, शोभना धीरे से उठकर बाहर चली गई। कक्ष में एकान्त हो गया। महाराज एकटक बहुत देर तक दीपक के धीमे पीले प्रकाश में चौला के पीले मुँह को देखते रहे। फिर आहिस्ता से उसे खींचकर अपने वक्ष पर डाल लिया। पुष्प के ढेर की भाँति चौला महाराज के वक्ष पर गिरकर भारी-भारी साँस लेने लगी। जीवन और मृत्यु के मध्यस्थ उस संयोग-वियोग के उद्वेग से उसका वक्ष लुहार की धौंकनी के समान उठने-बैठने लगा। दोनों ही आकुल-व्याकुल हृदय परस्पर आलिंगित धड़क रहे थे, और उनके साक्षी थे, दोनों के प्रेम-पिपासु सूखे, विरह-विदग्ध सम्पुटित प्रचुम्बित ओष्ठ।

महामन्त्र

महाराज भीमदेव की रुग्णशय्या पर मन्त्रणा-सभा जुड़ी। सभा में केवल तीन पुरुष थे : बालुकाराय, दामो महता और महाराज भीमदेव।

महाराज भीमदेव ने पूछा—

"तो देवपट्टन का पतन हो गया, गुजरात की मर्यादा भंग हो गई?"

"गुजरात की मर्यादा भंग नहीं होगी महाराज, जब तक बाणबली भीमदेव खड्ग-हस्त हैं," महता दामोदर ने स्थिर स्वर से कहा।

"सर्वज्ञ गंग की कुछ सूचना मिली है?"

"नहीं महाराज।"

"देवता की रक्षा हुई?"

"कुछ कहा नहीं जा सकता।"

"राव रायधन?"

"वे सम्भवतः खेत रहे।"

"और कमा लाखाणी?"

"गंदावा दुर्ग हमने उन्हें ही सौंपा था। उन्होंने हमें सब युद्ध-साधन समेत विदा कर दिया था। दुर्ग में कुल सौ योद्धा भी नहीं थे। पर दुर्ग दृढ़ था, कौन जाने, उनपर क्या बीती, सूचना अभी नहीं मिली है।"

"दुर्ग में क्या यथेष्ट अन्न-जल था?"

"नहीं।"

"तब तो..." महाराज के नेत्र सजल हो गए। उन्होंने कहा, "राजवैद्य कहाँ हैं?"

"उपस्थित हैं महाराज।"

"उन्हें अभी बुलाओ।"

राजवैद्य ने आकर महाराज को जुहार कहा। महाराज ने कहा, "वैद्यराज, मेरे घाव कितनी देर में भर जाएँगे।"

"अन्नदाता, अभी एक मास न अश्व की पीठ ले सकते हैं, न तलवार ग्रहण कर सकते हैं।"

"यह तो असम्भव है वैद्यराज।"

"असम्भव तो महाराज के प्राणों का इस क्षत-विक्षत शरीर में शेष रह जाना था।" वैद्यराज ने आँखों में आँसू भरकर कहा।

"वह तो सम्भव हुआ वैद्यराज।" महाराज ने सूखी हँसी हँसकर कहा।

"महाराज के पुण्य-प्रताप और देव-सहाय से महाराज।"

"तो वैद्यराज, प्रत्येक मूल्य पर यह भी सम्भव करो कि मैं एक सप्ताह में शस्त्र ग्रहण कर सकूं।"

"अपराध क्षमा हो अन्नदाता, मैं किसी तरह श्रीमानों के प्राणों पर खतरा नहीं आने दूँगा।"

"परन्तु गुजरात की प्रतिष्ठा का प्रश्न है।"

"गुजरात के धनी के प्राणों का मूल्य उससे बहुत अधिक है अन्नदाता।"

"नहीं वैद्यराज, मैं अधिक काल तक शय्या पर नहीं रह सकता।"

वैद्यराज ने सिर झुका लिया। महता ने कहा, "महाराज, हम जैसे भी सम्भव होगा, आपको स्वास्थ्य-लाभ कराने की शीघ्रता करेंगे, परन्तु अभी अगत्य की बात है।"

संकेत पाकर वैद्यराज चले गए। महाराज ने कहा, "हाँ, परन्तु मेरी तो एक ही बात है, कि गज़नी का यह दैत्य और उसके संगी-साथियों में कोई यहाँ से जीवित लौटने न पाए।"

"यही हमें निर्णय करना है महाराज, मेरी एक योजना है", महता ने कहा।

"कहो महता।" महाराज ने आकुल दृष्टि से महता को देखकर कहा।

"महमूद के लौटने के दो मार्ग हैं, एक आबू को होकर राजस्थान को भंग करके—दूसरा कच्छ के रन में होकर।"

"तब?"

"हमें राजस्थान का मार्ग अवरुद्ध करना होगा। और यह मोर्चा आबू चन्द्रावती की उपत्यका में होगा। विमलदेव शाह साठ सहस्र संगठित योद्धा लिए वहाँ तैयार बैठे हैं। महाराज वल्लभदेव भी सब सैन्य और साधन ले उनसे जा मिले हैं। मैंने देवपट्टन से चलते ही यह व्यवस्था कर दी थी। विमलदेव को सूचना भी भेज दी थी। चन्द्रावती के परमार और अनहिल्लराय, नान्दौल से सैन्य समेत आबू को चल पड़े हैं। उनकी आँखें खुल गई हैं। दोनों की संयुक्त सेना चालीस हज़ार है—परन्तु एक बाधा है।"

"वह क्या?"

"कुमार दुर्लभदेव। उन्होंने अमीर से गुप्त सैन्य संधि कर ली है। और वे गुर्जराधीश बनने को तैयार बैठे हैं। उनके पास पचास सहस्त्र सज्जित सेना है। युद्ध में वह निश्चय ही अमीर का पक्ष लेंगे।"

"क्या उनके सब सेनापति और योद्धा भी उन्हीं की भाँति शत्रु के दास और देशद्रोही हैं?"

"नहीं महाराज, वे सब हमारे साथ हैं।"

"तो क्यों न दुर्लभदेव को बन्दी कर लिया जाए?"

"वह तो ठीक न होगा महाराज, मैंने एक बात सोची है।" महता ने कहा।

"क्या?"

"अमीर पाटन पहुँचकर उनका अभिषेक करेगा, यह मुझे ज्ञात है। हम ऐसा उपाय करेंगे कि पाटन जाते समय दुर्लभदेव के साथ अधिक सैन्य न हो। यह कुछ भी कठिन नहीं होगा। क्योंकि सेनानायकों से सब कुछ निर्णय किया जा चुका है। अमीर सम्भवतः जल्द से जल्द पाटन से पलायन करने की सोचेगा। उसका बल भंग हो गया है। और उसके सैनिक भी अशांत हैं। हम उसे और भयभीत करेंगे। वह हमारी आबू की तैयारी से बेखबर भी न रहेगा। बेखबर हम रहने भी न देंगे। बस, वह पाटन में अधिक न ठहरेगा। दुर्लभदेव को राज्य दे, लूट का माल ले सीधा गज़नी भागेगा। उस समय अरक्षित दुर्लभ को कैद कर लेना कुछ भी कठिन न होगा।"

"किन्तु अमीर?"

"वह आबू की ओर बढ़कर आत्मघात न करेगा।"

"और यदि करे?"

"तो महाराज की रकाब में, वहाँ डेढ़ लाख तलवारें उसका ऐसा स्वागत करेंगी जिसकी उसने कभी कल्पना भी न की होगी।"

"और यदि वह कच्छ के अथाह रन में घुसे?"

"तो चौहान सज्जन सिंह वहाँ उसका ऐसा स्वागत करेंगे कि जिसका नाम नहीं।"

"क्या सज्जन को हम कोई सहायता नहीं पहुँचा सकते?"

"असम्भव है महाराज, फिर उसकी आवश्यकता भी नहीं है। वह रणथम्मी माता के स्थान पर चौकी लिए बैठे हैं, जहाँ से आगे तीन सौ मील के भीतर न एक बूँद जल है, न एक झाड़। न घास-फूंस। केवल रेत ही रेत है। रेत के अंधड़ हैं। तूफानी वायु के थपेड़े हैं। ये सब इन दैत्यों की जीवित समाधि के लिए उत्सुक हैं।"

"तो अब?"

"अब खम्भात का कोई भरोसा नहीं है। गज़नी का दैत्य आपकी गंध सूँघता

हुआ चाहे जब आ धमकेगा। इसलिए आप चौला रानी तथा बालुकाराय को लेकर अभी इसी क्षण आबू को कूच कर दें, और मैं सब ब्राह्मणों, सेठियों, स्त्रियों और आवश्यक जनों को भरुकच्छ रवाना करता हूँ। धन, सम्पत्ति और अन्न आदि को बचाने का समय नहीं है, आवश्यक होगा तो हम सब-कुछ आग लगाकर भस्म कर डालेंगे।''

''परन्तु यह कदापि न हो सकेगा, महता, मैं इन सब ब्राह्मणों और भद्र नागरिकों को अरक्षित छोड़कर नहीं जाऊँगा।''

''किन्तु महाराज...''

''चुप महता, मैं इसी अपनी तलवार की शपथ खाकर कहता हूँ, कि नहीं जाऊँगा। अरे, जीवन क्या बारम्बार मिलता है। क्या भीमदेव अब प्राणों का भार लेकर इधर-उधर भटकता फिरेगा? नहीं-नहीं, कभी नहीं। हाँ, तुम चौला रानी को सुरक्षित पहुँचाने की व्यवस्था कर दो।''

परन्तु इस बार चौला, जो जालीदार गवाक्ष में बैठी मन्त्रणा सुन रही थी, लोक-लाज छोड़ उन्मत्त की भाँति दौड़कर महाराज के पैरों से लिपट गई। उसने कहा, ''चाहे जो भी हो, पर मैं आपको छोड़कर कहीं नहीं जाऊँगी, नहीं जाऊँगी—प्राण रहते नहीं जाऊँगी।''

''किन्तु प्रिये, समय कठिन है, हमें कठिनाई होगी।''

''नहीं होगी महाराज, मैं भी राजा की पुत्री हूँ। जैसे मेरे चरण नृत्य-निपुण हैं वैसे ही मेरे हाथ तलवार चलाने में भी पटु हैं। अब शत्रु क्षत्राणी की तलवार का पानी भी पीकर देखे।''

महाराज भीमदेव ने चौला की ओर देखा। हाथ बढ़ाकर उसका हाथ थाम लिया। फिर बालुकाराय से कहा, ''तो बालुक, ऐसी ही व्यवस्था करो। सामन्त की सहायता से नगर-दुर्ग की रक्षा की व्यवस्था कर लो। नगर सामन्त के हाथ रहे और दुर्ग तुम्हारी रक्षा में। और महता, तुम जितनी शीघ्र जितने परिवारों को बाहर भेज सको, भेज दो। पर ध्यान रक्खो, कम-से-कम भार लेकर लोग जाएँ। तथा युद्ध के योग्य व्यक्ति और अश्व बाहर न निकलने पाएँ। चौहान से कहो, जी-जान से खम्भात की रक्षा का प्रबन्ध किया जाए। तथा कमा लाखाणी और अमीर की गतिविधि जानने के लिए जासूस भेजो।''

गनगौर

उस दिन गनगौर का पर्व था। इस पर्व पर खम्भात में बड़ा भारी मेला लगता है। गौरी की मूर्ति का समुद्र में विसर्जन होता है। क्षणभर के लिए आबाल-वृद्ध सब

चिन्ता भूलकर, उत्तम-उत्तम वस्त्राभूषण पहनकर अपने-अपने वाहनों में सजे-धजे गनगौर पूजने को घर से निकले थे। घुड़सवार सैनिक सुरक्षा और व्यवस्था कर रहे थे। नगर के चौक में गौरी की प्रतिमा लाकर रखी गई थी। समुद्र-तीर पर प्रतिमा को ले जाने की तैयारी होने लगी। घुड़सवार सैनिक पंक्तिबद्ध खड़े हो गए। नाना प्रकार के वाद्य बजने लगे। विविध रंग-बिरंगी पताकाएँ लिए बालक-बालिकाएँ आनन्द से किलकारी भरने लगे।

अभी सूर्योदय हुए एक प्रहर भी नहीं हुआ था। फिर भी सूर्य की किरणें तेज़ हो गई थीं। गौरी की प्रतिमा एक स्वर्ण-निर्मित शिविका में रखी गई थीं। उसको सेठों के युवक पुत्रों ने उठा लिया और हर्ष से उछलते हुए हृदयों से देवी-प्रतिमा को ले चले। गौरी की प्रतिमा पीले रंग के रेशमी वस्त्रों से अलंकृत थी। अनेक प्रकार के रत्न, मोती और स्वर्णालंकारों से उसका श्रृंगार किया गया था। शिविका के आगे-आगे नगर के शिष्ट नागरिक और प्रतिष्ठित सेठ-साहूकार चल रहे थे। और पीछे के भाग में नगर की कुमारिकाओं को आगे करके सब सुहागिनें, विविध अलंकारों से अलंकृत हो चल रही थीं। इनकी केश-राशि नाना प्रकार के फूलों से श्रृंगारित थीं। ऐसा प्रतीत होता था कि मानो वसन्त-श्री मूर्तिमती होकर उस दिन खम्भात में शोभा-विस्तार क़र रही थी। अनेक कुमारियाँ हाथ में चाँदी के डण्डे लिए शिविका के पीछे चल रही थीं। अनेक सोने के डण्डे वाले चन्दन के पँखों से प्रतिमा की सेवा करतीं या चंवर डुलातीं चल रही थीं। कुछ कुमारिकाएँ और सुहागिनें अपने वीणा-विनिन्दित स्वर से गौरी का स्तवन करती जा रही थीं।

इस प्रकार गौरी की प्रतिमा का यह समारोह समुद्र तट पर जा पहुँचा। वहाँ एक ऊँचे मंच पर प्रतिमा का डोला रखा गया। समुद्र में सैकड़ों छोटी-बड़ी तरणियाँ तैर रही थीं। भव्य समारोह से सब नर-नारी देवी-प्रतिमा का दर्शन कर, गाते-बजाते, प्रतिमा को एक सज्जित तरणी में बैठाकर, और स्वयं भी तरणियों में बैठ-बैठ कर जल-विहार करने लगे। स्नान-पूजन के बाद समुद्र की सुनहरी रेती में मेला जमा। बालिकाएँ, ठौर-ठौर गरबा गाने, हँसने-खेलने-उछलने लगीं। लोग अपने साथ लाए पकवानों का भोग लगाने लगे। सारा ही दिन खम्भात-निवासियों ने समुद्रतट के विहार में लगाया, सान्ध्यवेला में देवी की सवारी धूम-धाम से पीछे फिरी। कुलांगनाएं गाती-बजातीं और युवकगण विविध खेल-क्रीड़ा करते पीछे लौटे। आकाश में चन्द्रोदय हुआ। नगर-द्वार पर दीपावली और अग्नि-क्रीड़ा का भव्य दृश्य था। धीरे-धीरे सारा ही जनजमाव नगर-द्वार पर आकर आनन्द-मग्न हो अग्नि-क्रीड़ा देखने लगा। नर-नारी अपने यूथ बाँधकर गाने-बजाने और नृत्य करने लगे। ढोल, दमामे, तुरही, शंख और घण्टों का तुमुल नाद होने लगा।

इतने ही में दैत्य के समान काली-काली मूर्तियाँ न जाने कहाँ से घोड़े दौड़ातीं और तलवारें घुमातीं इन आनन्दमग्न निरीह नर-नारियों पर टूट पड़ीं। पहले एक, फिर अनेक, फिर अनगिनत। देखते-ही-देखते कुहराम मच गया। अभी कुछ क्षण पूर्व

जहाँ का वातावरण स्वच्छन्द आनन्द एवं कोलाहल से परिपूर्ण था, वहाँ अब वह भय, वेदना और हाय-हाय के भयानक चीत्कारों से भर गया। हँसते-बोलते, खेलते-कूदते आबाल-वृद्ध नर-नारी कटने-मरने, चीखने-चिल्लाने और प्राण लेकर जहाँ जिसका सींग समाया भागने लगे। किसी को किसी की सुध न रही। सैकड़ों अबोध बालक घोड़ों की टापों से कुचल कर चटनी हो गए। अनेक कुल-बालाओं को इन दैत्यों ने जीवित ही पकड़कर अपने घोड़ों से बाँध लिया। कुछ साहसी जनों ने जो हाथ लगा, उसी से सामना किया, तो उन्हें तत्क्षण टुकड़े-टुकड़े होकर मृत्यु की शरण लेनी पड़ी। इस प्रकार वह सम्पूर्ण आनन्दोत्सव मृत्यु, विनाश और रक्तपात में डूब गया।

आसकरण सेठ का देसावर

आसकरण सेठ खम्भात के नगर-सेठ थे। उनका कारबार, प्रतिष्ठा और धन-वैभव बहुत चढ़ा-बढ़ा था। देश-देशान्तरों में उनके नाम की हुण्डी चलती थी। आयु पूरी होने पर अस्सी वर्ष की आयु में उनकी मृत्यु हुई। परिवार में उनके छोटे भाई मदनजी महता और पुत्र-पौत्र-परिजन सब मिलकर पचासों व्यक्ति थे।

मदनजी महता ने बड़े भाई की मृत्यु पर देसावर करने का मनोरथ किया था। अंजार, मांडवी, मुद्रा, लखपत, बेराजा, सुथरी, तेरा, रोहा, पतरी आदि बारह गाँवों के महाजन खम्भात में एकत्रित हुए थे। बहुत वर्षों से किसी धनी ने देसावर नहीं किया था, अतः इस अवसर पर दूर-दूर से जिन्हें आना था, वे भी जाति-गंगा में स्नान करने आए थे। एकत्रित होने वालों की भिन्न-भिन्न भावनाएँ भी थीं। बहुत लोग सगे-सम्बन्धियों से मिलने आए थे, बहुत जन कारबार, बहीवट, लेखा-जोखा देखने आए थे। कितने लोग जिज्ञासा की भावना से, कितने सैर-सपाटे के लिए और माल-मलीदे उड़ाने के विचार से आए थे। इस प्रकार आसकरण की मृत्यु के ग्यारहवें दिन खम्भात के बाज़ारों में बड़े-बड़े नगरों के सेठ, श्रीमन्त व्यापारियों, पटेल-वाणियों की भीड़ की भीड़ घूम रही थी। अनेक पिता अपने पुत्रों को सजा-धजाकर उनकी सगाई कराने के विचार से बेटी वालों की नज़र में चढ़ाने लाए थे। ये गाँव-गाँव के सेठ-महाजन कसकसे अंगरखे पहने, केस कन्धों पर डाले, पान चबाते बाज़ार में घूमकर परस्पर मिल-भेंट कर एक-दूसरे का कुशल-मंगल पूछते फिर रहे थे। घिरावदार अंगरखों पर चुस्त चुन्नट पड़ी आस्तीन, मलमल की इज़ारबन्द की फैट, और चमकता लाल सोरठी जूता ठाट बता रहा था।

नगर-सेठ के घर धूम मची थी। विविध पकवान बन रहे थे। मिठाइयों के थाल-पर-थाल सजाए जा रहे थे। सैकड़ों जन काम-काज में व्यस्त थे। मदनजी सेठ और उनका पुत्र देवचन्द्र हाथ बांधे नम्रता से सब आगत-अभ्यागतों का स्वागत-सत्कार कर रहे।

अभी सन्ध्या नहीं हुई थी। भोजन की पांत बैठी। बाहर के तथा नगर के महाजन जीमने के पाटों पर आ बैठे। परोसगारी प्रारम्भ हुई। किसी का हाथ लड्डू पर गया, किसी का पूरी पर, परन्तु मुँह तक किसी का हाथ नहीं पहुँच पाया। इसी समय भयानक कोलाहल सुनकर सब कोई चौकन्ने हो गए। एक युवक लोहू-लूहान गिरता-पड़ता सेठ की देहरी में गिर गया। उसने हांफते-टूटे स्वर में कहा, "अनर्थ, अनर्थ! ब्राह्मण-वध, देव-भंग!"

सब कोई हाथ का कौर छोड़ उठ खड़े हुए। मदन जी सेठ ने आगे बढ़कर कहा, "अरे, रामदेव महाराज, क्या हुआ? कहो तो सही!"

रामदेव ने टूटते स्वर में कहा, "गज़नी का अमीर आया है, उसने गुरुदेव नृसिंह स्वामी को बाँध लिया है महालय भंग किया जा रहा है। ब्राह्मण वध किए जा रहे हैं।"

उसने फटी-फटी आँखों से चारों ओर देखा और निर्जीव होकर भूमि पर गिर गया।

"हरे राम, हे गोविन्द, शिव-शिव, ब्राह्मण-हत्या!" कहकर सब महाजन विमूढ़ हो एक-दूसरे को देखने लगे! सभी पत्तलें छोड़ उठ खड़े हुए।

मदनजी सेठ और देवचन्द्र जैसे थे, वैसे ही नंगे-पैर मन्दिर की ओर दौड़ चले।

महाजनों ने बाहर आकर देखा—सैकड़ों ब्राह्मण भागते-चिल्लाते दौड़े चले आ रहे हैं। उनमें से बहुतों के वस्त्र लोहू में तर हैं। उनके पीछे घुड़सवार पठान सैनिक घोड़े दौड़ाते, भागते ब्राह्मणों की नंगी पीठ पर तलवारों और बर्छियों से घाव करते, दबाए चले आ रहे हैं। सबके आगे कीमती घोड़े पर सवार फतह-मुहम्मद हाथ में रक्त-भरी नंगी तलवार हवा में उछलाता आ रहा है।

देखते ही देखते इन बर्बर सैनिकों ने महाजनों को घेर लिया। सैकड़ों लपलपाती खूनी तलवारें हवा में ऊँची हुईं।

तिलक हज्जाम भी रक्त-वस्त्र पहने फतह मुहम्मद के साथ एक अच्छे घोड़े पर सवार था। उससे फतह मुहम्मद ने कहा, "ये सब अमीरज़ादे सेठिया हैं, सब लखपति-करोड़पति हैं, इन्हें मारने की अपेक्षा कैद करना अच्छा है। इनके छुटकारे की भारी रकम अमीर को मिलेगी।"

इतना कहकर उसने सवारों को रक्तपात करने से रोक दिया। और सबको बन्दी करने की आज्ञा दे दी। देखते ही देखते देश-देश के सब सुकुमार, श्रीमन्त, सेठ बन्दी हो गए। भागते हुए ब्राह्मण भी घेर लिए गए। इसी समय देवचन्द्र वहाँ आ गया। उधर बलूची सवारों ने सेठ के घर को राई रत्ती लूट लिया। और सबको बाँधकर ले गए। सेठ की नवकिसलय सुकुमारी कुमारी कंचनलता को भी घर में से घसीटकर उन्होंने बाँध लिया। सेठ-पत्नी मूर्च्छित हो भूमि पर पड़ी रह गई।

वज्रपात

धर्म-प्राण मदन जी सेठ और उनका पुत्र देवचन्द्र, दोनों ही प्राणों का मोह छोड़ नृसिंह स्वामी और देव-रक्षण के विचार से समय और बलाबल का बिना ही विचार किए, पागल की भाँति मन्दिर की ओर दौड़े जा रहे थे। वे दौड़ते हुए घुड़सवार पठानों की झपट से बचते हुए, कभी गली-कूचों और कभी किसी मकान या वृक्ष की आड़ में होते हुए दौड़ रहे थे। कितनी ही बार उन्हें भागती हुई भीड़ में धक्के खाकर गिरना पड़ा। घोड़ों की टापें उन्हें रौंदती चली गईं। इस संघर्ष में पिता-पुत्र का साथ भी छूट गया। परन्तु इस समय मदनजी सेठ को न प्राणों की परवाह थी, न पुत्र की। वह जैसे भी सम्भव हो, देवता और उसके पुजारी नृसिंह-स्वामी की रक्षा करना चाह रहे थे। वह सोच रहे थे—अमीर यदि उसकी करोड़ों की सम्पत्ति लेकर भी देव-भंग न करे, स्वामी जी को छोड़ दे, तो उसे सब सम्पत्ति दे देंगे।

मदनजी सेठ ने मन्दिर के निकट पहुँच कर देखा—मन्दिर की ध्वजा टूट चुकी है, सैकड़ों बर्बर सैनिक मन्दिर के कंगूरों पर चढ़े मन्दिर को ढहा रहे हैं। ब्राह्मणों और पुरजनों की लाशें जहाँ-तहाँ पड़ी हैं। बहुत-से बर्बर सिपाही लूट का माल लाद-लादकर ले जा रहे हैं।

सेठ का सिर घूमने लगा। उसी समय कोई वस्तु लुढ़कती हुई उसके पैरों में आकर गिरी। सेठ ने झुककर उसे उठा लिया। रक्त से उसका हाथ भर गया, उसने देखा और उसका शरीर थर-थर काँपने लगा। हे ईश्वर! वह नृसिंह स्वामी का कटा हुआ सिर था। सेठ में खड़े होने की सामर्थ्य न रही। सिर को गोद में लिए वह वहीं भूमि पर गिर गया। सैकड़ों आततायी घुड़सवार, पैदल उसे मुर्दा समझकर कुचलते हुए चले गए। सेठ मूर्च्छित पड़ा रहा।

परन्तु उसके प्राण नहीं निकले। रात आई और चली गई। सेठ की मूर्च्छा टूटी। उसने देखा—आकाश में शुक्र नक्षत्र पूर्व दिशा में अकेला टिमटिमा रहा है। सामने भग्न देवस्थान विशाल दैत्य की भाँति खड़ा है। मनुष्य का नामोनिशान भी वहाँ नहीं है।

वह उठा। मुर्दों और अधमरों को रूंधता नगर-द्वार पर पहुँचा। वहाँ दूर तक गनगौर से लौटे हुए नर-नारियों के छिन्न-छिन्न शरीर भूमि पर पड़े थे। उनके रंग-बिरंगे वस्त्र समुद्री हवा में फड़फड़ा रहे थे। गीध और चीलें आकाश में मंडरा रही थीं। सूर्य लाल-लाल आँखें किए ऊपर उठ रहा था। सेठ अपने घर लौटा। घर के द्वार पर सन्नाटा था, द्वार खुला था, पर भीतर किसी जीवित व्यक्ति के चिह्न न थे। सब घर अस्त-व्यस्त लुटा-पिटा था। हे ईश्वर, क्या मेरे कुटुम्ब में एक भी पुरुष जीवित नहीं रहा! उसे अब अपने पुत्र देवचन्द्र की याद आई। उसने ज़ोर-ज़ोर से चिल्लाकर देवचन्द्र को पुकारा। धीरे-धीरे एक स्त्री मूर्ति आकर उसके ऊपर गिर गई। यह सेठ की पत्नी थी। उसने रोते-रोते कहा—

"वे सब कुछ लूट ले गए। वे कंचनलता को भी..." आगे वह बोल न सकी, और मूर्च्छित हो भूमि पर गिर गई।

मदनजी सेठ भूमि पर बैठ गए। पत्नी को यत्न करके उन्होंने सावधान किया। फिर कहा, "सब-कुछ सुना दो, सब-कुछ सुना दो।"

सेठ की पत्नी ने कहा, "हंगामा सुनकर हम सब भुंहरा में छिप गए थे। वे सब सेठियों को पकड़-पकड़ ले गए। फिर घर में घुसकर लूट मचाने लगे। इसी समय देवचन्द्र आ गया। उसे वे सब मारने दौड़े—कंचन से न रहा गया। मेरे रोकने पर भी वह भोंहरे से बाहर आ देवचन्द्र को भीतर खींचने लगी। पर उनकी दृष्टि उसपर पड़ गई। उन्होंने उसे घसीटकर घोड़े से बाँध लिया, उसे बचाने में देवचन्द्र घायल होकर गिर गया। पता नहीं जीवित है या मृत। वे उन दोनों को ले गए—दोनों को!"

सेठ ने एक ठण्डी साँस ली। पत्नी को वह ढारस न दे सका। बहुत देर चुप बैठे रहकर उसने अपना कर्तव्य स्थिर किया। फिर अति कोमल भाव से पत्नी को उठाकर कहा, "अब चलो प्रिये, हम भी अपना धर्म पूरा करें।" और दोनों भीतर चले गए।

तेल देखो, तेल की धार देखो!

महाराज भीमदेव का घायल और अरक्षित अवस्था में खम्भात में रहना दामोदर महता को असंगत लगा। कूटनीति का यह पण्डित महाराज और महारानी चौला देवी दोनों ही को खतरे में डालना पसन्द नहीं करता था। पर प्रश्न निष्ठा और प्रतिष्ठा का था। न तो महाराज भीमदेव ही प्राणों के मोह से खम्भात को अरक्षित छोड़ने को राज़ी हो सकते थे, न चौला रानी ही उन्हें छोड़कर जा सकती थी। दामोदर महत्ता की दृष्टि में सम्भात की रक्षा से अधिक महत्त्व का प्रश्न राजा और रानी की रक्षा का हो उठा। दुर्ग, नगर और राजा-रानी, तीनों की रक्षा का प्रश्न था। प्रश्न अत्यन्त गम्भीर था। योद्धा और युद्ध सामग्री की तो कमी थी ही, निरन्तर पराजित होने के कारण उनमें साहस की भी बहुत कमी हो गई थी। दामोदर महता भग्न-हृदय सेना की कठिनाई से असावधान न थे। अतः अब उन्होंने ही सबसे अधिक साहस करने की ठान ली। परन्तु न तो महता को, न बालुकाराय ही को यह विश्वास था कि शत्रु इतनी शीघ्रता से उनके सिर पर आ टूटेगा। जिस दिन यह मन्त्रणा हुई, उसके दूसरे दिन ही गनगौर का त्यौहार था। त्यौहार में हँसते-खेलते नर-नारियों पर दैत्य टूट पड़ा। राजपूत सेना के सावधान होने तक वह तीन करारी मार कर चुका था। नगर-द्वार पर गनगौर के मेले में बिखरे हुए नर-नारियों को उसने काट डाला। अचलेश्वर देवालय भंग कर नृसिंहस्वामी और सब पुजारियों को भी मार डाला, तथा आसकरण सेठ के देसावर में आए सेठियों को भी बन्दी कर लिया।

विद्युत्वेग की भाँति यह खबर दुर्ग में पहुँची। जल्दी-जल्दी आवश्यक आदेश देकर, सामन्त को सेना-सहित दुर्ग से बाहर नगर-कोट पर भेज दिया गया। फिर बालुकाराय से आवश्यक परामर्श करके दामो महता घोड़ा दौड़ाते स्वयं एकाकी ही नगर की ओर दौड़े। दुर्ग-द्वार बन्द हो गया। खाई का पुल तोड़ दिया गया।

सामन्त को अधिक से अधिक सहायता पहुँचाना ही दामो महता का उद्देश्य था। सामन्त को उसने समझा दिया था कि सम्मुख जमकर युद्ध न करे। गली-कूचों में मार-काट करते बलूची सवारों पर बगल से टूट कर आक्रमण करे। दबाव होने पर भाग जाए। मकानों और वृक्षों की आड़ में, मौके की ताक में दस-दस, पाँच-पाँच आदमियों की टोलियाँ छिपा दे। साहस की प्रेरणा करके नगर-निवासियों को भी भागने से रोककर शत्रु पर आक्रमण में सहायता करने की चेष्टा करे। सामन्त ने यही युद्ध-नैपुण्य अपनाया। जगह-जगह सारे नगर में उसके योद्धा बिखर-बिखरकर नगर-जनों से सहयोग लेकर बगल से शत्रुओं पर आक्रमण करने लगे। इसका फल भी उत्तम हुआ। शत्रुओं की गति रुक गई। वे चौकन्ने होकर चलने लगे। नगर-जनों में साहस बढ़ा।

दामो महता अब गली-कूचे पार करते हुए किसी तरह बन्दी सेठियों में मिल गए। सेठ लोग दण्ड देने की चर्चा चला रहे थे। दामोदर ने बातचीत शुरू की।

एक सेठ ने कहा, "पाँच करोड़ कोरी बहुत है, इतना दण्ड दे कहाँ से सकते हैं?"

दूसरे ने कहा, "देना चाहें तो भी नहीं दे सकते। कोरी क्या हमारे पास यहाँ परदेश में है!"

तीसरे ने कहा, "हुण्डी कर सकते हैं, पर वह राक्षस मानेगा क्यों! उसे तो नकद ही चाहिए। बिना नकद दिए छुटकारा नहीं है।"

शुभकरण सेठ खम्भात के सेठों का चौधरी था। उसने कहा, "एक करोड़ कोरी मैं दे सकता हूँ।"

त्रिलोकचन्द ने कहा, "दस लाख मैं।"

लखपत के एक सेठ ने कहा, "मुझे समय मिले तो दस लाख कोरी मैं दूँगा। पर यहाँ नहीं, लखपत से मँगाकर दे सकता हूँ।"

दामो महता चुपचाप सुनते रहे। फिर उन्होंने आकर कहा, "सेठियाओ, आज्ञा हो तो मैं भी कुछ कहूँ। मैं भी आपकी इस विपत का साथी हूँ। आप भले ही पाँच करोड़ कोरी उस दैत्य के मुँह में डाल दें, परन्तु कोरी लेकर भी वह विश्वासघात करे, आपको न छोड़े तो? भला उस म्लेच्छ शत्रु की ज़मानत कौन देगा?" दामो की बात सुनकर सब सेठों के कान खड़े हो गए। सबने कहा, "ठीक तो है। दुष्ट विश्वासघात न करेगा, इसका क्या ठिकाना है। तब आप ही बताइए, क्या किया जाए?"

"सीधी बात है, शत्रु को दण्ड नहीं दिया जाएगा, परिणाम चाहे जो कुछ हो।

अभी तो हमें आत्म-रक्षा के जो उपाय सम्भव हों, अपनाने चाहिएँ। आप यदि सब कुछ मेरे ऊपर छोड़ दें, तो मैं आपकी रक्षा का जिम्मा लेता हूँ।"

दामोदर की इस बात से सबको ढाढ़स बंधा। सबने कहा, "आप जो कहेंगे, हम वही करेंगे।"

"तब ठीक है, अब सब बातों का जवाब आपका प्रतिनिधि होकर मैं ही शत्रु को दूँगा। आप शान्त होकर बैठिए।"

अभी यह सलाह हो ही रही थी कि अमीर के बलूची सेनानायकों ने आकर कहा, "सेठियो, अब तुम क्या कहते हो? दाम देते हो, या फिर तुम्हारी सबकी गर्दन मारी जाए?"

दामोदर ने कहा, "हमें रातभर सोचने का समय मिले।" वह सोच रहे थे। बालुकाराय और सामन्त के युद्ध-कौशल का क्या परिणाम होता है यह देख लिया जाए। परन्तु उद्दण्ड बलूची सरदार ने कहा, "नहीं, नहीं, इतना समय नहीं दिया जा सकता, जो कुछ कहना है, अभी कहो—नहीं तो अभी तुम सबकी गर्दन मारी जायगी।"

"अभी कहाँ से रुपया आएगा? रुपया क्या हमारी जेब में है? फिर, गर्दन मारने से ही तुम्हें काम है तो वही करो। पर हमें जो कुछ देना-लेना है, रातभर में सोचेंगे, बन्दोबस्त करेंगे, तब होगा।"

सरदार कुछ सोच-समझ कर चला गया। सेठियों ने कहा, "इससे क्या लाभ, जो सुबह कहना था, वह अभी क्यों न कह दिया गया?"

महता ने कहा, "तेल देखो, तेल की धार देखो!"

मृत्युंजय महमूद

अमीर ने अविलम्ब दुर्ग पर धंसारा बोल दिया। उसका परम शत्रु भीमदेव और चाहना की बहुमूल्य वस्तु चौला देवी इस समय इसी दुर्ग में हैं, यह सूचना उसे मिल चुकी थी। और दोनों प्राप्यों को वह प्रत्येक मूल्य पर प्राप्त करने पर तुल गया था। जिस साहसिक प्रवृत्ति ने इस दुर्दान्त योद्धा को अजेय बनाया था, वह प्रवृत्ति आज उसके हृदय की लिप्सा और वासना से मिलकर अपरिसीम बन गई थी। आज तक अपने जीवन में वह हीरे-मोती की भूख तृप्त करता रहा था। परन्तु जबसे उसने चौला को देखा था—एक दूसरी ही भूख उसके रक्त में जाग उठी थी। आज रक्त के नद में सराबोर हो चुकने पर, महा-संग्राम को जय करने पर, वह भूख अपना भोजन प्राप्त करे—यह क्षण आ लगा था। इसके लिए अमीर अपने हज़ारों प्राणों का भी विसर्जन कर सकता था। इसलिए उसने एक क्षण को भी व्यर्थ न खोकर अपना प्राप्तव्य पा लेने या प्राण देने का संकल्प कर लिया। दुर्ग का भंग होना असम्भव

था। वह चारों ओर से अत्यन्त दृढ़ और अजेय था। परन्तु महमूद भी दुर्जय योद्धा था। उसने अपने योद्धाओं को ललकार कर कहा, "बहादुरों! इन पत्थरों के उस पार गज़नी के अमीर की इज़्ज़त, ग़ैरत और ज़िन्दगी क़ैद है, जो कोई सबसे पहले फसील पर चढ़कर पहला बुर्ज़ दखल करेगा—उसे गज़नी का अमीर आधी दौलत देगा।"

अमीर का यह वक्तव्य साधारण न था। दुर्दान्त दुर्जय तुर्क और बलूची योद्धा प्राणों की होड़ लगाकर सीधी फिसलने वाली चट्टानों पर चढ़ने लगे। पर अमीर इतने ही से सन्तुष्ट न हुआ। वह स्वयं भी अपनी सब गरिमा भूल चट्टानों पर साधारण सिपाहियों की भाँति चढ़ने लगा। कहीं रस्सियाँ पत्थरों में फँसाकर, कहीं आदमियों की पीठ का ज़ीना बनाकर, कहीं बन्दर की भाँति खतरनाक उछाल मार कर, असंख्य योद्धा प्राणों को मोह छोड़ दुर्ग पर चढ़ने लगे। दुर्ग-द्वार भी भारी दबाव में पड़ा। ढेर के ढेर ज्वलनशील पदार्थों को द्वार पर लाकर जला दिया गया। चन्द्रमा के क्षीयमान प्रकाश में असंख्य टिड्डियों के दल की भाँति शत्रुओं को दुर्ग पर आक्रमण करते देख बालुकाराय बहुत व्यस्त हो गए। चौहान सामन्तसिंह नगर में घिर गए थे। और उनकी कोई सूचना नहीं मिली थी। वे जीवित हैं या मृत, इसका भी कोई निश्चय नहीं था। बहुत-से सैनिक उनकी सहायता को दुर्ग से बाहर भेज दिए गए थे। दुर्ग में बहुत कम सैनिक थे। उन्हीं को लेकर बालुकाराय दुर्ग-रक्षा की व्यवस्था करने लगे।

परन्तु क्षण-क्षण पर दुर्ग के पतन की आशंका हो रही थी। प्रश्न दुर्ग के पतन का नहीं था—चौलारानी और महाराज भीमदेव की सुरक्षा का था। महता भी दुर्ग से बाहर थे। उनकी भी कोई सूचना नहीं मिल रही थी। अतः सारा भार इस नाजुक मौके पर अकेले बालुकाराय पर ही था। बालुकाराय भी प्राणों के मूल्य पर दुर्ग-रक्षा की आन ठान चुके थे। सच पूछा जाए, तो आज उनके जीवन का यह सबसे भयानक और कठिन संग्राम था।

सारे ही योद्धाओं को पीछे धकेलकर अमीर और फतह मुहम्मद सबसे आगे पहुँच गए। दोनों में पहले कौन बुर्ज को आक्रान्त करता है—इसकी होड़ लग गई। ऊपर से तीर बरस रहे थे और भारी-भारी पत्थर भी ढुलकाए जा रहे थे। परन्तु ये दोनों जीवट के पुरुष किसी भी बाधा को न मानकर, उन अगम चट्टानों पर ऊपर खिसक रहे थे। बुर्ज कुछ हाथ रह गया था। अमीर का वज़नी शरीर सिर्फ उँगलियों की पोरों पर लटक रहा था। और फतह मुहम्मद बन्दर की भाँति पंजों के सहारे दीवार से चिपका था। अमीर का दम फूल रहा था। उसने युवक से हाँफते हुए कहा—

"बहादुर, क्या तुम में अब भी दम है?"

"अब देर क्या है आलीजाह।"

"तो तू हिम्मत कर।"

"आलीजाह गुस्ताखी माफ फरमाएँ" उसने इतना कहा, और उछलकर अमीर

के कन्धे पर जा चढ़ा। अमीर लड़खड़ाया, उसकी उँगलियाँ चट्टान से खिसकने लगीं, परन्तु इसी क्षण फतह मुहम्मद चीते की भाँति उछाल मारकर बुर्ज़ पर जा पहुँचा। बुर्ज पर पहुँचते ही राजपूत 'मारो-मारो!' कहके उसपर टूट पड़े। पर उसने एक हाथ से तलवार घुमाते हुए कमर में बँधी रस्सी नीचे लटका दी तथा एक गोख में पैर अड़ाकर पीठ के बल गिर गया। गिरे-गिरे ही वह अपने सिर के चारों ओर तलवार घुमाने लगा।

अमीर की उँगलियाँ चट्टान से खिसक चुकी थीं, और यह सम्भव था कि वह फ़तह मुहम्मद के असह भार से डगमगा कर अतल तल में गिरकर चूर-चूर हो जाय, पर इसी समय रस्सी उसके हाथ आ गई। उसने लपक कर रस्सी पकड़ ली और दूसरे ही क्षण अमीर भी बुर्ज पर था।

बुर्ज़ पर पहुँच कर उसने तलवार हवा में ऊँची करके 'अल्लाहो-अकबर!' का नारा बुलन्द किया। उसने कहा, "फतह, तेरी ही फतह रही!" और उसने फुर्ती से रस्सी एक गोख में बाँध दी। देखते-ही-देखते अनेक साहसी तुर्क योद्धा बुर्ज़ पर चढ़ आए।

राजपूत वहाँ बहुत कम थे। उनमें दस-पाँच तो इसी क्षण कट मरे, बाद में नरसिंहा फूँककर उन्होंने दुर्ग में चेतावनी दी, तो चारों ओर से 'हर-हर महादेव!' करते बहुत-से राजपूत उधर दौड़ चले।

कोमल कृपाण

अब संकट-काल समुपस्थित देख बालुकाराय ने महाराज की सुरक्षा का सबसे प्रथम विचार किया। वह महाराज के क़क्ष में गए। महाराज की सेवा में चौला देवी और शोभना थी। दो-एक सेवक भी उपस्थित थे। बालुकाराय ने कहा, "महाराज, शत्रु दुर्ग में घुस आए हैं। हमारे पास सेना बहुत कम है। अब आप अविलम्ब यहाँ से प्रस्थान कीजिए।"

परन्तु महाराज भीमदेव असंयत होकर शय्या से उठकर खड़े हो गए और अपने शस्त्र माँगने लगे। इससे उनके अनेक घावों के टाँके टूट गए और उनसे खून बहने लगा।

चौलादेवी ने त्रस्त-भाव से उन्हें शय्या पर लिटाकर कहा, "महाराज, मेरी एक विनती है!"

"कहो प्रिये।"

"इसी क्षण दुर्ग मुझे प्रदान कीजिए।"

"तुमको?"

"हाँ महाराज, विचार मत कीजिए।"

"किन्तु बालुक..."

"महाराज, तुरन्त दुर्ग मुझे दीजिए, या मेरा प्राण जायगा।"

"देवी, तुम्हें तुरन्त रक्षा-स्थान में जाना चाहिए।"

किन्तु चौला ने तत्काल महाराज भीमदेव की तलवार उठा ली। और कहा, "महाराज, इसी तलवार की आपको आन है, दुर्ग मुझे दीजिए। मैंने कहा, मेरे चरणों में जैसा नृत्य-कौशल है, हाथों में वैसा ही युद्ध-कौशल भी है। महाराज, मेरा वह कौशल देखें।"

"तो फिर जैसी चौला महारानी की इच्छा!"

चौला तुरन्त बालुकाराय की ओर मुड़ी। उसने कहा, "सेनापति, इसी क्षण महाराज को सुरक्षित दुर्ग से बाहर ले जाओ, और आबू की राह लो। दुर्ग में मुझे एक भी योद्धा की आवश्यकता नहीं है—सभी योद्धा महाराज की रक्षा में जाएँ।"

महाराज ने असंयत होकर कहा, "यह क्या? भला मैं तुम्हें यहाँ अरक्षित छोड़कर जाऊँगा?"

"अरक्षित नहीं महाराज, गुजरात के धनी की तलवार मेरे हाथ में है, फिर यह खम्भात की दुर्गाधिष्ठात्री की आज्ञा है, इसका तुरन्त पालन होना चाहिए।"

"नहीं, नहीं रानी, यह असम्भव है, मैं युद्ध करूँगा। बालुक, मेरा घोड़ा लाओ।"

महाराज भीमदेव एकबारगी ही उठ खड़े हुए, परन्तु दूसरे ही क्षण कटे वृक्ष की भाँति भूमि पर गिर गए। उनके घावों से रक्त बहने लगा। वे मूर्च्छित हो गए।

इसी समय एक सैनिक ने आकर सूचना दी—दुर्ग में बहुत शत्रु घुस आए हैं। वे इधर ही चले आ रहे हैं। रह-रहकर 'अल्लाहो अकबर' का नाद निकट आ रहा था। चौला ने व्याकुल होकर कहा, "सेनापति, प्रत्येक क्षण बहुमूल्य है। गुजरात के स्वामी की रक्षा कीजिए, वह गुप्त राह है।"

"किन्तु आप?"

"मैं अपनी रक्षा में समर्थ हूँ।"

"फिर भी?"

चौला ने एकबारगी ही क्रोधावेशित होकर कहा, "क्या तुम दुर्गाधिष्ठात्री की आज्ञा नहीं सुन रहे सेनापति?"

"सुन रहा हूँ," बालुक ने आँखों में आँसू भरकर कहा।

"तो तुम इन क्षणों का मूल्य नहीं आँक रहे, एक क्षण का विलम्ब भी घातक है। गुजरात को अनाथ करने की जोखिम तुम उठा रहे हो।"

बालुकाराय ने महाराज का मूर्च्छित शरीर कन्धे पर उठा लिया और भूमिगर्भ में प्रवेश करते हुए कहा, "आपको मैं भगवान् सोमनाथ की रक्षा में छोड़ रहा हूँ महारानी।" और वह अन्धकार में विलीन हो गया। चौला ने जितने सैनिक वहाँ थे,

सभी को भू-गर्भ में उतार दिया और भली-भाँति भू-गर्भ का द्वार बन्द करके छिपा दिया। फिर शोभना से कहा, "सखी, अब हम-तुम दो हैं।"

"हम एक हैं महारानी।"

"रानी नहीं—बहिन।"

"महारानी जी, आप आज्ञा दीजिए।"

"तो बहिन, द्वार बन्द कर ले, और एक तलवार हाथ में ले ले, जिससे एक मुहूर्त-भर किसी भाँति इस भूगर्भ की रक्षा कर सकें। फिर गुजरात का अधिपति सुरक्षित है। इसके बाद हमारा जो हो, सो हो।"

"जो आज्ञा!" कहकर शोभना ने द्वार बन्द कर लिए और नंगी तलवार ले द्वार से सटकर बैठ गई।

शोभना का सख्य

अभी गुप्तगृह में गए महाराज भीमदेव को कुछ क्षण ही व्यतीत हुए थे कि सोलह हाथ ऊँची दीवार को फाँद, हाथ में रक्त-भरी नंगी तलवार लिए फतह मुहम्मद आँगन में कूद गया। सामने शोभना को देखकर उसने हाथ की तलवार ऊँची कर कहा, "शोभना, मैं आ गया!"

हर्ष से वह फूल रहा था। यद्यपि शोभना को क्षण-क्षण में उसके आने की सम्भावना थी, परन्तु इस समय इस रूप में उसे वहाँ देखकर उसकी चीख निकल गई। क्षण-भर तो वह सकते ही हालत में खड़ी रही। फिर दूसरे ही क्षण वह सब परिस्थिति भाँप गई; उसने आँखों ही के संकेत से चौला को भीतर जाकर भीतर से कक्ष का द्वार बन्द करने को कहा, और आप हाथ की तलवार वहीं फेंक बाहर आ द्वार से अड़कर खड़ी हो गई। फतह मुहम्मद ने कहा—

"मैं आ गया शोभना!"

"मैं तुम्हारी प्रतीक्षा ही कर रही थी।"

"अब प्रतीक्षा की बेला समाप्त हुई, शोभना, अब तो मिलन का क्षण आ गया, अब मुझसे तुम्हें कौन छीन सकता है?"

"परन्तु ग़ज़नी का वह दैत्य?"

"अमीर, अमीर ने मुझे अपना सेनापति बनाया है शोभना, और आज मैं अमीर से सबसे बड़ा इनाम लूंगा।"

"किन्तु वह धर्म, देश और मनुष्यों का शत्रु है?"

"परन्तु हमारा मित्र है। अब विलम्ब न करो, मेरी चीज़ मेरे हवाले करो।"

"कैसी चीज़?"

“जिसकी देखभाल का काम मैंने तुम्हें सौंपा था।”

“चौला रानी?”

“हाँ, वह यहीं है, मैं उसकी झलक देख चुका हूँ।”

“तुम्हें, बड़े लोगों के सम्बन्ध में मर्यादा से बात करनी चाहिए।”

“ओह, वह अभी तो मेरी बन्दिनी है। अलबत्ता, जब अमीर की बेगम बन जाएगी, तब मर्यादा से बात करूँगा।” वह हँसा, और तलवार हवा में ऊँची की।

“देवा, यह तुम अमीर के दास के समान बोल रहे हो।”

“दास क्यों? मैं अमीर का सबसे बड़ा सिपहसालार हूँ। आज की यह कठिन मुहिम मैंने सर की है। सोमनाथ मैंने सर किया, और अमीर जिसे सबसे बड़ी दौलत समझता है, वह क्या है, जानती हो?”

“क्या है?”

“चौला! वह दौलत उसकी गोद में डालकर मैं आज आधी दुनिया की बादशाहत अमीर से लूँगा। शोभना, अब तुम अपने को किसी महारानी से कम न समझना।”

“देवा, तुम तो बड़े-बड़े सौदे करने लगे।”

“यह इस तलवार की बदौलत शोभना, और तेरी इन आँखों के जादू की बदौलत—जिनमें मुझे मारने और ज़िन्दा करने की ताकत है।”

“लेकिन देवा, देखती हूँ, तुमने सबसे बड़ा सौदा भी कर लिया!”

“कैसा?”

“तुम अपने को भी बेच चुके!”

“तो इससे क्या, उसकी कीमत कितनी मिली—जानती हो? शोभना, मेरी प्राणों से भी अधिक प्यारी चीज़—और एक बादशाहत।”

“परन्तु देवा, एक दिन न शोभना रहेगी, न यह भीख में मिली बादशाहत। केवल तुम्हारे ये काले कारनामे रह जाएँगे।”

“क्या कहा—भीख में?”

“नहीं गद्दारी, विश्वासघात, देश और धर्म के द्रोह के सिले में मिली बादशाहत।”

“शोभना, यह तुम क्या कह रही हो, जानती हो—यह सब तुम्हारे ही लिए।”

“इसी से तो, मैं शर्म से मरी जाती हूँ।”

“तुम्हारी स्त्री-बुद्धि है न।”

“स्त्री हूँ, तो मर्द की बुद्धि कहाँ से लाऊँ?”

“खैर, अब देर हो रही है, बाहर मेरे सिपाही खड़े हैं, मेरी चीज़ मेरे हवाले करो।”

“कौन सी चीज़?”

“वहीं चौला देवी।”

“किसलिए?”

"उसे मैं अमीर नामदार को भेंट करूँगा।"

"अमीर कहाँ है?"

"पास ही है, इसी किले में।"

"मेरी बात मानो देवा, तुम इतने बड़े बहादुर हो—मेरी खुशी का एक काम कर दो।"

"शोभना की खुशी के लिए तो मैं अपना दाहिना हाथ भी काटकर दे सकता हूँ। कहो, क्या चाहती हो।"

"उस दैत्य अमीर का सिर काटकर मुझे ला दो।"

फतह मुहम्मद चमक कर दो कदम पीछे हट गया। उसने कहा, "हैं, यह कैसी बात!"

"क्या नहीं कर सकते? जिसका पेशा लूट-हत्या, धर्मद्रोह, अत्याचार और अन्याय है, जो लाखों मनुष्यों की तबाही का कारण है, जो मृत्युदूत की भाँति सत्रह बार भारत को तलवार और आग की भेंट कर चुका, वह इस क्षण तुम्हारे हाथ में है, चंगुल में है, जाओ, अभी उसका सिर काट लाओ—शोभना देवी की यही तुमसे आरज़ू है।"

"नहीं, नहीं शोभना, यह नहीं हो सकता। मैं दास, अनाथ, अपमानित, बहिष्कृत देवा, उसकी कृपा से ही आज इस रुतबे को पहुँचा हूँ। भला मैं उसके साथ धोखा कर सकता हूँ!"

"क्या शोभना के लिए भी नहीं?"

"भगवान के लिए भी नहीं, किसी तरह नहीं। चलो—जल्दी करो, अमीर प्रतीक्षा में है। अब देर हो रही है, चौला को मेरे हवाले करो।"

"तुम किस अधिकार से उन्हें मुझसे माँगते हो?"

"मैंने तुम्हें उनकी निगरानी पर नियत किया था।"

"सो मैंने उनकी निगरानी की है।"

"वह यहीं है?"

"यहीं हैं।"

"और महाराज भीमदेव?"

"वे नहीं हैं।"

"कहाँ हैं?"

"मैं नहीं जानती।"

"खैर, उन्हें ढूँढ़ लिया जाएगा। कहाँ है चौला?"

"भीतर इसी महल में।"

"तो द्वार खोलो, उसे मेरे हवाले करो।"

"तो तुम क्या इस बात पर तुल ही गए हो?"

"शोभना, हमारे जीवन का हेस-नेस अब इसी बात पर है।"

"पर याद रखना, तुमने शोभना की बात नहीं रखी।"

"अब इसके बाद, मैं शोभना का ही दास हूँ। शोभना की बात रखना ही मेरा काम होगा।"

"वाह, तुमने तो दासता का धन्धा ही खोल दिया है, अमीर के दास बने, फिर शोभना के बनोगे।"

"शोभना का दास बनने के लिए मैं अमीर का दास बना हूँ, यह बात न भूलना शोभना।"

"अच्छी बात है, न भुलूँगी।"

"तो अब द्वार खोलो।"

शोभना कुछ देर सोच में पड़ गई। उसने मर्म-भेदिनी दृष्टि से फतह मुहम्मद को देखा, फिर कहा, "ज़रा सोच लो देवा।"

"देर न करो शोभना।"

"तो शोर न करो। चुपचाप मेरे पीछे आओ।"

"लेकिन भीतर और कौन है?"

"अकेली देवी हैं।"

"तब चलो।"

शोभना दीवार की छाया में दीवार से सटकर निश्शब्द चलने लगी। फतह मुहम्मद उसके पीछे-पीछे उसी भाँति चला। महल के पिछवाड़े पहुँचकर एक छोटे-से द्वार में घुसकर उसने कहा, "जूता बाहर उतार दो और निश्शब्द भीतर आ जाओ।" फतह ने ऐसा ही किया। द्वार के भीतर उसे करके शोभना ने भीतर से द्वार बन्द कर लिया। अब वह उसे एक अंधेरी गली में हाथ पकड़कर ले चली।

फतह मुहम्मद ने फुसफुसा कर कहा, "कहाँ लिए जा रही हो शोभना?" पर शोभना ने अपनी नर्म-नर्म हथेलियाँ उसके मुँह पर रख दीं। वे एक शून्य अलिन्द में पहुँचे। सामने एक बन्द द्वार था। शोभना ने उसकी दरारों को झांक कर देखा। फिर फतह मुहम्मद के पास जाकर कहा, ज़रा मुझे अपनी तलवार तो दो! उसने उसे सोचने-विचारने का अवसर नहीं दिया, उसके हाथ से तलवार लेकर उसकी नोंक दीवार की दरार में घुसाई, द्वार खुल गया। तलवार हाथ ही में लिए वह द्वार में घुस गई और फतह मुहम्मद को पीछे आने का संकेत किया। क्षण भर को वह झिझका और फिर लपककर भीतर घुस गया। भीतर अंधकार था। घुसने के बाद द्वार अपने आप ही बन्द हो गया। द्वार बन्द होने की आहट पाकर उसने पीछे की ओर देखा, एक भीति की भावना उसके मन में व्याप गई, उसने पुकारा, "शोभना।"

परन्तु शोभना ने कोई उत्तर नहीं दिया। वह उस घने अंधकार में दोनों हाथ फैला-फैला कर शोभना-शोभना चिल्लाने और इधर-उधर दौड़ने लगा। परन्तु शीघ्र

ही दीवार से उसका सिर टकरा गया। उसने उलटकर द्वार खोलने की चेष्टा की परन्तु सफलता नहीं मिली। अब क्रोध और अधैर्य से पागल होकर उसने ज़ोर-ज़ोर से चिल्लाकर कहा, ''दगा-दगा! तुमने मुझसे दगा की, शोभना!''

एक छोटा-सा मोखा खुला। उसमें से थोड़ा प्रकाश उस कक्ष में आया। शोभना ने मोखे में झांककर कहा–

''निस्सन्देह देवा, मैंने तुमसे दग़ा की। क्योंकि मैं औरत हूँ। मेरे पास और उपाय नहीं था।''

''लेकिन शोभना, मैंने तुझे प्यार किया था।''

''प्यार तो मैंने भी तुझे किया था देवा।''

''पर तेरा प्यार मेरे-जैसा नहीं था।''

''शायद, प्यार कभी किसी ने तराजू पर तो तोला नहीं। तेरा कैसा प्यार था, यह तू जान, मैं तो अपने प्यार को जानती हूँ।''

''उसी प्यार का नतीजा? विश्वासघात!''

''निस्सन्देह, प्यार तूने भी किया, और मैंने भी। पर प्यार होता है अंधा। वह यह न देख सका, कि तू क्रीत दासी का दास बेटा है, और मैं ब्राह्मण की बेटी हूँ।''

''इससे क्या शोभना, हम दोनों एक-दूसरे को प्यार करते थे।''

''पर दास और ब्राह्मण के रक्त में तो अन्तर है न? दास के रक्त ने प्यार को दासता के दांव पर लगाया। धर्म, ईमान, मनुष्यता सब पर लात मारकर उसने स्वार्थ-लिप्सा ही को देखा। पर ब्राह्मण के रक्त ने मनुष्यता पर प्यार को न्यौछावर कर दिया। आज मेरी आँखें खुल गईं। मैंने तुम्हारा असली रूप देख लिया।''

''क्या देखा?''

''कि तुम मनुष्य नहीं, कुत्ते हो। तुम्हारे प्यार का मूल्य एक जूठी रोटी का टुकड़ा है।''

''शोभना'', फतह मुहम्मद क्रोध से उन्मत्त होकर चिल्लाया। उसने कहा, ''शोभना, जैसा मेरा प्यार अंधा है वैसा ही गुस्सा भी है।''

''बहुत कुत्तों का गुस्से में गुर्राना देखा है मैंने।''

अधीर होकर फतह मुहम्मद ने उछल कर गोख को पकड़ लिया। शोभना चुपचाप खड़ी रही। फतह मुहम्मद की खूनी तलवार उसके हाथ में थी। फतह मुहम्मद ने गोख में सिर डाला, वह उसी राह बाहर आने की चेष्टा करने लगा। शोभना चुपचाप देखती रही। ज्योंही उसकी पूरी गर्दन गोख से बाहर हुई, शोभना ने एक भरपूर तलवार का हाथ मारा, फतह मुहम्मद की आधी गर्दन कट गई। वह आहत सांड़ की भाँति चीख उठा। उसका धड़ लटक गया। उसी समय शोभना ने होंठों को दाँतों में भींचकर दो-तीन हाथ और मारे, सिर कटकर उसके चरणों में आ गिरा। अब वह रक्त-भरी तलवार लेकर तेज़ी से एक ओर को भाग चली।

शरणापन्न

प्राणों से प्यारे देवा के खून से भरी तलवार से गर्म और ताज़ा खून की बूँदें टपकाती हुई शोभना उन्मादिनी की भाँति गिरती-पड़ती, दालान-अलिन्द पार करती हुई, उस कक्ष में पहुँची, जहाँ अकेली चौला, तलवार हाथ में लिए, भय, आशंका और उद्वेग से भरी बेचैनी से एक-एक क्षण काट रही थी। किले में बाहर जो मार-काट मची थी और शोर मच रहा था, उसकी जो आवाज़ दीवारों से छन-छन कर आ रही थी, वह उसे अधीर बनाए हुए थी। किस क्षण क्या होगा, नहीं कहा जा सकता था। शोभना को इस प्रकार के भयानक वेश में आते देख चौला दौड़कर उसके पास आई। शोभना के बाल बिखर रहे थे, होंठ सूख रहे थे और चेहरा सफेद मुर्दे के समान हो रहा था, आँखें भय से फट रही थीं। शोभना तलवार फेंक चौला के पैरों में गिर फफक-फफक कर रोने लगी। चौला देवी ने उसे अंक में भरकर अनेक भाँति सान्त्वना दी। वह यह तो समझ गई कि कोई अघट घटना घटी है, पर हुआ क्या, यह जानने को बारम्बार उसे प्रबोध करने लगी। शोभना अर्ध-मूर्च्छित अवस्था में उसकी गोद में पड़ी बड़बड़ाने लगी। चौला ने झारी से शीतल पानी लेकर उसके कण्ठ में डाला और आँखों पर छींटे दिए, फिर कहा, "कह बहिन, हुआ क्या?"

शोभना ने होंठों ही होंठों में फुसफुसाकर कहा–

"मैंने उसे मार डाला देवी, उसका सिर काट लिया, उसी की तलवार से।"

"किसका? किसका?"

पर शोभना ने सुना नहीं। वह मूर्च्छित हो गई। चौला देवी बहुत व्यग्र हो गईं। सहायता के लिए किसे पुकारा जाए। कक्ष में एक भी आदमी न था। परन्तु समय पर साहस का आप ही उदय हो जाता है। चौला ने किसी तरह शोभना को प्रबोध किया। होश में आकर शोभना आँखें फाड़-फाड़कर चारों ओर देखने लगी, फिर रोते-रोते चौला की गोद में गिर गई। धीरे-धीरे उसने अपने हृदय की गुत्थी खोली। देवा का परिचय, उससे प्रेम-भावना और उसका घर से भागना, मुसलमान होना, छिपकर मिलना, सब-कुछ बता दिया। अपने मन की आसक्ति भी न छिपाई। उसे उसी ने चौला देवी पर अमीर की ओर से जासूसी करने पर नियत किया था–यह भी कहा। और अन्त में यह भी कह दिया कि किस प्रकार उसे देवी से प्रेम हुआ, और उसी प्रेम और कर्तव्य पर उसने आज निरुपाय हो अपने प्यारे का सिर काट डाला।

सब सुनकर चौला जड़ हो गई। बहुत देर तक वह निःस्पन्द शोभना को वक्ष से लगाए बैठी रही। फिर कहा, "सखी, तूने तो वह किया, जिसका उदाहरण नहीं। मेरे लिए तूने अपना ही घात कर डाला।

"आपके लिए नहीं देवी, अपने प्यार के लिए, जो मेरे मन में देवा के लिए था। अभी भी जो वैसा ही है। उस दासी-पुत्र ने उसी का सौदा कर डाला था, उसे

मैंने आज कलंकित होने से बचा लिया। और अब मैं आपकी शरणापन्न हूँ।''

उसने अपने को चौला की गोद में डाल दिया। चौला ने उसे उठाकर हृदय से लगा लिया।

प्राणों का मूल्य

इसी समय महल के फाटक पर आघात होने लगा—जैसे द्वार तोड़ा जा रहा हो। शस्त्रों की झनकारें और घायलों की चीत्कारें निकट आने लगीं। शोभना ने कहा, ''देवी, हमें सावधान हो जाना चाहिए, शत्रु शायद महल पर धावा बोल रहे हैं।''

दोनों स्त्रियों ने तलवारें हाथ में ले लीं और उठ खड़ी हुईं। शोभना ने कहा, ''देवी, समय कठिन है, हमें सहायता मिलना सम्भव नहीं है। आप भूगर्भ में चली जाएँ और जैसे भी सम्भव हो, सुरंग पार कर महाराज के दल से मिलकर आबू पहुँच जाएँ। महाराज घायल हैं, वे धीरे-धीरे जाएँगे, उन्हें पा लेना आपके लिए कठिन नहीं है, आप शीघ्रता कीजिए।''

परन्तु चौला देवी ने शोभना के प्रस्ताव को अस्वीकार कर दिया। कहा, ''नहीं सखी, हम साथ ही मरेंगी।''

''परन्तु मरना तो हमारा ध्रुव ध्येय नहीं है देवी।''

''पर मरने का क्षण आ गया तो क्या किया जाए?''

''अवशिष्ट कर्तव्य को पूरा करने की राह रहते बच रहना चाहिए।''

''तो तुम भी मेरे साथ चलो।''

''तब तो दोनों ही की निश्चय मृत्यु होगी, या इससे भी भयंकर दशा। हम लोग शीघ्र ही पकड़ ली जाएँगी। आप जानती हैं, वह दैत्य आप पर दृष्टि रखता है। यदि आपका शरीर उस पाजी के हाथ पड़ा तो क्या होगा?''

''मैं प्राण दे दूँगी।''

''और महाराज? गुजरात? भगवान् सोमनाथ?''

''अब उनके लिए मैं क्या करूँ?''

''बहिन, यह युद्धकाल है, और हमारी स्थिति सिपाही की है। भावुकता को छोड़िए, आप गुप्त राह जाकर महाराज से मिल जाइए। और उन्हें अपने प्यार का बल देकर गुजरात की प्रतिष्ठा, धर्म और देवता की रक्षा कीजिए। जिस तरह भी हो, यह दैत्य जीवित न जाने पाए।''

''और तुम?''

''मैं देवी का अभिनय करके जितनी देर तक सम्भव होगा, दैत्य को यहाँ अटकाऊँगी। फिर अधिक-से-अधिक मूल्य पर प्राण दूँगी। तुम तो जानती ही हो सखी,

कि इन प्राणों का स्वामी, वही क्रीत-दासी का पुत्र था, जिसके प्राणों का मूल्य चुका कर मैंने गुजरात के रक्षक की शक्ति, आपकी रक्षा कर ली। अब अपने प्राणों के मूल्य में गुजरात, उसके देवता और धर्म की रक्षा करूँगी। विश्वास करो बहिन, मेरे प्राण सस्ते नहीं हैं। मुझे मुझ पर छोड़ दो, और तुम इन बहुमूल्य क्षणों को नष्ट न करो।"

"तो सखी, मैं गुजरात को जीवन देने चली।"

"जाओ बहिन, भगवान् तुम्हारी रक्षा करेंगे। समय हुआ तो फिर मिलेंगे। न मिले तो भी...।"

"सखी, तुम सदैव मेरे हृदय में रहोगी।" चौला ने उसे छाती से लगाया, तलवार हाथ में ली और गर्भगृह में उतर गई।

गर्भगृह का द्वार भली-भाँति बन्द करके शोभना ने अपने वस्त्र बदल डाले। देवी चौला के वस्त्र पहने, आभरणों से अपने को अलंकृत किया। रानी की-सी गरिमा धारण कर, वह एक चौकी पर आगे आने वाले क्षण का सामना करने को बैठ गई।

इसी क्षण फाटक टूट गया और अनेक सैनिक कक्ष में घुस गए। शोभना ने कड़ककर कहा, "खबरदार, एक कदम भी भीतर न रखना। केवल तुम्हारा जो सेनापति हो, वह भीतर आए।"

एक प्रौढ़ तुर्क सेनानायक आगे बढ़ा। शोभना, रानी के समान चौकी पर बैठी रही, उसने नायक को घूरकर कहा, "मूर्ख, शस्त्र बाहर रख दे, और तब सम्मुख आ।"

नायक ने देखा, यह रानी के समान गुण-गरिमावती स्त्री कदाचित् वही रानी है, जिसकी अमीर ने माँग की है। वह स्त्री है, निश्शस्त्र है। उसने अपने शस्त्र खोलकर रख दिए। और डरता-डरता आगे बढ़कर शोभना के सम्मुख आ खड़ा हुआ। शोभना ने कहा—

"अमीर नामदार का तुम्हें क्या हुक्म है?"

"आलीजाह उस नाज़नीं को अपने रूबरू देखना चाहते हैं, जो इस महल में रहती है।"

"तो अमीर नामदार को हमारा हुक्म पहुँचा दो, कि वह दो घड़ी बाद यहाँ तशरीफ लाएँ। और इस महल पर तुम सिर्फ पचास जवानों के साथ अपना पहरा रखो। तुम्हारे जवान महल से दो तीर के फासले पर रहें। और तुम अकेले ड्योढ़ी पर हाज़िर रहो।"

"यह हुक्म किसका है?"

"उनका, जिन्हें अमीर नामदार रूबरू देखना चाहते हैं।"

नायक ने सिर झुकाकर शोभना को प्रणाम किया। और, "अभी हुक्म बजा लाता हूँ" कहकर चला गया।

शोभना आसन से उठकर उस सूने आँगने में टहलने लगी। एक भी प्राणी उसका सहायक न था। वह अकेली स्त्री, गज़नी के अतिरथ विजेता महमूद से जूझने को तैयार खड़ी थी।

अतिरथ का साम्मुख्य

उस दो घड़ी शोभना ने गज़नी के अप्रतिरथ महारथी के सम्मुख होने की सब तैयारियाँ कर लीं। शारीरिक भी और मानसिक भी। कक्ष में चौलादेवी के लिए यथेष्ट राजसी सामग्री प्रस्तुत की गई थी। शोभना ने वस्त्र, अलंकार और शृंगार की पराकाष्ठा कर दी। उसी पराकाष्ठा में उसे अपने प्यारे के घात का हाहाकार छिपाना था। उसी से उस अप्रतिरथ विजेता को परास्त करना था। समय और परिस्थिति ने, प्राणोत्सर्ग की कल्पना ने उसमें असीम साहस का सृजन कर दिया था। उसी साहस ने उसके प्रत्येक जीवन-कण में प्रगल्भ सत्ता को आपूर्ण कर दिया। जिस प्रकार शत्रु का हनन करने के लिए तलवार पर सान रखकर तीखी धार तैयार की जाती है, उसी प्रकार उसने अपना शृंगार उल्वण बनाया। कक्ष को भी सब सम्भव साधनों से सुसज्जित कर आसन के नीचे, वही प्यारे के रक्त से भरा खड्ग छिपाकर वह महारानी की सज्जा से बैठ गई। उस सिंहिनी की भाँति, जो हिरण की ताक में बैठी हो। इस समय भय, चिन्ता और शोक का उसके मन में लेश भी न था। केवल सत्साहस से उसका प्रत्येक रक्त बिन्दु परिपूर्ण था।

शौर्य को प्यास की शाश्वत भूख रहती है। वास्तव में रस की दृष्टि से देखा जाय तो वीर और शृंगार, जिस एक ही स्थान पर संघात खाता है, वह केन्द्र है 'पौरुष'। महमूद में समर्थ पौरुष था। वह जिस कुल और वातावरण में जन्मा और बढ़ा था, उसमें सम्भवतः प्यार की पीर का कोई महत्त्व ही न था। जहाँ स्त्री-शरीर पुरुष-शरीर की दासता करते हैं, जहाँ इच्छा होते ही क्रीत दासियाँ वासना और कामना की निर्जीव पूर्ति करती हैं, जहाँ प्यार की प्रतिष्ठा नहीं है, जहाँ केवल वासना ही वासना है, वहाँ प्यार की पीड़ा के मिठास की अनुभूति कैसे हो सकती है। परन्तु चौला के प्रति प्रथम दर्शन ही में, अमीर महमूद के मन में प्यार की पीर का उदय हुआ था। चौला उसे प्राप्य न थी। इसी से उस पीर ने उसके सम्पूर्ण शौर्य को आहत किया था। और जो दुर्दान्त मूर्तिभंजक और दुर्धर्ष विजेता सोलह बार सम्पूर्ण भारत को आग और तलवार की भेंट कर चुका था, इस वार्धक्य में चौला के प्यार से तड़पता हुआ सोमतीर्थ आ पहुँचा। परन्तु इस माँग में प्यार कितना था और वासना कितनी, इसका शायद उसे ज्ञान न था। प्यार और वासना का भेद वह कदाचित् जानता भी न था। अभी तक उसके मन का पशुत्व ही जीवित था, उस पशुत्व को स्त्री-शरीर ही की भूख

थी। उसे अधीन करके ही चिरकृतार्थ होना वह समझ रहा था, स्त्री-मन की तो उसने कभी कल्पना भी न की थी। इसीलिए वह अपनी रक्तरंजित तलवार की धार ही से प्यार की इस राह को साफ करता यहाँ तक आ पहुँचा था।

शोभना का सन्देश पाकर उसके प्राण हरे हो गए। अज्ञात ही में उसके मन में प्रेम के सतीत्व भावों का उदय हुआ। वह अपने भीतर एक कम्प, एक वैकल्य अनुभव करने लगा, जीवन में पहली ही बार वह समझा कि कुछ ऐसी वस्तु भी संसार में है, जिसके सम्मुख उस-जैसा दुर्दान्त विजेता भी दीन भिक्षुक है।

फिर भी वह प्रसन्न था। उसने तुरन्त आज्ञा दी, कि युद्ध, मार-काट, लूट-पाट तुरन्त बन्द कर दी जाए। और चौला की सब आज्ञाएँ पालन की जाएँ। वह यह कल्पना भी न कर सका कि चौला देवी के स्थान पर शोभना देवी उसके साथ खेल रही है।

नियत समय पर अमीर ने महल के अन्तरंग में एकाकी प्रवेश किया। उसने अपने विश्वस्त गुलाम अब्बास को भी ड्योढ़ी पर ही छोड़ दिया। भीतर प्रांगण में सन्नाटा था। एक भी व्यक्ति वहाँ न था। वह सहमता हुआ धीरे-धीरे आगे बढ़ा। दालान में पहुँचकर वह खड़ा हो गया। उसने ताली बजाई।

भीतर से जवाब दिया शोभना ने, "यदि आप गज़नी के यशस्वी अमीर हैं, तो आप भीतर आ सकते हैं। खेद है कि इस समय मेरे पास कोई दास-दासी आपकी अभ्यर्थना के लिए नहीं है—केवल मैं अकेली हूँ।"

कोमल कण्ठ से अत्यन्त स्निग्ध वाक्य सुनकर अमीर की हृत्तन्त्री बज उठी। उसने कहा, "आप ही यदि मन्दिर की महारानी हैं, जिनका दर्शन मुझे एक बार हो चुका है, तो मैं स्वीकार करता हूँ कि मैं गज़नी का अमीर खुदा का बन्दा और आपका गुलाम महमूद यहाँ हाज़िर हूँ।"

"लेकिन मैंने सुना था कि गज़नी का यशस्वी अमीर बादशाहों का बादशाह है, तब यह गुलाम महमूद कौन है?"

"वही, जो बादशाहों का बादशाह है, आपका गुलाम है।"

"यह जानकर भी कि मैं एक तुच्छ दासी, देवदासी हूँ?"

"लेकिन महमूद की मलिका हैं।"

"मेरा ख्याल है कि अमीर महमूद तो मलिका के भी गुलाम नहीं हैं।"

"सच है, लेकिन आपका गुलाम हूँ।"

"सच! इसीलिए अमीर नामदार इस खूनी तलवार से राह बनाते यहाँ तक आ पहुँचे हैं?"

"मुझे अफसोस है मलिका, पर अब मैं यह तलवार तुम्हारे कदमों में सदके करता हूँ।"

यह कहकर महमूद ने तलवार कमर से खोलकर शोभना जिस जाली के भीतर बैठी बात कर रही थी, उसके निकट भूमि पर रख दी। शोभना का रानी के समान देदीप्यमान मुख तेज से परिपूर्ण हो उठा। उसने कहा–

"अमीर नामदार की सारी ज़िन्दगी की बरकत इसी तलवार की धार पर है, अमीर को उचित नहीं कि इस कीमती तलवार को एक अदना औरत के कदमों में रखने की बेवकूफी करे।"

"आज अमीर अपनी बेवकूफी पर खुश है मलिका!"

"यह बिलकुल नई बात है हुज़ूर, आपको शायद हिन्दुस्तान की हवा लग गई है। यहाँ कुछ लोग ऐसे ही जोरू के गुलाम होते हैं। लेकिन अमीर नामदार को तो ऐसा नहीं होना चाहिए।"

"यह क्यों? क्या महमूद के दिल नहीं है?"

"दिल शायद हो। लेकिन दिल तो प्यार को तलवार की धार पर चलने की इजाज़त नहीं दे सकता।"

"इसी से, मैं महमूद अमीर, खुदा का बन्दा, वही कहूँगा, जो मुझे कहना चाहिए। मैंने यह तलवार आपके कदमों में सदके की है।"

"किसलिए?"

"इसलिए कि अमीर महमूद खुदा का बन्दा, आपको प्यार करता है।"

"लेकिन नामदार अमीर जिसे प्यार करते हैं, वह यदि उन्हें प्यार न करे तो?"

"तो?"

"तो शायद अमीर महमूद, खुदा का बन्दा, उसे इसी तलवार से टुकड़े-टुकड़े करके उसका गोश्त कुत्तों को खिला देगा।"

"नहीं, मैं अमीर महमूद, खुदा का बन्दा, वही कहूँगा जो मुझे कहना चाहिए। वह, जिसे मैं प्यार करता हूँ, यदि मुझे प्यार न करे, तो मैं अमीर, खुदा का बन्दा, इसी क्षण इसी तलवार से अपने टुकड़े-टुकड़े कर डालूँगा।"

"ओह, प्यार की इतनी कीमत? और वह सब ज़र-जवाहर? जो हुज़ूर ने अपनी ज़िन्दगी में खून की नदी बहाकर जमा किए हैं?"

"आज महमूद, खुदा के बन्दे की नज़र में कंकड़-पत्थर के ढेर हैं!"

"बहुत खूब। लेकिन हज़रत, यह क्या धमकी नहीं है?"

"धमकी कैसी?"

"कि वह आदमी, जिसे खुदा का बन्दा अमीर प्यार करता है, वह भी उसे प्यार करे, वरना वह अपने को हलाक कर डालेगा। क्या नामदार अमीर यह नहीं जानते कि प्यार न धमकी से, न कीमत से, न माँगने से मिलता है, वह तो अर्पित किया जाता है।"

"किस तरह?"

"जिस तरह हम देवता को फूल अर्पित करते हैं, और जिस तरह यशस्वी अमीर अपना प्यार अर्पण कर रहे हैं।"

"खुदा का शुक्र है, तुमने उसे समझा।"

"समझा भी, देखा भी और सुना भी। अमीर नामदार इस नाचीज़ को पाने के लिए बड़ी-से-बड़ी कुर्बानी, बड़ी-से-बड़ी कीमत देने को तैयार हैं।"

"यह सच है मलिका।"

"लेकिन यह खुदा के बन्दे अमीर महमूद के लिए शर्म की बात है।"

"ओह, यह कैसी बात।"?

"सुलतान, मैं तो यह सुनती आ रही थी कि खुदा का बन्दा अमीर महमूद बादशाहों का बादशाह है, दीनो-दुनिया का मालिक है, वह दुनिया को नियामतें बख़्शता है। वह दाता है। लेकिन आज मैं अपनी आँखों के सामने उसे एक दीन-हीन भूखे भिखारी की भाँति पाती हूँ, क्या यह शर्म की बात नहीं है?"

"ओफ, लेकिन नाज़नीं, मैं सिर्फ तुम्हारे दर का भिखारी हूँ।"

"लेकिन मैं देवता की दासी हूँ, मेरा रुतबा दुनिया की औरतों से अलग है। मैं भिखारी को प्यार नहीं दे सकती। मैंने जब अपने देवता को प्यार दिया तो मेरे देवता ने उस ओर आँख उठाकर भी नहीं देखा, जैसे मेरे-जैसी करोड़ों नारियों के प्यारों से वे सम्पन्न थे। मैंने अपना प्यार उन्हें अर्पण किया, मैं धन्य हुई। अब क्या मैं एक भिखारी को प्यार दूँ? नहीं-नहीं, ऐसा नहीं हो सकता।"

"इतनी ज़ालिम न बनो मलिका।"

"खुदा के बन्दे महमूद को नाउम्मीद होने की ज़रूरत नहीं, तलवार उठा लीजिए। और इस बेअदब औरत का सिर धड़ से अलग कर दीजिए। और यदि आप एक गरीब औरत को मार कर अपनी यशस्विनी तलवार को कलंकित करना नहीं चाहते, तो जल्लादों को बुलवाइए, वे अपना काम करें। और दुनिया देखे कि खुदा के बन्दे अमीर महमूद के प्यार को ठुकराने की सज़ा क्या है।"

महमूद के मुँह से जवाब नहीं निकला। वह घुटनों के बल झरोखे के सामने भूमि पर बैठ गया। उसकी आँखों से आँसू बहने लगे। वह दोनों हाथों से मुँह ढांप कर ज़ार-ज़ार रोने लगा। शोभना का हृदय पसीजा। वह आसन छोड़कर खड़ी हुई। उसने कहा, "उठिए, शहंशाह, मैं कुछ निवेदन करना चाहती हूँ।"

अमीर ने मुँह उठाया, गर्म आँसुओं से उसकी दाढ़ी भीग रही थी। आहत पशु की भाँति उसने झरोखों से उस लावण्य-सुधा को देखकर अस्पष्ट ध्वनि की।

"सुलतान गज़नी को ऐसा कातर नहीं होना चाहिए।"

इस पर महमूद ने लड़खड़ाती भाषा में कहा, "जानेमन, प्यार की इस चोट से मैं अब तक बेखबर था। आज देखता हूँ, जैसे मैंने अपनी सारी ज़िन्दगी ही बरबाद

की। अब अगर तुम्हारा प्यार निहाल न करेगा, तो खुदा का बन्दा महमूद ज़िन्दा नहीं रह सकता है।"

"लेकिन खुदा के बन्दे महमूद ने कभी मेरा प्यार नहीं चाहा। मुझे चाहा। वह भी फतह करके, तलवार और ज़ोर-जुल्म से। अब जितना जोर-जुल्म किया जा सकता था, हो चुका। गुजरात की हरी-भरी भूमि खून से लाल हो चुकी। गुजरात के प्रभु सोमनाथ का दरबार भंग हो गया। न जाने कितने हौसले वाले प्राणों का संहार हुआ। न जाने कितनी कुल-वधुएँ विधवा हुईं। खुदा के बन्दे अमीर महमूद ने जो आग गुजरात के घर, गाँव, नगरों में लगाई है, उसे बुझाने को आज गुजरात की लाखों अबलाएँ ज़ार-ज़ार आँसू बहा रही हैं। परन्तु यह नहीं कहा जा सकता कि इन आँसुओं को, उस आग को बुझाने में कितने दिन लगेंगे। अब हुज़ूर से इस अभागिनी दासी का यही निवेदन है, कि प्यार के सौदे की बात तो रहने दीजिए। आप देखते ही हैं कि मैं अकेली हूँ, मेरे पास दास-दासी कोई नहीं। रक्षक भी कोई नहीं। गुजरात के वीर आपकी तलवार की धार का पानी पी खेत रहे। और गुजरात का देवता भी आपने भंग किया। अब गुजरात की एक अबला का रक्षक कौन है...

"मैं अबला स्त्री हूँ। तुच्छ दासी हूँ। परन्तु खुदा के बन्दे अमीरे-गज़नी की भाँति कातर होना पसन्द नहीं करती। इसलिए मेरी प्रार्थना है कि प्यार के कारबार की बात अभी रहे। आपने मेरे प्यार को न सही, मुझे तो प्राप्त कर ही लिया। मुझे बन्दिनी कीजिए। और फिर जैसी हुजूर की मर्ज़ी हो, इस धृष्टा बन्दिनी के साथ व्यवहार कीजिए।"

अमीर ने भर्राए हुए कण्ठ से कहा, "ऐ नाज़नीं, तूने महमूद की तरह प्यार का घाव नहीं खाया, इसी से ऐसा कहती है। लेकिन मैं, खुदा का बन्दा महमूद, वही कहूँगा जो मुझे कहना चाहिए। मैं हुक्म देता हूँ कि इस नाज़नीं के साथ एक मलिका की भाँति सलूक किया जाए। और वह समझ ले कि ग़ज़नी का सुलतान उसके प्रत्येक हुक्म को बजा लाने के लिए उसकी रकाब के साथ है।"

अमीर लौटा, पर तुरन्त ही घूमकर उसने कहा, "एक औरत आपकी खिदमत में थी..."

"जी, थी, लेकिन आपके पधारने के पहले आपका एक तरुण सेनापति उसे लेकर कहीं चला गया?"

"कहीं चला गया?" अमीर की त्यौरियों में बल पड़ गए। उसने आप ही आप भुनभुना कर कहा, "फतह मुहम्मद कहाँ गया?" फिर अब्बास से कहा, कि 500 सवारों के दस्ते के साथ मलिका के हमराह रहे और जल्द कुछ हिन्दू लौंडियों का इन्तज़ाम कर दे, और मलिका का हर हुक्म तुरन्त बजा लाया जाए।"

अमीर महमूद चला गया। उसकी तलवार वहीं पड़ी रही।

प्रियतम के पास

शोभना ने दुर्दान्त महमूद को परास्त कर दिया था। और अब वह सकरुण भाव से उसकी आहत-वेदना की चिन्तना में मग्न थी। इसी समय ख्वाजा अब्बास ने आकर ज़मीन चूमकर उसे प्रणाम किया और हाथ बांध कर अर्ज़ की, "कि हुजूर का गुलाम अब्बास ख्वाजा खिदमत में हाज़िर है, लौंडियाँ जल्द हाज़िर हो रही हैं। और जो हुक्म हो, बजा लाया जाए।"

शोभना एकाएक ध्यान से चमक पड़ी। सावधान होकर उसने कहा, "किसी लौंडी की मुझे ज़रूरत नहीं है, तुम खुद ड्योढ़ियों पर हाज़िर रहो। और जब तक मैं न बुलाऊँ, मेरे आराम में बखल न दो। मैं बहुत थक गई हूँ और अब आराम करना चाहती हूँ।"

अब्बास हाथ बाँधे पीछे हट गया। शोभना ने महल के दालान को भीतर से बन्द कर लिया और वह अब पागल की भाँति दालानों और अलिन्दों को पार करती हुई सीधी वहाँ पहुँची जहाँ अभागे फतह मुहम्मद की लाश पड़ी हुई थी वह दौड़कर लाश से लिपट गई। आर्तनाद करते हुए वह विलाप करने लगी— हे प्राणनाथ! प्रियतम! अब मैं तुम्हारे पास आई हूँ। बोलो, बोलो, अपनी शोभना से तुम क्या कहते हो, उसे तुम्हारी आज्ञा क्या है। अरे, मैंने तुम्हारी कितनी प्रतीक्षा की है, कितनी रातें जागते बिताई हैं, तड़पती रही हूँ तुम्हारी याद में। अब, अरे निठुर, तुम मिले तो बोलते भी नहीं। वे सब प्यार की बातें एक बार फिर कहो, जो तुमने बहुत बार कहीं हैं। वे सब वादे पूरे करो। हाय, कितने सुन्दर थे तुम। यह क्या हो गया। किसने तुम्हारी यह गत कर दी। कौन मेरी सौत, मेरी जन्म बैरिन निकल आई। किसने तुम्हारा मुँह मेरी ओर से फेर दिया। अरे, मैं तुम्हारी शोभना हूँ। शोभना, तुम्हारी शोभना। अरे देवा, तुम तो कभी भी ऐसे निष्ठुर नहीं थे। कितने भी रूठे रहते थे, पर मुझे देखते ही हँस पड़ते थे, आज क्या हो गया तुम्हें। हँसते क्यों नहीं। इतने क्यों रूठे हो। बोलो, बोलो, अजी बोलो। हाय-हाय बोलो देवा, मैं पुकार रही हूँ। तुम्हारी शोभना, अजी, शोभना। ओ, शोभना के छैला, ओ छलिया, ओ प्रियतम!!!

शोभना मूर्च्छित हो गई। मूर्च्छित होकर लाश से लिपटी पड़ी रही। बहुत देर बाद उसे होश हुआ। उसने आँख फाड़-फाड़कर चारों ओर देखा। लाश को उठाकर वह दालान में ले गई। वहाँ फतह मुहम्मद का कटा सिर पड़ा था। उसे उठाकर उसने उसे घूर-घूर कर देखना शुरू कर किया। फिर एक उन्माद का आवेश उसे हुआ, बड़बड़ाते हुए उसने जैसे फुसफुसाकर कहा, "वही हो, वही हो, वही आँखें हैं, पर नज़र वह नहीं। वही होंठ हैं, पर रंग वह नहीं, वही तुम हो पर—फिर उसने ज़ोर से सिर को छाती से लगाया। फिर सिर को धड़ से जोड़कर उसे घूर-घूरकर देखने लगी।

सूर्य पच्छिम से नीचे को झुक रहा था। धूप पीली पड़ रही थी। वह उठी, सिर को झरने पर ले जाकर धोया। सूखा खून आँचल से पोंछा। फिर उसे लाकर धड़ पर जमा कर रख दिया। वह बड़ी देर तक उसे देखती रही। अब उसके आँसू सूख गए थे। कुछ विचार उसके मस्तिष्क में आए। उसने सोचा, अब इस जीवन से क्या काम। क्यों न अभी इस जीवन को समाप्त कर दूँ। पर तुरन्त ही उसने सोचा—यह तो ठीक नहीं। महल में खोज होगी, यहाँ हम दोनों की लोथ मिलेगी। भेद खुल जाएगा। और चौला देवी की तलाश होगी। नहीं, नहीं। इस लाश को छिपाना होगा। और अन्ततः मुझे वही अभिनय करना होगा। उसने इधर-उधर देखा। वह उठकर झाड़ी के पास गई। वहाँ की मिट्टी कुछ गीली थी। तलवार की नोक से उसने बहुत-सी मिट्टी खोद ली। खोद कर गढ़ा किया। फिर उसने अपनी बहुमूल्य साड़ी उतार कर लाश से लपेट दी। लाश को उठाकर उसने कन्धे पर रखा और लाकर गढ़े में उतार दिया। दोनों नन्हीं मुट्ठियों में मिट्टी लेकर कहा, "मेरे प्रियतम! अपना काम तुमने किया और अपना मैंने। तुमने धर्म, ईमान का प्यार के नाम पर सौदा किया, और मैंने प्यार का धर्म और ईमान के नाम पर। अन्ततः तुमने अपनी राह पकड़ी और मैंने अपनी। मिलन हुआ और उसी क्षण विदाई भी हो गई—मिलन के ही क्षणिक क्षण में हो गई मेरी विदाई। अच्छा प्रियतम विदा, चिर विदा। खूब मिले और खूब चले। वाह।" उसने अपनी दोनों मुट्ठियों की मिट्टी धीरे-धीरे गढ़े में डाली। इसी समय दो आँसू ढरक गए। पर उसने अधिक आँसू न बहने दिए। जल्दी-जल्दी उसने गढ़ा भर दिया। वह तलवार भी उसने लाश के साथ ही दफना दी। फिर उसने रक्त के सब दाग पोंछ डाले और सावधानी से चारों ओर देखती हुई, वह उसी कक्ष में लौट आई। भूख, प्यास, थकान, नींद, दुःख-दर्द और पीड़ा से वह अर्धमूर्च्छित-सी भूमि पर पड़ी रही।

पाटन की ओर

फतह मुहम्मद का अपनी प्रेयसी को लेकर इस प्रकार एकाएक गायब हो जाना अमीर महमूद की समझ ही में न आया। शोभना के कौशल की उसने कल्पना भी न की थी। अमीर फतह मुहम्मद पर बहुत खुश था। उसी की सहायता से उसे यह महत्त्वपूर्ण विजय प्राप्त हुई थी। अब, इस समय जब कि उसे बड़े से बड़े इनाम की आशा थी, वह क्यों और कैसे वहाँ से गायब हो गया। बहुत-सी कल्पनाएँ अमीर ने कीं। गोइन्दे छोड़े, परन्तु फतह मुहम्मद का सुराग न लगना था, न लगा।

अब व्यर्थ खम्भात में समय नष्ट न कर उसने सब लश्कर लेकर पाटन की ओर कूच किया। उसे लूटे हुए उस अटूट धन की बहुत चिन्ता थी, जिसे वह सेनापति

मसऊद और अपने उस्ताद अलबरूनी की देख-रेख में पाटन भेज चुका था। वह अपनी मूल सेना से भी देर तक पृथक् रहना नहीं चाहता था। वहाँ यद्यपि उसे विजय मिली थी और उसकी समझ से उसकी प्राणों से प्रिय चौला देवी भी उसके हाथ आई थी, परन्तु उसने पहली बार ही अपनी सत्रह विजय यात्राओं में निरीह नागरिकों का जमकर मुकाबला करने का सत्साहस देखा था। इससे वह भयभीत हो गया था। उसकी प्रधान मुहिम फतह हो चुकी थी, उसके प्रत्येक सिपाही के ज़ीनों में सोना-चाँदी, और ज़र-जवाहर भर चुके थे। अब किसी का मन लड़ने में नहीं, अपने घर लौटकर मौज-मज़ा करने में था। अपने बर्बर सिपाहियों की मनोवृत्ति वह खूब समझता था, तथा इन भेड़ियों को पालने का ढंग भी वह जानता था। इससे उसने लौटने में देर करना ठीक नहीं समझा।

शोभना ने जिस शान और शालीनता से उससे वार्तालाप किया था, उसने उसकी हृत्तन्त्री के तारों को झंकृत कर दिया था। जीवन में पहली ही बार उसने समझा कि किसी औरत पर काबू पाना और चीज़ है, पर उसका प्यार पाना बिलकुल जुदा चीज़ है। महमूद पढ़ा-लिखा अधिक न था। पर कवित्व के मर्म को जानता था। भावुकता उसमें थी। फिर उसका यह वार्धक्य था, जब हृदय स्वभावतः कोमल और भावुक हो उठता है। जीवन में पहली बार उसने एक औरत के सामने आत्मार्पण करने के स्वाद का अनुभव किया था। उसका मन प्यार की पीड़ा से कोमल और भावुक हो रहा था। इस समय फतह मुहम्मद को निकट पाने के लिए वह बेचैन हो उठा था। वही उसका इस समय सबसे बड़ा समर्थ सलाहकार और सेनानायक था। दूसरा समय होता तो वह उसके इस प्रकार गायब होने पर सन्देह करता, परन्तु इस समय वह अधिक सोच-विचार नहीं कर सकता था।

उसने ख्वाजा अब्बास अहमद को बुलाकर अपनी चहेती मलिका की सवारी के सम्बन्ध में सब आवश्यक आदेश दिए, और कैदियों के काफिले को आगे कर कूच बोल दिया। लश्कर में सबसे आगे बाजा—गाजा—धौंसा और निशान का हाथी था। उसके पीछे ऊँटनियों पर तुर्क तीरन्दाज़ थे। इसके पीछे अब्बास अपने पाँच सौ सवारों के बीच शोभना रानी को ले जा रहा था। शोभना की सवारी एक दिग्गज हाथी पर थी, जिस पर सुनहरी अम्बारी कसी थी।

शोभना की सवारी के पीछे हाथियों पर खज़ाना था। और उसके पीछे अमीर अपने बलूची सवारों से घिरा ऊँचे काले घोड़े पर सवार चल रहा था। सबसे पीछे रसद, डेरे तम्बू, राशन और बावर्ची, तोशाखाना, साईस आदि थे। अमीर का यह लश्कर मीलों लम्बा था। और राह में जो खेत-गाँव-बस्ती आती थीं, सब उजड़ जाती थीं। गाँव के निवासी गाँव छोड़-छोड़ कर भाग जाते थे। बहुधा बर्बर सैनिक अकारण ही जिसे भी पाते मार डालते, लूट लेते, आग लगा देते। कहीं किसी की कोई सुनवाई नहीं थी।

सामन्त चौहान

पाठकों को ज्ञात है कि सामन्त चौहान को अन्तिम समय में खम्भात का नगर सौंपा गया था। और जब गनगौर के मेले पर आक्रमण हुआ, तो वह अपनी सेना की एक टुकड़ी लेकर वहाँ लड़ने गया था। उसके साथ बहुत कम सिपाही थे। तथा मेले में अनगिनत स्त्री-बच्चे और निरीह नागरिक एकत्र थे। अमीर के बर्बर पशु, भेड़ियों की भाँति उन पर टूट पड़े थे। यह कोई युद्ध न था, निर्दय हत्याकाण्ड था। इस समय सामन्त ने वेग से शत्रुओं पर धावा बोल दिया। उसने बड़ा कठिन युद्ध किया। और उसका फल यह हुआ कि वह घावों से जर्जर होकर भूमि पर गिर गया। उसके ऊपर भी शत्रु, मित्रों की लोथें पड़ गईं। सामन्त की किसी ने सुध नहीं ली। वह वहीं अर्धमृत अवस्था में लोथों के नीचे दबा पड़ा रहा। रात्रि आई और गई। दिन निकला तब सामन्त को होश आया। परन्तु उसमें उठने की सामर्थ्य नहीं थी। उसने किसी प्रकार अपने ऊपर पड़े हुए मुर्दों को हटाया और सिर ऊँचा किया। प्यास से उसका कण्ठ सूख रहा था। पर जल वहाँ कहाँ था। थोड़ी ही देर में वह फिर मूर्च्छित हो गया। बहुत देर वह मूर्च्छित पड़ा रहा। और इस बार जब उसकी मूर्च्छा टूटी तो दो पहर दिन चढ़ चुका था। किले में मार-काट का शोर मच रहा था। स्पष्ट था कि शत्रु ने किला दखल कर लिया है। वह नहीं जानता था कि घायल महाराज, चौला देवी और शोभना का क्या परिणाम हुआ होगा। चौला देवी और महाराज भीमदेव के लिए उसके प्राण छटपटा उठे। पर बहुत चेष्टा करने पर भी वह उठकर खड़ा न हो सका। सिर पर प्रखर सूर्य तप रहा था। चारों ओर लोथें सड़ रही थीं। चील और गृद्ध मंडरा रहे थे। एक भी जीवित प्राणी न था। भूख और प्यास से उसके प्राण कण्ठगत हो रहे थे और सिर दर्द से फटा जा रहा था। घावों का रक्त अंग पर सूख गया था। घाव गन्दे होकर कसक रहे थे। उसने पूरा ज़ोर लगाकर अपना कन्धा उकसाया। उसने दूर एक स्त्री को लोथों के बीच फिरती पाया। कई बार पुकारने की चेष्टा करने पर ही उसके कण्ठ से आवाज़ निकली। स्त्री ने सुनकर मुँह उठाकर उधर देखा। वह आई। एक वृद्धा स्त्री थी, रोते-रोते आँखें सूज गई थीं। उसने सहारा देकर सामन्त को उठाकर खड़ा किया, सामन्त ने कहा–

"माँ, किसे ढूँढ रही हो?"

"मेरा बेटा, तेरे जैसा था वीर।"

"तो माँ, मुझे एक घूँट पानी कहीं से पिला दे, तो मैं भी तेरे पुत्र को ढूंढने में मदद करूँ।"

वृद्धा का छोटा-सा फूस का घर पास ही था। वह ब्राह्मणी थी, उसका पुत्र महालय का पुजारी था। गनगौर का मेला देखने गया था। घर लाकर वृद्धा ने सामन्त को पानी पिलाया। फिर थोड़ा दूध भी दिया। उसके अंग साफ किए। घावों पर पट्टी बाँधी।

इससे आश्वस्त होकर सामन्त ने कहा, "माँ, चलो, तुम्हारे लाल को ढूंढें, एकाध लाठी या बाँस का टुकड़ा हो तो मुझे दे दो।"

"नहीं बेटा, तू बहुत कमज़ोर है, यहीं आराम कर, मैं जाती हूँ।"

"नहीं माँ, मैं साथ चलता हूँ, आज न जाने कितनी माँ बिना पुत्र की हुईं, तेरा पुत्र मिल जाए तो मेरा फिर जीना भी सार्थक हो।"

दोनों ने फिर लोथों का उलटना-पलटना प्रारम्भ किया। इस काम में सन्ध्या हो गई। परन्तु ब्राह्मणी का बेटा न मिलना था, न मिला। वृद्धा ने ठंडी सांस भर कर कहा, "ब्राह्मणी हूँ, बेटा, ब्राह्मण का धन सन्तोष है। अब सन्तोष ही करूँगी। चल, घर चलें।"

सामन्त थकावट से चूर-चूर हो रहा था। अब और घूमना शक्य न था। वह बूढ़ी ब्राह्मणी की लाठी का सहारा ले फिर उसकी कुटिया में लौट आया। बूढ़ी ने कहा, "तू तनिक लेट पुत्र, देखूँ, गाय हाथ लग जाए तो दूध दुहकर गर्म करूँ।" वह व्यस्त भाव से बाहर की ओर चली। सामन्त बेदम होकर भूमि पर पड़ रहा। उसे गहरी नींद ने धर दबाया।

जब वृद्धा ने उसे जगाकर लोटा-भर दूध दिया तो उसको पीने से बहुत बल मिला। उसने कहा, "माँ, आपने जीवन-दान दिया। क्षत्रिय का बालक हूँ, पर तेरा ही पुत्र हूँ। मेरा नाम सामन्त है। समय पर मैं फिर मिलूँगा—अभी मैं चला।"

पर ब्राह्मणी ने उसे बहुत बाधा दी। इस रात्रि में जाने देना स्वीकार नहीं किया। परन्तु सामन्त ने कहा, "माँ, रुक नहीं सकता, एक बार किले में अवश्य जाऊँगा।"

और वह लड़खड़ाते कदम रखता वहाँ से चला। दुर्ग निकट आने लगा। वहाँ किसी आदमी के होने का कुछ भी चिह्न न था। पद-पद पर वह हांफ रहा था, पर रुक नहीं सकता था। दुर्ग का फाटक टूटा हुआ था। वह किसी तरह पार करके भीतर पहुँचा। चारों ओर उसने देखा, किसी जीवित व्यक्ति का वहाँ कोई चिह्न भी न था। वह जितनी जल्दी सम्भव हो सकता था, पैरों को घसीटता हुआ महल की पौर पर बढ़ा। पौर का दरवाज़ा भी टूटा पड़ा था। उसे देखते ही उसका मन भय और आतंक से काँप गया। हे भगवान! महाराज भीमदेव और चौला देवी क्या उस दैत्य के भोग हो चुके। वह आर्तनाद-सा करता हुआ एक कक्ष से दूसरे कक्ष में, अन्धेरे में अन्धे की भाँति हाथ फैलाए, 'देवी, देवी! महाराज, महाराज!' चिल्लाता हुआ उन्मत्त होकर दौड़ने लगा। उसे एक ठोकर लगी और वह दीवार से टकराकर, गिरकर मूर्च्छित हो गया।

रात-भर वह उस शून्य दुर्ग में मूर्च्छित पड़ा रहा। जब मूर्च्छा भंग हुई, तब प्रभात का आलोक गवाक्ष में झांक रहा था। वह फिर अधीर होकर उठा। एक-एक कक्ष-गवाक्ष उसने देखे। आवास लूटा नहीं गया था। चौला देवी के बहुत-से वस्त्र-सामग्री वहीं थे। वह सबको उलट-पलट कर देखने और हाहाकार करने लगा। अब उसे इस

बात का तनिक भी सन्देह न रहा कि महाराज भीमदेव और चौला देवी उस दैत्य के भोग हुए।

परन्तु इसी समय उसकी दृष्टि दीवार पर कोयले से लिखे एक लेख पर पड़ी, लेख शोभना का लिखा था। जल्दी-जल्दी उसने लिखा था, "महाराज सुरक्षित आबू की राह हैं। बालुक साथ हैं। देवी एकाकी भूमार्ग से गई हैं। उनका अनुगमन और रक्षा होनी चाहिए। शोभना।"

सामन्त की बांछें खिल गईं। जैसे जन्म-दरिद्री को निधि मिल गई। उसने इस बात पर विचार भी नहीं किया कि इस लेख को लिखने वाली शोभना कहाँ रही, उसकी क्या दशा बनी होगी। वह तेज़ी से भूगर्भ-मार्ग की ओर जाकर उसमें घुस गया। उस मार्ग से वह परिचित था। दुर्ग में आते ही उसे मार्ग का पता लग गया था, वह दूरदर्शिता के विचार से उसमें दूर तक हो आया था। अब वह भूख-प्यास और थकान सब भूलकर उस अन्धकारपूर्ण मार्ग पर भरसक दौड़ लगाने लगा। वह बहुत बार ठोकर खाकर गिरा। बहुत बार उठकर भागा। बहुत बार सिर दीवार से टकराया। पर जैसे उसे इन सब बातों की सुध ही न थी। वह भागा जा रहा था। अन्त में उस अन्ध गुफा का अन्त हुआ। प्रकाश कण आया और जब वह नदी-तीर के एक पार्वत्य प्रदेश में बाहर निकला, तो सूर्य मध्याकाश में प्रखर तेज बखेर रहा था। उसने दौड़कर कल-कल बहती नदी के निर्मल जल पर अपने प्यासे होंठ लगा दिए।

नगर-सेठ की समाधि

खम्भात नगर निर्जीव-सा हो गया था। बहुत लोग अमीर के सम्मुख युद्ध में कट मरे थे। बहुत नगर छोड़कर भाग गए थे, बहुतों को अमीर बन्दी बनाकर ले गया था। खम्भात में ऐसा एक भी घर न था जो इस समय श्मशान रूप न हो गया हो। कितने ही घर तो लुट-पिटकर बिलकुल ही बरबाद हो गए थे। आज उनमें दीया जलाने वाला भी कोई नहीं बचा था। बहुतों में से रोने-पीटने तथा हाय-हाय की आवाज़ आ रही थी। किसी का पुत्र, किसी का पति, किसी का भाई, किसी की पत्नी, किसी की पुत्री, किसी की पुत्रवधू महमूद बन्दी बनाकर ले गया था। ऐसा प्रतीत होता था, मानो सारे नगर पर मृत्यु और अवसाद की काली छाया छा गई हो।

नगर-सेठ मदन जी महता एक प्रतिष्ठित और करोड़पति व्यापारी थे। उनकी युवती पुत्री कंचनलता को किस प्रकार अमीर के बर्बर सिपाही सेठानी की आँखों के सामने ही उठा ले गए थे, यह पाठकों को ज्ञात है।

आज प्रभात ही से लोगों की भीड़ नगर-सेठ की हवेली के सामने एकत्र होने लगी थी। जो लोग नगर छोड़कर भाग गए थे, उनमें बहुत-से लौटे आ रहे थे। नगर में बिजली की भाँति यह खबर फैल गई थी कि नगर-सेठ मदन जी महता अपनी प्रतिष्ठा और कुल-मर्यादा भंग होने से खिन्न हो आज जीवित समाधि ले रहे हैं। जो लोग कभी घर से बाहर न निकलते थे, वे भी आज यह अतर्कित-अकल्पित बात सुनकर सेठ के घर की ओर दौड़े आ रहे थे। ठठ-के-ठठ लोग घर के सामने जुट गए थे। परन्तु सेठ की विशाल अट्टालिका में पूर्ण शान्ति और नीरवता विराज रही थी। आज वहाँ नित्य काम करने वाले दर्जनों मुनीम, गुमाश्ते, सिपाही, नौकर-चाकर और व्यापारियों की चहल-पहल न थी। न आज तराजू पर रुपए और अशर्फियाँ तोली जाकर थैलियों में भरी जा रही थीं। न गुमाश्ते खोटे-खरे रुपए परख रहे थे। इस समय ऐसा प्रतीत हो रहा था, मानो घर में कोई जीवित पुरुष है ही नहीं।

सेठ के मकान का द्वार उन्मुक्त था। द्वार पर कोई द्वारपाल या मनुष्य न था। फिर भी उपस्थित जनों में से किसी का साहस भीतर जाने का नहीं होता था। द्वार पर लाल कुंकुम की थाप दी हुई थी। आँगन में एक गहरा गढ़ा खुदा हुआ था।

उपस्थित भीड़ में भी सन्नाटा था। सबकी आँखें आँसुओं से तर तथा जिह्वा जड़ थी। किसी को किसी बात की जिज्ञासा न थी। सब कोई सब-कुछ जानते थे। जैसे सबके हाथ किसी दैत्य ने सी दिए हों। जैसे सबको लकवा मार गया हो। प्रत्येक व्यक्ति की आँसुओं से भरी आँखें चौक में खुदे हुए गढ़े पर जमी हुई थीं। प्रतीकार, जिज्ञासा और कौतूहल की भावना जैसे प्रथम ही उस गढ़े में दफना दी गई थी।

धीरे-धीरे एक वृद्ध ब्राह्मण को आता देख सब लोग उत्सुकता से उधर ही देखने लगे। ब्राह्मण का सब शरीर उघाड़ा था, उसपर साफ जनेऊ चमक रहा था, कमर में उज्ज्वल धोती थी। उनकी उम्र बहुत थी। आँखें धुंधली हो गई थीं। सिर और मूँछों के बाल रुई के पहल की भाँति सफेद थे। ब्राह्मण का सिर और पैर भी नंगे थे। पैर में जूता और सिर पर पगड़ी नहीं थी। शोक और वृद्धावस्था के बोझ को, मानो न सह कर ब्राह्मण सोमदेव लाठी टेकते हुए थकित भाव से चले आ रहे थे। ऐसा प्रतीत होता था, मानो ब्राह्मण जिधर आ रहे हैं, उससे विपरीत दिशा की ओर उनका मन मचल रहा है। ब्राह्मण का मुख बर्फ के समान ठण्डा और सफेद हो गया था। धीरे-धीरे लाठी टेकते हुए ब्राह्मण भीड़ के निकट आए। सबने उनको चुपचाप मार्ग दे दिया, किसी ने भी उनसे कुछ कहने का साहस नहीं किया। वृद्ध ब्राह्मण ने पौर पर पहुँच द्वार पर लाल कुंकुम की थाप देखी, उनकी आँखों से आँसू बहने लगे। आँसू पोंछ वे कुछ देर द्वार पर खड़े रहे। उन्होंने अपने काँपते हुए दोनों हाथ आकाश की ओर उठाए, आँसुओं से धुंधली आँखों को सूर्य की ओर फिराया, और कुछ होंठो-ही-होंठों में कहा। उनका कंठ-स्वर फूटा नहीं, केवल होंठ फड़ककर रह गए।

भीड़ में दो-चार गण्यमान्य नागरिक थे। उनमें कुछ सेठ के सम्बन्धी और मित्र भी थे। उन्होंने आगे बढ़कर ब्राह्मण से धीमे और अवरुद्ध स्वर से कहा, "उन्हें रोकिए।"

ब्राह्मण ठिठक गए। उनकी आँखों के आँसू सूख गए। उन्होंने धीमे किन्तु स्थिर स्वर से कहा—

"नहीं।"

और उन्होंने स्थिर कदम से घर में प्रवेश किया। कुछ देर तक सन्नाटा रहा। इस समय अनगिनत मनुष्य वहाँ एकत्रित हो सांस रोके खड़े थे।

सब ने देखा, नगर-सेठ धीरगति से बाहर आए। उन्होंने सफेद पोशाक धारण की थी। मस्तक पर केसर का तिलक था। उनका मुख भावहीन, दृष्टि पृथ्वी पर झुकी हुई और दोनों हाथ नीचे लटके हुए थे। आगे कुल-पुरोहित वृद्ध ब्राह्मण, पीछे सेठ क्रमबद्ध—सब नीरव, सब शान्त।

प्रमुख नागरिक, सेठ, सम्बन्धी सब पौर चढ़ कर भीतर गए। नगर-सेठ ने कहा—

"भाइयो, कहा-सुना माफ! अपनी लाज अपनी आँखों में लेकर आज मैं जा रहा हूँ। ईश्वर आप लोगों को सुखी रखें!"

इतना कहकर सेठ गड्ढे में उतर गए। वह बीच में रक्खे एक आसन पर पलौथी मारकर बैठ गए। फिर उन्होंने उच्च स्वर से कहा, "भाइयो, जो पुरुष अपनी पुत्री की रक्षा नहीं कर सका, उसके सिर पर एक-एक मुट्ठी धूल डालने की कृपा करो।"

सबसे प्रथम वृद्ध ब्राह्मण ने दोनों मुट्ठियों में मिट्टी उठा, मन्त्र-पाठ कर मिट्टी डाली, उन्होंने सब मनुष्यों को भी मिट्टी डालने को प्रेरित किया। आँखों से चौधार आँसू बहाते और—'हे देव, हे प्रभु' का अस्फुट उच्चारण करते उन सैकड़ों मनुष्यों ने मिट्टी भरनी प्रारम्भ कर दी। देखते-ही-देखते नगर-सेठ मदन जी महता ने जीवित समाधि ले ली। इस भयानक कृत्य को देख उपस्थित जनता मूढ़ बनी एक-दूसरे को देखती रह गई।

इसी समय आग-आग का शोर उठा। लोगों ने देखा, नगर-सेठ की विशाल अट्टालिका भीतर-ही-भीतर सुलग उठी है। उसमें से चारों ओर अग्नि की लपटें निकल रही हैं। लोग बाहर-भीतर दौड़ने लगे। इसी समय ऊपर के खण्ड का द्वार खुला और उसमें एक स्त्री-मूर्ति आ खड़ी हुई। उसके सम्पूर्ण वस्त्र घी में तर थे। और वस्त्रों से आग की लपटें निकल रही थीं। मानो उसने अग्नि का ही परिधान पहना हो। उसका मुख तेज से देदीप्यमान था। लटें बिखरी थीं। अचल वाणी से उसने कहा—

"जो कोई आग बुझाने का प्रयत्न करे, उसे भगवान सोमनाथ की आन है। मेरे पति ने अपना मार्ग चुना और मैंने अपना। अप्रतिष्ठा की असह्य ज्वाला में जलने की अपेक्षा इस आग में जीते-जी जल मरना हमारा आज का सबसे बड़ा सुख है।"

एकाएक शत-सहस्र कण्ठ-स्वर खुल गए। वज्र-गर्जना की भाँति एक स्वर से सब बोल उठे, "जय अम्बे, जय सती माँ, जय जय!"

आग की लपटों ने घर को चारों ओर से घेर लिया। लोग दूर हट कर खड़े हो यह अद्‌भुत अघटित दृश्य देखने लगे। केवल वृद्ध ब्राह्मण वहीं अडिग खड़े रहे। बहुत भारी कड़ाके के साथ छत गिरी और लोगों ने उसी के साथ एक स्वर सुना, 'जय-देव!'

सारी हवेली धांय-धांय जल रही थी, उसी के साथ घर पर की गृहलक्ष्मी, वधुएँ और बालाएँ चुपचाप जल रही थीं। साथ में कुलगुरु भी। कहीं हाहाकार न था, कहीं रुदन न था।

एक धीमी आवाज़ बीच-बीच में कुछ देर सुनाई देती रही, "जय देव, जय-जय देव!" और फिर वह भी बन्द।

कैदियों का काफला

खम्भात, प्रभास और सौराष्ट्र से एक लाख बीस हज़ार कैदियों के काफले को साथ लेकर महमूद पाटन की ओर लौटा था। इस काफले में सबसे आगे साहसिक और ऐसे कैदी थे, जिन्होंने जम कर अमीर की सेना का मुकाबला किया था या वे जो कोई खास विरोध करते हुए पकड़े गए थे, या जिन्होंने अमीर के बहुत-से आदमियों को मार डाला था। और उनके विरुद्ध खास रिपोर्ट दर्ज थी। इन सबकी कमर में एक लम्बी रस्सी बँधी हुई थी, और उस रस्सी से ये सब एक-दूसरे से जुड़े थे। इनके पीछे हाथ-बँधे साधारण सिपाही, नागरिक, धुना-जुलाहे, ऐरे-गैरे सब पचमेल कैदी थे, जो बहुत से हथियारबन्द सिपाहियों से घिरे चल रहे थे। इनके पीछे रोगी, घायल और स्त्री कैदी थे, जो बाँधे हुए तो न थे पर हथियाबन्द पैदल और घुड़सवार सिपाहियों से घिरे चल रहे थे।

सबके पीछे बड़े-बड़े प्रसिद्ध सेनापति, सरदार, धनी, सेठ-साहूकार और गिरासदार व्यक्ति थे। ऐसे दो-दो या तीन-तीन कैदी एक-एक सवार के सुपुर्द थे। वे उनकी कमर में रस्सी बाँध, उनको मज़बूती से घोड़े की काठी में अटका, नंगी तलवार उनके सिर पर घुमाते हुए बढ़े चले जा रहे थे।

मीलों तक लम्बाई में इन अभागे कैदियों की कतार बनी हुई थी। उनमें बहुत-से ज़ार-ज़ार रोते, आँसू बहाते, छाती कूटते, गिरते-पड़ते साथियों के साथ घिसटते बढ़े चले जा रहे थे। रोगी और घायलों की दशा और भी खराब थी। उनमें बहुत से चलने-फिरने के योग्य भी न थे। फिर भी उन्हें सवारों के साथ घिसटना पड़ता था। उनके घावों की मरहम-पट्टी भी नहीं की गई थी। बहुतों के घाव सड़ गए थे। बहुतों के घावों से लोहू बह रहा था। परन्तु वहाँ कोई किसी का मिज़ाजपूर्सा न था।

स्त्रियों की दशा और भी दर्दनाक थी। इनमें अनेक गर्भिणी आसन्न-प्रस्वा

एवं प्रसूताएँ थीं। बहुत-सी स्त्रियों की गोद में बच्चों का बोझ था, जो भूख, प्यास और गर्द-गुबार से व्याकुल होकर रो-पीट रहे थे। उनकी अभागिनी माताएँ भी रोकर उनका साथ दे रही थीं। बहुत-सी कुलवधू, नववधू और कुमारिकाएँ ऐसी थीं जिन्होंने घर की दहलीज़ से बाहर कभी पैर भी न रक्खा था, पर-पुरुष की कभी सूरत भी न देखी थी। परन्तु दैव-दुर्विपाक से उन्हें इन दुर्दान्त निर्दय डाकुओं के साथ चलना पड़ रहा था। उनके पैर लोहू-लुहान हो गए थे और चलने की शक्ति न रही थी, परन्तु बिना चले कोई चारा न था।

कोई घायल रोगी या स्त्री कैदी यदि चलते-चलते गिर जाता, तो उसके लिए रुकने की किसी को आवश्यकता न थी। लाखों मनुष्य और घोड़े उन्हें कुचलते-रौंदते उनके ऊपर से गुज़र जाते थे और उन्हें वहीं, मृत्यु उस वेदना से छुटकारा दे देती थी।

जो कोई चलने में ढील करता, अटकता, उस पर ऊपर से चाबुक बरसते थे। जो भागने की चेष्टा करता उसका तुरन्त सिर काट लिया जाता था।

आसमान धूल से भर गया था। आगे वाले कैदियों की धूल पीछे वालों के सिर पर पड़ती थी।

दस मील चलने के बाद लश्कर का पड़ाव पड़ता। तब इन अभागे कैदियों को भी भोजन-विश्राम मिलता। विश्राम को न बिस्तरा, न बिछौना, न छाया। सारी ही सुविधा के स्थान सिपाही घेर लेते—इन भाग्यहीनों को खुली धूप या खुले आकाश के नीचे नंगी ज़मीन पर, कंकड़-पत्थरों पर पड़े रहना पड़ता था।

भोजन की दशा बहुत खराब थी। बहुत कम लोगों को भोजन मिलता था। वह भी कदन्न। बहुत से बिना भोजन के रह जाते। जो भोजन मिलता वह अतिनिकृष्ट होता था। यदि पास-पड़ौस में कोई गाँव होता, तो इन कैदियों को रस्सियों से बाँधकर वहाँ सिपाही ले जाते—जहाँ वे गाँव वालों से भीख माँगते। गाँव वाले तो इस दल-बल से डर कर बहुधा भाग जाते थे। कुछ दृढ़ श्रद्धालु, सिपाहियों का भय त्याग अपने आँसुओं से अभिषिक्त अन्न जैसे बनता, इन्हें दे देते थे। कोई-कोई फटा-पुराना वस्त्र देकर अबलाओं की लाज ढकते थे।

बहुत कैदी राह में मर जाते। बहुत-सी माताओं की गोद के बालक सिसकते, प्राण त्यागते रह जाते। उन्हें उसी हालत में छोड़कर आगे चल देना पड़ता। चलते-चलते अनेक स्त्रियों को प्रसव-वेदना उठती, प्रसव हो जाता, पर उनके लिए कोई रुकता न था। या तो उस हतभागिनी की वहीं असहाय छोड़ सब चल देते, या वह रस्सियों से बँधी हाय-हाय कर घिसटती हुई गिर पड़ती, और फिर घोड़ों, हाथियों-पदातिकों से रूंधी जाकर वहीं ढेर हो जाती थी।

भोजन के बाँटने के समय और भी हृदय-द्रावक दृश्य होता। विपत्ति और प्राणों के भार ने उन सबको मनुष्य से भेड़िया बना दिया था। भोजन बँटने के समय वे

हण्टरों और डण्डों की मार की तनिक भी परवा न कर एकबारगी ही टूट पड़ते। सबमें खूब गाली-गलौज और धक्का-मुक्की होती। वे प्रत्येक आपस में खून के प्यासे हो गए थे।

पड़ाव पर पहुँचते ही सब कोई अच्छी जगह पर आराम करने को कब्ज़ा करने के लिए झपटते, इस समय भी उनमें लड़ाई होती। इससे भी अधिक दर्दनाक दृश्य यह होता कि वे रोटियों और मुट्ठी भर चावलों पर, जो उन्हें खाने को मिलता था, जुए का दाव लगाते। जो जीतते वे झपट कर साथी का हिस्सा छीन पशु की भाँति बेसब्री से खा जाते। और उनका साथी भूखा-प्यासा टुकुर-टुकुर उनकी ओर देखता रह जाता।

शोर, हाहाकार, क्रन्दन और अव्यवस्था का अन्त न था। राह में और पड़ाव में भी बहुत स्त्री-पुरुष कैदी मर जाते थे। उन्हें यों ही छोड़ शेष कैदियों को संग लेकर सिपाही चल देते थे। ऐसा प्रतीत होता था, मानवता पृथ्वी से उठ गई है और सारा संसार नरक की आग में जल रहा है।

विशिष्ट कैदियों को सबसे प्रथम ठहराया जाता था। पड़ाव पर पहुँचते ही उनका यह काम होता, कि स्थान को झाड़-बुहार कर साफ करें। फिर उन्हें आगे रवाना कर दिया जाता था। वे बहुधा अपना भोजन रोगियों, स्त्रियों और घायलों को दे देते थे तथा स्वयं अनाहार रह जाते थे। स्त्रियों पर अत्याचार रोकने में वे कभी-कभी जान पर खेल कर सिपाहियों से लड़ पड़ते थे। परन्तु सिपाहियों को दया-माया छू तक नहीं गई थी। मनुष्य के जीवन का उनके लिए कोई मूल्य न था। वे कठोरता और क्रूरता की साक्षात् मूर्ति थे।

इस प्रकार ग्यारह दिन कूच करने के बाद जो कैदी जीवित पाटन पहुँचे, उनकी दशा मृतकों से बढ़कर थी। जिस घर को बाँसों और बल्लियों से घेरकर जेल बनाया गया था, वह यद्यपि बहुत बड़ा था परन्तु इतने कैदियों के रहने के योग्य न था। कमरे अन्धेरे, सील और गन्दगी से भरे थे। मुद्दत से उनकी सफाई नहीं हुई थी। जहाँ तक दृष्टि काम करती थी, वहाँ आदमी ही आदमी दीख पड़ते थे। कैदियों के पास ओढ़ने-बिछाने का कोई वस्त्र न था। वे वैसी ही नंगी और गीली भूमि पर रोग, भूख और थकान से अधमरे-से होकर आ पड़े थे। प्रत्येक अपनी मृत्यु चाह रहा था। हाहाकार, कराहना और रोने की आवाज़ों के मारे कानों के पर्दे फटे जाते थे। स्त्री-पुरुषों की कोई वहाँ मर्यादा न थी। वे सब नंगी ज़मीन पर ऐसे पड़े थे जैसे किसी ने मनुष्यों का फर्श बिछा दिया हो। पैर तो क्या, तिल धरने की कहीं जगह न थी। यदि कोई टट्टी-पिशाब को जाना चाहता तो उसे मनुष्यों की छाती या पीठ पर पाँव रखकर जाना होता था। ऐसा करने पर प्रतिरोध करने की किसी में ताब न रह गई थी, इस प्रकार पैरों से कुचले जाने पर वे केवल तिलमिलाकर कराह उठते थे।

लाखों मनुष्यों के मलमूत्र-त्याग के लिए कोई व्यवस्था ही न थी। जहाँ जिसे

सुविधा होती, बैठ जाता। लज्जा और सभ्यता का कोई प्रश्न ही न था। रोगी और अपाहिज जो अपने स्थान से हिल भी न सकते थे, वहीं पड़े-पड़े मल-मूत्र त्याग कर गन्दगी बढ़ा रहे थे। जिससे भयानक असह्य दुर्गन्ध और मृत्यु से भी अधिक दुखदायी हाहाकार की ध्वनि उस वातावरण में भरी हुई थी। रात से अधिक दिन और दिन से अधिक रात वहाँ जीवन के लिए असह्य हो रही थी। प्रत्येक को अपने प्राण भारी थे। माताओं ने पुत्रों को फेंक दिया था। पतियों ने पत्नियों से मुँह फेर लिया था और प्रत्येक व्यक्ति यह चाह रहा था कि उनका साथी उनका गला घोंटकर उन पर अनुग्रह करे।

मध्याह्न में एक बार उन्हें नगर में भिक्षा माँगने को बाहर निकाला जाता। और वे लम्बी-लम्बी रस्सियों से बँधे हुए, घुड़सवार बलोचियों से घिरे हुए नगर की गली-गली, हाट-बाज़ार में भीख माँगने निकलते। इन कैदियों में लखपति, करोड़पति, सेठ-साहूकार, विद्वान्, कवि, पण्डित और व्यापारी, सिपाही, जागीरदार-उमराव, सिपाही सभी थे। बहुतों के सगे-सम्बन्धी रिश्तेदार पाटन में थे। वे अपने सम्बन्धियों को रस्सियों से बाँधा हुआ देख, ज़ार-ज़ार आँसू बहाते, दौड़-दौड़ कर उन्हें भोजन-वस्त्र देते, तसल्ली देते। दैत्य के समान सिपाही किसी कैदी को नागरिकों से बात करना देखते ही मार-पीट करने लगते। तनिक-तनिक-सी बात के लिए, अपने सम्बन्धियों को कोई वस्तु देने के लिए नागरिकों को बड़ी-बड़ी रिश्वतें इन बर्बर सिपाहियों को देनी पड़तीं। उन्हें यह भी भय था कि जैसे ये निरपराध नागरिक आज इस दुर्दशा में पड़े हैं, वैसे ही कल हम भी पड़ सकते हैं। हमारी रक्षा करने वाला पृथ्वी पर कौन है?

दरबारगढ़ में

ग्यारह दिन की मंज़िल पूरी कर, अमीर अपने लाव-लश्कर सहित अनहिल्ल-पट्टन पहुँचा। जहाँ उसका सेनापति मसऊद, गुरु अलबरूनी, वज़ीर अब्बास के साथ उपस्थित था। पाटन से नगरपाल चण्ड शर्मा ने नगर-द्वार पर उसकी अभ्यर्थना की और आदर-सत्कार से उसे दरबारगढ़ में ले आए। दरबारगढ़ में आकर अमीर ने एक दरबार किया और नगर में अपने नाम की आन फेरकर ढंढोरा फिराया, कि प्रजा की जान-माल का हिन्दू-राज्य की भाँति रक्षण होगा, सब लोग हाट-बाज़ार खोलें, और अपने-अपने काम-रोज़गार में लगें।

यद्यपि यह ढंढोरा चण्ड शर्मा के उद्योग का परिणाम था, और इससे नगरजनों की घबराहट कुछ कम हुई परन्तु अमीर के बर्बर सैनिकों ने बाज़ार में अन्धेरगर्दी मचा दी। वे चाहे जिसकी जो वस्तु उठा ले जाते थे। मोल का पैसा नहीं देते थे, गृहस्थियों के घरों से गाय-बकरी-भेड़ खोल ले जाते और काट-पीट कर हंडिया चढ़ाते।

कोई बहू-बेटी अपना द्वार नहीं खोल सकती थी। लोगों ने अपना धन-रत्न भुंहरों में दबाकर छिपा दिया था। बहुत कम दुकानें खुलतीं, बहुत कम कारोबार होता था। चण्ड शर्मा उधर अमीर का मिज़ाज संतुलित रखते, इधर नगरजनों को शान्त रखते। उनकी नीति नगर की कम-से-कम हानि उठाकर अमीर को पाटन से बिना लड़े-भिड़े निकाल बाहर करने की थी।

अमीर अब लड़ने के मूड में न था। उसकी सेना थक गई थी और बल बिखर गया था। अपनी मुहिम वह पूरी कर चुका था और अब केवल अपनी थकान उतार रहा था। फिर प्यार के घाव से भी वह पीड़ित था।

जिस शोभना को वह चौला देवी समझे हुआ था, वह अभी तक अपना भेद छिपाए हुए थी। उसको डेरा राजमहलों में ही दिया गया था, और दर्जनों दास-दासी उसकी सेवा में नियत किए गए थे। वह उससे मिलने को छटपटा रहा था। पर शोभना ने कहला भेजा था, "आप यदि तलवार हाथ में लेकर आते हैं, तो आप अपने और मेरे मालिक हैं, अब चाहे आइए, परन्तु यदि मेरी धर्म-मर्यादा कायम रखना चाहते हैं, तो मैं देवानुष्ठान कर रही हूँ। मेरी इच्छा है, जब तक भारत भूमि पर आप हैं, मेरे निकट न आइए। आपके मुल्क में मैं आपका दिल से स्वागत करूँगी।" महमूद गर्म खून का युवक न था, प्रौढ़ पुरुष था। शोभना का अनुरोध उसने सादर स्वीकार कर लिया और वह विरह की मीठी अनुभूति करता रहा। फिर भी वह प्रतिदिन दो बार सुबह-शाम अपना खास गुलाम उसके पास भेजकर उसकी खैराफियत मँगा लेता था।

चण्ड शर्मा अत्यन्त प्रच्छन्न भाव से आबू से अपना सम्बन्ध स्थापित किए हुए थे। वे सिद्धस्थल में दुर्लभदेव की एक-एक गतिविधि को देख-भाल कर उसका रत्ती-रत्ती हाल विमलदेव शाह को भेज रहे थे। उन्हें यहाँ अमीर के आते ही पता लग चुका था कि सोमनाथ की देवदासी चौलादेवी अमीर के साथ है, और अमीर ने उसे एक राजरानी की भाँति पाटन के राजमहलों में रख छोड़ा है। यद्यपि उन्हें चौलादेवी का विस्तृत हाल ज्ञात नहीं था और यह भी वह नहीं जानते थे कि महाराज भीमदेव के साथ उसका गुप्त-विवाह हो गया है। परन्तु गुप्तचरों से उन्हें इतना ज्ञात हो गया था कि चौलादेवी खम्भात में थीं, और वहाँ के दुर्ग से अमीर ने उसे प्राप्त किया है। महाराज भीमदेव सकुशल आबू पहुँच चुके थे, परन्तु उन्होंने भी चौलादेवी के सम्बन्ध में चण्ड शर्मा को कुछ न लिखा था, इसलिए अधिक तो नहीं, पर आंशिक रूप से वह चौलादेवी के सम्बन्ध में कुछ जिज्ञासा अवश्य रखते थे। और उन्होंने अपनी एक गुप्त आँख निश्चित रूप से उस नकली चौलादेवी पर स्थापित कर रखी थी। जो हिन्दू दासियाँ यहाँ शोभना की सेवा में रखी गई थीं, वे सब चण्ड शर्मा द्वारा ही भेजी गई थीं। अमीर चण्ड शर्मा को अपना अनुगत कर्मचारी समझ कर, पाटन में अपनी सब आवश्यकताओं को चण्ड शर्मा के द्वारा ही पूर्ण कराता था।

और इसी कारण एक दर्जन से भी अधिक दासियाँ चण्ड शर्मा को चौलारानी के पास पहुँचानी पड़ी थीं, परन्तु शोभना ने इन दासियों के सम्मुख भी अपना भेद खोला नहीं था। और वे नहीं जानती थीं कि उनकी स्वामिनी कौन है। वे यही जान पाई थीं कि वह सोमनाथ महालय की नर्तकी है, जो अमीर की प्रतिष्ठित बन्दिनी है। चण्ड शर्मा भी इतनी ही बात जान पाए थे। अलबत्ता उन्होंने उसका नाम भी जान लिया था और अपने गुप्त संदेश में यह संदेश भी आबू भेज दिया था कि अमीर के साथ चौला नाम की सोम-महालय की एक नर्तकी भी बन्दिनी है, जिसे उसने रानी की भाँति दरबारगढ़ के ज़नाने राजमहल में ठाठबाट से रखा हुआ है।

इस प्रकार पाटन में अमीर की सवारी को आए केवल तीन ही दिन व्यतीत हुए थे, कि इतने ही काल में पाटन नई-नई-हलचलों से भर गया था। चण्ड शर्मा बहुत व्यस्त हो उठे थे। उनपर दुहरा भार था। वही पाटन की कूटनीति के एकमात्र संचालक थे। उनका बहुत समय अमीर की सेवा में व्यतीत होता था, उन्होंने अमीर के सब सुख-साधन जुटाकर उसे प्रसन्न कर लिया था, और अब वह नगर-व्यवस्था सम्बन्धी सारी ही बातें चण्ड शर्मा ही की अनुमति से करता था। एक प्रकार से वह चण्ड शर्मा पर निर्भर था।

दो दण्ड रात्रि जा चुकी थी। चण्ड शर्मा गढ़ से अमीर को आखिरी सलाम करके लौटे थे। उन्होंने देखा, एक सवार उनके पीछे घोड़ा दौड़ाता चला आ रहा है। उन्होंने अपना घोड़ा रोक दिया, पास आने पर देखा, वह एक तुर्क सवार है। चण्ड शर्मा ने कहा—

"तुम क्या चाहते हो?"

"मुझे अमीर नामदार ने हुक्म दिया है, कि मैं आपका हमराह रहकर हिफाज़त से आपको आपके घर पहुँचा दूँ, इससे सेवा में हाज़िर हो रहा हूँ।"

"मुझे डर क्या है, मुझे तो तुम्हारी कुछ भी ज़रूरत नहीं है।"

"बहुत ज़रूरत है, आप दुहरी चाल चल रहे हैं और खतरे से बेखबर हैं।"

चण्ड शर्मा सिपाही के मर्मभेदी वाक्य सुनकर घबराए। उन्होंने कहा—

"दुहरी चाल से तुम्हारा क्या मतलब है?"

"आप घर चलिए, वहीं कहूँगा।"

"यहीं कहो।" चण्ड शर्मा ने म्यान से तलवार निकाल ली।

पर तुर्क सरदार ने हंस कर कहा, "इसकी क्या आवश्यकता है शर्मा जी, चलिए, घर चलिए। मुझे आपसे कुछ खानगी बातचीत करनी है।"

शर्माजी अपनी उत्तेजना पर लज्जित हुए। तलवार म्यान में रखकर बोले, "देखता हूँ, तुम कोरे सिपाही ही नहीं हो।"

"सच पूछिए तो मैं भी दुरंगी चाल का शौकीन हूँ।" सवार ने एकदम अपना घोड़ा शर्माजी के घोड़े से सटा दिया। फिर सिर का कुल्लेदार साफा हटाकर खिलखिला कर हँस पड़ा। चण्ड शर्मा ने चमत्कृत होकर कहा, "अरे महता, तुम कहाँ?

"चुप रहिए, और बातचीत घर में होगी।"

और वे दोनों तेज़ चाल चलकर घर पहुँचे। चण्डशर्मा ने घर का द्वार बन्द करना चाहा, महता ने कहा, "तुर्की सवार को घर में घुसाकर द्वार बन्द करना ठीक नहीं है। मेरा घोड़ा पकड़ने को किसी को बुलाइए, वही द्वार की देखभाल कर लेगा। इस बीच हम बात कर लेंगे।"

चण्ड शर्मा ने ऐसा ही किया। दामो महता ने संक्षेप में सारा हाल सोमनाथ के पतन तथा गंदावा दुर्ग और खम्भात का सुनाया। चण्ड शर्मा ने सुनकर एक बूँद आँसू गिराकर कहा, "अब इस स्वांग का क्या अभिप्राय है?"

"बन्दियों की रक्षा। इस समय बन्दियों की मुक्ति ही सबसे महत्त्व की बात है। एक लाख से ऊपर निरीह नर-नारी नारकीय वेदना भोग रहे हैं।" उन्होंने अपनी तलवार की कहानी चण्ड शर्मा को सुनाकर कहा, "इसकी बदौलत मैं नाना भेष धारण करके बाहर भीतर सर्वत्र जा सकता हूँ। और अमीर से सबसे बड़ा अनुरोध भी कर सकता हूँ। परन्तु मेरा आत्मसम्मान इसमें बाधक है। मैंने कभी उससे अनुरोध किया भी नहीं, करूँगा भी नहीं। अपनी बुद्धि-बल पर ही इस दैत्य का सर्वनाश करने की चेष्टा करूँगा।"

"तो महता, अब हम तुम एक और एक ग्यारह हैं। चिन्ता न करो। इस गज़नी के दैत्य का गुजरात से निस्तार नहीं है। यहाँ वह चूहेदानी में चूहे की भाँति फँसा है।"

"परन्तु चौलारानी?" महता ने शोकपूर्ण स्वर में कहा, "उसका क्या होगा?"

"कौन, वह देवदासी?"

"आप नहीं जानते, चौलारानी की दुर्भाग्य-कथा।" फिर संक्षेप में महता ने सब कथा कहकर कहा, "वह गुजरात की महारानी है। अमीर के हाथ उसका पड़ना बड़ा भारी दुर्भाग्य है, शर्मा जी।"

"पर मुझे जो सूचना मिली है, उसके आधार पर वह अपनी वर्तमान स्थिति में बहुत खुश है। क्या उसने महाराज भीमदेव को एकबारगी ही भुला दिया?"

"कैसे विश्वास करूँ? चौलारानी की भावुक प्रेम-भावना मैंने देखी है। महाराज के लिए उसका वैकल्य भी मैंने देखा है। मैं जानता हूँ, महाराज जब सुनेंगे, सहन न कर सकेंगे। पर यह हो क्या गया?" महता ने बेचैनी से कहा।

परन्तु शोभना रानी के समर्थ-चक्र का वे दोनों गुजरात के कूटनीतिज्ञ चक्कर काटकर भी पार न पा सके। चण्ड शर्मा ने सखेद वाणी से कहा, "अब मैं इस सम्बन्ध में और भी छान-बीन करूँगा महता, वहाँ सभी दासियाँ मेरी विश्वास भाजन हैं। चौला रानी को प्रत्येक मूल्य पर अमीर के पंजे से निकालना होगा। और यदि वह धर्म-भ्रष्ट हुई है तो उसे दण्ड पाना होगा। यह गुजरात की रानी की मर्यादा का प्रश्न है, इसे यों ही नहीं जाने दिया जाएगा।"

"निस्संदेह!" महता ने कहा। फिर दोनों ने आवश्यक परामर्श किया और महता उसी वेश में बाहर आकर धीरे-धीरे अमीर की छावनी की ओर चल दिए।

बन्दियों का सत्साहस

विपत्ति से सत्साहस की उत्पत्ति होती है। इस घोर विपत्ति से सबसे प्रथम स्त्रियों में सत्साहस का उदय हुआ। बर्बर सिपाही उनसे सब प्रकार का कुत्सित हँसी-मजाक और दुर्व्यवहार करते रहते थे। उन्होंने सबसे प्रथम उन सिपाहियों को डांट-डपट कर सीधा किया। एक स्त्री ने अवसर पाकर अपने भोजन करने का एक पात्र उठाकर एक सिपाही के सिर पर दे मारा। इससे प्रथम तो सिपाहियों में यह उत्तेजना फैल गई, परन्तु तुरन्त ही एक भीति ने उनके मन में घर कर लिया। वे यह भली-भाँति जानते थे कि यदि अमीर के कान में ऐसी बातें पहुँच गईं तो फिर खैर नहीं है।

इसके बाद ही कैदियों ने दूसरा कदम यह उठाया कि नगर में भीख माँगने से इन्कार कर दिया। प्रथम स्त्रियों ने ही दृढ़तापूर्वक यह निश्चय किया, उसके बाद ही पुरुष कैदियों ने भी इन्कार कर दिया। अब ज़रा-ज़रा-सी बात पर सारी स्त्रियाँ सामूहिक रूप से सिपाहियों का हिंसक विरोध करने लगीं। यह सब देखकर सिपाही डर गए। उन्होंने सालार महमूद से सब बातें कहीं, जो कैदियों का इन्चार्ज आफिसर था।

सालार ने बन्दीगृह में आकर सब कैदियों का मुआयना किया। सिपाहियों ने बहुत-सी शिकायतें कीं। इस समय सब स्त्री-कैदियों का नेतृत्व कंचनलता कर रही थी और पुरुष कैदियों के नेता देवचन्द्र थे।

मसऊद ने कैदियों के बाड़े में जाकर कंचनलता को तलब किया। परन्तु मसऊद की आज्ञा पाकर भी वह उठकर उसके पास नहीं गई। जहाँ बैठी थी वहीं बैठी रही। क्रोध में भरा हुआ मसऊद स्वयं उसके निकट गया। वह चाहता था कि उसे दण्ड दे। परन्तु उसकी रूप-माधुरी, मृदुल देहयष्टि, बड़ी-बड़ी कमल-सी आँखें और उज्ज्वल मोती के समान रंग देखकर वह दंग रह गया। अपने जीवन में रूप-माधुर्य और सौकुमार्य का ऐसा मिश्रण उसने देखा नँ था। उसका सैनिक जीवन कठोर और बर्बर कृत्यों से भरपूर था। फिर भी वह एक उच्चवंशीय कुलीन तुर्क था। वह स्वयं एक सुन्दर सजीला जवान था और एक स्वस्थ युवक की भाँति उसके मन में भी कोमल भावनाएँ थीं, जो व्यस्त सैनिक जीवन में सुप्त हो गई थीं। अब इस रूपसी बाला को देखते ही उसकी सब भावनाएँ एकबारगी ही जाग्रत होकर भड़क उठीं।

वह देर तक एकटक प्यासी आँखों से उसे देखता रहा। फिर उसने उससे कहा, "खड़ी हो जाओ।"

परन्तु कंचनलता खड़ी नहीं हुई। मसऊद ने कहा, ''तुमने मेरा हुक्म नहीं सुना?''

कंचनलता ने इसका भी कुछ जवाब नहीं दिया। मसऊद क्रोध नहीं कर सका। वह उसके निकट धरती पर बैठ गया। और मृदुल कण्ठ से कहा, ''तुम्हारे खिलाफ बहुत बातें हैं। मैं सालार मसऊद अमीर का सिपहसालार हूँ, सफाई में तुम्हें जो कहना हो, कहो।''

मसऊद कंचनलता के बिल्कुल निकट सरक आया। वह मुँह उठाकर अपने प्रश्न के उत्तर की प्रतीक्षा करने लगा। इसी समय अकस्मात् अतर्कित रीति से कंचनलता ने तीन-चार तमाचे उसके मुँह पर कस कर जड़ दिए। फिर कहा, ''यह मेरा तुझे और तेरे अमीर को जवाब है।''

देवचन्द्र खिलखिलाकर हँस पड़ा। और कैदी भी हँसने लगे। स्त्रियों ने जोश में आकर मसऊद को घेर लिया।

क्रोध और अपमान से अन्धा होकर मसऊद ने आज्ञा दी, ''इस औरत को नंगा करने पचास कोड़े मारे जाएँ।''

क्षण-भर के लिए सर्वत्र सन्नाटा छा गया। रस्सियों में जकड़े हुए कैदियों ने लानत और धिक्कार की बौछार मसऊद पर करके उसकी ओर थूका। स्त्रियों ने कंचनलता को चारों ओर से घेर लिया। मसऊद अब यहाँ अधिक न ठहर तेज़ी से बाहर चला गया।

शीघ्र ही आठ हथियारबन्द पठान सिपाही और दो कद्दावर जल्लाद हाथ में चमड़े के कोड़े लिए आ उपस्थित हुए।

सब पुरुष कैदी क्रोध से थर-थर काँपने लगे। बहुतों ने रस्सियाँ तुड़ाने की चेष्टा की। स्त्री कैदियों ने कंचनलता पर अपने शरीर झुका दिए।

सिपाही आगे बढ़े। कंचनलता ने कहा, ''खबरदार, वहीं रहो। सिपाहियों की आवश्यकता नहीं है। जल्लाद ही काफी हैं। मैं कोड़े खाने को तैयार हूँ।'' सिपाही ठिठक रहे। वह उठी और हंसिनी की चाल से चलकर जल्लादों के निकट आई और कहा, ''तुम अपना काम करो।''

जल्लाद, सिपाही और कैदी सब अवाक् थे। जल्लादों ने उसे दण्ड-स्थल पर जाने का संकेत किया। वहाँ जाने पर उन्होंने उसके हाथ बाँधे। उसका वस्त्र फाड़ डाला। शुभ्र मर्मर की प्रतिमा-सा उसका वक्ष और पीठ नंगी हो गई। देवचन्द्र ने पत्थर पर सिर दे मारा, कैदियों ने लानतों और अपशब्दों की झड़ी लगा दी। सबने अपनी आँखें बन्द कर लीं। स्त्रियाँ पछाड़ खाने लगीं। देखते-ही-देखते उस कुसुम-कोमल अबला बाला का वक्ष और पीठ लोहू से भर गई। वह मूर्च्छित होकर दण्ड-स्थल पर गिर गई।

जल्लाद और सिपाही अपना काम पूरा करके चले गए। स्त्री कैदियों ने उसकी

लोहू-लुहान मूर्च्छित देह को हाथोंहाथ उठा लिया। अभी उसके शरीर में प्राण था। उन्होंने उसे वस्त्र से ढका। औषध उपचार और मरहम-पट्टी का कोई प्रश्न ही न था। वे धीरे-धीरे जल की बूँदें उसके मुख और आँखों में टपकाती रहीं, कुछ देर के उपचार के बाद उसने आँखें खोल दीं। अपने को स्त्रियों से घिरी देखकर वह मुस्कराई। पर तुरन्त ही वेदना ने उसकी मुखाकृति बिगाड़ दी।

इसी समय एक सिपाही ने एक पुड़िया और कुछ गर्म दूध उसे लाकर दिया। दूध पीने से उसे कुछ बल आया। पुड़िया में एक प्रकार का चूर्ण था। जिस कागज़ में पुड़िया बँधी थी, उसमें लिखा था, "हौसला रखो, सहायता निकट है, चूर्ण ज़ख्म पर छिड़क दो।"

ऐसा ही किया गया। उस दिन कैदियों को यह तसल्ली हुई कि बाहर से सहायता का उद्योग हो रहा है और वे निरे असहाय-निरीह नहीं हैं। वह रात कंचनलता को गोद में लिए रहकर स्त्री कैदियों ने व्यतीत की। इसी एक घटना से कैदियों में एक संगठन और सहयोग की भावना का उदय हो गया।

दूसरे दिन ही से सब स्त्री कैदियों ने भोजन करना त्याग दिया। उनकी सहानुभूति में पुरुष कैदियों ने भी ऐसा ही किया। तीन दिन तक इस विषय पर कोई विचार नहीं किया था। परन्तु इसके बाद मसऊद चिन्तित हो गया। उसने चाहा कि अमीर से कुछ कहे, पर उसका साहस न हुआ। कैदियों के निकट जाने का भी अब उसे साहस न होता था। यद्यपि उसने कंचनलता पर कोड़े बरसवाए थे, पर सच पूछिए तो वे कोड़े उसी की पीठ पर पड़े थे। उसकी भूख-प्यास-नींद सब उड़ गई थीं। पर उस कोमल कुसुम-कली के प्रति किए हुए अपने निर्मम व्यवहार के लिए अपने को धिक्कार दे रहा था। वह उसे देखना चाहता था, परन्तु निकट जाने का साहस नहीं करता था। जब उसने सुना कि कोड़े खाकर वह मरी नहीं, जीवित है, उसने उसकी मरहम-पट्टी और खाने-पीने की समुचित व्यवस्था कर दी। परन्तु कैदियों ने भोजन करना स्वीकार नहीं किया।

मसऊद इससे डर गया। पुरुष कैदियों में निर्भयता, उद्दण्डता औरा क्रोध की भावना बढ़ती जाती थी। बहुत यत्न करने पर भी कैदियों की भीतरी दशा बाहर अनेक रूप धारण करके फैलती जा रही थी, जिससे नगर में अशान्ति का वातावरण बढ़ रहा था। स्त्रियों ने अब एक जोरदार कदम उठाया। उन्होंने निर्णय किया कि इस प्रकार से नंगी होकर कोड़े खाने से मर जाना अधिक उत्तम है। कंचनलता अभी तक बहुत कमज़ोर थी। परन्तु अब सब स्त्रियों का नेतृत्व रुक्मिणी नामक एक सोरठ महिला कर रही थी। उसने कहा, "बहिनों, कंचन बहिन की प्रतिष्ठा पर हमें बलि होना होगा। कहो, कौन अपने प्राण देने को उद्यत है?" तत्काल सैकड़ों हाथ उठ गए। उनमें से बीस स्त्रियों को चुना गया। अनेक युक्तियों से बहुत-सी अफीम मँगाई गई और बीसों स्त्रियाँ शान्तिपूर्वक अफीम खाकर चिरनिद्रा में सो गईं।

इस प्रकार बीस कैदी स्त्रियों का एक ही रात में आत्मघात करने का समाचार सुनकर मसऊद की पिण्डलियाँ काँप गई। वह भागा हुआ बन्दीगृह में आया। वह नहीं चाहता था कि बाहर यह बात फैले और अमीर तक पहुँचे। उसने उनके शवों को बन्दीगृह में गाड़ दिया तथा स्त्रियों को बहुत भाँति तसल्ली दे भोजन करने का आग्रह किया। परन्तु स्त्रियों ने स्वीकार नहीं किया।

अब इस आत्म-यज्ञ में स्त्रियों का साथ देना पुरुषों ने भी आवश्यक समझा। तत्काल ही स्वेच्छा से मरने वालों की सूची बनाई जाने लगी। सूची आवश्यकता से बहुत अधिक लम्बी हो गई। परन्तु उनमें से केवल अस्सी व्यक्ति उस दिन मरने के लिए चुने गए। शेष लोगों ने उनके निकट बैठकर भोजन न करने की ठान ली। इस बार भी बहुत-सी अफीम मँगा ली गई। और अस्सी जनों ने धैर्यपूर्वक अफीम खा ली। वे चुपचाप बिस्तर पर लेट गए। बाकी लोग उन्हें घेर कर भजन-कीर्तन करने लगे। हज़ारों कण्ठों के सम्मिलित स्वरों ने बन्दीगृह की दीवारों को कम्पायमान कर दिया। बन्दियों के इस आत्मोत्सर्ग के उदाहरण से दूसरे बन्दियों पर बड़ा भारी प्रभाव पड़ा। उनमें प्रेम, भक्ति और सहानुभूति तथा आत्मसम्मान का जोश हिलारें मारने लगा। वे भी ज़ोर-ज़ोर से कीर्तन करने लगे।

थोड़ी ही देर में जिन्होंने अफीम खाई थी, उनके सिर दर्द से फटने लगे। उस विकट वेदना को किसी भाँति सहन न कर वे छटपटाने लगे। उनकी नसें खिंचने लगीं। देह अकड़ने लगी और आँखों की कौड़ियाँ बाहर निकल आईं।

सब लोग अपने साथियो का यह घोर उत्सर्ग पत्थर की छाती करके देख रहे थे। बहुत जन आँखों से चौधार आँसू बहाते जाते थे और भजन गाते जाते थे।

इतना अधिक विष खा लेने पर भी उनमें से सत्ताईस व्यक्तियों के प्राण नहीं निकले, अतः उन्हें दुबारा अफीम दी गई। जो मृत्यु के निकट पहुँच जाते थे, उनका कष्ट कम हो जाता था। यह देख दूसरे कैदी हर्षित हो उनके कान के पास मुँह करके ज़ोर-ज़ोर से हरिनाम-कीर्तन करते थे।

अन्त में दो व्यक्ति अब भी न मरे। उन्हें तीसरी बार फिर अफीम घोलकर पिला दी गई। रात टूट रही थी और वीरात्माओं के शव भूमि पर चुपचाप पड़े वे। उन्हें घेर कर सैकड़ों जन भगवान का वज्र कीर्तन कर रहे थे। जिन दो व्यक्तियों को तीसरी बार विष दिया गया था, उनमें से एक उठ बैठा। उसने अपने साथी के कण्ठ की घुरघुराहट सुनी। अपने साथी की अन्तिम अवस्था निकट जानकर बड़े यत्न और कष्ट से खिसक कर उसके पास पहुँचा, उसे अपनी छाती से लगाकर उसका ललाट चूमा, और इस बार बहुत-सी अफीम और खाकर अपने साथी की बगल में सदा के लिए सो गया।

लाल नज़र

बहुत छिपाने पर भी बन्दी गृह का यह भीषण समाचार अनेक रूप धारण कर, नगर और लश्कर में फैल गया। नगर में हाहाकार मच गया। लोगों ने कारोबार हाट-बाज़ार सब बन्द कर दिया। अमीर के कानों में भी यह समाचार इस ढंग पर पहुँचा दिया गया कि वह गुस्से से लाल चोट हो गया।

अमीर महमूद एक विजेता, साहसिक योद्धा और उच्च मन का बादशाह था। वह विद्या-व्यसनी और तेजस्वी भी था। अपनी महान आकांक्षाओं की पूर्ति करने में उसे बड़े-बड़े नरमेध करने पड़े, लाखों मनुष्यों का वध करना पड़ा। परन्तु ऐसे अत्याचार और निर्मम हत्याकाण्ड का कलंक वह नहीं सह सका।

उस काल में अभागे बन्दियों की सर्वत्र ऐसी ही दुर्दशा होती थी। इसलिए जो भयानक अवस्था इन कैदियों की थी, उसका दोष केवल सुलतान पर ही नहीं लादा जा सकता था। एक बार जो बन्दी हुआ, उसे तो उन दिनों जीते जन्म नारकीय दुःख भोगना ही पड़ता था। न करने योग्य काम उन्हें करने पड़ते थे, और उन पर कोई दया की कोर करता भी न था।

महमूद के सलाहकारों ने कहा कि इन कैदियों में जो भयानक अपराधी हों, हरीफ हों, जिन्होंने मुसलमान पर तलवार उठाई हो, उन्हें कत्ल कर दिया जाए। शेष को बाज़ारों में ऊँचे दामों की बोली बोलकर बेच दिया जाए।

इस संबंध में महमूद के विचार कुछ और ही थे। वह जानता था कि इन कैदियों को गुलाम की भाँति बेचने से अधिक दाम मिलते हैं, अतः मनुष्य को पशु की भाँति बेचने में कुछ दोष है। इस पर उसने कभी विचार ही नहीं किया। अब तक कैदी भी उसकी आमदनी का एक ज़बर्दस्त जरिया बनते रहे थे। लोभी मनुष्य के हृदय में दया-माया कहाँ? उस काल में बहुत लोग गुलामों को बेचने का धन्धा करते थे। उन्हें कोई अधर्म नहीं समझता था। ऐसे मनुष्य टोली बाँधकर, हथियारबन्द हो, अरक्षित गाँवों पर टूट पड़ते, और जो सामना करता, उसे निर्दयता से मार-काटकर युवकों, युवतियों और रूपवती स्त्रियों को पकड़ चलते बनते, और उन्हें विदेशों में बेचकर खूब धन कमाते थे। इस कुकर्म को करते उन्हें तनिक भी दया-माया नहीं उपजती थी।

महमूद भी इसका अभ्यस्त था। कैदियों पर के अत्याचार उसे अत्याचार नहीं प्रतीत होते थे। परन्तु इस बार जो घटना उसके कानों में पड़ी, उससे वह क्रोध से अधीर हो गया। उसने स्वयं बन्दीगृह में जाकर अत्याचारों की जाँच की। किस परिस्थिति में गिरकर इतने आदमी विष खाकर मर गए, और दूसरे मरने को तैयार हैं, इस बात ने उसका ध्यान आकर्षित किया।

इस सामूहिक आत्मघात के भीतर मसऊद का अनौचित्य, अविचार और लम्पटता देख वह क्रोध से आगबबूला हो गया। उसे ऐसा प्रतीत हुआ कि जैसे आज उसका वंश कलंकित हो गया। उसने खुला दरबार किया।

मसऊद अमीर का बहुत मुंहलगा, ढीठ और प्रधान सहचर था। वह साहसिक योद्धा और अमीर का सम्बन्धी भी था। उसकी मर्यादा राजकुमार के रुतबे की थी। फिर भी अमीर ने मसऊद को क्षमा नहीं किया। उसने सब सेनापतियों, मन्त्रियों, दरबारियों और सिपाहियों के सम्मुख उस पर अभियोग उपस्थित किया। अमीर ने पूछा–

"मसऊद, क्या यह सच है कि तूने उस औरत को बिना कसूर कोड़े लगवाए?"

"हुज़ूर, उसने मेरी हुक्म-उदूली की।"

"क्या तूने उसे छुआ? उस पर बदनज़र डाली।"

"खुदाबन्द, वह एक काफिर कैदी औरत है।"

"क्या अस्मतफरोश? क्या तूने उसके खानदान का पता लगाया?"

"जी हाँ, वह खम्भात के बड़े सेठ की बेटी है।"

"क्या उसकी शादी हो चुकी थी?"

"जी।"

"और उसका शौहर?"

"वह शायद इसी पाटन का बाशिंदा है।"

"तो तूने यह जानकर भी, कि वह दूसरे की औरत है, तूने उस पर बदनज़र डाली और उस पर हददर्जे की बेरहमी की।"

मसऊद नीची नज़र किए थर-थर काँपता रहा। अमीर ने कहा, "जंग जंग है–लेकिन बुग्ज़ की वहाँ गुंजायश नहीं, न बदनीयती की। खासकर जब एक ज़िम्मेदार सिपहसालार, बुग्ज़ रक्खे, पराई औरत पर बदनीयत रक्खे, उसपर ज़ालिमाना हमला करे, तो उसका क़सूर बहुत बढ़ जाता है। पर, मैं अमीर महमूद, खुदा का बन्दा–वही कहूँगा, जो मुझे कहना चाहिए। और मैं हुक्म देता हूँ कि वह औरत अपने हाथ से इस बदबख्त मसऊद को नंगा करके सब सिपाहियों के रूबरू पचास दुर्रे लगाए और यह खोटा और बेईमान मसऊद अब से सिपहसालार नहीं, अदना सिपाही रहे।"

अब अमीर ने कैदियों के सम्बन्ध की और बातों पर भी विचार किया। इतने बड़े कैदियों के काफले को इस बार विदेश ले जाकर बेचना उसे संगत नहीं प्रतीत हो रहा था। इस बार लौटने में उसे एक अतर्कित भीति की भावना का भान हो रहा था। फिर कैदियों में विद्रोह की, सामना करने की जो भावना उत्पन्न हो रही थी, और नगर में जो असन्तोष उत्पन्न हो रहा था–इन सब बातों से उसके मस्तिष्क का संतुलन जाता रहा। इसी समय अवसर पाकर उसके वज़ीर अब्बास ने कहा, "हुज़ूर खुदावन्द, इसमें संदेह नहीं कि विदेश ले जाकर कैदियों को बेचने में अधिक कीमत मिलेगी, परन्तु यह वक्त ऐसा नहीं है कि सवा लाख कैदियों को इतनी दूर ले जाने की जोखिम उठाई जाए। फिर कैदी बगावत करने पर आमादा हैं, शहर में भी हवा खराब हो रही है, इसमें इन कमबख्त कैदियों में जो हरीफ हैं, उन्हें कत्ल कर दिया

जाए—और बाकी सबको उनके भाई-बन्दों में बेआबरू करके अपमानपूर्वक बेच डाला जाए।"

इस पर महमूद ने कहा, "मैं महमूद खुदा का बन्दा वही कहूँगा जो मुझे कहना चाहिए। मैं हुक्म देता हू कि वे सब बदबख्त कैदी, जो फसाद पर आमादा हैं, और जिन्होंने शाही हुक्म-उदूली की है, और जिन्होंने इस्लाम के बन्दों पर तलवार उठाई है, उनका कल सरेआम कत्ल कर डाला जाए। और बाकी सब गुलाम बोली की डाक पर बेच डाले जाएँ। जो बिकने से बच रहें, उन्हें गज़नी की ओर बेचने के लिए रवाना कर दिया जाए।"

अमीर के इस हुक्म से लोगों के दिल दहल गए। चण्ड शर्मा ने आँखों-ही-आँखों में छद्मवेशी महता को संकेत किया। और महता सिपाहियों की तरफ से हटकर एक ओर को चल दिए। बहुत-सी बातों पर विचार करके चण्ड शर्मा ने इस सम्बन्ध में अमीर से एक शब्द भी नहीं कहा।

अमीर तख्त से उठकर महल में चला गया। आज उसका मुँह भरे बादलों के समान भारी हो रहा था।

स्वेच्छा बन्दी

बन्दीवाड़े में एक ओर सिमटकर, प्राण दण्ड पाए हुए कैदी बैठे अपने जीवन की घड़ियाँ गिन रहे थे। कोई रो रहा था, कोई हँस रहा था, कोई पागल की भाँति अंट-संट बड़बड़ा रहा था। कोई गम्भीर मुद्रा में गुमसुम बैठा था।

कंचनलता और देवचन्द्र सबसे पृथक् एक कोने में बैठे अपने दुर्भाग्य का सामना करने को तैयार बैठे थे। ठण्ड काफी थी। कंचनलता कुछ काँपने लगी, उसके दाँत कटकटाने लगे। देवचन्द्र ने कहा, "ठण्ड लग रही है कंचनलता, परन्तु कोई वस्त्र तो है नहीं, आग भी नहीं जलाई जा सकती।" वह खिसक कर अपने शरीर की गर्मी पहुँचाने को उससे सटकर बैठ गया। और कोई सहायता प्राप्त की जा सकती है या नहीं, इसके लिए वह इधर-उधर देखने लगा। इसी समय उसने झपटते हुए अपने बहनोई पूनमचन्द को अपनी ओर आते देखा। उसके मुँह से निकल गया, "अरे, तो क्या तुम भी पकड़े गए। परन्तु यहाँ तो केवल प्राणदंड...।" उसने संदेह और विषाद से भरी दृष्टि से बहनाई की तप्त कंचन जैसी मुखमुद्रा की ओर देखा। वह उठकर पूनमचन्द से लिपट गया। कंचनलता के अंग-अंग में पसीना आ गया। वह मूर्च्छित-सी होकर धरती पर झुक गई।

दोनों ने यत्नपूर्वक उसे सम्भाला। फिर पूनमचन्द ने अपने कन्धे का शाल उतारकर कंचन का लगभग अर्धनग्न शरीर अच्छी तरह ढांप लिया। फिर फीकी हँसी

हँसकर कहा, "देवचन्द्र, कैसा अद्भुत संयोग है। याद है, हम आज से प्रथम कब मिले थे? जब मैं तुम्हारी बहन को विदा कराने गया था, उस दिन की सुखद स्मृति आज भी कितना सुख देती है।"

देवचन्द्र ने विषाद-भरे स्वर में कहा, "भाई, किया क्या जाए। प्रारब्ध में जो होता है, वही होकर रहता है। तब यदि बहन को विदा कर दिया गया होता, तो आज उसे यह दिन नहीं देखना पड़ता। पर, तुम कैसे पकड़े गए? क्या यहाँ भी पकड़-धकड़ शुरू हो गई?"

"नहीं, वहाँ पाटन में चालीस गाँव के महाजन एकत्र होकर सारे बन्दियों को छुड़ाने का प्रयत्न कर रहे हैं। मैं उसी खटपट में तुमसे अब तक न मिल सका, आज मैंने सुना कि तुम्हें आज ही प्राणदंड दिया जाने वाला है, सो फिर न रह सका, चला आया।"

"क्या स्वेच्छा से?" देवचन्द्र ने भय से पीला पड़कर कहा।

"हाँ भाई, मुझे एक चीज़ मिल गई थी, उसी की मदद से। यह देखो।" उसने एक शाही मुद्रा दिखाई। "अब सुनो, समय कम है, अधिक बातचीत का भी अवसर नहीं। यह मुद्रा लो और प्रहरी को दिखाकर बाहर चले जाओ। मैं यहाँ कंचनलता के साथ हूँ।" यह कहकर मुद्रा उसने देवचन्द्र के हाथों में थमा दी।

देवचन्द्र ने कहा, "यह कैसी बेवकूफी की बात है, तुम जान-बूझकर मृत्यु के मुख में घुस आए। नहीं, नहीं हमारे भाग्य में जो हो सो हो, तुम अभी, इसी समय बाहर चले जाओ, जल्लादों के आने में देर नहीं है।"

"फजूल बात है। तुम्हें शायद अभी यह नहीं मालूम कि तुम्हारे पिता ने जीवित समाधि ले ली, और माता सब कुल स्त्रियों तथा परिवार के इक्कीस व्यक्तियों सहित जल मरीं। हवेली जलकर खाक हो गई। खम्भात के नगर-सेठ का पुराना घराना बरबाद हो गया। अब तुम्हीं एकमात्र जीवित चिह्न हो। जाओ, जाओ, इतना उत्सर्ग मत करो, खम्भात के नगर-सेठ का खानदान युग-युग तक अमर हो गया—उसके वंश के दीपक को जीवित रहना होगा।"

"सुनकर सन्तोष हुआ। मेरे पूज्य पिता ने और माता ने जो कुछ किया, वह उनका धर्म था। अब उनकी चिंता मिटी। अब हमारी बारी है, हमें अपना कर्तव्य करने दो। भाई, तुम चले जाओ, विनती करता हूँ, हा-हा खाता हूँ, तुम चले जाओ—तुम अपने कुल के अकेले सूर्य हो, जाओ-जाओ।"

"यह असम्भव है। कंचन के साथ मरने का तुम्हारा कोई हक नहीं है, मेरा है। मेरा उसका जीव-जीवन का सम्बन्ध है; वह मेरी पत्नी है, मेरे साथ वह, उसके साथ मैं मरने-जीने के साझीदार हैं। तुम पागलपन मत करो भाई, चले जाओ।"

"मैं ऐसा कायर नहीं हूँ कि तुम्हें और कंचन को, जिन्हें सदैव मैंने प्राण से भी प्यारा समझा है, मौत के मुंह में छोड़कर भाग जाऊँ, ऐसा ही है तो तीनों ही मरेंगे।"

पूनमचन्द अब कंचनलता की ओर बढ़ा। कंचन चौधारे आँसू बहा रही थी और उसका मुँह एकदम सफेद हो गया था। पूनमचन्द ने उसके निकट पहुँच कर कहा, ''कंचन प्रिये, लिहाज़-शर्म का तो यह समय नहीं है, तुम देवचन्द्र को समझाओ, वह चला जाए।''

कंचन ने अपना कण्ठ-स्वर संयत किया। उसने कहा, ''भैया, ये ठीक कहते हैं, तुम चले जाओ। पिताजी का वंश लोप नहीं होना चाहिए।''

देवचन्द्र ने उसके मस्तक पर हाथ रखा, फिर कहा, ''बहिन, बेसमझी की बात मत करो। तुम अच्छी तरह जानती हो कि संसार में मेरा तुम्हारे सिवा अब और कोई नहीं है।'' फिर उसने एकाएक कुछ सोच कर कहा, ''पूनम भाई, एक काम क्यों न किया जाए। कंचनलता बाहर जाए।'' फिर उसने कंचन की ओर मुड़कर कहा, ''सुनो बहिन, तुम जाकर अपने वृद्ध और दुखी ससुर की सेवा करना, और...''

देवचन्द्र आगे न कह सके। उनका कण्ठ रुक गया।

कंचनलता ने कहा, ''मेरा स्थान तो इनके चरणों में है भाई, तुम जानते ही हो। तुम चले जाओ भाई, पैर पड़ती हूँ।''

परन्तु देवचन्द्र ने कहा, ''तुम सब मुझे कायर बनाने पर तुले हो, पर यह नहीं हो सकता।''

उसका दृढ़ शब्द सुनकर कंचनलता सोच में पड़ गई। पूनमचन्द आँखों में आँसू भरे उसे ताकता रह गया। कंचनलता ने अब प्रिय पति की ओर देखा, और संसार-भर की करुणा और अनुनय आँखों में भर कहा, ''तुम्हीं मान जाओ, जीवित रहोगे, तो दोनों घरों का उजाला होगा। मैंने तुम्हारी कभी भी सेवा नहीं की, सिर्फ फेरों पर ही पल्ला पकड़ा था। तुम विवाह कर लेना, सुखी रहना।'' इतना कह कर वह सब लोक-लाज छोड़ आगे बढ़ पूनमचन्द के वक्ष पर गिर फफक-फफक कर रोने लगी।

पूनमचन्द ने कहा, ''यह समय तो साहस और दृढ़ता का है, और तुम रोती हो?''

''मैं पिताजी की बात सोच रही हूँ, वे बूढ़े और रोगी हैं, यह घाव वे कैसे सहेंगे।''

''मैं उनकी आज्ञा से आया हूँ।''

तीनों ने एक-दूसरे को पानी ढरते नेत्रों से देखा। प्रेम-त्याग-साहस और उत्सर्ग की वहाँ गंगा बह रही थी। फिर वे तीनों कंचनलता को बीच में करके एक-दूसरे से सटकर, जो कुछ आगे होने वाला था, उसका सामना करने को चुपचाप बैठ गए।

बहुत देर बाद देवचन्द्र ने कहा, ''एक मलाल मन में रह गया पूनम भाई?''

''क्या?''

''उस मसऊद कुत्ते को मैं अपने हाथ से न मार सका।''

''उसके तो सातों कर्म पूरे हो गए?''

''अरे, यह कैसे?''

पूनमचन्द ने वस्त्र हटाकर अपनी छाती दिखाई। छाती खून से भरी हुई थी। देखते ही कंचन के मुँह से चीख निकल गई। देवचन्द्र ने आकुल स्वर से कहा, "अरे, तुम तो घायल हो, देखूँ।"

पूनमचन्द ने घाव को वस्त्र से ढकते हुए कहा, "यानी मरते-मरते घाव दे गया। मुद्रा उसी के पास तो मिली।" फिर उसने सब हाल सुनाते हुए कहा, "सरस्वती तीर पर उसकी लोथ पड़ी है, इस समय तो देखने वालों की वहाँ भीड़ लग रही होगी।"

पूनम मुस्कराया।

कंचन ने व्यग्र हो साड़ी फाड़ डाली। वह घाव पर पट्टी बाँधने उसकी ओर मुड़ी।

पूनम ने लापरवाही से कहा, "कुछ ऐसा भारी घाव नहीं है, रहने दो।"

परन्तु देवचन्द्र ने आग्रह किया, कहा, "घाव गहरा है। छिपाते क्यों हो—पट्टी बाँधने दो।" उसने बहिन का हाथ बँटाने को हाथ बढ़ाया।

उसके हाथ को नरमी से अपने हाथ में लेकर पूनम ने कहा, "यार, अब यह सब खटपट कितनी देर के लिए? कुछ घड़ी की तो बात ही है, कि सब बेड़ा पार।"

परन्तु कंचन का मूल आग्रह टाला नहीं जा सका। उसने अपने हाथ से वस्त्र हटा, घाव पर पट्टी बाँध दी। पूनमचन्द ने और विरोध नहीं किया।

इसी समय द्वार पर कुछ शोर सुनाई दिया, और कुछ देर बाद जल्लादों सहित बहुत-से हथियारबन्द सिपाही वहाँ आ पहुँचे। उन्हें देखते ही बन्दीगृह हाहाकार और क्रन्दन से भर गया। केवल ये तीनों बन्दी मूक-निस्पन्द एक-दूसरे का हाथ दृढ़ता से पकड़े पृथ्वी पर दृष्टि दिए बैठे थे। उनकी आँखों में आँसू न थे।

जल्लादों के मुखिया ने कैदियों को गिनना प्रारम्भ किया। और कहा, "सब तिरसठ हैं।"

"तिरसठ? गलत, बासठ होने चाहिएँ।" जल्लादों के मुखिया ने अपनी बुद्धिमत्ता दिखाते हुए कहा, "फिर गिनो!"

इस बार भी तिरसठ ही रहे। सहायक ने मुखिया जल्लाद से कहा, "अब तुम गिन लो।"

उसने गिनकर देखा, तिरसठ थे। परन्तु उसने कहा, "मुझे बासठ बताए गए हैं। अरे भाई कैदियों, क्या तुममें कोई गलती से आ गया है?"

कइयों के होंठ एक साथ ही खुले। परन्तु स्वर नहीं निकला। होंठ वहीं चिपक गए। मुखिया जल्लाद ने कहा, "तब एक ज़्यादा ही सही। क्या किया जाए। पर मेहनताना तो मिलेगा बासठ ही का। एक का सिर फोकट में काटना पड़ेगा।"

इसके बाद उसने अपने सहायकों की मदद से दो-दो के हाथ रस्सियों से पीठ पर बाँधने प्रारम्भ किए।

सबको बाँध चुकने पर जब वह इन तीनों के निकट आया तो, पूनमचन्द ने चुपचाप अपनी हीरे की अँगूठी उसके हाथ में थमाकर कहा, "दोस्त, हम तीनों को एक ही साथ बाँधना।"

जल्लाद ने खुशी से मंजूर किया। वे तीनों एक साथ बाँध दिए गए।

अब कैदियों का यह जलूस पंक्तिबद्ध वध-स्थल की ओर चला।

नगर-ढिंढोरा

अनहिल्लपट्टन में ढिंढोरा फिर गया कि कल एक प्रहर दिन-चढ़े, गुनहगार कैदियों को मानिक चौक में कत्ल किया जाएगा। बाकी सबको गुलाम की भाँति नीलाम कर दिया जाएगा।

यह भयंकर ढिंढोरा सुनकर अनहिल्लपट्टन में हाहाकार मच गया। लोग खाना-पीना भूल इस महा-विपत्ति की बात सोचने लगे। निरुपाय सब नगर-निवासी, नगर-सेठ मानिकचन्द शाह की ड्योढ़ियों में पहुँचे और पुकार लगाई कि राजा हमें छोड़ चला। हम बिना राजा की प्रजा हैं। प्राचीन काल से नगर-सेठ इस देश का दूसरा राजा होता है। जब-जब प्रजा पर विपत्ति आती है, वह उसका प्रतिनिधि होकर राजा के पास जा पुकार करता है और प्रजा के दुःख-दर्द की दाद देता है।

नगर-सेठ मानिकचन्द शाह के पास चण्ड शर्मा का गुप्त सन्देश पहले ही पहुँच चुका था। उसने सब महाजनों और नगर के प्रमुख जनों को एकत्रित करके कहा, "यह बड़ी अनहोनी बात है कि हिन्दुओं की राजधानी में एक विदेशी राजा इस प्रकार आकर निरीह निर्दोष जनों को बिना विघ्न-बाधा के हनन करे। कैसे हम हिन्दू यह सब बैठे देखें? फिर आज उनके किए है, कल हमारी बारी है। भाइयो, जन्म-जन्म से हमने धन-संचय किया है। धन ही के कारण हमारी आवश्यकता है। इस समय चाहे हमारा सर्वस्व लुट जाए, लाख-करोड़ रुपया खर्च करना पड़े, परन्तु कसाई के हाथ से इन गरीब मनुष्यों के प्राणों की रक्षा तो करनी ही होगी। हमारे राजा यदि कर्मण्य होते तो हमारी यह दुर्दशा न होती। बिना स्वामी के प्रभु की भाँति आज यह गुजरात की स्वर्ग-सम राजधानी सूनी और शोभाहीन हो रही है। बिना राजा के प्रजा की रक्षा कौन करे?"

सभा में कुछ लोग बोल उठे, "हमें अपने प्राणों की परवाह न करके महमूद की सेना पर टूट पड़ना चाहिए। जहाँ तक प्राण हैं, हम कैदियों पर आँच न आने देंगे।"

मानिकचन्द शाह ने कहा, "आपका यह जोश-उबाल व्यर्थ है, आप ठाकुर हैं, आपको तलवार का आसरा है। पर जब राजा ही प्रजा को अरक्षित छोड़कर भाग

निकला, तो आपकी दो-चार तलवारें हज़ारों राक्षसों का क्या कर सकती हैं। तलवार में पानी होता तो भला कहीं सोमनाथ पट्टन भंग होता? इन बातों को छोड़िए, जैसा समय है उसके अनुसार काम कीजिए। महमूद लोभी है, इसी से काम बन जाएगा। झुकने के समय झुकना और अकड़ने के समय अकड़ना राजनीति है। हमारी शक्ति नष्ट हो गई है, अतः अब हमें साम-दाम से इन राक्षसों से काम निकालना है। वह मनमाना दण्ड लेगा। यही न, सो रुपया हमारे हाथ का मैल है, आबरू गई सो गई। इसलिए, हमें सुलतान का मुँह रुपयों से भरना होगा। दूसरा कोई चारा नहीं है। यह देखो, चालीस गाँव के महाजन सब बन्दियों को छुड़ाने के लिए तन-मन-धन से तैयार हैं।''

नगरसेठ की इस बात में सबने सहमति दिखाई। नगरसेठ मानिकचन्द शाह साथ में पाटन के सब नगर-महाजनों को तथा चालीस गाँव के महाजनों को संग ले सुलतान के पास गया।

सुलतान के वज़ीर अब्दुल अब्बास ने महाजनों का स्वागत किया और आने का कारण पूछा।

मानिकचन्द शाह सेठ ने आने का अभिप्राय वज़ीर को कह सुनाया। सुनकर वज़ीर सुलतान के पास गया। अब्दुल अब्बास एक बुद्धिमान और विद्वान् वज़ीर था। उसने सुलतान से कहा, ''हुजूर, शहर के महाजन-सेठ ड्योढ़ी पर यह अर्ज़ करने हाज़िर हुए हैं कि सब कैदियों को रिहाई मिले।''

सुलतान की आँखों में अभी भी गुस्सा भरा था। उसने कहा, ''यह कैसे हो सकता है! जिन कैदियों ने इरादतन मुसलमानों को मारा है, उन्हें कत्ल कर दो, बाकी सबको ऊँची बोली में नीलाम कर दो। यह तो हुक्म हो चुका है।''

''ज़रूर हो चुका है खुदावन्द, और इससे कुछ रुपया खज़ाने में आ जाएगा। मगर हुजूर, रुपए से नेकनामी बड़ी चीज़ है। ये महाजन एक अच्छी रकम देने की यदि राज़ी हों, तो रुपया भी मिल जाए और हुजूर खुदावन्द की नेकनामी भी सलामत रहेगी।''

''तब उन महाजनों को हाज़िर करो।'' सुलतान ने हुक्म दिया। महाजनों ने सुलतान के सम्मुख आ सलाम किया। फिर मानिकचन्द शाह ने तनिक आगे बढ़कर कहा, ''हुजूर, आप विजयी बादशाह है, आपकी ताकत का अन्त नहीं। हम महाजन लोग आपसे अर्ज़ करने आए हैं, मानना न मानना हुजूर के हाथ में है, हम लोग तो मालिक के सामने अर्ज ही कर सकते हैं।

सुलतान ने कहा, ''तुम्हारी अर्ज़ क्या है महाजनो।''

मानिकचन्द शाह ने सिर झुकाकर कहा, ''खुदावन्द, आप अच्छी तरह जानते है कि इन अभागे कैदियों का कोई कसूर नहीं है। यदि इनसें से किसी ने अपने बचाव के लिए कोई हरकत की हो, तो वह न्याय, इन्साफ की दृष्टि से क्षमा के

योग्य है। फिर इनमें गरीब-बेबस औरतें, लड़कियाँ, नगर-निवासी लोग हैं। इन्होंने तो आपका सामना किया नहीं। फिर, उन्होंने बहुत बेआबरूई और कष्ट उठाए हैं, ये लोग सब गरीब प्रजाजन हैं, ये न शूरवीर हैं, न सिपाही। इसलिए नेकनाम सुलतान, आप उन्हें माफ करके उन्हें छोड़ दीजिए।''

अमीर ने कहा, ''महाजनो, ये गुनहगार कैदी काफिर हैं, इन्हें मारने में सवाब होता है, फिर इन्होंने हमारी फौज का सामना किया है। हमारे आदमियों को इजा पहुँचाई है। इसलिए हमने शरह की रू से इन्हें कत्ल करने और बेच डालने का हुक्म दिया है।''

सेठ ने नम्रता से कहा, ''आलीजाह, मालिक यदि रैयत को मारे तो फिर उसका बचाने वाला कौन है? आपके एक वचन से हज़ारों के प्राण बचेंगे, यह भी बड़ा भारी लाभ है।''

''लेकिन बिना जुर्माना कैदी नहीं छोड़े जा सकते।''

''खुदावन्द, गरीब कैदी कहाँ से जुर्माना अदा करेंगे? उनके पास खाने-पीने का भी ठिकाना नहीं। वे तो पहले ही लुटे-पिटे बैठे हैं। फिर हुजूर, उनका अपराध भी तो कुछ नहीं है। तो भी आपका इरादा दण्ड लेने ही का है, तो दिए बिना छुटकारा नहीं है, तब कृपा कर नाममात्र का दण्ड लेकर उन्हें छोड़ दीजिए।''

अब्दुल अब्बास ने चण्ड शर्मा का इशारा पाकर कहा, ''महाजनो, तुम व्यर्थ समय बरबाद न करो, सवा लाख सोने की मुहरें हुजूर सुलतान की खिदमत में पेश करो तो गुनहगारों को माफी मिल सकती है।''

नगरसेठ ने बहुत अनुनय-विनय किया। पर सुलतान ने एक न सुनी। विवश महाजनों ने मुहरों की थैलियाँ सुलतान के सामने रख दीं। मुहरों को गिनकर अब्दुल अब्बास ने माफी का परवाना लिखकर उस पर सुलतान की मुहर लगाकर नगरसेठ के हाथ में दे दिया।

महाजनों ने हाथ उठा-उठा कर सुलतान को बहुत-बहुत धन्यवाद-आशीर्वाद दिया और वे अब एक क्षण का भी समय नष्ट न कर दौड़ते हुए मानिक चौक की ओर चले, जहाँ अभागे कैदियों के भाग्य का फैसला होने वाला था।

मानिक चौक में

अनहिल्ल पट्टन के मानिक चौक में आदमियों के ठठ टूटे पड़ते थे। चारों ओर से लोग दौड़े चले आ रहे थे। आज अभागे कैदियों को कत्ल और भेड़-बकरी की भाँति नीलाम किया जाने वाला था। कैदियों को मजबूत रस्सियों में बाँध, पठान

सिपाहियों ने घेर रखा था। जिन कैदियों का सिर काटा जाने वाला था, वे सबसे पृथक् पीठ-पीछे हाथ-बाँधे दो-दो की कतार में खड़े थे।

कैदियों की दुर्दशा देख-देख कर सहस्रावधि नागरिकों की आँखों से चौधार आँसू बह रहे थे। इस समय कैदियों की दशा वर्णनातीत थी। इनमें सैकड़ों सरदार, सेठिया, सैकड़ों स्त्रियाँ और किशोर अवस्था की युवक-युवतियां थे। इनमें बहुत-से छाती कूट-कूटकर रो रहे थे। अठवाड़ों से ये अंध कारागार में बन्द थे। महीनों से इन्हें भर-पेट भोजन और नींद-भर सोना नहीं मिला था। नहाने-धोने की तो बात क्या है। वह ज़ीते-जी नरक का दुख भोग रहे थे। पुरुषों की दाढ़ी बढ़कर और मैल-मिट्टी लगकर उनकी सूरत भूत के समान बन गई थी। महीनों से उन्होंने वस्त्र नहीं बदले थे। उनके सगे-सम्बन्धी जो दूर देश से उनके साथ ही साथ उन्हें छुड़ाने की खटपट में बड़े-बड़े दुःख सहकर गिरते-पड़ते आए थे, इस भीड़ में भटकते-रोते और जिस-तिस की खुशामदें करते फिर रहे थे। बहुत पत्नियाँ पति को, बहुत माताएँ पुत्र को, बहुत पुत्र पिता-माता को, बहुत भाई-भाई को ढूंढ़ते फिर रहे थे। पृथ्वी पर उनकी सुनने वाला, उस संकट से उन्हें उबारने वाला कोई न था। उनका करुण-कन्दन सुन-सुनकर बड़े-बड़े दृढ़ चित्त वालों का कलेजा दहल जाता था।

जिन कैदियों को प्राणदण्ड मिलने वाला था, उनकी दशा और भी खराब हो रही थी। अकारण इतने निर्दोष स्त्री-पुरुषों का इस प्रकार हनन होने की कल्पना से उस दिन गुजरात की राजधानी आँसुओं से नहा रही थी। बाज़ार-कारबार सब बन्द थे। एक भी घर में चूल्हा नहीं जला था। प्रत्यक्ष मृत्यु को मूर्तिमान देखकर प्राणदण्ड पाए हुए कैदी थर-थर काँप रहे थे। वे जानते थे, कोई घड़ी के मेहमान हैं। यम के समान जल्लाद सुर्ख पोशाक पहने, भारी तेगा हाथ में लिए, हुक्म के इन्तजार में खड़े थे। कुछ कैदी धीरज धर के भगवान का स्मरण कर आँखें बन्द करके बैठ गए थे।

प्राण-दण्ड का समय हो गया। सरदार ने आगे बढ़कर सुलतान का हुक्म उच्च स्वर से सुनाया—

"बदबख्त कैदियों, तुमने शाहे-जलाल सुलतान महमूद के मुकाबले तलवार उठाई, और जिहाद के सिपाहियों का मुकाबला किया। तुम काफिर हो, अब सुलतान के हुक्म पर तुम्हारा सिर काटा जाता है, जिससे तुम अपनी करनी का फल भोगो और ताकयामत दोज़ख की आग में जलो।"

यह मृत्यु-घोषणा सुनकर अनेक कैदी ज़ोर-ज़ोर से राम, राम, शिव, शिव पुकारने लगे, अनेक हँसने और अनेक रोने लगे।

अब भी नगर-निवासियों की आशा सेठों की ओर थी, जो सुलतान के पास बन्दियों को छुड़ाने गए थे।

दो-दो कैदी पांत में बैठाए गए। और दो-दो जल्लाद तलवार नंगी करके उनके सिर पर खड़े हुए। नगर-निवासी काँपते हुए इस भयानक दृश्य को आँख फाड़-फाड़ कर देखने लगे। बहुत-से चिल्ला-चिल्ला कर इधर-उधर भागने लगे। देर हो रही थी, पर एक तुर्की सरदार ललकार कर अधिकारी को रोक रहा था। उसके हाथ में सुलतान की तलवार थी। वह कह रहा था, "अभी ठहरो, अमीर नामदार का आखिरी हुक्म आने दो।" कहने की आवश्यकता नहीं, यह तुर्क सिपाही छद्मवेशी दामोदर महता थे।

इतने ही में सेठों की टोली दौड़ती हुई आती दीख पड़ी। नगरसेठ ने दोनों हाथ उठाकर पुकारकर कहा, "ठहरो, ठहरो, भाइयो, तनिक ठहरो!"

जैसे सूखे पर वर्षा गिरे, सबने आशा और सन्देह से देखा। जल्लादों की तलवार रुक गई। नगरसेठ ने सब बन्दियों की माफी का परवाना, झपट कर अधिकारी के हाथ में दे दिया। अधिकारी ने सुलतान का परवाना पढ़ा। कुछ देर उसे उलट-पलटकर देखा, फिर उसने उच्च स्वर में पुकार कर कहा—

"गुनाहगारो, खुदा का शुक्र मनाओ, आदिल-इन्साफ सुलतान ने मेहरबानी करके तुम सबको छोड़ दिया। खबरदार, आज के बाद कभी शाहेजलाल सुलतान के सामने हथियार न उठाना।"

एक अतर्कित-अकल्पित आनन्द की किलकारियाँ हवा में भर गईं, जिनके साथ सुख के रुदन की सिसकारियाँ भी थीं। बात-की-बात में कैदियों के बन्धन खुल गए। बिछड़े हुए पिता-पुत्र, पति-पत्नी गले मिले। यम की डाढ़ से छुटकारा मिला।

लोग हाथ उठा-उठाकर पागल की भाँति हँसने और रोने लगे। कैदी गुलाम-गीरी और मौत के पंजे से इस प्रकार छूटने पर भी जैसे विश्वास न कर सके। बहुत-से पागल की भाँति नाचने-कूदने लगे।

अनहिल्ल-पट्टन उस दिन बहुत व्यस्त रहा। घर-घर में कैदियों के सत्कार-सेवा में मिष्ठान-पकवान, वस्त्र बंटते रहे। कैदियों ने स्नान कर क्षौर करवाया, नये वस्त्र पहने। नगरसेठ मानिकशाह ने सब सेठों की ओर से अन्न-वस्त्र-धन देकर उन्हें अपने-अपने घर भेजा।

केवल तीन ऐसे कैदी थे, जो कैद से छुट्टी पाकर भी घर नहीं गए। वे अपने तन-बदन की सुध-बुध भूलकर दीन स्त्री-पुरुष कैदियों की सेवा-सुश्रूषा और व्यवस्था में हाथ बंटाते रहे। ये तीनों कैदी कंचनलता, देवचन्द्र और पूनमचन्द थे। वृद्ध मोतीचन्द शाह उस भीड़-भाड़ में पुत्र को ढूंढ़ते फिर रहे थे। अन्त में पिता-पुत्र मिल गए। तीनों ने सेठ के चरणों में मस्तक झुका दिया और सेठ ने उन्हें छाती से लगाकर मन का संताप दूर किया।

चौलारानी

नव किसलय-कोमल, कमल-किशोरी रूप-कौमुदी की मूर्त प्रतिमा चौलारानी आज अपने कोमल लाल चरण ऊबड़-खाबड़ भूमि पर रखती, ठोकर खाती, अंधकार में राह टटोलती भाग्य-दोष से उस अंधेरे भूगर्भ-मार्ग में निराशा के अंधकार में डूबती-उतराती चली जा रही थी। आज न उसका कोई रक्षक था, न सहायक। नंगी तलवार उसकी कोमल कलाई पर भार थी और उत्फुल्ल अरविन्द के समान उसके नेत्र रोते-रोते फूल गए थे। काले घंघुराले बाल, जिनमें कभी मोती गूंथे जाते थे, धूल में भरकर उलझ गए थे। और नीलमणि की कंठी से कभी का सुशोभित कंठ धूल और गन्दगी से मलिन हो रहा था। बिम्बाधर रूखे, मुख-चन्द्र राहुग्रस्त-सा और सुषमा का आगार उसका नवल गात्र एक सूखे झाड़-सा प्रतीत हो रहा था।

वह साहस करके आगे बढ़ती ही चली गई। और जब वह सुरंग के उस पार पहुँची तो उसने देखा, उस वीरान जंगल में आदमी की परछाई भी नहीं थी। वह सुरक्षा की अभिलाषिणी थी। वहाँ पशु और उनसे भी अधिक दुर्दान्त नर-पशुओं के आक्रमण से वह शंकित थी। वह चाहती थी कि शीघ्र उसे महाराज के सान्निध्य में पहुँचने की कोई राह मिल जाए। वह सीधी नदी के किनारे-किनारे चलती चली गई। भूख, प्यास और थकान से वह बेदम हो रही थी। सामने ही निर्मल नीर नदी में बह रहा था। पर उसने उसकी और आँख उठाकर भी नहीं देखा, वह सीधी बढ़ती चली गई।

परन्तु उसे बहुत अधिक नहीं चलना पड़ा। सामने अमराई के उस पार एक छोटा-सा गाँव था। चौलारानी धीरे-धीरे आँचल में लाज समेटे गाँव की ओर चली। उसने देखा, गाँव के छोर पर ही एक जीर्ण शिवालय है, उसी के पास पुजारी का टूटा-सा घर है। वह चुपचाप घर की देहरी पर जा खड़ी हुई। वृद्ध पुजारी ने भीतर से निकलकर कहा—

"कौन हो तुम?"

"एक असहाय दुखिया स्त्री हूँ, आप देवता के पुजारी हैं, ब्राह्मण हैं, क्या आप आश्रय देंगे?"

"ब्राह्मणी हो?"

"न, क्षत्रिय हूँ।"

ब्राह्मण सोच में पड़ गया। चौला ने कहा, "आपको कष्ट नहीं दूंगी। देव-सेवा का मुझे अभ्यास है। मैं देव-सेवा करूंगी, भोजन के लिए भी धन मेरे पास है, आपको भार नहीं होगा।" उसने पाँच स्वर्ण-मुद्रा आँचल से निकाल कर पुजारी के सम्मुख चरणों में रख दीं। पुजारी ने क्षण भर विचार किया, एक बार उसके पीले सूखे मुँह को देखा, फिर स्वर्ण-मुद्राएँ हाथ में उठाकर कहा, "इन्हें आँचल में बाँध लो बेटी।

और किसी से कहना मत, कि तुम्हारे पास सोना है। घर में अकेली ब्राह्मणी है। जवान बेटा अभी सोमतीर्थ में देवार्पण हो गया, इससे उसका मिज़ाज ज़रा खराब हो गया है। बकझक बहुत करती है, सो उसका कुछ ख्याल मत करना। आओ, भीतर आ जाओ। तुम कहाँ से आ रही हो?"

"खम्भात से पिताजी।"

"वहाँ भी क्या म्लेच्छ पहुँच गया?"

"वहाँ सब कुछ हो चुका है पिताजी।"

"तुम्हारे घर क्या कोई है?"

"कह नहीं सकती। अभी तो आपकी ही शरण हूँ।"

"तो बेटी, ब्राह्मण के घर जो कुछ रूखा-सूखा देवान्न है, खाकर रहो।"

"किन्तु माता को नहीं देख रही हूँ।"

"बाहर गई है, आती होगी। तेरा मुँह सूख रहा है। तू भूखी है। थोड़ा दूध घर में है, देता हूँ, पी।"

इतना कहकर वृद्ध ब्राह्मण व्यस्त भाव से घर में घुस गए। चौला का निषेध उन्होंने नहीं माना, थोड़ा दूध लाकर पिला दिया।

इसी समय गर्जन-तर्जन करती ब्राह्मणी आ गई। यजमानों के घर से वह थोड़ा चावल माँग लाई थी। चौला को आँगन में बैठी देख ब्राह्मण से उसने तीखी होकर कहा, "यह मेरी सौत कौन आ गई?"

चौला ने उठकर आँचल गले में डालकर ब्राह्मणी के चरण छूकर कहा–

"आपकी पुत्री हूँ–दुखिया स्त्री। आपकी शरण आई हूँ माताजी।"

"सो दूर रह, छू मत। कुवेला नहाना पड़ेगा। निपूता न जाने कहाँ से किस जात-कुजात को बटोर लाता है।" उसने घूरकर ब्राह्मण को देखा। ब्राह्मण उत्तर न देकर खड़ाऊँ खड़खड़ाते बाहर चले गए। उन्होंने सोचा, दोनों स्त्रियाँ स्वयं ही अपना सन्तुलन ठीक कर लेंगी। कुछ देर बाद ब्राह्मणी ने कहा, "कौन जात हो?"

"क्षत्रिय।"

"कहाँ से आई हो?"

"खम्भात से।"

"अकेली?"

"म्लेच्छ ने खम्भात में कहर मचाया है माताजी, प्राण लेकर आपकी शरण में आई हूँ।"

ब्राह्मणी कुछ नरम हुई। वह बड़बड़ाती हुई चावल बीनने लगी। चौला ने कहा–

"चावल मैं बीनती हूँ, आप चूल्हा सुलगाइए।"

"पानी भी तो नहीं है। मैं ही भर कर लाऊँगी। बूढ़ा तो कुछ करेगा नहीं।"

"पानी मैं लाती हूँ माँजी, कुआँ कहाँ है?"

"वहाँ अमराई में है। वह घड़ा है।"

चौला घड़ा बगल में दबाकर जल भरने चली। ऐसे काम की वह अनभ्यस्त थी। परन्तु चातुर्य और परिश्रम, तथा शील एवं मृदु वचनों से उसने वृद्धा पर मोहिनी डाल दी।

भात तैयार होने पर ब्राह्मणी ने कहा, "तू खा, भूखी होगी!"

"पहले देवता को भोग लगेगा, पीछे पिताजी और आप भोजन करेंगे, फिर आपका प्रसाद मैं लूँगी।"

ब्राह्मणी सन्तुष्ट हो गई। चौला ने घर की झाड़-बुहार से लेकर देव-सेवा तक सब काम अपने हाथ में ले लिए। वह उस घर की एक सदस्या बन गई।

ब्राह्मण दम्पती उसे बेटी समझने लगे।

परन्तु चौला रानी वहाँ आयु काटने तो आई न थी। उसे जितना शीघ्र सम्भव हो, महाराज भीमदेव की सेवा में आबू पहुँचना था। वह अपने मन का अभिप्राय कैसे ब्राह्मण पर प्रकट करे, यह निर्णय नहीं कर पाती थी। वह अपना परिचय देना भी ठीक नहीं समझती थी। ब्राह्मण उसकी शालीनता सोचकर सन्देह करता था कि यह अवश्य कोई बड़े कुल की स्त्री है, परन्तु ब्राह्मणी के डर से वह उसपर किसी भाँति कृपा नहीं कर सकता था। ब्राह्मणी यद्यपि अपेक्षाकृत उस पर सदय थी, परन्तु अपने स्वभाव के अनुसार वह सदैव खीझती रहती थी।

दिन बीत रहे थे और पाटन के समाचार विकृत होकर उसके पास आ रहे थे। उन समाचारों का सार यही था, कि पाटन में इस्लामी राज्य कायम हो गया है। अमीर ने सब सेठ-साहूकारों का कत्ल कर दिया है और गुजरात के राजा वल्लभदेव और भीमदेव भाग गए हैं। ये सब समाचार सुन-सुनकर चौला रानी बहुत घबराती, कभी छिपकर रोती। कभी उसका रोना ब्राह्मण पर प्रकट हो जाता, कभी नहीं।

परन्तु एक दिन ब्राह्मण ने उससे बात की। उसने कहा, "लक्ष्मी बेटी, तू अपने मन की बात मुझसे कह; और यह भी बता कि तू कौन है, और मैं तेरी क्या सहायता कर सकता हूँ?"

चौला ने कहा, "यदि आप किसी भाँति मुझे आबू पहुँचा दें, तो बड़ी कृपा हो। खर्च मेरे पास है।"

"आबू में कौन है।"

"मेरे पतिदेव हैं।"

"इतने दिन बाहर रहने पर वे तुझे रखेंगे?"

"रखेंगे।"

"उनका नाम क्या है बेटी?"

"वह, वहीं चलकर बताऊँगी।" ब्राह्मण फिर सोच में पड़ गया। उसने कहा, "बहुत कठिन है बेटी, राह में पाटन है। वहाँ म्लेच्छ का राज्य है, सुना है वहाँ बहू-बेटी

की आन नहीं है। म्लेच्छ जिसे पाते हैं, पकड़ कर ले जाते हैं। मैं दुर्बल ब्राह्मण तेरी रक्षा नहीं कर सकता।''

परन्तु चौला साहस कर चुकी थी। उसने कहा, ''पिताजी, मैं भेष बदल कर पुरुष-वेष में आपके साथ जाऊँगी। ब्राह्मण को कोई नहीं सताएगा। फिर मेरे पास तलवार है, आप चिन्ता न करें। ये दस मोहरें हैं। इन्हें माताजी को दे दीजिए, वे सन्तुष्ट हो जाएँगी। मेरे पास खर्च के योग्य और भी मुहरें हैं।'' अन्ततः ब्राह्मण राज़ी हो गया। सोना पाकर ब्राह्मणी भी राज़ी हो गई। और एक दिन खूब भोर में, सूर्योदय से प्रथम ही चौला ब्राह्मण कुमार का वेश बना, वस्त्रों में तलवार छिपा, यथासम्भव अपने रूप को अपरूप कर वृद्ध ब्राह्मण को संग लेकर घर से निकल पड़ी।

राह-बाट में जो मिलता, वही पाटन की भयानक बातें सुनाता। दोनों भिक्षा मांगते, खाते, कभी चना-चबेना खाते, कभी टिक्कड़ सेंकते, गाँव-पर-गाँव पार करते पाँव-प्यादे पाटन की ओर बढ़ने लगे।

ब्राह्मण ने कहा, ''पाटन में मेरे एक सम्बन्धी हैं, वे राजवर्गी पुरुष हैं। वे तुझे सहायता देंगे। मैं तुझे वहाँ तक ले चलता हूँ। फिर आगे जैसी वह राय दें, करना। इसी में तेरा भला होगा।''

चौला ने स्वीकार किया। वह पाटन की ओर ज्यों-ज्यों बढ़ने लगी, उसे प्रतीत होता था कि वह बाघ के मुँह में जा रही है। परन्तु उसने साहस नहीं छोड़ा।

अन्त में वह ठीक उस दिन पाटन में पहुँची, जिस दिन बन्दी मुक्त किए गए थे और पाटन में हर्ष की लहर-लहरा रही थी। इस दिन चौकी-पहरे का भी विशेष प्रबन्ध न था। वृद्ध ब्राह्मण ओर उसके युवा पुत्र की ओर किसी ने लक्ष्य नहीं किया। गोधूलि वेला में वे दोनों लोटा, लकुटिया और सत्तू की पोटली कन्धे पर रख चण्ड शर्मा के द्वार पर जा खड़े हुए।

बहुत काल बाद चण्ड शर्मा अपने पुराने सम्बन्धी को देखकर बड़े प्रसन्न हुए। उन्होंने दोनों का स्वागत सत्कार किया। परन्तु वे छद्मवेशी ब्राह्मण कुमार को बारम्बार ध्यान से देखने लगे। उन्होंने नेत्रों ही में पूछा, ''यही क्या आपका पुत्र है?''

ब्राह्मण ने आँखों में आँसू भरकर कहा, ''मेरा पुत्र तो सोमतीर्थ में म्लेच्छों का भोग हुआ। यह युवक तो अपना परिचय स्वयं देगा। इसी को आपके पास लेकर आया हूँ। अभी इसके आहार-विश्राम की व्यवस्था कर दीजिए।''

स्वस्थ होने पर चौला ने अपना इस प्रकार परिचय दिया, कि मैं खम्भात में चौलारानी की परिचारिका थी। चौलारानी से मेरा खम्भात की भगदड़ में साथ छूट गया, अब मुझ विपत की मारी को इन ब्राह्मण देवता ने आश्रय दिया।''

यह समाचार सुनकर चण्ड शर्मा को आश्चर्य भी हुआ और प्रसन्नता भी। उन्होंने कहा, ''तो क्या तुम्हें मालूम है कि तुम्हारी सखी चौलारानी अपना सब कर्तव्य भूल म्लेच्छ के साथ आई है और राजरानी की भाँति रहती है?''

चौला शोभना के जीवित होने का संकेत पाकर बहुत प्रसन्न हुई। उसने कहा, "क्या आप मुझे उसके पास किसी तरह पहुँचा सकते हैं।"

"यह मुश्किल है। उसकी सेवा में जो दासियाँ नियुक्त हैं, सभी मैंने नियुक्त की हैं। मैं तुम्हें उन दासियों के साथ भेज सकता हूँ।"

दूसरे दिन भोर ही में चौला जल की भरी झारी कन्धे पर रख दासी के वेश में शोभना के पास दरबारगढ़ के रंगमहल में जा पहुँची। देवी चौलारानी को अपने सम्मुख पाकर शोभना आनन्द-विह्वल हो गई। उसने सब दासियों को हटा दिया और चौला से लिपट गई। प्रथम दोनों ने अपनी-अपनी व्यथा सुनाई। चौला की सब बात सुनकर शोभना ने कहा, "सखी, अब तुम अविलम्ब यहाँ से आबू चली जाओ। और महाराज को बल दो, जिससे गुर्जर भूमि का उद्धार हो।"

"परन्तु तुम?"

"मेरा मरना-जीना सब समान है। इससे जब इतना विलम्ब हो गया है, तब थोड़ा और सही। इस दुर्दान्त पशु को मैंने पालतू बना लिया है। यद्यपि मेरी भेंट उससे खम्भात ही में हुई है, और अब वह फिर मेरे सम्मुख नहीं आया है, पर सखी, मैंने अभी उसे न छोड़ने का ही निश्चय किया है। इसका सबसे बड़ा लाभ तो यह है कि वह तुम्हारी ओर से बिल्कुल निश्चिन्त है। और यही समझता है कि तुम ही इस पर कृपादृष्टि रखकर उसका दिया राज भोग रही हो।"

"परन्तु सखी, यह खतरनाक खेल कब तक चलेगा?"

"जब सब लोग प्राणों की होली खेल रहे हैं, तो यह भी उसी का एक भाग है। अतः इस नाटक को अन्त तक चलने दो और देखो, अन्त में क्या परिणाम होता है।"

और भी बहुत-सी बातें हुईं। और फिर अपना-अपना कर्तव्य स्थिर करके दोनों सखियाँ विदा हुईं।

इधर चौलारानी के दरबार गढ़ जाने के बाद ही छद्मवेशी दामो महता चण्ड शर्मा के पास आए। चण्ड शर्मा ने चौला की सखी के पाटन में आने के सब समाचार उनसे कहे। सुनकर शोभना से मिलने और चौलादेवी के मन की बात जानने की उत्सुकता से महता अधीर हो गए। वे वहीं रुक कर शोभना के लौटने की प्रतीक्षा करने लगे।

परन्तु देखते ही क्षण भर में महता ने चौलारानी को पहचान लिया। महता आनन्द से नाच उठे। उन्होंने आगे बढ़कर नम्रतापूर्वक उन्हें प्रणाम किया। चण्ड शर्मा को यह सुनकर, कि चौलारानी यही हैं, बड़ा आश्चर्य हुआ। शोभना ने अमीर को अच्छे नाटक में फंसाया है, यह सुनकर यह पाटन का चाणक्य बहुत हँसा। उसने शोभना की भूरि-भूरि प्रशंसा की। फिर दोनों कूटनीतिज्ञों ने मिलकर यही निर्णय किया कि जो कुछ हो रहा है, वही ठीक है। अभी चौलादेवी चण्ड शर्मा के घर में गुप्त वास करें और शोभना देवी अपना अभिनय करती रहें।

उसी क्षण महता ने आबू को गुप्त सन्देश भेज दिया कि चौलादेवी के सम्बन्ध में चिन्ता करने की आवश्यकता नहीं है।

पाटन से प्रस्थान

वसन्त की मनोरम ऋतु गुजरात पर छाई। रम्य गुर्जर भूमि विविध लता-पुष्पों से भर गई। पुष्पों की भीनी महक से वातावरण सुरभित हो गया आम के वृक्ष मौर से लद गए। उनपर कोयल कूकने लगी। गुजरात की भूमि एक मनोहर वाटिका की शोभा धारण कर उठी। सघन-वनस्थली में गिरिशृंग से निकलती हुई स्वच्छ जल की पहाड़ी नदियाँ और निर्झर टेढ़ी-सीधी भूमि पर सर्पाकार बहते अति शोभायमान प्रतीत होने लगे। विविध रंगों के पक्षियों के चहचहाने से ध्वनित-सी गुर्जर भूमि स्वर्ग की सुषमा दिखाने लगी। गत विपत्ति को भूल लोग विविध रंग के वस्त्राभूषण धारण कर फाग का आनन्द लेने लगे।

अनहिल्लपट्टन के दरबारगढ़ में सुलतान महमूद नित्य सायं-प्रातः दो दरबार करने लगा। दरबार में छोटे-बड़े राव-रंक प्रत्येक को आने की छूट थी। दरबार में महमूद स्वर्ण-सिंहासन पर तड़क-भड़क से अपने वज़ीरों और विद्वानों से घिरा हुआ बैठता और विविध रास-रंग और राजकाज की बात चलाता।

चैत और वैशाख बीत गया। एक दिन महमूद के दरबार में चर्चा चली। प्रसिद्ध विद्वान अलबरूनी ने कहा, "खुदावन्द, यह मुल्क गुजरात तो बहिश्त-सा लगता है, यह हिन्द का बाग मशहूर है। गुजरात में कच्चा सोना उगता है, ऐसा यह लोग कहते हैं। यहाँ के लोग खुशहाल और बुद्धिमान हैं, वे बड़े ठाठ और मौज-शौक से रहते हैं। यह एक अजब बात है कि खुदा ने मूर्तिपूजक काफिरों को ऐसा सरसब्ज़ और ज़रखेज़ मुल्क दिया। क्यों न इसे इस्लामी सल्तनत का पाये-तख्त बनाया जाए!"

वज़ीर अब्दुल हसन ने कहा, "यही क्यों? क्या हुजूर ने गोलकुण्डा की बाबत नहीं सुना, जिसे जवाहर-भरा मुल्क कहते हैं। जहाँ की जमीन में कंकड़-पत्थर की जगह हीरे भरे हुए हैं। गोलकुण्डा में मीलों की लम्बाई तक हीरों की खानें फैली हुई हैं। ज़मीन के पेट में इस कदर जवाहर भरा है कि एक पीढ़ी में निकाला नहीं जा सकता।"

अलबरूनी ने कहा, "फिर सिंहलद्वीप है, जो वहाँ से कुछ ही फासले पर है, और उस पर बआसानी दखल किया जा सकता है। जहाँ के दरिया में दुनिया भर से अच्छे और बेशुमार मोती निकलते हैं।"

महमूद ने अपने विद्वान मन्त्रियों से यह वार्तालाप सुनकर मन में अनेक बातों का विचार किया। उसके मुँह में लालच का पानी भर आया।

अलबरूनी ने सुलतान का रुख देखकर फिर कहा, "अगर गुजरात को पायतख्त बनाकर एक जहाज़ी काफिला किसी बहादुर जांनिसार की मातहती में सिंहल भेजा जाए, साथ ही गोलकुण्डा पर फौजकशी की जाए तो हुजूर दुनिया के सबसे बड़े बादशाहों के रुतबे को पहुँच सकते हैं। साथ ही अनगिनत दीनदारों का भला हो सकता है। इसके अलावा मुल्क से कुफ्र दूर होकर दीने-इलाही का ज़हूर होगा।"

वज़ीर ने कहा, "खुदावन्द, इस मुल्क में वक्त पर बरसात होती है, वक्त पर धान पकता है। गर्मी में ज्यादा गर्मी नहीं और सर्दी में ज्यादा सर्दी नहीं, मनपसन्द मेवा, फल और तरकारियाँ उगती हैं। दुनिया में ऐसा मुल्क और कौन-सा है?"

परन्तु महमूद के सेनापति इस राय के विरोधी थे। वे राजनीति की गम्भीरता से अज्ञान थे, वे सिपाहियों की बेचैनी से भी परिचित थे, जो अपने बाल-बच्चों से दूर विदेश में आकर अब घर लौटने को उत्सुक हो रहे थे। उन्होंने कहा–

"शाहेवक्त, आलिमों की राय के बीच सिपाही को बोलना मुनासिब नहीं। मगर हुज़ूर, अपने मुल्क को सूना छोड़कर दौलत के लालच में परदेश में धँस जाना खतरे से खाली नहीं है। मुल्क में अपनी सल्तनत है, अपना अमल है। वहाँ अपना कबीला है, बिरादरी है। उनसे दूर रहकर दुश्मनों के इस मुल्क में जहाँ कदम-कदम पर रुकावटें हैं, फंसना गुलाम को ठीक नहीं जँचता। बिलफर्ज, हुज़ूर गोलकुण्डा या सिंहल पर फौजकशी करें तो बिला शक और शुबाह यह तय है कि एक बेड़ा हथियारबन्द जहाज़ की सिरेबन्दी करने में ही हुजूर का सारा खज़ाना खत्म हो जाएगा। हुजूर को यह भी न भूलना चाहिए कि अज़मेर और सोमनाथ की जंग में हमारे काफी सिपाही मारे गए हैं और सिपाही इतने दिन घर से दूर रहने से बेदिल और उतावले हो रहे हैं। हम न उन्हें तस्कीन दे सकते हैं, न उस कमी को पूरी कर सकते हैं, जो इन लड़ाइयों में हमारी हुई है। उधर दुश्मन चारों ओर से पेशबन्दियाँ कर रहे हैं। हुजूर यह न समझें कि भीमदेव चुप बैठा है, वह तमाम मुल्क में जंग की आग सुलगा रहा है, और सब राजाओं को इकट्ठा कर रहा है, ताकि हमारी वापसी की राह रोक ली जाए। और हमें घेरकर जेर कर दिया जाए। ऐसी हालत में हम, आप इन दुश्मनों से बेखबर होकर नई फौजकशी करें और खुदा ना खास्ता हमें नाकामयाबी हो तो जो नाम और शोहरत हमने पाई है, धूल में मिल जाएगी। साथ ही अपने मुल्क को हममें से एक भी आदमी ज़िन्दा न लौटने पाएगा। इसलिए खुदावन्द, मेरी अरज़ तो यह है कि जितना जल्द मुमकिन हो, हमें सब सोना, हीरा-मोती ज़र-जवाहर लेकर अपने मुल्क को लौट चलना चाहिए।"

अपने बहादुर सिपहसालार की यह कीमती सलाह सुनकर सुलतान सोच में पड़ गया। फतह मुहम्मद के अकस्मात् गायब हो जाने और मसऊद के रहस्यपूर्ण ढंग से मारे जाने के चित्र उसकी आँखों में घूम गए।

दिन बीतते गए और चातुर्मास आ लगा। किसान खेत जोतने लगे। परन्तु

आषाढ़-श्रावण का मास सूखा गया, एक बूंद जल नहीं गिरा। लोग घबरा गए। दुष्काल की छाया उनके मुख पर स्पष्ट होने लगी। अन्न महँगा हो गया। गरीब भूखों मरने लगे। श्रीमन्तों ने सदाव्रत खोल दिए। परन्तु एक मास बाद तो दुष्काल चारों ओर मुँह फाड़कर मनुष्यों का ग्रास करने लगा। समूचे गुजरात में अकाल फैल गया। सुलतान ने अपनी फौज के लिए बहुत-सा अन्न अपने कब्जे में कर लिया। देखते-ही-देखते हज़ारों ही मनुष्य 'हा-अन्न, हा अन्न!' कहके मरने लगे। गाँव-देहात में लूट-खसोट मच गई। लोग खाद्य-अखाद्य सब खा-खाकर पटापट मरने लगे। बालक भूख के मारे माता-पिता के सामने रोते-रोते बेहोश होकर मर गए। बहुत माता-पिता पत्थर का कलेजा कर अपने बच्चों को असहाय छोड़कर भाग गए।

वर्षा के लिए विविध उपाय काम में लाए जाने लगे। शिव-मन्दिरों में धूमधाम से घण्टा बजाकर आराधना प्रारम्भ हो गई। ब्राह्मणभोज होने लगे। जगह-जगह कीर्तन किए जाने लगे। ब्राह्मणों ने यज्ञ, अनुष्ठान, व्रत,उपवास किए, पर वर्षा न होनी थी, न हुई। श्रावण की भाँति भाद्रपद भी सूखा गया। जंगल की घास भी सूख गई।

अभक्ष्याभक्ष्य खाने से नगर-गाँव में हैज़ा फूट निकला। लोग पटापट मरने लगे। हैजे की छूत महमूद की सेना में भी पहुँची। सैकड़ों सैनिक नित्य मरने लगे। सेना में घबराहट और विद्रोह के चिह्न फैल गए।

लोगों में आम-तौर पर यह बात फैल गई कि यह सब भगवान् सोमेश्वर का कोप है। लोग जगह-जगह कहने लगे कि भगवती त्रिपुर सुन्दरी ने काली-कपाली आदि भैरवियों को भेजा है। वे नर-रक्त से खप्पर भर-भरकर भगवती त्रिपुर सुन्दरी को तथा नर मुण्डमाल भगवान् सोमेश्वर को अर्पण कर रही हैं। काली-कपाली और जोगिनियों के कोप की शान्ति के भी अनेक उपाय किए जाने लगे। घर-घर खीरवाकड़ा के नैवेद्य होने लगे। चौक बाजार में स्त्रियाँ उतारा उतार कर रखने लगीं। द्वारों पर नीम के पत्तों के तोरण बांधे जाने लगे, देव-मन्दिरों में धूप-दीप, होम-हवन होने लगे। नगर के चारों ओर दूध की धार दी गई—परन्तु महामारी का विकराल रूप तो और भी विकराल होता गया।

नगर के भंगियों ने भंगी टोले में महाकाली को प्रसन्न करने के लिए अलग टोटका किया। एक काला कुत्ता मारकर भौंहरा में लटका दिया। फिर सब लोग नंग-धड़ंग हो शराब पी-कर नाचने-गाने लगे। भूपा लोग सिन्दूर माथे पर लपेट मन्त्र-पाठ करके उड़द बिखेरने लगे। धूम-धड़ाके की भी खूब भरमार हुई। परन्तु महामारी ने सबसे अधिक भंगियों को ही समेटा। उन्होंने उड़द का पुतला मन्त्रपूत कर दुर्लभ सरोवर में डाल दिया था, इससे हज़ारों लोग क्रुद्ध हो-होकर और लाठियाँ ले-लेकर भंगियों पर कहर बरसाने लगे।

इन सब कारणों से तथा फौज की बढ़ती हुई विद्रोह-भावना से भयभीत होकर महमूद ने जल्द-से-जल्द गज़नी लौटने का विचार किया। उसने एक आम दरबार की

घोषणा की। दरबार में नगर के सब महाजनों और प्रधान पुरुषों को भी बुलाया गया। सबके सम्मुख सुलतान ने यह प्रश्न रखा कि गुजरात का राज्य किसे सौंपा जाए? महमूद ने स्पष्ट रीति पर यह घोषित कर दिया कि वह चामुण्डराय के किसी भी वंशज को राज्य सौंपने को राज़ी है, बशर्ते कि वह राज्याधिकारी सुलतान को अपना अधिपति स्वीकार करे और नियमित रूप से खिराज़ गज़नी भेजता रहे।

दरबार में दुर्लभदेव और वल्लभदेव दोनों ही के प्रतिनिधि उपस्थित थे। महाराज चामुण्डराय तो राजपाट का सब मोह त्याग श्वेत तीर्थ में जा परलोक-चिन्तन में मग्न थे। दुर्लभदेव सिद्धपुरे में भगवा वस्त्र पहन संन्यासी बन बैठे थे। वल्लभदेव और भीमदेव प्रच्छन्न भाव से अब अर्बुद, नान्दौल और आसपास के राजाओं की सैन्य एकत्र कर महमूद की राह रोके अर्बुद की घाटियों में चाक-चौबन्द बैठे थे।

दुर्लभदेव के चरों ने सुलतान के मन्त्रियों और सलाहकारों को घूस देकर अपने पक्ष में कर लिया था। उन्होंने कहा–

"राज्य के अधिकारी और राज्य करने योग्य केवल दुलर्भदेव हैं, वह सुलतान के मित्र हैं और खुशी से सुलतान नामदार को, जितना सुलतान कहेंगे, खिराज देंगे और अन्त तक आप ही की आज्ञा के अधीन रहेंगे।" उन्होंने उस कौल-करार की भी याददिहानी की, जो सुलतान और दुर्लभदेव के बीच हो चुके थे। परन्तु वल्लभदेव के हिमायतियों ने कहा–

"वल्लभदेव पाटवी कुंवर है, गद्दी पर उन्हीं का हक है, प्रजा उनसे सन्तुष्ट है। वह विवेकी, न्यायी और वीर पुरुष हैं। उन्हें ही गुजरात का राजा होना चाहिए।"

वज़ीर ने कहा, "लेकिन उसने सोमनाथ की लड़ाई में हमारा सामना किया, अभी तक वह भीम के साथ मिलकर सुलतान के खिलाफ फौजकशी कर रहा है। वह अभी तक माफी माँगने को सुलतान की खिदमत में हाजिर नहीं हुआ। राज्य पर अपना हक भी प्रकट नहीं किया। इसलिए यह गद्दी उसे नहीं सौंपी जा सकती।"

सुलतान ने सब तर्क सुनकर हुक्म दिया। दोनों में आज से जो सात दिन के भीतर आकर हमारे हुजूर में सलाम करे, ज्यादा से ज़्यादा खिराज़ दे, और जो शर्तें तय हों उनका पालन करे, उसी को गद्दी सौंप दी जाएगी। नहीं तो सात दिन बाद गुजरात में इस्लामी राज्य की स्थापना हो जाएगी।"

इतना कहकर सुलतान ने दरबार खत्म किया। दोनों ही पक्षों के समर्थक अपनी-अपनी खटपट में दौड़ने लगे। दोनों राज्याधिकारियों को शाही खरीते भेज दिए गए। महाराज वल्लभदेव ने उत्तर दिया–

"मैं क्षत्रिय हूँ, गुजरात की गद्दी पर मेरा अधिकार है, उसे मैं देश और धर्म के परम शत्रु गज़नी के महमूद से भीख माँगकर नहीं, उसके सिर पर यह तलवार मारकर लूँगा।"

दुर्लभदेव ने सुना और झटपट फकीरी बाना उतार कर राजकीय ठाठ से आकर

सुलतान की हाज़िरी बजाई। नज़र गुजारी और अपनी कमर से तलवार खोल, घोड़े के मुँह में दे, हाथ बाँधकर खड़ा हो गया।

उसके इस आचरण से सुलतान सन्तुष्ट हो गया। अपने हाथ से तलवार उसकी कमर में बाँधी, आदर से बैठाया। सब शर्तें तय हो गईं। सुलतान ने उसे गुजरात का राजाधिराज स्वीकार कर लिया।

दूसरे ही दिन अनहिलपट्टन में धूमधाम से दुर्लभदेव का राज्याभिषेक हुआ। गुजरात में उसके नाम की दुहाई फेर दी गई। चण्ड शर्मा महामन्त्री के पद पर अभिषिक्त हुए।

परन्तु प्रजा ने कोई उत्सव नहीं मनाया। रूखा-सूखा राज्याभिषेक करा, होम-हवन, पूजा-पाठ की रीति पूरी कर स्वर्ण-दक्षिणा ले ब्राह्मण अपने घर गए। महमूद ने मनचाहा नज़राना ले, लूटा हुआ माल-खज़ाना दो सौ हाथियों पर लाद लाव-लश्कर के साथ पाटन से प्रस्थान किया।

कंथ कोट की ओर

पाटन से नल कोट तक, और आबू से झालौर तक राजपूतों की एक लाख तलवारें महमूद के स्वागत के लिए उतावली हो रही हैं, जब महमूद ने यह सुना तो उसका चेहरा भय से पीला पड़ गया। इतनी बड़ी सेना का सामना करने का साहस अब महमूद की सेना में न था। उसकी सेना में अनेक प्रकार के वहम और सन्देह घर कर गए थे। वे अब वैसे भूखे भेड़िये न थे, जैसे गज़नी के पहाड़ी इलाकों से शिकार की टोह में निकले थे। इस बार उनकी ज़ीनों में सोना, मोती, और हीरा-मुहरें ठसाठस भरे पड़े थे। और अब उनका मन युद्ध में नहीं, अपने घर जाकर मौज-मज़ा करने में लगा था। घर छोड़े उन्हें बहुत दिन हो चुके थे, वे अब पीछे लौटने को उत्सुक थे। अब वे युद्ध का खतरा नहीं उठाना चाहते थे।

परन्तु घर तो अभी बहुत दूर था और तलवार की धार पर पैर रखकर ही वे लौट सकते थे। अमीर के पास भी अतोल खज़ाना था। उसकी रक्षा का प्रश्न बहुत महत्त्वपूर्ण हो उठा था। उसके लिए वह अधीर हो उठा। फिर शोभना के प्रेम ने उसे विगलित कर दिया था। और अब वह दुर्दान्त योद्धा नहीं—आकुल-व्याकुल मिलन-आतुर प्रेमी था। जितने भी क्षण बीतते थे, उसके लिए भारी थे। वह जल्द-से-जल्द भारत की सीमा को पार कर प्रेयसी का प्रेम-प्रसाद पाकर धन्य हुआ चाहता था।

इतनी बड़ी सेना से लोहा लेना आत्मघात ही था। इसलिए उसने राजपूतों की तलवारों से बचने के लिए सिन्ध की राह पकड़ना श्रेयस्कर समझा और कन्थ कोट की ओर बाग मोड़ी। भम्भर पहुँचकर उसने अपने विश्वस्त ममलूक योद्धाओं की

संरक्षता में खज़ाने के हाथियों को इस्लाम कोट की ओर आगे रवाना कर दिया और आप सारा लाव-लश्कर लिए धीरे-धीरे सिन्ध में घुसा। छद्मवेशी दामो महता इसी ताक में थे। इसी क्षण तड़ित्-वेग से उनकी सांड़नियाँ चारों दिशाओं को छूटीं।

अभी अमीर कन्थ कोट पहुँच भी नहीं पाया था, कि उसको सूचना मिली कि भीनमाल से अमरकोट तक राजपूतों की तलवारें छा रही हैं। अजमेर के नए चौहान राजा महाराजा वीसलदेव अपने चाचा दुण्ढिराज के साथ पीलू के मैदान में उसकी राह रोके साठ हज़ार योद्धाओं के साथ महमूद के रक्त से अपने पिता धर्मगजदेव का तर्पण करने को सन्नद्ध खड़े हैं—सुनकर अमीर दाढ़ी नोंचने लगा और उसका सिर घूम गया। आज उसे सोमतीर्थ का विजेता फतह मुहम्मद और तरुण मसऊद याद आ रहे थे। उसने देखा, मेरा सारा ही खज़ाना शत्रु की डाढ़ में चला गया। एक ओर से महाराज वीसलदेव और दूसरी ओर से सांभरपति दुण्ढिराज धीरे-धीरे अमीर का माल-खज़ाना लादे हुई गज-सैन्य को दबोचते इस्लाम कोट की ओर बढ़ रहे थे। इस प्रकार अमीर और उसके खज़ाने के बीच एक दीवार खड़ी हो गई थी। इसी समय उसे यह दुःखद समाचार भी मिला, कि महाराज भीमदेव अमीर की पीठ पर दबाव डालते हुए भीनमाल से आगे बढ़ रहे हैं। अब तो अमीर को चारों ओर से मृत्यु, मुँह बाए उसे समूचा निगल जाने को विकराल रूप धारण किए निकट आती दीख पड़ी। अब यही नहीं कि इतने यत्न से लूटा हुआ उसका सारा माल-खज़ाना छिन जाने का भय था, उसका तो सर्वनाश ही समुपस्थित था। वह पागल की भाँति अपने खेमे में बफरे बाघ की भाँति घूम रहा था। उसके वज़ीर-सेनापति सब निरुपाय थे। अब उसके सामने एक ही राह थी, कि वह कच्छ के अगम महा-रन में घुसने की जोखिम उठाए। परन्तु इस अगम रन को वह पार कैसे करेगा? उसके पास साधन कहाँ हैं? ऊँट कहाँ हैं? पानी कहाँ है? पथ-प्रदर्शक कहाँ हैं? वह किसका विश्वास करे? किसका आसरा तके? कहाँ जाए? आज तो खुदा के बन्दे महमूद को खुदा भी राह नहीं दिखा रहा था। उसके सेनापतियों ने लड़ने से साफ इन्कार कर दिया था। निरुपाय अपने सब धन-रत्न से निराश हो, वह पीछे भम्भर की ओर मुड़ा। कच्छ के महारन में घुसने को छोड़ उसका किसी तरह निस्तार न था।

बाग मोड़ने के समय उसने शोभना से कहलाया, "खुदा का बन्दा महमूद दौराने-गर्दिश में है, वह आपको आज़ाद करता है, आप जहाँ जी चाहे, चली जाएँ—अब्बास अपने पाँच सौ सवारों के साथ आपकी रकाब के साथ है।"

परन्तु शोभना ने जवाब दिया, "यह रिहाई नहीं, बेबसी है। मैं मंजूर नहीं कर सकती। आपकी इस मुसीबत में मेरा भी हिस्सा है। अमीर नामदार जब अपने उरूज और रुतबे पर हों और इस बन्दिनी को रिहाई देना चाहें, तो उस समय देखा जाएगा।"

शोभना के इस जवाब से महमूद इस विपत्ति में भी बाग़-बाग़ हो गया।

भायातों की टक्कर

कच्छ में बहुत-से भायात ठाकुर गिरासदार-जागीरदार थे। ये सब छोटे-छोटे राजा थे और अपनी-अपनी रियासत का प्रबन्ध स्वयं करते थे, केवल गुर्जरेश्वर को कर देते और दरबार में आवश्यकता होने पर हाज़िरी बजाते थे। वे सभी सोमतीर्थ पर जूझे थे। उनमें अनेक वहीं खेत रहे थे, जो बचे थे वे, और जो खेत रहे, उनके उत्तराधिकारी, इन सबने मिलकर, खम्भात के उदाहरण से सावधान होकर अपना संयुक्त संगठन किया। सबने अपनी-अपनी सेना एक ही जगह एकत्र की, और उसका अधिपति मांडवी के ठाकुर को बना दिया। जब अमीर पाटन के दरबार गढ़ में बैठ गया और गुजरात में अपनी आन उसने फेर दी, तो इन भायातों ने उसकी आन नहीं मानी। न ये अमीर के दरबार में गए। इन्होंने भीमदेव को सूचना भेज दी कि इस बार यदि अमीर ने कच्छ में मुँह किया तो उसका तलवार से स्वागत किया जाएगा। वे ध्यान से अमीर की गतिविधि को देखने लगे। अब, जब अमीर ने भम्भर की ओर बाग मोड़ी तो भायातों की सैन्य चाक-चौबन्द हो आगे बढ़ी और उसने अदेसर में आकर उसका मुहाना रोक दिया।

अब तो महमूद को लड़ने के सिवा कोई चारा न रह गया। उसके लिए तीन मार्ग थे—या तो वह भायातों की सेना से सम्मुख युद्ध करने का खतरा उठाए, या वह कच्छ के छोटे रन में घुसे और उसे पार कर काठियावाड़ में जा निकले—या वह महारन में जाए। छोटे रन में घुसने का कोई अर्थ ही न था। वह उसके मार्ग से विपरीत दिशा में था। महारन के विकराल गाल में जाने के अतिरिक्त उसे दूसरी राह न थी, परन्तु भायातों की तलवारों का उल्लंघन बिना किए वह न इधर बढ़ सकता था न उधर। निरुपाय उसने सेना को व्यूह-बद्ध किया, और अविलम्ब भायातों पर धावा बोल दिया। उसने अपने तीन हज़ार मार वाले धनुर्धर और इतने ही बलूची घुड़सवारों को दाएं-बाएं आक्रमण करने की आज्ञा दी तथा दस हज़ार पदातिकों को उसने सम्मुख मार करने को अग्रसर किया। पर इस बार भाग्य उसके साथ न था। भायातों ने लड़ते-लड़ते और बिखरते हुए पीछे हटना प्रारम्भ किया। अमीर ने इस कौशल पर ध्यान नहीं दिया। वह झटपट युद्ध का परिणाम देखना चाहता था। उसके बलूची सवार भायाती सैन्य को दबाते ही चले गए। दाहिनी ओर का मोर्चा हटते-हटते मीलों तक पहाड़ी उपत्यकाओं में फैल गया। और अब वहाँ दो-दो चार-चार योद्धा छुटपुट लड़ने लगे। वे परस्पर सम्बन्धित न रहे। अन्त में अमीर की यह सेना वहीं घिर गई। बाईं और की सेना को दबाव डालकर छोटे रन में पेल दिया गया। पदातिकों पर निर्दय तलवार की मार पड़ी। वह सेना छिन्न-भिन्न हो गई और बौखलाकर महारन में घुस पड़ी। सेना की यह दुर्दशा देखकर अमीर ने शोभना देवी को दो हज़ार सुरक्षित सवारों की रक्षा में खादर की ओर बढ़ने की आज्ञा दे, शेष समूची सेना ले भायातों

पर धंसारा किया। परन्तु शीघ्र ही उसे अपनी इस जल्दबाजी का परिणाम भी दीख गया। अवसर पाकर बगल के पहाड़ी प्रदेशों से निकल-निकलकर ठाकुरों ने अमीर की पीठ पर मार करनी प्रारम्भ कर दी। यह एक अनोखा और बेतुका युद्ध हो रहा था। सम्मुख सेना बिना लड़े-भिड़े भाग रही थी। और अमीर उसे अपनी झोंक में खदेड़े लिए जा रहा था। परन्तु न जाने कहाँ से अनगिनत योद्धा छोटे-छोटे काठियावाड़ी घोड़ों पर निकल-निकलकर अमीर की पीठ पर घाव कर रहे थे। इस प्रकार से भायातों की सैन्य उसे अंजौर तक धकेलती चली गई। यहाँ उसकी सेना अनेक दलों में बिखर गई और घिर गई। अब अंजौर में स्थित नई सेना ने धंसारा करके चारों ओर अमीर की सेना को घेरकर समेटना प्रारम्भ कर दिया। साक्षात् यम की डाढ़ में जाने की अपेक्षा अमीर ने शौर्य दिखाकर जूझ मरना ठीक समझा। उसने अपने साहसी योद्धाओं को ललकारा, परन्तु परिणाम यही हुआ कि केवल एक हज़ार सवारों के दल के साथ, वह भायातों की सैन्य-पंक्ति को भेदकर तीर की भाँति माण्डवी तक चला गया।

अब वह निश्चय ही पथ-भ्रष्ट था—अपनी राह से सैकड़ों कोस दूर। अपनी सेना से दूर और अपने मन्तव्य-गन्तव्य से दूर। अब उसके बचने की एक ही आशा थी, कि कोई छोटा-मोटा किला दुर्ग उसके हाथ लग जाए तो वह उसमें पनाह ले और फिर अपनी बिखरी हुई सेना का संगठन करे। मांडवी पर उसने दृष्टि डाली। पर मांडवी सर करना उसके बूते की बात न थी। उसके साथ केवल एक हज़ार योद्धा थे। उसने निरुपाय हो मुन्द्रा की राह पर अश्व छोड़ा। आशा और निराशा के बीच उसका हृदय झूल रहा था। उसने सुना था, मुन्द्रा में ठाकुर नहीं हैं, महाजनों का पंचायती राज्य है। वहाँ का किला समुद्र-तट पर खूब दृढ़ है। इसी से वह तेज़ी के साथ मुन्द्रा की ओर चला।

मुन्द्रा में

अभी अच्छी तरह सूर्योदय नहीं हुआ था। रात-भर पहरे-चौकी पर सजग पहरेदार ऊँघ रहे थे। इसी समय एक तरुण धूल-भरे वस्त्रों और बदहवास चेहरे से पाँव-पैदल मुन्द्रा के राजमार्ग पर दौड़ा आ रहा था।

द्वार पर आकर उसने उद्वेग-भरे स्वर में पहरेदार से कहा, "भाई, थानेदार की देहरी किधर है?"

पहरेदार ने ध्यान से आगन्तुक की ओर देखा। आगन्तुक के पास घोड़ा-ऊँट या कोई हथियार भी न था। उसने अधिक प्रश्न नहीं किया। सामने एक ऊँची अट्टालिका की ओर उँगली उठा दी। आगन्तुक बिना एक क्षण रुके उसी ओर को चल पड़ा

मुन्द्रा का थानेदार अपनी देहरी के आगे एक पाटे पर बैठा दातून कर रहा था, आगन्तुक ने उसके आगे पहुँचकर कहा–

"मुन्द्रा के थानेदार से मुझे काम है।"

"कह, भाया, मैं ही थानेदार हूँ। क्या काम है?"

"गज़नी का अमीर मुन्द्रा की ओर दबादब आ रहा है?"

थानेदार चौंका, उसने कहा, "भ्रम तो नहीं हुआ?"

"कैसा भ्रम, अपनी आँखों से देखकर आ रहा हूँ। भायातों की सेना से उलझ रहा है। उन्होंने उसे उसकी प्रधान सेना से पृथक् कर दिया है, वह हज़ार-एक सवारों के साथ इधर ही भागा आ रहा है।"

"केवल एक हज़ार?"

"बस इतने ही। उसकी सारी फौज भायातों ने घेर ली है।"

"ठीक है, तुम ठहरो, खा-पीकर जाना, कहाँ के निवासी हो?"

"मांडवी का हूँ, भायात उसे अंजौर तक धकेल लाए। उसी में उसका मुख्य सेना से सम्बन्ध छूट गया, अब वह आत्मरक्षा के लिए इधर आ रहा है!"

समुद्र के तट पर मुन्द्रा नगर एक अच्छा बन्दरगाह था। उसका किला दूर से काले दैत्य के समान जल-थल के यात्रियों को दिखाई देता था।

थानेदार की दातून अधूरी रह गई। उसने अपनी सिरबन्दी के जमादार को बुलाकर कहा, "शहर के सब दरवाजे बंद कर दो। और उनकी रक्षा का पूरा इन्तज़ाम ठीक कर दो।"

इसके बाद उसने वस्त्र पहने। हथियारों से सज्जित हुआ और टेढ़े-तिरछे गली-कूचों को लांघता हुआ एक बड़ी अट्टालिका में घुस गया।

अट्टालिका नगर के प्रमुख सेठ मेघजी की थी। सेठ भी अभी नित्यकर्म से निपट रहा था। उसने कहा, "सेठ, गज़नी का सुलतान आ रहा है।"

"क्या मुन्द्रा में?" सेठ ने आश्चर्य और आतंक से कहा।

"हाँ, परन्तु घबराने रो काम नहीं चलेगा। जाओ तुम, महाजनो और नगरनिवासियों को कह दो, स्त्री-बच्चों को किले में पहुँचा दें। और सब मर्द, अपने-अपने हथियार से सजकर नगरकोट पर चढ़ जाएँ। आज सभी को हथियार लेना पड़ेगा।"

सेठ ने कहा, "अभी एक क्षण में मैं चला।"

थानेदार नगर-द्वार की ओर बढ़ा। वहाँ सिरबन्दी के सब सिपाही शहर के दरवाजे बन्द कर तीर-कमान और तलवारों से लैस अमीर के सत्कार को सन्नद्ध खड़े थे।

थानेदार एक वृद्ध राजपूत था। वह जन्म से कच्छी था। उसके मुख पर सफेद गलमुच्छा और माथे पर सफेद पाग थी; कमर में कच्छी बागा, बागे पर लम्बी तलवार, और फैंटे में रक्खी कटार।

उसने किले की राग पर चढ़कर देखा। दूर धूल उड़ती आ रही है। देखते-ही

देखते सवारों के हथियार धूप में चमकने लगे। सबके आगे अरबी घोड़े पर सवार अमीर महमूद था।

इसी बीच अपने-अपने तीर-कमान, पत्थर और तलवार, जो जिसके हाथ लगा, लिए सैकड़ों नगर-निवासी किले की रांग पर चढ़ आए थे।

थानेदार ने कहा, "भाइयो, घबराना नहीं, और व्यर्थ अपने तीर नष्ट मत करना। अमीर भायातों की सेना से ताड़ा हुआ मुन्द्रा के किले की शरण पाने आ रहा है। उसके साथ केवल हजार सिपाही हैं। आज उसकी खैर नहीं है। ज्योंही मेरा तीर छूटे, सब एक साथ तीर छोड़ना—पहले कोई न छोड़े।"

सबने थानेदार की बात गाँठ बाँध ली। हज़ारों आदमी साँस रोककर समय की प्रतीक्षा करने लगे। सैकड़ों तीर, धनुषों पर चढ़े छूटने को तैयार थे।

अमीर की सेना निकट आई और थानेदार का तीर सनसनाता छूटा। साथ ही सैकड़ों तीरों की बौछार पड़ी।

अमीर की बढ़ती हुई सेना रुक गई। तीरों से बिंधकर घोड़े हवा में उछलने और हिनहिनाने लगे। सैनिक चीत्कार कर उठे।

अमीर घोड़ा उछालता आगे बढ़ा। उसने तलवार ऊँची करके कहा, "मैं गज़नी का सुलतान तुम्हें हुक्म देता हूँ कि दरवाज़े खोल दो और किला हमारे ताबे करो।"

"किन्तु यहाँ गज़नी के सुलतान का अमल नहीं है।" थानेदार ने हँसकर कहा।

"क्या तुम्हीं मुन्द्रा के थानेदार हो?"

"नामदार अमीर ने ठीक पहचाना।"

"तो तुम्हें जानना चाहिए कि तमाम गुजरात पर हमारा अमल है और हम गुजरात के बादशाह हैं। दरवाज़े खोल दो, मैं तुम्हें कच्छ का राज्य दूँगा।"

"दरवाज़ा एक शर्त पर खोला जा सकता है।"

"वह क्या है?"

"यह कि गुजरात के बादशाह सुलतान महमूद अकेले हथियार रखकर शहर में दाखिल हों। फौज सब बाहर रहे।"

"सुलतान ने होंठ चबाए। क्रोध से गरजते हुए उसने कहा, "मैं मुन्द्रा में एक भी आदमी ज़िन्दा नहीं छोड़ूँगा।"

"यह बात पीछे-देखी जाएगी। अभी तो गज़नी के अमीर को अपनी जान की खैर मनानी चाहिए।"

इसके साथ ही एक बाण अमीर की पगड़ी को उड़ाता हुआ दूर निकल गया और उसके साथ ही सैकड़ों तीर उस पर बरस पड़े।

क्रोध में अमीर हो अमीर ने अपनी सेना को फाटक तोड़ने का आदेश दिया, सैकड़ों सवार फाटक पर पिल पड़े, पर ऊपर से पत्थर, तीर और बर्छों की मार से मर-मरकर वे ढेर होने लगे।

मध्याह्न काल आ गया। हवा में धूप और गर्मी भर गई। मुन्द्रा के फाटक पर दोनों ओर ज़ोर-आज़माई हो रही थी। इसी समय दूर से धूल के बादल उमड़ते दीख पड़े। अमीर ने भयभीत होकर इस नई विपत्ति को देखा, जिसका सामना करने की इस समय उसमें सामर्थ्य न थी। उसने जल्दी-जल्दी आक्रमण से विरत हो अपनी सेना को व्यवस्थित कर पीछे बाग फेरी। पीठ पर तीरों के घाव खाते अमीर के सैनिक लौट चले। परन्तु यह सब व्यर्थ था। उसकी सेना को चारों ओर से नए शत्रुओं की दृढ़ टुकड़ी ने घेर लिया। अमीर एक दुर्भेद्य चक्र के बीच फँस गया।

चारों ओर से मारता-काटता, वार करता यम के अवतार की भाँति घुड़सवारों का यह फुर्तीला दल अमीर को दलमल करने लगा। ये सवार काठियावाड़ी मज़बूत टट्टुओं पर सवार, फुर्तीले और अद्भुत थे। वे चारों ओर से घेरा समेटते-समेटते इस प्रकार सिमट गए कि अमीर के सैनिकों को हिलने-जुलने का भी स्थान न रहा।

इस दल का नायक एक ठिगना, मज़बूत और तेजस्वी योद्धा था। उसका रंग काला, आँखें लाल, चेहरे पर रगें भीगती हुईं। भुजदण्डों पर उछलती हुई मछलियाँ—हाथ में रक्त से भरी नंगी तलवार।

महमूद घोड़ा बढ़ाकर सामने आया। उसने क्रोध और दर्के से कहा—

"तू कौन है?"

"मैं पारकर का तहार मियाना हूँ। डाका मारना मेरा खानदानी पेशा है। तू कौन है?"

"मैं गज़नी का सुलतान महमूद हूँ।"

"तब तो बहार-ही-बहार है। गज़नी का सुलतान है, मैंने सुना है, महमूद के आदमी खूब मज़बूत और घोड़े बहुत बढ़िया हैं।"

"तूने मेरी राह क्यों रोकी है?"

"वाह, यह भी पूछने की बात है? यह तो मेरा पेशा है। हमारा भाग्य—जो तू हमारे हाथ चढ़ गया। घोड़े हमारे काम आएँगे और तुझे और तेरे आदमियों को रन में बेचकर अच्छे दाम उठाऊँगा।"

"तू डाकू है? तुझे शर्म नहीं?"

"अरे महमूद, हम तुम दोनों डाकू ही हैं। कल तेरा दांव था, आज मेरा है। तैने दुनिया लूटी है। आज तू मेरे हाथ चढ़ा है। झट-पट ताबे हो आ। नाहक खून-खराबी न कर।"

"तू क्या मुझे पकड़ना चाहता है?"

"बेशक, पर दाम चुकाया कि छुट्टी।"

"कितना दाम?"

"तीस लाख कोरी से कम नहीं। अकेले तेरे दाम। तेरे इस रेवड़ के अलग।"

"कितने!"

"करोड़ कोरी।"

अमीर का साँस रुक गया। गढ़ के कंगूरों पर चढ़े सैनिक ठठाकर हँस पड़े। प्रतापी विजयी सुलतान को जीवन में पराभव का यह पहला ही समय था। उसने तलवार ऊँची कर ताहर पर एक भरपूर हाथ मारा। ताहर ने घोड़ा कुदाकर उछाल भरी। उसने कहा, "बस कर, बेवकूफ, तू गज़नी का सुलतान है, और मैं कच्छ के रन का राजा, तेरे ऊपर घाव नहीं करूँगा, नाहक इन पहाड़ी बकरों को मत कटा। या तो कोरी भर, नहीं तो घोड़े से उतर।"

इस समय अमीर के एक सरदार ने आगे बढ़कर तलवार से ताहर पर वार किया। अनजाने में कन्धे में घाव खा गया। फिर बिफरे हुए बाघ की भाँति उछल कर तलवार का एक तुला हुआ हाथ सरदार के सिर पर दिया। तलवार पगड़ी को चीरती हुई, खोपड़ी के दो टूक करती हुई छाती तक उतर गई। सरदार भूमि पर लोट गया।

अमीर ने उच्च स्वर से कहा, "खून-खराबी की ज़रूरत नहीं है, हम ताबे होते हैं।"

वह घोड़े से वीर-दर्प से कूद पड़ा। ताहर ने कहा, "तू सवार रह और सब घोड़ों से उतर पड़ें। अपने हथियार भी रख दें।" देखते-देखते अमीर के सब सैनिक घोड़ों से उतर पड़े और अपने हथियार भी उन्होंने नीचे रख दिए। दुर्दान्त डाकू के साथियों ने कोतल घोड़ों की बाग मोड़ी, हथियार घोड़ों पर लादे और कैदियों को घेरकर चल दिए। चलती बार ताहर ने दुर्ग की रांग पर खड़े थानेदार को वालैकुम-सलाम कहा।"

ताहर की गढ़ी में

अपने कैदियों को लेकर ताहर डाकू तेज़ी से लौट चला। वह राज-मार्ग छोड़ जंगल में घुसा। बीहड़ दुर्गम जंगल में भूखे-प्यासे गर्वीले बलूची सवार, अपने घोड़ों और हथियार तथा हिन्दुस्तान की समूची कमाई गंवा, पशु की भाँति बन्दी बने पांव-प्यादे डाकुओं के साथ दौड़े चल रहे थे। जब उन्होंने हिन्दू स्त्री-पुरुषों को रोते-काँपते रस्सियों से बाँधकर अपने घोड़ों के साथ निर्दयतापूर्वक घसीटा था, तब उन्होंने उनके दुःख-दर्द और दुर्भाग्य की कल्पना भी न की थी। पर अब आज इस समय उन्हें अपनी गज़नी की पहाड़ियों में प्रतीक्षा करती हुई पत्नियों और बच्चों की याद आ रही थी। वे अधीर हो रहे थे।

जंगल के एक विस्तृत मैदान में एक स्वच्छ पानी का सरोवर था। वहाँ हरियाली भी काफी थी। ताहर ने वहीं डेरा डाल दिया। कई डाकू कमर खोल हाथ-मुँह धोने

और हवा खाने लगे। बहुत-से डाकू घोड़ों पर चढ़कर आस-पास के गाँवों से भेड़-बकरियाँ लूट लाए। बात-की-बात में पशुओं को काट-कूटकर वे खा गए। कैदियों को भी भोजन दिया। ताहर ने महमूद को पास बैठाकर भोजन कराया और फिर वे आगे को चले। रात-भर वे चलते ही चले गए। दूसरे दिन उजाड़ रेगिस्तान के लक्षण दीख पड़ने लगे। चारों ओर बालू के टीले, थूहर और नागफनी के कांटेदार झाड़। बबूल और पीलू के इक्का-दुक्का पेड़। कहीं-कहीं पहाड़ी टीले और सूखी-नंगी चट्टानें।

अन्त में ताहर की गढ़ी आई। गढ़ी कच्ची मिट्टी की बनी थी। गढ़ी की दीवार बारह हाथ चौड़ी थी। एक के बाद एक, इस प्रकार उसके तीन परकोटे थे। ताहर ने भीतर ले जाकर सब कैदियों को पशुओं की भाँति एक बाड़े में बन्द कर दिया। और महमूद के लिए एक उसारे पर चारपाई डालकर कहा, "बैठ महमूद। आराम कर।" और गज़नी का सुलतान, अमीर महमूद, खुदा का बन्दा, जगद्विजयी, चुपचाप चारपाई पर बैठ गया। इसी समय ताहर बहुत-से मकई के भुट्टे गर्मागर्म भुने हुए लेकर आया। और कहा, "खा महमूद, एकदम ताज़ा हैं।"

वह खुद भी पास बैठकर भुट्टे खाने लगा। महमूद की आंतें भूख से बिलबिला रही थीं। भुट्टे उसे अमृत की भाँति स्वादिष्ट लगे। खा चुकने पर उसने पानी के लिए इधर-उधर देखा, अभिप्राय समझकर ताहर ने उँगली से संकेत करके कहा, "वहाँ कुआँ है, वहीं डोलची पड़ी है, खींचकर पी आ।" और जब अमीर डोलची खींच रहा था, उसके जांनिसार तुर्क सिपाही और सरदार बाड़ों में बन्द भाग्य का यह खेल देख रहे थे।

भुट्टे खाकर महमूद नीम की छांह में सो गया। थकावट ने उसकी सब चिंताओं पर परदा डाल दिया। भरपूर नींद सोने के बाद उसका मन कुछ हल्का हुआ। उसने ताहर से बातचीत की।

अमीर ने कहा, "ताहर, मैं खुदा का बन्दा महमूद, वहीं कहूँगा जो मुझे कहना चाहिए। तेरी कैद में मैं खुश हूँ—सब ज़िम्मेदारियों और पाबन्दियों से दूर। तेरे दिए इन भुट्टों की मैं कीमत अदा नहीं कर सकता।"

"तू महमूद, क्या अपना तावान कतई माफ कराना चाहता है? या कम कराना चाहता है? क्या वह बहुत ज्यादा है?"

"बहुत कम है।"

"तू क्या देना चाहता है?"

"वह तू सोच भी नहीं सकता।"

"तेरी कुछ आरजू है।"

"सिर्फ एक।"

"क्या?"

"मेरी एक दौलत है, उसे ढूंढ़कर ला।"

"कहाँ से?"

"यही कहीं, रन के इधर-उधर।"

"क्या बहुत कीमती है?"

"तेरा तावान हज़ार गुना महमूद दे सकता है, पर उस दौलत की कीमत नहीं।"

"उसका अता-पता?"

"वह एक नाज़नीं है।"

"ओफ", ताहर खूब ज़ोर से ठहाका मारकर हँसा। उसने कहा, "वाह यार, खूब दिलफेंक है तू महमूद। मगर कह, कैसी है वह महबूबा?"

"लामिसाल है, सूरत में भी और सीरत में भी।"

"तो खुदा की कसम, मैं उसे अभी ढूँढ़ लाऊँगा। लेकिन इनाम क्या देगा?"

"अपनी सारी दौलत, बादशाहत, और तू माँगे तो जान भी।"

"तो तू इत्मीनान रख, तेरी दौलत सूरज निकलने से पहले ही तुझे मिल जाएगी।"

और ताहर डाकू ने अपने सैकड़ों डाकुओं को शोभना की खोज में भेज दिया।"

ख्वाजा अब्बास अपने ढाई हज़ार मुस्तैद सवारों के साथ रन की बांक में पड़ा, अमीर की प्रतीक्षा कर रहा था। उसने बहुत से गोइन्दे अमीर की तलाश में भेज रखे थे। ताहर के आदमियों ने शीघ्र ही उन्हें पा लिया, और सूर्योदय से प्रथम ही उन्हें ताहर की गढ़ी में ले आए। सवारों को बाहर रख उन्होंने ताहर को सूचना दी। महमूद की अँगूठी लेकर ताहर का आदमी बाहर गया और शोभना की सांड़नी को भीतर ले आया। बाकी सवार बाहर रहे।

शोभना को पाकर अमीर ने दोनों हाथ उठाकर खुदा की बन्दगी की, और कहा, "मैं महमूद, खुदा का बन्दा, वही कहूँगा, जो मुझे कहना चाहिए, मैं अपने करार का पक्का हूँ। और अपने हर एक सिपाही को हुक्म देता हूँ कि उनकी ज़ीनों में जो कुछ ज़र-जवाहर हो, ताहर के कदमों में ढेर कर दे। हर एक को गज़नी लौटने पर चार-गुना मिलेगा।"

देखते-ही-देखते ताहर के सामने हीरे, मोती, सोना और अशर्फियों का ढेर लग गया। महमूद ने अपने अंग से उतारकर कीमती मोती और पन्ने के कण्ठे, दस्तबन्द और कमरबन्द ताहर के सामने रख दिए। सिर्फ लालों की तस्बीह हाथ में रख ली, जिसकी कीमत पचास लाख दीनार थी। यह देखकर शोभना ने भी अपने सब रत्नाभरण ताहर के ऊपर फेंक दिए। ताहर ने कहा—

"तुमसे तावान नहीं लूँगा।"

"तावान नहीं, इनाम है।" शोभना ने रानी की गरिमा से कहा।

"इनाम?" महमूद ने शोभना के आगे सिर झुकाया।

इतने हीरे-मोती ज़र-जवाहर का ढेर देखकर ताहर खुशी से नाचने लगा। उसने कहा, "महमूद, यह तो सचमुच बहुत ज़्यादा है। तू जितना चाहे, वापस ले जा।"

"लेकिन जितना मैं देना चाहता था, उतना यह नहीं है।"

"तब तो तू सचमुच बादशाह है, ला, दोस्ती का हाथ दे।"

महमूद ने अपना हाथ बढ़ाया। ताहर ने कहा, "अब मांग ले, दोस्ती के सिले में जो चाहता है।"

"देना चाहता है तो मेरे आदमियों को घोड़े और हथियार दे दे। उनकी ज़ीनों में जो ज़र-जवाहर हैं, उन्हें बेशक ले ले।"

"ताहर राज़ी हो गया। अमीर जाने लगा तो ताहर ने सदल-बल उसको दावत दी। नाच-रंग किया। और अमीर महमूद अपनी दिलरुबा शोभना देवी को सांड़नी पर सुनहरी काम की जाली में बैठाकर सवारों सहित रन की ओर बढ़ा। ताहर से उसने महारन के सम्बन्ध में बहुत बातें पूछीं और पथ-प्रदर्शक साथ ले कूच बोल दिया।

कच्छ का महारन

इस रन में रेत-ही-रेत है। तीन सौ मील के विस्तृत मैदान में न एक झाड़, न पानी का ठिकाना। लाल-लाल रेत के पर्वत, जो आँधी के थपेड़ों के साथ कभी इधर और कभी उधर अद्भुत और नये-नये दृश्य उपस्थित करते हैं। रह-रहकर रेत के भयानक तूफान आते हैं, और आग की भाँति जलती हुई रेती की चट्टान, इधर-उधर घूमती प्रलय का दृश्य उपस्थित करती है। उनके बीच मनुष्य, हाथी, घोड़ा, पशु-पक्षी जो आता है, उसी की समाधि लग जाती है। जो कोई जीवित मनुष्य इन रेतीले तूफानों के थपेड़ों में घिरता है, उसे इस रेत में जीवित समाधि ही लेनी पड़ती है। दिन में सघन अन्धकार छा जाता है।

रन के मध्य स्थल में रणथम्भी माता का मन्दिर था। यह मन्दिर एक टेकड़ी पर था। कच्छ-काठियावाड़ के बहुत श्रद्धालु जन रणथम्भी माता की आन मानते और यहाँ आते थे। यह स्थान रन में एकमात्र हरा-भरा स्थान था। कच्छ के किनारे से यह तीसरे पड़ाव पर था। यहाँ तक का मार्ग उतना विकट नहीं था। राह में एकाध झाड़ दीख जाता था, कहीं पानी भी मिलता था। इस टेकड़ी पर एक पुराना मन्दिर, दो-तीन टूटी-फूटी झोंपड़ियाँ और पाँच-सात जंगली वृक्ष थे। एक तालाब था जिसमें वर्षा ऋतु का जल एकत्र होता था। जल दूषित था, पर इसी को लोग पीते थे। इसके बाद आगे तीन सौ योजन तक न झाड़, न पानी। रणथम्भी माता को लाँघ कर आगे रन में घुसना साक्षात् मृत्यु के मुँह में घुसने के समान था। रणथम्भी माता को लाँघने की बात सुनते ही लोग सहम जाते थे।

गज़नी के इस दैत्य को रोकने जहाँ दूसरी ओर एक लाख साठ हज़ार तलवारें

सन्नद्ध थीं, वहाँ इस नाके पर मरुस्थली के स्वामी घोघाबापा का वीर पुत्र सज्जन अकेला ही रणथम्भी के रन पर अपनी चौकी लिए बैठा था। वह सोच रहा था, यदि दुर्भाग्य उस डाकू को यहाँ ले आया तो फिर यहाँ से उसका निस्तार नहीं है।

महीनों से वह इस कठिन साधना में तप कर रहा था। वह और उसकी ऊँटनी, जिसे वह अपनी सन्तान की भाँति प्यार करता था और जिसके जोड़ की सांड़नी काठियावाड़ भर में न थी। इस पर उसे भरोसा था। वह उसे नित्य अपने साथ स्नान कराता। अपने हाथ से वृक्षों के कोमल पत्ते तोड़कर खिलाता। उसकी गर्दन सहलाता, उससे बातें करता, उसे प्यार करता। कितनी सूनी रातें उसने इस मरुस्थली के सूने वक्ष पर व्यतीत कीं। कितनी आँधियाँ, कितने तूफान देखे। कितनी बार वह प्रलय के तूफानी अंधड़ों को निमन्त्रित कर चुका था।

भुमिया लोग और श्रद्धालु यात्री, जो रणथम्भी माता की आन-मानता मान यहाँ आते, वह संसार में कहाँ प्रलय हो रहा है—इसका उड़ता-गिरता वर्णन करते। सोमनाथ का पतन हो गया। देवता की प्रतिष्ठा भंग हो गई। और गुजरात का राजा न जाने कहाँ चला गया। सारे गुजरात पर अमीर की दुहाई फिर गई है। और सब जगह आग और तलवार का राज्य है। यही सूचनाएँ उसे मिलती रहती थीं। भुमिया लोग कभी-कभी उसे रोटियाँ ला देते, कभी वह सत्तू-चना खाकर पड़ रहता, वह घण्टों तक आँखों पर हाथ रखकर अपने शत्रु को रणथम्भी के कराल गाल में प्रविष्ट होते देखता रहता।

अन्ततः उसने एक दिन सुना, गज़नी का दैत्य रण में धंसा चला आ रहा है। उसने अपनी सांड़नी को थपथपया। हर्ष से उसके रक्त की एक-एक बूँद नाच उठी। उसने कहा, "अब, बस अब। भगवान् सोमनाथ रुद्रावतार तृतीय नेत्र खोलेंगे।"

और एक दिन उसने देखा, काली-काली चींउटियाँ-सी रेंगती हुई रन में बढ़ रही हैं। जैसे साँप कुण्डली मारकर बैठ जाता है, उसी प्रकार अमीर की सेना ने टेकरी को चारों ओर से घेर लिया। दैत्य के समान तुर्क पठान सैनिक तालाब पर पिल पड़े। सारा पानी उन्होंने ऊँटों पर भर लिया। अन्ततः उनकी दृष्टि सज्जन पर पड़ी। मैला वस्त्र, बढ़ी हुई दाढ़ी, दुर्बल शरीर, गढ़े में धंसी आँखें, उलझी हुई मूँछें। वे उसे पकड़कर सेनानायक के सामने ले गए। सेना नायक ने पूछा—

"तू कौन है?"

"मैं भुमिया हूँ।"

"कहाँ का?"

"भम्भरिया का।"

"तू रण का मार्ग जानता है?"

"जानता हूँ।"

"हमें राह दिखा सकता है।"

"नहीं।"

"क्यों?"

"रणथम्भी माता की आन है। माता को लाँघकर कोई रण में नहीं जाता।"

"तू गया है?"

"गया हूँ।"

"तो मार्ग दिखा, तुझे सोना मिलेगा।"

"नहीं दिखाऊँगा।"

सज्जन ने मूर्ख भुमिया का अभिनय किया। नायक ने उसे पकड़कर पहरे में रख लिया और अमीर की सेना में पेश किया। अमीर ने देखकर पूछा, "क्यों राह दिखाने से इन्कार करता है?"

"माता की आन है। माता को लाँघकर जाने से कोई जीता नहीं बचता।"

"लेकिन तुझे सोना मिलेगा।"

"कितना?"

"बहुत।" अमीर के संकेत से एक पार्श्वद ने मुहरों से भरी एक भारी थैली उस पर फेंक दी। मुहरों को पाकर सज्जन ने खुश होने का अभिनय किया। जैसे वह लालच में आकर अमीर को राह दिखाने को राज़ी हो गया हो।

अमीर ने पूछा, "कितने दिन की राह है?"

"आठ-दस दिन की।"

"दगा की, तो जिन्दा नहीं रहेगा।"

"जिन्दा कैसे रहूँगा।" सज्जन हँसा। उसे कड़े पहरे में रक्खा गया, पर उसकी खातिर खूब की गई।

दो घड़ी विश्राम हुआ। और एक पहर रात गए अमीर ने रणथम्भी माता का उलंघन कर मध्य रन में प्रवेश किया। सबसे आगे सज्जनसिंह सांड़नी पर सवार तारों की छांह में तारों को देखता-परखता चला। उसके पीछे, अमीर के सब तीरन्दाज, पैदल-पदातिक, भारवाही ऊँट, खच्चर और घोड़े। उनके पीछे कीमती ऊँट पर जालीदार जरदोज़ी की काठी पर शोभना गुलाम अब्बास की कमान में पाँच सौ सवारों से घिरी हुई। इसके बाद अपने अरबी घोड़े पर सवार अमीर महमूद अपने बिलोची सवारों और ऊँटों के साथ। इसके पीछे कोतल हाथी-घोड़े-ऊँट और पानी-रसद। रात बीती, दिन आया। विश्राम हुआ, फिर चले। दूसरा दिन, तीसरा दिन, चौथा दिन, अमीर की सेना रन में घुसती चली गई। परन्तु अब सूर्य का असह्य उत्ताप झुलसाने लगा। घोड़े सब बेदम हो गए। पदातिक सिपाही लड़खड़ाने लगे। प्यास लगने पर बहुत कम पानी मिलता। घोड़े गिरकर मरने लगे। पैदल बेहोश होने लगे। ऊँटनियाँ हवा में मुँह उठाकर बलबलाने लगीं। आकाश पर अंधड़ छा गया। ऊँटनियां इधर-उधर भागने लगीं। पर सज्जन आगे ही बढ़ता चला गया। रेत के पर्वत इधर-से-उधर

उड़ने लगे और हाथी, घोड़े, ऊँट उसमें डूबने लगे। अनगिनत बवंडर मनुष्यों और घोड़ों को लेकर घुमा-घुमाकर फेंकने लगे। हवा अधिकाधिक गर्म होने लगी। सैनिकों ने वस्त्र उतारकर फेंक दिए। रेत के बड़े-बड़े स्तम्भ बनने और आकाश तक उड़ने लगे।

सारी सेना की शृंखला बिगड़ गई। प्रबल वायु के थपेड़ों में बहकर हाथी, घोड़े, ऊंट, सब उजड़ चले। अमीर ने तलवार ऊँची करके चीखकर कहा, "तू कौन है शैतान?"

"मैं भगवान् सोमनाथ का गण हूँ। देख, वह भगवान् सोमनाथ का तृतीय नेत्र।"

अमीर की तलवार उठी की उठी रह गई। एक भयानक काले बवंडर ने उसे घेर लिया। उसका घोड़ा उसी में चक्कर खाता हुआ उसे ले उड़ा। ऊँटनियाँ पूँछ उठा-उठाकर भागने लगीं। हाथी चिंघाड़ने लगे। घोड़े दो पैरों पर उछलने लगे। पैदल सवार सभी इस जलती-भुनती रेती में समाधिस्थ होने लगे। इसी समय प्रलय के समान घोर हुंकार भरते, शत-सहस्र सूर्यों की भाँति चमकते हुए रेत के पर्वताकार गोले आकाश में उड़-उड़कर भूमि पर फटने और अपनी चपेट में जीवित-अजीवित सभी को समाधिस्थ करने लगे। ऐसा प्रतीत होता था कि प्रलय काल आ पहुँचा है। अब वे रेत के टीले निस्सीम अग्नि-स्फुलिंग की भाँति मंडलाकार घूमते, हाथी, घोड़े, ऊंट मनुष्य सबको समूचा निगलते हुए, हू हू-धू धू करके प्रलय-गर्जन करने लगे।

इस प्रकार वह प्रलय का अंधड़, अप्रतिरथ विजेता महमूद की विजयिनी समूची सेना को अपने में लपेट, इस विनाश की दूत राशि को, विनाश के आँचल में लपेटकर विलीन हो गया। रुद्र का तृतीय नेत्र अपना संहार-कृत्य पूरा करके निमीलित हो गया।

सुर-सागर पर

प्रभात हुआ। आकाश स्वच्छ था और शीतल मन्द पवन बह रहा था। कल के विनाशक महाकाल के विकराल रूप का इस समय कुछ भी लक्षण न था। दूर तक लाल-लाल रेत के टीले-ही-टीले नज़र आते थे। ऐसे ही समय में शोभना ने आँखें खोलीं उसने देखा, उसका समूचा शरीर रेत में दबा पड़ा है और उसकी सांड़नी अपनी थूथन से उस पर अटे हुए रेत को उछाल रही है। थोड़ा बल लगाकर उसने अपने शरीर को रेत की समाधि से बाहर निकाला। वह उठ खड़ी हुई। सांड़नी आगे आकर उसके निकट आ खड़ी हुई। शोभना ने प्यार से उसकी थूथन को हाथों में लेकर थपथपाया। उसने अपने चारों ओर दृष्टि डाली। किसी जीवित जीव का वहाँ चिह्न न था। उसने सोचा, हे भगवान्, यह इतना बड़ा लश्कर और वह प्रतापी महमूद, सभी इस मरुभूमि के भोग बन गए। न जाने किस अतर्कित आकर्षण से अभिभूत

हो वह मन में अमीर के लिए वैकल्य अनुभव करने लगी। उसने महमूद के हृदय का प्यार देखा था। और उसके आँसू भी। उन आँसुओं ने उसे द्रवित कर दिया। इस समय वह अपनी सम्पूर्ण चेतना से अमीर की कल्याण-कामना करने लगी। पर, जिस अमीर पर शोभना की कृपा-कोर पड़ी है, वह अमीर है कहाँ?

धीरे-धीरे सूर्य ऊँचा उठने लगा। उसने देखा, इधर-उधर कुछ काली-काली वस्तुएँ रेत में चमक रही हैं। दौड़कर उसने पास जाकर देखा, हाथी, घोड़े, सिपाही, ऊँट थे। सबकी रेत में समाधि हो गई थी। वह सोचने लगी, क्या अमीर भी यहीं-कहीं चिर-निद्रा में सो रहा है। वह आशंका और उद्वेग से भरी, दौड़-दौड़कर एक-एक को देखने लगी। बहुत मनुष्य और पशु दम घुटकर मर चुके थे। कुछ में दम था, पर शोभना को उनके लिए कुछ करना शक्य न था। थोड़ी ही देर में उसकी दृष्टि किसी चमकदार वस्तु पर पड़ी। प्रभात की सूर्य की किरणों में वह वस्तु आग के अँगारे की भाँति दहक रही थी। बालू हटाकर उसने देखा तो उसका हृदय धड़कने लगा। हे ईश्वर , यह तो सुलतान की कलगी का लाल है। अवश्य ही सुलतान भी कहीं पास है। थोड़े ही परिश्रम से अपने घोड़े के शरीर के नीचे दबे हुए सुलतान महमूद को उसने खोज निकाला। ज़ोर करके उसने उसे घोड़े के नीचे से निकाला, नाक पर हाथ रखकर देखा, धीरे-धीरे साँस चल रही थी। छाती पर कान रक्खा, हृदय धड़क रहा था। शोभना आनन्द से विभोर हो गई। उसने भूमि पर माथा टेककर भगवान सोमनाथ की वन्दना की, और फिर उसने इधर-उधर देखा, कोई देखनेवाला वहाँ न था। वह धीरे से झुकी और अमीर के सूखे निस्पन्द होंठों पर अपने जलते हुए होंठ रख दिए।

अब उसे अमीर को होश में लाने की चिन्ता हुई। उसे यह देखकर परम हर्ष हुआ कि अमीर के घोड़ों की जीन में पानी की भरी हुई मशक पड़ी थी। उसने पानी लेकर प्रथम स्वयं पिया। पानी पीने से उसके प्राण हरे हो गए। फिर उसने पानी की बूँदें अमीर के मुँह और आँखों में डालनी प्रारम्भ कीं। थोड़ी ही देर में अमीर ने आँखें खोलीं। उसने अपनी आँखें इधर-उधर घुमाईं। इधर-उधर घूमकर उसकी आँखें शोभना के मुख पर केन्द्रित हो गईं। उसके होंठ हिले, पर शब्द नहीं फूटा। शोभना ने थोड़ा जल और उसके मुँह में डाला। जल पीने से अमीर की चेतना ठीक हुई। उसने ध्यान से शोभना की ओर देखा, उस देखने का अभिप्राय था, तुम कौन हो? शोभना की आँखों में हर्ष नाच उठा। उसने कहा, "आप क्या बैठ सकते हैं?" उसने सहारा देकर उसे अपनी गोद में बैठा लिया।

थोड़ी देर में अमीर की चेतना और शक्ति लौट आई। अब शोभना ने अपने मुख पर थोड़ा आँचल ढांप लिया। फिर उसने मृदु कण्ठ से कहा, "क्या आप ऊँट पर चढ़ सकते हैं।"

अमीर ने सिर हिलाकर स्वीकृति दी। फिर उसने बेचैनी से चारों ओर देखकर कहा, "उस कयामत के तूफान में कौन-कौन ज़िन्दा बचा?"

शोभना ने दो उँगलियाँ उठाकर कहा, "केवल दो—मैं और आप।"

"बहुत हैं, बहुत हैं। शुक्र है खुदा का!"

उसने वहीं बालू से वजू किया और घुटनों के बल बैठकर नमाज़ पढ़ी। फिर फातिहा पढ़कर दो मुट्ठी बालू उठाकर भूमि पर डालकर, "अलविदा, बहादुर साथियो" कहा। अब उसी के साथ दो बूँद आँसू खिसककर उसकी दाढ़ी को छू गए। फिर अमीर ने सहारा देकर शोभना को सांड़नी पर सवार कराया और आप भी सवार हुआ। रेत के समुद्र में तैरती हुई सांड़नी वहाँ से चल खड़ी हुई।

सूरज का ध्यान कर वह पूर्व की ओर को बढ़ता चला गया। चारों ओर से गीधों की काली-काली टोलियाँ उसी ओर को चली आ रही थीं। उसने राह में रेत में ढके-उघड़े हाथी, घोड़े, ऊँट और सिपाहियों को चुपचाप पड़े देखा। बहुतों तक गीध पहुँच चुके थे। मीलों तक मुर्दों की कतार-ही-कतार बँधी थी। बीच-बीच में हाथी रेत में दबे हुए सूंड़ हिला रहे थे, और घोड़े पड़े हुए पैर फड़-फड़ा रहे थे। किसी-किसी मुर्दे सिपाही की आँखें गीधों ने निकाल ली थीं। कहीं-कहीं गीदड़ों के झुण्ड-के-झुण्ड रेत से मुर्दों को उखाड़कर उनका पेट फाड़ आंतें खींच रहे थे। यह सब हृदयविदारक दृश्य देखते हुए कठोर-हृदय अमीर महमूद आँखों से अश्रु-विमोचन करता हुआ चला जा रहा था। बिना राह की राह पर भूख और प्यास, दुःख और दर्द से ओत-प्रोत। परन्तु शोभना के सान्निध्य से सम्पन्न।

तपता सूर्य इन आरोहियों के सिर पर होकर अस्ताचल को चला गया। दिशाएँ लाल हुईं और फिर उन्होंने अन्धकार के पर्दे से मुँह ढाँप लिया। इसी समय उनकी सांड़नी सुरसागर के तीर पर जा रुकी। अमीर सांड़नी से उतरा, शोभना को हाथ पकड़कर उतारा। पाल पर बसना बिछा दिया, उसपर शोभना को बैठने का संकेत कर उसने वजू किया। नमाज़ पढ़ी। और फिर चुपचाप आकर शोभना के सामने खड़ा हो गया।

वह गज़नी का सुलतान अमीनुद्दौला निज़ामुद्दीन कासिम महमूद, जो बीस वर्ष गज़नी के वीरों के शीर्ष-स्थल पर सुशोभित रहा; जिसकी विजयिनी तलवार का आतंक आधे भूमण्डल पर व्याप्त हो गया था; जिसने अपने साहस से अतुल सम्पदा, सत्ता और वैभव प्राप्त किया; खुरासान और गज़नी अधिकृत कर अतुल ऐश्वर्य का स्वामी बना; जिसने ग्वालियर, कन्नौज, दिल्ली, सपादलक्ष और गुजरात की संयुक्त-सैन्यों को पराजित किया; जिसका प्रखर प्रताप दिग्दिगन्त में फैला था; जिसने नगरकोट की अपरिमित सम्पदा हस्तगत की, और मथुरा की शताब्दियों की संचित सम्पदा को लूट उसे भस्म कर दिया था; जिसने बड़े-बड़े अभिमानी पण्डितों और श्रीमन्तों को गज़नी के बाज़ारों में दो-दो रुपयों में बेचा था; जिसके शौर्य और तेज की यशोगाथा कविगण गाते नहीं थकते थे; जो अद्वितीय नेता, अप्रतिरथ विजेता और प्रचण्ड योद्धा था, आज सुरसागर के तीर पर एकाकी, तारों की छांह में खड़ा, भूख की चिन्ता

से चिन्तित, निरुपाय उस स्त्री का मुँह ताक रहा था, जिसका मूल्य उसकी नज़र में उसकी समूची बादशाहत से भी अधिक था। उसके कण्ठ से बात नहीं फूट रही थी। शोभना ने पेट पर हाथ रखकर हँसते हुए कहा, "पेट का बन्दोबस्त?"

महमूद ने एक अँगूठी निकालकर कहा, "यह अँगूठी मेरे पास है, मगर यहाँ इसे मोल कौन लेगा?"

"एक अशरफी मेरे पास भी है।" शोभना ने अशर्फी हथेली पर रखकर महमूद को दिखाई।

अमीर ने सिर हिलाकर भुनभुनाते हुए कहा–

"लेकिन इसका भुनाना इस वक्त ठीक नहीं है। लोगों को शक हो गया कि हमारे पास सोना है, तो अजब नहीं, हम लूट लिए जाएँ। फिर भी दो, मैं देखूँ।"

अमीर ने शोभना के आगे हाथ फैला दिया। शोभना ने अमीर का हाथ अपनी दोनों नर्म-नर्म हथेलियों में लेकर कहा, "यह हाथ क्या कभी किसी के आगे इससे पहले फैला था?"

"नहीं।" अमीर ने झुककर शोभना की कोमल हथेलियाँ अपनी आँखों से लगा लीं। आँसुओं से शोभना की अंजलि भर गई।

धीरे-धीरे शोभना ने हाथ खींच लिया। उसने कहा–

"आप ठहरिए, मैं जाती हूँ।"

अमीर ने व्यस्त भाव से कहा, "नहीं बानू।"

"कैदी हूँ, भागूँगी नहीं, लेकिन ब्राह्मण की बेटी हूँ। सुर-सागर तीर्थ में मेरे लिए भिक्षा की कमी नहीं है।" वह हँसी। अपनी हथेली से अमीर का वक्ष छुआ और तेज़ी से चली गई।

और जब वह आई, उसके हाथ में एक हांडी में दूध,कुछ भात और रोटियां थीं। अमीर ने हथेलियों पर रखकर भोजन किया और सागर-तीर पर जाकर चुल्लू से पानी पिया। फिर उसने सांड़नी को भी जल पिलाया, आहार दिया। इस समय अमीर एक अत्यन्त कोमल भावुक भावना से ओत-प्रोत था। वह शोभना से दिल भर कर बात करना चाहता था। पर भावातिरेक से उसका कण्ठ अवरुद्ध था। शोभना का मुख चन्द्रमा की स्निग्ध चांदनी में अपूर्व सुषमा प्रकट कर रहा था। वह चौला की क्षण-भर देखी मूर्ति को विस्मृत कर चुका था। और अब उसके रक्त-बिन्दुओं में शोभना बसी थी, जो इस समय सुरसागर के एकान्त पाल पर स्निग्ध चांदनी में अलस भाव से अमीर महमूद के असमंजस को देख मुस्कराकर आत्मसमर्पण का निमन्त्रण-सा दे रही थी। और शोभना के अलभ्य प्यार की संपदा से सम्पन्न अमीर आज असहाय, एकाकी होने पर भी अपने को संसार का सबसे बड़ा बादशाह समझ रहा था। वह सब-कुछ खो चुका था और सब-कुछ पा चुका था।

छुम छननन-ननननन

सिन्ध के युद्ध में अमीर के चहेते ममलूक योद्धा महाराज बीसलदेव की कृपाण के भोग बन तिल-तिल कट मरे। जो बचकर इधर-उधर भागे, उन्हें सिन्ध के अहीरों और जाटों ने लूट-मार कर बराबर कर दिया। समूची गज सैन्य और अमीर का सारा ख़ज़ाना लेकर राजपूतों की सेना धौंसा बजाती हुई पीछे फिरी।

इधर महाराज भीमदेव ने कन्थ-कोट से लौटते हुए तुर्क और ईरानी धनुर्धरों की पीठ पर करारी मार मारकर, उनका सम्बन्ध अमीर से तोड़कर, उन्हें छिन्न-भिन्न कर दिया। अमीर की यह शक्ति-सम्पन्न सेना सर्वथा अनुशासन-रहित हो, नष्ट-भ्रष्ट होकर सिन्ध और राजस्थान के उजाड़ इलाकों में बिखर गई। अपने लूटे हुए धन-माल के भय से, जिसका जहाँ सींग समाया, वहीं भागकर छिप गया।

संयुक्त राजपूतों की सेना को लेकर महाराज भीमदेव सिद्धपुर लौटे, जहाँ दुर्लभदेव की साठ हज़ार सैन्य विद्रोही होकर उनसे आ मिली। अब अवसर देख महाराज भीमदेव ने चढ़ी रकाब पाटन पर अभियान बोल दिया। दुर्लभदेव डरकर गद्दी छोड़ जंगलों में भाग गए और नगर-द्वार पर चण्ड शर्मा ने महाराज भीमदेव का प्रमुख पौर जनों के साथ स्वागत किया।

राज गजराज पर महाराज भीमदेव की सवारी अनहिल्लपट्टन के बाज़ारों में निकली। गुजरात के इस तरुण त्राता के यशःपूत दर्शन करने को समस्त गुजरात के प्राण ही पाटन में आ जुटे। पाटन का राजमार्ग फूलों से और बहुमूल्य स्वर्णखचित पाटम्बरों से सजाया गया था। घर-घर आनन्द की बधाइयाँ बज रही थीं। नृत्य-गान-पान गोष्ठी का आयोजन हो रहा था। कंथ कोट की दुर्लभ रण-स्थली में जिन योद्धाओं ने शौर्य प्रकट किया था, उनका विविध प्रकार के दान-मान से पौरगण सत्कार कर रहे थे। जगह-जगह अमल कुसुम घोला जा रहा था। पुरवासी स्त्रियाँ घर-घर मंगलगान कर रही थीं। आनन्द-वाद्यों से कानों के पर्दे फटे जाते थे। गवाक्षों और बाज़ारों से सुहागिनें और वधुएँ खीलपुष्प बरसा रही थीं।

महाराज भीमदेव का गजराज सुमेरु पर्वत की भाँति सिर से नख तक स्वर्णजटित मखमली झूल से सुसज्जित था। वह अम्बारी, जिसमें गुर्जरेश्वर परम माहेश्वर परम परमेश्वर श्री भीमदेव विराजमान थे, उसका स्वर्ण-कलश सूर्य के समान प्रभात की धूप में चमक रहा था। सवारी के आगे नगर-कुमारिकाएँ गरबा नृत्य करती जा रही थीं।

सुनहरी चूड़ियों से सज्जित राजगज के दन्त पर एक चन्दन की चौकी रखी थी। चौकी पर राजनर्तकी नृत्य कर रही थी। गजराज ऊँची सूंड़ उठाए जैसे गुजरात के नए राजा का अभिनन्दन करता चल रहा था। यह गजदन्त पर का अद्भुत नृत्य देखकर लोग आश्चर्य और आनन्द से विह्वल हो रहे थे। जैसे वायु में चरणाघात हो, इस प्रकार नर्तकी के चरण तैर रहे थे।

गुप्तवासिनी विप्रलम्भा चौलादेवी अपने अछूते नवल प्रेम की अजस्र धाराओं को अपने नन्हे-से कोमल हृदय में छिपाए, चण्ड शर्मा के घर के झरोखे से लाज, आनन्द और उल्लास नेत्रों में भरे अपने अधीर प्राणों को धड़कते हृदय में यत्न से रोक, यह महोत्सव देख रही थी।

दामो महता अपनी चपल नीली घोड़ी पर सवार, दो-दो तलवारें कमर में बाँधे, कसूमल पाग धारण किए, पान का बीड़ा चबाए, बगुले के पर के समान धवल चुन्नटदार बागा पहने, कभी राजगजराज के इधर कभी उधर, सारे जुलूस पर नज़र डालते, आवश्यक आज्ञाएँ देते जा रहे थे।

राज गजराज के पीछे एक सुनहरी हौदे में ब्राह्मण राजबन्धु चण्ड शर्मा और भस्मांकदेव बैठे बढ़ रहे थे। उनके पीछे गुजरात के प्रधानमन्त्री विमलदेव शाह की सवारी का हाथी था। विमलदेव शाह सिर से पैर तक उज्ज्वल परिधान किए, धनुष-बाण से सज्जित बैठे थे। उनके पीछे अश्व, रथ, गज, ऊँट और पैदल पलटन थी। हाट-बाज़ार, चौबारे, सतखण्डे महल, अटारी, बुर्ज, झरोखे, बारजे सब रंग-बिरंगी पोशाक धारण किए हुए दर्शनार्थी नर-नारियों से भरे थे।

महाराज वल्लभदेव ने राज्य त्याग, तपस्वी की भाँति एकान्त जीवन व्यतीत करना पसन्द किया और वे अपने पिता महाराजाधिराज चामुण्डराय के पास शुक्ल तीर्थ चले गए।

दरबारगढ़ में दरबार की भव्य तैयारियाँ थीं। विविध तोरण-पताकाओं से दरबारगढ़ सजाया गया था। सब राजा-महाराजा, गिरासिए, जागीरदार, ठाकुर भायात उपस्थित थे। यथाविधि राजतिलक सम्पन्न हुआ। बन्दी जनों ने पहले पाटन का कीर्तिगान किया। राजपुरोहित ने सप्त तीर्थों का जल राजा के मस्तक पर सिंचन कर तिलक किया और घोषणा की, "महाराजाधिराज परमेश्वर परम भट्टारक उमापति श्री सोमदेव वरलब्ध प्रसाद प्रौढ़प्रताप बालार्क अट्टव पराभूत शत्रुगण श्री श्री श्री भीमदेव गुर्जरेश्वर का जयजयकार हो!"

जयजयकार की प्रचण्ड गर्जना से सभा-मण्डप गूंज उठा। फिर चरणों और भाटों ने महाराज की बिरद बखानी। महाराज ने उन्हें सिरोपाव, इनाम-इकराम, जागीर-बख्शीश दी। फिर भायातों ने भेंट दी, इसके बाद जागीरदार, गिरासिए, राजा-महाराजाओं की बारी आई। महाराज भीमदेव ने युद्ध में काम आए योद्धाओं के उत्तराधिकारियों और परिजनों को नई जागीरें बख्शीं। वीरों को दान-मान-खिताब से सम्पन्न किया। फिर ब्राह्मणों और धर्म संस्थाओं को दान की घोषणाएँ हुईं। इसके बाद गुर्जरेश्वर श्री भीमदेव ने खड़े होकर सबको धन्यवाद दिया, आभार माना। और धर्म की शपथ ली। प्रजा की सुख-शांति और समृद्धि की कामना की। चण्ड शर्मा और भस्मांकदेव को 'राज्यबन्धु' की उपाधि दी गई। विमलदेव शाह राज्य के प्रधानमन्त्री और दामोदर महता प्रमुख सन्धि-वैग्रहिक आमात्य घोषित किए।

अन्त में नाचरंग की महफिल जमी । और राजनर्तकी के चरणाघात सजे घूंघरू बज उठे—छुम छनन ननननन...

उपसंहार

और, खुदा का बन्दा महमूद और महमूद की बन्दिनी शोभना तारों की छांह में सांड़नी पर सवार हो, सुरसागर से एकाकी विविध वन, पर्वत, उपत्यकाएँ, नद-नदी, सरोवर, जन-जनपद पार करते हुए लाहौर की राह पर जा रहे थे। अकेली रातें, प्रभात और सान्ध्य बेलाएँ, जलती दोपहरी। हिंस्र पशुओं से भरपूर वन आते गए, जाते गए। सत्रह बार वह विजेता तलवारों की छाया में इसी राह आया था। आग और कहर बरसाता हुआ और आज वह जा रहा था एक औरत के आँचल की छाया में।

लाहौर पहुँचकर उसने औलिया अलीबिन उस्मान-अलहज-बीसी की दरगाह में जाकर चौखट चूमी। चारों और बिखरे हुए उसके सिपाही, योद्धा, सिपहसालार, मन्त्री भी आ जुटे। महमूद ने सबके साथ सफ बाँधकर नमाज़ पढ़ी। सब अहवाल औलिया को सुनाया, सुनकर औलिया ने कहा, "महमूद, अब तू उस औरत से बात कर।"

और महमूद ने औलिया के सपक्ष शोभना से दिल खोलकर बात की। शोभना ने कहा, "मैं शोभना हूँ, चौलादेवी नहीं। मैंने अमीर के वफादार सिपहसालार को कत्ल किया और अमीर को धोखा दिया है, अब शाहे-गज़नी जो सज़ा मुनासिब समझें, मुझे दें।" शोभना ने धीरे-धीरे सब हकीकत खोलकर सत्य-सत्य सुना दी।

सुनकर अमीर देर तक मौन बैठा रहा। फिर उसने कहा, "मैं अमीर महमूद, खुदा का बन्दा, वही कहूँगा, जो मुझे कहना चाहिए। खुदा के बन्दे की नीयत बद थी, जिसकी सज़ा खुदा ने अपने बन्दे को दी। फिर उसने अपने रहमोकरम से तेरे आँचल का साया उसे दिया, जिसने महमूद को ज़िन्दगी, राहत और खुशी दी, अब ज़िन्दगी तेरे सदके।"

महमूद ने ज़मीन तक झुककर शोभना का पल्ला चूम लिया। और ज़ार-ज़ार आँसू बहाने लगा। बहुत देर शोभना चुपचाप बैठी रही। फिर उसने भीगी पलकें उठाकर, कहा "अय शहनशाह, मैं एक बदनसीब औरत हूँ। लूटी हुई, बरबाद। और अब इतनी दूर आगे बढ़ आई हूँ, कि लौटने की सब राह बन्द हो गई हैं। अब मेरे सामने एक बेकस और गरीब शहनशाह है। जिसने ज़िन्दगी में लिया ही लिया, दिया कुछ नहीं। और अब देखती हूँ, जो कुछ उसने लिया है, उसके बोझ से वह दबा जा रहा है। उसके दर्द को मैंने देखा है। जिसने दर्द सहा है, वह पराए दर्द को देख नहीं सकता। शहनशाह इसलिए, अपनी इस बन्दिनी की सज़ा कुछ नर्म कर सकें, और

गज़नी के किसी कोने में पनाह दे सकें तो, यह बदनसीब शोभना इस खुदा के बन्दे मर्द के दर्द को जितना और जैसे बन पड़े, कुछ कम करने में अपनी ज़िन्दगी की बची हुई घड़ियां बिताए।''

औलिया के मुँह से निकला, ''मरहबा! मरहबा!'' और उसकी सफेद दाढ़ी आँसुओं से तर हो गई। महमूद और झुका, उसने तलवार शोभना की गोद में डालकर कहा, ''यह तलवार और इसकी बदौलत हासिल की हुई गज़नी की सल्लनत तेरी है। और तू अपने दर के भिखारी महमूद को उसी तरह अपने मुबारक हाथों से एक टुकड़ा रोटी देती रह, जैसा कि सत्रह दिन से आज तक देती आई है।''

और, वह दिग्विजयी महमूद, उस गुणगरिमामयी ब्राह्मण कुमारी के आँचल की छांह में काबुल की दुर्गम राह पर, दुरूह खैबर के दर्रे में खो गया। भारत में रह गए, उसकी सत्रह विजय-यात्राओं के अमर चरण-चिह्न!!!

चौलादेवी के आकुल-व्याकुल प्राण प्रिय-मिलन के लिए छटपटा रहे थे। आज के इस क्षण के लिए उसने न जाने कितनी साधना की थी। कब प्रियतम का सन्देश आता है, उसका हृदय भय, आशंका और आनन्द के झूले में झूल रहा था। वह गुजरेश्वर की प्रिय अर्द्धांगिनी और गुजरात की महारानी है। एक दिन मुहूर्त में जिसने अपना तन, मन जिस देवता को विसर्जित किया था, आज वह उसका मूल-ब्याज सभी पा रही है। महाराज भीमदेव का सुन्दर श्याम स्वरूप, वज्रगात, नासिका का उठाव, विशाल नेत्र, सौम्य मुखमुद्रा, मधुर मुस्कान, उसके मानस नेत्रों में शत-सहस्र रूप धारण कर उसके रक्त की प्रत्येक बूंद में नृत्य की वासना उत्पन्न कर रहा था।

उधर महाराज भीमदेव के रोम-रोम में चौला का नव किसलय कुसुम कोमल गात रम रहा था। इस प्राण सखी से मिलने को उनके प्राण छटपटा रहे थे। उन्हें ज्ञात न था कि यह कहाँ है। युद्ध-विग्रह और राजकीय खटपट में पड़े रहकर वह इस सम्बन्ध में कुछ अधिक जान ही न सके थे। वे केवल दामोदर के उसी एक वाक्य से आश्वस्त थे, जो उन्होंने कहला भेजा था। अब दरबार से निवृत्त हो राजा ने दामोदर को एकान्त कक्ष में बुलाया और चौला की बात पूछी। दामोदर ने सारा भेद प्रकट करके कहा, चौलारानी महाराज के आह्वान की प्रतीक्षा में हैं। सुनकर महाराज भीमदेव प्रेम-दीवाने हो गए। और उसी क्षण उन्होंने आज्ञा दी कि चौला रानी के राजमंदिर में आने के उपलक्ष्य में महोत्सव हो। विवाह की जो रस्म देव-सान्निध्य में हुई है, वह अब राजसी ठाठ-बाट से सब नगर पौर जनो और नरपतियों के समक्ष हो, जिससे उसकी मर्यादा महारानी के समान स्थिर हो तथा उसे राजगढ़ में धूमधाम से लाया जाए। महाराज ने मन्त्रीश्वर विमलेव शाह को बुलाकर राजसी ठाठ से महारानी चौलादेवी को राजगढ़ में धूमधाम से ले आने की आज्ञा दी।

परन्तु मन्त्रीश्वर ने गुर्जरेश्वर की यह प्रथम आज्ञा अमान्य कर दी। उन्होंने कहा, "महाराज, गुजरात की महारानी उदयमती हैं। मन्दिर की नर्तकी—देवार्पित देवदासी—पाटन के राजगढ़ में नहीं प्रविष्ट हो सकती। फिर सोलंकियों की गद्दी का उत्तराधिकारी, तो महारानी उदयमती का पुत्र ही हो सकता है।"

बात का बतंगड़ बन गया। महारानी उदयमती तीखे स्वभाव की राजगर्विता स्त्री थी। उसने भी चौलारानी का वैध अधिकार स्वीकार नहीं किया। मन्त्रीश्वर गुर्जरेश्वर के समक्ष अड़ गए। चौलादेवी का राजगढ़ में प्रवेश एक महत्त्व का प्रश्न हो गया। जिस मन्त्री विमलदेव शाह ने गुर्जरेश्वर चामुण्डराय के सम्मुख नंगी तलवार चमकाकर भीमदेव का पक्ष पुष्ट किया था, वही अब चौलादेवी के विरोध में गुजरात के इस तेजस्वी तरुण अधिपति के सम्मुख तन गए। सारे पाटन में इस राज-कलह की चर्चा फैल गई। मन्दिर की नर्तकी देवदासी को महारानी स्वीकार करने से पाटन के सेठ-साहूकारों और नगरजनों ने भी इन्कार कर दिया। वास्तव में वे सब साहूकार जैनधर्मी थे। और विमलदेव शाह भी जैनधर्मी थे। उनकी दृष्टि में पाटन के मन्त्री की मर्यादा गुर्जराधिपति से कम न थी। फिर धार्मिक बन्धन से वे सब विमलदेव शाह से बँधे थे। उनके साथी भी मन्त्रीश्वर से सम्बन्धित थे।

परन्तु भीमदेव भी अपनी आन पर अड़ गए। भीमदेव का व्यक्तित्व साधारण न था। उस तेजस्वी राजा की प्रथम आज्ञा का इस प्रकार न केवल उल्लंघन होना, अपितु सारे नगर और राजमहल तक का विरोधी हो जाना कोई साधारण बात न थी। उन्होंने कहा, "पाटन, पाटन की राजगद्दी और सब राज-परिजन त्यागा जा सकता है, पर चौलादेवी नहीं त्यागी जा सकतीं।" इस प्रकार यह प्रश्न एक प्रबल राजकलह का रूप धारण कर गया। और पाटन के रस-रंग पर फिर चिन्ता की एक काली छाया पड़ गई। महाराज ने दामोदर महता को राज गजराज लेकर चण्ड शर्मा के घर से चौला देवी को राजगढ़ में ले आने की आज्ञा दी। दामोदर महता राजाज्ञा मानकर गजराज ले चौलारानी की सेवा में उपस्थित हुए।

सब विवाद चौला ने भी सुना। उसका सम्पूर्ण आत्म-सम्मान आहत हो गया। परन्तु न उसने एक बूँद आँसू गिराया, न मुँह से एक शब्द कहा। राजकलह के महत्त्व को उसने समझ लिया और दृढ़ संकल्प की सात्त्विक भावना से उसके नेत्रों में नई दीप्ति भर गई।

दामो महता ने चौलादेवी को राजगढ़ चलने का निवेदन किया। महाराज ने राज गजराज सवारी को भेजा है, यह भी कहा। चौलादेवी ने सुनहरी झूल और मोतियों की झालरों से सुसज्जित अम्बारी पर, दिग्गज के समान विशाल राज गजराज पर एक दृष्टि डाली एक स्मित रेखा उसके अधरों पर फैल गई। उसने धीरे से कहा, "मन्त्रीश्वर, महाराज श्री के बिना सूना राज गजराज सुशोभित नहीं है। प्रणाम-सहित मेरा यह निवेदन गुर्जरेश्वर के चरणों में निवेदन कर दीजिए।" दामो महता चौलादेवी के मर्म को समझ गए।

वह चौलादेवी को प्रणाम कर लौट गए। सूना गजराज लौटा देखकर और चौलादेवी का मार्मिक सन्देश सुनकर महाराज भीमदेव लज्जित हो, अविलम्ब गजराज पर बैठ, स्वयं चण्ड शर्मा के घर पर चौलादेवी को राजगढ़ ले आने के लिए जा पहुँचे।

चौलादेवी ने गुर्जरेश्वर की विधिवत् पूजा की। राजगढ़ चलने का प्रसंग आने पर कहा, "महाराज, आपके नेह से मैं सम्पन्न हूँ। राजगढ़ जाने का मुझे मोह नहीं। आपसे मैं दूर नहीं। राज-मर्यादा की भी एक सत्ता है, गुर्जरेश्वर को उसका विचार करना होगा। फिर नेह किया है तो टीस भी होगी, पीर भी होगी। अब टीस की पीर से, महामहिम गुर्जरेश्वर भी यदि साधारण पुरुष की भाँति कातर हो अपना मनोदारिद्र्य प्रकट करेंगे, तो फिर सोलंकी कुल की आन क्या रहेगी!"

महाराज ने भर्राए कण्ठ से कहा, "प्रिये, सोलंकी कुल की आन रखने की शक्ति मुझमें नहीं है। राजगढ़ नहीं तो जहाँ जी चाहे, मुझे ले चलो। मुझे न राजगढ़ का मोह है न राज्य का।"

"केवल एक स्त्री का मोह है?" चौला के होंठो में हास्य और आँखों में मोती थे।

वह आगे बढ़कर महाराज के वक्ष से आ लगी। देर तक निस्तब्धता रही। किसी अचिन्त्य मूक भाषा में दोनों के हृदय एक-दूसरे को समझते-समझाते रहे। फिर चौला ने कहा–

"महाराज, गुर्जरेश्वर से मेरी एक विनय है!"

"कहो प्रिये!"

"गुजरात के नाथ भगवान् सोमनाथ हैं। अभी तक वे अन्तर्धान हैं। दैत्य वे दलन कर चुके। अब उनका प्राकट्य होना चाहिए। एक क्षण भी गुजरात को देव-रक्षण से रहित न रहना चाहिए। देवपट्टन में चलकर अविलम्ब देव-प्रतिष्ठा होनी चाहिए।"

"तो प्रिये, चलो, मेरा राज गजराज उपस्थित है ही, मैं इसी क्षण खड़ी सवारी देवपट्टन को प्रस्थान करता हूँ।"

"महाराज की कीर्ति अमर हो। मेरा एक अनुरोध भी है महाराज!"

"वह भी कहो"

"गुर्जरेश्वर के शुभप्रस्थान के समय, मंगल-मुहूर्त के लिए स्वर्ण-कलश में तीर्थोदक ले, नगर की कोई कुमारिका नगर-द्वार पर खड़ी हो, ऐसी प्रथा है।"

"है तो।"

"तो महाराज, वह प्रतिष्ठा मुझ दासी को प्रदान की जाए।"

भीमदेव का हृदय हाहाकार कर उठा। उन्होंने आँसुओं से गीली आँखों से चौला की ओर देखकर कहा, "जैसी तुम्हारी इच्छा प्रिये, तुमने अब जीवन को विसर्जन में लय कर ही लिया, तो अब कहने को क्या रह गया?" उन्होंने उसी क्षण देवपट्टन को प्रस्थान करने की आज्ञा दे दी।

सहस्र वेदज्ञ ब्राह्मणों के सान्निध्य में विधिवत् देवपट्टन में नवीन लिंग की स्थापना हुई। प्राण-प्रतिष्ठा की गई। गगन राशि को भरुकच्छ से बुलाकर पाशुपत आम्नाय

के अधिष्ठाता का पद प्रदान किया गया। शत-सहस्र कण्ठों से एक बार फिर 'जय सोमनाथ' की ध्वनि घोषित हुई और चौलादेवी के चरणों ने रत्नगृह के सभामण्डप में एक बार फिर देव-सान्निध्य में नृत्य किया।

और राज गजराज पर आरोहण के पूर्व, जब गुर्जरेश्वर ने चौला के सम्मुख जाकर वाष्पावरुद्ध कण्ठ से कहा—

"तो प्रिये, अब?"

"विदा प्रियतम!"

उसने अपनी मृणाल-कोमल भुज-वल्लरी गुर्जरेश्वर के कण्ठ में डाल दी।

गुर्जरेश्वर चले गए, और चौलादेवी वहीं भूमि पर, जहाँ महाराज भीमदेव के चरण थे, अपना वक्ष रक्खे सिसकती पड़ी रह गई।

आधार

तीस बरस पूर्व!

अब से लगभग तीस वर्ष पूर्व, मैंने प्रथम बार गुजरात की यात्रा की। गुजरात के प्रभु सोमनाथ और वहाँ के शैवतत्त्व के सम्बन्ध में मैंने बहुत उत्सुकता से उन दिनों अध्ययन किया था। ग़ज़नवी महमूद का सोमनाथ पर आक्रमण उन दिनों मेरे अध्ययन का रोचक और आकर्षक विषय था। और तभी मेरी इच्छा 'सोमनाथ' नामक एक उपन्यास लिखने की हुई। परन्तु स्कूल के इतिहास की पाठ्य-पुस्तकों में सोमनाथ के आक्रमण की जो ज़रा-सी चर्चा थी, उसे छोड़कर अन्यत्र कहीं भी इस विषय का कोई अच्छा साहित्य मुझे हिन्दी में नहीं मिला। धीरे-धीरे मेरी व्याकुलता बढ़ती गई और मैं सोमनाथ के इस आक्रमण के सम्बन्ध से अधिक-से-अधिक जानने को अधीर हो उठा। मज़े की बात यह थी कि मेरे मुँह से यह सुनकर, कि मैं सोमनाथ पर एक उपन्यास लिखना चाहता हूँ, एक प्रकाशक ने अपने अधिकार के बल से उसका विज्ञापन भी छाप दिया, और सुना कि आर्डर भी बुक करने आरम्भ कर दिए। इसके बाद तो उसके तकाज़ों ने नाक में दम कर दिया। प्रथम तो मुझे इस सम्बन्ध में इतिहास की अधिक जानकारी नहीं। दूसरे ऐसी लोक-विश्रुत घटना को वैसे ही प्रभावशाली ढंग से चित्रित करने की कल्पना-शक्ति और साहस नहीं। मैं उपन्यास लिखता कैसे? धीरे-धीरे विलम्ब होता गया, दिन बीतते गए। अंग्रेजी इतिहासकारों के लिखे कुछ टूटे-फूटे विवरण मुझे मिले, पर वे यथेष्ट न थे। कुछ लोग तो यह भी कह देते थे कि यह घटना ही कपोल-कल्पित है।

गुजराती साहित्य तथा गुजराती संस्कृति से मेरा थोड़ा लगाव भी है। इसका श्रेय मैं अपने दिवगंत मित्र हाजी मुहम्मद अल्लारखिया शिवजी को, जो गुजराती भाषा

के 'बीसवीं सदी' पत्र के यशस्वी और जनूनी सम्पादक थे, को देना चाहता हूँ, जिन्होंने बरबस मेरा मन गुजराती-साहित्य के कोमल भावुक भाव-चित्रों पर मोहित कर दिया। सन् 1914 से 20 तक मैं बम्बई में रहा। तभी मुझे इस मित्र का अलभ्य सहवास मिला। इसने मेरे उपन्यास 'हृदय की प्यास' का गुजराती अनुवाद किया था। पीछे 'हृदय की परख' का भी गुजराती-अनुवाद हुआ। इस प्रकार मैं गुर्जर साहित्य और संस्कृति के निकट आया। बम्बई में निवास करने से मैं गुजराती पढ़ने और समझने भी लगा। परन्तु सोमनाथ के प्रति मेरी आस्था तब हुई, जब दैवदुर्विपाक में फंसकर मुझे बम्बई छोड़नी पड़ी। कंचन की सघन वर्षा में डूबकर छूंछा हाथ लिए घर लौटना पड़ा।

मुंशी का प्रथम दर्शन

सम्भवतः सन् 36 में मैं काफी अरसे के बाद फिर बम्बई गया। और इस बार इरादा कर लिया कि सोमनाथ के सम्बन्ध में गुजराती-साहित्य में जो कुछ भी मिल सकेगा, बटोर लाऊँगा। परन्तु मेरी आशा फलवती न हुई। एक-दो पुस्तकें मिलीं। पर प्रामाणिक जानकारी उनसे मुझे कुछ भी न मिली। बहुत निराशा हुई। इसी समय मेरे मित्र और शिष्य श्री महावीर प्रसाद दाधीच ने, जो आज बम्बई के नामांकित सालीसिटर हैं, मुझे श्री कन्हैयालाल माणिकलाल मुंशी से मिलने की सलाह दी। उन्होंने कहा, वे गुजराती के अच्छे साहित्यकार हैं, उनसे आपको अवश्य ही कुछ काम की बातें मालूम हो जाएँगी। दाधीच ही को लेकर मैंने श्री मुंशी से उनके आफिस में जाकर मुलाकात की। पर मुलाकात करके खुश नहीं हुआ। खीझ ही गया। उन दिनों वे बम्बई में प्रैक्टिस करते थे और फोर्ट में उनका आफिस था। उनकी न दृष्टि ही में, न बातचीत में, मुझे कुछ रस मिला। मैंने यह तनिक भी अनुभव नहीं किया कि मैं एक साहित्यिक बन्धु के पास मिलने आया हूँ। सोमनाथ के सम्बन्ध में मैंने कुछ प्रश्न किए, पर जवाब ऐसे ही मिले, जैसे वकील अपने मुवक्किल से किसी मुकदमे की बाबत कर रहा हो। जहाँ तक मुझे स्मरण है, मुलाकात खड़े ही खड़े खत्म हो गई। काफी देर बाद जब उन्होंने मुझसे बैठने को कहा, तब उनके उस ठण्डे लहजे से मैं इतना कुढ़ गया कि तुरन्त ही उनका इतना समय नष्ट करने के लिए क्षमा माँग भाग खड़ा हुआ। फिर मुझे किसी गुजराती साहित्यकार से मिलने का साहस नहीं हुआ। हालांकि मुझे हाजी मुहम्मद अल्लारखिया की आठ-आठ घण्टों की मुलाकातें नहीं भूली थीं। इसके बाद जब मैं अहमदाबाद आकर गुर्जर शब्द-शिल्पी श्री धूमकेतु से मिला, तो एक बार फिर मेरे मन की खिन्नता मिटी। श्री धूमकेतु ने मुझे एक-दो पुस्तकों के संकेत दिए। कुछ बातें भी बताईं। फिर भी मेरे पास ऐसी सामग्री न जुट पाई कि मैं सोमनाथ पर उपन्यास लिख सकता। फलतः यह उपन्यास लिखने का विचार मैंने दिमाग से ही निकाल दिया। दिन-पर-दिन और वर्ष-पर-वर्ष बीतते चले गए। एक-दो

लहरें आईं और शुरू के तीन-चार परिच्छेद मैंने लिखे पर गाड़ी फिर वहीं रुक गई।

सन् 45 आ गया, और मैंने हिन्दी-साहित्य का इतिहास लिखा। उसमें मैंने महमूद के आक्रमण के सांस्कृतिक प्रभाव पर प्रकाश डाला। और एक बार फिर 'भारतीय संस्कृति पर मुस्लिम प्रभाव' पर जाकर मेरी विचारधारा केन्द्रित हुई। अब मैं कभी-कभी सोमनाथ पर एक उपन्यास लिखने को मन-ही-मन अधीर होने लगा। इसी समय श्री मुंशी का 'जय सोमनाथ' मेरे सामने आया। पहले मैंने उसे मूल गुजराती में पढ़ा, पीछे हिन्दी-अनुवाद पढ़ा। मुझे इस बात का ख्याल ही न रहा कि यह उपन्यास श्री मुंशी ने लिखा है या मैंने। मैं यही सोचने लगा, कि क्या वास्तव में सोमनाथ लिख दिया गया है। परन्तु मेरा मन भरा नहीं। और किसी एक अतर्कित भावना ने मेरे हृदय में एक ऐसी ऐसी तीव्र आकांक्षा उत्पन्न कर दी, कि अब मैं सोमनाथ पर कलम उठाए बिना रह ही न सकता था। अब मैंने यह विचार किया कि मैं श्री मुंशी के इस उपन्यास से कुछ प्राप्त कर सकता हूँ या नहीं। मैंने दो-तीन बार उसे बारीकी से पढ़ा। इस समय तक मेरा 'वैशाली की नगरवधू' उपन्यास प्रकाशित हो चुका था और मैं 'इतिहास रस' की स्थापना मन में दृढ़बद्ध कर चुका था। अब मुझे इस बात की परवाह नहीं थी कि मैं इतिहास से इधर-उधर हो जाऊँगा तो क्या होगा? मनमानी कुलांचें भरने के लिए मैं तैयार बैठा था। श्री मुंशी के 'जय सोमनाथ' के प्रति मैंने एक प्रतिस्पर्द्धा की दृष्टि डाली। मन में कहा, यदि मेरा उपन्यास इससे निकृष्ट बना, लोगों ने उसे न पढ़ा, तो क्या होगा? मैंने यद्यपि श्री मुंशी के इस उपन्यास में कुछ भी प्राप्तव्य नहीं पाया था। परन्तु श्री मुंशी का रुआब तो मुझ पर था ही। साहित्यिक न सही, ठाट-बाट का ही सही।

नहले पर दहला

अभी मैं इसी ऊहापोह में फँसा था, और उपन्यास के वही पुराने दस-बारह वर्ष पूर्व लिखे पाँच-छह परिच्छेद मेरे सामने थे, जिन्हें मैं जब-तब उमंग में आकर मित्रों को सुना दिया करता था। मेरे मित्र मेरा मज़ाक उड़ाया करते थे, कि इन परिच्छेदों का उल्लंघन करके 'वैशाली की नगरवधू' जन-जीवन में अपना स्थान पा चुकी। अब आपका यह 'सोमनाथ' उसपर नहले पर दहला मारे तो बात है। इस 'दहले' ने मुझे और भी दहला दिया। अभी तो श्री मुंशी ही का रुआब मारे डाल रहा था, अब इस 'दहले' ने मेरी साँस ही रोक दी। परन्तु यह मेरे बस की बात तो थी ही नहीं। मैं आज भी यह नहीं जान पाया हूँ कि 'नगरवधू' में कितना सौष्ठव है। मैं निस्सन्देह उसपर मोहित हूँ, उसपर अपनी सम्पूर्ण साहित्यिक सम्पदा को वार चुका हूँ। परन्तु यह तो मैं कसम खाकर कह सकता हूँ कि उसकी जिस सुषमा पर मैं इतना मोहित हो गया हूँ, उसे मैंने अपने परिश्रम से निर्मित नहीं किया। मैं वास्तव में 'नगरवधू' का निर्माता नहीं, 'प्रकटकर्ता' हूँ। न जाने किस अचिन्त्य शक्ति ने वे भव्य मूर्तियाँ

मेरी घिसी-घिसाई चालीस साल पुरानी कलम से व्यक्त करा दीं। भला मैं नगण्य कहाँ उन दिव्य मूर्तियों का निर्माण कर सकता था। परन्तु अब, यह नहले पर दहला? यह तो मित्रों की एक चुनौती थी। इसका यह स्पष्ट अर्थ था कि 'नगरवधू' से उत्कृष्ट 'सोमनाथ' बन सके, तो ही 'सोमनाथ' लिखना, नहीं तो नहीं।

अब बताइए, इस चुनौती का क्या जवाब दूँ? बस, मैंने फिर इसे लिखने का इरादा त्याग दिया। वही प्रारम्भिक पाँच-सात परिच्छेद पड़े थे, उन्हीं पर अपनी हसरत-भरी नज़र जब-तब डाल लेता था। कभी-कभी केवल इसी विचार से 'नगरवधू' के परिच्छेदों पर आँखें फैला देता था, कि आगे कहीं कलम चलाने की गुंजाइश है भी या नहीं।

विभाजन का विभ्राट

इसी समय विभाजन का विभ्राट मेरी आँखों के आगे आया। दिल्ली में रह कर दिल्ली और लाहौर के सारे लाल-काले बादल मैंने अपनी आँखों से देखे। कानों से अनहोनी बातें सुनीं। और विश्व के मानव-इतिहास का सबसे बड़ा महाभिनिष्क्रमण देखा। यह ऐसी बात नहीं थी, जिसे मैं देखूँ और दर-गुज़र कर दूँ। कट्टरता के अभियोग से मैं हिन्दुओं को मुक्त नहीं कर सकता। परन्तु मैं उन्हें खूनी प्रकृति का तो नहीं स्वीकार करता। जिन्ना का 'डाइरेक्ट ऐक्शन' और उसका सच्चा असली स्वरूप देख मैं समझ गया, कि चाहे बीसवीं शताब्दी का सभ्यकाल हो, चाहे चौदहवीं शताब्दी का, जंगली पठानों-खिलजियों और गुलामों का अंध-युग—मुस्लिम भावना तो खून में तर है और रहेगी। जब तक इसका जड़मूल से विनाश न हो जाएगा, इसकी खून की प्यास बुझेगी नहीं। यह सर्वथा मानव-विरोधिनी भावना है, जो सांस्कृतिक रूप से मुस्लिम समाज से दृढ़ बद्धमूल है। ज्यों-ज्यों पंजाब के अत्याचार,बलात्कार, उत्पात और लूटमार मेरे कानों में पड़ते जाते थे, मैं सुलगता जाता था।

आरम्भ में यद्यपि मुझे बहुत कम बातों का पता लगा। परन्तु आगे चलकर जो कुछ हुआ, उसकी एक भीतिमूर्ति मेरे मन में पहले ही अंकित हो चुकी थी। विभाजन से बहुत पूर्व ही से, समर्थ मित्रों से बहुधा कहा करता था कि किसी तरह पंजाब और सिंध से हिन्दू परिवारों को निकाल लाना चाहिए। बहुत मित्रों को मैंने तत्काल लाहौर छोड़ देने की सलाह भी दी थी। सन् 46 के मार्च में मेरा हिन्दी-साहित्य का इतिहास छपा और मैं उसी समय जनवरी-फरवरी-मार्च के लगभग लाहौर में रहा। मेरे प्रकाशक—मेहरचन्द लक्ष्मणदास, सैदमिट्ठा गली में रहते थे। यह मुहल्ला ही मुसलमानी आबादी में था। अपनी अंतिम यात्रा में मैंने लाहौर का वह स्वप्न देखा, जो विस्फोटोन्मुख ज्वालामुखी को होता है। स्टेशन से अपने इन मित्र के घर तक पहुँचना मेरे लिए अत्यन्त त्रासदायक हो गया। उस बार एक सप्ताह तक लाहौर में रहा, और अद्भुत वातावरण देखा। रणजीतसिंह की समाधि टूटी-फूटी थी। वहाँ

ढेरों मलबा और घास-फूस जमा था, परन्तु बादशाही मस्जिद के गुम्बजों पर फिर से संगमरमर मढ़ा जा रहा था। मुझे ऐसा अनुभव हुआ, जैसे एक घर में दुलहन के ब्याह की तैयारियाँ हो रही हैं, दुलहन पर हल्दी चढ़ाई जा रही है—और दूसरे घर में मुर्दा उठाने को पड़ा है। दो घटनाओं ने मुझे सत्य रूप का दर्शन करा दिया। एक दिन सुबह ही मैं पड़ोस के एक सैलून में जा बैठा, बाल कटाए। क्षण-क्षण में मुझे ऐसा भय हो रहा था कि यह नाई कहीं मेरा गला ही न काट डाले। लम्बे-चौड़े डील-डौल का पंचहत्था जवान था। बड़ी ही लापरवाही से कैंची, उस्तरा और ब्रुश चला रहा था। शुरू में मुझे गुस्सा आया, पर फिर मुझपर आतंक छा गया। मैं अपनी भूल समझ गया। अन्त में मैंने एक रुपया दिया और बकाया रेज़गारी वापस पाने को हाथ फैलाया। परन्तु वह जवान मुस्लिम नाई धूर्ततापूर्वक हँसकर बोला, "बाच्छा, तूने जो दिया सो दे दिया, अब चलता हो!" और मैंने चुपचाप होने ही में कुशल समझी। हजामत ठीक बन चुकी थी।

इस प्रकार एक मेवे वाले से मैंने दो आने का एक संतरा लिया, और रुपया देकर बाकी पैसे माँगे, तो उसने रुपया गल्ले में डालकर और यह कहकर, कि "फिर कभी ले जाना।" मेरी ओर से रुख फेर लिया। निस्सन्देह यह सरासर डाकाज़नी थी—वह भी बीच-बाज़ार। दुकानदार डाकू बने हुए थे। दूसरे दिन मैं वहाँ से चल दिया, और अपने मित्रों से लाख-लाख अनुरोध करता आया, कि वे तुरन्त लाहौर छोड़ दें।

अन्त में जो होना था वहीं होकर रहा। परन्तु मैं भय, क्षोभ और आतंक से जैसे सराबोर हो गया—और जिस दिन विभाजन हो जाने पर दिल्ली में स्वतंत्रता-दिवस मनाया गया—घण्टाघर पर शानदार रोशनी की गई—लाल किले पर तिरंगा फहराया गया—मैं अपने घर के सब दरवाज़े बन्द करके चुपचाप पड़ा सिसकता रहा। उस रात को मैंने घर में दीप नहीं जलाया। दूसरे दिन अखबारों में पढ़ा, कि जब दिल्ली में घण्टाघर रोशनी से जगमग कर रहा था, लाहौर धांय-धांय जल रहा था। परन्तु इस साहित्यकार के आँसू किसने देखे, लाहौर की चिताभस्म में जैसे वे भी जल-मिल गए।

भविष्य-दर्शन

मैं लाहौर से चलते-चलते अपने हिन्दी-साहित्य के इतिहास के अंतिम पृष्ठों पर ये पंक्तियाँ लिख आया था, "महाकाल की गति अति विषम है, वह घड़ी के काँटे की भाँति ठीक-ठीक नपी-तुली गति से नहीं चलती। कभी वह मन्द हो जाती है, और कभी अतिभीषण तीव्र गति धारण कर लेती है। उसी के प्रभाव से व्यक्ति की भाँति राष्ट्रों के जीवन का एक-एक वर्ष कभी-कभी सौ वर्षों के समान भारी हो जाता है। और कभी हँसते-खेलते ही बात-की-बात में शताब्दियाँ बीत जाती हैं।

भारत के गत छब्बीस वर्ष बड़े ही तेज़ी से बीते हैं, सहस्राब्दियों से सुप्त और आत्म-विस्मृत भारतीय राष्ट्र एक अद्‌भुत उमंग और तेज के साथ जाग उठा है। ये छब्बीस वर्ष बड़ी ही तेज़ी में बीते हैं, सहस्राब्दियों से सुप्त और आत्म-विस्मृत भारतीय राष्ट्र एक अद्‌भुत उमंग और तेज के साथ जाग उठा है। इन छब्बीस वर्षों में जो कुछ हुआ है, उसका भारत के राष्ट्रीय और सांस्कृतिक जीवन पर कैसा प्रभाव पड़ेगा, यह अभी नहीं कहा जा सकता। परन्तु यह दीख पड़ता है कि आगामी पाद शताब्दी और भी द्रुत-गति से आगे बढ़ेगी, और बड़ी-बड़ी घटनाएँ और बड़े-बड़े परिवर्तन अकल्पित तेज़ी से भारत में होंगे, जिनका प्रभाव सम्पूर्ण विश्व पर पड़ेगा।

अब ये मेरे ही वाक्य बारम्बार शत-सहस्र रूप धारण करके मेरे मस्तिष्क में चक्कर खा रहे थे, कि मानव-रक्त बहकर मेरे चरण-तल तक ही आ पहुँचा। और अब एक हिंस्र, असह्य और दुर्धर्ष वैकल्य तथा खीझ से मेरा तन-मन भर उठा। और किसी अचिन्त्य शक्ति से ओत-प्रोत हो मेरी कलम अपना काम करने लगी। लीजिए साहेब, रात-दिन में अनवरत गति से एक के बाद दूसरे परिच्छेद आप-ही-आप सम्पूर्ण होने लगे। खून-खराबी, लूटपाट, अत्याचार और बलात्कार के जो दृश्य, घटनाएं मेरे कानों और आँखों को आक्रान्त करने लगीं, उन सबको मैं अपने इस उपन्यास में, ग्यारहवीं शताब्दी के उस बर्बर आक्रान्ता के उत्पातों में आरोपित करता चला गया। मैं नहीं जानता कि मेरा यह काम कहाँ तक साहित्यिक अपराध हो सकता है। परन्तु यदि यह अपराध ही है, तो मैं इसे आपसे छिपाना पसन्द नहीं करूँगा।

तीन बात

किन्तु तीन बातों का मैंने अपने इस उपन्यास की रचना में आश्रय लिया। श्री मुंशी, चूँकि मुझसे प्रथम 'जय सोमनाथ' लिख चुके थे—इसलिए इस कथा में मैंने श्री मुंशी को आप्त पुरुष मान्य किया। उनकी अनेक काल्पनिक स्थापनाओं को मैंने सत्य की भाँति ग्रहण कर लिया। इससे एक तो मेरे उपन्यास में परम्परामूलक रसोद्रेक हुआ। दोनों उपन्यास पढ़ने पर पाठक के मन पर उस घटना का द्विगुण प्रभाव होगा, विरोधी भावना नहीं पैदा होगी। इससे रस-भंग का दोष नहीं आएगा, यही मैंने सोचा। ऐतिहासिक सत्यों की मैंने परवा नहीं की। इतना ही काफी समझा कि महमूद ने सोमनाथ को आक्रान्त किया था। उसने गुजरात की लाज लूटी थी।

फिर भी मुझे तत्कालीन वातावरण तथा घटनाओं की रूपरेखा बनाने में गुजराती-साहित्य और गुर्जर विद्वानों के लिखे संस्कृत-प्राकृत अनेक ग्रंथों का मनन करना पड़ा। सोलंकी वंश, तत्कालीन सामाजिक एवं राजनैतिक स्थिति, अर्थ-व्यवस्था, राजतंत्र, कूटनीति चक्र, साम्प्रदायिक भावना—सभी पर मैंने विचार किया। इस काल के वातावरण का सबसे महत्त्वपूर्ण अंश, जिसने गुजरात की राज सत्ता को बहुत हानि पहुँचाई, यह था कि राजा शैव हिन्दू और मन्त्री जैन होते थे। इससे राज्य की

अर्थ-व्यवस्था जैनों के हाथ में होती थी। नागरिक, सेठ-साहूकार भी जैन होने से राज्य में शैव राजा की अपेक्षा जैन मंत्री का अधिक प्रभाव रहता था। परन्तु यह बात गुजरात ही में थी, राजस्थान में नहीं। और यद्यपि गुजरात के राजा राजस्थान के भी अंशतः स्वामी तथा सम्बन्धी रिश्तेदार थे, फिर भी राजस्थान-मालवा, सिन्ध और गुजरात के राजाओं में सहयोग के स्थान पर युद्ध और कलह का ही बोलबाला रहता था।

ये हुई दो बातें—तीसरी बात मेरी अपनी थी। मित्रों की चुनौती मुझे याद थी। वही, 'नहले पर दहले' वाली। 'नगरवधू' पर अभी भी मुझे मोह था। अम्बपाली, सोमप्रभ, बिम्बसार, चम्पा की राजकुमारी, कुण्डनी आदि असाधारण रेखाचित्र हैं। परन्तु सोमनाथ में तो मुझे नहले पर दहला मारना था, प्रभावशाली नए चित्रों की सृष्टि करनी थी।

सबसे प्रथम मेरा ध्यान हिन्दुओं के रूढ़िवाद, अज्ञान, धर्मान्धता, कट्टरता तथा जाति-भेद और आत्म-कलह आदि पर गया। मैंने स्वीकार किया, कि इसी ने हिन्दुओं को दलित किया, पराजित किया है। मैंने इसकी प्रतिक्रियास्वरूप, दासीपुत्र देवा—देव स्वामी—फतह मुहम्मद की सृष्टि की। उसमें विद्रोह, तेजस्विता, शौर्य, प्रेम, कर्मठता, निष्ठा और दृढ़ता की मैं प्रतिष्ठा करता चला गया—और, अपनी समझ में उसे मैंने उसी की अनन्य प्रेमिका के हाथ से वध कराकर उसके जीवन को सार्थक कर दिया। दूसरी जिस अलौकिक मूर्ति की रचना मुझे करनी पड़ी, वह है 'शोभना', एक बाल-विधवा ब्राह्मण-कुमारी। इस मूर्ति में मानवीय कोमलतम प्रेम की पराकाष्ठा की स्थापना करने की मैंने चेष्टा की। सत्साहस, दर्प, प्रत्युत्पुन्नमति, सेवा, दया, धर्म, कर्तव्य, औदार्य और आत्मार्पण की प्रतिष्ठा करने में मैंने अपनी धुंधली दृष्टि को न जाने कितनी बार एकबारगी ही अन्धा बना दिया। एक ही शब्द में, इस प्रियतमा युवती को मैंने अपनी सहृदयता के सम्पूर्ण आँसुओं में आचूड़ स्नान कराकर ही अपने पाठकों के सम्मुख उपस्थित किया है। जो स्त्री अपने एकान्त प्रेमी का सिर काट सकती है, और धर्म और मानवता के शत्रु को अपना निश्छल प्यार अर्पण कर सकती है, खतरे में निश्शंक दृढ़ता से आगे बढ़ती ही जाती है, उसको कितना प्यार दिया जाए, और कितनी उसकी पूजा की जाए, इसका निर्णय मैं नहीं कर सकता हूँ, आप ही वह निर्णय करें। मैंने तो चुपचाप गज़नी के दुर्दान्त महमूद को उसके आँचल की छांह में गज़नी की राह भेज दिया है।

महमूद

परन्तु निस्संदेह, वह अपने आँचल की छाँह में जिस महमूद को ले जा रही है, वह उसी का निर्मित पुरुष है, एक स्त्री का अपने हाथों पुरुष का निर्माण करना आसान बात नहीं है। महमूद का सच्चा चरित्र चाहे जो हो, वह एक दृढ़ योद्धा, आक्रान्ता और वीर पुरुष था। उसका जीवन ही कठिन अभियानों में बीता। पर उस व्यक्ति

में मानवोचित गुण न थे, यह मैं कहने का साहस कैसे करूँ? निस्संदेह, जैसा कि मैंने पहले कहा, विभाजन की विभीषिका से प्रभावित मैंने सभी सम्भव अत्याचारों का आरोप इस अभियान के नायक महमूद पर किया है। परन्तु वह मेरी खीझ ही तो थी। कुछ हिन्दू होने के नाते नहीं, मनुष्य होने के नाते भी। इसलिए उस खीझ में आकर मैं एक ऐसे महान विजेता के साथ अत्याचार ही करता रहूँ, यह मेरी साहित्यिक निष्ठा नहीं। अतः मैंने अपनी सम्पूर्ण साहित्यिक कोमलता, भावुकता और प्रेम की सम्पन्नता उसे प्रदान कर दी। मुझे यह याद ही न रहा, कि वह मनुष्यों का शत्रु, खूनी और डाकू है। अन्ततः वह मनुष्य है, यह मैं कैसे भूल सकता था। फिर, वह मनुष्य भी साधारण नहीं—महान् विजेता, योद्धा और नियन्ता। अतः उसमें जो धर्षणा के योग्य था, उसकी धर्षणा करके, उसमें पूजार्ह था, उसकी मैंने पूजा की। और ऐसा करके मैंने अपने साहित्यिक धर्म का पालन किया।

जब मैंने उसे दामो महता से पराजित कराया, तभी मैंने उसके सच्चे शौर्य और मानवत्व को स्पर्श किया। इसके बाद रमादेवी की बातचीत में, शोभना की मुलाकात में, सुर-सागर के तट पर, तथा पीर की दरगाह में उसके सम्पूर्ण मानवतत्त्व को कोमल तथा भावुक प्यार-पीर और आत्मार्पण से ओत-प्रोत करके उसे शोभना के आँचल में बाँध दिया। अब आप ही देख-समझ लें कि वह शोभना को लिए जा रहा था, या शोभना उसे।

अत्याचारों के रेखाचित्र

मुस्लिम संस्कृति की खूनी, जिद्दी और साम्प्रदायिक कट्टरता-मूलक प्रवृत्ति पर मैं जितना गुस्सा प्रकट कर सकता था, कर चुका। पराजितों पर, कैदियों पर मैंने अत्याचारों के जी भरकर रेखाचित्र खींचे। परन्तु इस सारे रक्तपात और मानव-विरोधी भावनाओं का मूल रूप जो महमूद था, उसे तो मैं वैसा ही दुर्दान्त, रक्तपिपासु, न छोड़ सकता था। उसे मैंने जो एक सच्ची मानवता का बाना पहना कर गज़नी वापस भेजा है, शोभना के कल्याणांचल में बाँधकर, इसे आप इतिहास-विरोधी तत्व कह सकते हैं। पर मैंने तो उपन्यास में केवल इतना ही इतिहास का सहारा लिया है, कि सोमनाथ पर महमूद का यह आक्रमण हुआ। और यह उसका अन्तिम आक्रमण था। इसी सोमनाथ और महमूद के इतिहास-मूल को लेकर मैं फिर स्वच्छन्द अपनी उपन्यास की मूर्तियों को गढ़ने लगा। और मेरा साहित्यरस सूख न जाए, इसी का चिन्तन मैंने अन्ततः किया। केवल यही नहीं, कि आदर्शवादिता की झोंक में मैंने ऐसा किया। मैं मानववादी भी तो हूँ, मनुष्य को मैं दुनिया की सबसे बड़ी इकाई समझता हूँ। मैं मनुष्य का पुजारी हूँ और मनुष्य मेरा देवता है। परन्तु 'मनुष्य', 'मानवता' नहीं। मानवता का मैं पुजारी नहीं। मानवता मानवीय श्रेष्ठ गुणों की भावना की प्रतीति

कराती है। जो लोग मानवता के प्रेमी हैं, वे धीर, वीर, उदात्त और सच्चरित्र महापुरुष के पूजक है। किन्तु मैं नहीं। मैं केवल मनुष्य का पुजारी हूँ। वह मनुष्य, जो घृणित, पापी, अपराधी, खूनी, डाकू, हत्यारा, लुटेरा, कोढ़ी, व्यभिचारी, गन्दे रोगों से आक्रान्त, मल-मूत्र से लथपथ या पागल है, वही मेरा देवता है। उसमें जो यह कलुष है उसका अपना नहीं है, नैसर्गिक नहीं है, उसपर ऊपर से लादा हुआ है। यह तो मेरा, पुजारी का काम है, कि उसे धो-पोंछकर, साफ-शुद्ध करके, पवित्र-पूजनीय बनाए और अपना सम्पूर्ण प्यार और सेवा उसे अर्पित करे, जैसे मल-मूत्र से लथपथ अपने बच्चे के प्रति माँ करती है।

वहीं मैंने किया। सत्रह बार भारत को तलवार और आग की भेंट करने वाला, लाखों बन्दियों को निरीह पशुओं की भाँति की गज़नी के बाज़ारों में बेचने वाला, दुर्दान्त लुटेरा महमूद मेरे हाथ लग गया। गुस्से और विरक्ति से उसके सब कुकृत्य मैंने देखे। परन्तु उसका प्रच्छन्न मानव-तत्त्व भी तो मुझे देखना था। सो अवसर पाकर मैंने उसका सब कलुष धो-पोंछकर, उसे साफ-शुद्ध करके, एक कोमल भावुक, आकुल, आतुर प्रेमी बनाकर, प्रेम-तत्त्व के ही प्रतिनिधि एक रमणीरत्न के आँचल की छाँह में उसे उसके घर गज़नी रवाना कर दिया। गंग सर्वज्ञ के रूप में मैंने उसे आशीर्वाद दिया। और आशीर्वाद का तत्त्व भी मैंने भीमदेव को बता दिया। फिर दामो महता से पराजित करा, उसे उसका दोस्त बना, उसके सम्पूर्ण पौरुष को सत्कृत किया। परन्तु शायद यह काफी न था। मैंने शोभना का रूप धारण किया, और उस रूप में मैंने उस दुर्दान्त लुटेरे को कितना धोया-माँजा, कितना मानवता के तत्त्वों से उसे ओत-प्रोत किया—इसका फैसला तो मैं आप ही पर छोड़ देता हूँ। अब यहाँ कहीं मैंने चूक ही की है तो आप मेरे कान पकड़ सकते हैं। परन्तु आपकी बात मैं मानूँगा थोड़े ही। मैं तो यही कहे जाऊँगा, कि मैंने जो कुछ किया ठीक किया। ठीक किया। ठीक किया। विश्व का विद्रोह करने पर भी यहीं कहूँगा। तिल-तिल काट डालने पर भी यही कहूँगा।

चौलादेवी और भीमदेव

चौलादेवी निस्सन्देह मेरे उपन्यास की नायिका है। उसकी मूर्ति को जितना अमल-धवल, कोमल, भावुक बनाना शक्य था, बनाकर मैंने सारे संघर्षों के इस पार से उस पार तक पहुँचाकर, फिर अपने प्रियतम के वक्ष से लगाकर इसे विदा कर दिया है। इस 'विदा' की वेदना आँसू नहीं बहाने देती, मूर्च्छित कर देती है। भीमदेव निस्सन्देह शौर्य का मूर्त अवतार है। वह इस उपन्यास का नायक भी है, परन्तु उसके शौर्य का ही उत्कर्ष दिखाकर मैं सन्तुष्ट हो गया। इससे बड़ा पुरुष तो मैं उसे मान ही न सका।

राजपूतों की राजनैतिक परिस्थिति पर भी मैं थोड़ा प्रकाश डालना ठीक समझूँगा। उस काल में, जिसकी यह घटना है, गुजरात के सोलंकी भारत के सर्वश्रेष्ठ राजा

थे। चामुण्डराय के अच्छे-बुरे चरित्रों पर मैंने आगे ऐतिहासिक प्रकाश डाला है। यहाँ तो मैं उस बात का स्पष्टीकरण कर रहा हूँ कि मैंने क्यों चामुण्डराय को एक सनकी और निस्तेज राजा अंकित किया। निस्सन्देह अपनी वृद्धावस्था में चामुण्डराय ऐसा हो गया था। परन्तु मैं तो उसके काल से हिन्दू राजाओं के उस असावधान जीवन की ओर संकेत कर रहा हूँ, कि जिसके कारण हिन्दू राजा हारते ही चले गए। हाँ, उनमें मुलतान के अजयपाल, घोघागढ़ के घोघाबापा, सपादलक्ष के धर्मगजदेव, अजमेर के दुर्लभराज और सोमतीर्थ में शौर्य प्रकट करने वाले छोटे-बड़े नरपति भी थे।

एक महत्त्वपूर्ण बात का संकेत तो मैं कर ही चुका हूँ, कि गुजरात के राजा शैव और मन्त्री जैन थे। प्रजाजन में जनसाधारण शैव और साहूकार जैन थे। इनमें उन दिनों साम्प्रदायिक झगड़े होते रहते थे। इससे राजसत्ता राजा और मन्त्री में विभाजित रहती थी। हिन्दू राज्यों के पतन का यह भी एक कारण है। पर सबसे बड़ी और मुख्य बात उनमें संगठन और एकता का अभाव ही था। यदि ये राजपूत एक बार आपस में संगठित हो गए होते, तो भारत को कभी भी ऐसे भयानक रक्तपात और पराजय के दृश्य न देखने पड़ते। राजपूतों के साम्राज्य स्थापन के जो अनेक सुअवसर आए, वे यों ही न चले जाते।

शिव

'ऋग्वेद' में रुद्र तैंतीस देवताओं में से एक हैं। वे 'पशुपति' भी कहे गए हैं। 'यजुर्वेद' की शताब्दी में वे शिव के रूप में ईश्वर हैं। 'अथर्व' में उन्हें ईश्वर ही माना गया है। जहाँ 'भव' और 'शर्व' दो देवता हैं। 'शतपथ' ब्राह्मण में तथा 'कौशीतकी' उपनिषद् में रुद्र उशस् के पुत्र हैं। इनके चार नाम हानिकर और चार नाम लाभदायक हैं। ये आठों नाम इन्हें प्रजापति ने प्रदान किए हैं। 'श्वेताश्वतरोपनिषद्' में शिव पूर्ण परमेश्वर हैं। इस प्रकार यजुर्वेद के बाद से उपनिषद्-काल तक इनका पूरा महत्त्व रहा है। गीता में, जिसे पाँचवीं शताब्दी बी. सी. की कहा जाता है, वे पहले-पहल विष्णु के पीछे रह जाते हैं। दूसरी शताब्दी बी. सी. में 'लकुलिन' अथवा 'लकुलीश' नामक महात्मा ने पाशुपत मत चलाया, ऐसा भांडारकर का कथन है। इसकी पूजन-विधि में नृत्य, गान और हुँकार आदि सम्मिलित हैं। देवी के सम्बन्ध में कुछ शृंगारपूर्ण अनुचित भाव भी हैं। 'पंतजलि', जो दूसरी शताब्दी बी. सी. के पुरुष हैं, उनके काल में 'शिव', 'स्कन्ध' और 'विशाख' की मूर्तियाँ पूजी जाती थीं। कनिष्क के पिता 'वेमकडफइजेज़' के सिक्कों पर शिव की मानुषी मूर्ति है, लिंग की नहीं। ये सिक्के लखनऊ-म्युज़ियम में रखे हुए हैं। पहली शताब्दी ईस्वी में शैव मत की वृद्धि और महायान बौद्ध सम्प्रदाय की वृद्धि साथ ही साथ हुई। शिवलिंग की सब पुरानी मूर्तियाँ इसी समय की मिलती हैं। वराहमिहिर, जो छठी शताब्दी के पुरुष हैं, लिखते हैं कि शैव मूर्ति की स्थापना ब्राह्मण से कराए। कालिदास (पाँचवीं शताब्दी), भवभूति (छठी

शताब्दी), श्रीहर्ष (बारहवीं शताब्दी) के कवि ग्रंथारम्भ में शिव की उपासना करते हैं। 'मालतीमाधव' में भवभूति ने शिव-मन्दिर का वर्णन किया है।

सातवीं शताब्दी में महाराष्ट्र में कापालिकों का होना पाया जाना प्रमाणित है। आठवीं शताब्दी के शंकराचार्य ने पाशुपत धर्म के आचार्य नीलकण्ठ को शास्त्रार्थ में पराजित किया था। महाभारत में भी उपमन्यु द्वारा लिंग-पूजन का कथन है। अनुशासन पर्व में शिव को व्रात्यों का देवता कहा है। कश्मीर में कल्लट (ईस्वी सन 854), सोमानन्द (दसवीं शताब्दी) ने परमोच्चभावपूर्ण शैव पूजन चलाया। 1160 में दाक्षिणात्य वासव ने लिंगायत सम्प्रदाय को स्थापित किया। एलौरा के गुफा मन्दिर, जिनका निर्माण तीसरी से नवीं शताब्दी के बीच हुआ, उनमें शिव की महत्ता के अनेक मन्दिर हैं। यही हाल खजुराहो, मदुरा और कांची आदि के शैव मन्दिरों का है, जिनका समय आठवीं से बारहवीं शताब्दी तक है। बारहवीं शताब्दी के चौल राजा बड़े भारी शैव थे। ठेठ दक्षिण में 63 शैव भक्तों के मठ हैं। वहाँ की शैव महिमा बहुत प्राचीन है। चौदहवीं शताब्दी का गोरखनाथ का सम्प्रदाय भी शैवमत-गर्भित है। सारे भारत में फैले हुए द्वादश ज्योतिर्लिंग शैव धर्म की व्यापकता के ज्वलन्त प्रमाण हैं।

शैव मत का बौद्ध महायान से बहुत आदान-प्रदान हुआ। भारत से बौद्ध विचारों को हटाने में शैव मत का भारी हाथ था। यद्यपि शैव मत भय के आधार पर उठा, इसलिए बहुत काल तक उसका शाक्त रूप रहा, परन्तु धीरे-धीरे वह प्रेम का प्रतीक बनता गया। अठारह पुराणों में छह वैष्णव हैं, और छह शैव। कुल मिलाकर पौराणिक साहित्य में शिव दैत्यों, दानवों, निशाचरों आदि के भी कृपालु, हितैषी, आशुतोष और संहारक देवता हैं।

द्वादश ज्योतिर्लिङ्ग

शिवपुराण में द्वादश ज्योतिर्लिङ्ग वर्णित हैं। सौराष्ट्र में 'सोमनाथ', श्री शैल पर 'मल्लिकार्जुन', उज्जयिनी में 'श्री महाकाल', 'ओंकारेश्वर', केदार खण्ड में 'केदारनाथ', डाकिनी में 'भीम शंकर ', काशी में 'विश्वनाथ', गोदावरी तट पर 'त्र्यम्बकेश्वर', चिता भूमि में 'वैद्यनाथ', दारुकवन में 'श्री नागेश्वर', सेतुबन्ध में 'श्रीरामेश्वर' और 'घुश्मेश्वर'[1]। शिवपुराण, रामायण, महाभारत और दूसरे प्राचीन धर्मग्रन्थों में इन ज्योतिर्लिंगों का माहात्म्य खूब बढ़ा-चढ़ाकर लिखा गया है। इन सबमें सर्वप्रथम महत्त्व सोमनाथ ही के मन्दिर को दिया गया है। इस मन्दिर का वर्णन संक्षेप में यह है कि दक्ष प्रजापति ने अपनी सत्ताईस कन्याओं का विवाह चन्द्र के साथ किया, परन्तु चन्द्र ने एकमात्र रोहिणी के प्रति आकर्षण दिखाया। तब दक्ष ने उसे क्षय होने का श्राप दिया, जिसपर चन्द्र ने प्रभासतीर्थ में मृत्युंजय रुद्र की आराधना की, और छह मास तक निरन्तर घोर तप किया, जिससे चन्द्र को मुक्ति और अमरत्व प्राप्त हुआ और रुद्र ने उससे कहा कि कृष्ण पक्ष में तुम्हारी एक कला क्षीण होगी, और शुक्ल

पक्ष में उसी क्रम से बढ़ेगी, और प्रत्येक पूर्णिमा को पूर्ण चन्द्र हो जाया करेगा। इसके पीछे चन्द्र ने ज्योतिर्लिंग के रूप में उसी क्षेत्र में रुद्र की स्थापना की। वही यह सोमनाथ देवाधिदेव हैं जिनकी बढ़ी-चढ़ी महिमा महाभारत, श्रीमद्भागवत और स्कन्दपुराण में गाई गई है। भारत में प्राचीनतम शिव मूर्ति जो हमें मिलती है, वह भारत के गुडिमल्ल के मन्दिर की है। यह मूर्ति आज से बाईस सौ वर्ष पूर्व, ईसा से दो शताब्दी पूर्व की है। इस मूर्ति का अब तक पूजन होता है। यह एक स्तम्भाकार लिंग-मूर्ति है। लिंगदण्ड के एक ओर द्विभुज पशुपति शिव खड़े हैं, उनके एक हाथ में मेष पशु है और दूसरे में परशु।[2] दक्षिण और उत्तर भारत में दो हज़ार वर्ष पूर्व की और भी चतुर्भुज लिंग-मूर्तियाँ मिली हैं। कुषाणयुगीन पत्थर की दो अँगुलि-मुद्रा मिली हैं, जो कलकत्ते के अजायबघर में रखी हुई हैं, जो बड़ी भव्य और प्रभावशाली है। बिल्कुल गुंडिमल्लम की शिव-मूर्ति के समान ही एक शिव-मूर्ति सम्भवतः ईसा से दूसरी शताब्दी की कुषाण-युग की मथुरा में मिली है। ऐसा मालूम होता है कि गुप्त युग में खड़ी हुई शिव की मूर्ति उर्ध्वलिंग के रूप में ही थी, इस प्रकार की मूर्ति का नाम 'लकुलेश' था। 'लकुल' शब्द लिंगवाचक है। 7वीं शताब्दी में परिव्राजक ह्वेनसांग ने काशी में जो शिव-मूर्ति देखी थी, उससे वह बहुत प्रभावित हुआ था। उसने लिखा है कि यह मूर्ति विशाल और महानता से परिपूर्ण है, और मूर्ति को देखते ही दर्शक सम्भ्रान्त और संत्रस्त हो जाता है। बम्बई के निकट एलिफैण्टा द्वीप के गिरि मन्दिर में जो विराट्काय महाशिव मूर्ति है, वह सारे संसार की भास्कर्यक कला में अप्रतिम है। उस विशाल मूर्ति के तीन मुख दिखाए हैं, जो शिव के त्रिपुर के द्योतक हैं। द्रविड़ देश में जो शिव की नटराज की मूर्ति प्राप्त हुर्ह है, श्रेष्ठता की दृष्टि से उसका स्थान सबसे प्रथम है। ऐसी ही कुछ अद्वितीय शिवमूर्तियाँ जावा द्वीप में भी प्राप्त हुई हैं। इसके अतिरिक्त इण्डोचीन, मध्यबर्मा, कम्बोडिया, कोचीन, दक्षिण बर्मा और मलाया के द्वीपों में, सिंगापुर, सुमात्रा और बोर्नियो तथा फिलीपाइन द्वीपों में भी शिव की अनेक मूर्तियाँ प्राप्त हुई हैं। इतना ही नहीं, उनके संस्कृत शिलालेख और विस्मयकारी मन्दिरों के प्राप्त भग्नावशेष भी महत्त्वपूर्ण हैं। ऐसे ही शिलालेखों में एक महत्त्वपूर्ण शिलालेख स्याम देश में स्दाक काकथाम के स्तम्भ पर उत्कीर्ण हुआ मिला है।[3] स्दाक काकथाम का अर्थ है, महानल-ह्रद, अर्थात् सरकण्डों की बड़ी झील। जिस विशाल मन्दिर के खण्डहर का यह लेख है, उसके पूर्व की ओर एक बड़ी झील है। मन्दिर के झील तक जाने के लिए 330 गज़ लम्बी एक पुलिया है, उसके बाद घना जंगल है। खंडहर को देखने से पता लगता है कि वह लगभग 150 गज़ लम्बी और चौड़ी जगह पर बना हुआ था। इस मन्दिर के गर्भ में हिन्दू देवी-देवता और शिव की खण्डित मूर्तियाँ हैं। इसके उत्तर-पूर्व के बीच के कोने में वह स्तम्भ, जिसपर कि वह शिलालेख खुदा हुआ है, अपनी पूर्व जगह पर कायम है। आधार को बाद देकर उसकी ऊँचाई 60 इंच है। उसके चार पहलू हैं और शिलालेख चारों में समाप्त होता है, जिसमें

कुल 240 पंक्तियाँ हैं। अक्षर बहुत सुन्दर हैं, और लगभग वैसे ही हैं जैसे दक्षिण भारत के 10वीं या 12वीं शताब्दी के शिलालेखों में मिलते हैं। लेख की पहली 194 पंक्तियाँ संस्कृत में हैं और शेष वहाँ की प्राचीन ख्मेर भाषा में। लेख में शिव और ब्रह्मा की स्तुति की गई है। सम्राट् उदयादित्य और उसके गुरुदेव शिवकैवल्य की महानता का बखान है,और किस प्रकार वह शिवलिंग स्थापित हुए और मन्दिर बनाए, इन सबका वर्णन राजपरिवार और गुरुपरिवार-वर्णन के साथ लिखा हुआ है, जो बड़ा ही प्रभावशाली है।

ईसा की पहली शताब्दी में कुषाण राजाओं ने एक विस्तृत साम्राज्य की स्थापना की थी, जिसका विस्तार काशी तक था। इस वंश का राजा वीमब्रडफाईसीस शैव था और महादेव का पोषक था। उसके सिक्कों पर एक तरफ राजा का चित्र है, दूसरी तरफ महादेव नन्दी को लिए खड़े हैं। एवं शिवजी त्रिशूल और डमरू लिए दिखलाए गए हैं। वीम राजा का एक भी ऐसा सिक्का नहीं है, जिस पर शिव की और नन्दी की मूर्ति न हो। इस राजा के उत्तराधिकारी कनिष्क और उसके वंशजों ने भी ऐसे ही शिव-मूर्ति-अंकित सिक्के चलाए, यद्यपि कनिष्क ने बौद्ध धर्म अंगीकार कर लिया था। कनिष्क के सिक्कों में शिवजी ईशो (Oeshe) या ईश के नाम से अंकित हैं। इस मूर्ति की चार भुजाएँ हैं जिनमें से एक में डमरू साफ दीख पड़ता है।[4] कुशाणवंशी राजाओं के सिक्कों पर शिव का दूसरा नाम मयासेनो (Meaceno) आया है। यह शब्द निस्सन्देह महेश शब्द का अपभ्रंश रूप है। कुषाणवंशी वासुदेव के सिक्के पर तो केवल चतुर्भुज शिव की मूर्ति और नन्दी की आकृति दिखाई पड़ती है। ऐस. प्रतीत होता है कि कुषाण राजाओं के राज्यकाल में शिव-पूजा का इतना महत्त्व था कि लगभग 200 वर्ष तक–तीसरी और चौथी शताब्दी तक–कुषाणों ने निरन्तर शिव को ही अपने सिक्कों में स्थान दिया। निस्सन्देह इन तीन शताब्दियों में लिंगपूजा का प्राधान्य नहीं रहा। यद्यपि इसके बाद लिंगपूजा का प्राधान्य रहा। कुषाणों के बाद गुप्त राज्य से पहले मध्यभारत में नागवंश का भी राज्य रहा। शिलालेखों से प्रतीत होता है कि इस वंश के आदिपुरुष ने शिवलिंग को कन्धे पर रखकर अपने वंश की स्थापना की थी, इसीलिए इस वंश का नाम 'भारशिव' पड़ा।

काशी में एक पुरुष आकृति में बनी मूर्ति मिली है, जिसके मस्तक पर शिवजी की पिण्डी रखी हुई।

इस काल के बाद ही उत्तरी भारत में गुप्त साम्राज्य का प्रादुर्भाव हुआ। गुप्तवंशी नरेश वैष्णव थे, और इनकी उपाधि 'परम भागवत' थी। यद्यपि राज्य-धर्म परिवर्तित हो गया था, फिर भी इस काल में शिव-पूजन भारत भर में प्रचलित था। इसी काल का एक शिवलिंग लखनऊ के म्यूज़ियम में है, जिसको कुमारगुप्त ने तैयार कराया था। यह लिंग ऊपर से गोलाकार है और इसके नीचे का भाग चपटा है। इसपर एक लेख खुदा है, जिसे 'कर्मदण्डा की प्रशस्ति' कहते हैं। ऐसा प्रतीत होता है कि

इस काल में भी शिवलिंग-पूजन की यह प्रवृत्ति बढ़ती ही चली गई। यहाँ तक कि बाहरी आक्रमणकारी जाति ने भी भारत में बसकर शैव धर्म अंगीकार कर लिया। स्कन्दगुप्त के काल में हूणों ने भारत पर बारम्बार आक्रमण किया, और स्कन्दगुप्त से इनका बहुत भारी संघर्ष हुआ। अन्त में हूणों ने मध्यभारत में एक सुदृढ़ राज्य की स्थापना कर ही ली। इस वंश के तोरमाण के पुत्र मिहिरकुल ने एक छोटा सिक्का चलाया था, जिस पर एक तरफ वृषभ की मूर्ति अंकित थी, और उसके नीचे 'जयतु वृषः' लिखा हुआ था। मूर्ति पर राजा की आकृति के सामने भी एक वृषांकित ध्वजा का चिह्न था। इससे स्पष्ट है कि शकों की भाँति हूणों ने भी अपना कुलदेव शिव को ही स्वीकार किया था। गुप्तों के पतन के बाद छठी शताब्दी में जब मौखरी राजाओं की राज्य-स्थापना हुई, तो उन्होंने भी अपनी उपाधि 'परम माहेश्वर' प्रसिद्ध की, जो कि इन राजाओं के शिलालेखों पर अंकित है। मध्यप्रान्त के असीरगढ़ में मिली एक मोहर पर नन्दी का चित्र अंकित है। नन्दी के साथ दो सेवक भी हैं। बाण ने अपने 'हर्षचरित' में संकेत किया है कि बंगाल के राजा शशांक ने मौखरी वंश के अन्तिम राजा को मार डाला। यह राजा बौद्धधर्म का प्रबल विरोधी और शैव धर्म का अनुयायी था। इसी राजा ने बोध-गया से बोधिवृक्ष को उखड़वाकर फिंकवा दिया था। इसके सिक्कों पर भी नन्दी सहित शिव का चित्र अंकित है।

इसी शताब्दी के लगभग वल्लभी राजाओं ने भी वृषभ के चित्र को अपने सिक्कों पर स्थान दिया था।[5] निस्सन्देह वल्लभी राजा शैवधर्मी थे। इसमें तनिक भी सन्देह नहीं, कि सातवीं शताब्दी से लेकर दसवीं शताब्दी तक सारे भारत में शिव-पूजा की प्रधानता रही। ओहिन्द के राजाओं ने भी शिव को अपना उपास्य माना, और अपने सिक्कों पर वृषभ का चित्र रखा। राजपूत नरेशों ने भी ऐसे ही अपने सिक्के चलाए। मेवाड़ के राणाओं ने एकाधिदेव श्री एकलिंग का मन्दिर बनवाया, जो समूचे भारत में एकमात्र ऐसा मन्दिर है, कि जिसकी पूजा अखण्ड रूप से हज़ार वर्ष से होती चली आ रही है। 9वीं शताब्दी में काश्मीर में शिवपूजा का बड़ा भारी जोर था। राजा अवन्तिवर्मन के मन्त्री सूर ने एक मन्दिर में भूतेश्वर महादेव की मूर्ति स्थापित की थी। इसके बाद ही दक्षिण में शंकराचार्य ने शैवतत्त्व का प्रचार किया। 10वीं शताब्दी में चौलवंशी महाराजा राजराजा ने तंजौर में अपने नाम पर राजराजेश्वर का ऐसा विशाल मन्दिर बनवाया कि उसकी जोड़ का कोई मन्दिर हिन्दू काल में देखने को नहीं मिलता। 10वीं शताब्दी के बाद तो शिव-मन्दिरों का भारत-भर में प्राबल्य होता चला गया।

भारशिव और वाकाटक राजवंश

कुषाणवंशी सम्राट् कनिष्क सन् 78 ईस्वी में सिंहासन पर बैठा। इसके राज्य में काश्मीर, बुखारा, खानदेश और फारस का कुछ अंश तथा पाटलिपुत्र पर्यन्त समस्त भारतवर्ष सम्मिलित था। इसकी राजधानी पेशावर थी। पीछे यह बौद्ध हो गया। कनिष्क

का उत्तराधिकारी हुविश्क हुआ। और हुविश्क के बाद सन् 138 में वासुदेव गद्दी पर बैठा। वासुदेव की मृत्यु से लेकर साम्राज्य की स्थापना तक 150 वर्ष का अंधकारावृत काल, जिसका इतिहास नहीं है, वह समय है, जब 'भारशिव' और 'वाकाटक' राजाओं ने भारत में शैवधर्म की स्थापना की। शक और कुषाण सम्राट् हिन्दू धर्म के घोर विरोधी थे, उन्होंने ढूंढ़-ढूंढ़कर मन्दिर तुड़वाए, ब्राह्मणों और क्षत्रियों को नीचे दबाया, और नीच जनों को ऊँचा पद दिया। प्रजा पर भी उन्होंने भारी-भारी टैक्स लगाए। ऐसे ही समय में नागवंश का उदय हुआ। नाग राजवंश विदिशानगरी में राज्य करता था। इस वंश में भोगनाग, रामचन्द्र नाग, भूतनन्दी, शिशुनन्दी आदि प्रसिद्ध शासक हुए। ये सन् 80-140 के मध्य लगभग 60 वर्ष तक मध्यभारत के जंगलों में बसे, जहाँ उन्होंने छोटा-सा एक जंगली राज्य स्थापित कर लिया। पीछे रीवां बुन्देलखंड होते हुए गंगा के तट पर शकों को पराजित कर समस्त आर्यावर्त में इन्होंने साम्राज्य स्थापित किया। इन नव नागों का राजवंश 'भारशिव' के नाम से प्रसिद्ध हुआ। इनमें वीरसेन, हयनाग, त्रिनाग, चरजनाग और भवनाग प्रसिद्ध सम्राट् हुए। इन्होंने लगभग 150 से 250 ईस्वी तक राज्य किया। इनके वंश का नाम भारशिव पड़ने का कारण निम्नलिखित ताम्रपत्र के लेख से स्पष्ट होता है।–

> अंशभारसन्निवेशितशिवलिंगोद्वहन शिवपरितुष्टसमुत्पादितराजवंशानां
> पराक्रमाधिगत-भागीरथ्यमलजलमूर्द्धाभिषिक्तानां
> दशाश्वमेधावमृथस्नानानां भारशिवानाम्।...

इस लेख में यह भी स्पष्ट होता है कि इन्होंने दस अश्वमेध यज्ञ किए। काशी की वही यज्ञस्थली अब दशाश्वमेध घाट कहलाती है, ऐसा संकेत इस ताम्रपत्र लेख में है। ये शिवलिंग को कन्धे पर लिए रहते थे, इसीलिए इनका नाम 'भारशिव' पड़ा।

भारशिवों के समान ही दूसरा प्रतापी राजवंश वाकाटक राजवंश इनका पड़ौसी था। यह दोनों राज्य परस्पर सम्बन्धित थे। अन्तिम भारशिव महाराज भवनाग के दौहित्र रुद्रसेन वाकाटक महाराज प्रवरसेन के पौत्र थे, जो दोनों राज्यों के उत्तराधिकारी हुए। और इनके बाद दोनों राज्य मिल गए। वाकाटक साम्राज्य अपनी समृद्धि में बहुत बढ़ गया और प्रवरसेन प्रथम ने चार अश्वमेध यज्ञ करके 'सम्राट्' का पद ग्रहण किया। प्रवरसेन के पुत्र प्रसिद्ध गौतमीपुत्र थे, परन्तु वह राजा नहीं हुए। राजा हुए उनके पौत्र रुद्रसेन प्रथम। आगे चलकर इसी वंश की एक शाखा ने पल्लव वंश की स्थापना की जिसके प्रभाव से दक्षिणापथ में शैव धर्म का प्रचार हुआ, जिसे आर्य और द्रविड़ दोनों ने स्वीकार किया। दूसरे शब्दों में कहा जा सकता है कि आर्य और द्रविड़ सभ्यता के भेद को अलग करके, आर्यों और द्रविड़ों को एक बनाकर, दक्षिण और उत्तर को एक शैव धर्म में दीक्षित करने का श्रेय इसी वाकाटक वंश को है। जिस मूर्ति को कन्धे पर लेकर भारशिवों ने यह उपाधि प्राप्त की, वह नागौद राज्यान्तर्गत पारसमनिया पहाड़ी पर, भुमरागाँव के निकट, घोर वन में एक भग्न मदिर में अब

भी स्थित है, जिसे वहाँ के जंगली लोग भाकुलबाबा कहकर पूजते हैं। यह भाकुल शब्द निस्सन्देह भारकुल का ही अपभ्रंश है। इस मन्दिर के चारों ओर ऐसी ईंटें मिली हैं, जिनपर कुछ अक्षर खुदे हैं। ऐसी कुछ ईंटों की जाँच श्री काशीप्रसाद जायसवाल ने की थी, और उन्होंने उन ईंटों पर 150-200 ईस्वी तक के अक्षर पाए थे। यही समय भारशिवों की समृद्धि का था। सम्भव है कि अपने वैभव में नागों ने अपने इष्टदेव की इस मूर्ति को इस विकट वन में छिपा दिया हो।

शैव सम्प्रदाय

शैव सम्प्रदाय के जो ग्रन्थ प्रकाशित हुए, वे 'आगम' नाम से प्रसिद्ध हैं। इस सम्प्रदाय वाले भिन्न-भिन्न नामों से भिन्न-भिन्न प्रकार की शिवमूर्ति बना और पूजने लगे थे। ये मूर्तियाँ छोटे स्तम्भ की आकृति की गोल लिंग के रूप में, या ऊपर का भाग गोल और चारों तरफ चार मुखों के रूप में बनी थीं। ऊपर का भाग विश्व का सूचक तथा चारों ओर के चार मुखों में पूर्व का मुख सूर्य का प्रतीक, उत्तर वाला ब्रह्मा का, दक्षिण वाला रुद्र का और पश्चिम वाला विष्णु का प्रतीक होता था। कुछ ऐसी भी मूर्तियाँ मिली हैं, जिनमें मुख के स्थान में चारों मूर्तियाँ साकार खड़ी बनी हैं। इस प्रकार मूर्ति बनाने की भावना यही है कि सर्व जगत् का कर्ताधर्ता शिव और ये देवता हैं, जो उसके भिन्न-भिन्न रूप हैं। कहीं-कहीं शिव की विशालकाय जटाधारी त्रिमूर्ति भी पाई गई है, उसके छह हाथ, जटा सहित तीन सिर और तीन मुख हैं। जिनमें एक रोता हुआ है जो रुद्र का प्रतीक है। उसके बीच के दो हाथों में से एक में बिजौरा, दूसरे में भाला, दाहिनी तरफ के दो हाथों में से एक में सूर्य और दूसरे में खप्पर और बाईं ओर के दो हाथों में से एक में पतले दण्ड-सी कोई वस्तु और दूसरे में ढाल की आकृति का कोई छोटा-सा गोल पदार्थ है। ये त्रिमूर्ति वेदी पर दीवार से सटी रहती है, और उसमें छाती से कुछ नीचे तक का ही हिस्सा होता है। इस त्रिमूर्ति के सामने भूमि पर बहुधा शिवलिंग होता है, ऐसी त्रिमूर्तियां केवई से छह मील दूर धारापुर नामक टापू में, चित्तौर के किले में, सिरोही राज्य आदि स्थानों में देखने में आई हैं। पर सबसे प्राचीन मूर्ति धारापुर वाली है। शिव के ताण्डव नृत्य की पाषाण या धातु की मूर्तियाँ भी कई जगह मिली हैं।[6]

शैव सम्प्रदाय की शाखाएँ

मूल शैव सम्प्रदाय पाशुपत सम्प्रदाय कहलाता था। इसी में से लकुलीश सम्प्रदाय का जन्म हुआ। इस सम्बन्ध में ई. सन् 971 का लिखा एक शिलालेख भी मिला है, उसमें लिखा है कि पहले भृगु को विष्णु ने शाप दिया, तब भृगु ने शिव की आराधना कर उन्हें प्रसन्न किया, इस पर शिव हाथ में लकुट (डंडा) लिए प्रकट हुए, इसी से वे लकुटीश कहलाए। उन्हीं को लकुलीश भी कहते हैं। यह अवतार कारवान्ट

(बड़ौदा राज्य) में हुआ। वही इस सम्प्रदाय का मुख्य स्थान समझा जाता है। लकुलीश की कई मूर्तियाँ राजपूताना, गुजरात, काठियावाड़, दक्षिण (मैसूर तक), बंगाल-उड़ीसा में पाई जाती हैं। ये मूर्तियाँ द्विभुज होती हैं—तथा इनके सिर पर जैन मूर्तियों के समान केश होते हैं। उनके दाहिने हाथ में बिजौरा और बायें हाथ में लकुट होता है, मूर्ति पद्मासन में बैठी होती हैं तथा ऊर्ध्वरेत्ता होने के चिह्नस्वरूप मूर्ति में ऊर्ध्व लिंग बना रहता है।[7]

लकुलीश के चार शिष्यों कुशिना, गर्ग, मित्र और कौरूप्य के नाम लिंगपुराण में हैं।[8] इस चारों के नाम से चार शैव सम्प्रदाय चले हैं। अब इस सम्प्रदाय के मनुष्य नहीं है तथा लकुलीश नाम भी बहुत कम लोगों में परिचित है।

पाशुपत सम्प्रदाय ही शैवों का प्रमुख सम्प्रदाय है। वे शिव को ही कर्ता-धर्ता-हर्ता परमेश्वर समझते हैं। योगाभ्यास और भस्म-स्नान को आवश्यक समझते और मोक्ष को मानते हैं। ये छह प्रकार की हास, गान, नर्तन, डुक्कार (बैल की भाँति आवाज़), साष्टांग प्रणिपात और जप-क्रिया करते हैं। और भी कुछ क्रियाएं हैं। शैवों का विश्वास है कि जीवों के कर्मानुसार शिव फल देता है, पशु या क्षेत्रज्ञ जीव नित्य और अणु हैं। जब वह पाशों (माया का एक रूप) से छूट जाता है, तो शिव-रूप हो जाता है। कर्म और पाश माया ही है। जप और योग को भी ये मानते हैं। कापालिक और कालमुख दो इस सम्प्रदाय की उपशाखाएँ हैं, जो शिव-अनुयायी भैरव और रुद्र की उपासना करते हैं। इनके छह चिह्न हैं—माला, भूषण, कुण्डल, रत्न, भस्म और उपवीत। ये लोग मनुष्य की खोपड़ी में खाते तथा श्मशान-भस्म अंग में लपेटते हैं। उसे ही खाते भी हैं। एक डंडा और शराब का प्याला पास रखते हैं। और पात्र में स्थित देवता की पूजा करते हैं। इन्हीं बातों को वे ऐहलौकिक और पारलौकिक इच्छा-पूर्ति का साधन समझते हैं।

वसुगुप्त ने इस सम्प्रदाय का मूल धर्म-ग्रन्थ 'स्पन्दशास्त्र' लिखा है, जिसकी टीका उसके शिष्य कल्लट ने—जो अवन्ति वर्मा के राज्यकाल (ई. स. 854) में था—'स्पन्दकारिका' के नाम से की है। इसका मुख्य सिद्धान्त यह है कि परमात्मा मनुष्य के कर्मफल की अपेक्षा न कर अपनी इच्छा से ही किसी सामग्री के बिना ही सृष्टि की रचना करता है।

ईसा की 10वीं शताब्दी में सोमानन्द के काश्मीर में शैव सम्प्रदाय की एक शाखा 'प्रत्यभिज्ञा-सम्प्रदाय' का प्रचार किया। उसने 'शिवदृष्टि' नामक ग्रन्थ भी लिखा।[9]

12वीं शताब्दी में कलचुरि राजा विज्जल के काल में बसव नामक ब्राह्मण ने इस सम्प्रदाय की एक नई शाखा लिंगायत (वीर-शैव) मत चलाई, और 'बसव-पुराण' लिखा जो कन्नड़ भाषा में है। इसने जैनों को नष्ट करने का उद्योग किया। विज्जल राजा ने बसव को अपना मन्त्री बना लिया था। मन्त्री होने पर उसने बहुत द्रव्य

राजकोष से खर्च कर जंगमों (लिंगायत धर्मोपदेशकों) को प्रचार-कार्य में नियुक्त किया। डाक्टर फ्लीट के मतानुसार इस सम्प्रदाय का प्रर्वतक एकान्त था; बसव एक प्रचारक मात्र था। ये जैनों के कट्टर शत्रु थे। यद्यपि इस सम्प्रदाय में अहिंसा को मुख्य स्थान प्राप्त था, परन्तु इन्होंने जैनों और उनकी मूर्तियों का निष्ठुरतापूर्वक उच्छेद किया। ये न वर्ण-व्यवस्था मानते थे न संन्यास या तप ही को मुख्यता देते थे। बसव का कहना था कि प्रत्येक को श्रम से कमाना चाहिए। सदाचार पर भी उसने पूरा ध्यान दिया था। भक्ति इस सम्प्रदाय की विशेषता थी और लिंग का चिह्न इस सम्प्रदाय का सबसे बड़ा चिह्न था। इस सम्प्रदाय के लोग अपने गले में शिवलिंग लटकाए रहते थे, जो चाँदी की डिबिया में रहता था। उनका विश्वास था कि शिव ने अपने तत्त्व को लिंग और अंग में विभक्त किया था। विशिष्ट द्वैत से इस मत में कुछ समानता थी, परन्तु वैदिक मत से यह सम्प्रदाय बहुत बातों में मतभेद रखता था। यज्ञोपवीत की जगह इस सम्प्रदाय में दीक्षा संस्कार होता था जिसमें गायत्री के स्थान पर वे 'नमः शिवाय' कहते तथा यज्ञोपवीत की जगह गले में लिंग को लटकाते थे।

तमिल प्रदेश के शैव भी जैनों और बौद्धों के कट्टर शत्रु रहे। इनके धार्मिक साहित्य के ग्यारह संग्रह हैं जो भिन्न-भिन्न समय पर लिखे गए हैं। सबसे अधिक प्रतिष्ठित लेखक तिरु ज्ञान सम्बन्ध हुआ, इसकी मूर्ति भी शैव मन्दिरों में तमिल प्रदेश में पूजी जाती है। तमिल कवि और दार्शनिक अपने ग्रन्थों के प्रारम्भ में उसी के नाम से मंगलाचरण करते हैं।

बौद्ध धर्म और शैव धर्म

बौद्ध धर्म की अवनति का वर्णन इतिहास में बड़ा विचित्र है। अनेक यानों में परिवर्तित होता हुआ यह धर्म, अनेक धर्मों की सृष्टि करता चला गया। यद्यपि बौद्ध धर्म की अवनति का आरम्भ तो बुद्ध के निर्वाण के तुरन्त बाद ही होने लगा था, और उसमें हीनयान और महायान सम्प्रदायों के विभाजन हो गए थे। परन्तु अशोक और कनिष्क का राजाश्रय मिलने से उसका विस्तार हुआ। कनिष्क के बाद भारत में बौद्ध धर्म का कोई पुरस्कर्ता न रहा, जिससे वह पतित होता चला गया। क्योंकि हीनयान का मार्ग अति दुष्कर था। महायान मत कुछ सरल था। महायान से मन्त्रयान का तृतीय पन्थ छठवीं शताब्दी में विकसित हुआ। उसके बाद वज्रयान। इन सब यानों में अनेक भ्रामक विचार प्रचलित होते चले गए और साथ ही अनेक प्रकार के अनाचार उनमें प्रचलित होते गए। उसका अन्तिम रूप कालचक्र यान का रूप बना, जिसमें भूत-प्रेत और पिशाच आदि की पूजा प्रचलित की गई। इस पंथ का गुरु जगदल-विहार का निवासी विभूतिचन्द्र था। इसी काल में बौद्धधर्म और शैव

धर्म के कुछ तत्त्वों को लेकर, पंतजलि और बुद्ध के ध्येयों को लेकर नाथपन्थी योगियों का एक पन्थ चला। परन्तु बुद्ध और पंतजलि का मत तो मोक्ष अथवा निर्वाण के लिए था, जबकि नाथपन्थ का ध्येय ऐहिक सिद्धियाँ प्राप्त करना था।

नाथ सम्प्रदाय और शैव तन्त्र

यह सम्प्रदाय नेपाल और उसके आस-पास बहुत प्रचलित हुआ, जिसमें गोरखनाथ की बड़ी प्रसिद्धि रही, जो पहले वज्रयानी बौद्ध साधु था, और जिसका नाम रमणबज्र था। इसी काल के लगभग बौद्ध धर्म में सहजयान सम्प्रदाय चला, जिसका प्रवर्त्तक कान्हपा था। यह सम्प्रदाय तिब्बत में अब भी प्रचलित है। इसमें तान्त्रिक विधि से वाममार्गी पूजा का प्रचलन तथा अवधूत-मार्ग, चाण्डाली-मार्ग और डोवी-मार्ग का प्रवेश हुआ। इन वाममार्गी बौद्धों के प्रभाव से शैवों ने भी तान्त्रिक मार्ग की स्थापना की। जिसमें शिव, शक्ति, भैरव, हनुमान, रुद्र, महारुद्र, अजिता, अपराजिता, उमा जया, चण्डी, खड्गहस्ता, त्रिदशेश्वरी, कपालिनी, घोरी, कपालमाला, परशुहस्ता, योगिनी, पचडाकिनी, भूत, पिशाच और बेताल आदि दुष्ट देवताओं का पूजन तान्त्रिक विधि से मन्त्र-तन्त्र, जपतप, यन्त्र, जारण-मारण आदि के द्वारा सम्पादित हुआ और उसके साथ ही मद्य-माँस, व्यभिचार आदि दुराचारों का प्रवेश भी इस वाम धर्म में हुआ–

दुष्करैर्नियमैस्तीव्रैः सेव्यमानो न सिद्ध्यति।
सर्वकामोपभोगैस्तु सेवितश्चाशु सिद्ध्यति॥

एक समय ऐसा आया कि यह भ्रष्ट तान्त्रिक शाक्त मत बौद्धों, जैनौं और शैवों में प्रतिस्पर्धा की वस्तु बन गया। सिद्धि प्राप्त करने के लिए, श्मशान में मुर्दों के उपर बैठकर मन्त्र जपना, मलमूत्र का भक्षण करना, नर-कपाल में खाना-पीना, आदि अघोर कृत्य बहुत काम में लाए जाते थे, जिनका भयंकर भयपूर्ण प्रभाव जनता पर था। मन्त्र-सिद्धि से कीमियागिरी, पानी का दूध करना, आँख बन्द कर चुपचाप निश्चल समाधिस्थ बैठना, धूनी तापना, शून्य मार्ग से इष्ट स्थान पर जाना, भूकम्प उत्पन्न करना और मृतक को जीवित कर देना आदि भयंकर और अप्राकृतिक कार्य करना सिद्धि के लिए सम्भव माने जाते थे।

इस प्रकार के सम्प्रदायों से एक कापालिक भी था। महाराष्ट्र के महाराज पुलकेशी तृतीय (ई. स. 610-39) के भतीजे नागवर्द्धन का एक ताम्रपत्र मिला है, जिसमें नासिक जिले में कपाल की माला धारण करने वालों के मुखिया को कपालेश्वर की पूजा के लिए तथा उक्त मन्दिर में निवास करने वाले महाव्रतियों के निर्वाह के लिए एक ग्राम देना लिखा है। इस लेख में 'महाव्रत' शब्द कापालिक अथवा कालमुख का द्योतक है। इससे यह प्रमाणित होता है–कि ई.सं. की सातवीं शताब्दी के मध्य में शैवों का कापालिक सम्प्रदाय प्रचलित था। कालिदास, सुबन्धु, बाण, श्रीहर्ष, भट्ट नारायण,

भवभूति आदि विद्वानों ने अपने-अपने ग्रन्थों के आरम्भ में शिव की स्तुति की है। बाण और भवभूति की रचनाओं में पाशुपतों और कापालिकों का उल्लेख है।

रामानुज का कथन है कि कापालिकों के सिद्धान्तानुसार जो पुरुष षण्मुद्राओं के तत्त्व तथा उनके उपयोग को भली-भाँति जानता है, वह रुद्र गति का अधिकारी है। वे छह मुद्राएँ इस प्रकार हैं—1. माला 2. आभूषण 3. वर्ण-भूषण 4. जटा-मणि 5. भस्म-धारण और 6. यज्ञोपवीत। उनके मत में जिन मनुष्यों में ये चिह्न हों, उनका पुनर्जन्म नहीं होता। पुनर्जन्म से बचने के लिए कापालिक नर-खोपड़ी में खाता, देह पर चिताभस्म लपेटता, रुद्राक्ष की माला धारण करता, सिर पर बिखरे हुए केश रखता था। 'शंकरदिग्विजय' में एक कथा उल्लिखित है। एक समय माधव ने शंकर की उज्जैन में एक कापालिक से भेंट कराई। उसके शरीर पर श्मशान की भस्म और हाथों में नरकपाल तथा लौह दण्ड था। उसने शंकर से कहा—आपकी देह पर लगी भस्म तो अच्छी है—परन्तु पवित्र कपाल-पात्र के स्थान पर आप मृत्पात्र क्यों रखते हैं? और कपालधारी भैरव को क्यों नहीं पूजते? यदि आप मद्य और नर-रक्त-रंजित कपाल-पात्र से उनकी पूजा नहीं करते, तो वे (भैरव) कैसे प्रसन्न होंगे? इसपर उनके साथ आए हुए राजा सुधन्वा और कापालिकों के मुखिया क्रकच में झगड़ा हो गया। शंकर ने भी क्रकच को शाप दिया। इस पर क्रकच ने अपने इष्टदेव भैरव को मदिरा आदि से प्रसन्न किया। भैरव वहाँ उपस्थित हो गया, किन्तु शंकर को अपना ही अवतार मानकर उसने क्रकच को ही मार डाला।

भवभूति ने 'मालतीमाधव' में श्रीशैल को कापालिकों का मुख्य निवास बताया है। वहाँ कपाल कुण्डला नामक दूती नर-मुण्डों की माला धारण करती थी। अघोरघण्ट द्वारा चामुण्डा को बलि देने के लिए वह मालती को आधी रात में श्मशान पर ले गई थी।

वास्तव में भयोत्पादक वैदिक रुद्र का परिवर्तन भैरव और उसकी पत्नी चण्डिका, जो नर-मुण्डों की माला पहनती है, के रूप में हुआ। रामानुज ने कालमुख सम्प्रदाय का—कापालिकों से भी अधिक भयंकर रूप में चित्रण किया है। अघोरपन्थी भी इसी सम्प्रदाय के होते थे, जो गेरुए वस्त्र पहनते, मद्य-माँस खाते तथा नर-कपाल में भोजन करते थे। इनके आराध्य देव भैरव और शक्ति थे। ये सब तान्त्रिक साधना में रहते थे, और रात में श्मशान जगाते तथा अनेक घोर कृत्य करते थे।

दक्षिण में शैव धर्म

कांचीपुर में शैव मन्दिर के शिलालेख से छठी शताब्दी में शैव धर्म के दक्षिण में प्रचलित होने का पता लगता है। ई.स. 550 में पल्लव शासक राजसिंह ने राजसिंहेश्वर का शिव मन्दिर बनवाया था। यह राजा शैव सिद्धान्तों का विद्वान् था, इसका उल्लेख शिलालेखों में है।[10]

ब्रह्मा की मूर्ति

ब्रह्मा के अनेक मन्दिर अब तक विद्यमान हैं। यद्यपि देवों में सबसे कम इस देव की पूजा होती है। ब्रह्मा को सृष्टि का उत्पादक और यज्ञों का प्रवर्तक माना गया है। इसकी मूर्ति चतुर्मुखी है। परन्तु जो मूर्ति दीवार में लगी होती है, उसके तीन ही मुख दिखाए जाते हैं। परिक्रमा वाली में चारों मुख हैं। ऐसी चतुर्मुखी मूर्ति थोड़ी ही मिली हैं। ब्रह्मा के एक हाथ में स्रुवा दीखता है जो यज्ञकर्ता का सूचक है। शिव-पार्वती के विवाह सूचक मूर्ति-समुदाय में ब्रह्मा को पुरोहित का स्थान दिया गया है। परन्तु यह एक विचित्र बात है कि शिव और विष्णु के समान ब्रह्मा का कोई सम्प्रदाय नहीं हैं। कल्पना में ब्रह्मा, विष्णु और शिव एक ही परमात्मा के त्रिस्वरूप माने गए हैं। ऐसी ब्रह्मा की अनेक मूर्तियाँ मिली हैं जिनके ऊपर के एक किनारे पर शिव और दूसरे पर विष्णु की छोटी-छोटी मूर्तियाँ बनी हैं। ऐसे ही विष्णु की मूर्तियों पर ब्रह्मा और शिव तथा शिव की मूर्तियों पर ब्रह्मा और विष्णु की छोटी-छोटी मूर्तियाँ बनी हैं। इससे यह प्रतीत होता है कि तीनों देवताओं में एकता स्थापित की गई है। भक्तों ने अपनी-अपनी इच्छा से किसी एक की प्रमुखता मानकर उपासना की है। बाद में इन देवताओं की स्त्री सहित मूर्तियाँ बनने लगीं। शिव-पार्वती की मूर्ति के अतिरिक्त शिव की अर्द्धनारीश्वर मूर्तियाँ भी मिलती हैं, जिनमें आधा शरीर शिव का और आधा पार्वती का होता है। ऐसी ही सम्मिलित मूर्तियाँ भी होती हैं। शिव और विष्णु की सम्मिलित मूर्ति के हरिहर तथा तीनों की सम्मिलित मूर्ति को हरिहर-पितामह कहते हैं।

त्रिदेव

18 पुराणों में इन्हीं तीन व मुख्य देवताओं के वर्णन हैं। विष्णु, नारदीय, भागवत, गरुड़, पद्म और वाराहपुराण विष्णु से—तथा मत्स्य, कूर्म, लिंग वायु, स्कन्ध और अग्निपुराण शिव से—एवं ब्रह्माण्ड, ब्रह्मवैवर्त, मार्कण्डेय, भविष्य, वामन और ब्रह्मपुराण ब्रह्मा से सम्बन्धित हैं।

शक्ति पूजा

इन देवताओं की पत्नियों की भी भिन्न-भिन्न रूपों में पूजा प्रचलित हुई। ब्रह्मी, माहेश्वरी, कौमारी, वैष्णवी, वाराही, नारसिंही और एन्द्री—इन सातों शक्तियों को मातृका कहते हैं। कुछ रुद्र भयंकर शक्तियाँ भी हैं—जैसे काली, कराली, कापाली, चामुण्डी और चण्डी। इनका सम्बन्ध कापालिकों और कालमुखों से है। कुछ शक्तियाँ ऐसी भी हैं जो विषय-विलास से सम्बन्धित हैं। जैसे आनन्द भैरवी, त्रिपुर सुन्दरी, ललिता आदि इनके उपासकों का कहना है—शिव और त्रिपुरसुन्दरी के योग से संसार बना है। वर्णमाला के प्रथम अक्षर 'अ' से शिव और अन्तिम अक्षर 'ह' त्रिपुरसुन्दरी का अभिप्राय है। इन दोनों का योग 'अहं' काम-कला का सूचक है।[11]

मौलिक और भैरवी चक्र

श्यत्तों का मुख्य भैरवी चक्र है, श्यत्तों के दो भेद हैं—1. मौलिक 2. समयिन। मौलिक में भी दो भेद हैं। प्राचीन मौलिक तो योनि के चित्र की, दूसरे वास्तविक योनि की पूजा करते हैं। पूजा के समय वे मद्य, माँस, मीन आदि का भक्षण करते हैं। समयिन ये क्रियाएँ नहीं करते। भैरवी चक्र के समय वर्ण भेद का सम्बन्ध-भेद नहीं रहता—माता, पुत्री, पत्नी, शूद्र, चाण्डाल और ब्राह्मण सब समान होते हैं।[12]

कविराज शेखर नवीं शताब्दी के अन्त के आसपास हुआ। उसने 'कर्पूरमंजरी' लिखा है। उसमें भैरवानन्द के मुँह से कौल मत का इस प्रकार वर्णन कराया गया है—

मंताणं तंताणं णकिंपि जाणे झाणं चणो किंपि गुरुपसाओ।
मज्जं पिआमो महिलं रमामो मोक्खं च जामो कुल मग्गलग्गा॥22॥

अविअ—

रण्डा-चण्डा दिक्खिआ धम्म दारा मज्जं मंसं पिज्जऐ खज्जऐ अ।
भिक्खा भोजं चम्म खण्डं च सेज्जा कोलोधम्मो कस्स णो भाइ रम्मो॥23॥[13]

(हम मन्त्र-तन्त्र आदि कुछ नहीं जानते, न गुरु-कृपा से हमें कोई ज्ञान प्राप्त है। हम लोग मद्यपान और स्त्री-गमन करते हैं, तथा कुलमार्ग का अनुसरण कर मोक्ष पाते हैं।) पुनश्च--

(कुलटाओं को दीक्षित कर हम धर्मपत्नी बना लेते हैं। हम लोग मद्य पीते तथा माँस खाते हैं। भिक्षान्न ही हमारा भोजन और चर्मखण्ड ही शय्या है, ऐसा कौल धर्म किसे प्रिय नहीं?)

गणेश-पूजा

गणेश-पूजा भी इस काल से प्रथम ही प्रारम्भ हो चुकी थी। गणेश या विनायक रुद्र के गणों का नायक था। याज्ञवल्क्य-स्मृति में गणेश और उसकी माता अम्बिका की पूजा का वर्णन मिलता है।[14] परन्तु न तो चौथी शताब्दी से पूर्व की कोई गणपति की मूर्ति मिली है, न तत्कालीन शिलालेखों में इसका उल्लेख मिलता है। इलौरा की गुफाओं में कुछ देवियों की मूर्ति के साथ गणपति की मूर्ति बनी है। ई. स. 862 के घटियाला के स्तम्भ में गणेश की चार मूर्तियाँ बनी हैं। इन मूर्तियों में सब में सूंड़ बनी है। नहीं कहा जा सकता, गणेश के मुख में सूंड़ की कल्पना कब से आविष्कृत हुई है। 'मालतीमाधव' में भी गणेश की सूंड़ का वर्णन है। गाणपत्यों की भी अनेक शाखाएँ है। सब देवों की भाँति गणपति की भी पूजा होती है।[15]

कार्तिकेय स्कन्द

शिव के द्वितीय पुत्र स्कन्द कार्तिकेय की पूजा भी प्राचीन है। रामायण में[16] उसे गंगा का पुत्र कहा गया है। स्कन्द देवताओं का सेनापति है। पंतजलि के महाभाष्य में शिव और स्कन्द की मूर्तियों का उल्लेख है।[17] कनिष्क के सिक्कों पर स्कन्द, महासेन आदि-आदि कुमार के नाम मिलते हैं। हेमाद्रि के व्रत खण्ड में स्कन्द की पूजा का वर्णन है।

सोमनाथ का ज्योतिर्लिङ्ग

सोमनाथ के ज्योतिर्लिङ्ग की स्थापना गुजरात में सम्भवतः वल्लभी वंश के राजाओं ने पाँचवी या छठी शताब्दी में की होगी। चन्द्रगुप्त (ई. सन् 410), कुमारगुप्त(416), और स्कन्दगुप्त (ई.स. 456) इन तीनों राजाओं के अतिरिक्त और कोई दूसरा गुप्त राजा गुजरात में उल्लिखित नहीं है। भाट और चारणों के कथनानुसार ईस्वी सन् 470 में स्कन्दगुप्त का स्वर्गवास हुआ और उसके सेनापति मैतृकवंशी भट्टारक ने गुजरात में एक नये स्वतन्त्र राजवंश की नींव डाली, जो तीन सौ वर्ष तक चलता रहा। इसी पुरुष ने वल्लभी नगर बसाया, और उसे अपनी राजधानी बनाया और वल्ल्भी सम्वत् भी चलाया। सम्भवतः यह सेनापति सूर्यवंशी था। इस वंश में लगभग बीस राजा हुए, जिनमें शिलादित्य सप्तम सबसे अन्तिम था। सेनापति भट्टारक–जिसने वल्लभी वंश की स्थापना की, स्वयं शैव था। क्योंकि प्रत्येक वल्लभी ताम्रपत्र पर महादेव के नन्दी की प्रतिमा और भट्टारक का नाम खुदा हुआ है।[18]

इस वंश के कुछ राजाओं ने वैष्णव धर्म भी स्वीकार किया और बौद्ध धर्म भी स्वीकार किया। गुहसेन प्रसिद्ध बौद्ध था। उसे परमोपासक कहा जाता है। परन्तु उसके पुत्र-पौत्र सूर्य-पूजक थे, इसलिए उन्हें परमादित्य भक्त कहा गया है। परन्तु पीछे के सब राजा परममाहेश्वर के नाम से विख्यात हैं। मेवाड़ के संस्थापक बाप्पा रावल और उसके वंशज मेवाड़ के राणा, भावनगर के गोहल–ये भी वल्लभी वंश की ही शाखाओं में से आए हैं और आज तक भी शिव के पूजक हैं और परममाहेश्वर कहाते हैं। इन प्रमाणों से भी यही साबित होता है कि वल्लभी वंश शैव उपासक था इससे यह अधिक सम्भावना है कि सोमनाथ का सर्वप्रथम निर्माण किसी वल्लभी राजा ने ही किया होगा–सम्भवतः तृतीय शिलादित्य ने अथवा चतुर्थ शिलादित्य ने।

सौराष्ट्र

आज भी सौराष्ट्र के गाँव-देहातों में घर-घर रमते योगी लोग एक गीत गाते फिरते हैं। उसका अभिप्राय यह है कि सौराष्ट्र में पाँच रत्न हैं–घोड़े, नदी, स्त्री, सोमनाथ और हरि का निवास। इनमें सबसे अधिक प्रसिद्ध सोमनाथ का महालय है, जो काठियावाड़ के दक्षिण समुद्रतट पर स्थित है। आज इस क्षेत्र को काठियावाड़ कहते

हैं। परन्तु इससे प्रथम इसका नाम सौराष्ट्र अथवा सौर राष्ट्र था। 'सौराष्ट्र' का अर्थ है—उत्तम राष्ट्र, और 'सौर राष्ट्र' का अर्थ है—सूर्य का प्रदेश।

सोमनाथ-पट्टन

सोमनाथ महालय की भारत के बारह ज्योतिर्लिंगों में गणना है और बारह ज्योतिर्लिंगों में उसका प्रमुख स्थान था। महालय के प्राचीरों को अनेकों बार क्रूर आक्रान्ताओं ने अपने आक्रमणों और अग्नि ज्वालाओं से भस्म किया, परन्तु उनके पीठ फेरते ही उसी भस्म से फिर नवीन देवस्थान का उदय हुआ। इन सारे आक्रमणों में सर्वाधिक प्रबल आक्रमण ईस्वी सन् 1025 में महमूद गज़नी का था।

आज पाटन नगर अपना प्राचीन वैभव और ध्वस्त खंडहरों का अवशेष रहकर अपने ऊपर किए गए अत्याचारों का मूक साक्षी-सा खड़ा है। सोमनाथ के प्राचीन वैभव के खंडहरों के साथ यहाँ एक जामा मस्जिद भी है, जो यहाँ के प्राचीन सूर्य मन्दिर, पार्श्वनाथ मन्दिर, कोठार, शस्त्रागार तथा पूर्वी पश्चिमी द्वारों को तोड़कर, उन्हीं के सामान से सूर्य-मन्दिर के स्थान पर बनाई गई है। इसी प्रकार नगर की मायापुरी मस्जिद भी और दूसरा मकबरा भी मन्दिरों को तोड़-फोड़कर उन्हीं के मसालों से बनाया गया है।

धर्म-संकट

सोमनाथ के इतिहास में प्रथम महान् धर्म-संकट ईस्वी सन् 1015 में आया, जबकि मूर्तिभंजक महमूद गज़नवी अपनी भारी सेना लेकर सुदूर गज़नी से मुल्तान और अजमेर की राह देवमूर्ति को भंग करने के लिए पाटन पर पहुँचा। 'रोज़त-उस-सफा', जो 15वीं शताब्दी में लिखी गई थी, में इस आक्रमण का वृत्तान्त इस प्रकार लिखा है, "सोमनाथ एक बुत का नाम है, जिसे हिन्दू लोग सब बुतों का मालिक मानते हैं।" इतिहासकार इसे स्वीकार करते हैं कि सोमनाथ समुद्र-तट पर स्थित देवालय में प्रतिष्ठित एक मूर्ति थी, इस मूर्ति की हिन्दू पूजा करते थे। विशेषतया ग्रहण पड़ने पर। हिन्दुओं का यह भी विश्वास था कि मृत्यु होने पर शरीर में से आत्मा निकलकर सोमनाथ के पास आती है, और फिर वहाँ से नए-नए शरीरों में प्रवेश-आज्ञा लेकर जाती है। उनका यह भी विश्वास था कि समुद्र देव भी सोमनाथ की पूजा करते हैं। समुद्र का ज्वार-भाटा इस उपासना का प्रमाण माना जाता था। भारत के कोने-कोने से लोग इस मूर्ति की पूजा करने के लिए आते थे। इसकी पूजा के खर्च के लिए एक हज़ार गाँव मन्दिर की भेंट थे। और इसमें इतनी रत्नराशि एकत्रित थी, कि इसका दशांश भी किसी राजा के कोश में न होगा। दो हज़ार ब्राह्मण मूर्ति की सेवा करते थे। और दो सौ मन की सोने की जंज़ीर में घण्टा लटका रहता था। जो निर्धारित समय पर बजकर लोगों को पूजा के लिए आमन्त्रित करता था। तीन सौ नाई और पाँच सौ नृत्य कुमारियाँ और तीन सौ

वाद्य बजाने वाले वहाँ रहते थे। इन सबका व्यय यात्रियों की भेंट और दान से चलता था। सोमनाथ के इस विशाल वैभव को महमूद ने सबसे प्रथम नष्ट किया। हिन्दुओं के द्वारा की गई प्रार्थनाएँ और रक्षार्थ युद्ध कुछ भी काम न आए। पचास हज़ार से भी अधिक हिन्दुओं का कत्ल मन्दिर के प्रांगण और आसपास में हुआ।'' 'फरिश्ता' लिखता है—''महमूद ने मन्दिर में घुसकर ब्राह्मणों की प्रार्थनाओं और करुण विनतियों को ठुकरा दिया, और अपनी भारी गदा को मूर्ति पर दे मारा और मूर्ति के टुकड़े-टुकड़े कर दिए। इसका एक टुकड़ा वह गज़नी ले गया और वहाँ मस्जिद की देहली पर जड़ दिया, जिससे ईमान वाले उसे नित्य पैरों से रौंदें और इस्लाम की सर्वोच्च सत्ता का परिचय दें।'' अल्बरूनी ने भी इस बात की पुष्टि की है। अल्बरूनी महमूद के दरबार में रहा और इस आक्रमण में महमूद के साथ था। अपनी 'तवारीखे-हिन्द' में उसने लिखा है—''मूर्ति को शाह महमूद ने 416 हिजरी में तोड़ा, खुदा उसपर रहम करे। उसने मूर्ति के ऊपरी भाग को चूर-चूर कर डाला और नीचे के भाग को उसके शृंगार, आभूषण और वस्त्रों सहित ले जाने का हुक्म दिया। उसने मूर्ति के एक भाग को चक्रस्वामिन् की मूर्ति के साथ, जिसे वह थानेश्वर से लाया था, गज़नी के चौराहे पर फिंकवा दिया। मूर्ति का दूसरा भाग गज़नी की मस्जिद के द्वार के आगे लगा दिया गया है, जिसपर लोग अपने पैरों की धूल और कीचड़ मस्जिद में प्रवेश करने से प्रथम पोंछते हैं।'' मन्दिर 56 खम्भों पर टिका हुआ था। प्रत्येक खम्भ मणियों, जवाहरात और बहुमूल्य पत्थरों से सुसज्जित था। प्रत्येक खम्भ पर उसके निर्माता राजा का नाम खुदा रहता था। इन खम्भों की भी सब रत्नराशि उखाड़ कर लूट ली गई। यह भी कहा जाता है कि महमूद मन्दिर के द्वार को, जो चाँदी और चन्दन काष्ठ का बना था, उखाड़ गज़नी ले गया।

यद्यपि महमूद ने मन्दिर को भ्रष्ट किया था, किन्तु उसको उजाड़ा नहीं था। उसे उजाड़ा उसके सूबेदार ने, जिसे वह अपने पीछे देश पर शासन करने छोड़ गया था। भीमदेव प्रथम ने ईस्वी सन् 1022-72 में महमूद के जाते ही, नगर को फिर जीत लिया और सोमनाथ की प्रतिमा को पुनःस्थापित किया। सन 1100 में सिद्धराज जयसिंह देवपाटन में श्री सोमेश्वर के दर्शन को आए, और मन्दिर का जीर्णोद्धार कराया। ईस्वी सन् 1169 के लगभग इस मन्दिर को फिर लूटा गया और नष्ट किया गया, क्योंकि ईस्वी सन् 1169 में कुमारपाल ने, जो सिद्धराज जयसिंह के बाद गुजरात के महाराजाधिराज बने, इस मन्दिर का नए सिरे से पुनरुद्धार किया, यह बात सोमनाथ पाटन के भद्रकाली मन्दिर में लगे एक शिलालेख से प्रकट है। लेख से यह भी पता चलता है कि कुमारपाल को उसके जैन मन्त्री हेमचन्द्र ने यह सम्मति दी थी—कि सोमनाथ के मन्दिर का, जिसका कुछ भाग लकड़ी का बना हुआ है और जिसपर समुद्र की लहरों के थपेड़ों से हानि पहुँचती है, शीघ्रता से पुनरुद्धार करे। जब मन्दिर का पुनर्निर्माण हो गया तो मन्दिर के पुजारी बृहस्पति को सोमनाथ पाटन का सर्वाधिकारी बनाया गया, और कुमारपाल ने सपरिवार सोमपाटन आकर लिंगार्चन करके उसकी

प्रतिष्ठा की। यह सारा विवरण भी उसी लेख में खुदा है—जिसपर वल्लभी सम्वत् (ईस्वी सन् 1169) दिया गया है।

इसके बाद एक शताब्दी तक इस मन्दिर पर किसी ने आक्रमण नहीं किया। ईस्वी सन् 1297 में दिल्ली के खिलजी सुलतान के सेनापति अलफ खाँ ने पाटन पर चढ़ाई की और सोमनाथ को फिर धूलि-धूसरित किया। लिंग को उखाड़ डाला गया, और उसकी जड़ को गहराई तक खोद कर छिपाए हुए खज़ाने की तलाश की गई। शिखर को नीचे गिरा दिया गया और दीवार पर खुदी मूर्तियों को खरोंचकर बिल्कुल अस्पष्ट और अदृश्य कर दिया गया। इसके बाद तो गुजरात पर मुसलमानों के जल्दी-जल्दी अनेक आक्रमण हुए। कुछ ही दिनों बाद अनहिल्लपट्टन के अन्तिम हिन्दू राजा भी निस्संतान मर गए। गिरनार में खुदे लेख के अनुसार इस बार के ध्वस्त सोमनाथ का पुनर्निर्माण ईस्वी सन् 1308-1325 में चूड़ासमा राजा महीपाल देव ने किया, किन्तु उसके जीवनकाल में यह निर्माण पूरा नहीं हुआ। उसके पुत्र खंगार 'चतुर्थ' ने ईस्वी सन् 1325-1351 में मन्दिर में लिंग की पुनःस्थापना की। इन पिछले आक्रमणकारियों ने प्रतिमा को भंग करके लूटा और चलते बने। उन्हें उस सामग्री से मस्जिद बनाने की बात नहीं सूझी। ईस्वी सन् 1318 में सोमनाथ पर फिर आक्रमण हुआ। ईस्वी सन् 1394 में गुजरात के गवर्नर मुजफ्फर ख़ाँ ने एक प्रबल धर्म-युद्ध पड़ोसी हिन्दू राजाओं के विरुद्ध किया, जिसमें सोमनाथ मन्दिर को नष्ट करके उसकी जगह मस्जिद बना दी। महीमाल देव ने जो कुछ बनाया था, सब तोड़ डाला गया, किन्तु कुमारपाल का मन्दिर बचा रहा। फरिश्ता मुजफ्फरखां के आक्रमण, 795 हिजरी के सिलसिले में कहता है—"तब वह सोमनाथ की ओर बढ़ा, और वहाँ स्थित सब हिन्दू मन्दिरों को ध्वस्त करके उनके स्थान पर मस्जिद बनवा दी। उसने वहाँ धर्मप्रचार के लिए मुल्लाओं को छोड़ दिया। अपने कुछ अफसरों को वहाँ का शासन सम्भालने पर नियुक्त किया और स्वयं 798 हिजरी में पाटन लौट आया। अब हिन्दू पूर्ण हताश हो गए और फिर कभी सोमनाथ की इतनी धूमधाम नहीं सुनाई दी।

वर्तमान मन्दिर का स्थान भी पूर्व-स्थित मन्दिर के स्थान पर नहीं प्रतीत होता। वर्तमान मन्दिर इन्दौर की रानी अहिल्याबाई ने उन खण्डहरों के समीप ही बनवाया था। इस पर भी एक और अन्तिम मुस्लिम आक्रमण गुजरात के महमूद बघर्रा या मुजफ्फर द्वितीय ने किया। 19वीं शताब्दी में भारत के एक गर्वनर-जनरल ने तथाकथित सोमनाथ मन्दिर के द्वार गज़नी से लाकर आगरे के किले में रक्खे थे। परन्तु पीछे यह प्रमाणित हो गया कि वास्तव में वे द्वार सोमनाथ के नहीं थे। अन्तिम काल में मुसलमानी आक्रमण से बचने के लिए मन्दिर में दो लिंगों की स्थापना की गई थी। एक भूमिस्थ, दूसरा बाहर। भूमिस्थ असली था और वहाँ जाने का मार्ग गुप्त रक्खा गया था।

यूरोपियन लेखक कोजिन्स (Cousens) मन्दिर का विवरण इस प्रकार लिखता है[19]—"सोमनाथ का पुराना मन्दिर नगर में, समुद्र के पूर्वी तट पर स्थित है। समुद्र और मन्दिर के बीच एक भारी दीवार है, जो मन्दिर को सुरक्षित करती है। इस मन्दिर की दीवारों की प्राचीनता लगभग नष्ट हो चुकी है। उसमें बहुत बार मरम्मत हो चुकी है और बहुत भाग फिर से बनाया जा चुका है। खासकर उस समय-जबकि उसे मस्जिद से परिवर्तित किया गया। वह विशाल गुम्बद, अपितु सारी छत और मीनार—जो प्रवेश-द्वार के सामने ही है—मुसलमानों द्वारा बनाए हुए हैं। सन् 1838 में लेफ्टिनेन्ट पोस्टन्स (Lieutent Postans) लिखता है—कि उसके आने के कुल साल प्रथम तक मन्दिर की छतें तोपें रखने के लिए काम आती थी—जो बेरावल के बन्दर को समुद्री डाकुओं से रक्षित रखने के लिए रखी गई थीं। केवल एक ही बात से यह प्रकट होता है कि सारा मन्दिर फिर से बनवाया गया—और वह बात यह है कि उसके मूलाधार में 'अश्वरथ' बने हैं। और इस मन्दिर का परिमाण—जो लगभग 140 फीट है—उतना ही है जितना सिद्धपुर के 'रुद्र महालय' का है।

दीवारों के बाहरी भाग—जो ध्वस्त हो चुके हैं—उनसे प्रतीत होता है कि वे दीवारें प्राचीन दीवारों पर ही बनाई गई हैं। खासकर दक्षिण भाग में, जहाँ पुराने मन्दिर के नीचे के धरातल का भाग स्पष्ट दीख पड़ता है—यह बात स्पष्ट हो जाती है। अनेक कारणों पर विचारकर मैं इस निर्णय पर पहुँचा हूँ, कि मन्दिर का वर्तमान ध्वस्त भाग, उसका अवशेष है जो ईस्वी सन् 1169 में कुमारपाल ने बनवाया था। यदि यह सत्य है तो वह पुराना मन्दिर, जिसके अवशेष दीवारों के बीच में प्रकट होते हैं, सम्भवतः भीमदेव का बनाया हुआ होगा; परन्तु असल प्राचीन मन्दिर, जिसपर महमूद ने आक्रमण किया था—उसका कोई नामोनिशान भी नहीं है। भीमदेव के मन्दिर के जो ध्वंस अभी हैं, उनसे यह भी प्रकट होता है कि वह मन्दिर कुमारपाल के मन्दिर की अपेक्षा बहुत छोटा था। किनलौक फार्बस का कहना है—कि "फरिश्ता ने जो महमूद-काल के सोमनाथ का वृत्तान्त दिया है, वह वर्तमान ध्वंसों पर लागू नहीं होता। और इस कारण यह असम्भव प्रतीत होता है कि महमूद ने जो मन्दिर ढहा दिया था, वह हिन्दुओं ने फिर से बना लिया हो। मैंने यह साफ तौर पर देखा है कि भीमदेव के 100 साल बाद के एक शिलालेख पर यह खुदा है, और कुछ दूसरे लेखों से भी पता लगता है कि मन्दिर भीमदेव ने बनवाया था। दूसरा कोई इस प्रकार का नहीं बना सकता था। क्योंकि यह राजा सोमनाथ का एकमात्र रक्षक तथा गुजरात का तत्कालीन राजा था। इसी से मैं इसे प्राचीन मन्दिर नहीं, बल्कि भीमदेव का मन्दिर समझता हूँ। सम्भवतः प्राचीन मन्दिर खाड़ी के एकदम किनारे पर, जिसे वहाँ के लोग हीरा कोट कहते हैं, वहीं होगा।

कैप्टेन विलबर फोर्स बेल काठियावाड़ के इतिहास में फार्बस की बात मानकर कहते हैं कि सिद्धराज जयसिंह ने भीमदेव के मन्दिर का जीर्णोद्धार कराया। पर इस

बात को अधिकृत रूप से वह नहीं कहते। पोस्टन का विचार है कि वह मन्दिर वैसा ही था, जैसा महमूद ने उसे छोड़ा था—पर यह बात सही नहीं है। पोस्टन का मत है कि कदाचित् यह मन्दिर पहले बौद्धों का मठ था, पीछे शैवों ने उसे अपना लिया। अपनी बात के समर्थन में उनका यह कहना है कि मन्दिर में कहीं भी बौद्ध चिह्न नहीं है। परन्तु पोस्टन का तर्क यह है कि मन्दिर के निर्माण और स्थापत्य तथा सजावट में सभी पुरुष मूर्तियों में कहीं भी हिन्दू चित्रण नहीं है, बौद्ध चित्रण है। वे अधिकांश में बौद्ध संस्कृति-युक्त हैं। डॉक्टर जॉन विलसन भी इससे सहमत नहीं हैं। वह इस मन्दिर को भी गुजरात के अन्य शैव मन्दिरों की भाँति शैव निर्मित ही मानते हैं।

बड़ा मन्दिर, जिसका मुख पूर्व दिशा में है, उसमें एक विशाल बन्द भवन था, जिसे 'गुहा-मण्डप' कहते थे। इसके तीन प्रवेश-द्वार थे, जिनमें प्रत्येक में ऊँचे महराब बने थे, और शिवलिंग हॉल के पश्चिमी भाग में था, जिसके चारों तरफ प्रशस्त प्रदक्षिणा थी। इसमें प्रकाश के लिए ऊपर बड़े-बड़े रोशनदान तीनों भागों में थे, और बाहर से उसका दिखाव बहुत भव्य प्रतीत होता था। पश्चिम दिशा की महराब अब गिर गई है और शेष तीनों महराबें भी ढह गई हैं। यह अधिक सम्भव है कि मुढेरा में जो सूर्य का मन्दिर है उसी की भाँति इसमें भी एक सभा-मण्डप रहा हो, जिस पर मायापुरी मस्जिद की छत बनाई गई है। असल छत अब गिर गई है और मुसलमानों ने उसे जल्दी में फिर से बनाया हो। खम्भे भी खड़े किए हैं, और गुम्बद बनाकर छत के बाहर के हिस्से को मस्जिद का रूप दे दिया है। जो उसके वास्तविक खम्भों तथा आधारों से, जो आबू के तेजपाल के ऋषभदेव मन्दिर के ढंग के हैं, जो अब बहुत कम बचे हैं तथा ध्वस्तप्राय हैं। समुद्र की नमकीन हवा से वे पत्थर गल गए हैं। अब सिवाय प्रदक्षिणा के—जो बच रही हैं—सब जगह की खुदाई भी मिट गई है। वर्तमान खम्भे, उन्हीं पुराने खम्भों की जगह पर खड़े प्रतीत होते हैं। सतह की दशा देखकर प्रतीत होता है कि यह बिना छत के बरसों तक मेह और पानी में खड़े रहे। तब यह बिल्डिंग बनाई गई है। लिंग के भीतर के भाग भी खराब हो गए हैं, पर छत की प्राचीन कारीगरी अभी है। पीछे की दीवार जो टूट गई थी, वह किसी तरह बना दी गई है। लिंग के दरवाज़े के पत्थर का फ्रेम भी फिर से बनाया गया है। फर्श पर एक चबूतरा अभी है। कदाचित् यहां नन्दी रहा होगा। नन्दी के टुकड़े बाहर पड़े हैं। मन्दिर के बाहरी भाग में खासकर महालय के दक्षिणी-पश्चिमी भाग में खुदी हुई मूर्तियों की दशा इतनी खराब हो गई है, कि उनका पहचानना ही कठिन है। इनमें अनेक देवी और दासियां हैं। दक्षिण के पूर्वी भाग की एक खिड़की में शिव की ताण्डव नृत्य करते हुए, टूटी हुई एक खण्डित मूर्ति है, जिसकी 12 भुजाओं के आधे अवशेष बाकी हैं। नर मुण्डमाल उनकी टाँगों तक लटक रही है। नन्दी, जिसकी सिर्फ दो टाँगें शेष रह गई हैं, उनके दाहिने पार्श्व में हैं, और शिव के सिर पर का जटा-जूट रस्सी की भाँति लिपटा हुआ है। दीवार के मोड़ पर बाईं ओर को एक

और, सम्भवतः शिव की प्रतिमा ही है। इन सबके ऊपर छोटी-छोटी पार्वती-शिव की मूर्तियां हैं, जिनमें शिव पार्वती को अपनी जाँघों पर बैठाए हुए हैं। कोनों में हर ओर दिग्पालों की मूर्तियां बनी हैं। गर्भगृह की छत पर उत्तर-पूर्वी कोण में रामायण के कुछ दृश्य दीख पड़ते हैं। कुछ भाग अत्यन्त सुन्दर और भव्य बने हैं। विशेषकर बाहरी द्वार के दोनों ओर खड़ी हुई मूर्तियों के अवशेष हैं—ये मूर्तियां भीतरी द्वार तक चली गई हैं, परन्तु अब कुछ ही समूची रह गई हैं। दरवाज़ा सम्भवतः पहले के ही समान है। मन्दिर के बाहर जो खण्डित मूर्तियां पड़ी हैं, उनमें सूर्य की दो बड़ी और एक छोटी मूर्ति है, जिसमें सूर्य अपने हाथों में पूरा खिला कमल का फूल लिए हुए हैं। इनमें एक का हाथ टूट गया है। छोटी मूर्तियां बड़ी की अपेक्षा अर्वाचीन प्रतीत होती हैं। सम्भवतः बड़ी मूर्ति सूर्य के प्राचीन मन्दिर की है, जिसे पीछे जामा मस्जिद बना दिया गया था। जैसी सूर्य-मन्दिर की छत है, कोंकण प्रदेश के अम्बरनाथ के प्राचीन मन्दिर की छत पर भी वैसा ही काम है। एक मूर्ति बड़ी दाढ़ी और मूँछों की है, जो सम्भवतः कालभैरव की है। उसकी आठ टूटी भुजाएं हैं जिनमें एक में खड्ग, दूसरी में त्रिशूल, तीसरी में नर-मुंड है। मन्दिर का भीतरी भाग भी मस्जिद बना दिया गया था। इसलिए मुसलमानों ने खम्भों को फिर से खड़ा करके गुम्बद बनाया तथा कुछ सजाया भी। बीच की प्राचीन छत—जो कभी अत्यन्त भव्य रही होगी—जैसी मायापुरी मस्जिद है, परन्तु बेकार होने से वह फिर काम में नहीं लाई गई। हॉल तथा मूर्ति का स्थान—जहां सम्भवतः नन्दी था—वहां छत नहीं ढाली गई। यहां के खम्भे सबसे अधिक टूट गए हैं। जो मन्दिर का प्रमुख द्वार था, वह हटा दिया गया था। उसके स्थान पर एक सादा महराबदार दरवाज़ा लगा दिया गया था। प्रदक्षिणा की भीतरी दीवारें भी मूर्तियों से भली-भाँति सजी थीं। यह मार्ग अंधेरा न था, खिड़कियों से प्रकाश आता था, जिनसे सब भव्यता दीख पड़ती थी। भीतरी भाग सिद्धपुर के रुद्र महालय और मुढेरा के सूर्य-मन्दिर ही के समान है। जिस स्थान पर लिंग स्थापित था, वह चौकोर है।

मन्दिर का स्थापत्य ग्यारहवीं शताब्दी का है, जबकि मुढेरा, अम्बरनाथ, रुद्र महालय और विमलशाह के मन्दिर तैयार हुए थे। विशेषकर खम्भे वैसे ही हैं, जैसे आबू के तेजपाल के ऋषभदेव के मन्दिर हैं।

ऐसा प्रतीत होता है कि भीमदेव का मन्दिर कुमारपाल के मन्दिर की भाँति प्रशस्त और भव्य नहीं था। इसका कारण शायद यह रहा हो कि वह जल्दी में और लूटमार के तुरन्त बाद बनाया गया था।

भारत में मुसलमानों की सफलता के कारण

लगभग चार हजार वर्षों तक हिन्दू संस्कृति निरन्तर विकसित होती रही, देश-देशान्तरों में भी उसका प्रचार हुआ। उसका संपर्क दूसरी संस्कृतियों से हुआ,

उनका प्रभाव भी उस पर पड़ा, परन्तु उसका अपना रूप बिल्कुल स्थिर ही रहा। विदेशी विजेताओं तक ने उस संस्कृति के आगे सिर झुकाया और उसमें अपने को लीन कर लिया। यद्यपि ये विदेशी—शक, ग्रीक, हूण, सीथियन, मूची, कुशान आदि—हिन्दुओं की वर्ण-व्यवस्था एवं विभिन्न जातीय समुदायों के कारण उनमें पूर्णतया नहीं मिल पाए, परन्तु उन्होंने हिन्दू धर्म, हिन्दू भाषा, साहित्य, रीति-रिवाज, कला और विज्ञान को पूर्णतया अपनाकर हिन्दुओं की अनेक जातियों की भाँति अपनी एक जाति बना ली, और ये हिन्दू जाति का एक अविच्छिन्न अंग बन गए—ये ही आज राजपूत, गूजर, जाट, खत्री, अहीर आदि के रूप में हैं।

परन्तु मुसलमानों में एक ऐसा जुनून था कि वे ईरान, ग्रीस, स्पेन, चीन और भारत कहीं की भी संस्कृति से प्रभावित नहीं हुए। किसी भी देश की संस्कृति उन्हें अपने में नहीं मिला सकी। वे जहां-जहां गए, अपनी विजयिनी संस्कृति का डंका बजाते ही गए। उनके सामने एकेश्वरवाद, मुहम्मद साहब की पैगंबरी, कुरान का महत्त्व, बहिश्त और दोज़ख के स्पष्ट कड़े सिद्धान्त ऐसे थे, कि किसी भी संस्कृति को उनसे स्पर्द्धा करना असम्भव हो गया। उनके धर्म में तर्क को स्थान न था, तलवार को था। तलवार लेकर अपनी अद्‌भुत संस्कृति की वर्षा करते हुए, वे जहां-जहां गए, अपनी राजनैतिक सत्ता एव सांस्कृतिक सत्ता स्थापित करते गए। इसमें कोई सन्देह नहीं कि भारतवर्ष अन्य देशों की अपेक्षा अपनी सांस्कृतिक सत्ता पर विशेषता रखता था, और भारत पर मुस्लिम संस्कृति की विजय, अन्य देशों की अपेक्षा भिन्न प्रकार की ही थी। भारत की राजनैतिक सत्ता संयोजक और विभाजक द्वन्द्वों से परिपूर्ण थी। संयोजक सत्ता की प्रबलता होने पर मौर्य, गुप्त, वर्धन आदि साम्राज्य सुगठित हुए, परन्तु जब विभाजक सत्ता का प्रादुर्भाव हुआ, तो केन्द्रीय शक्ति के खण्ड-खण्ड हो गए और देश छोटे-छोटे टुकड़ों में बँट गया।

विभाजक सत्ता

जिस समय भारत में मुस्लिम आगमन हुआ; उस समय विभाजक सत्ता का बोलबाला था। भारत छोटे-छोटे अनियन्त्रित टुकड़ों में बँट गया था। एकदेशीयता की भावना उनमें न रही थी। ये अनियन्त्रित राज्य परस्पर राजनैतिक सम्बन्ध नहीं रखते थे। प्रत्येक खण्ड राज्य अपने ही में सीमित था। यदि किसी एक खण्ड राज्य पर कभी विदेशी आक्रमण होता, तो वह भारत पर आक्रमण नहीं समझा जाता था। न ऐसे आक्रमणों का सामना करना सबका सामूहिक कर्तव्य ही समझा जाता था। यदि कुछ राजा मिलकर एक होते भी थे, तो वैयक्तिक सम्बन्धों से। यह नहीं समझते थे कि यह हमारा एक राष्ट्रीय कर्तव्य है। धार्मिक और सामाजिक भिन्नताएं भी इसमें सहायक थीं। दिल्ली का पतन चौहानों का, और कन्नौज का पतन राठौरों का समझा जाता था। इसमें हिन्दुत्व के पतन का भी समावेश है, इस पर विचार ही नहीं किया

जाता था। फिर, भारत में जो मुस्लिम राज्य सत्ताएं थीं, उनके प्रति तो शत्रु-भाव ही सबके थे। ये छोटी-छोटी रियासतें, साधारण कारणों से ही परस्पर ईर्ष्या-द्वेष और शत्रुभाव से ऐसी विरोधिनी शक्तियों के अधीन हो गई थीं, कि सहायता तो दूर रही, एक के पतन से दूसरी को हर्ष होता था। ऐसी हालत में एक शक्ति को श्रेष्ठ मानकर विदेशी आक्रान्ताओं का सामना करना तो दूर की बात थी।

भ्रातृत्व, एकता और अनुशासन

मुसलमान एकदेशीयता और एकराष्ट्रीयता के भावों में ग्रथित थे। सब मुसलमान बन्धुत्व के भावों से बँधे थे। सामूहिक रोज़ा-नमाज़, खानपान ने उनमें ऐक्यवाद को जन्म दे दिया था। उनकी संस्कृति में एक का मरना सबका मरना, और एक का जीना सबका जीना था। राजपूतों में अनैक्य ही नहीं—घमण्ड भी बड़ा था। इससे कभी यदि वे एकत्र होकर लड़े भी, तो अनुशासन स्थिर न रख सके। मुसलमानों का अनुशासन अद्भुत था। उनके अनुशासन और धार्मिक कट्टरता ने ही उन्हें यह बल दिया, कि अपने से कई गुना अधिक हिन्दू सेना पर भी उन्होंने विजय पाई। युद्ध में जहां उन्हें लूट का लालच था, वहां धार्मिक पुण्य की भावना भी थी। धन और पुण्य दोनों को तलवार के बल पर वे लूटते थे। काफिरों को मौत के घाट उतारना या उन्हें मुसलमान बनाना, ये दोनों काम ऐसे थे, जिनसे उन्हें लोक-परलोक के वे सब सुख प्राप्त होने का विश्वास था, जिनके लुभावने वर्णन वे सुन चुके थे। और जिन पर बड़े-से-बड़े मुसलमान को भी अविश्वास न था। इसी ने उनमें स्फूर्ति और एकता एवं विजयोन्माद उत्पन्न कर दिया। हिन्दुओं में ऐसा कोई भाव न था। जात-पांत के झगड़ों ने उनकी बन्धुत्व-भावना नष्ट कर दी थी, और विभाजक सत्ता ने उनकी राजनीतिक एकता को छिन्न-भिन्न कर दिया था। तिस पर सत्ताधारियों की गुलामी ने उनमें निराशा, विरक्ति और खिन्नता के भाव भी भर दिए थे। ऐसी हालत में देश-प्रेम या राष्ट्र-प्रेम उनमें उत्पन्न ही कहां से होता? राजपूतों में राजपूतीपन का ज़रूर जुनून था, पर इस रत्ती-भर उत्तेजक शक्ति के बल पर वे सिर्फ पतंगे की भाँति जल ही मरे, पाया कुछ नहीं।

हिन्दू समाज-व्यवस्था ही पराजय का कारण

जब कोई नया आक्रमणकारी आता, प्रजा राजा को सहयोग देने की जगह अपना माल-मता लेकर इधर-उधर भाग जाती थी। राजा के नष्ट होने पर वह दूसरे राजा की अधीनता बिना आपत्ति स्वीकार कर लेती थी। राजपूत अन्य जाति के किसी योद्धा या राजनीतिज्ञ को कुछ गिनते ही न थे। इसी से कड़े से कड़े समय में भी राजा और प्रजा में एकता के भाव नहीं उदय होते थे। परन्तु मुसलमानों में भंगी से लेकर सुलतान तक एक ही जाति थी। प्रत्येक मुसलमान तलवार चलाकर काफिरों

को मारकर पुण्य कमाने का या मरकर गाज़ी होने का इच्छुक रहता था। इस प्रकार हिन्दू समाज-व्यवस्था ही हिन्दुओं की पराजय का एक कारण बनी।

दूषित युद्धनीति

राजपूतों की युद्धनीति भी दूषित थी। सबसे बड़ा दूषण हाथियों की परम्परा थी। सिकन्दर के आक्रमण तथा दूसरे अवसरों पर प्रत्यक्ष ही हाथी पराजय का कारण बने थे। मुस्लिम अश्वबल विद्युत-शक्ति से शत्रु को दलित करता था। परन्तु हिन्दू सेनानी तोपों का आविष्कार होने पर भी हाथी पर ही जमे बैठे रहकर स्थिर निशाना बनने में वीरता समझते थे।

दूसरी वस्तु स्थिर होकर लड़ना तथा पीछे न हटना, उनके नाश का कारण बने। अवसरवादिता को वहां स्थान ही न था। युद्ध-योजना दुस्साहस पर ही निर्भर थी। बौद्धिक प्रयोग तो वहां होता ही न था। पीठ दिखाना घोर अपमान समझा जाता था। युद्ध में जय-प्राप्ति की भावना न थी, किन्तु जूझ मरने की थी। यद्यपि राजपूत साधारण कारणों से आपस में तो आक्रमण करते थे, पर विदेशियों पर इन्होंने कभी आक्रमण नहीं किया।

तीसरा दोष, सेनापतियों का आगे होकर उस समय तक युद्ध करना, जब तक कि वे मर न जावें, युद्ध न था, वरन् मृत्यु-वरण था। यह नीति महाभारत से लेकर राजपूतों के पतन तक भारत में देखी गई। संक्षेप में यह कहा जा सकता है कि भारतीय युद्ध-कला का नेतृत्व योद्धाओं के हाथों में रहा, सेनापति के हाथ में नहीं। सेनापति का तो भारतीय युद्धों में अभाव ही रहा। भारतीय युद्धों के इतिहास में तो आगे चलकर केवल दो ही रणनीति-पण्डित हुए, एक मेवाड़ के महाराज राजसिंह, दूसरे छत्रपति शिवाजी। और दैव-विपाक से दोनों ही ने अपनी क्षुद्र शक्ति से आलमगीर औरंगज़ेब की प्रबल वाहिनी से टक्कर ली, तथा उसे सब तरह से नीचा दिखाया।

मुसलमानों का भर्ती-क्षेत्र अद्वितीय था। अफगानिस्तान और उसके आस-पास की मुस्लिम जातियां, जो भूखी और खूँखार थीं, जिन्हें लूट-लालच और जिहाद का जुनून था, जो काफिरों से लड़कर मरना, शहीद होना और जीतना मालामाल होना समझते थे, भर्ती के समाप्त न होने वाले क्षेत्र थे। मुसलमानों को कभी भी सैनिकों की कमी न रही। महमूद गज़नवी और मुहम्मद गोरी की सेनाओं में अनगिनत मनुष्यों की मृत्यु होती थी, परन्तु टिड्डी दल की भाँति उसे अनगिनत और सैनिक मिल जाते थे। उन्हें इन अभियानों में जो धन-जन की क्षति होती थी, उससे उन्हें अधैर्य और निराशा नहीं होती थी, क्योंकि उन्हें अटूट धन-रत्न, सुन्दर दास-दासी और ऐश्वर्य प्राप्त होते थे, साथ ही धार्मिक ख्याति और लाभ होने का भी विश्वास था। वे इन्हें धर्म-युद्ध समझते और सदा उत्साहित रहते थे।

हिन्दुओं का भर्ती क्षेत्र सदा संकुचित था, वह एक राज्य या एक जाति और एक वर्ग तक सीमित था। छोटी-छोटी रियासतें थीं। उनमें भी केवल क्षत्रिय लड़ते

थे। अन्य वर्गों की उन्हें कोई सहायता ही नहीं प्राप्त होती। इसलिए वे युद्धोत्तर-काल में निरन्तर क्षीण होते जाते थे। उनकी युद्धकला ऐसी दूषित थी कि एक-दो दिन के युद्ध में ही उनके भाग्यों का समूल निपटारा हो जाता था। फिर कुछ करने-धरने-संभलने की तो कोई गुंजाइश ही न थी।

यदि आप कौटिलीय अर्थशास्त्र में वर्णित युद्ध-नीति पर गम्भीर दृष्टि डालें, तो आपको आश्चर्यचकित हो जाना पड़ेगा। उसमें ऐसी विकसित युद्ध-कला की व्याख्या है, कि जिसके आधार पर साम्राज्यों का निर्माण होता है। जिस महापुरुष ने वह ग्रन्थरत्न लिखा है, उसने सब मानवीय और अमानवीय तत्वों तथा गुण-दोषों को युद्ध के उपयोग में लिया है। बड़े दुःख का विषय है कि राजपूतों को इस युद्ध-कला से वंचित रहना पड़ा; उनकी युद्ध-कला केवल मृत्यु-वरण कला थी।

सेनानायक की जबतक मृत्यु न हो जाए, तबतक युद्ध में आगे बढ़कर वैयक्तिक पराक्रम प्रकट करते रहना बड़ी भयानक बात थी। इसकी भयानकता तथा घातकता का यह एक अच्छा उदाहरण है कि पृथ्वीराज ने संयोगिता के वरण में अपने सौ वीर सामन्तों में से साठ को कटा डाला और फिर किसी भाँति वह उनकी पूर्ति न कर सका। जिससे तराइन के युद्धों में उसे पराजित होकर अपना और भारतीय हिन्दू राज्य का नाश देखना पड़ा। राणा साँगा, राणा प्रताप तथा पानीपत के तृतीय युद्ध के अवसरों पर सेनानायकों की इस प्रकार क्षति होने पर, उसकी पूर्ति न होने पर ही हिन्दुओं को पराजय का सामना करना पड़ा।

मुसलमानों की सेना में प्रत्येक महत्त्वाकांक्षी योद्धा को उन्नत होने, आगे बढ़ने तथा युद्ध-क्षेत्र में तलवार पकड़ने का अधिकार तथा सुअवसर प्राप्त था। यहां तक, कि क्रीत दासों को भी अपनी योग्यता के कारण, न केवल सेनापतियों के पद प्राप्त होने के सुअवसर मिले, प्रत्युत वे बादशाहों तक की श्रेणी में अपना तथा अपने वंश का नाम लिखा सके। कुतुबुद्दीन, इल्तमश, बलबन आदि ऐसे व्यक्ति थे जो दास होते हुए भी अद्वितीय पराक्रमी और शक्तिशाली थे। इस प्रकार आप देखते हैं कि मुसलमान आक्रान्ताओं ने भारत में आकर यहां की जनता को अस्त-व्यस्त, राज्यों को खण्ड-खण्ड, राजाओं को असंगठित और राजनीति तथा युद्धनीति में दुर्बल पाया। अलबत्ता उनमें शौर्य, साहस और धैर्य अटूट था। परन्तु केवल इन्हीं गुणों के कारण वे सब भाँति सुसंगठित मुसलमानों पर जय प्राप्त न कर सके—उन्हें राज्य और प्राण दोनों ही खोने पड़े।

गुर्जरेश्वर

गुर्जरेश्वर सोलंकियों का मूल पुरुष, जिसने कि गुजरात में पट्टन का राज्य स्थापित किया, मूलराज प्रथम था। उसने सपादलक्षीय राजा चौहान विग्रहराज और तैलंग सेनापति वारप से युद्ध किए। इन युद्धों में वारप मारा गया। और उसके दस हज़ार

घोड़े और अठारह सौ हाथी मूलराज के हाथ लगे। सम्भवतः चौहान राजा विग्रहराज से उसने सन्धि कर ली।[20] परन्तु 'प्रबन्ध-चिन्तामणि' में आगे चलकर यह लिखा है कि मूलराज विग्रहराज से डर कर कन्था दुर्ग में भाग गया था। पृथ्वीराज-विजय काव्य और हमीर-महाकाव्य भी मूलराज की पराजय ही को ध्वनित करते हैं।[21] पृथ्वीराज-रासो में इस लड़ाई का विस्तृत वर्णन है। उसमें गुजरात के राजा बालुकाराय का नाम लिखा है। परंतु इस नाम का कोई राजा गुजरात में नहीं हुआ। सम्भवतः 'चालुक्यराय' के स्थान पर बालुकाराय लिखा गया है। वह युद्ध विक्रम सम्वत् 987 में हुआ था। परन्तु रासो का यह सम्वत् गलत मालूम होता है। मूलराज ने विक्रम सम्वत् 1017 से 1052 तक राज्य किया। इसलिए यह युद्ध विक्रम सम्वत् 1017 के बाद ही होना चाहिए। इसके अतिरिक्त विग्रहराज दूसरे वीसलदेव का एक शिलालेख विक्रम सम्वत् 1030 का हर्षनाथ के मन्दिर में, जो शेखावाटी में है, मिला है। उसमें इस युद्ध का कोई ज़िक्र नहीं है। इससे यह ध्वनित होता है कि यह युद्ध उक्त सम्वत् के पीछे हुआ। इसके अतिरिक्त हेमचन्द्र ने अपने द्वयाश्रय काव्य में विग्रहराज और मूलराज के इस युद्ध की कोई चर्चा नहीं की। परन्तु सोलंकी वारप को मारने की बात बहुत बढ़ा-चढ़ाकर की है। यदि वारप मूलराज के हाथ से मारा गया हो, तो भी लाट देश पर मूलराज का अधिकार नहीं पाया जाता। जैसा कि कीर्तिराज के दानपत्र से प्रमाणित है। द्वयाश्रय काव्य के आधार पर ही यह भी ज्ञात होता है कि मूलराज ने सौराष्ट्र के आभीर राजा गृहरिपु यादव चूड़ासमा को युद्ध में घायल करके बन्दी किया, और उसके सहायक कच्छ के राजा लाखा को युद्ध में मारा। फिर उसने सोमनाथ की यात्रा की।

'कीर्तिकौमुदी'[22] और 'सुकृतसंकीर्तन'[23] तथा 'कुमारपाल-चरित' में भी मूलराज के हाथ से लाखा का मारा जाना प्रमाणित है। परन्तु प्रबन्धचिन्तामणिकार यह कहता है कि उसने मूलराज को ग्यारह बार हराया था। अन्त में मूलराज ने उसे कपिलकोट के किले में घेर कर द्वन्द्व-युद्ध में मारा। कहते हैं कि मूलराज एक कपटी अनपढ़ व्यक्ति था। उसके विक्रम सम्वत् 1043 के दानपत्र में जो उसके हस्ताक्षर 'श्री मूलराजस्य' हैं, उनकी लिपि भद्दी है, और केवल छह अक्षर होने पर भी सीधी पंक्ति नहीं लिख सका। इससे मालूम होता है कि वह अधिक पढ़ा-लिखा नहीं था।

सिद्धपुर का रुद्र-महालय

मूलराज ने सिद्धपुर में रुद्र-महालय नाम का एक प्रशस्त शिवालय बनवाया, तथा इसकी प्रतिष्ठा के लिए कुरुक्षेत्र, कन्नौज तथा गौड़ देश से एक हजार ब्राह्मण बुलवाए। और उनको दो सौ तिहत्तर गाँव तथा अन्य जागीरें देकर गुजरात में बसाया था।[24] ये गुजरात में उत्तर से आए थे, इसलिए 'औदीच्य' और उनकी संख्या एक सहस्र होने से 'सहस्र औदीच्य' कहलाए। इस समय औदीच्य ब्राह्मणों की गणना पंच द्रविड़ों में होती है। परन्तु देखा जाए तो द्रविड़ों की परम्परा से उनका कोई सम्बन्ध

नहीं है। ब्राह्मणों के भेद मूलराज से बहुत पीछे हुए। कुछ लेखकों का यह भी कहना है कि रुद्र-महालय मूलराज के हाथ से पूर्ण नहीं हुआ था, जयसिंह सिद्धराज ने उसको पूरा किया था। मूलराज के एक दानपत्र में, जो विक्रत सम्वत् 1043 का है, यह स्पष्ट लिखा है कि विक्रम सम्वत् 1043 माघ-बदी अमावस्या, सूर्य-ग्रहण के दिन श्री स्थल में रुद्र-महालय देव का पूजन कर कम्बोइका गाँव, मण्डली नगर के मूलनाथ को भेंट किया।[25]

इससे स्पष्ट होता है, कि रुद्र-महालय की स्थापना विक्रम सम्वत् 1043 के पहले हो चुकी थी। हेमचन्द्र अपने 'द्वयाश्रय-काव्य' में मूलराज के पुत्र चामुण्डराज का महालय में महाभारत सुनने का वर्णन करता है। यदि महालय की प्रतिष्ठा मूलराज से नहीं हुई होती तो यह सम्भव नहीं था। हेमचन्द्र, जयसिंह सिद्धराज का समकालीन था। रुद्र महालय का मन्दिर भी सुलतान गज़वनी की चढ़ाई के समय तोड़ा गया था, इसके भी प्रमाण हैं—और इसका जीर्णोद्धार जयसिंह सिद्धराज ने कराया था।

मूलराज ने अनहिल्लपट्टन में भी त्रिपुर-प्रासाद नामक मन्दिर बनवाया था। द्वयाश्रय काव्य में लिखा है कि मूलराज दान-पुण्य करने की इच्छा से अपना राज्य अपने ज्येष्ठ पुत्र चामुण्डराय को सौंप कर सिद्धपुर में जा रहा, और वहीं जीवित अग्नि में प्रवेश करके स्वर्ग को सिधारा।[26]

मूलराज ने विक्रम सम्वत् 1017 से 1052 तक राज्य किया था।

चामुण्डराज

मूलराज के पुत्र और उत्तराधिकारी चामुण्डराज के विरुद्ध 'परम भट्टारक', 'महाराजाधिराज' और 'परमेश्वर' मिलते हैं। जयसिंह सूरि अपने 'कुमारपाल-चरित' में लिखते हैं कि, "चामुण्डा के वर से प्रबल होकर चामुण्डराज ने मदोन्मत्त हाथी जैसे सिन्धुराज को युद्ध में मारा।"[27] सिन्धुराज मालव के प्रसिद्ध विद्यानुरागी परमारवंशी राजा भोज का पिता तथा मुंज, वाक्पतिराज अमोघवर्ष का छोटा भाई और उत्तराधिकारी था। परन्तु इस घटना का उल्लेख मालव के राजाओं के शिलालेखों और ऐतिहासिक पुस्तकों में नहीं है। न गुजरात के इतिहासकारों ने ही इस घटना का उल्लेख किया है। बड़ानगर से मिली महाराज कुमारपाल की प्रशस्ति में, जो विक्रम सम्वत् 1208, आश्विन शुक्ल 15, गुरुवार की है, लिखा है कि "उस मूलराज का पुत्र, राजाओं में शिरोमणि, चामुण्डराज हुआ, जिसके मस्त हाथियों के मद-गन्ध की हवा के सूँघने मात्र से दूर से ही मदरहित होकर भागते हुए अपने हाथियों के साथ ही साथ राजा सिन्धुराज इस तरह नष्ट हुआ कि उसके यश की गन्ध तक नहीं रही।"[28]

प्रशस्ति के शिलालेख में "सिन्धुराजः क्षोणिपतिः" पाठ है—जिसका अर्थ राजा सिन्धुराज या सिन्धुराज नामक यह होता है। डॉक्टर वूलर ने उक्त प्रशस्ति का सम्पादन करते हुए इसका अर्थ सिन्धु देश का राजा कहा है। परन्तु यह ठीक नहीं है। क्योंकि

सिन्धुराज का विशेषण क्षोणिपति है, इससे यह निश्चय होता है कि चामुण्डराज के हाथ से सिन्धुराज नामक राजा ही मारा गया, सिन्धु का राजा नहीं। सम्भवतः यह घटना विक्रम सम्वत् 1066 के कुछ पहले हुई। कारण, विक्रम सम्वत् 1050 तक तो मुंज ही मालव का राजा था, जिसका छोटा भाई सिन्धुराज था। चामुण्डराय का देहान्त 1066 में हुआ। इसलिए विक्रम-सम्वत् 1050 और 1066 के बीच ही सिन्धुराज का मारा जाना माना जा सकता है।

हेमचन्द्र आचार्य ने अपने द्वयाश्रय काव्य में चामुण्डराज को गुणी, कर्तव्य-परायण शत्रु-संहारक, परोपकारी और धनी दिखाया है।[29]

चामुण्डराज के तीन पुत्र थे : वल्लभराज, दुर्लभराज और नागराज। वल्लभराज ने मालव पर चढ़ाई की, पर वह बीमार होकर वहीं मर गया। वहां से उसका सेनापति लौट आया। वल्लभराज की मृत्यु से चामुण्डराज बहुत दुःखी हुआ और वह दुर्लभराज को राज्य दे नर्मदा-तट पर शुक्ल तीर्थ में आत्म-ध्यान में प्रवृत्त हुआ। इस घटना का उल्लेख यद्यपि द्वयाश्रय काव्य में किया तो गया है, परन्तु उसका टीकाकार अभयतिलक गणी यह कहता है, कि चामुण्डराज बड़ा कामी था। इसीलिए उसकी बहिन चाचिणीदेवी ने उसको सिंहासन से उतार कर वल्लभराज को गद्दी पर बैठाया। अभयतिलक गणी के इस कथन में सत्यता प्रकट होती है, क्योंकि भीमदेव प्रथम के वृत्तान्त में फारसी के इतिहासकारों से उद्धृत किए जाने वाले दाबशिलीन के हाल से उसका समर्थन होता है। 'प्रबन्धचिन्तामणि' के कथनानुसार चामुण्डराज ने अनहिल्लपट्टन में चायणेश्वर का मन्दिर बनवाया था। इससे चाचिणी देवी नाम तो ठीक है।

फार्बस ने अपनी 'रासमाला' में लिखा है कि चामुण्डराज ने अपनी बहिन चाचिणी देवी से व्यभिचार किया। किन्तु गुजरात के किसी भी इतिहास से इस कथन की पुष्टि नहीं होती। सम्भवतः फार्बस ने अभयतिलक गणी के वक्तव्य को भ्रम से ऐसा लिख दिया है। रत्नमालाकार लिखता है कि चामुण्डराज का शरीर पीले रंग का, कृश था। खाने-पीने और शृंगार में वह बहुत रुचि रखता था, तालाब आदि बनवाने तथा बाग लगाने का भी उसको बहुत शौक था। चामुण्डराज ने विक्रम सम्वत् 1053-1066 तक, अनुमानतः 14 वर्ष राज्य किया।

कहा जाता है कि बचपन में एक बार चामुण्डराज अपने पिता महाराज मूलराज के पास बैठा था। उस समय लाट देश के राजा वारप ने मूलराज को भेंट में कुछ हाथी भेजे थे। चामुण्डराज ने एक हथिनी को लक्ष्य करके कहा, "यह अशुभ हथिनी है। क्योंकि इसकी पूँछ कुत्ते के समान है। इस लक्षण वाला हाथी जिस राजा के यहाँ रहेगा, उसका राज्य और घर नष्ट हो जाएगा। लाट देश के राजा ने जान-बूझकर शत्रुता से यह हथिनी भेजी है।" ऐसा कहकर चामुण्डराज ने पिता की आज्ञा लेकर वारप पर चढ़ाई की, और उसे मार डाला।[30] द्वयाश्रय काव्य में तो यह लिखा है, पर 'प्रबन्धचिन्तामणि' में वारप को तैलंग का राजा और सुकृतसंकीर्तन[31] में कान्यकुब्ज

का राजा लिखा है। परन्तु कीर्तिकौमुदी[32] में उसे द्वयाश्रय काव्य की भाँति लाट देश का मन्त्री लिखा है। चाहे जो हो, परन्तु वारप का मूलराज या चामुण्डराज के हाथ से मारा जाना तो निश्चित ही है। परन्तु वारप के पौत्र कीर्तिराज और कीर्तिराज के पौत्र त्रिलोचनपाल का एक दानपत्र शक सम्वत् 972, विक्रम सम्वत् 1107 का मिला है।[33] इससे तो यह प्रमाणित होता है कि उस काल तक वारप के वंशज पाटन के सोलंकियों के अधीन न थे। विक्रम सम्वत् 1030 में कल्याण के चालुक्य राजा तैलप ने राठौरों से लाट देश छीना। छीन कर अपने सेनापति वारप को दिया, वारप की मृत्यु विक्रम सम्वत् 1030 में हुई—या अधिक से अधिक 1050 के अन्तर्गत। परन्तु लाट देश पर अधिकार इसी के वंशजों का रहा।

कुछ इतिहासकारों का मत है कि चामुण्डराज भोगी-विलासी, संगीत और ऐश-आराम में पड़ा रहने वाला राजा था। उसने अपनी बढ़ती उम्र में अपना सब राजकाज मन्त्रि-मण्डल को सौंप दिया था, और प्रजा की तरफ से बेखबर हो गया था। वह हृदय का कोमल और प्रेमी था, और स्त्रियों के साथ मौज-मज़े में अपने दिन काटता था। उसे गुस्सा भी जल्दी आता था। उसका हाथ खुला हुआ था। ज्यों-ज्यों उसकी उम्र बढ़ती गई, वह आलसी और कायर होता गया। अन्त में उसका काल मृत्युपर्यन्त वनवास के रूप में व्यतीत हुआ।

वल्लभराज

चामुण्डराज के ज्येष्ठ पुत्र वल्लभराज के विरुद 'महाराजाधिराज-परमेश्वर-परमभट्टारक—राजमदनशंकर और जगज्फपन, जगत्कम्पन' मिलते हैं। पूर्वोक्त तीन विरुद तो सोलंकियों के कितने ही दानपत्रों में मिलते हैं। चामुण्डराय के राज्यच्युत होने पर वल्लभराज राजा हुआ। कुछ दिन बाद उसने मालव पर आक्रमण किया और चेचक से वहीं उसका देहान्त हो गया। प्रबन्धचिन्तामणि में लिखा है कि वल्लभराज ने पाँच महीने उनतीस दिन राज्य किया और दुर्लभराज ने बारह वर्ष। परन्तु वही आचार्य मेरुतुंग अपनी 'विचारश्रेणी' नामक पुस्तक में मूलराज के पीछे चौदह वर्ष तक वल्लभराज का और उसके बाद बारह वर्ष तक दुर्लभराज का राज करना लिखते हैं। इन्हीं आचार्य के मत से चामुण्डराज तेरह वर्ष, एक मास और चौबीस दिन राज कर चुका था। परन्तु मूलराज के पीछे तो चामुण्डराज का राजा होना गुजरात के इतिहास की सभी पुस्तकों में तथा ताम्र-पत्रों से भी प्रमाणित है। परन्तु वल्लभराज ने तो पूरे एक वर्ष भी राज नहीं किया। किसी-किसी ने तो राजाओं की नामावली में वल्लभराज का नाम ही नहीं लिया। विक्रम सम्वत् 1966 में वल्लभराज का देहान्त हो गया।

वल्लभराज ने जब मालवा पर चढ़ाई की थी, तब वहां का राजा भोज था। परन्तु कुमारपाल-चरित की हस्तलिखित प्रति में उसका नाम मुंज लिखा है। सुकृतसंकीर्तन

और कीर्तिकौमुदी में मालव राजा का नाम ही नहीं दिया। परन्तु मुंज और सिन्धुराज दोनों ही वल्लभदेव के गद्दी पर बैठने के काल में मर चुके थे। वल्लभ पण्डित ने भोज-प्रबन्ध में सिन्धुराज का अपने छोटे भाई को राज्य देना और बालक पुत्र भोज को उसे सौंप देना लिखा है। परन्तु यह भ्रम है, मुंज के मारे जाने के बाद सिन्धुराज मालवा का राजा हुआ, जिसका पुत्र भोज था।

कुछ इतिहासकार वल्लभदेव को रंगीली प्रकृति का, शूरवीर और बात का धनी राजपूत कहते हैं। उसे विवेकी, वाचाल, निष्कपट और पवित्र मन का आदमी भी कहा गया है। वह अपने वचन का पालन करने वाला और मुसलमानों का विरोधी था।

दुर्लभराज

इस राजा का विरुद 'परमभट्टारक', 'महाराजाधिराज' और 'परमेश्वर' मिलता है। द्वयाश्रय काव्य यह लिखता है कि दुर्लभराज के पास राजा महेन्द्र की बहिन दुर्लभदेवी के स्वयंवर का निमन्त्रण आया, जिससे वह अपने भाई नागराज के साथ स्वयंवर में गया। जहां अंगराज, काशीनरेश, चेदीश्वर कुरुराज, हूणाधिप मथुरेश आदि राजा आए थे। दुर्लभदेवी ने वरमाला दुर्लभराज को ही पहनाई। परन्तु महेन्द्र ने अपनी दूसरी बहिन लक्ष्मी का विवाह नागराज के साथ कर दिया। लौटते समय सब राजाओं से उनका युद्ध हुआ, और उसमें दोनों भाइयों ने उनको परास्त किया, और अनहिल्लवाड़ा में आ पहुंचे[34] किन्तु स्वयंवर की यह कथा विश्वसनीय नहीं मालूम होती। ऐसा मालूम होता है कि रघुवंश में वर्णित इन्दुमती के स्वयंवर के वर्णन का अनुकरण करते हुए हेमचन्द्र ने अपने इस काव्य में यह प्रसंग लिख दिया है। फिर भी इतना तो माना ही जा सकता है कि महेन्द्र ने अपनी बहिन का विवाह दुर्लभदेव से किया होगा। परन्तु महेन्द्र कहां का राजा था, इसका स्पष्टीकरण हेमचन्द्र ने नहीं किया। लेकिन द्वयाश्रय काव्य का टीकाकार उसे मारवाड़ का राजा बताता है। सम्भवतः यही ठीक है। उरा समय मारवाड़ में मुख्य राज्य नान्दौल के चौहानों का था और महेन्द्र नान्दौल पर चौहानों का राज्य स्थापित करने वाले राव लखनसिंह के छोटे पुत्र विग्रहपाल का बेटा था। ऐसा नान्दौल के चौहानों के दानपत्रों से प्रमाणित होता है।

फार्बस की अपनी सम्पादित 'रासमाला' में यह घटना बिल्कुल उलटी लिखी है। वह कहता है कि दुर्लभराज ने अपनी बहिन दुर्लभदेवी का विवाह मारवाड़ के राजा से किया, परन्तु गुजरात का कोई इतिहासकार इसका समर्थन नहीं करता। सम्भवतः फार्बस ने द्वयाश्रय काव्य के अभिप्राय को समझने में गलती की है।

जयसिंह सूरि लिखता है कि न्यायी दुर्लभराज ने लाट के राजा को हराकर उसकी लक्ष्मी और जमीन छीन ली।[35] इतिहास से प्रमाणित यह है कि दुर्लभराज के समय लाट देश का राजा सोलंकी बारप का पौत्र कीर्तिराज था। और उसके पीछे

उसके पौत्र त्रिलोचनपाल तक के समय का दानपत्र उस समय के विक्रम सम्वत् 1075 तक का मिल चुका है। लाट पर राजा वारप के वंशजों का अधिकार था। सम्भव है कि दुर्लभराज ने लाट देश के उत्तरी अंश को राज्य के अधीन कर लिया हो।

सोमेश्वर दुर्लभराज को अपने राज्य का रक्षक तथा परस्त्री और द्विजधन की ओर दृष्टि न देने वाला बताता है।[36] ऐसा ही सुकृतसंकीर्तन' काव्य भी कहता है।[37] इससे दुर्लभदेव का न्यायी, सदाचारी और न्याय-रक्षक होना पाया जाता है। रत्नामालाकार ने कहा है, कि दुर्लभराज का कद लम्बा था। वह सेवाव्रती, ज्ञानवान् और कर्तव्यपरायण था। उसको तपस्वी के समान स्नान-ध्यान और गङ्गा-तट से प्रीति थी। वह युद्ध-प्रिय नहीं था।[38] हेमचन्द्र ने लिखा है कि तत्त्व ज्ञानी दुर्लभराज ने एकान्तवाद को निर्मूल ठहराकर सत्यता ग्रहण की।[39] इससे ऐसा मालूम होता है कि दुर्लभराज की जैन-धर्म की ओर भी आस्था थी।

'प्रबन्धचिन्तामणि' में लिखा है कि दुर्लभराज अपने भाई नागराज के पुत्र भीमदेव को राजसिंहासन पर बैठाकर यात्रा की इच्छा से काशी गया। किन्तु जब वह मालव देश को पार करने लगा तो वहां के राजा मुंज ने उससे कहा—कि या तो छत्र-चंवर आदि यहीं छोड़कर यात्री के वेश में जाओ, या मुझसे युद्ध करो। इस प्रकार धर्म कार्य-में विघ्न होने से अपना सारा हाल भीम को कहला भेजा और यात्री के वेश में काशी चला गया। तभी से मालव और गुजरात में शत्रुता की जड़ जमी।[40] परन्तु मेरुतुंग का यह कथन सत्य प्रतीत नहीं होता, क्योंकि द्वयाश्रय काव्य के प्रणेता हेमचन्द्र ने जो बात चामुण्डराज के सम्बन्ध में लिखी है, उसी को उसने दुर्लभराज के साथ जोड़ दिया। एक तो दुर्लभराज के काल में मालव का राजा मुंज नहीं, भोज था। दुर्लभराज का राज्यारोहण विक्रम सम्वत् 1050 और 1054 के बीच हो चुका था। फिर मालव के परमारों और गुजरात के सोलंकियों के बीच परम्परागत वैर का सिलसिला चामुण्डराज के समय से ही हो गया था। चामुण्डराज ने सिन्धुराज को मारा और मालव वालों ने चामुण्डराज को काशी जाते समय लूट लिया, और छत्र-चंवर आदि छीन लिये। इस पर वल्लभराज ने चढ़ाई की, और वहीं पर उसकी मृत्यु हो गई। इस प्रकार इन दोनों राज्यों का वैर और पहले से आरम्भ हुआ था।

हेमचन्द्र ने दुर्लभराज के राज्य को छोड़ने के विषय में लिखा है, कि दुर्लभराज को तीर्थ में रहने की इच्छा थी, तो उसने नागराज के पुत्र भीमदेव की गद्दी देनी चाही। और दुर्लभराज तथा नागराज दोनों के समझाने से भीमदेव राजा हुआ।[41] परन्तु हेमचन्द्र का यह कथन भी विश्वसनीय नहीं प्रतीत होता। दुर्लभराज और नागराज दोनों का राज्य का इच्छुक होना और भीमदेव के गद्दी पर बैठते ही उनका एक साथ स्वर्गवास हो जाना विचित्र नाटकीय घटना-सी है। फिर कुछ ऐसे प्रमाण भी हैं, कि जिनसे यह ध्वनित होता है कि दुर्लभराज ने अपनी इच्छा से राज नहीं छोड़ा, भीमदेव ने बलात् उससे राज्य छीना। अनेक विद्वानों का यह मत है। और हेमचन्द्र ने तो

ऐसी ही बात चामुण्डराज के राज्य परित्याग के विषय में भी कही है। द्वयाश्रय काव्य के टीकाकार का तो यह स्पष्ट कथन है कि चामुण्डराज को राज्य-च्युत किया गया था।

दुर्लभराज ने अनहिल्लपट्टन में दानशाला, हस्तिशाला, घटिका-गृह सहित सप्त भूमि वाला धवल गृह, मदनशंकर प्रासाद और दुर्लभ-सर नाम का तालाब बनवाया।

फिर कुछ इतिहासकार दुर्लभराज को दम्भी और पाखण्डी कहते हैं। जैसा कि इतिहासकारों का कथन है—दुर्लभराज ने भी महमूद से युद्ध किया होगा क्योंकि महमूद ने सिद्धपुर का रुद्र महालय भी भङ्ग किया था। फिर दुर्लभ ने महमूद की अधीनता स्वीकार कर अपनी प्रतिष्ठा की रक्षा भी नहीं की। गुजरात की प्रजा भी दुर्लभदेव को चाहती न थी, ऐसा कुछ विद्वानों का मत है।

मेरुतुङ्ग आचार्य ने 'प्रबन्धचिन्तामणि' में विक्रम सम्वत् 1065, चैत्र शुक्ल छठ को दुर्लभराज का राज्याभिषेक होना और विक्रम सम्वत् 1077, ज्येष्ठ सुदी द्वादशी को अपना राज्य भतीजे भीम को देना लिखा है। परन्तु 'प्रबन्धचिन्तामणि' की अपेक्षा 'विचार श्रेणी' अधिक प्रमाणित प्रतीत होती है। विचार श्रेणी के अनुसार दुर्लभराज ने 1078 तक राज्य किया।

कुछ इतिहासकार दुर्लभराज को दगाबाज़ और साहूकार चोर कहते हैं। अपना मतलब सिद्ध करने के लिए वह अच्छे-बुरे की परवाह नहीं करता था। वह किसी पर भरोसा भी नहीं करता था। न उसे भाई-भतीजों पर विश्वास था। खुशामदी एवं जी-हजूरिए उसे घेरे रहते थे। वह असन्तोषी पुरुष था और मतलब पूरा करने के लिए वह दया-माया, नीति-अनीति की तनिक भी परवाह नहीं करता था। कहा जाता है कि उसने महमूद से सन्धि कर ली थी, और अपने भाई वल्लभदेव को शत्रु के सुपुर्द करने में सहायता की थी।

भीमदेव

संस्कृत पुस्तकों में भीमदेव का काफी चरित्र मिलता है। 'प्रबंध-चिन्तामणि' काव्य गें लिखा है कि भीमदेव ने सिन्धु देश पर चढ़ाई की। उस समय मालव के राजा भोज के सेनापति कुलचन्द ने अनहिल्लवाड़े पर हमला किया और उस नगर को जीतकर 'धवल गृह' के द्वार पर, जहां घड़ी बजा करती थी—कौड़ियां गढ़वाकर और विजय-पत्र साथ लेकर मालव को लौटा। सब वृत्तान्त सुनकर भोज ने कहा कि तुमने वहाँ पर कोयले क्यों नहीं गाड़े, कौड़ियाँ गाड़ने का फल तो यह होगा कि मालव का कर गुजरात को जाएगा।[42] भोज की इस विजय का उल्लेख ग्वालियर राज्य के उदयपुर में मिले हुए परमार राजा उदयदित्य के समय के शिलालेख में भी मिलता है।[43] परन्तु प्रबन्धचिन्तामणि का काव्यकार कुछ दूसरी ही बात कहता है। उसने यह लिखा है कि एक साल ऐसा हुआ कि वृष्टि नहीं हुई, और अन्न और घास का मिलना कम हो गया। इसी समय भीमदेव को सूचना मिली, कि भोज ने उसके देश पर आक्रमण

किया है। इस पर उसने अपने संधि-वैग्रहिक 'डांमर' को यह आज्ञा दी, कि कुछ दण्ड देकर इस चढ़ाई को रोकना चाहिए। डांमर भोज के दरबार में गया। वहां होने वाले एक नाटक-अभिनय में तैलपदेव का एक दृश्य आया। उस प्रसंग पर डांमर ने राजा भोज के सामने भरी सभा में यह कहा कि तैलपदेव मुंज को सूली पर चढ़ाने के कारण प्रसिद्ध हैं। इस आक्षेप से उत्तेजित होकर भोज ने तैलप देश पर चढ़ाई कर दी।[44] उधर से तैलप की बड़ी सेना भी उसका सामना करने को आई। इस अवसर पर डांमर ने एक जाली पत्र बनाकर भोज से कहा, कि भीम भी मालव के लिए प्रस्थान कर भोगपुर तक आ पहुंचे हैं। इस पर भोज ने घबराकर डांमर से कहा, कि इस समय गुजरात के महाराज भीमदेव को मालव पर आक्रमण करने से रोको। और एक हाथियों की जोड़ी भीमदेव को भेंट की।[45] परन्तु कुछ ऐतिहासिक तत्त्व इस घटना के विरोधी हैं। पहली बात तो यह है कि तैलप का देहान्त सम्वत् 1054 में ही हो गया था और उस समय मालव का राजा भोज नहीं, वरन् उसका पिता सिन्धुराज था। भोज ने तैलप पर नहीं, किन्तु उसके पौत्र जयसिंह पर चढ़ाई की थी। भीमदेव का तो राज्याभिषेक भी इस घटना के 12 वर्ष बाद हुआ। भोज ने मुंज का बदला लेने के लिए तैलप के वंशधर जयसिंह पर चढ़ाई करके कोंकण को जीता था, जिसका उत्सव विक्रम सम्वत् 1059 में मनाया गया। भोज के उक्त सम्वत् के दानपत्र से यह बात प्रमाणित होती है। इसी ग्रंथकार ने भोज और भीम की लड़ाई के सम्बन्ध में तीसरी बात यह भी लिखी है कि डाहल देश के राजा कर्ण ने राजा भोज पर चढ़ाई की, और उसको आधा राज्य देने की शर्त पर भीम को पीछे की ओर से हमला करने को बुलाया। इसी लड़ाई के समय में भोज रोगी होकर मर गया और कर्ण ने भोज की सारी सम्पत्ति लूट ली। भीम ने इस पर डांमर को आज्ञा दी कि या तो भोज का आधा राज्य मेरे सुपुर्द करो, नहीं तो तुम्हारा सिर काट लिया जाएगा। इस पर डांमर ने बत्तीस सवारों को लेकर कर्ण को उसके डेरे में दोपहर के समय घेर लिया। इस पर राजा कर्ण ने एक हिस्से में नीलकण्ठ-चिन्तामणि और गणपति आदि सहित स्वर्ण की बनी हुई मंडपिका तथा दूसरे में राज्य की सारी सम्पत्ति रखकर कहा—कि जो हिस्सा अच्छा समझें, उठा लें। सोलह पहर तक वे हिस्से यों ही पड़े रहे। इसके बाद भीम की आज्ञा से डांमर ने मंडपिका लेकर भीम को भेंट कर दी।[46] यह घटना विक्रम सम्वत् 1110 के आसपास हुई। जिसमें लाभ डाहल के राजा कर्ण को ही मिला।[47] भीमदेव के समय भोज ने अनहिलवाड़े पर चढ़ाई की थी, जिसका बदला लेने के लिए भीमदेव राजा कर्ण का सहायक बना।

आबू के परमारों से भीमदेव का संघर्ष

सोलंकी मूलराज ने आबू के परमार राजा धरणीवराह का राज्य अपने अधीन कर लिया था। तब से आबू के परमार गुजरात के सोलंकी राजाओं के सामन्त कहलाते

थे। भीमदेव के काल में आबू का राजा धुंधक था। उसने भीमदेव की अधीनता स्वीकार करनी नहीं चाही। जिसके कारण भीमदेव के साथ उसका संघर्ष हुआ। इस सम्बन्ध में गुजरात के इतिहास से सम्बन्धित पुस्तकों में तो कुछ नहीं लिखा। परन्तु पौरवाड़ 'प्रागवाट्' महाजन विमलशाह के बनाए हुए आबू पहाड़ पर के देलवाड़ा गाँव के प्रसिद्ध आदिनाथ के जैन मन्दिर विमलवश ही के जीर्णोद्धार के, विक्रम सम्वत् 1378, ज्येष्ठ सुदी 9 के शिलालेख में लिखा है—"कि चन्द्रावती नगरी का राजा धुंधक[48] वीरों का अग्रणी था। जब उसने राजा भीमदेव की सेवा स्वीकार नहीं की, तब राजा भीमदेव उस पर क्रुद्ध हुआ। जिससे वह मनस्वी धुंधक राजा भोज के पास चला गया। फिर राजा भीम ने प्रागवाट वंशी मंत्री विमल को अर्बुद का मंत्री बनाया। उसने विक्रम सम्वत् 1088 में अर्बुद के शिखर पर आदिनाथ का मन्दिर बनवाया।"[49] इसके समर्थन में जिनप्रभु सूरि का तीर्थकल्प का लेख भी है, जिसमें लिखा है कि जब गुजरेश्वर भीमदेव राजा धुंधक पर क्रुद्ध हुआ, तब उस विमलशाह ने भक्ति से उस भीमदेव को प्रसन्न करके उस धुंधक को चित्रकूट से लाकर विक्रम सम्वत् 1088 में उस धुंधक की आज्ञा से विमल बस्ती नामक मन्दिर बनवाया।[50] इन दोनों कथनों का सारांश यही है कि धुंधक ने भीमदेव से विरोध किया जिससे उसे मालव के राजा भोज परमार की शरण में रहना पड़ा। पीछे मन्त्री विमलशाह की मध्यस्थता में उसने भीमदेव से संधि की और उसकी सेवा स्वीकार करके अपना राज्य वापस पाया। धुंधक के पीछे उसका पुत्र प्रणपाल आबू का राजा हुआ, और उसके पीछे उसके छोटे भाई कृष्णराज ने राज्य पाया। कृष्णराज से किसी प्रकार नाराज होकर भीमदेव ने उसे कैद कर लिया।[51] जोधपुर राज्य के सुझा नामक पहाड़ पर के देवी मन्दिर की विक्रम सम्वत् 1319 की प्रशस्ति में नान्दौल के राजा बालाप्रसाद चौहान के वर्णन में लिखा है कि उसने राजा भीमदेव की सेवा में रहकर कृष्णदेव को छुड़ाया।[52]

भीमदेव का नान्दौल के चौहानों से युद्ध

जैसे भीमदेव ने आबू के परमारों को अपने अधीन किया, वैसे ही नान्दौल के चौहानों पर चढ़ाई करके उन्हें अपने अधीन बनाया। नान्दौल राज्य जोधपुर के गौड़वाड़ परगने में है। नान्दौल के चौहान सोंभर के चौहानों की छोटी शाख में से हैं। और इस समय उनके वंश में बूँदी, कोटा और सिरोही की गद्दियां हैं। जोधपुर राज्य के जसवन्तपुर ज़िले में सूधा नामक पहाड़ पर देवी का मन्दिर तथा वहां विक्रम सम्वत् 1319 का एक शिलालेख मिला है। उसमें नान्दौल के चौहान राजा अनहिल्लराय का वृत्तान्त लिखा है—कि उसने युद्ध में भीमदेव की हस्ति-सेना का संहार किया और भोज के सेनापति साढ़ा को मारा।[53] सम्भव है कि प्रथम युद्ध में भीमदेव की पराजय हुई हो। परन्तु अन्त में उसे भीमदेव की अधीनता ही स्वीकार करनी पड़ी। भीमदेव

और भोज के युद्ध में उसने भीमदेव की सेना के साथ कपट से युद्ध किया था। क्योंकि उसी लेख में उसके पुत्र बालाप्रसाद का भी वर्णन है, कि जिसने राजा भीमदेव की चरण-सेवा कर राजा कृष्णदेव को कैद से छुड़ाया था। अनहिल्लराय का भोज के सेनापति साढ़ा को मारना या तो भोज के सेनापति कुलचन्द्र के अनहिल्लवाड़े पर चढ़ाई के समय की घटना है, या भोज के अन्तिम समय में भीमदेव के धारा नगरी पर चढ़ाई करने से सम्बन्ध रखती है। द्वयाश्रय काव्य में लिखा है कि राजा भीमदेव के शत्रु अस्त हो गए थे, और उनकी कीर्ति यमुना-तट और मगध देश तक फैल गई। उसने नीति का प्रचार किया था। व्यभिचारियों को दण्ड देकर परदार-गमन को रोका था। एक दिन एक दूत ने उसे बताया कि अब सब देश आपके अधीन हैं, किन्तु सिन्धचेदी के राजा आपके शत्रु हैं। उन्होंने आपको नष्ट करने का विचार किया है। सिन्ध के राजा हम्मुक ने शिवशरण को जिताकर अपने पक्ष में मिला लिया है और कई देश उसके अधीन हैं। इस पर भीमदेव ने सिन्ध देश पर चढ़ाई की और सिन्ध नदी पर पुल बँधवाकर सिन्ध को जय किया। हम्मुक को परास्त किया और चेदी पर चढ़ाई की जहां के राजा ने सोना, घोड़े, हाथी और भोज से ली हुई स्वर्णमण्डपिका देकर उससे मित्रता की।[54] परन्तु हेमचन्द्र का यह कथन अतिश्योक्तिपूर्ण मालूम होता है। सिन्ध देश पर चढ़ाई करने का उल्लेख तो प्रबन्धचिन्तामणिकार ने भी किया है, परन्तु चेदी पर चढ़ाई करने का उल्लेख नहीं मिला है। राजा कर्ण से उसने स्वर्णमण्डपिका ली तो अवश्य, परन्तु चेदी पर चढ़ाई करके नहीं। हम्मुक, शायद सिन्ध में राज्य करने वाले सुमरावंश का हम्मीर दूसरा हो, जो भीमदेव का समकालीन माना जाता है। ऐसा प्रसिद्ध है कि हम्मुक ने कच्छ देश के मकवाड़ा (झाला) केसर को मारा, जिससे उसका कुँवर हरपाल वहां से भागकर अनहिल्लवाड़े के राजा कर्ण की शरण में आया, जिसने उसको झालावाड़ का इलाका देकर अपना सामन्त बनाया।

भीमदेव का शरीर पुष्ट, लम्बा, रोमवाला और रङ्ग कुछ श्याम था। वह अभिमानी, धनी, योद्धा और म्लेच्छों से न डरने वाला था।[55] भीमदेव के तीन रानियों का होना पाया जाता है। जिनमें दो के नाम उदयमती और बकलादेवी मालूम हुए हैं।[56] प्रबन्धचिन्तामणि में बकलादेवी के स्थान पर चौलादेवी पाठ मिलता है। मेरुतुङ्ग बकलादेवी (चौलादेवी) को पथभ्रष्टा वेश्या बताता है, परन्तु किसी भी ग्रन्थ और शिलालेख से इसकी पुष्टि नहीं होती। भीमदेव के तीन पुत्र बतलाए गए हैं : मूलराज, क्षेमराज और कर्ण। क्षेमराज बकुलादेवी (चौला) से, और कर्ण उदयमती से हुए। मूलराज किस रानी से हुआ, इसका निर्णय नहीं हुआ। भीमदेव के ज्येष्ठ पुत्र मूलराज के विषय में मेरुतुङ्ग लिखता है—कि एक वर्ष गुजरात में वृष्टि नहीं हुई, जिसके कारण कृषक लोग राज्य का महसूल जमा नहीं कर सके, जिससे वे श्रीपत्तन लाए गए। मूलराज ने घोड़ा फिराने की चतुराई से राजा को प्रसन्न कर वह कर माफ करा दिया। जिसके तीन दिन बाद ही मूलराज का देहान्त हो गया। दूसरे वर्ष अच्छी वृष्टि होने

पर कृषकों ने दोनों वर्षों का कर चुका दिया। उस धन से मूलराज का स्मारक-स्वरूप त्रिपुर-प्रासाद नामक मन्दिर बनाया गया।[57] कुमारपाल-चरित के अनुसार भीमदेव के दो पुत्र थे, जिसमें बड़ा क्षेमराज और छोटा कर्ण था। क्षेमराज ने कर्ण को राजसिंहासन पर बैठाया क्योंकि उसके पिता ने उसकी माता को ऐसा वचन दिया था। क्षेमराज के पुत्र देव प्रसाद को कर्ण ने दधिस्थली गांव दिया। इस घटना का समर्थन चरित्र सुन्दर गणी ने भी किया है। और जयसिंह सूरि रचित कुमारपाल-चरित से भी यही प्रमाणित होता है। भीमदेव ने विक्रम सम्वत् 1078 से 1110 तक राज्य किया। देहांत के समय उसकी आयु लगभग 60 वर्ष थी।[58] प्रबन्धचिन्तामणि में विक्रम सम्वत् 1077 ज्येष्ठ सुदी द्वादशी को भीमदेव का राज्याभिषेक तथा विक्रम सम्वत् 1120 चैत्र बदी सप्तमी तक राज्य करना लिखा है। परन्तु उसी लेखक ने पीछे से अपनी विचारश्रेणी में विक्रम सम्वत् 1078 से 1120 तक राज्य करना माना है, जो अधिक प्रमाणित है। भीमदेव के दो ताम्रपत्र मिले हैं, जिनमें पहला विक्रम सम्वत् 1086, कार्तिक सुदी 15 का है। इसमें कच्छ का मसूर गाँव आचार्य मङ्गलशिव के पुत्र भट्टारक अजयपाल को देने का उल्लेख है।[59] दूसरा ताम्रपत्र विक्रम सम्वत् 1093 का है, जिसमें वत्स गोत्र के ब्राह्मण दामोदर के पुत्र गोविंद को कच्छ देश में सहसचापा गाँव में एक हलवाह भूमि देना लिखा है।[60] एक हलवाह में आधुनिक 10 बीघे के लगभग जमीन मानी जाती थी। नियम यह था, कि एक दिन में एक हल से जितनी भूमि जोती जाए, उसे एक हलवाह कहा गया है। दोनों दानपत्रों का दूतक सन्धिवैग्रहिक श्री चण्ड शर्मा और लेखक कांचन का पुत्र बटेश्वर बताया गया है। दूतक उस पुरुष को कहते थे जिसके पास दानपत्र की सनद या दान करने की राजाज्ञा पहुंचती थी।[61]

विमलशाह

विमलशाह के सम्बन्ध में किसी विद्वान् का कोई लेख नहीं मिलता है। परन्तु आबू वाले विमलशाह के मन्दिर के जीर्णोद्धार के एक शिलालेख से हमें इतना ही पता चलता है—कि प्रागवाट् (पौरवाड़) जाति का महाजन, दृढ़ व जैन धर्मावलम्बी और वीर प्रकृति का योद्धा था। उसके आबू के मन्दिर को देखकर यह कहा जा सकता है—कि उसके पास अपरिमित धन-समृद्धि थी। आबू का यह भव्य मन्दिर निर्माण करने में उसने 18 करोड़ रुपए खर्च किए थे। विक्रम सम्वत् 1568 में अनहिल्लवाड़े के जैन साधु मुनी लावय ने प्राचीन गुजराती भाषा में विमलप्रबन्ध नाम से विमलशाह का चरित्र-ग्रन्थ लिखा है। जिसके आधार पर कुछ बढ़ाकर सौभाग्य सुन्दर सूरि ने विक्रम सम्वत् 1574 में 'विमलप्रबन्ध' नामक संस्कृत ग्रन्थ की रचना की। ये दोनों ही ग्रन्थ विमलशाह के समय के लगभग 500 वर्ष पीछे लिखे गए। इनमें विमलशाह के सम्बन्ध में कुछ चमत्कारिक और अत्युक्तिपूर्ण बातें लिखी हैं,

जो कि विश्वसनीय नहीं हैं। विमलप्रबन्ध में लिखा है कि आठवीं शताब्दी के अन्त में विमलशाह के पूर्वज नीन मन्त्री चानड़ा वंशी राजा वनराज के समय में अनहिल्लवाड़े में जा बसा। नीन का पुत्र लहिर प्रतापी हुआ, जिसको वनराज ने अपना दण्डनायक बनाया। वनराज के बाद के राजाओं के समय तक वह दण्डनायक बना रहा। लहिर का पुत्र वीर और वीर का पुत्र विमलशाह हुआ। वनराज ने विक्रम सम्वत् 821 से 882 तक राज्य किया। और उसके राजाओं के अतिरिक्त योगराज, रत्नादित्य, बैरीसिंह और क्षेमराज ने विक्रम सम्वत् 882 से 944 तक राज्य किया। विमलशाह विक्रम सम्वत् 1088 में विद्यमान था।

विमलदेवशाह ने जो यह मन्दिर आबू में बनाया है, इसकी समता का कोई दूसरा देव-प्रासाद भारतवर्ष में नहीं है। तेजपाल का बनवाया हुआ नेमिनाथ का मन्दिर भी बहुत भव्य है, किन्तु विमलदेवशाह का यह मन्दिर उससे बढ़-चढ़कर है। फर्गुसन इसके विषय में कहता है कि वह इस मन्दिर में जो कि संगमरमर का बना हुआ है, अत्यन्त परिश्रम सहन करने वाले हिन्दुओं की टांकी से फीता-जैसी बारीकी के साथ ऐसी मनोहर आकृतियां बनाई गई हैं, कि उनकी नकल कागज़ पर बनाने को बहुत परिश्रम करने पर भी मैं समर्थ नहीं हुआ।[62] टाड ने भी वहां के गुम्बज के विषय में कहा है, कि इसके चित्र बनाने में कलम थक जाती है। और अत्यन्त परिश्रम करने वाले चित्रकारों की भी कलम को महान श्रम करना पड़ेगा।[63] गुजरात के इतिहास 'रासमाला' के लेखक फार्बस ने भी इस मन्दिर की भूरि-भूरि प्रशंसा की है। विमलदेवशाह के इस अनुपम मन्दिर का कुछ भाग मुसलमानों ने तोड़ फोड़ डाला था। जिससे विक्रम सम्वत् 1378 में लल्ल और वीजड़ नामक दो साहूकारों ने सिरोही के महाराव तेजसिंह के राज्यकाल में इनका जीर्णोद्धार करवाकर ऋषभदेव की मूर्ति की स्थापना की। कर्नल टाड ने जोकि आबू पर चढ़ने वाले सबसे पहले योरोपियन व्यक्ति थे, उसे भारत का सर्वोत्तम प्रासाद कहा है, और कहा है कि आगरे का ताज ही उसकी कुछ समता कर सकता है।

सपादलक्ष

सपादलक्ष सांभर और अजमेर के राज्यों के अधीन सम्पूर्ण क्षेत्र का नाम था।[64] विग्रहराज बीसलदेव सपादलक्ष देश का राजा था, ऐसा प्रबन्धचिन्तामणि में लिखा है। उस ग्रन्थ में सपादलक्षक्षितिपति अथवा उसके पर्यायवाची शब्दों का जो प्रयोग किया गया है, वह चौहान राजाओं का सूचक है। अजमेर बसाए जाने से पूर्व चौहानों की राजधानी शाकम्भरी थी। इसी से वे शाकम्भरीश्वर अर्थात् सम्भरीराव कहाते थे। अजयपाल ने अजमेर नगर बसाया, तब से वही राजधानी बना। परन्तु सब चौहान राजा नवरात्रि आते ही अपनी कुलदेवी शाकम्भरी की पूजा करने सांभर चले जाया करते थे।[65]

कंथा दुर्ग या कंथकोट का किला

यह किला कच्छ राज्य के पूर्व बागड़ में एक पहाड़ी पर बना है। प्राचीन काल में यह अच्छी आबादी वाला स्थान था। यह सुरक्षित और सुदृढ़ किला है। विपत्ति-काल में गुर्जर राजाओं ने इस दुर्ग में बहुत बार आश्रय लिया था।[66]

प्रभासपट्टन

सोमनाथ की प्रसिद्धि के अनेक कारण हैं। प्रथम तो प्रभासपट्टन तीर्थ ही बहुत प्राचीन है। महाभारत-काल में यहीं पर यादवों का विग्रह और कुल-क्षय हुआ था। महाभारत-काल के बाद, कृष्ण-वंश के अवसान के कारण तथा कृष्ण-भूमि द्वारका के निकट होने के कारण, वह आगे चलकर साम्प्रदायिक काल में प्रथम वैष्णवों द्वारा पूजित तीर्थ रहा होगा, जिस पर पीछे से शैव शक्ति का प्रवेश हुआ। प्रभास तो प्रथम ही सुपूजित तीर्थ था। फिर मध्यकाल में वहाँ सूर्य मन्दिर तथा जैन मन्दिरों के निर्माण होने से इस महातीर्थ की गणना और अधिक व्यापक हो गई और वह भारत का प्रसिद्ध तीर्थ हो गया। इसके बाद प्रसिद्ध मूर्तिभंजक महमूद के अन्तिम अभियान के कारण, जिसमें सोमनाथ का भंग हुआ, वह एक ऐतिहासिक महत्त्व धारण कर गया। इसके बाद अनेक मुसलमान बादशाहों ने मन्दिर का ध्वंस समय-समय पर किया, पर हर बार हिन्दुओं ने उसके ध्वस्त हो जाने पर फिर से उसकी स्थापना कर ली। लगभग चार सौ वर्ष तक इस महातीर्थ में हिन्दुओं और मुसलमानों में संघर्ष चलता रहा। अन्त में 15वीं शताब्दी में हिन्दुओं ने प्राचीन महालय के निकट ही एक नया मन्दिर बना लिया। सोमनाथ का प्राचीन महालय, जो बाद में मस्जिद के रूप में परिवर्तित कर दिया गया था, अब केवल खण्डहर ही रह गया।

महमूद का अभियान

महमूद ने गुजरात पर चढ़ाई तो अवश्य की और सोमनाथ को भंग भी किया, गुजरात और सोमनाथ को लूटा भी, फिर भी उसने अपनी सत्ता हिन्द में स्थापित करने की चेष्टा नहीं की। उसने बहुत-से प्रदेशों को सर किया, फिर भी उनमें सूबाओं द्वारा अपनी सत्ता जमाने का उद्योग उसने नहीं किया। वह एक साहसी योद्धा अवश्य था, परन्तु उसे साम्राज्य का शौक नहीं लगा, उसे तो सम्पत्ति की ही भूख थी। और यही कारण था कि सोमनाथ के पराभव होने के बाद गुजरात पर ऐसी भयानक विपत्ति आने पर भी समग्र गुजरात के जीवन का प्रवाह महमूद की पीठ फेरते ही पूर्ववत् चलता रहा। यह एक बड़े ही आश्चर्य का विषय था। वास्तव में वह युग ही दूसरा था। महमूद जिस ऊजड़ प्रदेश में रहता था, वहाँ अनन्त भू-विस्तार उसके अधीन था। इसलिए उसे धरती की भूख नहीं थी। अमर कीर्ति की लालसा थी—धन का लोभ था।

कुछ इतिहासकार महमूद को धर्मान्ध कहते हैं। और उनका कहना यह है कि

उसने सोमनाथ की मूर्ति भंग करने के लिए ही यह जिहाद का झण्डा उठाया था, परन्तु कुछ इतिहासकार उसे लुटेरा कहते हैं। सम्भवतः दोनों ही बातों में सत्य हो, और इन्हीं भावनाओं से प्रेरित होकर महमूद ने ऐसे भारी-भारी अभियान किए हों। फिर भी इतना तो कहना ही पड़ेगा कि महमूद के दुस्साहस में उसकी प्रजा का पूरा-पूरा हाथ था। महमूद बादशाह था, फिर भी प्रजा का सेवक था। यह ज़माना वोटोक्रेसी अथवा मिलिटरी डिक्टेटरशिप का था। परन्तु राज्य का कारोबार डेमोक्रेसी पद्धति पर चलता था। आज डेमोक्रेसी का युग है, पर कार बार सब डिक्टेटरशिप की रीति पर चलते हैं। स्टालिन की सोवियत सरकार तो यह कहती रही कि जन स्वातन्त्र्य के लिए ही यह डिक्टेटरशिप है।

महमूद का यह युग गज़नी की जाहोजलाली, राजा और प्रजा के प्रेम, मुसलमानों की साहसप्रियता, भारतीय क्षत्रियों के अनैक्य तथा विजित प्रजा के साथ महमूद की उदारता और मूर्ति-पूजा का विकृत रूप प्रकट करता है।

ऐतिहासिक आधारों पर नीचे लिखी बातें प्रमाणित हैं—

1. ईस्वी सन् 1025 में महमूद ने आक्रमण किया।
2. क्षत्रिय राजाओं के भय से उसे मरुस्थली की राह से आना पड़ा।
3. रास्ते में गुजरेश्वर भीम के भय से उसे कच्छ के महारन से वापस जाना पड़ा।
4. उसने सोमनाथ का मन्दिर तोड़ा।
5. वह आया और चला गया। किन्तु गुजरात का राजकीय, सामाजिक और धार्मिक जीवन अभंग ही रहा। इस आक्रमण को इतना तुच्छ समझा गया कि हेमचन्द्र, सोमेश्वर और मेरुतुंग-जैसे इतिहासकारों ने उसकी कहीं चर्चा तक नहीं की।
6. गुजरात की सत्ता और समृद्धि में कुछ भी कमी न आई, क्योंकि उसके सात ही वर्ष बाद 1032 में मन्त्रीश्वर विमलदेवशाह ने आबू पर आदिनाथ का मन्दिर बनवाया, जिसमें अठारह करोड़ रुपए खर्च हुए।

सोमनाथ पर महमूद का यह आक्रमण नैपोलियन के मास्को पर किए गए आक्रमण से बहुत समानता रखता है। दोनों आक्रमणकारी महत्त्वाकांक्षी थे—और दोनों ही परराज्य में ज़बरदस्ती घुसे। नैपोलियन प्रकृति के द्वारा अवरुद्ध होकर पीछे फिरा, किन्तु महमूद को शत्रुओं से भय खाकर प्रकृति का भोग होना पड़ा। यद्यपि महमूद के इस आक्रमण का उल्लेख गुजरात के किसी भी इतिहासकार ने नहीं किया, परन्तु कुछ शिलालेख ऐसे मिलते हैं जिनमें महमूद के इस आक्रमण का उल्लेख है।[67]

सोमनाथ के विनाश और जीर्णोद्धार का विवरण श्री अमृतलाल पाण्ड्या ने इस प्रकार दिया है—

विनाशः—	**जीर्णोद्धारः—**
महमूद गज़नवी ईस्वी सन् 1024	भीमदेव प्रथम, ईस्वी सन् 1026
	कुमारपाल, 1196

अलफ खान, ईस्वी 1297

अहमदशाह, 1314

शम्सखान, 1318 महीपाल, 1325

मुजफ्फरखान दूसरा, 1394

तातारखान, 1520

औरंगजेब मारफत, 1706 अहिल्लयाबाई होल्कर, 1765

इस प्रकार एक के बाद दूसरा आक्रमणकारी आता गया जाता गया, और सोमनाथदेव अपना चोला बदलता गया। वे सब आक्रमणकारी आज नहीं रहे, परन्तु देवाधिदेव सोमनाथ आज भी उसी स्थान पर सुप्रतिष्ठित हैं। सम्पूर्ण विश्व में आज के दिन सुपूजित इतना प्राचीन देवता कोई दूसरा नहीं है।

17 मई, सोमवार, 1954 —चतुरसेन

वैशाख पूर्णिमा, 2011

ज्ञानधाम-प्रतिष्ठान

दिल्ली-शाहदरा

सन्दर्भ

1. सौराष्ट्रे सोमनाथ च श्रीशैले मल्लिकार्जुनम्।
   उज्जयिन्यां महाकालं ओंकारे परमेश्वरम्॥
   केदारं हिमवत्पृष्ठे त्र्यम्बकं गोमतीतटे।
   वैद्यनाथं चिताभूमौ नागेशं दारुकावने॥
   सेतुबन्धे च रामेशं धुश्मेशं च शिवालये।
   द्वादशैतानि नामानि प्रातरुत्थाय यः पठेत्॥
   सप्तजन्म कृतं पापं स्मरणेन विनश्यति॥ शिवपुराण॥
2. टी. गोपीनाथ राव—एलीमेंट्स आफ हिन्दू इकोनोग्राफी, जिल्द 2, भाग 1।
3. देखिए—आईमोनिय का 1901 का 'जनरल एशिया का रिव्यू' (न.1-3, पी. डब्ल्यू. एफ.)
4. देखिए—लाहौर म्यूजियम, मुद्रा सूची, प्लेट, 17, नं. 65।
5. देखिए—श्री एलन की गुप्त-सिक्कों की सूची की भूमिका, पृष्ठ 101।
6. रा. ब. महामहोपाध्याय गौरीशंकर हीराचन्द ओझा कृत मध्यकालीन, भारतीय संस्कृति', पहला आख्यान, पृष्ठ 21।
7. रा. ब. गौरीशंकर हीराचन्द ओझा-कृत 'मध्यकालीन भारतीय संस्कृति', प्र. व्याख्यान, पृष्ठ 22
8. लिंगपुराण, 24-131।
9. रायबहादुर गौरीशंकर हीरानन्द ओझा-कृत 'मध्यकालीन भारतीय संस्कृति' पृष्ठ 24
10. सर रामकृष्ण गोपाल भण्डारकर-कृत—वैष्णविज़्म शैविज़्म एण्ड अदर माइनर रिलीजन्स सिस्टम्स; पृष्ठ 115-142
11. सर रामकृष्ण भाण्डारकर कृत— वैष्णाविज़्म एंड अदर माइनर रिलिजस सिस्टम्स, पृष्ठ—142-146
12. सर रा.कृ. भण्डारकर—'वैष्णविज़्म शैविज़्म एंड अदर माइनर रिलीजन्स', पृष्ठ—146-47।

13. कर्पूरमंजरी–प्रथम यवनिकान्तर।
14. याज्ञवल्क्य-स्मृति।
15. म. म. गौरीशंकर हीराचन्द ओझा-कृत 'मध्यकालीन भारतीय संस्कृति', पृष्ठ 29।
16. रामायण।
17. पातंजल महाभाष्य।
18. देखिए, बोम्बे गज़ेटियर की काठियावाड़ नाम की आठवीं पुस्तक और कैप्टन एच. बिलफोर्स बैल-कृत 'हिस्ट्री ऑफ काठियावाड़'।
19. Cousens—Somnatha another mediaval temples in Kathiawar—Archeological Survey of India, Volume XIV, Imperial Series Plates II-IX.
20. प्रबन्धचिन्तामणि।
21. अप्युग्रतीर व्रत वीरवीर संसेव्यमान कृमपाद युग्मम्।
श्री मूलराजं समरे निहत्य यो गुर्जयं जर्गरतां सनैर्षति॥9॥
(हम्मीर महाकाव्य–नवचन्द्र सूरि–कृत। वि.सं. 1440 और 1550 के बीच रचित।)
22. कीर्तिकौमुदी, सर्ग 2, श्लोक 5 ।
23. सुकत-संकीर्तन, सर्ग 2, श्लोक 5 ।
24. देखिए, याज्ञिक नीलकंठ के पौत्र और जगजीवन के पुत्र वेणीदत्त-रचित 'औदीच्य-प्रकाश'।
25. महाराजाधिराज श्री मूलराजः×××श्री मोढ़ेकीयार्द्धाष्टिर्मेषु कंबोइका ग्रामे समस्त राजपुरुषान्××× बोधयत्यस्तुवः संविदितम्। यथा। श्रीमदणहिल पाटन स्थानावस्थितैरस्माभिः सूर्यग्रहण पर्वणि श्रीस्थल के प्राचीन सरस्वती वारिणा स्नात्वातृं (त्रि) दशपतिं रुद्र महास्वय देवमभ्यर्च्य××× उपरिलिखित ग्रामीयं वर्द्धि विषये मंडल्यां स्थापित श्री मूलनाथ देवाय शासनेनीद्रक पूर्वमस्माभिः प्रदत्तः। (इंडियन एंटिक्वैरी; जि. 6, पृष्ठ–191-1927)
26. द्वयाश्रय काव्य, सर्ग 6, श्लोक 103-107।
27. कुमारपाल चरित, 1-13 ।
28. सूनुस्तस्य बभूव भूपतिलकश्चामुण्डराजाह्वयो
यद्गन्धद्विपदानगन्ध पवन-घ्राणेन दूरादपि।
विभ्रश्यन्मदगन्धमग्नकरिभिः श्रीसिन्धुराजस्तथा
नष्टः क्षोणिपतिर्यथास्य यशसां गन्धापि निर्णाशितः।
ऐपिग्राफिया इण्डिका, जि. 1, पृ. 297।
29. द्वयाश्रय काव्य, सर्ग 7, श्लोक 1-58
30. देखिए– हेमचन्द्र सूरि-कृत 'द्वयाश्रय काव्य'।
31. सुकृतसंकीर्तन–सर्ग 2, श्लोक 5 ।
32. कीर्तिकौमुदी, सर्ग 2, श्लोक 3 ।
33. डॉ. कोलहार्न-संग्रहित 'इन्सकृप्शंस ऑफ नार्दर्न इंडिया'; संख्या 354, पृ. 50 ।
34. द्वयाश्रय काव्य सर्ग 7, श्लोक 66-142।
35. कुमारपालचरित, सर्ग 1 ।
36. कीर्तिकौमुदी, सर्ग 2 ।
37. सुकृतसंकीर्तन, सर्ग 2 ।
38. रत्नमाला, रत्न 2, पृष्ठ 32 ।

39. द्वयाश्रय काव्य, सर्ग 7, श्लोक 64 ।
40. प्रबन्धचिन्तामणि, पृ. 49-50 ।
41. द्वयाश्रय काव्य, सर्ग 8, श्लोक 15-22 ।
42. प्रबन्ध चिन्तामणि, पृष्ठ 80-81 ।
43. चेदीश्वरेन्द्ररथ (तोग्ग) ल (भीममु) ख्यान्।
कर्णाट लाटपति गुर्ज्जरराट् तुरुष्कान्।
यद्भृत्य मात्र विधितानवलोकमाला
दोष्णां वलानि कलयन्ति न (योद्ध) लोकान्॥19॥
(ऐपिग्राफिया इण्डिका, जिल्द 1, पृष्ठ 235
44. सोलंकियों का इतिहास (गौरीशंकर हीराचन्द ओझा), प्रथम भाग, पृष्ठ 73-80 ।
45. प्रबन्धचिन्तामणि, पृष्ठ—76-79
46. देखिए प्रबन्धचिन्तामणि, पृष्ठ 122-23
47. डाहल चेदि देश का राज्य था। यह राज्य जबलपुर के आसपास मध्यप्रान्त में था।
48. धुंधकराज आबू के परमार राजा महीपाल का पुत्र था।
49. एपिग्राफिया इंडिका, पृष्ठ 155-56 ।
50. तीर्थ कल्प में अद्भुत कल्प।
51. एपिग्राफिया इंडिका, पृष्ठ 75-76 ।
52. कृष्णदेव का एक शिलालेख विक्रम संवत् 1117 माध सुदी छठ का भीनमाल में मिला है, जिसमें उसको परमार राजा धुंधक का पुत्र लिखा है।
53. एपिग्राफिया इण्डिका, पृष्ठ 74-75 ।
54. द्वयाश्रय काव्य, सर्ग 9, श्लोक 23 से 66 तक।
55. रत्नमाला, पृष्ठ 33 ।
56. प्रबन्धचिन्तामणि, पृष्ठ 131 ।
57. प्रबन्धचिन्तामणि, पृष्ठ 129-31 ।
58. प्रबन्धचिन्तामणि।
59. इंडियन एंटीक्वैरी, जिल्द 6, पृष्ठ 193-95 ।
60. इंडियन एंटीक्वैरी 18, पृष्ठ 109 ।
61. भारतीय प्राचीन लिपिमाला, दूसरा संस्करण, पृष्ठ 29 ।
62. पिक्चर्स इलस्ट्रेशन ऑफ एंशिएंट आर्किटेक्चर इन हिन्दुस्तान (फर्गुसन-कृत)।
63. देखिए टाड-कृत राजस्थान।
64. ना. प्र. पत्रिका, भाग 2, पृष्ठ 330-32 ।
65. प्रबन्धचिन्तामणि।
66. प्रबन्धचिन्तामणि (मेरुतुंग), पृष्ठ 40-43 ।
67. देखिए कृष्णाजी की रत्नमाला में उल्लिखित शिलालेखों का विवरण ओर इसी विषय पर रामलाल चुन्नीलाल मोदी का लेख।

❐❐❐